# 목 매달린 자의 노래

# 목 매달린 자의 노래

## 프랑수아 비용 연구

김준현

고려대학교출판부
KOREA UNIVERSITY PRESS

## 책머리에

수많은 사람들의 목숨을 앗아간 페스트와 백년전쟁의 여파 속에, 15세기는 끊임없이 반복되는 '죽음의 무도舞蹈'와 갖가지 혼란의 소용돌이에 휩싸인다. 1407년, '겁이 없는 장'이라는 이름에 걸맞게 장 상 푀르Jean Sans Peur가 루이 도를레앙Louis d'Orléans을 암살한 사건은 15세기 내내 이어지는 암울함과 혼돈의 서막이 된다. 프랑스는 두 편으로 양분되어 내란이 지속되었고, 여기에 더해 기근과 기상 이변, 굶주림 등의 악재는 무수한 사람들을 시달리게 했다. 아무런 호구지책도 찾을 수 없던 상당수의 사람들이 허기에 목숨을 잃어야 했고, 어느 날 하루 동안 62명의 도둑들을 교수대에 매단 사실에서 짐작되듯, 도처에 강도들이 우글거렸다. 그리고 살인과 폭력, 유괴와 약탈로 인해 밤이면 집밖을 나서지 못하는 불안한 나날들이 계속되었다.

프랑수아 비용은 갖가지 의미에서의 두려움이 삶과 정신을 잠식하던 '중세의 겨울'을 살아야 했으며, 조락기를 맞이한 한 시대의 갖가지 불행들을 남김없이 몸과 마음으로 받아들일 수밖에 없었던 주변인 가운데 한 명이다. 15세기 시인 비용이 남긴 《유증시》와 《유언의 노래》 그리고 시집에 수록되지 않은 독립적인 몇몇 시들을 통해, 지금은 사라진 한 세계의 단면들과 시인의 작품 세계를 살펴보려고 한 이 책에 "목 매달린 자의 노래"라는 제명을 붙인 데에는 이유가 없지 않다. 이 제명은 앞서 언급한 15세기의 불길한 상황, 두려움에 찬 한 시대, 불안 속에 던져진 불안정한 한 세기의 모습을 염두에 둔 것인 동시에, 시인이 남긴 시들 가운데 가장 널리 알려진 한 편의 발라드에서 비롯한다. 프랑수아 비용은 형장에서 교수형 당한 처지를 상정하고 남겼던 한 편의 발라드에서, "우리 뒤까지 살아 있을 인간 형제들이여, 우리들에 대해 굳은 마음을 갖지 말아 다오"라고 호소하며, 자신의 불행한 처지를 한 폭의 그림처럼 그린다.

> 빗물은 우리를 헹구고 씻기며
> 햇빛은 우리를 말려 검게 태운다
> 까치와 까마귀는 우리들의 눈을 파 내고
> 수염과 눈썹을 뽑아 버린다
> 우리는 결코 잠시도 편안히 쉴 수 없구나.
> 바람은 변하는 대로, 시시각각 이리저리
> 제멋대로 끊임없이 우리를 흔들어 댄다
> 골무보다 더 새에게 쪼이는 신세
> 그러니 우리 동아리에 들지 말아라
> 다만 신께 우리 모두를 용서해 주도록 빌어 달라.

한 개인의 소회를 진솔히 드러낸 것으로 읽히는 이 발라드는 교수대에 매달린 대여섯의 목소리에서 출발하지만 은연중에 모든 인간들의 관계를 조망하는 차원으로 증폭된다. 처형된 이들이나 그들의 외침을 듣는 이들 모두 결국에는 같은 인간에 지나지 않는다는 점이, 일상적인 삶의 모습이 얼마나 허망하며 인간의 욕망과 관심이 얼마나 부질없는 것인지가, 결국에는 모두가 하나의 구렁텅이로 빠질 수밖에 없는 동일한 인간 조건을 절감하게 된다는 점이 부각되며, 이 시를 읽는 사람들의 마음을 움직이게 만든다.

이러한 울림과 동요는, 자신과 자기 시대의 불행 나아가 그 비극성을 구체적으로 표현함으로써, 감정의 정형화를 넘어 근원적인 비극성을 새롭게 주시할 수 있는 계기를 만들었다는 점에서 나오는 것이며, 우여곡절 많은 삶 속에서, 불길한 죽음과 변두리의 정경에서, 한 개인의 심정과 표현의 깊이를 확장시켰다는 점에서 의의를 갖는다. 트리스탕 차라의 말처럼, "프랑수아 비용은 샤를 도를레앙과 같은 앞선 이들의 자연주의적 로망주의에 대해, 그 자신의 삶의 내용, 자기 시대 사람들과의 관계, 나날의 삶, 구어와 시시각각의 정황들로 이루어진 사실주의를 맞대응시킴으로써 15세기의 네거리에 결정적인 변화를 초래"하며, 이와 같은 변화의 힘이 스스로의 약점, 자신의 불운에 대한 명철한 의식과 눈길에서 비롯한다는 점에서, 마침내 하나의 특별한 시적 상태를 깊이가 확보된 한 편의 시로 만들어 냈다는 점에서, 비용은 '현대시'와의 가교, '현대성'과의 접점을 만든다.

비용을 두고 "게으름뱅이, 주정뱅이, 노름꾼, 난봉꾼, 깡패, 사기꾼, 도둑, 문과 금고의 결쇠질꾼"이라 칭했던 랑송의 말을 달리 표현한다면, 비용은 '굶주린 자, 병든 자, 배척받은 자, 억압받은 자, 감금된 자'였고, 이러한 모습은 어렵지 않게 뤼트뵈프, 네르발, 보들레르, 베를렌, 아폴리네르 등의 모습과 그들이 남긴 시를 떠올리게 한다. 추위와 허기에 시달리며, 어디로 가야 하는지도 알 수 없었던 13세기 시인 뤼트뵈프가 "이 세상 모든 부富가 파리에 있지만, 저의 것이 되는 것이라고는 아무것도" 없다는 점을 강조하며 "'아버지'는 저도 잘 압니다만, '우리'가 무슨 말인지는 모르겠"다고 말하듯, 비용 또한 "비참함의 가장 밑바닥에서, 한 푼도 없이 여행"하곤 했으며, "수중의 돈도, 지대地代 수입도, 아무런 재산도" 갖지 못한 처지에서 자신의 빈곤을 한탄할 수밖에 없었다. 그렇기에 비용은 〈군주에게 바치는 청원〉이라는 발라드에서, "타고난 고리대금업자인 롱바르인 누구에게, 내 건강을 조금이라도 팔 수 있다면, 그만큼 돈의 궁핍이 나를 홀리고 있으니"라고 빈궁한 자의 절실함을 토로하기도 한다.

그러나 시인의 불운이 단지 빈곤에만 그치는 것은 아니었다. 비용은 후일

네르발이 "나는 어둠의 존재,— 홀아비,— 위로받지 못하는 자"라 말하듯, 타인들에게 이해받지 못하는 자였으며, 변두리를 배회하며 이마에 표지를 붙인 채 살아가야 하는 카인의 후예이기도 했다. 또 베를렌이 감옥 생활을 거치면서 회심을 이야기할 때, 방황을 접고 정결한 삶을 되찾고자 했을 때, "지붕 너머 하늘은 저리도 푸르고 고요합니다 〔…〕 저기 삶이 있습니다, 소박하고 조용한"이라 말했던 것처럼, 자신 또한 죄인임을 시인하면서 회개와 올바른 삶에 대한 아쉬움을 이야기했던 시인이기도 했다.

> 나도 잘 알고 있으니, 어리석었던 청춘 시절,
> 학문에 열중하고,
> 바른 몸가짐에 전념했더라면,
> 집과 포근한 잠자리를 가졌을 것을…

그러나 삶의 안온함은, 그것이 자의에 의해서였든 아니면 타의에 의해서였든 간에, 결코 비용에게 허락되지 않았다. 그 결과 아폴리네르가 〈사랑받지 못한 사내의 노래〉에서, "아름다운 새벽부터 슬픈 저녁까지 우리는 이만하면 다 헤메었느냐"고 자문하듯, 혹은 〈나그네〉에서 "인생은 에우리포스만큼이나 잘도 변하는" 것임을 느끼며 "울면서 두드리는 이 문을 열어" 달라 애원했듯, 비용 또한 끊임없는 방황을 거듭하며 "눈물 속에 웃음지었"고, 자기 앞의 둔중한 벽을 두드렸으며, 변함없이 굳게 닫힌 장벽 앞에서 오열을 거듭했다. 또 보들레르처럼, 멀리 떨어진 시인의 운명을 절감하며 눈물을 간직한 채, 눈물로 '사랑의 사막'을 살아가야 했다.

《유증시》와 《유언의 노래》, 그리고 '단장시편斷章詩篇'에 속하는 시들에서 표출되는 갖가지 형식의 작품들, 더없이 광범위한 주제의 폭, 그리고 상이한 목소리의 긴 행렬은 그의 삶의 이력을 닮아 있는 것이 사실이다. 그러나 아폴리네르가 〈행렬〉이라는 시에서 "기욤 이제 네가 올 시간이다"라고 말하는 데 비해, 비용은 늘 "수없는 고초를 겪었음에도 불구하고, 전적으로 어리석지도 그렇다고 전적으로 현명하지도" 않은 상태에 머물러 있으며, 이러한 표명은 〈촌언의 발라드〉의 "나는 안다, 나 자신 외에는 모든 것을"이라는 후렴구로 반향된다.

이 기이한 불안감의 표명과 거기에서 만들어지는 결과는 중세 후기의 문학이 '글쓰기'에 대해 보였던 관심과도 무관하지 않다. '글쓰기'에 대한 성찰은 작가가 다루는 주제와 소재에 대한 불안감이기도 했으며, 이러한 위기 의식은 "밝은 태양 아래 무엇이 새로우랴!"라는 비관적인 말로도 집약될 수 있다. 펜을 '희망의 물l'eaue d'Espoir'에 담그자 물이 멜랑콜리의 영향 아래 역청처럼 바뀌었다고 샤를 도를레앙이 말하듯, 과거의 찬란한 주제였던 '사랑'과 '영웅'의 세계, 지상낙원을 닮은 '이상향'과 '모험'의 세계는 불안정한 15세기에서 점차 힘을 잃는다. 미슐레가 그렸던 것처럼, 어둡고 비극적인, 나아가 불길한 어둠의 시기였던 15세기는 고갈의 시기, 퇴락의 시기, 절망과 우울의 시기에 다름 아니었고, 그런 만큼 백합꽃 문장의 왕후王侯이자 샤를 5세의 손자, 또 후일의 국왕인 루이 12세의 부친이었던 공작 샤를 도를레앙은 "오랜 기다림의 숲forest de Longue Actente"과 "고통스러운 슬픔의 숲forest d'Ennuyeuse Tristesse"을 가로질러 가야만 했다. 물론 비용이 지나간 노정도 이와 다르지 않았지만, 그는 실패담들 속에서 새로운 길을 찾는다.

이제 비용에게 '글쓰기' 아니 '다시 쓰기'는 '자아'와 '기억', '망각'과 '부활', 그리고 '가면'과 '변용'이 이루어진 무대가 되며, 시인은 어원적인 의미에서 하나의 '증언'을 뜻하기도 하는 '유언', 그 불안과 회의의 여백들을 다시 채우게 된다. 과거의 《유증시》, 사랑의 고통으로부터 벗어나는 '출발의 시'에 대한 기억은 《유언의 노래》의 후반부에서 '다시 부르는 노래'이자 고통을 잊기 위한 '회귀의 시'로 소환된다.

> 나 분명 기억하고 있으니, 신의 도우심으로,
> 1456년, 떠나갈 때,
> 나 약간의 유증물들을 남겼으나,

어떤 자들은, 나의 동의 없이
이를 유언이라 부르고자 했다.
그것은 그들의 의향, 내 뜻이 아니다.

그리고 운명의 여신이 수레바퀴를 돌리듯, 비용 또한 하나의 '변전變轉'을 시도하면서 광인들의 축제를 닮은 기이한 하나의 축제, 기괴한 변신의 카니발을 알린다. 이제 "보잘것없는 말의 상인"은 '풍요의 뿔'에서 끊임없이 역전된 세상의 단면들을 길어 올린다. 마법의 환등기처럼, 순간순간 새로운 모습들이 나타났다 사라지며, '거꾸로 된 세계'에서의 변신은 숨가쁘게 재빠른 크로키처럼 던져진다. 기만과 환상의 세계, "방광을 초롱이라 믿게" 하던 '사랑'의 세계이자 그를 주변으로 내몰았던 한 세계는 또 다른 모습의 파악할 수 없는 모호함으로 가득 찬 세계, 그러나 비용이 스스로 주재하며 스스로의 힘으로 획득한 권능을 유감없이 발휘하는 '거꾸로 된 세계', 자신의 소생을 준비하는 하나의 미궁迷宮으로 변모된다. 사랑받지 못한 자, 실패한 자, 희망 없는 자의 노래, 죽음을 앞둔 백조의 노래는 새로운 힘을 얻는 부활의 세계를 들어올리며, 그가 마셨던 온갖 '치욕'의 잔은 영원한 생명과 부활을 알리는 포도주로 변한다.

늘 그렇듯, 시는 이 삶의 경계에서 그 폐허에서 오며, 비용의 경우도 다르지 않다. 임종의 침상에서 유언을 남기는 마지막 순간, 비용은 삶과 사람들 나아가 한 시대가 자신의 몸과 마음에 새겨 놓은 온갖 흔적들을 되살리며, 그의 실패담은 사라지는 후일담을 넘어서는 다른 층위의 깊이를 얻게 된다. 한 시대의 혼란과 불안은 시인의 작품 속에서 새로운 불안정함과 모호함으로 변용되며, 이렇게 만들어진 프랑수아 비용의 미궁은 비극적인 한 시대와 개인의 삶을 근원에서부터 다시 되짚어 보게 하는 동시에 거기서 새로운 가능성을 찾게 한다는 점에서 생산적이라 할 수 있을 것이다. 그리고 바로 이런 점에서, "거인의 어깨를 딛고 올라 서" 찬란한 꿈을 펼쳤던 12세기 문학에서부터 불모의 현실을 살아가는 오늘날의 현대시에 이르기까지, 장구한 노정의 곳곳에서 편재하는 비용의 모습을 발견할 수 있으리라 믿는다.

이 책은 필자의 학위 논문을 바탕으로 삼았다. 출판을 준비하면서 여러 대목의 말과 표현을 고치고, 곳곳에 새로운 내용들을 첨가했지만 원래의 체제를 크게 벗어나지는 않았다. 물론 필자의 게으름과 부족함이 원래의 골격을 유지하게 한 가장 큰 이유이겠지만, 여기에 다른 이유가 없지 않았음을 밝힐 필요도 있을 것 같다. 학위 논문을 준비할 때 겪었던 좌절과 부진함 그리고 그 안에서도 유지되었던 어떤 의지와 열의를 지금뿐만 아니라 앞으로도 계속해서 간직하는 것에서, 방황하지 않고 한 걸음을 더 옮길 수 있는 용기를 길어 올리고 싶었기 때문이다.

여전히 미흡한 이 한 권의 책으로 많은 도움을 주셨던 수많은 분들께 감사드리는 것에 송구함을 느끼면서도, 앞으로 다시 감사드릴 기회를 가질 수 있을 것이라 감히 기약한다. 먼저 출판을 맡아 주시고 한 권의 책이 나오도록 애써 주신 고려대학교출판부와 편집실의 여러분들께 감사드린다. 또 오랜 시간 동안 말없이 지켜보고 기다려 주셨던 부모님과 누님들, 그리고 딸 혜원에게 특별한 마음을 전한다.

심사를 맡아 주셨고 합당한 조언을 해주셨던 김화영 선생님, 이준섭 선생님, 유석호 선생님, 김정희 선생님께 깊이 감사드린다. 또 부단한 인내와 한결같은 수행을 통해 문학 안의 다른 힘을 느끼게 해주셨던, 그리고 이를 위한 연구자의 자세가 어떠해야 하는지를 알려주셨던 강성욱 선생님께 감사드린다. 마지막으로 늘 사소한 것에서 새로운 지평을 제시하는 강인한 정신으로 미진한 제자를 일깨워 주셨고, 항상 지켜보고 격려해 주시는 황현산 선생님께 감사드린다.

2012년 8월<br>김준현

# 차례

## 약어 일람

**AeY**: *Amadas et Ydoine*, éd. John R. Reinhard, 1974.

**AJ**: *Œuvres de François Villon*, éd. Alfred Jeanroy, 1934.

**ATPJ**: *Anthologie thématique de la poésie française du moyen âge*, tr. par P. Jonin, 1991.

**Benedetto$_1$**: Benedetto, L. F., "Il dialogo di Villon col suo Cuore", 1952-1953.

**Bianciotto$_1$**: Bianciotto, Gabriel, "A propos du *Testament* de Villon: Troïle et Robert d'Estouteville(v. 1369-1377)", 1970.

**Bijvanck**: Bijvanck, W. G. C., *Specimen d'un essai critique sur les œuvres de François Villon*, 1882.

**BDSM**: A. Chartier, *La Belle dame sans mercy et les poésies lyriques*, éd. A. Piaget, 1949.

**Brockmeier**: Brockmeier, P., *François Villon*, 1977.

**Brunelli$_1$**: Brunelli, G. A., "De la 'Ballade de l'épouse' aux aphrodisiaques du legs de l'Orfèvre(Villon, *Testament* 1378-1405 et 1118-1125)", 1957.

**Burger$_0$**: Burger, A., "L'épître de Villon à Marie d'Orléans", 1957.

**Burger$_1$**: Burger, A., "La dure prison de Meung", 1966.

**Burger$_2$**: Burger, A., *Lexique complet de la langue de Villon*, 1974.

**Campaux**: Campaux, A., *François Villon. Sa vie et ses œuvres*, 1859.

**Champion**: Champion, P., *François Villon. Sa vie et son temps*, 1913; 1984.

**Champion$_1$**: Champion, P., *Vie de Charles d'Orléans (1394-1465)*, 1908; 1969.

**Champion$_2$**: *Histoire poétique du Quinzième siècle*, 1966.

**CdO$_1$**: Charles d'Orléans, *Poésies*, éd. P. Champion, 1923; 1982.

**CdO$_2$**: *Ballades et Rondeaux*, éd. Jean-Claude Mühlethaler, 1992.

**CdO$_3$**: *En la forêt de longue attente et autres poèmes*, éd. Gérard Gros, 2001.

**Cendrars$_1$**: Cendrars, B., "Sous le signe de François Villon", 1952.

**Chaney$_1$**: Chaney, E. F., *François Villon in his environment*, 1946.

**Charlier**: Charlier, G., "Notes sur Villon", 1920.

**Cons**: Cons, L., *État présent des études sur Villon*, 1936.

**Cooper**: Cooper, R., "Le Codicille Villon: Le Testament poétique à la Renaissance", 1999.

**Coquillart$_1$**: G. Coquillart, *Œuvres suivies d'oeuvres attribuées à l'auteur*, éd. M. J. Freeman, 1975.

**Cornilliat$_1$**: Cornilliat, F., *"Or ne mens" Couleurs de l'Eloge et du Blâme chez les "Grands Rhétoriqueurs"*, 1994.

**CSB**: *Chansons satiriques et bachiques du XIII*[e] *siècle*, éd. A. Jeanroy *et al.*, 1974.

**Curtius**: Curtius, E. R., *La littérature européenne et le Moyen Âge latin*, 1991.

**CT**: François Villon, *Poésies complètes*, éd. Claude Thiry, 1991.

**CTPH**: *La Confession et Testament de l'amant trespassé de deuil*, éd. R. M. Bidler, 1982.

**D$_0$**: Dufournet, J., *Villon et sa fortune littéraire*, 1970.

**D$_1$**: Dufournet, J., *Recherches sur le Testament de François Villon*, 1971.

**D$_2$**: Dufournet, J., *Nouvelles recherches sur Villon*, 1980.

**D$_3$**: Dufournet, J., *Villon: ambiguïté et carnaval*, 1992.

**D$_4$**: Dufournet, J., "La Génération de Louis XI: quelque aspects", 1992.

**Dufournet$_1$**: Dufournet, J., "A propos d'un article récent sur Villon et Robert d'Estouteville", 1964.

**Dufournet$_2$**: Dufournet, J., "Rutebeuf et la Vierge", 1987.

**Dauvillier**: Dauvillier, J., "Les procès de François Villon", 1943.

**Delclos$_1$**: Delclos, J.-C., "La Sépulture de Villon: mort ou résurrection?", 1993.

**Demarolle$_1$** Demarolle, P., *Villon un testament ambigu*, 1973.

**Demarolle$_2$**: Demarolle, P., "Les voyages de François Villon", 1976.

**Deschamps$_1$**: *Œuvres complètes d'Eustache Deschamps*, éd. Marquis de Queux de Saint-Hilaire et Gaston Raynaud, 1878-1903.

**Deschamps$_2$**: *Eustache Deschamps. Selected Poems*, ed. I. S. Laurie and D. M. Sinnreich-Levi, tr. by D. Curzon and J. Fiskin, 2003.

**Desonay**: Desonay, F., *Villon*, 1933.

**DLMF**: Di Stefano, G., *Dictionnaire des Locutions en moyen français*, 1991.

**DF**: François Villon, *Poésies*, éd. J. Dufournet, 1992.

**Dull$_1$**: Dull, O. A., "Tradition et renouveau dans la "Ballade pour prier Notre Dame" de Villon", 1991.

**Edelman$_1$**: Edelman, N., "La Vogue de François Villon en France de 1828 à 1837", 1936.

**Edelman$_2$**: Edelman, N., "A Scriptural Key to Villon's *Testament*", 1974.

**Favier**: Favier, J., *François Villon*, 1982.

**Fein$_0$**: Fein, D. A., *A reading of Villon's* Testament, 1984.

**Fein$_1$**: Fein, D. A., "Time and Timelessness in Villon's *Testament*", 1987.

**Fein$_2$**: Fein, D. A., *François Villon and his reader*, 1989.

**Foulet$_1$**: Foulet, L., "Villon et Charles d'Orléans", 1927.

**Foulet$_2$**: Foulet, L., "Sur François Villon. Notes et discussions", 1944-1945.

**Fox$_1$**: Fox, J., *The Poetry of Villon*, 1962.

**$Fox_2$**: Fox, J., *Villon. Poems*, 1984.

**$Frappier_1$**: Frappier, J., "Pour le commentaire de Villon: L'*Épître à ses amis*", 1966.

**$Frappier_2$**: Frappier, J., "Contribution au commentaire de Villon.", 1966.

**$Frappier_3$**: Frappier, J., "Paris dans le poésie de Villon", 1968-1969.

**$Freeman_0$**: Freeman, M., "'Faulte d'argent m'a si fort enchanté': Money and François Villon", 1994.

**$Freeman_1$**: Freeman, M., "Un gras chanoine, une belle dame et un petit enfant", 1998.

**FAJR**: *Les Fortunes et adevrsitez de Jean Regnier*, éd. E. Droz, 1923.

**Gaston $Paris_1$**: Paris, G., *Villon*, 1901.

**Gaston $Paris_2$**: Paris, G., "Villoniana", 1901.

**$Gautier_1$**: Gautier, Théophile, *Les Grotesques*, 1881.

**GDS**: *De Villon à Villon -1- Le Lais François Villon*, 1988.

**$Geremek_1$**: Geremek, B., *Les fils de Caïn*, 1991.

**GOD**: Godefroy, F., *Dictionnaire de l'ancienne langue française et de tous ses dialectes du IX$^e$ au XV$^e$ siècle*, 1982.

**$Guiette_1$**: Guiette, R., "Villoniana", 1978.

**$Guiraud_1$**: Guiraud, P., *Le jargon de Villon ou le Gai Savoir de la Coquille*, 1968.

**$Guiraud_2$**: Guiraud, P., *Le* Testament *de Villon ou le Gai Savoir de la Basoche*, 1970.

**$HdF_1$**: *Les vers de la Mort*, éd. Fr. Wulff et Em. Walberg, 1905.

**$HdF_2$**: *Les vers de la Mort*, tr. par M. Boyer et M. Santucci, 1983.

**Huguet**: Huguet, E., *Dictionnaire de la langue française du seizième siècle*, 1965.

**$Huizinga_1$**: Huizinga, J., *L'automne du moyen âge*, tr. par J. Bastin, 1975.

**$Hunt_1$**: Hunt, T., *Villon's Last Will*, 1996.

**$Hunt_2$**: Hunt, T., "Villon's Last Erection (*Testament*, vv. 1996-2023)", 1999.

**$Huot_1$**: Huot, S., *Madness in Medieval French Literature*, 2003.

**JCM**: *Lais, Testament, Poésies diverses*, éd. Jean-Claude Mühlethaler *et al.*, 2004.

**JHRP**: *Œuvres de Maistre François Villon*, éd. J.-H.-R. Prompsault, 1835.

**$Jodogne_1$**: Jodogne, O., "Le message de François Villon", 1970.

**JTH**: Thomas, J. T. E., *Lecture du* Testament *Villon*, 1992.

**JUN**: *The Complete Works of François Villon*, tr. by J. U. Nicolson, 1931.

**$Koopmans_1$**: Koopmans, J., "Groseilles et Vaucelles", 1999.

**$Koopmans_2$**: Koopmans, J., "Villon et Jacquet Cardon", 2000.

**Kuhn**: Kuhn, D., *La poétique de François Villon*, 1967.

**$LA_1$**: *Œuvres*, tr. par A. Lanly, 1969.

**$LA_2$**: *Villon Œuvres*, éd. A. Lanly, 1992.

**$Lacy_1$**: Lacy, N. J., "Villon in His Work", 1978.

**$Lacy_2$**: Lacy, N. J., "The flight of time: Villon's trilogy of Ballades", 1982.

**$Lecoy_1$**: Lecoy, F., "Notes sur le texte ou l'interprétation de quelque vers du *Testament* de Villon", 1959.

**Le Gentil**: Le Gentil, P., *Villon*, 1967.

**Longnon$_1$**: Longnon, A., *Étude biographique sur François Villon*, 1877.

**Longnon$_2$**: *Œuvres complètes de François Villon*, éd. A. Longnon, 1892; 1975.

**Martin$_1$**: Martin, P., "Réflexions sur le débat du coeur et du corps", 1993.

**Mesnagier de Paris**: *Le Mesnagier de Paris*, éd. G. E. Brereton *et al.*, tr. par K. Ueltschi, 1994.

**Morawski$_1$**: Morawski, J., "Une lettre qui grince", 1928.

**Mühlethaler$_1$**: Mühlethaler, Jean-Claude, *Poétiques du Quinzième siècle*, 1983.

**Piaget$_1$**: Piaget, A., "Le Chapel des fleurs de lis par Philippe de Vitri", 1898.

**Pickens$_1$**: Pickens, R. T., "Villon's Ballade for Jehan Cotart", 2001.

**Pinkernell**: Pinkernell, G., *François Villon et Charles d'Orléans (1457 à 1461)*, 1992.

**Pinkernell$_1$**: Pinkernell, G., *François Villon: biographie critique et autres études*, 2002.

**PL**: *Œuvres de François Villon*, éd. Paul Lacroix, s.d.

**PM**: *Poésies complètes*, éd. Pierre Michel, 1972.

**Poirion$_1$**: Poirion, D., *Le poète et le prince*, 1978.

**PSF**: Dérens, J., *et al.*(éd.), *Villon Paris sans fin*, 2005.

**Qsj**: *Quatre sermons joyeux*, éd. Jelle Koopmans, 1984.

**Rabelais$_1$**: Rabelais, *Le Quart Livre*, éd. R. Marichal, 1947.

**Rabelais$_2$**: Rabelais, *Œuvres complètes*, éd. Guy Demerson, 1995.

**RAC**: René d'Anjou, *Le Livre du Coeur d'amour épris*, éd. Florence Bouchet, 2003.

**RdR**: Guillaume de Lorris et Jean de Meun, *Le Roman de la Rose*, éd. F. Lecoy, 1973.

**Regalado$_1$**: Regalado, N. F., *"Effet de réel, effet du réel"*, 1986.

**Regalado$_2$**: Regalado, N. F., "«En l'an de mon trentiesme aage» Date, Deixis, and Moral Vision in Villon's *Testament*", 1988.

**Regalado$_3$**: Regalado, N. F., "Villon's Legacy from Le *Testament* of Jean de Meun", 1999.

**RG**: *Poésies complètes*, éd. R. Guiette, 1964.

**RH$_1$**: *Le Lais Villon et les Poèmes Variés*, éd. J. Rychner et A. Henry, 1977.

**RH$_2$**: *Le Testament Villon*, éd. J. Rychner et A. Henry, 1974.

**Rutebeuf$_1$**: Rutebeuf, *Poésies*, éd. J. Dufournet, 1982.

**Rutebeuf$_2$**: Rutebeuf, *Poèmes de l'infortune et autres poèmes*, éd. J. Dufournet, 1986.

**Rutebeuf$_3$**: Rutebeuf, *Œuvres complètes*, éd. Michel Zink, 1989.

**Rychner$_1$**: Rychner, J., "Or est vray...(Villon, *Testament*, v. 89)", 1970.

**Sainte-Beuve**: Sainte-Beuve, C.-A., *Causeries du lundi*, tome XIV, s.d.

**Sargent-Baur$_1$**: Sargent-Baur, B. N., "Personnages bibliques, personnages villoniens", 1980.

**SB**: François Villon, *Complete Poems*, ed. Barbara N. Sargent-Baur, 1994.

**Schwob**: Schwob, M., *François Villon. Rédactions et notes*, 1912; 1974.

**Siciliano$_1$**: Siciliano, I., *François Villon et les thèmes poétiques du moyen âge*, 1933.

**Siciliano**$_2$: Siciliano, I., "Sur Le *Testament* de François Villon", 1939.

**SJT**: *Sermon joyeux et Truanderie*(Villon-Nemo-Ulespiègle), éd. J. Koopmans *et al.*, 1987.

**Spitzer**$_1$: Spitzer, L., "Etude ahistorique d'un texte: Ballade des dames du temps jadis", 1940.

**Taylor**: Taylor, J. H. M., *The Poetry of François Villon*, 2001.

**TH**: François Villon, *Œuvres*, éd. Louis Thuasne, 1923; 1967.

**Thiry**$_1$: Thiry, Claude, "François Villon, poète du visuel", 1995.

**Thuasne**$_1$: Thuasne, L., "François Villon et Jean de Meun", 1906.

**Uitti**$_1$: Uitti, K. D., "Villon's *Le Grand Testament* and the Poetics of Marginality", 1995.

**Valéry**$_1$: Valéry, P., "Villon et Verlaine", 1959.

**Verhuyck**$_1$: Verhuyck, P., "Villon et l'Orfèvre de bois. Pour le commentaire du huitain CXI du *Testament*", 2006.

**Vitz**: Vitz, E. B., *The Crossroad of Intentions*, 1974.

**Wilmotte**$_1$: Wilmotte, M., *Études critiques sur la tradition littéraire en France*, 1909.

宋勉$_1$: 宋勉, 《프랑수아 비용 그 生涯와 詩 世界》, 東文選, 1995.

# 서론

'중세'에 대한 이해의 양상은 프랑수아 비용 수용사와 무관하지 않았다. 르네상스의 추녀醜女 역할을 맡은 조락하는 암흑의 중세, 반자연적이고 기괴한, 반복과 과잉, 지나친 기교로 점철된 불모의 중세, 악마와 마녀로 대변되는 이단적이며 비밀스런 중세, 창조적인 힘과 감각의 열망이 깃들어 있었던, 아직 형체를 갖추지 못한 불확실한 '부흥'으로서의 중세 등, 실로 다양한 모습으로 우리는 중세를 받아들여 왔다. '중세'에서 드러나는 불명료함과 다양한 정의들은 비용과 《유언遺言의 노래》의 모습에서도 다르지 않았다. 비용의 작품, 특히 《유언의 노래》를 어떻게 받아들이고, 어떻게 읽어야 하는지는 늘 독자들에게 난제로 작용해 왔다.

비록 유증 수령자 가운데 한 명인 자크 카르동에게만 "무상 증여로en pur don"[1]라는 말을 사용하기는 하지만, 실질적으로 《유언의 노래》 안에서 비용이 행하는 모든 유증遺贈은 아무런 보상이나 답례를 기대하지 않는 '무상 증여'였다. 그러나 이러한 '무상 증여'는 유증 수령자들의 입장을 전혀

1 "Item, laisse et donne en pur don/[...] A mon amy Jacques Cardon,"(L, XVI, vv. 121-123). 비용의 작품 인용은 '리슈네-앙리'의 판본에 의거한다. 《유언의 노래》는 'T', 《유증시》는 'L'로 약기하며, 로마자로 8행시 번호를 표시하도록 한다. 이후 본문과 주석에서 사용되는 약호의 경우 '약어 일람'을 참조.

고려하지 않은 것이자 누구도 고맙게 여겼다고는 할 수 없는 것이었으며, 전적으로 비용의 입장에서 분배되는 강제적인 것이었다. 유증 수령자들 가운데 자신이 진정 유증물로 합당한 무엇인가를 받았다고 생각하는 사람은 별로 없었을 것이며, 대부분이 원치 않는 유증물들과 맞닥뜨려야 했을 것이다. 자신들이 실제로 받은 것이라고는 '조롱과 분노, 불쾌함과 당혹스러움'이 전부라 여겼을 유증 수령자들은, 받은 것 그 이상을 비용에게 되돌려주고 싶어했을 것이다. 《유언의 노래》에서, 비용은 자신에 대해 또 그가 겪었던 일들과 그가 아는 사람들에 대해 이야기를 털어놓는다. 주변 사람들에게 무차별적인 조롱을 던지고, 그들에게 야유를 던짐으로써, 비용이 하나의 '시적 허구' 안에 당대의 '인간희극'을 연극처럼 표현하고 싶었던 것일지, 아니면 선술집이나 안전한 은신처에서 행해지는 일종의 독백극을 기록하고자 했던 것일지, 그의 의도가 무엇인지는 정확히 파악되지 않는다. 독자와 유증 수령자들을 모두 당혹스럽게 만들뿐, 정확한 의미를 파악할 수 없는 작품을 비용이 무엇 때문에 쓰는 것인지는 후대의 연구자들에게 늘 의문을 불러일으켰다.

> 동시에 자서전이자 팸플릿이며, 선집選集의 '장난질'에 속하는 작품인 《유언의 노래》의 저자가 가질 수 있었던 의도들이 어떤 것인지는 분명하게 파악하기 어렵다. 이 시가 무엇에 쓸모가 있을 수 있었는지, 또 저자가 스스로에 대해 어떤 이미지를 주고자 했는지 역시 분간하기 어렵다. (Demarolle$_1$, 15)

후대의 독자들에게 비용의 의도는 더욱 모호한 것일 수밖에 없었다. 일면 투명하고 단순한 기술을 통해, 15세기 파리의 모습과 그 안에서 살았던 당대 사람들의 세계를 그리고 있는 것처럼 보이지만, 후대의 독자들이 비용의 말에 따라 재구축한 세계는 무엇이 진실인지를 밝히기 불가능한 온갖 불투명함과 불명료함, 그리고 모호함으로 가득한 세계일 따름이었다. 그러나 불명료한 것이 비단 작품에만 국한되는 것은 아니었다.

《유언의 노래》의 음성적인, 통사구조상의, 의미상의, 상징적인 유희들에서 발견하게 되는 애매모호함은, 그가 펼치는 카니발의 첫 번째 변장 인물이며 끝까지 파악 불가능한 상태로 남아 있는 시인 자신에게서도 찾아볼 수 있다. ($D_3$, 41)

독자들은 '비용'이라는 미지의 인물에 대해 고증학적인 접근 방식을 택하기도 했다. 그 결과 《유언의 노래》를 비롯한 다른 작품들은 실제 사실을 토대로 하는 일종의 '증거 자료'나 '교훈적인 이야기'로 받아들여졌으며, 심지어는 한 시인, 한 인간의 숨김없는 '고백'이나 '자서전'으로 이해되기도 했다. 물론 이러한 측면은 비용이라는 개인에 관한 자료들뿐만 아니라 그의 작품에 명시된 인명人名과 지명地名들, 그와 관련된 사건들과 인용들의 상당 부분을 각종 고문서나 역사서 혹은 문학작품들에서 확인할 수 있었다는 점에 기인하는 것이기도 했다. 이러한 경향은 비용의 작품을 《파리의 한 부르주아의 일기*Journal d'un bourgeois de Paris de 1405 à 1449*》 혹은 《추문醜聞의 연대기》[2]와 같은 일종의 연대기로 받아들이게 했으며, 그 의미를 정확히 파악할 수 없는 대목이나 우리의 이해를 넘어서는 많은 부분들 역시 장구한 시간의 흐름에 따른 '소실'에 기인한 것일뿐, 기적처럼 증거 자료들이 발견된다면 그 실재성을 확인받을 수 있는 것으로 여기게끔 했다.

바로 이와 같은 맥락에서, 특히 1870-1920년대에 이르는 시기, 연구자들은 신원 미상의 비용이라는 한 인물의 삶을 추적하는 것이 그의 작품을 이해하는 선결 조건이 된다는 인식 아래, 전기적인 차원의 재구축을 시도하였으며, 이 시기의 대표적인 연구자들로는 오귀스트 롱뇽A. Longnon, 마르셀 슈보브M. Schwob, 가스통 파리스G. Paris, 피에르 샹피옹P. Champion, 루이 튀안L. Thuasne 등을 들 수 있다.[3] 그러나 전기적인 면에 주안점을 둔 고

2 《장 드 루아의 일기*Journal de Jean de Roye*》 혹은 《루이 11세 연대기*La Chronique de Louis XI*》로 불리며, 1460-1483년 사이의 일들을 이야기하는 이 책은 'Chronique scandaleuse'라는 별칭으로 더 유명하다.

3 Longnon$_1$; Schwob; Gaston Paris$_1$; Champion; TH.

증학적인 연구는 한계를 지니고 있는 것이었으며, 상당 부분의 논의가 가설과 추정의 범주에 머물 수밖에 없었다. 몇 가지의 확실한 자료들을 중심으로 무수한 가정들이 제기되었고, 여기에 소설로 각색된 '허구'의 사실들마저 더해져, '비용'이라는 실존 인물에 대한 전기적 연구는 모호하고 혼란스러운 면모를 피할 수 없었던 것이 사실이다. 전기적인 연구는 개별적인 작품들에 대한 세밀한 연구보다 한 인간에 대한 실마리들을 제공하는 작품 전체에 대한 연구와 종합을 선호할 수밖에 없었고, 작품 전반을 통해 한 인물의 전체적인 모습을 재구성하려는 경향을 보이는 동시에 종종 비용의 작품을 도덕적이고 교훈적인 측면과 결부시켜 이해하고자 했다.

물론, 전기적이며 고증학적인 연구의 의의와 중요성을 부정하고 간과할 수는 없었지만, 1930년대를 전후로 새로운 경향의 연구들이 속속 이루어지기 시작한다. 이 시기, 풀레L. Foulet, 프랑크G. Frank, 데조네F. Desonay, 시칠리아노Italo Siciliano 등은 앞선 시기의 '전통'을 면밀히 고찰함으로써 중세 전반에 걸쳐 나타났던 제반 주제들이 비용의 재능과 작품 속에서 어떻게 재현되는지를 파악하는 데 주안점을 두었다. 이들 연구자들은 비용의 재능과 그의 위치를 12-15세기에 이르는 장구한 '문학 전통' 속에서 찾으려 시도했으며, 이러한 움직임에 부응하듯 콘스L. Cons는 1930년대까지의 비용 연구 경향과 수용사를 정리한 저서를 1936년 발표한다.[4]

독자들은 비용의 작품이 이른바 '문학 전통'에 속한 것이며, 특정한 작품을 선례로 삼았거나 아니면 그 주제와 형식을 차용한 것이라는 관점에서 《유언의 노래》에 다가서기도 했다. 장 보델Jean Bodel, 아당 드 라 알Adam de la Halle, 보드 파스툴Baude Fastoul 등의 여러 시인들이 남긴 '고별시告別詩', 장 레니에Jean Regnier, 외스타슈 데샹Eustache Deschamps, 피에르 드 오트빌Pierre de Hauteville 등의 작품으로서의 '문학적 유언', 그리고 실제의 '유언장' 등 형식과 발상, 배경과 취지가 유사한 본보기들은 무수히 많았으며, 구체

4 Desonay; G. Frank, "Villon at the Court of Charles d'Orléans", *Modern Language Notes*, 47, 1932, pp. 498-505; $\text{Siciliano}_1$; $\text{Siciliano}_2$; Cons.

적으로 어떤 것이 선례가 되었는지를 파악하기가 매우 어려울 만큼 차이점뿐만 아니라 공통점들을 갖고 있었다. 어떤 이들은 《유언의 노래》에 저자가 전하고자 하는 구체적인 내용 혹은 은밀한 전갈이 감추어져 있을 것으로 보았고, 비용이 어떤 '메시지'를 전하고자 하는지를 밝히는 데 주안점을 두기도 했다.[5] 그의 작품에서 혹자는 '삶의 무상함'이나 '시간의 덧없음'이라는 메시지를, 혹자는 '만인평등의 죽음'과 일종의 '왕생법往生法'에 대한 강조를, 또 어떤 이는 '가난한 자의 항변'이나 '부당함에 대한 호소'를 발견할 수도 있었을 것이다. 혹자는 후원자도 없었고, 또 후원자를 구할 생각마저도 단념한 비용이 자기 자신을 위해, 다시 말하면 그의 또 다른 자아인 '이상적인 독자'와 몇몇 동시대인들을 위해 《유언의 노래》를 작성했으며, 《유언의 노래》는 바로 '자신의 삶에 대한 변명apologia pro vita sua'이라고 말하기도 했다.[6]

또한 이 시기, 시칠리아노의 연구를 통해 《유언의 노래》의 작성연대와 작품의 통일성 문제에 관한 활발한 논의가 이루어졌다.[7] 이후 연구자들은 슈피처L. Spitzer가 밝히고 있듯이 역사적인 증거 자료보다는 작품의 상징적이고 예술적인 가치에 더 많은 관심을 기울였고,[8] 역사적인 인물로서의 비용과 작품의 화자로서의 비용을 구분함으로써 주안점을 비용의 판본 문제, 그의 시와 문체상의 특징 등에 두었고, 텍스트의 의미를 명료하게 밝히는 방향으로 주의를 돌렸다. 1957년 비용의 '어휘집' 간행을 통해 비용의 작품

---

5 "[...] Les oeuvres de Taillevent, Pierre Chastellain, François Villon étaient, pour leurs contemporains, profondément didactiques."(Mühlethaler$_1$, 173) 이러한 경향은 마로Clément Marot가 비용의 판본을 간행하면서 붙인 'Belle leçon de Villon aux enfans perduz', 'Ballade de bonne doctrine à ceux de mauvaise vie' 등의 제명들에서도 확인되는 것이라 할 수 있다. 비용과 독자와의 관계에 대해서는 Fein$_2$를 참조.

6 Barbara N. Sargent-Baur, "Truth-claims as *captatio benevolentiae* in Villon's *Testament*", in *Conjunctures:Medieval Studies in honor of Douglas Kelly*, Amsterdam, Rodopi, 1994, p. 511.

7 《유언의 노래》에는 전체적인 통일성이 결여되어 있으며, 일관성이 없는 부분들을 8행시의 연속을 통해 한데 묶은 것에 불과하다는 시칠리아노의 견해에 대해, 폭스J. Fox, 슈피처, 토게비K. Togeby 등은 《유언의 노래》가 일관된 '통일성'을 보인다는 점을 '구조적'인 차원에서 설명한 바 있다.

8 Spitzer$_1$, 7-22를 참조.

에 대한 깊이 있는 이해를 도모하는 한편 판본 문제와 여러 이형들에 관한 논의를 진일보시킨 뷔르제A. Burger, 비용의 판본 문제와 관련해 중요한 시사점을 제시했던 르쿠아F. Lecoy 등의 연구를 이 시기의 특징적인 연구 가운데 하나로 들 수 있다.[9]

적어도 현대의 연구자들과 독자들은 '현실 효과Effet de réel'와 '현실의 효과Effet du réel'를 구분해야 한다는 점을 잘 알고 있었다. 일상 세계에서 쉽게 상상될 수 있으며 친숙한 요소들을 통해 작품을 사실인 것처럼 여기게 해주는 '현실 효과'와 작품 외부의 역사적인 실제 사실의 영향으로 만들어진 '현실의 효과'는 《유언의 노래》가 부과하는 난점들을 지극히 단순하면서도 명료하게 알려 주는 것이었기 때문이다.[10] 《유언의 노래》를 일종의 역사적인 기록으로 보게 만드는 연도 표시, 수많은 실제 인명과 지명들, 그리고 암시되는 갖가지 사건들은 이 작품이 '현실의 효과' 아래 만들어진 것임을 강조하는 것처럼 보였고, 이로 인해 많은 사람들이 잃어버린 역사적 맥락을 재현하기 위해 노력을 기울였다. 그러나 이러한 시도들은 필연적으로 《유언의 노래》를 파편화시켜 부분적으로 읽고 해석하게 만들었으며, 《유언의 노래》 안에서 역사적인 전거들이 어떤 시적인 기능을 수행하는지에 대한 검토는 자주 배제될 수밖에 없었다. 《유언의 노래》에서 일단 실존 인물의 이름이나 지명이 거론되면, 가상의 사실에 단지 현실감을 주기 위해 이름을 빌렸을 뿐일 수도 있으며 아니면 실제 사실의 영향으로 그 이름이 사용되었을 수도 있는 두 가지 가능성 중에서, 독자는 무의식적으로 어떤 '사건의 줄거리'를 기대하게 되는 경향을 보이며, 이러한 경향은 작품의 해석 방향을 '현실의 효과' 쪽으로 몰아갔다. 명백한 참조 자료들의 결여와 작품 내용상의 불충분함으로 인해, 독자는 자신이 찾는 '사건의 줄거리'를 구성하기 위해 작품을 떠나 역사적인 사실들, 실제 사건들로 자리를 옮겼던 것이다.

비록 외관상으로는 '현실의 효과'가 '현실 효과'를 누르고 우위를 점하

---

9 André Burger, *Lexique de la langue de Villon*, Genève, Droz, 1957; $Burger_2$; $Lecoy_1$.

10 이하 내용은 $Regalado_1$, 63-77의 정리·요약임.

는 것처럼 여겨지지만, 사실 《유언의 노래》에서 엄밀한 의미에서의 '현실의 효과'를 찾기는 어렵다. 《유언의 노래》에서 특정한 정치적인, 사상적인, 혹은 논쟁적인 쟁점들의 영향과 그에 대한 풍자들을 찾아보기란 힘들며, 그런 만큼 더욱 작품은 주변적이며 주관적인 한 개인의 목소리를 부각시키기 때문이다. 비용은 역사적인 참조 자료들과 그 가능성들을 사방에 늘어놓고 중첩시킴으로써, '현실 효과'를 극대화하고 있으며, 이러한 '현실 효과'는 '나'라는 시적 화자의 단일한 목소리를 통해 작품 전반에 펼쳐진다. 시적 화자는 상당 부분 경험적인 존재로서의 '나'의 특질을 공유하고 있다는 '환상'을 만들며, 작가는 텍스트 안에 구축된 '비용Villon'이라는 화자와 실제 인물인 '비용Villon' 사이의 외면적인 간극을 사라지게 하는 데 성공한다.

일례로, 폭스와 같은 연구자는 비용의 시를 지극히 개인적인 '내면 일기'로 간주하면서($\text{Fox}_1$, XII), 비용이 스스로를 복잡하고 불완전한 모습으로 독자에게 제시하며, 그 모습은 우리의 모습과 많은 부분을 공유한다고 말하기도 했다. 그러나 여기서 간과하지 말아야 할 사실은 '개인적'이라는 말을, 실제 인물인 비용, 15세기 시인이자 파리라는 도시에서 생활했던 한 인간의 전기적인 세부 사실들이 여과없이 반영된 것이기보다는, 그의 시의 특징을 지칭하는 말로 이해해야 한다는 점이다. 시적 화자인 '나'는 역사적이고 경험적인 시인인 '나'와 구별되는 것이며, 완전히 동일한 '하나'가 아니라는 점을 잊지 말아야 한다. 그러나 실존 인물인 '비용'과 그가 작품 내내 시적 화자의 이름으로 거명하는 '비용'을 뚜렷하게 구별되는 별개의 존재로 나누는 것은 지극히 어려운 일이었으며, 바로 이 점이 비용의 모습과 《유언의 노래》의 이해에 가장 큰 난관이 되었다고 할 수 있다. 실존 인물이며 경험적인 주체인 '나'와 작품의 화자로서의 '나'가 명확한 구분없이 이리저리 얽혀 있으며, 저자가 텍스트를 쓰고 만드는 동시에 텍스트도 저자의 모습을 만드는 순환구조는 전기적이며 역사적인 '나'를 통한 해석과 시적 화자로서의 '나'를 통한 해석을 모두 가능하게 했기 때문이다.[11]

---

11 $\text{Lacy}_1$, 60-69를 참조.

이러한 난점의 인식은 그다지 새로울 것도 없는 것이며 모두가 익히 알고 주의를 기울이는 것이었지만, 문제는 그 실천이 거의 불가능에 가깝다는 데 있었다. 비근한 예로 과거의 역사적인 사실들을 기술한 연대기를 어떻게 읽어야 할 것인지에 관한 논의를 떠올려 보자. 연대기의 경우 우리는, 한편으로는 엄정한 객관성을 유지하면서 확실한 사료들과 전거들을 통해 기술된 역사적 사실들을 읽음으로써 과거를 재현하고자 하는 역사가들의 방법을 택해야 하며, 다른 한편으로는 기술된 사실들 속에 녹아든 저자의 개성, 사실의 기술에 개입된 저자의 무의식적인 혹은 의식적인 변형과 은폐 나아가 오도誤導를 함께 파악해 내야 한다. 하지만, 비용의 경우는, 연대기와 달리, 역사상의 사실 혹은 분명한 것으로 인정할 수 있는 기반 자체가 미약하거나 없으며, 설령 있다고 해도 이를 확언할 수 없다. 여기서 발레리P. Valéry의 말을 다시 생각해 볼 필요가 있다. 발레리는 비용과 베를렌P. Verlaine에 관한 글에서, "시인들의 전기를 아는 것은 쓸모없는" 일이라고 말하면서 중요한 것은 라신Racine의 사랑이 아닌 페드르Phèdre임을 강조했다. 그러나 저자가 누구인지 알지 못해도 그 작품의 아름다움은 사라지지 않는다는 그의 지적에는 바로 "하지만, 이번에는, 전기적인 문제가 불가피하다"는 입장 철회가 뒤따랐다(Valéry$_1$, 428-429).

당시 유행했던 '신경향'의 영향 아래, 1960-1970년대의 연구들은 역사적인 맥락을 벗어나 비용이 남긴 텍스트 자체로 회귀하는 입장을 보였고, 이러한 시도들은 전기적인 읽기에 대한 과도한 집착에서 탈피하여 비용의 작품을 새로운 시각에서 바라보게 하는 계기가 되었다. 피에르 르 장티P. Le Gentil, 장 뒤푸르네J. Dufournet, 데이비드 쿤D. Kuhn의 이름으로 대표되는 1967년 이후의 연구들이 특히 주안점을 둔 것은 다양한 관점과 접근 방식을 통해 비용과 그의 작품에 내재된 여러 특징들을 규명하려는 시도였다.[12] 쿤은 알랭 드 릴Alain de Lille, 장 드 묑Jean de Meun 등에 의해 대표되었던 '자연Nature'의 철학을 통해 죽음에 맞서는 일종의 '모랄리스트'로서의 비용의

---

12 Le Gentil; Kuhn; $D_0$, $D_1$.

모습을 발견하였다. 뒤푸르네는 비용의 작품 하나하나가 가질 수 있는 다양한 의미들을 전기적 요소에서뿐만 아니라 상징적인 차원에서, 또 여러 '문학 전통'과의 관련성 아래에서 탐구하였고, 1970년에는 당시까지의 연구 경향과 수용사를 정리한 단행본을 발표하였다. 폭스는 문체와 어조, 리듬에 대한 분석을 통해 비용의 독창성을 구명하려 했고, 기로P. Guiraud는 각종 언어학적인 방법들을 활용하여 비용의 은어隱語를 분석하고 《유언의 노래》에 등장하는 여러 고유명사들을 해체·재구성함으로써, 교훈적이고 풍자적인 작품으로 《유언의 노래》를 읽을 것을 제안했다. 비츠E. B. Vitz가 '은유'와 '상징의 가치체계' 차원에서 비용의 작품을 이해하려는 움직임을 보였다면, 브로크마이어P. Brockmeier는 비용의 작품을 당시의 '사회적 맥락' 속에 위치시키면서도 자서전과는 무관한 것으로 읽고자 했다. 프티-모르피O. Petit-Morphy가 '스콜라 철학 및 교육'과의 연관 관계를 통해 비용에 접근했다면, 로스만V. R. Rossman과 조에스트A. J. A. Zoest는 '실제 유언장의 형식과 내용'을 비용을 이해하기 위한 출발점으로 선택했다.[13]

'신경향'은 비용의 '판본사版本史' 측면에서도 부각된다. 1960-1970년대에 간행되었던 판본들의 특징을 논하기에 앞서 여기서 비용의 '판본사'를 간략히 정리해 둘 필요가 있다. 비용의 판본은 주로 네 개의 필사본과 르베의 판본을 기초로 만들어졌다.[14] 마로 이전의 고인쇄본古印刷本들은 대부분 인쇄본 *I*가 원류가 되었던 것이었고, 주로 파리와 리옹 등지에서 간행되었다. 1533년 간행된 마로의 판본은 '텍스트의 확립과 교정'이라는 판본 '간행 원칙'의 출발점이었으며,[15] 1832년 최초의 '현대적' 판본이 간행될 때까

---

13 Fox$_1$; Guiraud$_1$; Guiraud$_2$; Vitz; Brockmeier; Odette Petit-Morphy, *François Villon et la Scolastique*, Paris, Champion, 1977; V. R. Rossman, *François Villon. Les concepts médiévaux du Testament*, Paris, Jean-Pierre Delarge, 1976; A. J. A. Van Zoest, *Structures de deux Testaments fictionnels. Le* Lais *et le* Testament *de François Villon*, The Hague-Paris, Mouton, 1974.

14 네 개의 필사본들은 모두 1480년-15세기 말에 제작된 것으로 추정된다: 필사본 *A*(Paris, Bibliothèque de l'Arsenal, ms. 3523), 필사본 *B*(Paris, B.N., ms. fr. 1661), 필사본 *C*(Paris, B.N., ms. fr. 20041), 필사본 *F*(Stockholm, Bibliothèque royale, ms. V.u. 22). 1489년 간행된 르베의 판본 *I*는 현존하는 가장 오래된 인쇄본으로 추정된다.

15 *LES OEVVRES DE FRANÇOYS VILLON de Paris*, reueues & remises en leur entier

지 저본으로 사용되었다는 점에서 중요한 의의를 갖는다. 프롱소J.-H.-R. Prompsault의 판본이 갖는 중요성은, 이전 판본들을 능가하는 새로운 면모에 대한 그의 강조에서도 알 수 있듯이,[16] 당시까지 인쇄본 *I*를 토대로 이루어졌던 '텍스트의 확립과 교정' 전통에 필사본들에 대한 검토를 처음으로 도입했다는 데 있었다. 프롱소 이후의 특징적인 판본들로는 라크루아Paul Lacroix, 자네P. Jannet, 몰랑L. Moland 등의 판본을 들 수 있다.[17] 한편 1882년 비방크W. G. C. Bijvanck는 최초로 모든 필사본들을 참조하여 《유증시遺贈詩》의 판본을 간행한다. 그러나 가장 우수한 필사본을 저본으로 택하기 위해 모든 필사본들을 검토하였던 비방크의 시도는 1892년 간행된 롱농의 판본에는 큰 영향을 주지 못하였다. 롱농은 인쇄본 *I*를 기준으로 삼고, *I*의 텍스트가 불분명하거나 오류인 경우에만 다른 필사본들을 참고했던 것이다.

---

par Clement Marot valet de chambre du Roy, Paris, Galiot du Pre, 1533.

16 "L'édition que nous offrons au public n'a rien de commun avec celles dont nous venons de parler: c'est un travail absolument neuf. Indépendamment des découvertes que nous avons faites, il nous a été possible, en rapprochant de l'édition donnée par Marot celles qui l'avoient précédée et les manuscrits que nous avons eus entre les mains, de rétablir en plusieurs endroits le véritable texte de Villon. Nous avons aussi rétabli la quantité de plusieurs vers défectueux qui avoient passé inaperçus sous les yeux de Marot. [...] Il y a tant de fautes dans les anciennes éditions et même dans les manuscrits, que nous avons été quelquefois dans la nécessité d'abandonner toutes ces versions incorrectes pour en former une qui nous a paru devoir être celle de Villon."(JHRP, 58-60).

17 라크루아는 세 번에 걸쳐 판본을 간행하였다. 1854년 판본이 프롱소의 텍스트를 기초로 구두법과 어휘 등을 수정한 것이라면, 1866년 판본은 1855년에 그가 최초로 발견했던 필사본 *A*를 토대로 작성되었다. 1877년 판본은 1867년 간행되었던 자네의 판본(*Œuvres complètes de François Villon, suivies d'un choix des poésies de ses disciples*, édition préparée par La Monnoye, mise au jour, avec notes et glossaire, par Pierre Jannet, Paris, E. Picard, 1867)에 직접적인 영향을 받은 것이다: *Œuvres complètes*, nouvelle édition, revue, corrigée et mise en ordre avec des notes historiques et littéraires par P. L. Jacob, bibliophile, Paris, P. Jannet, 1854; *Les deux Testaments de Villon*, suivis du Bancquet du Boys, nouveaux textes, publiés d'après un manuscrit inconnu jusqu'à ce jour, et précédés d'une notice critique par Paul L. Jacob, Bibliophile, Paris, Académie des Bibliophiles, 1866; *Œuvres de François Villon*, publiées avec préface, notices, notes et glossaire, par Paul Lacroix, Paris, Librairie des Bibliophiles, 1877. 자네의 판본을 저본으로 삼고, 롱농의 연구 성과를 반영한 몰랑의 판본은 이후 1893, 1914, 1925년 등 여러 차례에 걸쳐 재간행되었다: *Œuvres complètes de François Villon*, publiées avec une étude sur Villon, des notes, la liste des personnages historiques et la bibliographie, par Louis Moland, Paris, Garnier frères, 1879.

롱농은 1911년 두 번째 수정판을 간행하며, 이후 풀레가 판본 수정에 참여하게 됨에 따라, 이른바 롱농-풀레Longnon-Foulet 판본이 모습을 드러내게 된다.[18] 마로, 뒤 세르소P. Du Cerceau, 프롱소 등의 '전통'을 계승한 롱농-풀레 판본은 여러 필사본들의 상대적인 장점을 살려 각각의 경우에 가장 적합한 텍스트를 선택하는 것을 원칙으로 삼았으며, 내용상의 적합성 여부를 떠나 개별 판본의 텍스트보다는 보다 많은 필사본들에서 공통적으로 제시되는 텍스트를 우선적으로 선택하였다. 그렇기에 롱농-풀레 판본은 각종 필사본들의 이형이 혼재된 일종의 '재구성' 판본이 될 수밖에 없었고, 각각의 필사본들과는 많은 차이를 보이게 된다. 튀안의 판본을 제외한다면, 거의 대부분의 판본들이 롱농-풀레 판본의 연장선상에 자리를 잡으며, 장루아A. Jeanroy, 기에트R. Guiette 등의 판본뿐만 아니라 비용의 작품을 현대어로 옮겼던 랑리A. Lanly의 1969년 번역본이나, 미셸P. Michel의 판본 역시 이러한 계열에 해당하는 것이었다.[19]

뒤푸르네에 의해 활성화된 두 번째 계열의 판본은 텍스트의 '재구성'보다는 '저본의 충실한 재현'과 '원류로의 회귀'를 강조한 것이 특징적이다. 여러 필사본들과 고인쇄본들의 상호 관련성을 검토한 이후, 판본 간행자들은 15세기 중반에 만들어진 것으로 추정되는 필사본 *C*를 저본으로 삼는 경향을 보였다. 153장으로 이루어진 필사본 *C*는 다른 필사본들에 비해 누락된 부분이 거의 없으며, 연대상으로도 작가의 생몰 연대에 근접한 것이라는 장점이 있었기 때문이다. 이러한 '신경향'의 대표적인 결과물인 리슈네J. Rychner와 앙리A. Henry의 판본은 지난날 롱농-풀레 판본이 누리던 지위를 차지하게 되며, 필사본 *A*에 기초하여 《유증시》의 판본을 간행했던 디 스테파노G. Di Stefano를 비롯한 오늘날 대부분의 판본들은 리슈네와 앙리 판본의 전통

18 *Œuvres*, éditées par un ancien archiviste(Auguste Longnon), Paris, Champion, 1911. 이 판본은 1892년 판본을 기준으로 삼아 파리스의 지적을 반영한 것이었다. 이후 풀레의 참여로 *Œuvres*, éditées par Auguste Longnon, revue par Lucien Foulet, Paris, Champion, 1914가 간행된다.

19 RG; $LA_1$; PM.

을 따르게 된다.[20]

1980년대 이후, 비용에 관한 오늘날의 연구는 크게 텍스트의 확정과 이형에 관한 논의에 주안점을 두는 연구, 작품의 해석과 이해의 폭을 넓히기 위해 특정 단어나 속담, 개별적이거나 관례적인 표현 등이 함의할 수 있는 의미와 특징적인 기법들을 검토하는 연구, 비용의 생애를 밝히기 위한 역사적이며 전기적인 면에 주안점을 두는 연구, 특정 작품의 의미와 개별 작품들의 상호 연관성에 관한 연구, 작품 전체의 성격과 통일성에 대한 연구, 비용과 다른 작가의 작품 또는 비용과 '전통'과의 관련성 여부를 검토하는 연구, 비용의 작품에 내재된 특징들과 그의 독창성에 대한 연구 등, 다양한 측면에서 전개되었다.[21]

샹피옹이 행했던 연구의 연속선상에 위치한 파비에J. Favier의 연구에서 볼 수 있듯이, 비록 드라고네티R. Dragonetti 등에 의해 강한 비판을 받은 바 있지만, '목적'이 아닌 '수단'으로서의 역사적-전기적인 연구와 작품 외적인 요소들에 대한 고찰은 비용의 작품을 이해하기 위해 또 시인의 의도를 파악하기 위해 필수적이었다는 점에서 계속 진행되어 왔다.[22] 뮐르탈레 등은 비용과 당대의 다른 시인들과의 관련성을 세밀하게 규명하려는 시도를 보였고, 쿠프만과 베뤼크는 비용의 작품에 나타나는 연극적인 특징들에서 '비용과 연극'과의 관련성을 입증하고자 했다.[23] 뒤푸르네는 비용의 작품에서 '불확실성'의 철학을 발견했으며, 새전트-바우르는 성서의 욥Job과 미사

---

20 *Poésies*, édition établie par J. Dufournet, Paris, Gallimard, 1973; $RH_1$; $RH_2$; GDS. 그러나 '원전 보존판édition diplomatique'과 '원전 비평판édition critique'이 일종의 대역본의 형태로 구현된 새로운 판본의 간행이 필요하다는 점을 강조할 필요가 있다.

21 1990년 이전의 비용 연구에 대해서는 R. D. Peckham, *François Villon: A Bibliography*, New York-London, Garland, 1990; R. Sturm, *François Villon. Bibliographie et matériaux littéraires 1489-1988*, 2 vol, München-London-New York-Paris, K. G. Saur, 1990 등을 참조. 1990년 이후의 연구 서지에 대해서는 인터넷 웹사이트 'Société François Villon'(http://www.utm.edu/staff/globeg/villon.shtml)과 Rika Van Deyck, "Pour un panorama des études villoniennes", *Le Moyen français*, 46-47, 2000, pp. 583-590을 참조.

22 Favier; Roger Dragonetti, "La soif de François Villon", in *Villon Hier et Aujourd'hui*, Paris, Bibliothèque historique de la Ville de Paris, 1993, pp. 123-136.

23 $Mühlethaler_1$; SJT.

전례를 바탕으로 비용을 이해하려는 모습을 보였다. 핀케르넬은 《유증시》와 《유언의 노래》에 포함되지 않은 독립적인 시들을 모은 '단장시편斷章詩篇'을 중심으로 샤를 도를레앙Charles d'Orléans과 비용과의 관계를 규명하려는 적극적인 시도를 보였고, 헌트T. Hunt는 텍스트에 내재된 대화적인 특징과 수사적인 측면들을 부각시키는 연구를 진행했다. 또 테일러J. H. M. Taylor는 《유언의 노래》에 삽입된 발라드들을 중심으로 '상호텍스트성'을 파악하려는 시도를 통해, 비용의 시와 다른 작가들의 작품들을 상호 교차시켜 보완적으로 읽고자 했다.[24] 1990-2000년대에는, 그동안의 연구 성과들을 반영한 티리, 랑리, 뒤푸르네, 뮐르탈레 등의 새로운 판본들이 속속 간행되었다.[25] 1989년에는 피에르 르베의 판본 간행 500주년을 기념한 최초의 '비용 연구회합'이 열리며, 두 번째 회합이 1996년에, 그리고 세 번째 회합이 2000년 개최된다. 뿐만 아니라, 2005년에는 '비용과 파리'를 주제로 한 전시회가 개최되기도 한다.[26] 이 모든 연구들은 비용의 내재적이며 본질적인 면모에 대한 규명과 함께 비용의 작품에 대한 충실한 '직역直譯'으로서의 '읽기'를 지향하는 것이라고 정리할 수 있다.

여기서 《유언의 노래》가 극대화된 '현실 효과'가 실린 '화자'의 목소리를 통해 이야기를 펼치는 작품이라는 점을 역으로 생각해 볼 필요가 있다. 《유언의 노래》의 이곳저곳에서 '현실의 효과'와 실존 인물로서의 '나', 역사적인

24 Pinkernell; $Hunt_1$; Taylor.

25 CT; $LA_2$; DF; JCM.

26 J. Dérens, J. Dufournet et M. Freeman(éd.), *Villon Hier et Aujourd'hui*, actes du Colloque pour le cinq-centième anniversaire de l'impression du *Testament* de Villon, Bibliothèque historique de la Ville de Paris, 15-17 décembre 1989, Paris, Bibliothèque historique de la Ville de Paris, 1993; M. Freeman & J. H. M. Taylor(ed.), *Villon at Oxford. The drama of the text,* proceedings of the Conference held at St. Hilda's College Oxford March 1996, Amsterdam, Rodopi, 1999; J. Dérens, J. Dufournet et M. Freeman(éd.), *Villon et ses lecteurs,* actes du colloque international des 13-14 décembre 2000 organisé à la Bibliothèque historique de la Ville de Paris, Paris, Champion, 2005; PSF. 그리고 2006년 12월 15-17일에 열렸던 연구회합의 성과물이 2011년 단행본으로 출간되었음을 부기해 둔다 (Jean Dufournet et Marcel Faure(éd.), *Villon entre mythe et poésie,* actes du colloque organisé les 15, 16 et 17 décembre 2006 à la Bibliothèque historique de la Ville de Paris par Michael Freeman, Jean Dérens et Jean Dufournet, Paris, Champion, 2011).

존재로서의 비용의 흔적을 찾도록 강제한 해석 경향은 사실상《유언의 노래》자체가 후대의 독자들에게 부과한 하나의 '독법讀法'이었다. 이러한 '독법'에 덧붙여진 무수한 난제들, 작품 전편에 걸쳐 거의 매 시구詩句마다 사용되는 반어법과 풍자, 아이러니, 끊임없는 말장난과 신소리, 시간의 흐름을 통해 소실된 갖가지 맥락들에서, '비용'의 모습은 총체적인 하나의 모습, 단일한 하나의 모습으로 제시될 수 없었다. 또 비용이 마셨던 온갖 '수치와 치욕의 잔', 그 고통스러운 기억들은 비용의 의지에 순종하지 않았다. 때로는 적절한 시간에, 때로는 가장 적절하지 못한 시간에 그 기억들은 떠오르곤 했다. 좌절과 고통, 절망과 체념의 깊이만큼 비용은 현실을 더 생생하게 느끼게 되고, 그의 몸으로 직접 느끼는 현실은 그를 또다시 회한과 한탄 속으로 밀어 넣었다. 현재를 잊기 위해, 아니 현실을 지탱하기 위해, 비용은 과거의 기억들을 하나씩 하나씩 풀어 놓고, 풀려 난 과거는 그를 다시 불편하게 만들고는 더욱 불투명하고 불확실한 현재로 되돌려 놓는다. 이러한 측면에서 비용의 작품은 동시에 선조성을 가지면서 순환되는 원무圓舞와도 같았다. 이러한 점에서 후대의 독자들이 저마다 강조하고 받아들인 비용의 모습은 모두 어느 정도의 진실이 담긴 것이라 할 수 있다.[27]

우리의 연구는, 비용의 시적 실천에 대한 고찰과 비용의 작품에 대한 충실한 '직역'으로서의 '읽기'를 통해, '비용의 진실', '비용의 진면모'를 파악하려는 시도이다. 그러나 이 말이, 지금까지 우리가 간략하게 검토했던 '연구사'

---

27 일례로, 하베크F. Habeck는 1968년 5월에 있었던 '학생혁명'의 영향 아래, 비용을 학생들의 '수호성인'처럼 그렸고(*Villon oder Die Legend eines Rebellen*, Wien-München-Zürich, Verlag Fritz Molden, 1969; *Villon ou la légende d'un rebelle*, traduit de l'allemand par Élisabeth Gaspar, Paris, Mercure de France, 1970), 동구권 및 독일에서는 비용을 경찰국가에 대한 비판자이자 망명자, 나아가 무정부주의자로 그리기도 했다(Edelgard E. DuBruck, "François Villon en Allemagne", in *Villon Hier et Aujourd'hui*, Paris, Bibliothèque historique de la Ville de Paris, 1993, p. 234; O. Süpek, "Villon en Hongrie", in *Villon Hier et Aujourd'hui*, Paris, Bibliothèque historique de la Ville de Paris, 1993, pp. 249-258). 이렇듯 다양한 유형으로의 변신은 사실 비용의 시에 빈번하게 나타나는 권력자와 사회에 대한 암묵적인 비난과 대립구도, 비용의 풍자적인 면모와 비판적인 학생 기질, 그가 자주 강조하는 '추방'과 '빈곤' 등에서 출발한 것이기도 했다.

에서도 알 수 있었듯, 하나의 척도나 단일한 기준으로 비용의 작품에 접근해야 한다는 것을 의미하는 것은 아니며, 모든 부분들이 조화를 이룬 일종의 '통합체'로서의 비용을 단번에 재구성할 필요가 있다는 것을 뜻하지도 않는다. 우리는 무질서하고 갈피를 잡을 수 없는 것처럼 보이는 무수한 시도들의 연장선상에서 출발할 것이며, '비용'을 그대로 재구성하기 위해서는 비용 자신으로부터, 후대의 독자들로부터, 또 그에 관한 모든 전설들로부터 만들어진 갖가지 부분들을 한데 모아야만 한다는 점을 부정하지 않을 것이다.

제1장 '프랑수아 비용의 초상肖像'에서 우리는 후대가 비용을 어떤 모습으로 받아들여 왔는지, 또 비용에 관한 언급들은 세기별로 어떻게 차별화되었는지, 그리고 그 '인식의 변화'는 어떠했는지를 개략적으로 살펴볼 것이다. 우리의 서술은 15세기부터 19세기 후반에 이르는 기간을 범위로 택할 것이며, 이러한 검토는 본격적인 연구가 시작되는 출발점이라 할 수 있을 1872년 이후 오늘날에 이르기까지 비용 연구의 밑바탕이 어떻게 형성되었는지에 대한 일종의 '확인 작업'이 될 것이다. 비용의 모습에 대한 '재현'을 검토한 다음으로는 1456년 비용이 쓴 첫 작품인 《유증시》의 내용과 특징을 개괄적으로 서술할 것이다. 이는 비용의 초기 작품인 《유증시》가 독자에게 어떤 인상을 심어 주게 되는지, 또 비용은 이 작품 속에서 스스로를 어떻게 그리고 있는지를 확인함으로써, 이후의 작품들과의 공통점과 차이점을 파악하기 위한 보충 작업의 성격을 갖는다.

제2장에서는 《유증시》를 남긴 이후 《유언의 노래》를 쓰기 전까지에 해당하는 기간 동안, 비용의 상황이 어떠했는지를 짚어 보고, 이 시기에 속하는 작품들의 특징적인 면모들에는 어떤 것이 있는지를 중심으로 논의를 펼칠 것이다. 우리의 주안점은 《유언의 노래》에 속하지 않는 '단장시편'의 독립된 발라드들을 통해, 이 시기를 특징짓는 '방랑'과 '투옥' 그리고 샤를 도를레앙의 음영陰影이 이전의 비용 그리고 이후의 비용과 맺게 될 관련성의 규명에 놓여질 것이다.

제3장부터 제5장까지의 논의는 비용의 《유언의 노래》를 중심으로 이루

어질 것이며, 우리는 《유언의 노래》가 보여 주는 '다양성'과 '모호성'을 우선 두 가지 방향에서 읽어 나갈 것이다. 첫 번째로 제3장에서는 성서의 〈시편〉과 〈욥기〉를 통해 비용의 《유언의 노래》를 검토할 것이다. 《유언의 노래》의 '다층적인 구조'를 파악하기 위한 우리의 논의는 《유언의 노래》의 시작 부분, 즉 '시간'과 '죽음의 무도舞蹈'를 노래하는 부분에 대한 고찰과 비용의 '다시 쓰기' 기법을 축으로 진행될 것이다. 두 번째로 제4장에서는 《유증시》로서의 《유언의 노래》에 대한 분석을 통해, '《유증시》로의 회귀'가 갖는 구체적인 의미, 《유언의 노래》에 삽입된 발라드들의 특징과 의의, 그리고 비용과 파리Paris와의 관계 등을 살펴볼 것이며, 비용이 행하는 '기억 속의 재건축'을 통해 제4장은 마지막 장으로 이어질 것이다. 제5장은 제1장과 그 맥을 같이한다. 우리는 《유언의 노래》의 마지막 부분에 대한 고찰을 통해 비용 자신이 보여 주는 다양한 '변용'이 암시하는 기묘한 '시학'이자 '철학'의 성격을 짚어 볼 것이며, 이러한 논의는 그의 시의 방법이자 내용이었던 다양하면서도 모호한 '변용'에 대한 폭넓은 이해로 이어질 수 있을 것이다.

우리의 논의는 비용의 시에서 표출되는 불확실함과 모호함, 그리고 난해함이 그의 시의 방법이자 내용이었다는 바탕 위에서 출발하며, 한 가지 해답을 강제하며 여러 가능성들 가운데 하나의 사실과 의도만을 규명하는 것을 피함으로써, 세부 정황을 드러내기보다는 교묘히 은폐하며, 시인의 의도를 정확히 파악하지 못하게 하는, 나아가 시의 내용을 불투명한 것으로 만드는 말과 표현들의 가능성들을 있는 그대로 제시하려고 노력할 것이다. 비용은 이미 확립된 전통의 틀 안에 안주하면서, 모조된 감정과 정형화된 논리를 통해 자신의 처지를 이야기하고 이해시키려고 애쓰지 않았다. 비용의 시는 주조된 감정과 고통의 토로 그리고 규격화되고 정식화된 말의 힘에 의지하여 인간의 고통과 전망을 논하려고 하는 것도 아니며, 단순한 말장난이나 기분전환의 일환으로서 재기를 뽐내는 것도 아니다. 그의 시에는 장난과 진실, 우스꽝스러움과 비장함, 기억과 현실이 모두 함께 한 자리에 있으며, 모든 것이 한 덩어리로 거기에 있다.

# 제1장 프랑수아 비용의 초상

## 1. 비용의 전설

비용의 작품 속에서 우리가 자전적自傳的이라 여기게 되는 지표들을 통해 받아들이는 비용의 모습과 비용 자신이 의도적으로 혹은 무의식적으로 제시하는 스스로의 모습들은 서로 보완되는 경우도 있지만 많은 경우 대비되고 상충되는 양상을 보인다. 매우 괴상한 모습으로 과장 또는 비하되고, 통일성보다는 혼란과 불균형을 더 많이 초래하는 이러한 모습들에서, 당대의 독자들뿐만 아니라 후대의 독자들 역시 어떤 모습의 비용을 받아들여야 하는지에 대해 혼란을 겪을 수밖에 없었다. 또 비용의 작품에서 이야기되거나 암시된 내용들과 고문헌 자료들을 통해 밝혀진 사실들은 서로 뒤섞여, 여기서 갖가지 가설들과 전설들이 양산되기도 했다. 이렇게 파생된 것들 가운데, 비용이 1480년 메츠Metz를 여행했다는 전설은 우리의 논의에 출발점이 될 만하다.[1]

티리오는 몇 가지 연대기들의 내용을 증거로 들어,[2] "1480년 6월, 몇 명의

1 G. Thiriot, "Villon à Metz", *Le pays lorrain et le pays messin*, 1, 20 janvier 1911, pp. 23-26.

2 "Villon est donc venu à Metz, et nos vieilles chroniques en fon foi. Seulement son séjour à Metz fut de courte durée, juste le temps de faire une de ses escapades dont il était coutumier. Voici le fait tel que nous le trouvons narré dans les chroniques de Huguenin (p. 436) et dans celle de Jehan Aubrion (p. 107 et 110)."(Demarolle$_2$, 128에서 재인용).

유쾌한 젊은이들, 장 망쟁, 프랑수아 비용, 장 르 프레보 등이 한데 모여" 일종의 '무전취식無錢取食' 향연을 벌였다고 주장했다.[3] 이러한 주장에 대해 드마롤은 티리오가 인용한 연대기들에는 비용에 관한 언급이 전무했으며, 그가 언급하지 않았던 필리프 드 비뇔Philippe de Vigneulles의 연대기[4]에 비용과 관련된 언급이 있음을 지적했다(Demarolle$_2$, 129). 그 결과 티리오가 조악한 판본을 사용했으며, 여기에 실린 "제2의 파리 태생 프랑수아 비용과 같았던 장 망쟁"[5]이라는 내용에서, 쉼표가 'et' 앞에 있는 것으로 문장을 잘못 읽음으로써 주어의 속사였던 표현을 다른 인물로 이해하고, 이를 '장 망쟁과 또 다른 한 사람, 즉 파리 태생 프랑수아 비용'('Jehan Mangin, […] — qui estoit un grant farceur —, et ung aultre, maistre Françoys Villon de Paris')으로 해석했음이 밝혀졌다. 티리오의 주장은 한마디로 말해 부주의한 오독으로 인해 생겨난 언급할 가치가 없는 일종의 해프닝에 해당하지만, 그럼에도 불구하고 시사하는 바가 없지 않으며 한 가지 중요한 사실을 짐작하게 해준다. 그것은 바로, 이미 당대부터 비용을 '무전취식의 대가' 및 '유쾌한 악당, 무뢰배'의 전형으로 생각하고 있었다는 점이다. 이러한 현상의 근원과 이유가 어디에 있었는지를 파악하기 위해, 15-19세기에 이르는 기간 동안의 '비용의 초상'을 개괄적으로 살펴볼 필요가 있다.

1462년 말, 비용은 거리에서의 난투극으로 인해 체포되어 샤틀레 감옥에 구금되며, '사형死刑'을 선고받는다. 이후 '사형 선고'가 '10년 동안의 파리 추방령'으로 감형된 후, 시인 프랑수아 비용의 행적과 자취는 이후 어디에서도 찾을 수 없게 된다.[6]

---

3 "En l'an de grâce 1480, au mois de juin, plusieurs joyeux garçons s'étaient réunis, Jehan Mangin, […], "qui estoit un grand farceur", maître Françoys Villon de Paris, Jehan le Prévost, […] Il s'agissait pour eux de se procurer un festin à bon marché, et probablement que maître Villon qui était expert dans la matière, leur en indiqua le moyen."(Demarolle$_2$, 128에서 재인용).

4 *La Chronique de Philippe de Vigneulles et la mémoire de Metz*, éd. Pierre Demarolle, Orléans, Paradigme, 2000을 참조.

5 "Jehan Mangin, […], qui estoit un grant farceur et ung aultre maistre Françoys Villon de Paris […]"(Demarolle$_2$, 130에서 재인용).

나는 프랑수아, 이 점이 나를 무겁게 짓누르니,
태어난 곳은 파리, 퐁투아즈 부근.
일 투아즈 길이의 밧줄에
내 목은 내 엉덩이 무게를 알게 되리라.[7]

1462년 12월 말 혹은 1463년 1월 초, 교수형을 선고받고 나서 쓴 것으로 추정되는 짧은 〈4행시〉에서, 비용은 당시 동일하게 발음되었던 자신의 이름과 국적을 가지고 말장난을 행한다. 여기에는 범죄자로 단죄받은 자신의 신원을 유감으로 생각한다는 의미와 함께 '페르부Ferrebouc 사건'의 중심인물이었으며 후일 결국 사면을 받게 되는 로뱅 도지Robin Dogis처럼(CT, 308), 자신이 파리 출신이 아닌 사부아 지방 사람이었으면 보다 완만한 법 집행의 혜택을 누릴 수 있었을 것이라는 의미가 중첩되어 있다(Schwob, 119-122; $RH_1$, 125).[8] 비용은 짧은 네 줄 안에, 대도시를 소도시와 결부시켜 말하는 장난스러움을 드러내는 동시에 'Pontoise'에 부여되곤 했던 여러 의미들을 덧붙이며($D_2$, 241-246), 마지막 4행에 가서는 여러 선례들을 찾아볼 수 있는 '거칠고 천박하게 말하는 방식'으로 말을 마무리한다.[9] 16세기의 라블레F. Rabelais 역시 위에서 인용한 비용의 〈4행시〉를 떠올리면서, 이를 《제4서*Le Quart Livre*》에 다음과 같이 적는다.

나는 파리 태생 바보가 아닌가?

---

6 15-19세기의 비용 수용과 재현된 비용의 초상에 대해서는 주로 $D_0$; Cons; Léon et Frédéric Saisset, *Le Grand Testament de François Villon*, Paris, Société Française d'Éditions Littéraires et Techniques, 1937, pp. 101-150 등을 참조하였으며, 이하의 논의는 그 정리·요약임을 밝힌다.

7 "Je suis François, don't il me poise,/Né de Paris emprés Pontoise,/Et de la corde d'une toise/Saura mon col que mon cul poise."(Quatrain, vv. 1-4)

8 G. Chevallier, "Un complice savoyard de François Villon", *La Revue Savoisienne*, 134, 1994, pp. 122-131을 참조.

9 튀안은 "Je dirai de Fortune, encore ains que m'en voise,/Quant Fortune a a homme doné d'avoir grant poise,/Se il s'en orguillist et maine fole noise,/Bien tost porra sa goule savoir que son cul poise.", "De combatre se tuit por sot,/Qu'au darrenier sa goule sot/Combien son cul pesant li fu." 등의 예를 들고 있다(TH, III, 600-601).

Epitaphe dudit Villon

Freres humains qui apres no9 viues
Nayez les cueurs contre no9 endurcis
Car se pitie de no9 pouurez auez
Dieu en aura plustost de vous mercis
Vous nous voies cy ataches cinq six
Quāt de la char q̄ trop auōs nourrie
Ellest pieca deuouree et pourrie
et no9 les os deuenōs cēdres & pouldre
De nostre mal personne ne sen rie
Mais pries dieu que tous nous vueil
le absouldre g iii.

고인쇄본 /(Pierre Levet, 1489)에 수록된
〈목 매달린 자들의 발라드〉와 삽화

파리 태생, 내 말인즉, 퐁투아즈 부근
일 투아즈 길이의 밧줄에
내 목은 내 엉덩이의 무게를 알게 되리라.[10]

라블레의 기억 속에서는 비용의 이름이자 국적인 '프랑수아'가 강조되는 대신 '파리 태생 바보'가 부각되며, 그를 '무겁게 짓누르'던 근심은 자취를 감춘다. 이러한 '어리석음'은 프랑스에서 추방된 비용이 영국으로 건너가 국왕 에드워드 5세의 보호를 받을 때 드러내는, 희화적인 모습의 가장된 '바보'가 보이는 어리석음과 다르지 않으며, '골족 기질'의 재기 넘치는 '어리석음'에 가깝다.[11]

> 하루는, 앞에서 말했던 왕이, 〔남이 대신할 수 없는〕 용무를 보면서 비용에게 그림으로 그려진 프랑스의 문장紋章들을 보여 주었고 이렇게 말했다. "내가 그대의 프랑스 왕들에게 어떤 경의를 표시하는지 그대도 알겠지? 나는 이 문장들을 다른 어느 곳도 아닌, 오직 여기 은밀한 곳, 내 변기통 옆에 둔다네." (Rabelais$_1$, 268)

이 말에, 비용은 변비로 시달리는 고령의 왕의 항문에 매일 관장약을 집어넣는 대신 은밀한 곳에 프랑스의 문장을 그리게 한 시의侍醫의 효과적인 처방에 찬사를 보내며 이렇게 대답한다.

> 그도 그럴 것이, 그저 이 문장들을 보기만 해도, 폐하께서는 매우 무시무시

10 "Ne suys je badault de Paris?/De Paris, diz je, auprès Pontoise,/Et d'une chorde d'une toise/Sçaura mon coul que mon cul poise..."(Rabelais$_1$, 269) 우리말 번역의 경우, 라블레, 《가르강튀아와 팡타그뤼엘》, 민희식 역, 을유문화사, 1979; 프랑수아 라블레, 《팡타그뤼엘 제4서》, 유석호 옮김, 한길사, 2006을 참조.

11 라블레가 《제4서》의 67장에서 비용을 일종의 '애국자'로 그리는 것과 1501년 간행된 선집인 《쾌락의 정원과 수사修辭의 꽃*Le Jardin de Plaisance et fleur de Rhétorique*》에 비용의 〈프랑스의 적들에 대한 발라드Ballade contre les Ennemis de la France〉가 수록되었던 사실 사이에는 분명 상당한 영향 관계가 있을 것으로 여겨진다.

> 한 공포와 두려움을 느끼실 것이며, 그 즉시 파이오니아의 들소 열여덟 마리만큼의 용변을 보실 것이니 말입니다. 만일 이 그림이 폐하 처소의 다른 곳, 〔이를테면〕 폐하의 침소나 거실, 예배당이나 회랑 혹은 그 밖의 다른 곳에 있었다면, 하느님 맙소사!, 폐하께서는 그것들을 보는 매 순간마다 도처에 변을 지리셨을 것입니다. ($Rabelais_1$, 268-269)

라블레는 비용을 여러 번 이러한 모습으로 그린다. 우선, 《팡타그뤼엘》 제30장에서 에피스테몽은 지옥에 떨어진 자들의 처지가 생각하는 것만큼 나쁘지는 않았지만 "그들의 신분은 기이하게 변해 있었"음을 전한다. 알렉산드로스 왕은 낡은 신발을 수선하며 연명하고, 로물루스는 소금 장수가 되었으며, 원탁의 기사이자 '호수의 기사'로 잘 알려진 랑슬로는 죽은 말의 가죽을 벗기는 백정으로, 트로이의 영웅 헥토르는 주방 심부름꾼, 아서 왕은 모자의 기름얼룩을 없애는 일을 하는 지옥에서, 교황 행세를 하는 장 르메르 드 벨주Jean Lemaire de Belges와 이단 심문관이 된 바뇰레의 의용병 궁수 사이에 비용의 모습이 나타난다.[12]

> 저는 프랑수아 비용 선생을 보았는데, 크세르크세스에게 이렇게 묻더군요. "겨자 1드니에어치가 얼마지?" 크세르크세스는 "1드니에지요"라고 대답했습니다. 이 말에 비용은 그 자에게 이렇게 말하더군요. "이 악당, 사일열四日熱을 받아라! 은화銀貨가 동화銅貨 가치밖에는 없는데, 네가 여기서 우리한테 먹을 것 값을 부풀려 받느냐?" 그런 연후 파리의 겨자 장수들이 하듯, 나무통 속에 오줌을 갈기더군요. ($Rabelais_2$, 490)

지옥에서도 '무뢰배'의 기질을 버리지 못한 비용이 만년晩年에도 이러한 모습을 보이지 않았을 리 없으니, 《제4서》의 13장은 만년의 비용에 대해 다음과 같이 말한다.

---

12 $Rabelais_2$, 482-491; $D_0$, 12-13을 참조. 우리말 번역의 경우, 프랑수아 라블레, 《가르강튀아 | 팡타그뤼엘》, 유석호 옮김, 문학과지성사, 2004를 참조.

> 프랑수아 비용 선생은, 만년에, 푸아투의 생 멕상에 은거하였고, 그곳의 사제인 어느 선량한 이가 호의를 베풀었다네. 그곳에서 비용은, 사람들이 재미있게 시간을 보내게 하고자, 푸아투 지방의 방언과 몸짓을 쓰는 수난극을 공연하고자 했지. (Rabelais$_1$, 82)

등장인물들의 의상으로 사용할 제의와 영대를 어느 수도사에게 빌리려다 거절당한 비용은 배우들을 악마로 변장시켜 불꽃을 터뜨리고 종을 울리며 고함을 지르게 만든다. 탁발托鉢에서 돌아오던 수도사는 이 광경을 보고 크게 놀라 낙마하며, 머리가 박살나고 사지가 떨어져나간 처참한 몰골이 되어 비용의 청을 거절한 댓가를 치른다. 《제4서》 13장에서 소개되는 이 일화는 《유언의 노래》의 "〔파리 태생임에도 불구하고〕 내가 푸아투 지방 말을 조금 한다면, 그것은 두 귀부인이 나에게 가르쳐 준 것이다"[13]라는 구절과 "그녀들은 매우 아름답고 우아하며, 바로 브르타뉴와 푸아투 사이, 생 쥘리앵 드 부방트 근처, 생 제네루에 살고 있다"[14]라는 구절에서 비롯하며,[15] 여기에 '10년 동안의 파리 추방령'에서 상상된 내용이 더해져 《제4서》 67장의 일화가 만들어진 것이다. 라블레가 제시한 비용의 모습은 일체의 비장함도 보이지 않는 '유쾌한 무뢰배'이자 '장난스런 악한'의 모습이며, 《여우 이

13 "Se je parle ung poy poictevin,/Ice m'ont deux dames apris." (T, CIII, vv. 1060-1061)

14 "Illes sont tres belles et gentes,/Demourant a Saint Generou/Prez Saint Julïen de Voventes,/Marche de Bretaigne a Poictou." (T, CIV, vv. 1062-1065)

15 풀레는 당시 은어로 사용되던 'Poitou'의 의미에 기초하여 다음과 같은 해석을 제시했다: "[...] vers la fin du XV$^e$ siècle l'emploi du nom de cette province était courant pour désigner soit un pays fictif, non existant, soit un pays où l'on dit non: les deux nuances se tiennent de près." (Foulet$_2$, 122) 르쿠아는 이미 13세기부터 이 지역과 그 거주민들의 '신의 없음, 불충함, 배신을 일삼는 경향'에 대한 비난이 있었음을 지적하였으나, 이에 대해 뒤부아는 이러한 비난이 이미 그 이전부터 성행했던 것임을 부기하면서, 다음과 같은 의미를 보충했다: "«Pour permettre au naïf qui a eu foi en elle de recevoir en Poitou ce qu'elle lui a promis, elle a construit autour de son pays d'élection un retranchement nommé Trahison...», la phrase ayant bien entendu une valeur ironique, puisque l'effet de cette construction est d'interdire à la dupe l'accès du pays, donc de la priver de ce qui lui est dû." (M. Dubois, "Poitou et Poitevins (De Benoit à Villon)", *Romania*, 80, 1959, p. 248). 아울러 RH$_2$, 155; Champion, II, 91; D$_1$, 55-57 등을 참조.

야기*Roman de Renard*》의 주인공인 '여우'와 다를 바 없다. 그러나 라블레가 만들어 낸 비용의 모습이, 라블레 이전에 존재했던 비용의 모습과 특별히 다른 점은 별로 없다. 이미 비용의 모습은 이른바 '무전취식' 이야기들을 통해 확립된 것이었기 때문이다.

하인에게 생선이 담긴 바구니를 들고 오게 하고는, 고해 사제가 값을 치를 것이라 말한 뒤 달아나 '생선을 얻는 법'(263-350), 손님으로 가장한 비용 앞에서 동료인 공범이 엉덩이를 내보이면, 비용이 격분한 척하면서 내장을 집어 들고 공범을 한참 때린 후, 그 결과 비위가 상한 주인이 원치 않게 된 '내장을 얻는 법'(351-382), 무거운 짐을 어느 집 문 앞에 내려놓게 한 뒤, 여기서 기다릴 것이니 나머지 짐을 가져오라고 빵집 하인을 되돌려 보내고는 도망가 '빵을 얻는 법'(383-414), 물이 담긴 병과 빈 병을 갖고 술집으로 들어가, 빈 병에 포도주를 채워 달라 하고는, 돌연 다른 포도주를 좋아한다 말하며 술이 담긴 병과 물이 담긴 병을 바꿔치기 하는 '술을 얻는 법'(415-454), 화가 난 척하며 공범을 때려 주기 위해, 고기를 꽂은 꼬챙이를 집어 들고 그의 뒤를 따라감으로써 소기의 목적을 성공적으로 달성하는 '구운 고기를 얻는 법'(455-478) 등 이른바 비용의 '무전취식'은 대동소이한 내용으로 이루어져 있다.

작자 미상의 '무전취식' 이야기는 일단 1463년 이후에서 1493년 이전 사이에 작성된 것으로 그 경계를 추정할 수 있으며, 보다 정확하게는 1480년을 전후로 등장했다고 볼 수 있다.[16] '무전취식' 이야기의 주제는 이미 제목에서부터 짐작되듯, '지갑은 텅 비고 가벼우니, 어떻게 하면 배불리 잘 먹을 수 있을까?'라는 한마디 말로 요약된다. '가난과 돈', '허기와 갈증'에 집착하는 이러한 일종의 강박관념은 이미 13세기부터 빈번히 발생했던 각종 악재들, 경제적인 위기와 터무니없이 비싼 물가, 잦은 기근, 추위와 기후의 변화,[17] 흑사병을 비롯한 각종 질병들, 끊임없는 전쟁과 심리적인 불안들을 생

---

16 *Le recueil des repues franches de maistre François Villon et de ses compagnons*, édition critique par Jelle Koopmans et Paul Verhuyck, Genève, Droz, 1995, pp. 33-36을 참조.

각해 본다면, 당연한 것이기도 했다.[18] '무전취식' 이야기의 등장인물들은 일종의 '카인의 후예'들이라 할 수 있었고, 백년전쟁 말기 급속도로 늘어난 무뢰한, 사기꾼, 도적떼의 일원과 닮은꼴이었다. 이들의 모습과 비용의 작품에서 부분부분 드러나는 비용의 모습, 그리고 그가 그리는 인물들의 모습이 서로 크게 다르지 않았음을 게레메크B. Geremek는 다음과 같이 지적한다.

> 그런데 비용 그는, 사실 생전에, 마치 어느 어릿광대나 어느 명랑한 낙천가처럼, 상스러운 장난을 즐기며, 전적으로 틸 오일렌슈피겔Tyl Eulenspiegel과 동일하게, 전통 속으로 또 문학 전통 속으로 들어갔다. 바로 이러한 이미지가 《프랑수아 비용 선생의 무전취식들》에 의해, 그리고 이어서는 라블레에 의해 후대로 전해졌다. (Geremek$_1$, 58)

지금까지 살펴본 것처럼, 비용을 전설적인 인물, 유쾌한 '무뢰배의 우두머리'이자 '무전취식'의 대가로 그린 작품들은 모두 어느 정도는 비용의 작품에서, 특히 그의 골족 기질과 대담함, 외설적인 면들과 희화적으로 그려진 일면들이 잘 드러난 부분을 밑그림으로 하고, 이를 바탕으로 살을 붙여 내용을 전개시킨 것이었다. 그의 작품에 나오는 무수한 상인들과 가게 간판들, 주신酒神 바쿠스와 관련된 장 코타르를 비롯한 인물들과 술집 주인들, 주변인들의 모습과 행동들, 그리고 그들의 활동 공간, 법원의 서기들과 소극笑劇의 세계,[19] 끊임없이 환기되는 가난과 허기에 대한 묘사들에서 '무전취식' 이야기의 작가가 작품의 소재와 주제를 찾는 것은 그다지 어렵지

---

17 이러한 측면에서, 돈을 내지 않고 옷감을 얻으려 하는 파틀랭의 행동을 설명할 수도 있을 것이다. J. Dufournet(éd.), *La Farce de Maistre Pierre Pathalin*, Paris, Garnier-Flammarion, 1986을 참조.

18 Jean-Louis Goglin, *Les misérables dans l'Occident médiévale*, Paris, Seuil, 1976, pp. 89-145; Robert Muchembled, *Culture populaire et culture des élites dans la France moderne* (*XV$^e$-XVIII$^e$ siècle*), Paris, Flammarion, 1978, pp. 21-43 등을 참조.

19 Guiraud$_2$; Marie Bouhaïk-Gironès, *Les clercs de la Basoche et le théâtre comique(Paris, 1420-1550)*, Paris, Champion, 2007 등을 참조.

않았을 것이다.

'무전취식' 계열의 이야기가 빚어 놓은 비용의 모습을 제외했을 때, 그의 행적에 대한 진지한 서술이나 언급을 찾기 어려운 것이 사실이다. 당대에 이미 유명 인사가 되었던 비용이지만, 기이하게도 비용과 동시대 혹은 직후 세대에 속하는 작가들에게서는 비용에 관한 직접적인 언급이나 구체적인 비용의 흔적을 찾을 수 없다. 1463년으로 제작 연대가 추정되는 《성 블랭의 즐거운 훈화訓話*Sermon joyeux de saint Belin*》에서는 비용을 희생 제물인 '양'에 비유하면서 제시되는 비용의 〈상고上告의 발라드〉를 찾아볼 수 있을 뿐이며,[20] 기욤 코키야르Guillaume Coquillart나 1462년 비용과 조우했을 것으로 추정되는 장 몰리네Jean Molinet 역시 비용에 대해 아무런 언급도 남기지 않았다(CT, 40). 기욤 알렉시스Guillaume Alexis의 경우에는, 1486년 이전에 씌어진 것으로 추정되는 〈남성과 여성의 논쟁Débat de l'omme et de la femme〉이라는 작품에 《유언의 노래》의 625-672행에 나오는 〈이중의 발라드〉의 후렴구가 사용되었음을 발견할 수 있을 뿐이다. 후대가 확인할 수 있는 것은 단지, 비용의 판본이 1489-1500년에 이르는 기간 동안, 적어도 아홉 차례에 걸쳐 유명한 파리의 서적상에 의해 간행된다는 점뿐이다.

16세기의 경우, 비용에 관한 언급이나 비용의 흔적들은 앞선 시기에 비해 더 많이 발견된다. 하지만 비용의 모습은 이전의 평가에서 크게 벗어나지 않으며, 거의 동일한 면모를 보인다. 1508년 엘루아 다메르발Éloi d'Amerval은 그를 '유쾌한 부랑배이자 빈정대는 작가'라 평하며 《유언의 노래》와 그의 재치있는 유증들을 설명한다. 여기서 '무전취식'의 우두머리인 비용은 때로는 우스꽝스러운 극을 만들고, 소극을 공연하며 즐기는 모습으로 그려지며, 때로는 간교하고 저속한 파블리오의 주인공이 되기도 한다. 1520-

20 〈옥정獄丁에게 던지는 질문〉이라고도 불리는 이 발라드는 교수형에 대한 상고와 그 결과 얻어낸 감형을 자축하며 샤틀레 감옥 문지기였던 에티엔 가르니에에게 말을 붙인다: "내 상고를 어떻게 생각하는가/가르니에여? 내가 한 일이 현명한 처사였나 어리석은 짓이었나?" ("Que dictes vous de mon appel,/Garnier, fis je sens ou folie?", vv. 1-2). 아울러 SJT, 22-24를 참조.

Cy comence le grant codicille ⁊ te
ſtamẽt maiſtre francois Villon

En lan de mon trentieſme aage
Que toutes mes hontes ieuz beues
Ne du tout fol encor ne ſaige
Nonobſtant maintes peines eues
Leſquelles iay toutes receues
Soubz la main thibault danſſigny
Seueſque il eſt ſeignant les rues
Quil ſoit le mien ie le regny

고인쇄본 /(Pierre Levet, 1489)에 실린
프랑수아 비용의 초상

1525년에 만들어진 작품으로 추정되는 독백극 《사기꾼에게 사기를 당한 사기꾼*Les Trompeurs trompez par Trompeurs*》에서, 자신의 방탕했던 과거를 한탄하면서 '무전취식'을 노리는 사기꾼들에 대해, "흔히들 말하기를, 그들은 파틀랭 혹은 비용의 아이들이었다"("Enfans estoient, se disoit l'on/De Pathelin ou de Villon,")라고 말하는 주인공의 말은 《유언의 노래》의 1664-1670행과 파틀랭의 이미지를 뒤섞은 것이었다($D_0$, 10). 또 〈연인과 귀부인의 논쟁Débat de l'amoureux et de la dame〉의 저자는 "또한 비용처럼 빈곤하게 남았으니"("Aussi demeure pouvre comme Villon")라는 구절로 비용의 '빈곤'을 강조한다(Champion, II, 275). 장 마로Jean Marot는 비용의 이름을 거명하면서 그의 '익살스러움'을 부각시키고,[21] 기욤 크르탱G. Cretin 또한 프랑수아 1세에게 감사를 표하는 작품에서 비용의 '익살스러운 말장난'을 강조할 뿐이다.[22]

비용의 이후 세대이며 이른바 '대수사파大修辭派'로 불리는 이들이 비용과 그의 작품에 대해 보였던 상대적인 '무관심' 혹은 '단순한 일면의 강조'는 비용과 대수사파의 차이점을 강조하면서 "비용의 기법은 대수사파의 기교와 대척점에 있다"고 말한 기H. Guy의 언급을 떠올리게도 한다.[23] 물론 최근 연구자들은 대수사파의 기법이 판에 박히고 진부한 형식적인 기교에 불

---

21 "Et comme dit Villon en ses brocars/De ma santé je vendrois aux lombards,/Voire mes ans, se argent vouloient produire."(Champion, II, 280).

22 "Jadis Villon gaigna le jeu pour bon,/En recevant par ung Duc de Bourbon/Certains escutz, soubz asseuree entente/Ne debvoir riens perdre, fors attente;/Se la forest de Pastay rencontroit,/Et gland l'annee en vente bonne entroit, [···]"(Adrian Armstrong, "François Villon: Rhétoriqueur?", in *Villon at Oxford*, Amsterdam, Rodopi, 1999, p. 79에서 재인용). 아울러 Cornilliat$_1$, 324를 참조.

23 "Au début du XVI$^e$ siècle, l'influence de Villon, moindre à la vérité que celle de Jean de Meung, n'a pas laissé pourtant d'être notable. On estimait beaucoup ce grand poète, mais on le comprenait fort mal. Comment les rhétoriqueurs eussent-ils été sensibles à cette verve naturelle, à cet accent populaire, à cette manière brève et plastique de figurer les choses, à ces brusques sincérités — si inattendues, si émouvantes,— d'une âme contradictoire et passionnée? L'art de Villon était aux antipodes de leurs artifices, et ces méthodiques regratteurs de mots n'étaient pas capables de suivre les voies d'un semblable esprit."(H. Guy, *Histoire de la poésie française au XVI$^e$ siècle. I. L'École des rhétoriqueurs*, Paris, Champion, 1968, p. 13).

과한 것이 아니라 효과적이며 섬세한 다양성을 지닌 것임을 밝힌 바 있으며, 암스트롱A. Armstrong은 비용과 대수사파가 기법뿐만 아니라 그 내용 면에서도 상당 부분 같은 노정에 위치한다는 점을 메시노Jean Meschinot, 몰리네 등과의 비교를 통해 제시한 바 있다.[24] 그러나 그들이 받아들인 전반적인 비용의 모습과 특징은 여전히 '익살'과 '유쾌함'의 범주에서 벗어나지 않는다.

비용의 유언은 이른바 '시적 유언'을 확산시키며, 이후 17세기까지 상당히 많은 시인들이 비용의 방식과 그의 재치를 흉내낸다.[25] 이러한 유언들을 두고 "모방자의 능력을 벗어났던 무모한 시도"이며 "어느 누구도 훌륭한 예술가[비용]의 비밀을 발견하지 못하"였다고 혹평한 기의 언급은,[26] 대부분의 유언들이 비용의 작품에서 오직 저속하고 음란한 농담들, 전통적이며 손쉬운 농담들만을 취했음을 의미하는 것이었으며, 비용의 모습은 이미 확립되었던 '유쾌한 무뢰배' 부류에서 여전히 벗어나지 못한다. 여하튼 이러한 유행의 결과, '죽어 가는 자의 유언'은 거위, 돼지, 당나귀 등의 '짐승의 유언'에서 '바보, 사기꾼, 취한醉漢, 조상彫像'의 유언으로까지 이어지며,[27] 각양각색의 유언들에서 드러나는 기괴하고 희화적인 특징들은 카니발이나 바쿠스제의 어느 장면들을 떠올리게 한다. 1525년 무렵부터는 비용의 작품에 '무전취식' 이야기나 '바놀레의 의용병 궁수'와 같은 작품들이 함께 묶여 간행된다. 16세기 초, 장 라고Jean Ragot의 유언에서는 '동전'과 관련되어 비용의 이름이 거명되며,[28] 유언 말미의 "내 대유언의 증인이 되어 주오"

---

24 대표적인 연구로 P. Zumthor, *Le masque et la lumière*, Paris, Seuil, 1978을 들 수 있다. Adrian Armstrong, *op. cit.*, pp. 51-84를 참조.

25 Jean-Claude Aubailly, *Le monologue, le dialogue et la sottie*, Paris, Champion, 1984, pp. 94-101을 참조.

26 H. Guy, *op. cit.*, p. 122.

27 16세기의 '시적 유언'의 종류와 그 제명 및 연도 등에 대해서는 Cooper, 127-128의 첨부자료 및 Jacqueline Cerquiglini-Toulet, *L'écriture testamentaire à la fin du Moyen Age: Identité, dispersion, trace*, Oxford, Legenda, 1999, pp. 1-5를 참조.

28 그의 유언은 'Le Testament du hault et notable homme nommé Ragot, lequel, en son vivant, a affronté mainte fine personne. Achaptez le et payez contant'이라는 제명으로 되어

("Soyez tesmoings de mon grant testament.")라는 말은 그가 유언의 작성에서 누구를 모범으로 삼았는지를 알려 준다.[29]

비용에게서 이전의 '공인된 모습'이 아닌 새로운 면모를 발견하고, 시인으로서의 재능과 장점을 인정한 사람으로는 우선 마로를 들 수 있다. 마로가 보여 준 이러한 '인식의 변화'는 프랑수아 1세의 명을 받아 비용의 판본을 새로 간행하게 됨으로써 이루어진 것이다.[30] 마로는 1533년 판본의 서문에서 기존 인쇄본들의 오류와 비용이 사용하는 중세어에 대한 문헌학적인 주석의 필요성을 지적하면서, 텍스트의 수정과 확립을 위해 자신이 세 가지 방편을 활용하였음을 밝힌다.[31]

> 일부는 고인쇄본들을 가지고, 일부는 비용의 시를 외울 줄 아는 훌륭한 노인들의 도움을 통해, 그리고 일부는 타고난 직관을 통해 밝힘으로써, 우리

---

있다: "Pour attrapper souventes foys billon/J'ay excédé maistre Françoys Villon"(Cooper, 118에서 재인용). 아울러 'Ragot'는 'truand, bélître, gueux petit et gros'를 의미한다(Geremek$_1$, 208-209를 참조).

29 Cooper, 120에서 재인용.

30 마로의 판본은 1533-1542년 동안 적어도 12번 혹은 15번에 걸쳐 재간행된다. 마로의 판본은 1723년 판본과 1742년 판본에서도 저본으로 사용됨으로써, 적어도 1832년까지 300여 년 동안 '부동의 판본'으로 자리잡으며, 이후 대부분의 판본 간행자들이 마로의 방법론에 의거하여 텍스트를 확립하고 교정했다는 점에서도 주목할 만하다.

31 비용에 대한 마로의 입장과 마로가 간행한 1533년 판본에 관한 내용은 다음의 연구들을 참조하여 정리하였음을 밝힌다: F. C. Green, "Marot's Preface to his Edition of Villon's Works", *Modern Philology*, 22, n° 1, 1924, pp. 69-77; M. B. Speer, "The Editorial Tradition of Villon's *Testament*: From Marot to Rychner and Henry", *Romance Philology*, 31, n° 2, 1977, pp. 345-346; M. Lazard, "Clément Marot éditeur et lecteur de Villon", *Cahiers de l'Association Internationale des études françaises*, 32, 1980, pp. 7-20; Catherine Dop-Miller, "Clémant Marot et l'édition humaniste des oeuvres de Villon", *Romania*, 112, 1991, pp. 217-242; M. Lazard, "Les Sources de Marot éditeur de Villon", in *Et C'est la fin pour quoy sommes ensemble. Hommage à Jean Dufournet*, Paris, Champion, 3 vol, 1993, vol II, pp. 875-880; Jacqueline Cerquiglini-Toulet, "Clémant Marot et la critique littéraire et textuelle: du bien renommé au mal imprimé Villon", in *Clémant Marot, Prince des poëtes françois 1496-1996*, réunis et présentes par Gérard Defaux et Michel Simonin, Paris, Champion, 1997, pp. 157-164. 마로의 판본에 대한 그 밖의 연구로는 다음을 들 수 있다: Jacqueline Cerquiglini-Toulet, "Marot et Villon", in *Villon et ses lecteurs*, Paris, Champion, 2005, pp. 19-31; Pascale Chiron, "L'Edition des *Œuvres* de Villon annoté par Clément Marot, ou comment l'autorité vient au texte", *Littératures Classiques*, 64, 2008, pp. 33-51.

의 비용을 훌륭한 상태로 만들었으며, 오늘날 볼 수 있었던 것보다 더 완전한 형태로 만들었다. (…)[32]

마로는 비용이 프랑스 시의 규칙들을 충실히 지키지 않았으며, 세월이 흐를수록 많은 부분이 망각에 빠지게 되는 저속하고 특수한 제재들을 택한 것을 결점으로 지적한다.[33]

그가 유언에서 행하는 유증들의 본의를 충분히 감상하고 이해하려면, 그의 시대에 파리에 있어야 하며, 그가 말하고 있는 여러 장소와 대상들, 그리고 사람들을 알고 있어야 할 것 같다. 이는 이러한 것들에 대한 기억들이 지나가면 갈수록, 그가 말하는 유증의 의도를 그만큼 더 알기 어려워질 터이기 때문이다.[34]

마로는 비용이 "자신의 생각을 고치고 말을 다듬을 수 있는 왕후王侯의 궁정에서 생활하지 못했"음을 유감으로 여기면서도, 비용을 "현존하는 가장 훌륭한 파리 태생의 시인"("c'est le meilleur poete Parisien qui se trouve")이라 칭했고, "그의 높은 분별력"을 인정하는 동시에 "모든 것을 지우는 시간조차도 지울 수 없었을 만큼 많은 아름다운 색조들로 그려진" 그의 작품에 극찬을 보냈다.[35] 15-16세기 중반에 이르기까지, 비용을 시인으로 인정하고 시인으로서 비용이 가진 장점들을 인식한 것은 마로가 처음이자 유일한 사람이었다고 할 수 있다.

---

32 PM, V-VI에서 재인용.

33 "(…) esquelles choses il n'a suffisamment observé les vrayes riegles de françoise poesie, [...] Pour ceste cause qui vouldra faire une oeuvre de longue durée ne preigne son soubgest sur telles choses basses et particulieres."(PM, VI에서 재인용).

34 PM, VI에서 재인용.

35 "(…) mesmement celle dont il use en ses ballades, qui est vrayement belle et heroique, et ne fait doubte qu'il n'eust emporté le chapeau de laurier devant tous les poetes de son temps, (…) Le reste des oeuvres de nostre Villon (hors cela) est de tel artifice, tant plain de bonne doctrine, (…)"(PM, VI에서 재인용).

그러나 1542년을 끝으로, 더이상 비용의 작품은 빛을 보지 못한다. 비용의 작품은 '연옥'에 머무르며, 1723년 다시 판본이 간행되기까지 200여 년의 세월을 어둠 속에서 기다리게 된다. 마튀랭 레니에Mathurin Régnier는 비용의 작품을 읽었던 것으로 추정되지만, 대부분의 플레이아드파 시인들은 비용에 대해 직접적인 언급을 하지 않는다. 캉포는 이러한 이유를 16세기에 이미 어느 정도는 낡은 언어가 되어 버린 비용의 말에서, 그리고 롱사르를 포함한 새로운 유파의 출현에서 찾기도 했지만(Campaux, 293), 이렇듯 '철저한 외면'에는 아마도 이미 마로 자신이 지적한 바 있었던 비용의 단점, 즉 비용의 시에서 '프랑스 시의 훌륭한 규칙들에 대한 준수'를 찾아볼 수 없었다는 사실이 주된 이유로 작용했을 것이다.

비용에 대한 16세기 후반의 언급들로는 고작해야 포셰Claude Fauchet가 "그의 생전의 사기행각으로 '비용Vuillon'이라는 별명"이 붙었다고 말하면서, "훌륭한 프랑스 풍자시인들 가운데 한 명"("un de nos meilleurs poètes satiriques")이라고 평한 것이나, 1566년 로베르 에티엔이 《헤로도토스를 위한 변명*Apologie pour Hérodote*》에서 비용을 "그 당시의 가장 호소력 강한 이들 가운데 한 명"("nostre Villon, un des plus éloquents de son temps-là")이라고 평한 것, 그리고 'Villon'이라는 말이 속임수를 쓰는 사기꾼에게 적용되는 말로, 여기서 외관상으로는 좋은 모습을 보이면서 속으로는 다른 사람들을 놀리고 속이는 자를 지칭할 때 사용되는 'Villonner', 'Villonnerie' 등의 단어가 만들어졌음을 이야기한 에티엔 파스키에Etienne Pasquier의 지적 정도를 들 수 있다.[36] '비용'이라는 이름은 이제 '협잡꾼', '사기꾼'의 동의어로 전락하게 된다. 이러한 면면들이 실제로 비용의 작품 안에서 암시되는 것이기는 했지만, 16세기는 '암시된 바'를 '실제의 삶'으로 간주하는 경향을 보이

36 "D'autant que la postérité a nommé un *Villon*, celui qui eshontément se mesloit du mestier de trompeur, dont nous fismes *Villonner* et *Villonnerie*: mots qui tombent aussi souvent en nos bouches pour tel subject, comme *le Pathelin*, *Patheliner*, et *Patelinage*, celuy qui par beaux semblans et douces paroles enjeaule quelqu'un."(Champion, II, 281에서 재인용). 아울러 Cons, 32; Dauvillier, 279를 참조.

며, 그 결과 거의 모든 16세기의 언급들이 비용의 '범죄자로서의 삶'에 환상을 가지고 있었다고 할 수 있다.[37]

1598년에 태어나 1659년 사망한 기욤 콜르테Guillaume Colletet의 〈비용의 생애Vie de François Villon〉는 그의 《프랑스 시인사詩人史*Histoire des poètes françois*》에 수록된 것이며, 그 작성 연대는 1650년경으로 추정된다. 여기서 콜르테는 자신만이 비용의 시에 관심을 기울였던 것은 아니라는 점을 여러 작가들의 이름을 들며 말하지만, 실상 그가 거론하는 이들 대부분이 16세기 작가들인 마로, 포셰, 파스키에, 라블레 등이었다. 뒤푸르네의 지적처럼($D_0$, 20), 그가 쓴 비용의 전기에는 많은 오류들이 있으며, 그가 비용의 작품에서 끌어내는 내용 또한 어느 정도 문제점이 있는 것이 사실이다.

> 그는 태생이 비천했던 만큼, 거의 모든 나날 동안 매우 비참한 삶을 살았다. 왜냐하면 빈곤이 명예를 지키는 또 정직한 사람에게는 어울리지 않는 행동들을 하게 만들 정도로 그를 몰아갔기 때문이다. 하지만 내가 그에게서 발견한 더 좋지 못한 문제점은, 다른 사람들은 습관적으로 자신들의 범죄를 감추려 애쓰는 것에 반해, 그는 자신의 범죄를 당대의 승전비로 만들며, 또 활기찬 목소리로 이를 세상에 알리는 데 만족하지 않고, 나아가 글로 공표하고자 했으며, 또 자신에 대한 기억을 불명예스럽게 하고자 애썼다는 바로 그 점이다. 여기에서 그가 《비용의 무전취식》이라 불렀던, 또 그의 사후에도 여전히 그의 사기를 생생히 보여주는 모습들인, 저 시선집이 생겨났다.[38]

'무전취식' 이야기를 비용의 작품으로 보는 것은 물론 콜르테의 오류이다. 하지만 여기서 우리의 관심을 끄는 것은 비용에 관한 '현대적 연구'가 이루어지기 이전에 늘 되풀이되곤 했던 이러한 오류가 아니다. 중요한 것은,

---

37 Jelle Koopmans, "François Villon: Character Within or Without His Own Poetry?", in *The Author as Character*, edited by P. Franssen and T. Hoenselaars, London, Associated UP, 1999, p. 70을 참조.
38 PL, 16에서 재인용.

비록 비용이 자신을 죄인으로 지칭하기는 하지만, 자신의 실질적인 악행들, 이를테면 살인과 절도에 관한 내용은 《유증시》와 《유언의 노래》에서 단 한 번도 직접적으로 드러낸 적이 없으며, 결코 이를 자신의 '무훈武勳'이나 '승전비'로 삼고자 하지도 않았다는 사실이다. 콜르테의 서술은, 17세기 중반에도 '시인' 프랑수아 비용의 작품들을 꼼꼼하게 읽고 이해하려 하기보다는, 여전히 '무전취식' 계열이나 악한의 전형이 되는 모습의 비용을 받아들이려는 경향이 있었다는 점을 말해 준다. "내 생각에, 비용은 강도이자 도적질을 했던, 프랑스 시인들 가운데 최초의 또 유일한 시인이었다"는 콜르테의 지적 역시,[39] 그 주안점이 '시인'이 아닌 '도적'에 있는 말이었다는 점에서 '비용에 대한 환상'이 계속되고 있었음을 짐작할 수 있다. 1696년, 퐁트넬Fontenelle은 《비용부터 뱅스라드까지의 프랑스 시인들의 가장 아름다운 시 모음집*Recueil des plus belles pièces des poètes françois depuis Villon jusqu'à Benserade*》 속에 비용의 작품을 수록한다($D_0$, 24).[40] 선집을 위한 퐁트넬의 선택에서 이전과 다른 새로운 면이 어느 정도 부각된다고 할 수 있다면, 그것은 그가 선별한 작품에서 제시되는 비용의 이미지가 '도적'이 아닌 '빈곤'한 모습을 강조한 것이기 때문이지만, 여기서 엄밀한 의미에서의 '새로운 모습의 비용'을 찾아보기는 어렵다.

'마침내 말레르브가 오듯Enfin Malherbe vint', 17세기의 이름난 비평가이자 대표적인 작가들 가운데 한 사람인 부알로Boileau는 《시학*L'Art Poétique*》 〈1가〉에서

> 비용은 저 조악한 시대에, 처음으로
> 우리 옛 이야기 작가들의 혼탁한 기법을 혁신할 줄 알았다.
> (vv. 117-118)[41]

39 PL, 17에서 재인용.

40 퐁트넬의 선집에는 《유언의 노래》의 8행시 XVII-XLI이 포함된다.

41 "Villon sçeut le premier, dans ces siecles grossiers,/Débroüiller l'art confus de nos vieux Romanciers."(Boileau, *Œuvres complètes*, introduction par Antoine Adam, textes

라고 말한다. 하지만, 기존의 비용의 모습을 단 두 줄로 한순간에 완전히 바꾸어 놓는 이러한 표명의 진위는 불분명하다. 부알로는 〈풍자시 X〉에서 아리스토텔레스, 보카치오, 라블레, 마로뿐만 아니라 "비용과 생-즐레가 이야기한 것 전부를 읽었다"("J'ay leu tout ce qu'ont dit Villon et Saint-Gelais,")고 확언하지만,[42] 대부분의 연구자들은 부알로가 실제로 비용의 작품을 읽었을 가능성이 희박하다는 점을 밝힌 바 있다. 콘스는 부알로에게 비용을 일러 준 사람으로 파트뤼Patru를 꼽고 있으며(Cons, 33), 콜르테의 글을 통해 혹은 마로와 비용의 애호가였던 라퐁텐을 통해 부알로가 비용에 대해 알게 되었을 가능성도 있다고 추정한다.[43] 그러나 불분명한 것은 여기에 그치지 않는다. '혼탁한 기법'과 '오래된 이야기 작가들'이 무엇을 의미하는 것인지 또한 구체적으로 명시되지 않으며, 부알로가 염두에 둔 것이 무훈시武勳詩 혹은 아서 왕과 관련된 이야기들을 지칭하는 것인지 여부도 확실히 알 수 없다. 부알로는 1713년 자신의 《시학》 판본에 직접 "우리의 옛날 이야기들 대부분은, 《장미 이야기》와 그 밖의 다른 것들처럼, 혼탁한 시구로 씌어졌으며 무질서하다"는 기록을 남기지만,[44] 이 말이 의미하는 바는 여전히 불명료하다. 또한 이 말은 "옛날의 모든 프랑스 시인들 가운데, 거의 단 한 사람, 기욤 드 로리스와 장 드 묑만이 읽을 가치가 있다"[45]고 말한 바 있는 뒤 벨레의 언급과는 정반대의 표명이기도 하다. 다만 한 가지 확실한 것은, 부알로의 언급을 통해, 비용이 '시인'의 자격으로 다시 '시의 세계'로 복귀한다는 점이다.

18세기의 경우, 비용에 대한 언급은 구제Goujet, 마르상P. Marchand 등의 일부 박식한 학자들에 의해 이루어졌다. 페컴이 조사한 18세기의 비용 관

---

établis et annotés par Françoise Escal, Paris, Gallimard, 1966, p. 159).

42 *Ibid.*, p. 65.

43 Nicolas Boileau-Despréaux, *Épîtres. Art Poétique. Lutrin*, texte établi et présenté par Charles-H. Boudhors, Paris, Société Les Belles Lettres, 1967, pp. 269-270을 참조.

44 Boileau, *L'art poétique*, éd. Guy Riegert, Paris, Larousse, 1972, p. 46에서 재인용.

45 Joachim du Bellay, *La deffence et illustration de la langue francoyse*, édition critique par H. Chamard, Genève, Slatkine, 1969, II, 2, p. 174.

련 서지를 살펴보면,[46] 이 시기에 이루어진 비용에 대한 언급들이나 서평書評, 전기 자료들이 상당수에 달하는 것을 알 수 있으며, 새로운 판본을 간행하려는 노력들 역시 찾아볼 수 있다. 1723년 새로 간행된 판본이 1742년 재간행되며,[47] 비록 간행되지 못하고 미완의 필사본 상태로 남겨지기는 했지만, 니콜라 랑글레-뒤프레누아Nicolas Lenglet-Dufresnoy가 비용의 새로운 판본을 간행하려는 시도를 보이기도 한다. 18세기의 경우, 가장 특기할 만한 사실은 1723년 비용의 작품이 마침내 두 세기 동안의 '일식' 상태에서 벗어나 새로 간행된다는 점이다. 예수회 사제였던 뒤 세르소는 마로의 판본을 기초로 간행한 자신의 새로운 판본에서 이렇게 말한다.

> 그의 작품에서는, 모든 것이 자연스럽게 솟아오르고, 모든 것이 거의 매번, 생생하고 쾌활한 표현들의 지지를 받는 정교하고 재기 넘치는 장난과 함께 구사되며, 이러한 표현들은 그 자체가 독자를 깨우고 독자에게 재치를 발한다. 그의 시구는 시가 요구하는 바 그대로의 표현법을 지니고 있으며, 산문적인 어조로 실추되는 일이 별로 없다. 각각의 시구는 하나의 완전한 의미를 만들어 내며, 하나의 의미가 다른 것으로 걸쳐지는 일은 드물다. […] 나는 이 점에 의거, 비용이 훌륭한 모범을 보인 첫 번째 시인이라 여기며, 또한 쾌활한 시를 시로 만든 훌륭한 프랑스 시인들의 아버지라 생각한다.[48]

뒤 세르소 역시 비용의 특징을 '장난기'와 '유쾌함'이라는 말들을 통해 정

---

46 Robert Peckham, "À la recherche d'un Villon perdu. Pour une histoire de sa réception au XVIII$^{e}$ siècle", in *Villon et ses lecteurs*, Paris, Champion, 2005, pp. 80-88을 참조.

47 1742년 판본의 첫 번째 부분에는 비용의 작품이, 그리고 두 번째 부분에는 '무전취식' 계통의 이야기와 비용의 작품으로 추정되었던 작품들이 수록된다: "CETTE Edition est divisée en *II* parties. LA *I* renferme les *Œuvres* de François VILLON, selon l'Edition de CLÉMENT MAROT; avec cette Différence, que l'on a mis dans les Marges les *Diverses Leçons* tirées des Editions antérieures à celle de Marot. LA *II Partie* contient les *Repues franches*, le *Monologue du Franc-Archer de Baignolet*, & le *Dialogue des seigneurs de Mallepaye & Baillevent*, tirez de l'Edition des *Œuvres de Villon*, [faite *à Paris*,] chés *Galiot du Pré*, en 1532."(*Œuvres de François Villon avec les remarques de diverses personnes*, A La Haie, Adrien Moetjens, 1742, p. xi).

48 Campaux, 295-296에서 재인용.

의 내리지만, 이는 시인 비용의 작품에 대한 평가라는 점에서 이전의 '쾌활한 악한'의 모습과는 다른 것이라 할 수 있다. 뒤 세르소는 비용의 '쾌활함' 외에도 '빈곤'과 '낭비한 젊음에 대한 후회'를 토로한 부분들의 아름다움을 높이 평가하며, 비용의 시에서 드러나는 '자연스러움'과 감정의 생생함에 찬사를 보낸다. 이제 비용의 이미지는 이전의 모습에 비해 상당한 차이를 보인다.

> 그렇지만, 비용의 시들에 담긴 '장난'과 '쾌활'한 측면을 강조하면서도, '자연스러운' 문체, '꾸밈없음', 나아가 현대성에 대해 말하기 위해, 점차 '광대'의 전설은 잊혀지게 된다. (Le Gentil, 140)

변화된 비용의 초상은 1739년 사제 마시외Massieu의 언급에서도 발견된다. 마시외는 비용이 사용하는 말의 뛰어난 면모, 풍부한 표현들로 가득한 그의 글, 그리고 그의 발라드와 롱도의 새로움, 섬세한 장난 등을 높이 평가하면서도, 비용이 자신이 다루는 주제들에 대해 심사숙고하지 않았음을 나무라는 평을 남긴다.[49] 하지만 요컨대 18세기까지의 비용의 모습은 마로가 1533년 새로 간행했던 판본의 표지에 적힌 2행시가 요약하는 바에서 크게 벗어나지 않았다고 할 수 있다.[50]

비용에 관한 1828년 이전의 언급들 가운데 우호적인 평이 없지는 않지만, 대부분은 적대적인 비판에 가까운 것이 사실이다.[51] 일례로, 생-마르크

---

49 "Il est le premier qui soit bien entré dans le génie de notre langue. Ses écrits sont pleins d'expressions et de tours qui sont de mise encore aujourd'hui. Il donna de nouvelles grâces à la ballade et au rondeau. Il fut aussi l'inventeur de ce badinage délicat qui tient comme le milieu entre l'agréable et le bouffon, et que dans la suite Marot et Saint-Gelais, Voiture et Sarrazin semblent avoir porté à toute la perfection dont il est susceptible. Car quoique Villon tombe souvent dans le comique et dans le bas, il est certain pourtant qu'il a eu l'idée du genre d'écrire dont nous parlons, et que c'est dans ses vers qu'on en découvre les premières lueurs[...] C'est dommage, qu'il n'y ait pas plus de dignité dans les sujets qu'il traite."(Campaux, 297에서 재인용).

50 "Peu de Villons en bon savoir/Trop de Villons pour decevoir."

51 이하 논의는 $Uitti_1$, 139-160과 $Edelman_1$을 주로 참조하였다. 영역의 경우, N. Edelman,

지라르댕Saint-Marc Girardin은 비용에 대해 이렇게 말한다.

> 절반은 필요에 의해, 또 절반은 장난질에 의해 사기꾼인 〔…〕 비용은 빈곤했고 불행했다. 그런데 그의 삶과 그의 불행들에는 위대한 것이나 시적인 것이 하나도 없다. 〔…〕 그의 삶과 그의 시구들의 주제를 본다 한들, 그를 프랑스 시의 아버지로 삼고 싶어질지도 모르는 생각에 합치하는 것은 아무것도 없다. 이보시오! 경관들, 우리의 호메로스를 어디로 끌고 가려는가? 샤틀레 감옥으로 아니면 몽포콩 형장刑場으로? 바로 거기가 그의 파르나소스 산인 것을![52]

비용을 결코 프랑스 시의 아버지로 받아들일 수 없다는 그의 지적은 사실 부알로의 짧은 언급에서 파생된 것이라 할 수 있으며, 비용에 대한 평가에서 많은 사람들이 찬성과 반대를 명확하게 밝히지 않았던 데에는 비용에 대한 부알로의 평가 역시 한몫을 차지했다고 할 수 있다. 그런데, 부알로의 영향을 논외로 한다면, 무엇 때문에 이들이 비용에게 우호적인 모습을 보일 수 없었던 것인지를 짚어 둘 필요도 있다. 여기에는 실러F. Schiller 이후 로망주의 작품들에 자주 등장하는 인물인 '의적義賊'의 이미지를 비용에게 적용시킬 수 없다는 난점 역시 작용했을 것이며, 이러한 점에서 그를 '의적'이 아닌 일종의 '불행한 자'로서의 '보헤미안'으로 그린 뮈르제H. Murger의 시도가 이해될 수 있다.[53]

사제 프롱소는 최초로 필사본들을 참조하여 텍스트를 확립한 판본 간행자였으며, 그의 1832년 판본은 1835년에 다시 간행된다. 1835년 판본에서 "이 판본은 비용 작품집의 열다섯 번째로, 원본 필사본들에 기초하여 만들어진 유일한 것이며, 따라서 그 텍스트가 원래 그대로이며 시인의 작품들이 누락 없이 들어 있는 유일한 것"임을 밝히는 프롱소 자신의 의기양양한

---

*The Eye of the beholder*, Baltimore, The Johns Hopkins University Press, 1974, pp. 1-30을 참조.

52 Edelman$_1$, 219에서 재인용.

53 Henry Murger, *Scènes de la vie de bohême*, Paris, Editions d'Aujourd'hui, 2004.

말처럼,[54] 그는 필사본 *B*(B.N. ms. fr. 1661), *C*(B.N. ms. fr. 20041), *R*(B.N. ms. fr. 12490), *V*(B.N. ms. fr. 25458) 등을 참조하여 마로의 판본에는 누락되었던 비용의 시 300여 행을 재발견하며, 이를 두고 콘스는 프롱소의 판본이 비록 결정판이라고 말할 수는 없지만 진정 새로운 것이며, 그를 19세기의 롱놓에 비할 수 있다고 평하기도 했다(Cons, 48). 하지만, 1835년 크라플레M. Crapelet와의 격한 논쟁으로도 널리 알려진 그의 판본은,[55] 대실패를 맛본 것도 아니었고 비용의 작품을 다시 읽을 수 있는 기회를 독자들에게 제공하지 못한 것도 아니었지만($D_0$, 32), 새로운 '저본'의 지위를 얻는 데는 실패한다. 당시 비용을 언급하거나 비용의 작품을 인용한 많은 사람들이 프롱소의 판본을 택하지 않았던 것이다.

고티에Théophile Gautier는 비용이 스스로에 대해 이야기하고, 스스로를 고백하는 "자기중심적인 시인un poëte égotiste"임을 지적하면서, 비용의 작품에서 나타나는 시각적 이미지의 성공적인 재현과 묘사의 생생함을 다음과 같이 서술한다.

> 비용이 한 인물을 알리는 데에는 낱말 하나, 터치 한 번이면 충분하다. 그는 독특한 특징을 기이한 예민함으로 포착한다. 이름 하나와 형용어구 하나, 그러면 이제 각 부분들이 다시 합쳐진 한 사람이 나타난다. ($Gautier_1$, 36)

또, '자신의 작품 안에서 드러나는 비용의 모습은 당대 사람들의 모습에

---

54 *Œuvres de Maistre François Villon*, corrigées et complétées d'après plusieurs manuscrits qui n'étoient pas connus, précédées d'un Mémoire accompagnées de leçons diverses et de commentaires, par J.-H.-R. Prompsault, Paris, Ébrard et Delaunay, 1835.

55 생트뵈브Sainte-Beuve 역시 이 논쟁을 언급하고 있다. 그러나 그의 지적과는 달리, 2,000여 곳의 부적절한 오류들을 지적한 것은 크라플레가 아닌 프롱소였고, 이러한 오류는 생트뵈브뿐만 아니라 당시의 여러 사람들이 혼동한 것이기도 했다. 일례로, 라크루아 또한 1854년 간행한 판본 서문에서 다음과 같이 말하고 있다: "Ce discrédit fut le résultat d'une querelle littéraire qui s'était engagée alors entre l'éditeur de Villon et M. Crapelet, éditeur de la collection des «Monuments de l'ancienne langue française»./Cette querelle donna lieu à une polémique très ardente, où l'avantage parut rester à M. Crapelet, qui signalait deux mille fautes dans la publication de son antagoniste." 이에 대해서는 $Edelman_1$, 211-213을 참조.

더없이 부합하는 것'이라는 언급을 통해, 고티에는 일종의 '민주주의로서의 로망주의'의 일면을 드러내기도 한다(Gautier$_1$, 31). '당대 사람들의 모습'을 강조하는 그의 언급은 고티에가 비용에 대한 글을 쓴 의도를 짐작하게 해준다. 고티에는 비용에 대한 논의를 통해, 일류가 아닌 이류의 작가들, 망각되고 무시받았으며, 또 소외받았던 작가들이 갖는 장점이 바로 그들이 살았던 당대의 색채를 훌륭히 재현할 수 있다는 사실에 있음을 강조한다(Gautier$_1$, XIV). 비용에 대한 그의 관심과 주목은 비용의 작품에 대한 '찬탄'이나 '공감'에 있다기보다는, 예기치 못했던 새로움의 발견과 기이한 것에 대한 호기심 차원에 있었다고 할 수 있다. 고티에의 글은 비용을 칭송하고 그의 입지를 확고히 해주는 것은 아니었고, 한편으로는 비용에 대한 무관심과 혐오감을 초래할 수 있는 부정적인 요소 역시 가지고 있었지만, 적어도 비용에 대한 더 많은 관심은 불러일으켰다.[56]

1844년, 니자르D. Nisard는 샤를 도를레앙을 '봉건사회' 최후의 시인으로 칭함으로써 비용과 대조시키며, "사상의 혁신자Novateur dans les idées" 비용에 대해 다음과 같이 말한다.

> 추호도, 부알로의 판단을 고치지 말자. 최초로, 비용은 옛 이야기 작가들에 대한 모방을 뛰어넘었고, 최초로 그는 자신의 심정에서 시를 끌어냈으며, 최초로 긴 생명력을 지니는, 독창적이며 생생한 표현들을 만들어냈다.[57]

그러나 비용의 익살스럽고 경박한 측면 대신 진지한 면을 강조한 니자르의 언급은 비용의 작품에 대한 감상과 평가를 주목적으로 삼는 것이 아니었고, 다른 외부적인 요인, 즉 부알로의 언급에 대한 부정적인 반박들에 맞서는 '옹호' 차원의 것이었다. 미슐레Michelet의 경우, 그는 1833년에서 1855

56 고티에와 비용에 대해서는 E. Baumgartner, "Théophile Gautier lecteur de Villon", in *Villon et ses lecteurs*, Paris, Champion, 2005, pp. 91-102를 참조.

57 Campaux, 302-303에서 재인용.

년에 이르는 동안, 초기의 호평과 찬사에서 해가 갈수록 조금씩 부정적인 면으로 변화되는 모습을 보이며, 마침내는 비용에 대해 적대적인 입장으로 돌아선다. 그러나 정작 이 시기의 시인들에게서는, 그것이 강한 찬사이건 아니면 강한 비난이건 간에, 비용에 대한 특별한 언급을 찾아보기 어려운 것이 사실이다. 중세에 대해 지대한 관심을 보였고, 15세기의 파리를 한 권의 소설 속에 재현시키기도 했던 위고V. Hugo도, 뮈세Alfred de Musset나[58] 라마르틴Alphonse de Lamartine도 비용에 대해 특별한 언급이나 찬사를 보내지 않았다. 1830년 무렵, 〈학생 비용Villon L'Écolier〉이라는 극작품을 썼던 네르발G. Nerval의 경우도 비용에 관한 암시를 남기는 데 그칠 뿐이었다. 앙리 마르탱Henri Martin의 경우, 비용에 대해 흥미로우면서도 시사하는 바가 적지 않은 다음과 같은 언급을 남긴다.

> 지나간 시대의 영웅들이 어떻게 되었는지를 비용이 자문하는 이 발라드를 알지 못하는 자 누가 있겠는가: ―"용맹무쌍한 샤를마뉴는 어디에?"―"잔 다르크는 어디에?"―그리고, 영광스러운 기억들을 떠올리게 하는 매 시절詩節마다, "그런데 거년去年의 눈은 어디에?"(지나간 해의 눈)라는 저 이중의 서글픈 후렴구로 답하는.[59]

잘못된 인용들, 즉 다른 발라드의 후렴구를 인용했을 뿐만 아니라, 원문에는 없는 잔 다르크를 언급하며, 괄호 안에 '친절한' 어휘 풀이를 덧붙이는 것을 단순한 실수나 저자의 배려로 보기는 어려울 것이다. 따라서 마르탱의 언급은, 사실상 이 시기 대부분의 사람들이 비용의 작품에 대해 잘 알지 못했으며, 설령 많은 사람들이 알고 있었다고 해도, 그것은 단편적인 몇 편의 작품이나 특정 구절에 국한된 것이었음을 반증하는 것으로 여겨진다.

19세기 중반, 비용 연구는 본격화되며, 대학의 학위논문에서도 다루어진

58 Louis Thuasne, "A propos du cinquième centenaire de François Villon. Musset et Villon", *Mercure de France*, 226, 1931, pp. 257-279를 참조.
59 Edelman$_1$, 330에서 재인용.

다. 1856년 발표된 짧은 연구에서, 나겔S. Nagel은 비용의 시에서 최초로 여러 '아크로스티슈'[60]들을 발견하는 성과를 거두며,[61] 그의 뒤를 이어 사제 프로피예abbé Profillet, 캉포 등의 논문이 발표된다. 그러나 이들의 연구를 통해, '시인'으로서의 비용과 그의 기법이 이전에 비해 강조되기는 했지만, 비용의 작품에 대한 이해와 접근 방식에는 여전히 부정확하고 잘못된 면들이 남아 있었으며, 이는 1856년에 발표된 사제 프로피예의 다음과 같은 지적에서도 금방 드러난다.

> 그의 시에서, 비용은 〔자신의〕 초상을 미화시키고자 애쓰지 않으며, 스스로 제 모습을 그리는 데 많은 주의를 기울였다. 자신의 모든 것을, 회한도 주저도 없이, 이야기하는 그의 작품들은 일종의 끝없이 반복되는 고백이며, 또한 그의 작품들에 담겨진 사실들이 늘 화자에 대한 찬사의 성격을 갖는 것이 아님에도 불구하고, 이 점은 분명히 밝혀두어야만 하니, 죄인이 어찌나 기꺼이 스스로를 단죄하는지 더없이 가차없는 독자도 그의 고백의 꾸밈없는 솔직함에 누그러진다.[62]

1859년 발표된 캉포의 연구는 생트뵈브의 관심을 끌게 된다. 《월요한담月曜閑談》의 저자는 비용에 대해 다음과 같이 말한다.

> 비록 생전에는 무수한 난관들과 실패들을 겪었지만, 사후에 비용은 상당한 행복, 한 시인이 받을 수 있는 가장 큰 행복과 지극한 행운을 얻게 되었다. 그는 유파를 만들었고, 전통을 확립하였으며, 심지어는 자신의 전설을 생겨나게 했다. (Sainte-Beuve, 279)

60 각 행의 첫 글자들을 수직으로 읽었을 때, 시인이 염두에 둔 특정 고유명사가 나타나는 기법을 말한다.

61 Siegfried Nagel, *François Villon. Versuch einer kritischen Darstellung seines Lebens nach seinen Gedichten*, Mulheim an der Ruhr, Druckerei F. H. Nieten, 1856.

62 $D_0$, 117에서 재인용.

생트뵈브는 이 글에서, 비용의 이미지에 대한 정신적·도덕적인 복권에 전념했던 캉포가 비용에 대해 보이는 과도한 찬탄과 그의 지나친 로망주의적 성향을 내내 비판한다. 그는 작품의 빛나는 광채를 통해 생명력을 부여받는 작가들을 모호함과 전설로 살아남는 작가와 구분하면서, 비용이 후자의 부류에 해당한다는 혹평을 남긴다.[63] 이미 1830년대부터 비용의 작품이 널리 받아들여지고, 여러 로망주의자들로부터 높이 평가받았다는 인상은 다름 아닌 생트뵈브의 글에서 기인하는 것이었으나(Sainte-Beuve, 280), 실상 이는 사실과 다른 것이었다.[64] 생트뵈브는 비판을 하면서 로망주의자들과 비용을 한데 섞어서 보고 있으며, 비용이 로망주의자들과 닮은 면이 없다는 점 역시 그의 비판의 대상이 되고 있다. 이러한 공격의 바탕에는 비용의 방탕하고 저속한 삶에 대한 혐오뿐만 아니라 비용이 생트뵈브 자신이 좋아하지 않는 로망주의자들의 우상이었다는 생각 역시 들어 있었을 것이다.

> 자신들의 찬탄을 스스로 납득하기를 즐기는 이들의 경우, 비용은 매우 종종 옳지 않으며, 두엄 속의 두세 개의 진주들, 두세 개의 정묘한 발라드들만이, 전체적으로 그들의 매 발걸음마다 부딪혔던 난점들과 장애들에 대해, 가까스로 그들을 위로해 준다. 그런데, 지나치게 까탈스러운 몇몇 사람들에게 불쾌감을 일으키는 이러한 모호함들이, 요컨대 비용에게 불행인 것일까? 내 생각으로는 그렇지 않다. (Sainte-Beuve, 282)

---

63 "Mais il y a une autre classe d'auteurs, à qui tout profite, même les défauts: ce sont ceux qui, une fois morts, tournent à la légende, qui deviennent *types*, comme on dit, dont le nom devient pour la postérité le signe abrégé d'une chose, d'une époque, d'un genre."(Sainte-Beuve, 282).

64 따라서, 최근에도 이루어지는 다음과 같은 언급에는 주의를 기울일 필요가 있다: "C'est au XVIII$^{e}$ siècle seulement que l'on commence à s'intéresser de nouveau au poète. Il est redécouvert à l'époque romantique, où il acquiert son statut de premier «poète maudit»."(Patrice Delbourg, *Les Jongleurs de mots. De François Villon à Raymond Devos*, Paris, Écriture, 2008, p. 21).

여기서 생트뵈브는 비용의《유언의 노래》에서 드러나는 '이질성'과 '애매성'을 염두에 두고 논평을 하는 것으로 보인다. 다중 차원으로 중첩된 수많은 의미의 퇴적층들, 상이하면서도 뚜렷하게 구별되는 무수한 사람들, 그리고 갖가지 언어상의 변화들과 여러 역사적 사건들의 잔영은 '애매성'을 증폭시켜《유언의 노래》에서 통일된 하나의 체계를 찾는 것을 불가능하게 만들었다. 또한 구어口語의 사용과 갖가지 말장난들, 진부하고 관습적인 표현에 대한 암시와 그 암시에서 파생되는 우연한 의미의 사용 등, 비용이 활용하는 갖가지 기법 역시 이러한 '애매성'을 확산시키는 주된 요인이었다.[65] 따라서 생트뵈브가 말하는 극소수의 '진주'는,《유언의 노래》의 후반부에서 수많은 사람들에게 유증물을 남기는 부분과 달리, '애매성'에 '감염'되지 않았거나 비교적 그 '감염' 정도가 경미한 부분을 가리키는 것이리라.

1861년 아나톨 드 몽테글롱Anatole de Montaiglon은 비용의 작품에서 드러나는 중요한 특징들 가운데 하나인 '다양성'과 '이중성'을 지적하면서, 비용과 라블레를 연결시킨다.

> 그의 시에서, 익살은 진중함과 뒤섞이고, 감동은 빈정거림과, 슬픔은 방탕함과 혼합되며, 신랄한 필치는 우수로 끝을 맺는다. 사물들과 사람들에 대한 공허감은 이러한 감정의 효과를 증폭시키는 갑작스러운 익살극과 뒤섞인다. 또한 이 모든 것이 그리도 자연스럽고, 그리도 명료하고, 그리도 솔직하고, 그리도 재기가 넘친다. 문체가 그렇게나 힘차고 적확하게 생각을 뒤따르기에, 여러분들은 그가 옷을 입힌 몸이 어떤 옷차림을 하고 있는지에 대해 감탄할 틈도 갖지 못한다. [⋯] 그는 모든 것, 생기와 매력, 명확함과 눈부심, 다양성과 통일성, 진중함과 재치, 간결하고 신랄한 필치와 의미의 충만함, 변덕스러운 유연함과 격한 형식, 당대의 특질과 영원한 인간성을 갖고 있다. 그에 비견될 수 있을 만한 거장, 또 우리가 비용에게서 탄복하게 되는, 지식과 직관, 정확성과 기발함, 세련된 우아함과 극도의 투박함을 가지

65 P. Demarolle, "Le virus de l'ambiguïté dans l'oeuvre de François Villon", *L'analisi linguistica e letteraria*, 1, 1998, pp. 199-210을 참조.

고 프랑스어로 글을 쓴 사람을 찾으려면 라블레까지 가야만 한다. [···][66]

그리고 1873년, 방빌Théodore de Banville은 그의 발라드에서 비용에 대해 다음과 같이 말한다.

> 그대의 어리석은 전설에서, 나, 나는 부정한다,
> 그대의 자유로운 재능 이외의 모든 것을, 위대한 선조여.
> 오, 푸른 하늘 아래 잠자는 방랑자여,
> [···]
> 그대 도둑이었으나, 프로메테우스와 같으니![67]

아마도 방빌이 말하는 '어리석은 전설'은 비용과 결부되곤 했던 '무전취식'의 우두머리에 관한 것일 수도 있다. 여하튼 방빌은 '시적 재능'이라는 보호자의 기치 아래, 비용의 모든 범죄자적인 경향을 변호하고 있으며, 그를 '악덕'의 전형으로 단죄하는 모든 전설들을 부정하는 것처럼 보인다. 그러나 방빌의 관심은 비용에게 있었다기보다는 오히려 그의 발라드 기법 혹은 '발라드'라는 시형식이 가진 난점들에 집중된 것이었다.[68]

요컨대, 비용이 로망주의자들이 애호하던 관심의 대상이었다는 생트뵈브의 언급은 정확한 지적이었다고 할 수 없다. 물론, 이러한 판단에서, '로망주의자'라는 말이 이른바 널리 알려진 작가들이 아닌 이름 없는 작가들이

---

66 Gaston Paris$_1$, 179-180에서 재인용.

67 "Dans ta légende stupide, moi je nie/Tout, grand aïeul, hors ton libre génie./O vagabond dormant sous le ciel bleu,/[...]Tu fus larron, mais comme Prométhée!" (D$_0$, 122에서 재인용).

68 방빌과 비용에 대한 논의에 대해서는 Aaron Schaffer, "The Trente-six ballades joyeuses of Theodore de Banville", *Modern Language Notes*, 37, n° 6, 1922, pp. 328-333; Bertrand Degott, "Au nom du frère. Villon dans la ballade française après 1850", in *Villon et ses lecteurs*, Paris, Champion, 2005, pp. 119-136; F. Brunet, "François Villon" in *La Fabrique du Moyen Âge au XIX$^e$ siècle. Représentations du Moyen Âge dans la culture et la littérature françaises du XIX$^e$ siècle*, sous la direction de Simone Bernard-Griffiths, Pierre Glaudes et Bertrand Vibert, Paris, Champion, 2006, p. 523 등을 참조.

나 얼치기 문인들을 지칭하는 경우에는 생트뵈브의 언급을 전적으로 틀린 것으로 부정할 수 없다.[69] 그러나 제2제정기의 이러한 '최신 유행의 추구자들'이 받아들이고 만들었던 비용의 인기와 유행은, 당대의 갖가지 사상이나 관심사로 물들고 변형된, 심지어는 터무니없는 각색과 개조로까지 이어지는 것이었고 비용의 원래 모습이 아니었다는 점 또한 기억해야 할 것이다.[70] 베를렌P. Verlaine이 널리 알려지기 이전, 또 롱농의 연구와 발견들이 발표되기 이전인 1828-1873년에 이르는 시기 동안, 비용의 작품은 그의 악명惡名과 작품의 애매모호함, 그리고 중세 말기를 요약하는 특징처럼 인식된 '천박함과 부도덕함'으로 인해 사람들이 중세 말기에 대해 호감을 보이지 않게 됨에 따라, 대부분의 로망주의자들의 관심을 끌지 못했다. 또 로망주의자들은 찬사와 비난의 중간 지점에 머물러 있었을 뿐이라 할 수 있다. 비용에 대한 지극한 찬사를 보인 것은 사실 니자르와 캉포 정도였으며, 고티에, 방빌, 그리고 중학생 랭보Arthur Rimbaud 정도만이 비용에 대해 흥미를 보였다.[71] 하지만 그들에게 흥미를 유발시킨 이유는 저마다 상이한 것이었다($D_0$, 48).

1870년 벌어졌던 전쟁 이후, 중세 연구는 앞선 시기에 비해 활기를 보이기 시작한다. 이러한 활기는 〈스트라스부르 맹약문서Serments de Strasbourg〉로 인해 촉발된 '민족주의'로 인해 활성화된 것이며, 이 시기 《로망어 평론*Revue des langues romanes*》(1870), 《로마니아*Romania*》(1872), 《중세*Le Moyen Âge*》(1888)와 같은 전문 학술지가 창간되기에 이른다.[72] 롱농은 1873년 《로마니

69 일례로, 1868년 베르메르슈Eugène Vermersch가 발표한 작품이 비용의 작품으로부터 얼마나 많은 영향을 받았으며, 어느 정도로 그를 모방했는지를 검토한 프리맨의 연구가 그 예가 될 수 있다(Michael Freeman, "D'un testament à l'autre: Villon et Vermersch", in *Et c'est fin pour quoy sommes ensemble. Hommage à Jean Dufournet*, vol. II, Paris, Champion, 1993, pp. 593-607을 참조).

70 이에 대해서는 Michael Freeman, "L'Image Villon sous le Seconde Empire", in *Le Champ littéraire 1860-1900. Études offertes à Michael Pakenham*, éditées par Keith Cameron et James Kearns, Amsterdam, Rodopi, 1996, pp. 149-160; Rimbaud, *Œuveres complètes II: Œuvres diverses et lettres 1864/1865-1870*, éd. Steve Murphy *et al.*, Paris, Champion, 2007을 참조.

71 랭보와 비용에 대해서는 Jacques Gengoux, *La pensée poétique de Rimbaud*, Paris, Nizet, 1950, pp. 108-112를 참조.

아》에 장문의 논문을 발표한 후, 1877년에는 고증학적인 연구의 신호탄이라 할 수 있는 저서인 《프랑수아 비용에 관한 전기적 연구》를 발표한다. 롱뇽은 비용의 삶과 그가 작품 속에서 말하고 있는 여러 인물들에 대한 전기적 자료들, 비용이 받았던 사면장赦免狀들과 나바르 신학교 절도 사건에 대한 많은 고문서 자료들을 소개하고,[73] 1892년에는 당시로서는 가장 우수한 것에 속하는 새로운 판본을 간행함으로써,[74] 이후 본격적인 비용 연구의 시작을 알리게 된다.

본격적인 비용 연구의 시작을 알린 롱뇽 이전의 '비용의 초상'에 관한 검토에서 드러나듯, 15세기에서 19세기 후반에 이르는 장구한 기간 동안, 비용의 모습과 그에 대한 평가는 '시인-비용' 이외의 모습들에 편중된 것이 사실이다. 하지만 이렇듯 기이한 '평가'와 '전설'이 비용에 대한 후대의 막연한 '환상'에만 기인하는 것은 아니었으며, 비용의 《유언의 노래》 또한 이러한 '환상'을 부추기고 정당화하는 요인들 가운데 하나였다. 《유언의 노래》가, 작가 스스로가 말하는 바를 지우고 가림으로써, 저자의 의도와는 동떨어진 모습을 정립하는 데 상당한 영향력을 행사했다는 사실은, 그의 첫 작품인 《유증시》가 '비용의 전설'을 형성하는 데 어떤 역할을 수행했는지에 대한 고찰을 요구한다.

## 2. 《유증시》의 세계와 비용

'고별시'의 전통에 속하며 40편의 8행시로 이루어진 《유증시》에 대한 연구는 일반적으로 《유증시》 자체에 대한 검토뿐만 아니라 《유언의 노래》의 후

---

72 *De la littérature française*, sous la direction de Denis Holier *et al.*, Paris, Bordas, 1993, pp. 7-13을 참조.

73 Auguste Longnon, "François Villon et ses légataires", *Romania*, 2, 1873, pp. 203-236; Longnon$_1$.

74 Longnon$_2$. 이후 이 판본을 기반으로 한 수정·보완판이 1914, 1923, 1932년 등에 걸쳐 다시 나오게 된다.

반부와의 공통점을 중심으로 이루어져 왔다.[75] 지난날 자신이 남긴 첫 작품을 회상하는 《유언의 노래》의 753-756행의 언급과 이후 부분에서 전개되는 두 작품의 상호 '교감'을 통해, 당대의 독자들이 비용이 언급하는 인물들과 상당한 관련성을 맺고 있었거나 그들에 대해 알고 있는 사람들이었다는 사실이, 또 비용의 《유증시》가 실패한 초기의 '습작'이 아니며 당대에 이미 상당한 인기를 얻었다는 점이 짐작된다.[76] 한마디로 말해서 《유증시》와 《유언의 노래》는 구조적인 측면에서뿐만 아니라 내용상으로도 밀접히 연계되며, 이 두 작품의 공통점은 《장미 이야기》의 전반부와 후반부에 비견되는 것이기도 하다. 하지만 '비용의 전설'을 통해 형성된 모습들에서 《유증시》에서 제시되는 비용의 모습을 찾아보기란 매우 힘들며, 이러한 점을 고려했을 때 독자들은 두 작품이 공통점보다는 더 많은 차이점들을 갖는 것일지도 모른다는 의문을 가질 수밖에 없다.

《유증시》에 대한 지금까지의 평가는 '유쾌하고 명랑한 비용의 초기 작품' 혹은 '보다 완숙기의 작품인 《유언의 노래》를 위한 소묘' 정도로 요약할 수 있다. 데조네는 《유증시》에서 볼 수 있는 비용의 장난기와 조롱, 기발함 등을 강조했고,[77] 폭스는 소극笑劇을 연상시키는 유증물들의 '희화적인 특징'을 지적한 바 있다.[78] 이러한 평가는 《유증시》를 일러 "단적으로 말해 우선 쾌활한 학생 기질의 문학 표현"이라 지적했던 송면宋勉의 언급이나(宋勉$_1$, 112) 다음과 같은 드마롤의 언급과 동일한 맥락에서 이루어진 것이다.

이 첫 번째 시詩에서는 프랑수아 비용이라 불리는 '유언자'가 어떤 인물인

75 《유증시》에 관한 연구서지의 경우, Robert Dabney Peckham, *François Villon's Lais: A best-text edition*, University of Pittsburgh, 1977, pp. 173-186을 참조.

76 N. J. Lacy, "In Defense of Villon's *Lais*", *The French Review*, 72, n° 6, 1999, p. 1001을 참조.

77 "Il écrira le *Lais*, d'une seule venue, le *Lais*: sorte d'adieu spirituel et gamin, une fantaisie lucide et folle, un pied de nez à la justice du roi [...]" (Desonay, 38).

78 "His first work, Le *Lais*, [...] is a mock testament in which he makes a series of farcical bequests to acquaintances he is leaving behind him." (Fox$_1$, xv).

지가 매우 빠르게 소묘된다. 《유언의 노래》에서—《유증시》가, 여러 가지 면에서, 《유언의 노래》의 여전히 매우 간략한 초기 버전처럼 보이는바—더 뚜렷이 눈에 띄는 모습, 전혀 다른 '두께'의 인물을 찾는 것을 기대할 수 있을 것이다. (Demarolle$_1$, 22)

《유증시》가 《유언의 노래》의 '초기 버전'이자 '소묘'라는 기존의 평은 두 작품이 차이점보다는 더 많은 공통점을 갖는다는 것을 단적으로 보여 준다. 따라서, 연구자들이 《유증시》에서 강조했던 소극을 닮은 희화적인 면과 유쾌한 장난이 '비용의 전설'에서 나타났던 전반적인 분위기와 크게 다르지 않다는 점을 일단 염두에 두고, 《유증시》의 전반적인 내용을 살펴보기로 하자.

1456년, 비용은 "일말의 잘못도 저지른 적이 없건만, 내게 죽음을 감내할 것을, 또 더이상 살지 말기를 바라며 명하는"("Sans ce qu'en riens j'aye mesprins,/Veult et ordonne que j'endure/La mort et que plus je ne dure", L, V, vv. 35-37) 그를 "사로잡았던, 잔인하고 가혹했던 여인의 눈길"("Le regart de celle m'a prins/Qui m'a esté felonne et dure;", L, V, vv. 33-34)을 피해 도망갈 수밖에 없는, '사랑받지 못한 자'인 자신의 비참한 심정을 토로하며 작품을 시작한다.

성탄절 무렵, 생기 없는 죽음의 계절,
늑대들 바람을 먹고 살아가는 때,[79]
또 농무濃霧와 서리로 인해, 모두들 제 집에 틀어박혀,
깜부기불 근처에 머무르는 때,
한 가지 소망 나를 사로잡으니,

79 Philippe Ménard, "'*Sur le Noël, morte saison, Que les loups se vivent de vent*' Tradition littéraire et folklore chez Villon(*Lais*, 10-11)", in *Études de Philologie Romane et d'Histoire Littéraire offertes à Jules Horrent à l'occasion de son soixantième anniversaire*, éd. Jean-Marie D'Heur et Nicoletta Cherubini, Liège, D'Heur, Cherubini, 1980, pp. 309-315를 참조.

내 마음을 조각내는
지극한 사랑의 감옥을 깨뜨리고 싶구나. (L, II, vv. 10-16)[80]

《유증시》의 '성탄절'이라는 언급에서, 많은 연구자들은 이러한 시간 지표가 일종의 알리바이 역할을 하는 것이며, 나바르 신학교에서 금화 500에퀴를 훔친 절도 사건을 암시하는 것이라 보았지만, 전기적 사실에 기반을 둔 이러한 해석을 확증해 주는 실증적인 자료는 사실 밝혀진 것이 없다.[81] 생기 없으며 죽은 듯한 계절과 예수의 탄생을 알리는 성탄절은 오히려 《유증시》 말미에서 제시되는 비용의 볼품없고 초라한 모습과 연결되어 세상에 평화를 가져온 예수와 정반대되는 모습의 비용을 그리고 있다고 볼 수 있으며(JCM, 66), 쿠프만은 이 부분을 성탄절 축제에 대한 패러디로 보기도 했다.[82] 잔인한 여인의 포로가 된 연인의 처지를 알리는 15행의 '지극한 사랑의 감옥'은 '궁정풍 사랑'에서 흔히 사용되었던 비유이며(TH, II, 4), 이러한 궁정풍 분위기가 《유증시》의 주된 배경이 된다. 그러나 충실한 연인으로서, 샤를 도를레앙이 아내의 사후에도 여전히 죽은 아내를 그리워하며,[83]

아, 죽음이여![84] 누가 너로 하여금 그리 성급하게,
나의 위안, 나의 생명,

80 "Sur le Noël, morte saison,/Que les loups se vivent du vent/Et qu'on se tient en sa maison,/Pour le frimas, pres du tyson,/Me vint ung vouloir de briser/La tres amoureuse prison/Qui faisoit mon cueur debriser."

81 Ms. Paris, A. N., fonds du College de Navarre, Carton M 181에 1458년 7월 22일에 행해진 기 타바리Guy Tabarye의 진술이 라틴어와 프랑스어로 기록되어 있다. 진술서 전문에 대해서는 $Longnon_1$, 139-150; $D_1$, 561-582를 참조.

82 J. Koopmans, "Villon et le théâtre", in *Villon Hier et Aujourd'hui*, Paris, Bibliothèque historique de la Ville de Paris, 1993, p. 113.

83 이 시의 내용은 1435년 사망한 것으로 추정되는 샤를 도를레앙의 두 번째 아내 본 다르마냐크Bonne d'Armagnac에 대한 것으로 추정된다. 이에 대해서는 Jean-Marc Varaut, *Poètes en prison. De Charles d'Orléans à Jean Genet*, Paris, Perrin, 1989, pp. 26-27을 참조.

84 이후 샤를 도를레앙의 작품 인용은 $CdO_1$에 의거한다. $CdO_1$의 1행은 "Las! Mort qui t'a fait si hardie,"이나, $CdO_2$의 경우처럼 'Mort' 뒤에 느낌표를 두는 것이 당시 관행적으로 사용되었던 '죽음'에 대한 돈호법의 사용과 의미 전달에 더 적합하다고 판단되어 이렇게 번역하였음을 밝힌다.

필사본 *B*(Paris, B.N., ms. fr. 1661)에 수록된
《유증시》의 시작 부분

나의 선善, 나의 기쁨, 나의 풍요였던
고귀한 왕후王后를 앗아가도록 했는가!
네가 나의 여주인을 잡아갔으니,
그녀의 시종인 나 또한 잡아가거라.
〔…〕
아! 나는 반려자도 없이, 홀로 남았구나!
나의 귀부인, 나의 즐거움이여, 안녕히!
이제 우리의 사랑을 빼앗겨 버렸구나.
그렇지만, 내 그대에게 약속하니,
모자람 없이 곡진曲盡히 기도할 것이며,
내 온 마음을 다해, 죽은 그대를 섬기리다,
결코 그대를 망각하는 일 없이. (〈발라드 LVII〉, vv. 1-6, 19-25)[85]

라고 애절하게 탄식하는 것과는 달리, 무정하고 불성실한 이 여인은 비용의 면전에서

그런다고 더 낫다 여기지도 않으면서
내가 죽는 것이 좋다 여긴다. (L, III, vv. 19-20)

알랭 샤르티에의 작품에서, "나의 귀부인이여, 당신을 처음으로 보게 된 날, 그날이 내게는 불행한 날이었소"("Mal fut jour pour moy ajourné,/Ma dame, quant je vous vy oncques.", XXIV, vv. 191-192)라고 오랫동안 간직해 두었던 심중의 말을 꺼내면서, "나를 불타오르게 하고 소진시키는 어떤 병으로 인해 나는 고통받고 있다오"("Je seuffre mal ardant et chault", XXV, v. 193)라는

85 "Las! Mort qui t'a fait si hardie,/De prendre la noble Princesse/Qui estoit mon confort, ma vie,/Mon bien, mon plaisir, ma richesse!/Puis que tu as prins ma maistresse,/Prens moy aussi son serviteur,/[...]/Las! je suy seul, sans compaignie!/Adieu ma Dame, my lyesse!/Or est notre amour departie,/Non pour tant, je vous fais promesse/Que de prieres, a largesse,/Morte vous serviray de cueur,/Sans oublier aucunement;" ($CdO_1$, 81-82; $CdO_2$, 168-170).

말로 사랑을 고백하는 남성 연인에게, 무정한 여인은 "그런 어리석은 생각이 정녕 당신을 떠나지 않나요? 당신의 마음에 평화를 주기 위해 달리 생각할 수는 없나요?"("ce fol pensement/Ne vous laissera il jamais?/Ne penserez vous autrement/De donner a vostre cuer paix?", XXVII, vv. 221-224)라고 답하며, 다음과 같은 충고를 남긴다(BDSM, 9-10).

> 당신이 내 충고를 귀기울여 들으셨다면,
> 다른 곳에서 찾으세요, 더 아름답고 더 우아한 여인을,
> 사랑의 즐거움을 맛보기를 원하는,
> 또 당신의 기대에 훨씬 더 부합하는 여인을.
> (LXII, vv. 489-492)[86]

그러나 비용이 사랑했던 여인은 알랭 샤르티에의 작품에 등장하는 무정한 미인보다 한 걸음을 더 내딛는다. 비용의 마음을 사로잡은 여인은 그의 사랑을 거부하는 것에 그치지 않고, 어느새 다른 사람과 사랑에 빠져, 시인은 그저 "탄식하며 하늘을 한탄하"("Dont je me dueil et plains aux cieulx,", L, III, v. 21)는 수밖에 없게 된다. '한 여인의 연인', 즉 '마르트의 연인'이었던 비용은 결국 "순교자 연인"("amant martir", L, VI, v. 47)이 되며,[87] 이러한 그의 외양은

> 사랑의 신이 사랑의 성인들을 만들었다면,
> 요컨대, 나를 순교자라 불러야 마땅할 것이니,
> 이는 내가 따져볼 수 없을 만큼 고통받고 있으며,
> 이처럼 그대에게서 멀리 떨어져 있기 때문이니. (〈발라드 X〉, vv. 13-16)[88]

---

86 "Se mon conseil voulez oyr,/Querez ailleurs plus belle et jente/Qui d'amours se vueille esjoyr/Et mieulx sortisse a vostre entente."

87 '순교자 연인'과 '무정한 미인美人'의 전통에 대해서는 $Siciliano_1$, 313-348을 참조.

88 "Au fort, martir on me devra nommer,/Se Dieu d'Amours fait nulz amoureux saints:/Car j'ay des maulx plus que ne sçay compter,/Puis qu'ainsi est que de vous suy

라고 말했던 샤를 도를레앙의 '신실한 연인'과 다를 바 없지만, 그 이면에는 여인의 이름인 'Marthe'에서 'martir'를 이끌어 내는 말장난이 감추어져 있다($RH_1$, 15; CT, 62).

이별이 내게 아무리 가혹한 것이라 하더라도,
그럼에도 나는 그녀를 떠나야만 하네.
내 모자란 분별력으로도 알 수 있듯이,
나 아닌 다른 자가 그녀의 총애의 대상이 되었으니
불로뉴의 간한 청어라 할지라도
이보다 더 목말라 하지는 않으리라.
이는 내게 비통한 일이니
신이여 내 탄식을 들어주소서! (L, VII, vv. 49-56)[89]

보잘것없고 모자라는 분별력인 동시에 불쌍하고 불행한 자의 분별력으로도 알 수 있듯, 다른 사내가 그녀의 호의의 대상이 된다. 53-54행에 내재된 다양한 해석 가능성으로 인해, '간한 청어보다 더 새로운 총애의 대상에게 갈증을 느끼며 집착하는 여인', '간한 청어보다 더 간절하게 여인을 갈망하는 비용', '간한 청어보다 더 여인에 대한 사랑에 목말라하는 새로운 연인', 이 세 사람의 갈증이 한데 어우러지며, 여인의 호의를 얻지 못한 불행한 화자의 고통과 탄식은 갈증만큼 깊어져 간다($RH_1$, 15-16; JCM, 66).

그런데 내 가슴속까지 꿰뚫는
저 부드러운 눈길과 아름다운 외양을
저리도 위선적인 풍취風趣로 인해

---

loingtains."($CdO_1$, 27; $CdO_2$, 72-74).

89 "Combien que le depart me soit/Dur, si fault il que je l'eslongne;/Comme mon povre sens consoit,/Aultre que moy est en quelongne,/Dont oncques soret de Boulongne/Ne fut plus alteré d'humeur./C'est pour moy piteuse besongne:/Dieu en veuille ouÿr ma clameur!"

내게 호의적인 것으로 여긴다면,
그것들은 내게 다리에 흰 점 박힌 말이거니와,
정작 긴요할 때는 내게 없는 것이니,
나 다른 땅에 심어야만 하며
다른 주형鑄型에 찍어야만 하리라 (L, IV, vv. 25-32)

비용은 뚜렷이 구별되는 용어들을 통해 여인의 실상과 자신의 심정을 생생하게 표현한다. 앞선 4행에서는 우아한 궁정풍의 용어들을 사용해, 사랑의 신의 화살처럼 "눈을 통해 심장에 격렬하게 꽂히며",[90] "몸속에 너무 깊이 박혀 뽑을 수 없고, 몸속에 그대로 남아 있"[91]게 되는 무정한 여인의 눈길과(CT, 62), 《장미 이야기》의 가식과도 같은 그녀의 외양이 실제로는 '흰 점 박힌 말'[92]에 지나지 않음을 말하며, 뒤의 4행에 와서는 외설적이고 노골적인 두 가지 비유를 통해 '성적性的인 욕망을 다른 곳에서 해소할 수밖에 없음'을 표명한다(RH$_1$, 11-12; Bijvanck, 137-138; TH, II, 7-8).[93] 무정한 미인에게 버림받은 연인, '사랑의 순교자'인 비용은 '출발'에 앞서 《유증시》를 남기는 취지를 다음과 같이 알린다.

나는 떠나야만 하건만
돌아올 기약이 없구나
(나, 흠 없는 사람도 아니고

90 "que par mi l'ueil m'a ou cuer mise/sa saiete par grant roidor;" (RdR, vv. 1692-1693).
91 "m'ot si dedenz le cuer fichiee/qu'ele n'en pot estre esrachiee,/ançois remest encor dedens" (RdR, vv. 1715-1717).
92 8행시 IV의 30행은 29행의 비유적인 표현에 대한 즉각적인 풀이라고 볼 수 있다. 이에 대해서는 M. Roques, "Les pieds blanc (Villon, *Lais* IV, 29)", in *Mélanges de philologie romane et de littérature médiévale offerts à Ernest Hoepffner*, Paris, Les Belles Lettres, 1949, pp. 95-106을 참조.
93 알렉산더는 비용이 '순교자 연인'이라는 전통적인 주제를 패러디하는 동시에, 새로운 사랑의 대상을 찾으려는 것보다 더 실질적인 이유에서, 즉 '금전적인 문제'를 위해 자신이 앙제로 가는 것임을 밝히는 것으로 이 부분을 해석하였다(Douglas Alexander, "Villon's 'autre coing': parody or tradition?", *Romance Notes*, 12, nº 1, 1970, p. 418을 참조).

강철이나 주석으로 만들어진 것도 아닌 터,
인간의 삶은 불확실하고
죽은 다음에는 너무 늦을 터라)[94]
—나, 머나먼 곳으로 떠나가기에—
이 유증시를 마련하노라. (L, VIII, vv. 57-64)[95]

코농 드 베튄Conon de Béthune의 "그녀로 인해, 나는 탄식하며 시리아로 가니"("Pour li m'en vois souspirant en Surie,", v. 9)라는 구절을 연상시키는 이 부분에서, 비용은 이제 자신이 할 수 있는 것이라고는 오직 떠나는 것만이 남았을 뿐이며, 그렇기에 "앙제로 간다"("Je m'en vois a Angers,", L, VI, v. 43)고 밝힌다. 성전聖戰을 치르기 위해 십자군의 길을 떠나듯, 앙제로의 출발을 알리는 비용의 언급에 대해서는 무수한 이견異見들이 제기되곤 했다. 비용은 자신의 출발이 불행한 사랑에 기인한 것이라 말했지만, 혹자는 이러한 표명을 기 타바리의 진술에서 드러나듯 새로운 범행을 도모하기 위해 앙제의 수도원에 사는 부유한 친척의 동태를 살피기 위한 것으로,[96] 혹자는 다른 여인을 품으러 간다는 외설적인 의미가 담긴 이중의 말장난으로 해석했으며,[97] 또 어떤 이들은 다른 곳에서 궁정 시인이 되기 위해서라는 의견을

94 실제 유언장의 내용과 선례에 대해서는 *Testaments enregistrés au parlement de Paris sous le règne de Charles VI*, Texte publiés par Alexandre Tuetey, Paris, Imprimerie Nationale, 1889; W. H. Rice, *The European Ancestry of Villon's Satirical Testaments*, New York, The Corporate Press, 1941을 참조.

95 "Et puys que departir me fault/Et du retour ne suys certain/(Je ne suys homme sans deffault,/Ne qu'aultre d'assier ne d'estain;/Vivre aux humains est incertain/Et aprés mort n'y a relaiz)/—Je m'en vois en pays lointain—,/Si establis ce present laiz."

96 "Oultre, ledit maistre Guy dist audit deposant que ilz avoient ung aultre complice nommé maistre Françoys Villon, lequel estoit allé à Angiers en une abbaye en laquel[le] il avoit ung sien oncle qui estoit religieulx en ladite abbaye, et qu'il y estoit alé pour savoir l'estat d'ung ancien religieulx dudit lieu, lequel estoit renommé d'estre riche de V ou VI$^{c}$ escus et que, lui retourné, selon ce qu'il rapporteroit par de ça aux autres compaignons, ilz yroient tous par delà pour le desbourser, et que, à quelque matin, ilz auroient tout le sien nettement."(Longnon$_{1}$, 169에서 재인용).

97 P. Marchot, "Notes étymologiques", *Romania*, 47, 1921, pp. 226-236을 참조.

제시한 바 있다(RH1, 13-14).

이어지는 8행시 IX–XXX에서 비용은 너그럽고 부유한 '기사騎士'의 모습을 취하고 유증물을 분배한다. 우선, 무정한 여인을 위해, 비용은

> 마찬가지로, 나를 그처럼 잔혹하게 거부하여,
> 나에게서 즐거움을 금하고,
> 또 일체의 쾌락을 쫓아낸,
> 내가 말했던 그 여인에게는
> 핏기 없고 가련한, 죽어 생기 없는 내 심장을
> 유물함에 넣어 남긴다.
> 알면서도 그녀 내게 이러한 불행을 주었지만,[98]
> 신이여, 그녀의 죄를 사해 주소서! (L, X, vv. 73-80)

라고 말한다. 하지만 77행에서 이야기되는 '심장'의 유증은 중세의 경우 별반 드문 경우가 아니다. 이러한 실례는《장미 이야기》의

> 〔…〕 그렇지만 **환대**歡待를 기쁘게 해주기 위해, 죽기 전에, 충실한 연인이 그렇게 하듯, **사랑** 당신께 후회 없이 고해합니다. 내 짐을 감당할 수 없으니까요. 그리고 유언을 남기고자 합니다. 세상을 떠나면서 그에게 내 심장을 남깁니다. 그 외에 다른 유증물은 없습니다.[99]

라는 부분이나,《쿠시 성주城主와 파옐 부인의 사랑 이야기에 대한 책*Livre des amours du Châtelain de Coucy et de la Dame de Fayel*》등에서도 찾아볼 수 있다(Bijvanck, 121; TH, II, 14; JCM, 69). 그러나 중요한 것은, 비용이 여기서 'cueur' 본래의

---

98 이 구절은 '다름 아닌 그녀가 이 불행을 가져온 장본인'임을 의미한다. 리슈네와 앙리는 이 부분을 "procuré intentionnellement"으로 옮겼다(RH1, 18; CT, 66).

99 "[…] et toutevois, por lui deduire,/a vos, Amors, ainz que je muire,/des que ne puis porter son fes,/sanz repentir me faz confés/si com font li leal amant,/et veill fere mon testament:/au departir mon queur li les,/ja ne seront autre mi les." (RdR, vv. 4183-4190).

뜻과 비유적인 뜻을 가지고 이중의 말장난을 하고 있다는 점이다. 외면상으로는 사랑의 슬픔과 그 비통함으로 인해 생기를 잃고 죽음에 이르렀기에 '심장'을 유증하는 것이지만, 내심으로는 여인의 잔인한 거부와 배척에 경악하고 질색한, 그래서 모든 애정이 사라진 싸늘한 '마음'을 유증하는 것이다. 여기서도 다시 궁정풍의 우아함은 이중의 의미를 만들어 낸다.

무정한 여인에 대한 언급 다음으로는 비용 자신이 알고 지내던 인물들이 차례차례 거명된다. 자신과 함께 수학했으며, 이미 검찰관이 되어 있던 로베르 발레의 경우(Champion, II, 355-359; $RH_1$, 20-21), 비용은 갖가지 반의적인 의미들로 가득한 희화적인 유증물을 남긴다.

> 산도 골짜기도 분간하지 못하는
> 고등법원의 불쌍한 서기에게는
> 내 주된 유증물로 정하노니,[100]
> 선술집 '장딴지'에 〔담보물로〕 있는
> 내 짧은 반바지를,
> 그의 연인인 잔 드 밀리에르에게
> 매우 걸맞은 머리쓰개가 되도록,
> 그에게 즉시 주기 바란다. (L, XIII, vv. 98-104)[101]

한 단어 혹은 한 문장을 통해 여러 의미를 암시하는 비용의 기법은 8행시 XIII에서도 잘 드러난다. '많은 것mout'이라는 뜻과 '산montagne'이라는 뜻을 동시에 의미하는 'mont'이라는 단어를 가지고 말장난을 함으로써, 비용은 유증 수령자를 '아무것도 이해하지 못하는' 자로 만든다. 그 결과 이러

---

100 100행은 이어지는 8행시에서 재차 다른 유증물을 남기는 데 기인한 표현으로, 뮐르탈레의 "j'ordonne en premier lieu"(JCM, 49)라는 번역처럼 '우선', '먼저'라고 해석할 수도 있다. 그러나 본고에서는, 다음 8행시에서 유증되는 '기억술記憶術'보다는 '반바지'에 비용의 주안점이 있는 것으로 보아 뒤푸르네의 해석("je décide, en legs principal", DF, 59)을 따랐다.

101 "Povre clergon en parlement/Qui n'entent ne mont ne valee,/J'ordonne principalement/Qu'on luy baille legierement/Mes brayes, estans aux Trumillieres,/Pour coyffer plus honnestement/S'amye Jehanne de Millieres."

한 반어법은 로베르 발레가 실제로는 매우 교활한 인물임을 강조하는 효과를 거둔다. 99행은 각운脚韻이 되는 'valee'가 로베르 발레의 이름이라는 점에서, '제가 누구인지도 모르는', 즉 '주제 파악도 못 하는'이라는 의미로도 이해된다. 한편 이 구절은, 'entent'의 어원이 되는 라틴어 'intendo'의 경우, 'tendo'가 남성의 성기를 의미하며 'mont'은 여자의 성기를 의미할 수 있기에, 외설적인 의미로 해석되기도 한다.[102]

이어지는 8행시 XIV에서 비용은 로베르 발레에게 재차 다른 유증물을 선사하며, 그런 이유에서 자신의 '짧은 반바지'야말로 주된 유증물임을 강조한다. 비용의 유증물을 '어리석은 남편 위에 군림하는 여자'의 모습 내지는 '로베르 발레가 남자로서의 주권을 포기했음'을 의미하는 것으로 보는 견해에 대해(RH$_1$, 20; CT, 68; TH, II, 24), 'coyffer'를 수렵에서 사용되는 은어로 보는 것이 타당하다는 의견을 제시한 연구자도 있었으나,[103] 여기서 머리쓰개로 사용하기를 권하는 비용의 '짧은 반바지'는 오히려 유명한 보카치오의 작품 한 부분을 연상시킨다(JCM, 70).

> 그날 밤, [수녀원장] 우심발다는 마침, 종종 큰 궤에 넣어 자신의 방에 끌어들이곤 했던 어느 사제와 함께 자리에 있었습니다. 떠들썩한 소리를 듣고 그녀는, [수녀들이] 지나치게 급히 서두른 나머지, 힘을 가해 문을 열지나 않을까 걱정이 되었습니다. 그녀는 침대에서 벌떡 일어났고, 어둠 속에서 그녀가 할 수 있는 한 최선을 다해 옷을 입었습니다. 그런데, 면사面紗라고들 부르는 수녀들이 이마에 쓰는 베일을 쥐었다고 믿었지만, 그녀가 주워든 것은 사제의 속옷 바지였습니다. 그녀는 너무 서두른 나머지, 속옷 바지

102 P. Demarolle, "Sur l'interprétation de deux huitains de Villon: la Bulle et le Décret", *Le Moyen Âge*, 76, n° 2, 1970, pp. 300-301을 참조.

103 "«Coiffer» dans le jargon de la Vénerie a le sens, en parlant des chiens, de: «saisir le sanglier par les oreilles et de le porter à terre». Ainsi Villon lègue à Robert Valee ses caleçons pour «coiffer» plus «décemment» son amie Jeanne." (P. Sélamme, "«La pierre et la porte», une mésaventure ignorée: nouvelle approche des huitains XCV et XCVI du *Testament* de Villon", *Médiévales*, 31, 1996, p. 136).

를 머리 위에 둘러썼습니다. (《데카메론》, IX, 2)[104]

따라서 비용의 유증물은 로베르 발레가 오쟁이진 자임을 비웃기 위한 것으로 이해하는 것이 전체 맥락상 어울릴 듯하며, 이어지는 8행시에서 그에게 유증되는 "기억술"("l'Art de memoire", L, XIV, 112) 또한 연인의 외도를 잊지 말고 항상 기억하라는 조롱 섞인 비아냥으로 볼 수 있다.

> 마찬가지로 르 루와 숄레에게는
> 늘 〔습관처럼〕 그랬듯이, 해 질 무렵,
> 해자 옆의 성벽 위에서 잡은,
> 오리 한 마리를 둘에게 공동으로 물려주며,
> 제각기 발까지 내려오는
> 성 프란체스코회 수도사의 장대한 외투와
> 장작, 목탄, 비계와 완두콩,
> 또 등〔甲皮〕 없는 각반을 준다. (L, XXIV, vv. 185-192)

카쟁 숄레Casin Cholet는 통수리공이었다가 1459년부터 경관으로 일했던 인물이며($RH_1$, 162; TH, II, 302), 장 르 루Jehan le Loup는 뱃사공이었다가 후일 경관이 된 인물이다($RH_1$, 163; Champion, I, 189-190). 《유언의 노래》의 8행시 CIX(vv. 1102-1109)와 CX(vv. 1110-1117)에서도 거론되는 이 두 사람의 경우, 도둑질에 대한 암시, 수도사들에 대한 야유, 외설적이고 저속한 암시 등을 드러내는 이 8행시가 의미하는 바가 구체적으로 무엇인지는 쉽게 파악되지 않으나, 한 연구자는 189행에서 두 유증 수령자들의 동성애 관계에 대한 암시를 보기도 했다.[105]

---

104 Boccace, *Le Décaméron*, édition corrigée et augmentée d'indications bibliographiques, traduction par Jean Bourciez, Paris, Garnier Frères, 1967, p. 590. 영역의 경우 Giovanni Boccaccio, *The Decameron*, translated by Guido Waldman, Oxford, Oxford University Press, 1993, p. 561을 참조.

105 G. Pinkernell, *François Villons Lais. Versuch einer Gesamtdeutung*, Heidelberg, Carl

이어서 비용은 늙은 성당 참사위원이던 기욤 코탱Guillaume Cottin과 티보드 비트리Thibault de Vittry를 일러($D_2$, 154-161; $LA_1$, 34; Champion, I, 158-166; Schwob, 95-108; $RH_2$, 191),

> 라틴어를 말하는 두 불쌍한 성직자,
> 겸허하고, 성가대에서 노래도 잘 부르며,
> 싸움을 즐기지 않는 온순한 어린 아이들 (L, XXVIII, vv. 219-221)

이라 말하면서 "기요 기드리의 집에서 받게 될 집세를 남겨 준다."("Je leur laisse sans recevoir/Sur la maison Guillot Gueutry,", L, XXVIII, vv. 222-223)고 말한다.[106] 비용은 반어적인 표현으로 이들이 부유하며 성미 고약하고, 사람을 잘 속이며 싸움을 즐기는 늙은이들임을 알린 다음,[107]

> 새장 속에 갇혀서
> 괴로움을 겪는 비둘기들에게는
> 훌륭하고 더할 나위 없이 유용한 내 거울과
> 간수 아내의 호의를 남겨 준다. (L, XXIX, vv. 229-232)

어두운 감옥 속에 감금되어 괴로워하는 죄수들에게 비용은 그들의 필요에 전적으로 부합하는 자신의 '거울'을 유증한다. 거울은 그들의 몸을 단장하는 데 필요할 뿐만 아니라, 이를 통해 간수 아내의 환심을 사고 보살핌을 받을 수도 있기 때문이다(CT, 78; $RH_1$, 34). 비용이 죄수들에 대한 언급에서

---

Winter, 1979, pp. 88-91을 참조.

106 $D_2$, 157; TH, II, 52-53; $LA_1$, 34; $RH_2$, 192 등을 참조. 아울러 《유언의 노래》 1313행을 참조.

107 반어적인 의미에서 이들의 '무지함'를 강조하는 표현으로 사용된 '라틴어'는 "Mais Faux Semblant en son latin Conseille qu'on n'en face plus;"(DLMF, 477)라는 예에서 볼 수 있듯이, '사람을 현혹시키는 말', '가혹한 말'을 의미하기도 하며(GDS, 139), '라틴어를 말하다'라는 표현은 '현학적인 말을 사용하다', '솔직하게 말하지 않다' 등의 뜻으로 사용되기도 한다.

군이 간수 아내를 언급하는 것은 당시 간수의 아내가 죄수들의 식사를 담당했기 때문이며, 성미 고약한 간수 아내에 대해 튀안은 여러 실례들을 제시한 바 있다.[108]

> 마찬가지로, 구제원들에게는
> 거미줄 늘어진 내 창틀을 남겨 주고,
> 또 상점의 진열대 아래에서 잠을 자는 녀석들에게는
> 저마다 눈 위에 주먹 한 방씩을 안긴다. (L, XXX, vv. 233-236)

《유언의 노래》의 1645행에서도 언급되는 구제원들에게, 비용은 창문에 치는 천이나 기름종이 대신 거미줄이 쳐진 창틀을 물려준다. 튀안은 매우 비참한 실태를 보이는 구제원들을 간접적으로 비난하는 의도가 여기에 있다고 보았고(TH, II, 57; $RH_1$, 34), 티리는 이 구절이 사람들의 자비심에 모든 것을 의존하는 부랑자들과 가난한 이들에 대한 멸시의 표현일 수도 있다는 지적을 한 바 있다(CT, 78).

> 마찬가지로, 내 이발사에게는
> 내 머리카락 부스러기들을
> 조건없이 또 아무런 제한 없이 남겨준다. (L, XXXI, vv. 241-243)

《유언의 노래》의 1653행에서 재차 이름이 거명되는 이발사 콜랭 갈레른 Colin Galerne에게 비용이 주는 것은 아무런 값어치도 없으며 유증물이라 할 수조차 없는 것이다. 그럼에도 불구하고 비용은 '조건이나 제한 없이'라는 거창한 법률적인 명구를 붙여 장난기와 익살스러움을 강조한다.

---

108 "Pour raison des grans oultraiges et insolences que Jehanne, femme de Jehan Papin, geolier de la Conciergerie, faisoit aux prisonniers d'icelle, luy fut faicte defense sur peine d'estre bannie de Paris, et d'estre batue publicquement et pilloriée, et aussi a sondit mary et serviteurs. (19 juillet 1471)"(TH, II, 57에서 재인용).

마지막으로, 오늘밤,
홀로, 좋은 기분으로
유증들을 작성하고 쓰고 있을 때,
매일 아홉시에
천사가 알리는 구원을 울려 퍼지게 하는
소르본의 종소리를 들었고
마음에서 우러나오는 기도를 드리기 위해
일을 멈추고 중단하였다. (L, XXXV, vv. 273-280)[109]

희극적이고 풍자적인 '유증'을 '성공적으로' 마칠 즈음, 삼종기도를 알리는 종소리가 울려 퍼지고, 비용은 "술을 마셨기 때문도 아니지만, 정신이 묶인듯"("Non pas par force de vin boire,/Mon esperit comme lÿé.", L, XXXVI, vv. 282-283) '의식의 몽롱'함에 빠진다. 하지만 정신을 차렸을 때는 이미, "잉크는 얼어붙었고, 촛불은 꺼져 가니, 불을 찾을 수 없어"("Mais mon ancrë estoit gelé/Et mon cierge trouvay soufflé;/De feu je n'eusse peu finer,", L, XXXIX, 308-310) 잠을 청할 수밖에 없으며, 비용은 서둘러 자신의 지금 모습과 처지를 간략하게 기술함으로써 글을 마친다.[110]

앞에서 언급한 때에
명성 높은 비용에 의해 씌어졌도다
무화과도 대추야자 열매도 먹지 않았건만
소제용 솔처럼 마르고 검은 그는,
막사도 천막도 없으니
벗들에게 전부 넘겨 주었고

109 "Finablement, en escripvant,/Ce soir, seulet, estant en bonne,/Dictant ces laiz et descripvant,/J'ouys la cloche de Serbonne,/Qui tous jours a neuf heures sonne/Le salut que l'ange predit;/Si suspendis et mis en bonne/Pour prier comme le cueur dit."
110 이 부분에 대해서는 김준현, 《《유증시》의 제명에 관한 연구》, 고려대학교 대학원 불어불문학과 석사학위논문, 1999를 참조.

금새 없어질 터인
몇 푼의 돈밖에는 가진 것이 없어라. (L, XL, vv. 313-320)[111]

지금까지 살펴본《유증시》의 내용을 종합해 보면,《유증시》는 무정한 미인에게 버림받은 부유한 기사의 가면을 쓴 비용이 먼 곳으로의 출발에 앞서 알고 지내던 이들에게 유증물을 남기는 비교적 단순한 구조로 이루어진 작품이다. 비용은 불행한 사랑에 대한 환기와 그로 인한 '출발'로 작품을 시작하며, 표면상으로는 슬픔과 고통을 토로하지만 실제로는 쾌활한 모습으로 일관한다. '순교자 연인'이자 불행한 '기사'는 슬픔과 절망, 고뇌와 번민에 빠지는 모습을 보이기는커녕 저속하고 외설적인 비유들을 휘두르고 풍자적인 유증물들을 유쾌하게 분배하며, 그 결과 애통함보다는 쾌활함이 전면에 부각된다.

마치 남의 이야기를 하듯, 혹은 타인을 흥겹게 관찰하듯,《유증시》에서 비용은 '청각'보다는 '시각'에 의존하면서 작품을 전개해 나간다. 그는 자신의 시선을 중심에 두며, 모든 시선은 비용의 눈을 통해 다른 사람들에게 투사된다. 자신과 다른 사람들에게 투사되는 시선을 통해, 비용은 어느 정도는 거리를 둔 관찰자이자 구경꾼의 모습을 보이며, 경쾌한 장난과 조롱, 그리고 풍자를 즐긴다.[112]

단일한 가면에 가려진《유증시》의 화자의 모습에서 후일《유언의 노래》에서 볼 수 있는 보다 극적이고 복잡한 양상의 모습들, 진실한 어조와 지극히 고통스런 회한, 개인적인 감정의 격렬한 토로를 통해, 마치 독자 앞에서 직접 스스로의 이야기를 들려주는 듯한 면모를 발견하기는 어렵다. 또《유증시》의 경우, 보다 여러 사람의 목소리로 조각나 분산되는 화자의 목소리는 발견되지 않으며,[113] 그의 이야기를 실존 인물의 자전적인 이야기나 비통

111 "Fait au temps de la dite datte/Par le bien renommé Villon,/Qui ne mengue figue ne datte,/Sec et noir comme escouvillon;/Il n'a tente ne pavillon/Qu'il n'ait lessié a ses amis,/Et n'a mais q'un peu de billon/Qui sera tantost a fin mis."
112 Thiry$_1$, 445를 참조.

한 심정의 토로로 받아들이기는 힘들다.

그러나 비록 일시적이며, 아직 그 모습을 온전히 갖춘 것이라 할 수는 없지만, 《유증시》에서 드러나는 비용의 쾌활한 모습에는 후일 《유언의 노래》에서 나타나게 될 절망과 고통, 흔들림과 불확실함의 최초의 흔적들이 미약하게나마 깃들어 있다. 또 후일 《유언의 노래》에서 확장·변주되는 기법들, 즉 자신의 유증물들을 가지고 유희를 즐기며, 유증 수령자의 이름을 통해 자신의 장난에 힘과 재치를 실어 주는 비용의 모습, 유증 수령자들의 희화적인 변신과 변모, 유증물들에 부과되는 이중의 의미와 그 의미의 양 극단에 자리잡게 되는 반어법과 일종의 '불명료함'의 흔적들이 이미 고개를 들고 있다. 학생 특유의 조롱과 야유, 경박하고 저속한 장난과 반어법 옆에는 이면의 진실을 생각하게 만드는 시도들이 존재한다. 하지만 이러한 《유증시》의 특징들은, 후일 《유언의 노래》에서 보다 풍부하고 생생하게, 더 다양한 기법들과 목소리를 통해 확장·변주된다는 점에서 사람들의 관심에서 멀어지게 된다. 《유증시》를 단순한 '초벌'과 '소묘'로 인식하게 됨에 따라, 비용의 특징들은 대부분 《유언의 노래》를 통해서만 강조되었고, '비용의 전설' 또한 《유증시》가 아닌 《유언의 노래》에서 자양분을 취하게 된다.

《유증시》의 비용은 '궁정풍 사랑'과 '무정한 여인'이라는 작품의 틀이자 배경에서 떠나지 않으며, 부유한 기사의 모습에서 시작된 화자의 모습은 작품의 끝에서도 비탄에 잠겨 정처 없는 길을 떠나야 하는 '흑기사黑騎士'의 모습으로 제시된다. 스스로 택한 '궁정풍 사랑'의 틀을 비용 자신이 패러디하고는 있지만, 《유증시》에서 드러나는 그의 모습은 여전히 고귀한 '기사'이자 '사랑의 순교자'이며, 이러한 측면은 '비용의 전설'에서 강조되었던 '무뢰배' 혹은 '무전취식의 대가', '도적단의 우두머리'와는 공존할 수 없는 모습이었다. 뿐만 아니라, 《유증시》에서 자주 표출되는 '학생 기질'과 "나, 프랑수아 비용, 학생"("Je, Françoys Villon, escollier,", L, I, v. 2)이라는 작품 서두의

113 Lacy$_1$, 60-69; N. J. Lacy, "The Voices of Villon's *Testament*", *Dalhousie French Studies*, 4, 1982, pp. 3-12를 참조.

자기 규정 또한 '악당'과 '유맹流氓'의 이미지와는 융합되기 어려운 것이었으며, 지극히 현학적인 스콜라 철학의 용어들로 인해 그 의미를 쉽게 짐작할 수 없는 '의식의 몽롱'함을 이야기하는 대목 역시 '전설적인 모습'의 비용과는 상충되는 것이었다. 이렇게 해서《유증시》는《유언의 노래》의 그늘 아래 자취를 감추게 된다.

그러나 후일《유언의 노래》에서 비용 자신에 의해 다시 거론되며, 후반부가 진행되는 내내 빈번한 인용과 환기를 통해 다시 모습을 드러내게 되는《유증시》는, 발라드의 삽입과는 달리《유언의 노래》의 구조에는 아무런 영향도 미치지 않는다.《유증시》는 두 작품의 동일한 측면을 강조하고 변주 및 확장된 형태로 발전하는 새로운 계기를 마련해 주며,《유언의 노래》를 위한 '소묘'임과 동시에 그 '기반'이 됨으로써,《유언의 노래》는《유증시》의 '다시 읽기'가,《유증시》는《유언의 노래》의 '다시 쓰기'가 된다.[114]

---

114 Giuseppe Di Stefano, "Du «Lais» au «Testament»", *Cahiers de l'Association Internationale des études françaises*, 32, 1980, pp. 39-50을 참조. 중세의 '다시 쓰기'에 대해서는 D. Poirion, "Écriture et ré-écriture au Moyen Age", *Littérature*, 41, 1981, pp. 109-118을 참조.

# 제2장 '단장시편'—《유언의 노래》의 예고

《유증시》를 남기고 파리를 떠난 1456년 이후, 비용은 불확실한 기대에 자신의 운명과 미래를 걸 수밖에 없었던 것으로 보인다. 지금까지의 익숙한 생활 공간을 떠난 그는 자신의 처지에서 진정한 생활의 방편도 의지할 수 있는 어떤 것도 찾을 수 없다는 불안을 느꼈을 것이며, 그의 삶을 지탱해 줄 합리적이고 체계적인 근거 역시 발견하지 못한다. 그러나 그를 위로해 줄 수 있는 것 역시 불확실하고 비합리적인 기대뿐이었으며, 비용은 모호한 희망과 예감을 통해 스스로의 불안과 고통을 달래려고 애쓴다. 이 시기, 그가 시도했던 이러한 노력들의 흔적은 동시대의 시인이자 왕족이었던 샤를 도를레앙의 그늘 아래에서 드러나게 된다.

## 1. 샤를 도를레앙의 음영陰影

### 1) 〈마리 도를레앙에게 보내는 서한〉

비용은 베르길리우스의 《목가牧歌》에 나오는 "한 새로운 혈통이 높은 하늘에서 보내어졌도다"("Jam noua progenies celo demittitur alto.", IV, 7)[1]라는

1 이 구절을 영역은 "now a new generation descends from heaven on high"(*Virgil*,

구절을 제사題詞로 사용한 〈마리 도를레앙에게 보내는 서한Épître à Marie d'Orléans〉을 남긴다. 이 시는 1457년 12월 19일, 샤를 도를레앙과 그의 세 번째 부인이었던 마리 드 클레브Marie de Clèves 사이에서 결혼 16년 만에 태어난 딸인 마리 도를레앙에게 바친 것이다. 비용의 '시적 서한'은 10개의 8음절 8행시로 이루어진 'dit'와 〈이중의 발라드〉가 전체 한 편을 이루는 다소 기묘한 구성의 작품으로, 대부분의 연구자들은 〈이중의 발라드〉가 후일 만들어져 덧붙여졌을 것으로 추정한다(CT, 280; $RH_1$, 53-54). 롱농은 1892년 판본에서, 이 작품에 '마리 도를레앙의 탄생에 대한 이야기Le Dit de la naissance 〔de〕 Marie d'Orléans'라는 제명을 붙임으로써, 작성 연대를 구체화시켰을 뿐만 아니라 이 시가 '계기의 시'라는 점을 강조한 바 있으나, 현행 대부분의 판본들에서는 '마리 도를레앙에게 보내는 서한'이라는 제명이 사용되고 있다.

이 작품에 대한 연구는 비용의 다른 작품에 비해 상대적으로 소홀했고, 뷔르제를 제외한다면,[2] 거의 대부분의 언급이 혹평에 가까운 것이었다. 캉포는 이 작품의 "서투르고 지나치게 기교를 부린 특징"("le caractère gauche et alambiqué")을 비난했으며(Campaux, 110), 파리스는 '비용답지 않은' 작품이라는 평을 남겼다(Gaston $Paris_1$, 58). 샹피옹은 이 작품의 "모호하고 멋을 부리는"("ambigüe et prétentieuse") 면을 비난했고(Champion, II, 106), 풀레는 비용의 모든 작품 가운데 가장 '졸렬한' 작품이라는 악평을 남기기도 했다($Foulet_1$, 367). 또 피에르 르 장티는 이 작품의 매우 '부자연스럽고 솔직하지 못한 면'을 유감으로 여기기도 했다(Le Gentil, 72).

'단장시편'에 대한 논의의 첫 걸음을 내딛기 위해 이 작품을 검토의 대상

with an English translation by H. R. Fairclough, I, Cambridge, Massachusetts, Harvard University Press, 1978, p. 28), 프랑스어 번역은 "Déjà une nouvelle race descend du haut des cieux"(Virgile, *Les Bucoliques. Les Géorgiques*, traduction, chronologie, introduction et notes par M. Rat, Paris, Flammarion, 1967, p. 53)로 옮기고 있다.

2 "[...] on peut juger que les huitains octosyllabiques de Villon n'ont pas la pompe des hexamètres virgiliens, on n'en retrouve pas moins dans ce poème le style dense de Villon, [...]"($Burger_0$, 99).

으로 택한 이유는 이 시가 《유증시》를 남기고 파리를 떠난 후의 비용의 행적과 샤를 도를레앙과의 관련성을 최초로 엿볼 수 있게 해줄 뿐만 아니라 이후의 〈블루아 시연詩宴의 발라드〉와도 긴밀하게 연계되기 때문이다. 비용이 택한 8음절 8행시라는 형식은 당시 널리 사용되던 것인 동시에 그의 첫 작품인 《유증시》의 형식과 동일선상에 있는 것으로, 8행시 I-V 전체가 마리 도를레앙에 대한 돈호법으로 구성된 하나의 총체를 이루며, '감사'와 '칭송'을 드리는 주체인 '나'는 8행시 VII 이후 전면에 모습을 드러낸다. 아울러 앞서 언급했듯이, 비용의 다른 시에서는 찾아볼 수 없는 '제사'가 사용되었다는 점 또한 특기할 만하다.

마리가 오를레앙에 성대히 입성한 날짜인 1460년 7월 17일을 작성 시점으로 주장한 뷔르제의 의견에 대해(Burger$_0$, 97), 프랑크, 리슈네와 앙리 등은 이 작품이 1457년 말에서 1458년 초 사이에 작성된 것이라는 입장을 보였다(RH$_1$, 64-65). 이미 장 드 묑이 《장미 이야기》에서 언급했던 것에서 볼 수 있듯이,[3] 비용은 중세 전반에 걸쳐 '구세주'의 탄생을 알리는 예언으로 받아들여졌던 베르길리우스의 시구를 통해, 마리 도를레앙의 탄생을 메시아인 예수 그리스도의 탄생에 비유하며 새로운 세상, 평화와 행복으로 충만한 세상의 도래를 알린다. 핀케르넬은 이러한 제사의 사용이 제명을 대신해서 앞으로의 내용을 암시하는 동시에 샤를 도를레앙의 호기심을 끌기 위한 것이라 설명하면서, 다름 아닌 공작 자신을 염두에 두고 이 시를 썼다는 점을 비용이 부각시킨다고 보았다(Pinkernell, 24-25).

오, 찬양하올 수태의 과실
천상에서 이 지상으로 내려보내신
고귀한 백합의 고아高雅한 새싹
예수의 지극히 값진 선물

3 "Car es bucoliques Virgile/Lison cete voiz de Sebile,/du Saint Esperit anseigniee:/«Ja nous est nouvele ligniee/du haut ciel ça jus anvoiee/por avoier gent desvoiee,/don li siecle de fer faudront/et cil d'or ou monde saudront.»"(RdR, vv. 19139-19146).

주님의 은총 가득한 우아한 그 이름, 마리
연민의 샘, 은총의 수원水源
기쁨, 내 눈의 위안[4]
우리의 평화를 확립하고 준비하는 분이여! (I, vv. 1-8)[5]

비용은 1-2행에서 '제사'의 내용을 반복하며, 이어서는 마리 도를레앙에게 성모聖母를 일컫는 호칭을 부여한다. 이러한 호칭과 비유는 8행시 I에서 계속 되풀이되며, 특히 "연민의 샘, 은총의 수원"이라는 6행의 표현(JCM, 351), 혹은 "우리의 평화를 확립하고 준비하는 분"이라는 8행[6]에서 이러한 암시가 강조된다. 또 성서의 "이새의 그루터기에서 햇순이 나오고 그 뿌리에서 새싹이 돋아난다"(《이사야서》, 11, 1)[7]라는 부분을 연상시키는 3행에서 왕실을 뜻하는 '백합'은 성모를 지칭하는 문장이기도 하다.[8] 이렇듯 종교적인 분위기의 지극한 칭송 한편에는, "내 눈의 위안"이라는 매우 개인적인 칭송을 통해 나타나듯, 이 시를 노래하는 작자인 '나'에 대한 주의와 환기 역시 은밀히 그 모습을 드러낸다.

비용은 계속해서 아낌없는 찬사를 마리 도를레앙에게 보낸다. '평화'라는 말을 중심으로 전개되는 두 번째 시절에서 '기쁨'과 '평화'의 결합은, 샤를 도를레앙의 〈발라드 LXXVI〉에 나오는 후렴구인 "진정한 기쁨의 보물, 평화를 위해 기도하라!"("Priez pour paix, le vray tresor de joye!")를 연상시키는 것으로,[9] 모두가 본연의 일로 돌아가 '질서와 안정'이 이루어지는, 모든

4 이를 'La joie et confort [...]'로 보고, "내 두 눈의 기쁨이자 위안"으로 해석할 수도 있다($RH_1$, 58; DF, 321; $L_2$, 265 등을 참조).

5 "O louee concepcïon,/Envoiee sa jus des cieulx,/Du noble lis digne sÿon,/Don Jhesus tres precïeulx,/Marie, nom tres gracïeulx,/Fon de pitié, source de grace,/La joye, confort de mes yeulx,/Qui nostre paix batist et brasse!"

6 "Le vers 8 [...] rappelle de manière évidente la prière de l'*Ave Maris stella*: «Funda nos in pace»; dans les Litanies, la Vierge est «Regina pacis»."(Gérard Gros, *Le Poète, la Vierge et le Prince*, Saint-Étienne, Publications de l'Université de Saint-Étienne, 1994, p. 144).

7 이하 성서의 인용은 《공동번역 성서 개정판(가톨릭용)》, 대한성서공회, 2001에 의거함을 밝힌다.

8 Gérard Gros, *op. cit.*, p. 143.

것이 다시 회복되고 구축되는 '조화'를 의미하게 된다. 비용은 마리 도를레앙을 "가난한 자들의 생명의 자양"("Des povres le substantament,", II, v. 9)이자 "비열하고 인색한 자들의 반대자"("Le rebours des felons et chiches;", II, v. 1)로 그림으로써, 다시 칭송의 폭을 성모에서 예수의 모습으로 확장시킨다. 마리 도를레앙은 "성모의 이름의 재현, 백성들의 기쁨, 선한 자들의 위안, 잔악한 자들로부터의 피난처"("Nom recouvré, joye de peuple,/Confort des bons, des maulx retraicte," III, vv. 17-18)인 동시에

> 불화 속에 놓인 자들을 화해시키고,
> 갇힌 자에게 자유를 주며,
> 그들의 족쇄와 쇠사슬을 풀어주는 (IV, vv. 30-32)

이로 묘사된다. 이러한 찬사는 국왕 샤를 7세와 부르고뉴 공작 필리프 르 봉Philippe le Bon 사이의 불화를 해소하고 두 사람의 관계를 화해시키려 애썼던 부친 샤를 도를레앙에 대한 암시, 또는 프랑스 왕가王家의 일원이었던 부친과 부르고뉴 공작 가문의 공주였던 어머니 사이에서 태어난 마리 도를레앙이야말로 살아 있는 화합과 해방의 증인이라는 칭송으로도 해석될 수 있으나(CT, 282), 비용 자신의 처지에 대한 직접적인 암시일 가능성도 부정할 수는 없다. 하지만 이 대목은, 여기서 전기적 요소를 찾는 것에 부정적인 견해를 보이는 뷔르제의 지적처럼(Burger$_0$, 93-94), 성서의

> 주 야훼의 영을 내려주시며
> 야훼께서 나에게 기름을 부어주시고
> 나를 보내시며 이르셨다.
> "억눌린 자들에게 복음을 전하여라.
> 찢긴 마음을 싸매 주고,

9 CdO$_1$, 123-125.

포로들에게 해방을 알려라.

옥에 갇힌 자들에게 자유를 선포하여라." (《이사야》, 61, 1)

라는 부분과 관련된다고 보는 것이 더 타당하다(RH$_1$, 60; CT, 282).

다섯 번째 시절에서 비용은 자신의 '찬사'를 더 값진 것으로 만들기 위해 '가장된 비난'의 형식을 빌려 칭송을 부각시킨다. 그리고 〈시편〉 저자의 말을 인용하여 "주여, 당신이 행하신 일을 통해, 나를 기쁨으로 채우시니," ("Delectasti me, Domine,/In factura tua,", VI, vv. 41-42)라는 더없는 칭송을 바친다. 비용은 마리 도를레앙을 "모든 선행의 보상이며, 우리 잘못들의 진정한 용서"("De tout bienfait le guerdonné/Et de noz maulx le vray pardon.", VI, vv. 47-48)라 이야기한 뒤 〈이중의 발라드〉를 시작한다.[10]

〈이중의 발라드〉 역시 라틴어로 된 문장을 일종의 '제사'처럼 사용하며 시작한다. 비록 "네 면전에서 너를 칭송하는 자를, 네 적으로 여겨라" ("Inimicum putes, y a,/Qui te presentem laudabit,", 50-51)라는 말을 읽은 적이 있긴 하지만, "진실한 사람은 지고한 선善을, 결코 가슴 속에 감추어 두지 않고, 이곳저곳에서 밝힌다"("Oncques vray homme ne cela/En son courage aucun grant bien/Qui ne le monstrast ça et la:", vv. 53-55)는 것을 말함으로써, 비용은 자신의 칭송을 곡해하지 말아줄 것을 당부한다. 비용은 "어느 책에서"("en ung dit", v. 49)라는 말로 전거를 불분명하게 밝힘으로써, 자신이 정작 하고 싶은 말을 다른 사람의 권위를 빌려 표현하며, 자칭 "진실한 사람"인 비용은 이제 종교적인 분위기 속에서 성서의 예언자,[11] "세례자 요한" ("Saint Jehan Baptiste", v. 57)과 "성聖 안드레아"("saint Andry", v. 61)가 되어 진실한 '말씀'을 전파한다. 그러나 엄밀히 말해서 49-56행의 말과 57-64행의

---

10 '이중의 발라드'라는 제명은 필사본상에는 나타나지 않는 것이지만, 시절의 수와 구조가 일반적인 발라드에 비해 배가 되기 때문에 붙여진 것이다.

11 "주님의 성령이 나에게 내리셨다./주께서 나에게 기름을 부으시어/가난한 이들에게/복음을 전하게 하셨다./주께서 나를 보내시어/묶인 사람들에게는 해방을 알려주고/눈먼 사람들은 보게 하고,/억눌린 사람들에게는 자유를 주며/주님의 은총의 해를 선포하게 하셨다." (《루가복음》, 4, 18-19). 아울러 위에서 인용한 〈이사야서〉(61, 1)의 내용을 참조.

말은 동일한 것이라 할 수 있으며, 단지 배경이 되는 분위기의 변주만이 있을 뿐이다.

> 예수 그리스도께서,
> 가혹함이 추방한,
> 또 운명이 전복시킨 불쌍한 자들을,
> 이 지상 그대 곁으로 다시 부르기 위해, 보내셨으니
> 내 경우 역시 그러함을 나 잘 알고 있습니다,
> 내 생명은 신에게서, 당신에게서 받은 것입니다.
> (〈이중의 발라드〉, vv. 65-70)

《유언의 노래》의 129-160행, 948-949행, 1899-1900행 등을 상기시키는 이 부분을 어느 수준에서 해석해야 할지는 가늠하기 어렵다. 왜냐하면 비용이 단지 '불쌍한 자들'이라는 모호한 표현만을 사용하고 있기에, 이를 비용 자신의 개인적인 이야기로만 간주할 수는 없기 때문이다. 특히 70행의 경우, 이를 앞선 31-32행과 관련지어 살펴본다면, 비용이 투옥되었거나 혹은 사형 선고를 받았을 수도 있다는 가정을 하게 되지만,[12] 뷔르제는 이를 단순한 성서적 차용으로 간주하는 동시에 당시의 절망적인 처지를 은연중에 반향하는 것이라 추정하기도 했다(Burger$_0$, 94). 또 리슈네와 앙리는 70행을 두고, 일상생활에서 겪었던 어려움들과 궁핍에 대해 실질적인 도움을 받았을 것으로 보는 것이 더 합당하다는 설명을 한 바 있다(RH$_1$, 61). 하지만 단지 물질적인 원조에 국한된 도움의 손길이었다면, 이처럼 과도할 정도의 칭송을 하는 것이 다소 어울리지 않기에, 리슈네와 앙리의 의견을 전적으로 받아들이기에는 다소 어려운 면이 있다(CT, 286). 핀케르넬은 실제로 비용이 경험했던 사실이 표현된 것으로 보고, 여기서 '사형 선고'를 받았던

12 G. Pinkernell, "Une nouvelle date dans la vie et dans l'œuvre de François Villon", *Romania*, 104, n° 3, 1983, pp. 378-379를 참조.

비용의 방면을 추정했으나(Pinkernell, 39), 이를 확증해 주는 구체적인 자료는 없다.

> 여기 신 앞에서 증언하오니,
> 효능 깊고, 강대한 자애 깃든,
> 죽음이 제 소유물로 붙잡는 이들을
> 소생시키고 위로해 주는,
> 그대의 고아한 탄생이 없었던들,
> 나는 생명 잃은 피조물이었을 터라,
> 그대 있음이 내게 위안을 주니 (〈이중의 발라드〉, vv. 73-79)

이 부분 역시, 70행과 마찬가지로, 명확히 밝혀진 전기적 사실들이 없기에 다양한 층위의 해석이 가능하다. 우선 이 부분은 마리 도를레앙의 탄생이 실제로 비용의 목숨을 구했음을 의미하는 것이 될 수 있을 뿐만 아니라 상징적이고 비유적인 의미에서의 칭송으로도 해석될 수 있다. 79행의 '그대 있음이Vostre presence'라는 말 역시 마리 도를레앙의 탄생을 직접 지칭할 수도 있고 아니면 실제로 비용이 그녀를 직접 대면했음을 암시하는 것일지도 모른다(CT, 286). 비용은 "오, 매우 크신 은총과 연민, 평화의 입구이자 문, 온화하고 지극하신 인자함"("O grace et pitié tres immense,/L'entree de paix et la porte,", vv. 89-90)이라 마리 도를레앙을 칭하면서,

> 만일 내가 그대를 찬양하는 것을 그만둔다면,
> 내 단언하거니와, 나는 배은망덕한 자. (〈이중의 발라드〉, vv. 93-94)

라고 말한다.

〈이중의 발라드〉에 이어지는 8행시 VII에서, 비용은 마리 도를레앙을 보석 '루비'에 비유하기도 한다. 이러한 비유는, 시칠리아노가 제시하는 예들을 통해서 알 수 있듯이, 여러 미덕들과 신학적인 의미들을 보석에 투영시

켰던 중세의 관습을 잘 보여 주는 것인 동시에 재차 마리 도를레앙을 제 2의 성모로 칭하는 방식이기도 하다.[13] "아이는 부친의 자취를 뒤따르니"("Patrem insequitur proles", v. 108)라는 말을 통해, 비용은 마리 도를레앙뿐만 아니라 그녀의 부친인 샤를 도를레앙에게도 찬사를 보내며, 이러한 찬사는 116행의 "현숙한 모친의 현숙한 아이"("De saige mere saige enfant.")라는 표현을 통해 그녀의 모친에 대한 칭송으로 이어진다.

8행시 IX에서 비용은 지금까지의 찬사와 '제사'를 다시 요약한다. 갖가지 미덕들을 갖춘 여인들로 모두의 귀감이 되는 전형적인 여인들을 열거하면서(CT, 288; $RH_1$, 63), 이들의 면모가 마리 도를레앙 한 사람의 몸에 구현되었음을 비용은 전한다. "현명한 카산드라, 아름다운 에코, 당당한 유디트, 순결한 루크레티아"("Saige Cassandre, bele Echo,/Digne Judich, caste Lucresse,", vv. 120-121) 등을 거론함으로써 마리가 모든 미덕들을 한 몸에 화신하는 여인임을 알린 뒤,[14] 비용은 작품을 다음과 같이 마친다.

> 아, 완벽하고 흠결欠缺 없는 귀부인이시여,
> 진정, 신께서 허락한다면, 나
> 그대의 불쌍한 학생 프랑수아는 죽기 전까지,
> 그대 섬기기를 희구합니다. (〈이중의 발라드〉, vv. 129-132)[15]

지금까지의 길고 현란한 '찬사'가 바로 이 네 줄을 말하기 위함이었으리라는 점은 분명하다. 비용은 여기서 자신을 지칭하면서 'povre'라는 수식어

---

13 "On l'appelle «precieuse topasse et fin rubiz», «escarboucle reluisant», «gemme esmerée, vray rubis, dyamant gentis, esmeraude», «jaspe alosee, saphirs d'Ynde la majour, rubiz de valour»."($Siciliano_1$, 219-220)

14 성서와 신화상의 여인들, 나아가 성모와 동일한 면모를 지니는 여인에 대한 칭송의 선례로는 데샹의 〈발라드 482〉, 〈발라드 546〉 등을 들 수 있다($Deschamps_1$, III, 303-304, 389-390을 참조).

15 "Entiere dame et assouvie,/J'espoir de vous servir ainçoys,/Certes, se Dieu plaist, que devie/Vostre povre escolier Françoys."

를 처음으로 사용하고 있으며, 스스로를 그저 '프랑수아'라고만 밝힌다. 하지만 여기서 사용된 'povre'라는 말이 단지 시인의 겸손과 비천함만을 의미하는 것이라고는 보기 어렵다. 표면적으로는 아무런 의도가 없어 보이는 이 말 속에는 보호자인 샤를 도를레앙의 '동정'을 유발하고자 하는 비용의 절박한 심정이 숨겨져 있다. 뿐만 아니라 《유증시》의 마지막 구절인 "금새 없어질 터인 몇 푼의 돈밖에는 가진 것이 없어라"라는 표현에서도 피력되었던 자신의 빈곤한 처지와 '불쌍함'을 은연중에 드러내는 비용의 의도 역시 동시에 찾아볼 수 있다. 자신을 '학생'으로 지칭하는 비용의 말은 이 시가 《유증시》에서 그리 멀지 않은 시기의 작품이라는 추측을 가능하게 하며, 이 작품의 마지막 네 줄을 통해, 《유증시》를 남기고 파리를 떠난 이후 비용이 공작의 영지領地에 와 있으며, 샤를 도를레앙의 도움을 청하고 있음을 짐작할 수 있다.[16]

마리 도를레앙의 탄생으로 사면을 받았기에, 한 편의 시를 통해 비용이 무한한 감사를 표현하는 것인지 여부는 확실히 밝힐 수 없지만, 한 가지 분명한 점은 비용의 '칭송'과 '간청'이 효과를 거두게 되었으리라는 점이다. 이제부터 살펴볼 '블루아 시연의 발라드'는 비용이 샤를 도를레앙의 궁정 시인이 되었으리라는 가정을 가능하게 한다. 비용은 공작의 궁정에서 새로운 작시作詩 기법들을 접하게 되며, 궁정 사회에서의 다양한 경험들을 통해 한 발짝 더 가까이 《유언의 노래》에 다가서게 된다.

### 2) 〈블루아 시연의 발라드〉

샤를 도를레앙의 문집에는 동일한 첫 줄로 시작하며 동일한 주제를 노래하는 11명의 시인들의 작품이 수록되어 있으며, 그 가운데 한 편이 바로 비용의 〈블루아 시연의 발라드Ballade du concours de Blois〉이다.[17] 비용의 발라

16 Gérard Gros, *op. cit.*, pp. 156-157을 참조.

17 N. F. Regalado, "*En ce saint livre*: mise en page et identité lyrique dans les poèmes

드를 살펴보기에 앞서, 〈블루아 시연의 발라드〉의 모태이며 17개의 역설적인 이미지들로 구성된 샤를 도를레앙의 발라드를 먼저 살펴볼 필요가 있다. 1453년과 1457년, 두 차례에 걸쳐 유사한 내용의 발라드 두 편을 남긴 바 있는 샤를 도를레앙의 첫 작품은 다음과 같이 시작한다.

> 나는 샘물 곁에서 목마름에 죽어 가고,
> 연인들의 사랑의 불길에 추워 몸을 떨며,
> 맹인이면서도 다른 사람들을 인도하고,
> 분별력은 미미하나 현자들 가운데 한 명이며,
> 몹시 태만하나, 자주 쓸데없이 근심한다.
> 내 처지는 마법에 걸린 것만 같고,
> 좋은 일에도 나쁜 일에도 모두 운명에 이끌려 간다.
>
> 나는 시간을 벌면서도, 많은 한 주들을 잃고,
> 고통을 느낄 때, 즐기고 웃으며,
> 희망 가득한 비탄을 지니며,
> 고통스런 회한 속에서 행복을 기대한다.
> 내 마음에 드는 것 아무것도 없으면서도 나는 욕망하며,
> 내 생각에 즐거움을 느끼며 슬퍼한다.
> 좋은 일에도 나쁜 일에도 모두 운명에 이끌려 간다.
>
> 말을 떠벌리면서 힘들게 입을 닫으며,
> 아연실색하면서도 용기백배한다.
> 내 위안은 슬픔의 힘 안에 자리하고,

---

autographes de Villon dans l'album de Blois (Bibl. Nat. ms. fr. 25458)", in *L'Hostellerie de pensée. Etudes sur l'art littéraire au moyen âge offertes à Daniel Poirion*, éd. Michel Zink et Danielle Böhler, Paris, Presses de l'Université de Paris-Sorbonne, 1995, pp. 355-371; Jane H. M. Taylor, "L'oral et l'écrit: pratique de la ballade a la cour de Blois", in *Lectures de Charles d'Orléans. Les Ballades*, éd. Denis Hüe, Rennes, Presses universitaires de Rennes, 2010, pp. 141-152를 참조.

나는 적어도 그 둘 가운데 하나를 피할 수 없으며,
비통에 잠길 때 즐거운 얼굴을 한다.
병은 내게 건강을 가져다주며,
좋은 일에도 나쁜 일에도 모두 운명에 이끌려 간다.

왕후王侯여, 내 불행한 처지와
이처럼 값싼 이득을 이야기하니,
어느 해, 이를 우연에 걸게 되리라.
좋은 일에도 나쁜 일에도 모두 운명에 이끌려 간다.
(〈발라드 C〉, vv. 1-25)[18]

샹피옹이 소개한 일화처럼, 실제로 있었던 우물 공사와 같은 일상생활의 정경들이나 그 안에서 벌어진 일들이 역설적이면서도 우수 어린 한 편의 시의 탄생을 촉발했을 가능성도 있으나, 그 근거는 매우 미약하다.[19] 사랑으로 인한 역설적인 모습의 근원에 대해, 드와이어는 1406년경 프랑스에서 만들어졌던 것으로 추정되는 한 필사본에 실린 발라드의 후렴구를 예로 든다. 드와이어는 "Je meurs de soif au pres de la fontaine"라는 후렴구가 이미 샤를 도들레앙의 작품 이전에 있었다는 사실에 기반하여, 이러한 주제나 표현이 실제 사건의 반향이기보다는 이미 존재했던 하나의 '문학 전통'에 기인한다는 의견을 제시했다.[20]

18 $CdO_1$, 156-157; $CdO_2$, 238-240; $CdO_3$, 164-166. 1457년 가을 다시 쓴 것으로 추정되는 두 번째 발라드에서도 샤를 도를레앙은 '사랑'을 주제로 택한다. 그러나 그 격렬함은 이전의 발라드에 비해 무딘 면모를 보이며, 그의 감정은 만족과 체념 사이에서 일말의 평형을 이루고 있는 것처럼 보인다. 특히, "Je meurs de soif en couste la fontaine;"로 시작하며, "En bien et mal par Fortune menee"를 후렴구로 반복하는 1453년의 작품에서 강조되었던 어떤 결정을 내리게 하는 '우연'을 기대하는 모습은 두 번째 발라드에서 드러나지 않는다. 또 동일한 주제로 11명의 시인들이 작품을 남긴 소위 '블루아 시연'의 경우, 한 사람을 제외한 나머지 시인들은 공작의 첫 번째 시를 모범으로 하여 작품을 썼다는 점을 지적할 필요가 있다. 샤를 도를레앙의 두 번째 발라드는 "Je n'ay plus soif, tairie est la fontaine;"로 시작하며 "Ne bien, ne mal d'aventure menee."라는 구절이 후렴구로 반복된다.

19 $Champion_1$, 654를 참조.

20 R. A. Dwyer, "Je meurs de soif auprès de la fontaine", *French Studies*, 23, 1969, pp.

드와이어의 지적처럼, 역설적인 표현의 선례는 성서의 "웃음 속에도 슬픔이 있고/즐거움이 서글픔으로 끝나기도 한다"(《잠언》, 14, 13)는 구절에서도 발견된다. 뿐만 아니라 13세기 음유시인들의 작품에서도 '사랑의 역설'에 관한 어렴풋한 흔적들이 나타난다.[21] 또 메시노는 자신의 비참함, 병으로 고통받는 육체, 자신에게 찾아온 불행, 그의 헐벗음 등을 이야기한 연후, 절정에 달한 가없는 자신의 고통과 두려움을 다음과 같이 토로하기도 했다.

> 나는 고통스럽고 두려운 기쁨을 갖고 있으며,
> 우울로 가득한 달콤한 휴식을 갖고 있다.
> 소름끼치는 안전함밖에는 보지 못하며,
> 밝은 빛이 내게는 어둡고 칠흑 같고,
> […]
> 나는 마른 나무이지만, 근심의 녹원綠園이며,
> 죽음 속에 살며, 고통스런 기쁨을 찾고,
> 메마른 바다에서 갈증에 잠긴다.
> 나는 몸을 떨면서도 추위 속에서 뜨거워한다.
> (XXXIX, vv. 2-5, XL, vv. 1-4)[22]

---

225-228. 스튀프는 드와이어가 언급한 필사본에 대한 보다 세밀한 조사를 통해, "Je meurs de soif au pres de la fontaine"라는 후렴구와 유사한 "Je meurs de soif et suy a la fontaine"라는 후렴구를 가진 다른 발라드가 동일한 필사본에 있다는 점을 지적하기도 했다(R. E. V. Stuip, "'Je meurs de soif et suy a la fontaine", in *Mélanges de linguistique et de littérature offerts à Lein Geschiere*, Amsterdam, Rodopi, 1975, pp. 25-36을 참조).

21 기욤 드 마쇼의 경우, 《진실한 이야기》에서 "간혹 음유시인은 노래부른다, 모든 이들 가운데 자신이 가장 불행할 때조차도"라고 이야기한다. 'Tel fois chante li menestriers que c'est de touz li plus courreciés'라는 속담을 차용한 마쇼의 말에서 이야기되는 처지는 벗어나기를 꿈꾸는 종속된 처지의 표상처럼 다가오지만, 이후 검토할 비용의 '눈물 속의 웃음'이라는 표현은 조각나버린 개성의 파편이라는 점에서 의미심장하다. Jacqueline Cerquiglini-Toulet, *La Couleur de la mélancolie. La fréquentation des livres au XIV^e siècle 1300-1415*, Paris, Hatier, 1993, pp. 42-47을 참조.

22 "J'ay liesse penible et douloureuse;/Et doulx repos plain de melencolie;/Je ne vy plus fors en seurté paoureuse:/La clarté m'est obscure et tenebreuse; […]/L'arbre sec suis, pourtant d'ennuis verdure,/Vivant en mort, trouvant plaisance dure,/Noyant de soif en la mer assechee:/Tremblant je sue et si ars en froidure;"(Christine Martineau-Genieys,

그러나 이러한 역설적인 표현의 기원과 선례는 신화적인 층위에서도 쉽게 발견된다.[23] 혹자는 선례로 나르시스의 신화를 떠올리기도 했으나,[24] 이는 나르시스가 '갈증'으로 인해 죽음을 맞이한 것이 아니라는 점을 무심코 지나친 결과였을 뿐이다. 메나르는 이러한 역설의 근원으로 탄탈로스를 거명한다. 《오디세이아》에서 탄탈로스의 고통은 다음과 같이 이야기된다.

> 나는 또 탄탈로스가 심한 고통을 당하고 있는 것을 보았소.
> 그는 못 안에 서 있었고, 물이 그의 턱 밑까지 닿았소.
> 그는 목이 말라 열심히 시도해 보았으나, 아무것도 떠마실 수가 없었소.
> 그 노인이 마시기를 열망하며 허리를 구부릴 때마다,
> 물은 뒤로 물러나며 사라지고, 그의 두 발 주위에는 검은 땅바닥이
> 드러났으니, 어떤 신이 물을 말려버렸기 때문이오.
> 그리고 그의 머리 위에는 배나무, 석류나무, 탐스런 열매가 달린 사과나무,
> 달콤한 무화과나무, 한창 꽃이 피어 있는 올리브나무 같은
> 키 큰 나무들에 열매가 주렁주렁 매달려 있었소.
> 그러나 노인이 그것들을 잡으려고 손을 내밀 때마다,
> 바람이 그것들을, 그늘을 지어 주는 구름 위로 쳐 올렸소.[25]

탄탈로스의 형벌과 그가 받는 고통은 12세기의 많은 작품들에서 여러 차례 기술된다. 그러나 이 시기의 작품들에서 묘사되는 탄탈로스의 고통이 '사랑의 고통'이나 '연인의 괴로움'으로 이어지지는 못했던 것도 사실이다. 당시의 시인들과 철학자들은 탄탈로스의 모습에서 '탐욕', '교만', '인색' 등

---

*Édition des Lunettes des princes de Jean Meschinot*, Genève, Droz, 1972, p. 15).

23 이후 내용은 Philippe Ménard, "Je meurs de soif auprès de la fontaine —D'un mythe antique à une image lyrique", *Romania*, 87, 1966, pp. 394-400의 정리·요약임을 밝힌다.

24 P. Grimal, *Dictionnaire de la mythologie grecque et romane*, Paris, P.U.F., 1951, pp. 308-309를 참조.

25 호메로스, 《오뒤세이아》, 천병희 옮김, 단국대학교 출판부, 1996, pp. 179-180. 프랑스어 번역의 경우, Homère, *Odyssée*, traduit et présenté par Victor Bérard, Paris, LGF, 1972, pp. 217-218을 참조.

의 상징만을 발견하곤 했기 때문이다.[26] 언제 또 누구에 의해 탄탈로스의 모습에 새로운 이미지가 부여되었는지를 명확히 규명할 수는 없지만, 어느 순간 탄탈로스는 '사랑'의 화신으로 새로운 생명을 부여받게 된다. 그의 목마름과 허기는 사랑을 갈망하는 연인의 고통과 욕망으로 전이되며, 이러한 새로운 이미지와 주제의 탄생은 이후 반복적인 확장과 축소를 통해 심원한 깊이에까지 이르게 된다.

이 발라드는 흔히 롱놓이 붙인 제명인 '블루아 시연의 발라드'로 칭해진다. 그러나 이와 같은 제명의 경우, 엄밀히 말해 실제로 '시회' 혹은 '시연'이 있었던 것은 아니기에 정확한 것이라고는 보기 어렵다. 이러한 이유에서 리슈네와 앙리는 발라드의 내용을 고려하여 '역설의 발라드Ballade des contradictions'라는 제명을 붙이기도 했다(RH$_1$, 68-69; CT, 276). 이 시의 작성 연대는 일반적으로 1456-1460년 사이로 추정되나, 치가다S. Cigada와 프랑크 등의 연구자들은 보다 구체적으로 작성 연대를 한정하여 1457년 12월-1458년 1월경을 주장하기도 했다.[27]

샤를 도를레앙의 개인 문집에 실린 시들 가운데 네 번째에 위치한 비용의 발라드는 11편의 발라드들 가운데 저자의 이름을 명시한 첫 번째 작품이다. 뒤따르는 다섯 번째와 여섯 번째 발라드의 저자들이 자신의 이름을 밝히지 않은 데 반해, 비용은 제명 대신 'Villon'이라는 이름을 적고 있다는 점 또한 특기할 만하다. 여타의 발라드들과는 달리, 비용의 발라드는 10음절로 구성되어 있으며, 시행 수에서도 대부분이 6-8행으로 구성된 다른 작품들과는 달리 10행으로 이루어져 있다. 무엇 때문에 비용이 다른 사람들

---

26 이러한 해석들 가운데, 탄탈로스를 '교만'의 상징으로 본 것은 신들의 식탁에 초대받은 뒤, 그 자리에서 들었던 내용을 인간에게 발설했다는 이야기, 혹은 신들의 식탁에서 넥타와 암브로시아를 훔쳐 인간들에게 주었다는 이야기, 혹은 신들의 권능을 시험해보고자 자기 아들을 죽여 신들에게 대접하였다는 이야기와 관련된 것이며, 그를 '탐욕'의 상징으로 본 것은 판다레오스로부터 맡은 제우스 신의 황금개를 넘겨주지 않으려고 거짓 맹세를 했기에 징벌을 받았다는 이야기와 관련된 것이다. 자세한 내용에 대해서는 Pierre Grimal, *op. cit.*, pp. 435-436을 참조.

27 G. Frank, "Villon at the Court of Charles d'Orléans", *Modern Language Notes*, 47, 1932, p. 501; RH$_1$, 51.

과 구별되는 음절 수와 시행을 택했는지에 대해서는 확실한 증거가 없지만, 타인과 구별되는 보다 어려운 구조를 택함으로써 자신의 재능을 과시하고자 하는 의도, 혹은 블루아에서 샤를 도를레앙뿐만 아니라 다른 시인들을 통해 새로운 형식과 기법을 익혔던 비용이 《유증시》와는 다른 형식의 작품을 추구해 보려는 의도를 가졌을 것으로 추측해 볼 수 있다. 비용은 샤를 도를레앙의 작품에 나오는 첫 시행이 부과하는 규칙, 즉 하나의 시행마다 하나의 역설적인 내용을 표현하는 기법을 거의 완벽하게 구사하고 있으며, 마지막 발구에서도 전통적인 'Prince'라는 호칭 대신 'Prince clement'이라는 보다 특별하고 개인적인 호칭을 사용하는 변화를 꾀하고 있다.

이 발라드에 대한 연구자들의 평가는 극명하게 대조된다. 그러나 자코브 P. L. Jacob의 "조화를 이루지 못하며 별반 의미가 없는 대조법의 연속"[28]이라는 평이나, 비비에Robert Vivier의 '지루하고 유치한 병치'에 불과하다는 평,[29] 비용의 이중성을 드러내는 것으로 빈번히 인용되는 이 유명한 후렴구가 실상은 '상투적인 문구'에 불과하다는 시칠리아노의 평(Siciliano$_1$, 106) 등을 제외한다면, 이 발라드는 거의 대부분의 연구자들에 의해 호평을 받았다. 캉포는 이 발라드의 역설적인 내용들이 당시 비용이 처한 상황에서 느꼈던 감정이나 생각들을 반향하는 것이라는, 즉 구절구절에서 비용의 개인적인 면모를 추측할 수 있다는 입장을 보였고(Campaux, 114), 파리스,[30] 튀안[31] 등도 캉포와 유사한 견해를 보였다. 피에르 르 장티는 특히 후렴구를

28 "[...] suite d'antithèses qui se heurtent et qui n'ont pas beaucoup de sens."(Pinkernell, 55에서 재인용)

29 "Nous en retenons quelques vers poétiques, poétiques peut-être par pur hasard [...], juxtapositions sans âme qui nous dévoilent cruellement la morne puérilité de l'exercice."(Robert Vivier, *Et la poésie fut langage*, Bruxelles, Palais des académies, 1954, p. 118). Max Parfondry, "A propos d'une ballade de Villon: Je meurs de soif auprès de la fontaine", in *Mélanges offerts à Rita Lejeune*, Gembloux, Éd. J. Duculot, 1969, II, p. 1459의 인용에는 원문의 'nous'가 누락되어 있다는 점을 부기해 둔다.

30 "Il semble même qu'il ait songé mélancoliquement à sa propre destinée en écrivant tel ou tel vers de la ballade, [...] N'est-ce pas l'image de sa vie? Et l'hémistiche: «Je ris en pleurs» n'est-il pas, comme on l'a remarqué, celle de toute sa poésie?"(Gaston Paris$_1$, 60).

31 "La Ballade de Villon l'emporte sur toutes les autres. Il sait y mettre sa note personnelle,

통해 시인의 존재 방식과 영혼의 상태를 보여 주는 이 발라드의 정교한 기법을 강조했으며(Le Gentil, 71), 파르퐁드리는 이 작품에서 '비용이라는 인간의 복합적인 면모들이 숨김없이 드러나는 시적인 외침'을 들을 수 있다는 평을 남기기도 했다.[32]

이 발라드에서 이야기되는 바를 비용의 삶과 연결시키려는 시도 또한 여러 번 이루어졌다. 푸아리옹은 발라드의 내용이 비용이 실제 경험한 사실을 암시하는 것이며, 여기서 '음유시인과 궁정시인 사이의 대립', 혹은 '현명한 공작과 그를 즐겁게 하는 어리석은 자 사이의 모호한 관계'를 추정할 수 있다는 입장을 보였고,[33] 핀케르넬은 블루아 궁정 시인이 된 비용의 처지를 상정하기도 했다. 핀케르넬은 이 시에서, 공작의 환대와 프레데Fredet를 비롯한 다른 궁정 인물들의 배척 사이에 처한 비용의 불편함을 발견하며,[34] 비용이 자신의 불편한 처지를 능란한 기법으로 알림으로써 샤를 도를레앙의 이해와 도움을 청하는 것이라는 의견을 제시하였다(Pinkernell, 58).

"나는 샘물 곁에서 목마름에 죽어 가고"("Je meurs de seuf auprés de la fontaine,", v. 1)로 시작하는 이 발라드의 첫 시절은 다음과 같다.

> 나는 샘물 곁에서 목마름에 죽어 가고,
> 불처럼 뜨겁지만 이를 부딪치며 떨고,
> 내 나라에 있으면서도, 머나먼 이역異域에 있는 것 같고,
> 잉걸불 근처에서, 불타오르며 몸을 떨고,
> 한 마리 벌레처럼 벌거벗었으면서, 재판장처럼 옷을 입고,
> 눈물 속에서 웃으며, 희망 없이 기다리고,

---

en même temps qu'il nous montre les contradictions de sa nature faible et mobile et qu'il se dépeint tout entier dans ce témoignage: *Je ris en pleurs*."(TH, I, 46).

32 Max Parfondry, *op. cit.*, p. 1460.

33 D. Poirion, "Le fol et le sage «auprès de la fontaine»: La rencontre de François Villon et Charles d'Orléans", *Travaux de linguistique et de littérature*, 6, n° 2, 1968, p. 54.

34 Pinkernell, 42. 1992년 발표된 핀케르넬의 연구는 앞선 1987년의 연구를 수정·보완한 것이다: "La Ballade du concours de Blois de François Villon, ou les affres d'un courtisan marginal", *Le Moyen Français*, 17, 1987, pp. 48-72.

비통한 절망에서 위안을 얻고,
기뻐하면서도 아무런 즐거움을 갖지 못하고,
강력하나 힘도 권력도 없고,
환영받으며, 저마다에게 배척당하네.
(〈블루아 시연의 발라드〉, vv. 1-10)

메나르의 지적처럼, 시는 탄탈로스의 이미지에서 출발한다(R$H_1$, 69). "불처럼 뜨겁지만 이를 부딪치며 떨고"라는 2행은 샤를 도를레앙의 "나는 몸을 떨면서도 추위 속에서 뜨거워한다"라는 구절을 보다 구체적이고 생생하게 표현하는 것이며, 이를 통해 비용은 공작의 작품에 대한 자신의 관심을 넌지시 알린다. 비용은 자신의 처지를 타는 듯한 열에 들떠 신음하면서도 오한에 몸을 떠는 '열병 환자'에 비유한다. 그러나 그의 묘사는 '사랑'이나 '연인'과 관련되는 것이 아니며, '나'를 작품의 전면에 내세움으로써 지극히 개인적인 면모를 표현하기 위한 것이다. 3행은 샤를 도를레앙의 〈발라드 $CXXIII_j$〉의 "내 나라가 내게는 이역이고"("Ma nacion m'est region loingtaine;")라는 구절을 연상시키며, '비용'과 시적 화자로서의 '나'가 동일한 인물로 이해되는 첫 번째 계기가 만들어진다.

두 가지 차원의 해석이 가능한 3행("En mon pays suis en terre loingtaine,")은 그의 삶의 터전이었던 파리와 관련지어 보았을 때 앙제가 이역을 의미한다는 뜻인 동시에, 지금까지 알고 지내던 사람들이 아닌 낯선 이들과의 만남과 궁정 생활이야말로 자신에게는 낯선 이방에서의 생활과 같다는 점을 의미할 수 있다(CT, 276). 후자의 경우로 해석할 경우 5-6행의 표현 또한 갑자기 이전과 다른 반열에 오르게 된 자의 심정을 가감 없이 대변하는 것으로 파악되며, 모호한 수사적 표현이기보다는 매우 사실적이고 구체적인 심정의 토로가 된다. 6행의 "눈물 속에서 웃으며"("riz en pleurs")라는 표현은 무수한 이들의 주목을 받았던 구절로, 많은 연구자들이 이 구절이야말로 불안정하고 급격한 감정의 움직임을 보이는 비용의 특성을 가장 잘 드러내는 것이라 생각했다.[35] 비용은 사회적인 차원에서의 갈등과 불안정, 개인적인 내면의 갈등과 불안정을 한 줄의 표현 안에 고스란히 담아 드러내고 있으며,[36] 첫 번째 시절은 이렇듯 '심정의 불안정함'이라는 모티프 아래 전개된다.

> 내게는 불확실한 것 외에는 확실한 것이 없고,
> 더없이 명백한 것 외에는 어떤 것도 모호하지 않다,
> 확실한 것 말고는 의심할 것이 없으며,
> 학식을 돌발적인 일로 여기며,
> 모든 것을 얻고도, 잃은 채 남아 있다,
> 동틀 무렵 "좋은 밤 되기를!"이라 말하고,
> 등을 대고 누워 있으나 전락을 심히 두려워하며,
> 재물은 풍족하나 그럼에도 한 푼도 없고,
> 유산을 기대하지만 그 누구의 상속인도 아니고,
> 환영받으며, 저마다에게 배척당하네.
> (〈블루아 시연의 발라드〉, vv. 11-20)

이제 두 번째 시절에서 '심정의 불안정함'은 '불확실성의 세계'와 조우하며, 주변 사람들과의 관계 속에서 얻어지는 불투명함과 불안감이 차례차

---

35 그러나 이와 유사한 표현은 샤를 도를레앙의 시에서도 찾아볼 수 있다: "Ma bouche fait semblant qu'elle rie/Quand maintes fois je sens mon coeur pleurer."

36 "눈물 속에서 웃으며"라는 구절은 보들레르Charles Baudelaire의 소네 〈미美〉의 "결코 울지 않으며, 결코 웃지 않는다"("Et jamais je ne pleure et jamais je ne ris")라는 구절과는 정반대되는 것이기도 하며(Baudelaire, *Œuvres complètes I*, texte établi, présenté et annoté par Claude Pichois, Paris, Gallimard, 1975, p. 21), 입가의 웃음과 두 눈의 눈물은 모두 끝을 알 수 없는 불확실함과 괴로움, 그리고 비참함의 표시임과 동시에 고통을 씻어 주고 마음을 달래 주는, 위안의 표시이기도 하다: "[…] le rire de ses lèvres est signe d'une aussi grande misère que les larmes de ses yeux. […] Et remarquez que c'est aussi avec les larmes que l'homme lave les peines de l'homme, que c'est avec le rire qu'il adoucit quelquefois son coeur et l'attire […]"(*De l'essence du rire et généralement du comique dans les arts plastiques, Ibid.*, p. 528).

례 펼쳐진다. "내게는 불확실한 것 외에는 확실한 것이 없고"("Riens ne m'est seur que la chose incertaine,")라는 11행의 경우, 샤를 도를레앙의 문집에 수록된 거의 모든 시인들의 작품에서 이와 유사한 표현을 찾아볼 수 있다는 점이 이채로우며,[37] 이는 후일 《유언의 노래》의 중심을 이루는 '불확실성'이 비용뿐만 아니라 15세기 후반의 주된 관심사였음을 명백히 보여 주는 예가 된다(DF, 462). 그러나 비용은 '심정의 불안정함'을 표현하면서 다른 시인들보다 더 논리적이고 정교한 전개를 펼친다.

확실하지 않은 것을 확실한 것으로 여김으로써 한 가지 '의미'에 속은 비용은 이제 그의 눈에 보이는 모든 것을 의심의 눈길로 바라보게 되며, 모두가 인정하는 명백한 사실인 오랜 시간과 인내, 그리고 체계적인 지식을 요하는 학식과 학문마저도 우연하고 돌발적인 것으로 간주하기에 이른다(CT, 276). 자신의 눈으로 바라보고 자신의 귀로 듣지만 주변에서 벌어지는 말과 행동들을 이해하지 못하게 됨으로써, 시인의 심정적인 불안정은 불투명한 세계 속에서 자신의 미래가 어떻게 바뀔지 모른다는 의구심으로 이어진다. 그 결과 일면 단순한 내용인 것처럼 보이는 17행("Gisant envers j'ay grant paeur de cheoir,")의 모순을 통해, 그는 자신이 지금보다 더 낮고, 더 힘든 과거의 처지로 전락하는 것을 두려워하고 있음을 알리며, 물질적으로는 풍성한 대접을 받는 궁정 생활을 영유하고 있지만 변함없이 자신의 수중에 가진 것은 아무것도 없음을 19행("Echoicte actens et d'omme ne suis hoir,")을 통해 암시한다.

심정의 '불안정함'과 그를 둘러싼 세계의 '불확실함'은 비용을 일종의 '뒤집힌 거꾸로의 세상' 속에 빠뜨린다. 그는 물질적인 재산과 돈을 얻고자 하

37 〈발라드 CXXIII$^{b}$〉의 9행("En doubte suis de chouse trescertaine;"), 〈발라드 CXXIII$^{g}$〉의 17행("Grant doubte fay de chose bien certaine;"), 〈발라드 CXXIII$^{h}$〉의 9행("Je me tiens seur de ce dont plus j'ay doubte."), 〈발라드 CXXIII$^{i}$〉의 11행("Affirmatif d'une chouse incertaine;"), 〈발라드 CXXIII$^{k}$〉의 24행("Ou tout est seur, si suis je trespeureux;"), 〈발라드 CXXIII$^{l}$〉의 20행("Rien n'ay asseur, si je n'en suis doubteux;"), 〈발라드 CXXIII$^{m}$〉의 9행("Croire ne vueil, et est chose certaine;") 등을 예로 들 수 있다(CdO$_1$, 191-203을 참조).

지만, 자신에게는 아무런 정당한 권리도 없음을 알게 될 뿐이다. 이제 그는 광인狂人처럼,

> 지극히 호의적으로 내게 말하는 자 가장 나를 성가시게 하는 자이고,
> 더없이 진실하게 내게 말하는 자 가장 내게 거짓말을 하는 자
> (〈블루아 시연의 발라드〉, vv. 23-24)

라 여기며,

> 내게 해를 끼치는 자가 나를 돕는 자라 생각되고
> 거짓말이나 진실이나 지금의 나에게는 모두 같은 것이고
> 모든 것을 기억하면서, 어떤 것도 구상해 낼 수 없다
> (〈블루아 시연의 발라드〉, vv. 27-29)

는 점을 고백한다(CT, 278; $Cornilliat_1$, 451). 시인은 길을 잃고 혼란의 늪에 빠져 옴쭉도 할 수 없는 처지에 놓인 자신을 보게 된다. 이제 그에게 남은 유일한 방도는 자신의 보호자에게 도움을 청하는 길뿐이며, 샤를 도를레앙을 소리 높여 부를 수밖에 없다.

> 현명하신 전하殿下, 부디 알아주소서,
> 저는 많은 것을 이해하나, 양식도 지혜도 없음을.
> 저는 외톨이입니다, 모든 관례에 주의를 기울이지만.
> 무엇을 제가 가장 잘 알겠나이까? 무엇을? 맡긴 것을 돌려받는 것 말고.
> 환영받으며, 저마다에게 배척당하니.
> (〈블루아 시연의 발라드〉, vv. 31-35)

어리석은 광인인 자신의 모습과 대조되는 "현명하신 전하"("Prince clement", v. 31)라는 호칭을 통해, 비용은 보호자의 환심과 동정을 구하며,

지금의 자신에게는 아무런 분별력도 없으며, 과거의 어떤 것도 도움이 되지 못함을, 오직 공작의 도움만이 절대적임을 강조한다. 하지만, 33-34행의 내용은 이 발라드의 지금까지의 전개와 동떨어진 것으로 기이하고 어울리지 않는 면모를 보이며, 이를 읽는 독자는 당혹스러움을 감출 수 없게 된다. 비용은 궁정에 속한 이들과 한편에 속하기를 바라지만, 그는 모두에게서 배척받으며, 따로 떨어진 외톨이 신세가 되어 어느 편에도 속하지 못한다(Pinkernell, 64-65; $RH_1$, 67-68; CT, 278).

"무엇을 제가 가장 잘 알겠습니까? 무엇을? 맡긴 것을 돌려받는 것 말고."("Que sais je plus? Quoy! les gaiges ravoir;", v. 34)라는 모호한 구절로 인해, 연구자들 사이에서는 비용이 블루아 궁정에 두 번 머물렀다는 가정이 생겨나기도 했던 것이 사실이다. 그러나 풀레,[38] 리슈네와 앙리 등은 이 부분을 돈 한 푼 없는 비용으로서는 불가능한 일을 말하는 '농담'으로 간주한다($RH_1$, 68). 티리는 34행의 이형인 'fais'와 'sais'의 경우, 샤를 도를레앙의 문집에서 비용이 'savoir'를 모두 'sc-'의 형태로 쓰고 있음을 지적하면서, 이 부분을 '이 모든 것을 글로 남겼는데, 이제 무엇을 더 할 수 있겠습니까?'라는 뜻으로 해석하였고(CT, 278), 핀케르넬은 '맡긴 것'이 구체적인 물건이 아닌 비용이 공작에게 했던 말, 즉 그와의 '약속' 내지 '묵계'를 의미하는 것으로 보았다.[39] 그러나 이상의 여러 연구자들의 해석에도 불구하고, 이 구절의 의미는 불명료하며, 여전히 밝혀지지 않은 그늘이 존재하는 것이 사실이다. 〈블루아 시연의 발라드〉를 읽어 보았을 때, 비용이 샤를 도를레앙의 관심과 비호를 받는 데에는 성공한 듯 여겨지지만, 반대로 그의 궁정에 적응하는 데는 실패했던 것으로 추측되며, 돌연 비용의 모습은 '궁정'이 아닌 '감옥'에서 다시 나타난다.

---

38 $Foulet_1$, 357-360을 참조.

39 "En d'autres mots, il annonce son départ, priant le duc, mais évidemment dans l'espoir d'être retenu, qu'il lui rende les gages qu'il a remis en entrant à la cour, à savoir la parole d'honneur explicite ou tacite par laquelle il s'est engagé, lui l'ancien criminel amnistié, à se conduire en homme de bien afin de ne pas faire honte à son hôte." (Pinkernell, 65).

## 2. 수인囚人의 호소와 갈등

〈마리 도를레앙에게 바치는 서한〉의 일부 구절들, 즉 마리를 반복해서 자신의 생명의 구원자라 칭송하는 부분에서, 비용이 실제로 있었던 투옥과 사면을 이야기하는 것인지, 아니면 상징적이고 비유적인 이야기를 통해 마리에게 찬사를 보내는 것인지 여부는 명확히 밝힐 수 없었다. 하지만, 이제부터 살펴볼 두 편의 시, 즉 〈벗들에게 보내는 서한〉과 〈비용의 몸과 마음의 논쟁〉은 분명 비용이 투옥되어 있다는 점을 알게 해준다. 그리고 그 안에서 이전에는 뚜렷이 드러나지 않았던 내면적인 성찰과 변화가 천천히 진행되고 있음을 느끼게 된다.

### 1) 〈벗들에게 보내는 서한〉

〈벗들에게 보내는 서한Epître à ses amis〉이라 제명이 붙여진 이 시는 하나의 시절이 10음절 10행으로 구성된 발라드이며, 형식 면에서 〈블루아 시연의 발라드〉와 동일하다. 많은 호평을 받은 바 있는 이 발라드를 두고, 대부분의 연구자들은 투옥된 암울한 처지에서도 '생기'와 '쾌활함'을 잃지 않은 비용의 모습과 성서의 욥과의 관련성에 주목한 바 있다. 먼저 초기 연구자들 가운데 한 사람인 캉포의 지적을 살펴보자.

> 그렇지만, 또한 끔찍한 상황에서도, 비용은 모든 희망을 잃지 않았고, 여전히 상당한 활력을 찾아 발라드 형태로 된 다음과 같은 서한을 자신의 벗들에게 보낸다. 그는 벗들에게 자신을 불행에서 구해 주려 하지 않고 불행 가운데 내버려둘 것인지를 서한에서 묻는다. 위령미사에서 노래로 불려지는 욥의 시구를 차용한 시작 부분은 마치 '*De profundis*'와 같은 울림을 갖는다. (Campaux, 118)

초기 연구자들의 견해는 대개 파리스의 입장과 유사하다. 파리스는 이 발라드가 재치 있고 우아한 소품이라는 평을 내리며, 다정한 벗들 속으로 다시 돌아가기를 원하는 비용의 소망이 발라드에 잘 드러나 있다고 보았고 (Gaston Paris$_1$, 113), 장루아A. Jeanroy[40]와 샹피옹 역시 유사한 평을 남긴다 (Champion, II, 111). 한편 시칠리아노는 비용이 여기서 벗들에게 '열렬한 호소'를 보내기는 하지만 이러한 외침은 '비탄에 잠긴 외침'이 아니라는 점을 강조한다. 시칠리아노에 따르면, 이 시에는 고통스러운 측면보다는 유쾌하고 즐거운 측면이 더 잘 드러나 있으며(Siciliano$_1$, 472-473), 데조네 또한 동일한 입장을 보인다.[41] 프라피에의 경우, '꿈과 현실'이 발라드 전체에서 교차된다는 점에 주목하면서, 감옥의 두려움과 침묵, 고정된 부동의 모습과 밝고 즐거운 움직임의 세계가 상호 대비됨을 지적하기도 했다(Frappier$_1$, 383; Frappier$_2$, 456).

시작 부분에서, 비용은 벗들에게

> 가엾이 여겨 다오, 나를 가엾이 여겨 다오,
> 적어도, 부디 청하니, 내 벗들이여!
> **운명**이, 신의 허락을 받아,
> 나를 데려다 놓은 이 유형지에,
> 호랑가시나무도 오월 녹음 아래도 아닌,[42] 지하 토굴에 누워 있는 나를.
> (〈벗들에게 보내는 서한〉, vv. 1-5)[43]

---

40 "[...] ce lamentable S.O.S., adressé du fond d'un cahot (Probablement celui de Meung) à de joyeux drilles peu enclins à la mélancolie, [...] s'accompagne, en dépit du sujet, comme d'un vif tintement de grelots."(AJ, XXXVIII).

41 "Rien de résigné d'ailleurs dans les poèmes qu'il jette sur le papier de sa geôle, fiévreux, cynique et plein de foi quand même. [...] Ironie macabre qui s'inspire, en ce siècle de la mort, de l'Office des Trépassés!"(Desonay, 41).

42 리슈네와 앙리는 이 구절을 "non pas dans une chambre au plafond garni de verdure et de fleurs comme pour une fête (de printemps)"로 풀이하였다(RH$_1$, 111).

43 "Aiez pictié, aiz pictié de moy,/A tout le moins, s'i vous plaist, mes amis!/En fosse giz, non pas soubz houz ne may,/En cest exil ouquel je suis transmis/Par Fortune, comme Dieu l'a permis."

이라 청하면서, “나를 위해 국새國璽 찍힌 국왕의 사면장을 얻어 다오, 또 바구니 속에 나를 넣어 끌어 올려 다오”(“Impetrez moy graces et royaulx seaulx,/ Et me montez en quelque corbillon.”, vv. 32-33)라고 간청한다.

‘유형지’와 ‘지하 토굴’이라는 말을 통해 드러나는 비용의 처지는, 감옥에 갇혀 “한여름 내내, 빵 쪼가리 약간과, 냉수를”(“Peu m'a d'une petite miche/ Et de froide eaue tout ung esté;”, T, II, vv. 13-14) 먹었음을 이야기하는 《유언의 노래》 서두의 정황을 다시금 보여 주는 것이기에,[44] 대부분의 연구자들은 이 시의 제작 연대를 1461년 여름, 묑의 감옥에 갇혔을 때로 보았다(CT, 292; TH, III, vv. 583, 587). 분명 1-2행의 표현은 성서의 욥의 표현(“Miseremini mei, miseremini mei, saltem vos, amici mei [...]”)을 그대로 차용한 것으로 보이며,[45] “바구니 속에 나를 넣어 끌어 올려 다오”라는 비용의 말 또한 다음과 같은 성서의 내용을 염두에 두었을 것이라 추측된다.

> 그 뒤 여러 날이 지나서 유다인들은 사울을 죽일 의논을 하였고/사울도 그들의 음모를 알게 되었다. 그들은 사울을 죽이려고 밤낮으로 사방의 성문을 지키고 있었다./그래서 그의 제자들이 어느 날 밤에 틈을 타서 사울을 광주리에 담아 성밖으로 달아 내렸다 (〈사도행전〉, 9, 23-25)[46]

물론 뒤푸르네가 지적하듯, 유사한 비유와 선례들이 성서 이외의 곳에서도 발견된다.[47] 한 연구자는 ‘바구니’에 대한 언급이, 책이나 다른 것을 통한

---

44 이러한 암시는 《유언의 노래》의 8행시 I과 737-744행에서도 찾아볼 수 있다.

45 “벗들이여, 불쌍하고 가련하지 아니한가? [···]”(〈욥기〉, 19, 21). 비용과 욥의 비교에 대해서는 Barbara Nelson Sargent-Baur, *Brothers of Dragons. Job Dolens and François Villon*, New York & London, Garland, 1990, pp. 70-82를 참조.

46 이 부분은 성서의 다른 곳에서는 다음과 같이 제시된다: “다마스쿠스에서는 아레다 왕의 총독이 나를 잡으려고 성문을 지키고 있었지만/나는 광주리에 담겨 들창문으로 줄을 타고 성벽을 내려가 그의 손아귀에서 빠져 나간 일도 있습니다.”(〈고린토인들에게 보낸 둘째 편지〉, 13, 32-33).

47 일례로 바구니를 사용해서 감시받는 여인과 사랑을 나누는 기사의 이야기, 혹은 베르길리우스의 전설 등을 들 수 있다($D_1$, 139-140 ; TH, III, 587).

간접적인 연상이기보다는, 실제로 자신이 보고 겪었던 사실에서 나온 것일 수 있다는 의견을 제시하기도 했다. 이 경우 '바구니'는 지하 감옥에서 죄수를 실어 내리는 도르래를 지칭하는 것이 되며($LA_1$, 350), 비용이 무의식적으로 '바구니'라는 말을 사용하는 데에는 투옥될 때와 동일한 방식으로 어서 풀려나 감옥 바깥으로 나가고자 하는 희망이 투영되어 있을 것이라는 추측이 가능해진다.[48]

5월 축제가 한창일 때, 집 앞의 나무들이나 숲속의 나무들의 녹음을 찾아 즐거움을 누리던 정경, 싱싱한 나뭇가지들을 꺾어 벽에 장식하던 행복했던 과거와[49] 햇빛도 들어오지 않는 어둡고 우울한 지하 감옥에 몸을 누인 현재가 아이러니컬하게 대조된다.[50] 비용은 "**운명**이, 신의 허락을 받아, 나를 데려다 놓은 이 유형지"라는 말만을 전할 뿐이며, 자신의 투옥 이유는 구체적으로 밝히지 않는다. 또 그에게 책임이 있는 것인지 아닌지조차 말하지 않고 지나간다. 당시, '운명'에는 '신의 섭리'와 '우연'이라는 두 가지 속성이 부여되곤 했기에, 비용의 투옥 이유에 대해서도 두 가지 추정이 가능하다. 하지만 **운명**을 강하게 비난하지 않고 있으며, 그저 자신이 **운명**의 희생자라는 암시만을 남기고 있다는 점에 비추어 보건대(CT, 292), 비용이 이야기하는 '**운명**'에 '우연'의 모습은 배제된 듯 여겨지며, 욥의 처지와도 같은 비용의 상황에서 볼 때 **운명**은 '사탄'에 비견되기도 한다.

그런데, 기묘하게도 〈벗들에게 보내는 서한〉에서 비용이 도움의 손길을 베풀어 주기를 청하는 이들은 자신에게 실질적인 도움을 줄 수 있는 '부귀와 권세'를 가진 사람들, 자신을 가호해 줄 수 있는 성인聖人들이 아니다. 비용은

48 Barbara Nelson Sargent-Baur, "«Et me montez en quelque corbillon» (François Villon, Poèmes variés, XII, v. 33)", *Romania*, 110, n° 1-2, 1989, pp. 266-268을 참조.

49 이 부분에 대해서는 Jean Renart, *Le Roman de la Rose ou de Guillaume de Dole*, édité par Félix Lecoy, Paris, Champion, 1979, pp. 127-128, vv. 4151-4186을 참조.

50 핀케르넬은 이 부분이 작품의 작성 연대를 밝히는 단서가 된다고 보았고, 1461년 봄, 즉 5월 초에 이 시가 씌어진 것으로 시기를 추정하였다(Pinkernell, 113). 핀케르넬의 이전 연구에 대해서는 "*L'Epître à ses amis* et le *Débat du coeur et du corps de Villon*: deux ballades de „la dure prison de Meung"(1461) de François Villon", *Romanistische Zeitschrift für Literaturgeschichte*, 11, 1987, pp. 292-319를 참조.

활기찬 젊은이들을 좋아하는 아가씨들,
방울처럼 맑게 목소리를 내며,
단검短劍처럼 재빠르고, 침針처럼 섬세하게,
발재주를 부리며 춤추는, 예인藝人들과 곡예사들
[…]
마음대로, 유쾌하게 노래하는 가객歌客들,
말과 행동 모두 웃음기 많고 쾌활한 한량들,[51]
가짜건 합금合金이건, 금화金貨도 없이, 길 떠나는 유랑자들,[52]
조금은 경박한 기질의 재주꾼들,
(〈벗들에게 보내는 서한〉, vv. 6-9, 11-14)

에게 자신을 구해 줄 것을 간청하며, 너무 지체할 경우 "그러는 동안 그가 죽을 것"("Trop demourez, car il meurt entandiz.", v. 15)임을 강조한다. 이어서는 "레, 모테트, 롱도를 쓰는 이들"("Faiseurs de laiz, de motés et rondeaux,", v. 16)에게 자신이 "죽은 이후에나 더운 수프를 대접할 것인가!"("Quant mort sera, vous lui ferez chaudeaux!", v. 17)라는 질책을 던진다.[53]

여기에서 비용이 의중에 둔 '벗'들이 과연 누구인지를 논의하기에 앞서, 먼저 6-7행("Filles amans jeunes gens et nouveaulx,/Danceurs, saulteurs faisans les

51 리슈네와 앙리가 'Galans'을 실사가 아닌 현재분사로 보고, 이를 'menant la bonne vie'로 풀이한 데 반해(RH$_1$, 112), 뷔르제는 이를 실사로 보았다(Burger$_2$, 68). 실사 다음에 그 특징을 나타내는 속사가 오는 첫 행의 구성을 고려한다면, 뷔르제의 지적이 더 적합하다고 판단되지만(CT, 292), 뒤푸르네는 두 단어를 모두 실사 'noceurs', 'rieurs'로 옮기고 있다(DF, 335).

52 코트그레이브Cotgrave 사전의 정의와 같이, 본고에서 '유랑자vagabond'로 옮긴 'Coureux'는 '행상行商marchand ambulant'을 뜻할 수도 있다(RH$_1$, 123). 현재분사로 해석한 'alans'의 경우, 이를 실사로 볼 수도 있으며, 이 경우에는 '교활한 사람', '방랑자' 등을 의미하게 된다. 'd'aloy'와 관련된 여러 해석들의 경우, RH$_1$, 113; CT, 292 등을 참조.

53 천연덕스럽고 의뭉스러운 비용의 말은 'Quant je serai morz, si me fetes chaudel'이라는 속담을 살짝 비튼 것이다. 관련 속담에 관해서는 *Proverbes français antérieurs au XV$^e$ siècle*, édités par Joseph Morawski, Paris, Champion, 1925; 2007, p. 63; James Woodrow Hassell, Jr., *Middle French Proverbs, Sentences, and Proverbial Phrases*, Toronto, Pontifical Institute of Mediaeval Studies, 1982, p. 68 등을 참조.

piez de veaux,")의 해석상의 문제를 짚어 둘 필요가 있다. 6행을 성서의 "총각 처녀 할 것 없이/늙은이 어린이 모두 함께"(《시편》, 148, 12)라는 부분의 차용으로 보고 'amans'을 명사로 간주한 튀안의 해석에 대해(TH, III, 580), 프라피에는 6행의 'amans'이 동사에 해당하는 현재분사이며, '늘 젊은 남자들, 그중에서도 새로운 남자를 좋아하는 바람기 많은 여자들'을 의미하는 것이라는 반론을 제기한 바 있다.[54] 그러나 이에 대해 리슈네와 앙리는 'amans'을 현재분사로 보는 것이 타당하다는 점은 인정하면서도 의미상으로는 프라피에의 해석을 따를 수 없다고 보았다($RH_1$, 111-112). 또 7행의 'faisans les piez de veaux'의 의미에 대해, 연구자들은 "춤을 추면서 우스꽝스러운 방식으로 다리를 드는 것"이라는 코트그레이브 사전의 설명을 근거로 삼아 왔고,[55] 이를 바탕으로 뷔르제는 문제의 벗들이 1457-1461년 동안 비용이 관계를 맺었던 유랑 극단의 광대들을 가리킨다는 입장을 보였다($Burger_1$, 149). 한편 파비에는 교수대의 밧줄과 사면장 사이에 처한 비용이 애타게 부르고 있는 벗들은 바로 '파리의 벗들'이라는 다소 불확실한 의견을 제시하기도 했다(Favier, 421).

핀케르넬은 비용이 사용하는 시어를 통해 벗들이 누구인지를 규명하고자 했다. 그는 3-5행에서 사용된 '호랑가시나무'나 '오월의 녹음' 같은 상징들이 시급한 여러 걱정거리들에 시달리며 하루하루를 사는 경박한 아가씨들, 예인들, 곡예사들에게는 아무런 소용도 없는 것이며, '신의 허락을 받아' **운명**이 자신을 '유형지'에 있게 했다는 비용의 말 역시 이들에게는 추상적이며 낯선 것에 불과하다는 점을 지적한다. 핀케르넬은 이러한 표현들에서 암시되는 비용의 처지, 즉 '영원하신 신의 일시적인 심판에 순응하는 죄

54 "Filles, qui aimez des gens jeunes et toujours nouveaux, filles volages qui prenez souvent un autre amant parmi les jeunes."($Frappier_1$, 381)

55 "Faire, ou trousser le pied de veau. To make an untowardlie, or clownish leg; or clow[n]ishly to lift up the leg in da[u]ncing" (*A Dictonarie of the french and english tongves*, compiled by Randle Cotgrave, London, Adam slip, 1611.) 〔 〕 안의 내용은 TH, III, 580의 인용에서 누락된 부분임을 밝힌다.

수'의 모습은 주교 티보 도시니 혹은 공작 샤를 도를레앙의 동정과 호감을 겨냥한 것이어야 타당하리라는 견해를 밝혔다.

표면적으로 비용이 '아가씨들', '예인들과 곡예사들', '가객들', '한량들', '유랑자들', '재주꾼들' 등을 벗으로 열거하는 이유에 대해, 핀케르넬은 비용이 처벌의 수위를 염두에 두었을 것으로 보았다. 범죄를 저지르던 도적단과의 연루,[56] 혹은 동성애 혐의를 받아 더 큰 죄상罪狀으로 가혹한 처벌을 받는 것을 피하기 위해, 비용이 보다 경미한 처벌을 받는 죄들, 즉 순결을 서약한 성직자가 범해서는 안 되는 경박하고 방탕한 여인과의 교제나 간음姦淫, 교회가 금하는 유랑극단과의 어울림 등을 자신이 범한 것처럼 암시하는 것으로 핀케르넬은 이 대목을 설명한다(Pinkernell, 116-122).[57]

일단 '유혹적이며 또 유혹하기 쉬운 여자들, 무전취식無錢取食에 어울리는 동료들, 재기 넘치는 시인과 가객들'로 요약될 수 있는 비용의 벗들에 이제 또 다른 벗들이 더해진다.

> 이렇듯 가련한 처지에 있는 그를 보러 와 다오,
> 4분의 1세稅도 10분의 1세도 면제되는,
> 황제에게도 왕에게도 속하지 않는,
> 오직 천국의 신에게만 속한, 고귀한 이들이여.

---

56 일반적으로 연구자들은 《유증시》 이후의 방랑기간 동안 비용이 당시 악명높던 코키유 패거리와 관계를 맺었을 것으로 추측한다. 1455년 말 코키유 패거리의 일원임이 드러나 1457년 교수대에 매달린 레니에 드 몽티니나 나바르 신학교 절도 사건의 공범이자 1460년 교수형 당한 콜랭 드 카이외와의 교류뿐만 아니라 은어로 쓴 발라드의 내용에서, 비용이 코키유 패거리를 알고 있었으리라는 점은 확실해 보인다. 디종의 코키유 패거리와 비용과의 관련성에 대해서는 Denis Delaplace, *Le Jargon des Coquillars à Dijon au milieu du XV$^{e}$ siècle selon Marcel Schwob(1892)*, Paris, Classiques Garnier, 2011, pp. 129-156을 참조.

57 하지만 핀케르넬의 설명은 뷔르제의 다음과 같은 지적과 완전히 대비되는 것이기도 하다: "Or de tout temps, l'Eglise a sévèrement interdit à ses clercs de telles pratiques: «Les jeux de dés, les spectacles, les jongleries, les mimes, les danses obscènes que le paganisme avait religieusement entretenues s'infiltrèrent malheureusement dans la société chrétienne. L'Eglise les interdit sévèrement à tous ses membres, à plus forte raison au clergé. Le concile d'Agde, de 506, déclare que le clerc bouffon ou jongleur doit être déposé *ab officio detrahendum*»."(Burger$_1$, 150).

그는 일요일마다 화요일마다 굶어야만 해,
그 때문에 그의 이빨은 갈퀴보다 더 길어졌고,
말라빠진, 과자가 아닌, 빵을 먹은 다음에는,
장 속에 물을 콸콸 들이붓고,[58]
탁자도 좌판도 없이, 땅바닥에 앉아 있는,
그를 여기에 버려두려는가, 불쌍한 비용을?
(〈벗들에게 보내는 서한〉, vv. 21-30)

"이렇듯 가련한 처지에 있는 그를 보러 와 다오"("Venez le voir en ce piteux arroy,")라는 21행을 통해, 지금까지 자신의 눈으로 타인들을 바라보고 주변을 둘러보았던 비용은 처음으로 타인의 눈길을 의식하며 그들의 시선에 중요성을 부여한다. 비용은 자신의 비참한 처지를 드러내는 것과 동시에 다른 사람들이 그를 바라보기를 또 도와 주기를 강조하며, 이러한 면모는 후일 《유언의 노래》에서 빈번하게 사용하게 되는 상호적인 '시선 교차'의 전조가 된다.[59] 22행 이하에서 거론되는 '벗'에 대해, 튀안은 이들이 유력자들을 가리킨다고 보았으나, 리슈네와 앙리는 이를 반어적인 표현으로 보아 성직자들뿐만 아니라 앞서 거명했던 모든 벗들을 지칭하는 것이라는 입장을 밝혔고($RH_1$, 114), 티리 역시 가난하고 정해진 거처가 없는 이들을 반어적으로 표현한 것이라는 견해를 보였다(CT, 294). 그러나 핀케르넬은 "고귀한 이들Nobles hommes"이 주교 티보 도시니와 샤를 도를레앙을 염두에 둔 말이라 여겼다. 주교와 공작의 경우 이 세상에서는 사회적인 의무나 조세 의무가 없으며, 오직 그들이 보인 자비심에 따라 천국에 들어갈 수 있을지 없을지를 정하는 신의 심판에만 의무를 가진다는 점을 암시함으로써, 비용 자

58 25-28행("Jeuner lui fault dimenches et merdiz,/Dont les dens a plus longues que ratteaux;/Aprés pain sec, non pas aprés gasteaux,")에서, 고기를 먹을 수 있는 날인 '육식일'에도 굶어야만 한다는 점을 힘주어 말함으로써, 비용은 자신의 끊임없는 허기를 달랠 수 있는 것이 오직 '물'밖에 없다는 점과 조악한 음식인 말라빠진 빵을 억지로 삼키기 위해서는 물을 들이킬 수밖에 없다는 점을 동시에 나타내고 있다.

59 $Thiry_1$, 447을 참조.

신에게 자비를 베풀어 줄 것을 간청하고 있다고 본 것이다(Pinkernell, 122-123). 그러나 핀케르넬의 말처럼, 공작과 주교를 현세의 삶과는 무관한 사람들, 진정 "황제에게도 왕에게도 속하지 않"으며 오직 신에게만 속하는 사람들로 볼 수는 없다. 비용의 언급을 기준으로 했을 때, 일단 '귀족' 계층은 제외되는 것이 타당할 것이며, 같은 맥락에서 핀케르넬의 주장과는 달리 '공작' 또한 배제되는 것이 타당하다고 여겨진다.

핀케르넬은 비용이 자신을 구해 줄 것을 청하는 사람이, 이 시에서 직접적으로 거명되는 이들이 아닌, 티보 도시니와 샤를 도를레앙 두 사람이라는 입장을 고수한다. 정착하지 않고 여기저기 흩어져 사는 사람들이며 게다가 식자층도 아닌 이들이 비용의 시에 담긴 암시를 이해하는 것에는 무리가 있고, 또 그를 감옥에서 구해 주거나 국왕의 사면장을 얻어 주는 것은 더더욱 불가하다는 핀케르넬의 견해는 물론 타당성을 갖는다. 그러나 시의 작성 시기 등과 관련된 그의 논지에는 다소 무리가 따르는 것이 사실이다. 핀케르넬은 이 시가 오를레앙 교회 법정의 최고 책임자인 주교와 이 지역을 다스리는 공작 두 사람을 염두에 둔 호소이며, 그 시기는 주교가 이곳을 잠시 방문했을 때 혹은 공작이 블루아에서 오를레앙으로 향하던 노정에서 묑에 들렀을 때였을 것이라고 추정한다(Pinkernell, 115).

또 구체적으로 특정한 한 사람을 청원의 대상으로 삼지 않은 이유에 대해, 핀케르넬은 공작이나 주교 가운데 어느 한 사람만을 염두에 두고 시를 쓸 경우, 다른 사람의 질투나 적대감을 살 수 있으며, 또 정작 목표로 했던 사람의 마음에 들지 못하는 낭패를 맛볼 수 있기에, 표면적으로는 제3자를 거론하는 동시에 실질적으로 누구를 의중에 두고 있는지를 밝히지 않았을 것이라 추측한다. 그러나 이러한 주장은, 지나치게 많은 가설들에 기초한 것일 뿐만 아니라 불특정한 전기적 사실들을 전제 조건으로 하는 것이기에, 핀케르넬의 확신 어린 말과는 달리 그 설득력이 미미하다고 판단된다.[60]

60 "Choisir celle d'une supplique plus ou moins directe à l'adresse de Charles n'était pas opportun. D'abord, cela n'allait pas sans exciter la méfiance, voire la jalousie de Thibaud

이러한 해석은 결국 '단장시편' 전체를 샤를 도를레앙과의 연관 관계 속에 위치시켜 비용의 생애를 재구성하고자 한 핑케르넬의 의도에서 나올 수밖에 없는 필연적인 부산물이라 할 수 있다. 밝혀지지 않은 비용의 전기적인 측면을 샤를 도를레앙과의 관계 안에서 재구성하려는 그의 시도는, 〈블루아 시연의 발라드〉의 경우 상당 부분 그 타당성이 인정될 수 있으나, 이 시의 경우에는 그 가설들과 설명이 과도한 것이라 하겠다.

뒤푸르네는 이 시에서 비용이 공포나 두려움을 갖고 있다기보다는 여전히 유쾌함을 잃지 않고 있다는 데 주목한다. 그는 감옥 속에서 벗들의 도움과 연민을 청하면서도 비용이 '무사태평'한 모습을 보이는 이유는, 모든 것이 오해에서 비롯된 것일 뿐 자신이 곧 풀려날 수 있으리라는 희망을 갖고 있기 때문이라고 보았다($D_1$, 140). 이에 반해 프라피에는 꿈과 현실이 이 발라드의 모든 부분에서 교차되고 있음을 지적하며, 두려움과 침묵 속에서 비용이 '즐거움의 세계', 그 활기찬 모습과 빛나는 모습을 벗들을 통해 떠올린다는 견해를 밝힌다($Frappier_1$, 383). 그런데 이러한 요정들의 모습과도 같은 몽환에는 다음과 같은 투박하고 저속한 말이 이어진다.

> 돼지들도 서로서로 그렇게 하니,
> 한 마리가 울면 그곳으로 떼를 지어 달려가나니[61]
> (〈벗들에게 보내는 서한〉, vv. 34-35)

저속한 비유를 사용한다고 해서 그 말의 진정성을 의심할 수는 없으며, 희화적인 표현이라고 해서 그 안에 담긴 '절박함'이 사라지는 것은 아니다. 따라서 비용의 말을 단순한 푸념이나 저속한 농담으로 볼 수만은 없으며,

---

qui, en tant que maître des lieux, lirait le texte le premier. […] Composer un nouveau poème adressé directement au duc riquait donc d'être aussi inutile que de rédiger une supplique de plus à l'évêque. […] Cette méthode offrait à Villon le moyen de viser Thibaud et Charles à la fois, tout en faisant semblant de ne parler ni à l'un ni à l'autre, mais à des tiers."(Pinkernell, 127).

61 "Ainsi le font l'un a l'autre pourceaux,/Car ou l'un brait, ilz fuyent a monceaux."

이 발라드에는 표현된 것보다 더 깊고 큰 어두운 측면이 그 저변에 자리잡고 있다고 볼 수 있다.

감옥이 그에게 강제하는 '고립' 속에서 비용은 빼앗긴 '자유'를 그리워하게 되며, 그 결과 자신과 함께 즐거운 한때를 지냈을 터인 다정한 '벗'들, 그가 보기에 넘치는 '자유'를 가장 잘 향유하는 이들을 떠올리고 이야기하게 된다. 즐겁고 활기찬 사람들, 유쾌하게 하루하루를 살아가는 이들을 그린다고 해서, 비용의 마음 또한 즐겁고 평온하다고 보기는 어려울 듯하다. 비용은 남에게 드러내지 못하는 초조함과 불안감 속에서 자신을 위로해 줄 수 있을, 혹은 적어도 잠시 자신의 처지를 잊고 흐뭇한 상념에 빠지게 해줄 수 있는 이들을 기억 속에 떠올리고 상상한다.

새로운 욥의 심경과 처지는 지금까지의 연구자들이 밝힌 것처럼 지극히 밝은 모습이라고 보기는 어렵다. 물론, 이 말이 비용이 완전히 생기와 의욕을 상실했음을, 지극한 비통함에 잠겼음을 의미하는 것은 아니다. 하지만 이 시의 내용은 비용이 조금씩 불길한 상상과 불안감에 가까이 가는 것으로 파악되며, 그렇기에 다음 순간 비용은 〈비용의 몸과 마음의 논쟁〉이라는 제명을 가진 발라드의 "구석에 웅크린 처량한 개처럼" "홀로 물러"난 모습으로 우리 앞에 그 모습을 드러내는 것이다.

### 2) 〈비용의 몸과 마음의 논쟁〉

비용이 '서른 살'이 된 해는 '1461년'이며 그때 "묑의 가혹한 감옥에서 국왕 루이 11세가 자신을 풀어 주었다"("Lors que le roy me delivra/De la dure prison de Mehun", T, XI, vv. 81-83)는 점이 《유언의 노래》에 명시된다. 이러한 언급은 또한 《유언의 노래》에 포함되지 않은 시들을 모은 '단장시편'에 속하는 〈비용의 몸과 마음의 논쟁Le Débat du cueur et du corps dudit Villon〉의 "네 나이 서른이야!"("Tu as trente ans!", v. 12)라는 부분 또한 연상시킨다.

불쌍한 개가 한 구석에
웅크리고 있듯
**빈곤**은 다른 이들과 조금 떨어져 움츠려 있었습니다.
늘 가난은 쫓겨나고 멸시받기 마련이기에.[62]

라는 《장미 이야기》의 내용을 떠올리게 하는 "힘없이 구석에 몰린 처량한 개처럼, 외로이 웅크린 몰골"("Quant je te voy retrait ainsi seulet/ Com povre chien tapi en reculet", vv. 4-5)은 투옥된 죄수의 모습에서 크게 벗어나지 않으며, 《유언의 노래》에서 유언 작성의 연대를 밝힌 후 이어지는 지난날에 대한 회고와 회오悔悟는 1457-1461년 동안의 방랑 생활에서 비용이 겪었던 고통들을 암시하는 것으로 보인다.

'비용의 몸과 마음의 논쟁Le debat du cueur et du corps dudit Villon'이라는 전통적인 제명은 인쇄본 *I*의 제명을 따른 것이며, '그의 마음에 대한 비용의 한탄La complainte Villon a son cuer'이라는 필사본 *F*의 제명은 불만과 비난을 토로하는 주체가 '비용'이 아닌 '마음'이라는 점에서 적합한 제명이라고는 할 수 없다. 1533년 마로는 이 시에 '발라드 형태로 된 비용의 몸과 마음의 논쟁Le debat du cuer et du corps de Villon en forme de ballade'이라는 제명을 붙인다. 마로는 '발라드 형태의'라는 보충적인 말을 전통적인 제명에 덧붙임으로써, 필경 선례와 구별되는 비용의 독창성을 강조하고자 했던 것으로 보인다. 마로의 의중에 있었던 '비용의 독창성'은, 각운이나 구조에 상관없이 그저 '일대일의 규칙 아닌 규칙'에 따라 서로의 응수를 반복시켰던 당대의 다른 작품들과는 달리, 엄정한 규칙에 따르는 '정형시'라는 틀 안에 심원한 '논쟁débat'을 만들어 냈다는 점에 있는 것이라 추측할 수 있다.

이 발라드는 〈블루아 시연의 발라드〉나 〈벗들에게 보내는 서한〉과 동일하게 10음절 시구를 사용하고 있다. 그러나 그 형식 면에서, 일반적인 시절

62 "Des autres fu un poi loignet;/com povres chiens en un coignet/se cropoit et estapissoit,/car povre chose,/ ou qu'ele soit,/est tot jors honteuse et despite."(RdR, vv. 451-455).

과 발구의 길이를 넘어서는, 10행으로 구성된 4개의 시절과 7행의 발구를 사용한다는 점, 또 발구의 머리글자를 수직으로 읽으면 'Villon'이라는 이름이 나타난다는 점 등이 특기할 만하다.

이 시의 제명과 구성에 대한 심도 있는 논의는 1953년 베네데토L. F. Benedetto에 의해 최초로 제기되었다.[63] 그러나 '비용의 몸과 마음의 대화Il dialogo di Villon col suo cuore'라는 제명이 더 적합하다는 베네데토의 주장에 대해서는 즉각 여러 반론이 대두되었다. 프라피에는 이 발라드에서 대화를 주고받는 대화자가 '마음'과 '비용의 몸'이 아니라 '마음'과 '시인 자신'임을 한 서평書評에서 지적한다.[64] 또 리슈네와 앙리는 '마음'과 대화를 하는 대화자를 '정신적인 면뿐만 아니라 육체적인 면을 포함하는, 전 인격체로서의 비용'으로 보아야 한다는 점을 지적하였다(RH$_1$, 116).

그러나 리슈네와 앙리의 의견을 그대로 받아들이는 데에 난점이 없는 것은 아니다. 왜냐하면 '몸'을 구성하기 위해서는 반드시 '마음'이 있어야 하기 때문이며, '마음'이 없는 대화 상대를 완전한 하나의 '인격체'로서의 '비용'이라 말하기는 곤란하기 때문이다. 따라서 어리석음과 불운, 그리고 악행으로 얼룩지고 탈선한 한 인간으로서의 비용, 비록 '마음'을 그 안에 지니고는 있지만 의지가 허약하거나 박약하며, 양심의 가책에 무뎌진 터라 '마음'을 결여한 것처럼 여겨지는 비용의 '몸'을 '마음'의 대화자로 보는 것이 타당할 것이다.[65] 이러한 의미에서 이 시의 제명은 전통적인 제명을 따르는 것이 적합하다고 판단되며, 달리 표현하자면 '죄인으로서의 비용'과 '바른 길을 찾고자 하는 그의 이성' 사이의 문답이라고 이해하는 것이 적절할 것이다.

대화를 주고받음으로써 이야기를 전개하는 발라드 형식은 일면 독특하게 여겨진다. 하지만 이러한 형식은 비용만의 독창적인 것이 아니며, 이전

63 Benedetto$_1$, 267-314.

64 "[...] les deux interlocuteurs ne sont pas le *Cœur* et le *Corps* de Villon, comme le fait croire un titre trompeur, mais le *Cœur* et le poète lui-même, corps et âme, si l'on peut dire."(*Romania*, 75, 1954, pp. 265-266).

65 Martin$_1$, 192-193을 참조.

세기뿐만 아니라 당대의 많은 작가들에 의해 상용되었던 것이기도 하다.[66] 일례로 샤를 도를레앙 역시 눈과 마음의 대화를 쓴 바 있다.[67]

> 마음, 거기 누구지? —우리야, 너의 두 눈.
> —무엇을 가져왔지? —굉장히 많은 소식들을.
> —어떤 종류의 소식들이지? —사랑스럽고 아름다운 것들이지.
> —그건 바라지 않아. —정말? —그래, 신께서 가호하신다면. [···]
> —젊은이들을 위한 건가? —또한 늙은이들을 위한 것이기도 하지.
> —늙은이들은 진절머리를 내! —오랫동안 이런 소식들을 못 들었군.
> —그렇지 않아, 그렇지 않아. —적어도 소식들을 들어 줄래?
> (〈롱도 CCXLII〉, vv. 1-4, 9-11)[68]

'논쟁'의 형식으로 만들어진 글들이 이미 13세기부터 크게 인기를 얻었지만, 실상 유행했던 것은 갖가지 우의적인 표현들이 난무하는 혼란스런 말싸움, 길고 지루하며 더없이 진부한 논거들이 연이어 나열되는 시에 지나지 않았고, 그 범위는 '대화'에서 '싸움'에 이르기까지 광범위한 것이었다. 이러

---

66 이에 대해서는 O. Jodogne, "La ballade dialoguée dans la littérature française médiévale", in *Fin du Moyen Age et Renaissance. Mélanges de philologie française offerts à Robert Guiette*, Anvers, De Nederlandsche Boekhandel, 1961, pp. 71-85를 참조. 위에D. Hüe에 의하면, '마음'이 논쟁에 참여하는 최초의 예로 추정되는 것은 필리프 드 그레브Philippe de Grève의 작품이며, 여기서 '마음'은 '눈'과 논쟁을 벌인다. 주로 성채나 건물의 이미지로 그려지는 '마음'은 경우에 따라서는 '생각'으로 대체되기도 하며, 여러 감정들의 중심인 동시에 길을 잃은 '몸'이 이성을 찾도록 하는 정신적인 역할을 수행하기도 한다(Denis Hüe, "Propos cordiaux: Le coeur dans les poèmes dialogués", in *Le "cuer" au Moyen Age* (*réalité et «senefiance»*), Aix-en-Provence, Publ. du CUERMA, 1991, pp. 123-143을 참조).

67 샤를 도를레앙의 다른 작품(〈롱도 CCXLIII〉)에서는 '마음Cueur'과 '근심Soussy'이 대화를 나눈다(CdO$_1$, 429-430).

68 "Cuer, qu'esse la? —Ce sommes nous, voz yeux./—Qu'aportez vous? —Grand foison de nouvelles./—Quelles sont ilz? —Amoureuses et belles./—Je n'en vueil point. —Voire? —Non, se m'aist Dieux. [...]/—C'est pour jeunes? —Aussi esse pour vieux./—Trop sont vieulx soulz! —Pieça, n'en eustes telles./—Si ay, si ay. —Au moins escoutez d'elles?" (CdO$_2$, 592). '눈'과 '마음'의 논쟁에 관한 샤를 도를레앙의 다른 작품으로는 〈롱도 LXXIII〉을 들 수 있다(CdO$_1$, 331-332).

한 전반적인 면모를 답습하듯, 비용의 시에서 '몸'과 '마음'의 대화는 후렴구에서 네 번에 걸쳐 중단되며, 이러한 반복은 서로의 대화가 제자리걸음을 하고 있거나, 혹은 매번 다시 원점으로 돌아가는 듯한 인상을 준다. 그러나 달리 말하자면, '마음'은 네 번에 걸쳐 다시 대화를 재개하는 것이며, 다시 대화를 시작하는 지점은 원점이 아닌, 중단되었던 바로 그 지점의 연속선상에 위치한다는 점에 주목할 필요가 있다.

〔몸〕 무슨 소리지? 〔마음〕 나야! 〔몸〕 누구? 〔마음〕 네 마음.
이제 겨우 한 줄 가는 실로 연결되어 있는.
나는 더는 힘도, 살도 체액도 없어,
구석에 웅크린 처량한 개처럼
그렇게 홀로 물러서있는 너를 보니.
〔몸〕 왜 그렇게 되었지? 〔마음〕 분별 없이 쾌락을 탐한 네 방종한 삶 때문에.
〔몸〕 그래서 어떻다는 거야? 〔마음〕 그로 인해 슬프다는 거야.
〔몸〕 날 내버려 둬! 〔마음〕 왜? 〔몸〕 그 점에 대해 〔나중에〕 생각해 보겠어.
〔마음〕 그래, 언제? 〔몸〕 내가 유년기를 벗어나게 될 때.
〔마음〕 더는 네게 말하지 않겠다 〔몸〕 그만하는 것이 좋겠군.
(〈비용의 몸과 마음의 논쟁〉, vv. 1-10)

발라드는 마음의 소리를 몸이 듣는 것에서 시작하며, 마음은 몸을 비난하기보다는 동정하는 모습을 보인다. 그러나 이러한 동정은 몸에게 현재의 비참한 처지를 상기시켜, 그가 자신의 불행의 근원을 깨닫고 새로운 길을 찾게 하려는 시도라 할 수 있다. "나는 더는 힘도, 살도 체액도 없어"("Force n'ay plus, substance ne liqueur,", v. 3)라는 말을 통해, 마음의 상태를 지칭하는 매우 추상적인 'Force'는 구체적으로 몸을 구성하는 'substance'로 이어지며, 마지막에는 '피'뿐 아니라 모든 체액을 지칭하는 'liqueur'로 옮겨 가면서, '살과 피'로 이루어진 '인간'의 모습으로 제시된다(Martin$_1$, 201). 눈에 보이지 않는 추상적인 마음을 눈에 보이는 실체로 만드는 이러한 비용의 기법은 연극적인 효과뿐만 아니라 당시 널리 성행하던 알레고리적인 글쓰기와도 연관된다. 뿐만 아니라 'voir' 동사로 시작되는 이 작품의 결말에 가면 '눈'을 넘어서는 '인식'이 이루어짐으로써, 다시 말해 'voir'가 'savoir'로 이어진다는 점에서 비용의 '시각적인 재현'은 깊이를 확보하게 된다. '눈'을 가진 것은 몸이지만, 몸은 자신의 처지를 보지 못하며, '눈'이 없는 마음만이 "구석에 웅크린 처량한 개"와 같은 몸의 모습을 직시한다. 이러한 표현은 앞서 언급했던 것처럼 《장미 이야기》에서 우의적인 인물인 빈곤에게 육체적이고 정신적인 면을 부여했던 묘사와 동일하다는 점에서, 몸 역시 마음과 마찬가지로 동시에 추상적이면서 구체적인 모습을 갖게 된다.

그러나 몸은 자신의 불행한 처지가 "무분별하게 쾌락을 탐한" "방종한 삶 때문"("Par ta folle plaisance", v. 6)임을 마음을 통해 알게 될 뿐이며, 마음의 말을 들을 아무런 준비가 되어 있지 않다. 첫 번째 시절에서 둘의 대화는 아무런 성과를 거두지 못하며, 이는 전적으로 몸의 무관심과 회피에 따른 결과라 할 수 있다. 우리가 일단 '그만하는 것이 좋겠다'라고 다소 모호하게 옮긴 10행의 'Et je m'en passeray'는 '나도 그 정도로 해 두지, 나 또한 더 말하지 않겠다'('Et je m'en tiendrai là, et moi non plus je n'en dirai pas davantage')라는 의미를 가질 수도 있고, 'en'이 바로 앞의 내용인 'Plus ne t'en dis'를 받는 것으로 보아 '더 말하지 않는 것이 내게도 만족스런 일이다'('Et je m'en contenterai'), '네가 더 말할 필요가 없다'('Je n'ai pas besoin [que tu me dises plus]')는 의미일 수도 있다는 점을 부기해 두자(CT, 300; $RH_1$, 118).[69]

> [마음] 무슨 생각을 하지? [몸] 존경받을 만한 사람이 되는 것을
> [마음] 네 나이 서른이야! [몸] 노새의 나이지[70]

69 한 연구자는 전자의 의미를 주장한 바 있다. John Orr, "Le français *s'en passer*. Étude de sémantique", in *Essais d'étymologie et de philologie françaises*, Paris, Klincksieck, 1963, pp. 114-136을 참조.

70 "[...] une longévité légendaire. [...] qui aurait vécu quatre-vingts ans, une opinion

〔마음〕 아직도 유년기란 말이야? 〔몸〕 아니야

〔마음〕 그럼 너를 붙잡고 있는 것은 광기야? 〔몸〕 어디를 잡아? 목?

〔마음〕 아무것도 아는 것이 없구나 〔몸〕 그렇지는 않아 〔마음〕 무엇인데? 〔몸〕 우유 속의 파리는 알아. 하나는 하얗고 다른 하나는 까맣지. 그것이 차이야

〔마음〕 그래 그것이 전부야? 〔몸〕 무엇을 바라는 거지? 무슨 논쟁을 나와 하고 싶은 거야? 충분하지 않다면, 내 다시 시작하지 〔마음〕 네가 진 거야! 〔몸〕 난 싸움을 계속할 거야

〔마음〕 더는 네게 말하지 않겠다 〔몸〕 그만하는 것이 좋겠군.

(〈비용의 몸과 마음의 논쟁〉, vv. 11-20)

베네데토는 11-12행("—Que penses tu? —Estre homme de valeur./—Tu as trente ans! —C'est l'aage d'ung mulet.") 전체를 마음이 말하는 것으로 간주했으나,[71] 리슈네와 앙리는 이러한 구분이 발라드의 전개에 역행하는 것이라는 입장을 보였다($RH_1$, 118-119). 두 번째 대화는 앞서 몸이 말했던 "유년기를 벗어나게 될 때"에서 다시 시작한다. "존경받을 만한 사람이 되는 것"을 생각한다는 몸의 말에 대해 마음은 지금이 유년을 벗어난 "나이 서른"임을 강조하며, 그렇게 되고자 한다면 '온전한 정신과 분별력'을 갖추어야만 한다는 점을 "너를 붙잡고 있는 것은 광기야?"라는 질문을 통해 알린다. 그러나 《유언의 노래》의 서두에 다시 등장하게 될 나이인 '서른'에 이른 몸의 대답은 신소리에 가깝다. '잡다'와 '사로잡다'라는 'saisir' 동사의 본래 뜻과 비유적인 의미를 가지고 공허한 말장난을 벌이며("Par ou? Par le collet?", v. 14), "우유 속의 파리"의 차이점을 이야기하는 몸의 말은 "우유 속의 파리는 잘

encore accréditée lui donne couramment une espérance de vie de quarante-cinq ans, contre vingt à vingt-cinq pour le cheval. *L'âge d'un mulet* signifie donc ici *l'âge d'un bon mulet* ou *le bel âge pour un mulet* (*comme moi!*)"($Martin_1$, 213-214). 아울러 Paul Martin, "Villon au fil du texte", *L'Information littéraire*, 44, n° 5, 1992, pp. 9-10을 참조.

71 "Quanto al v. 12 ha avuto e ha ancora seguaci l'opinione che attribuisce tutto il verso a Coeur."($Benedetto_1$, 292).

안다"("Je congnois bien mousches en laict,", v. 1)로 시작하는 〈촌언寸言의 발라드Ballade des menus propos〉와 그 후렴구인 "나는 안다, 나 자신 외의 모든 것을"("Je congnois tout fors que moy mesmes.", v. 8)이라는 구절을 떠올리게 한다.[72]

〔마음〕 나도 그 때문에 괴롭고, 너도 심신이 고통스럽지.
만약 네가 불쌍한 무지랭이거나 바보라면,
그럴 경우 변명의 구실이 있었겠지만,
너는 그런 것을 무시하고, 미추美醜에 상관없이, 네게는 만사가 똑같아.
조약돌보다 더 단단한 머리를 갖고 있든지, 아니면
지금 너의 비참함이 명예보다 더 너의 마음에 드는 것이란 말이야!
이런 논리적인 귀결에 너는 무엇이라 답할거지?
〔몸〕 죽으면 그런 상황에서 벗어나게 되겠지.
〔마음〕 맙소사! 이 무슨 위안인가! 이 얼마나 현명한 웅변인가!
〔마음〕 더는 네게 말하지 않겠다 〔몸〕 그만하는 것이 좋겠군.
(〈비용의 몸과 마음의 논쟁〉, vv. 21-30)

학교에서 또 스콜라 철학에서 사용되는 '추론과 논리적인 귀결'은 몸을 설득하는 것을 목표로 하는 것이라기보다는 몸에게서 보다 긍정적인 반응을 이끌어 내기 위한 것으로 보인다. 그러나 이에 대한 반박으로 몸은 간단히 '죽음'을 이야기할 뿐이며, 이러한 대답 속에는 '죽고 나면, 지금과 같은 불행에서 벗어날 것'이라는 의미와 '죽고 나면, 명예를 좋아하는지 비참함을 좋아하는지를 알 필요가 없기에, 곤경에서 벗어날 것'이라는 말장난이 중첩되어 있다(CT, 302; $RH_1$, 120). 몸과 마음의 의사소통의 단절은 정점에 달하며, 이제 처음으로 29행("—Dieux! Quel confort! Quelle sage eloquence!")

72 코키야르의 작품에서 'Mousche en lait'라는 표현은 '진실을 알게 되다', '명백한 사실을 인정하다'라는 뜻으로 사용된다: "Doit il presumer n'enquester/Qui est Michault ne Michelet,/Veiller, oreiller, escouter/S'il congnoistra mousches en laict?"($Coquillart_1$, 189, vv. 1155-1158).

에서 마음은 아이러니컬한 어조로 몸에게 탄식을 내뱉는다.

> 〔마음〕 이 고통이 어디에서 왔지? 〔몸〕 내 불운에서 왔지.
> 토성이 내 운명의 짐을 마련했을 때, 내 생각으로는,
> 거기에 그런 말들을 적어 둔 것 같아[73] 〔마음〕 터무니없는 소리,
> 네가 운명의 주인이면서도, 넌 너를 운명의 시종인 양 여기는구나!
> 솔로몬이 자신의 책에 쓴 것을 보렴.
> "현자는 성신星辰과 그 영향력을
> 다스리는 권능을 갖고 있다"고 말했어.
> 〔몸〕 그런 말은 전부 믿을 수 없어. 나는 성신이 만들었던 그대로 될 거야.
> 〔마음〕 무슨 소리를 하는 거야? 〔몸〕 틀림없어, 그것이 내 신조니까.
> 〔마음〕 더는 네게 말하지 않겠다 〔몸〕 그만하는 것이 좋겠군.
> (〈비용의 몸과 마음의 논쟁〉, vv. 31-40)

몸은 자신에게 아무런 책임이 없음을 다른 권위를 빌려, 즉 '점성술'의 힘을 통해 이야기한다.

> 행성들의 주기에 의해 결정되는 연령 지속에 대한 프톨레마이오스의 천동설은 다음과 같다: 순환되며 일주기가 시작될 때, 달月은 4년 동안을 지배하고, 수성은 10년, 금성은 7년(8년이기보다는), 태양은 19년, 화성은 15년, 목성은 12년, 그리고 토성은 30년을 지배한다.[74]

위의 인용에서 볼 수 있듯이, 당시 많은 사람들이 별자리와 인간이 밀접하게 관련되어 있다고 믿었으며, 이러한 믿음은 수 세기가 지난 후, 19세기

---

73 이 부분의 해석은 'y'가 지칭하는 것이 'fardelet'이며, 'inscrire'의 뜻으로 사용된 'mettre'는 'mots'를 목적보어로 취하는 동사로 본 마르탱의 의견을 따랐다. 이에 대해서는 $\text{Martin}_1$, 215-216을 참조.

74 Elizabeth Sears, *The ages of man. Medieval interpretations of the life cycle*, New Jersey, Princeton University Press, 1986, p. 108에서 재인용.

시인 베를렌의 《토성인 시집》에서도 여전히 나타난다.

> 옛날의 현자들은, 그 이름에 합당한 자라면,
> 믿었으니, 이는 여전히 명확히 밝혀지지 않은 점이지만,
> 하늘에서 갖가지 행복들과 재앙들을 읽어 낼 수 있고,
> 또 저마다의 영혼이 별들 어느 하나에 속해 있다는 것을.
> [...]
> 그런데, **토성**, 마법사들이 중시하는, 황갈색 행성의,
> 표지 아래 태어난 자들은
> 고대의 마법서들에 따르면, 무엇보다도
> 많은 몫의 불행과 많은 몫의 우울에 시달린다.[75]

여기서 비용이 생각하는 '운명'은 〈운명의 발라드〉에서 "지난날 학자·성직자들은 나를 **운명**이라 불렀거늘,/명성도 얻지 못한 자, 프랑수아 그대가 나를 비난하고, 살인자라 부르니"("Fortune fuz par cleirs jadiz nommee,/Que toy, Françoys, crye et nomme murtriere,", vv. 1-2)라고 말하면서, 자신의 위용과 권능을 열거하는 '절대자', '지배자'로서의 '운명'의 면모와 유사하다.[76]

> 그대가 치욕 속에 산다고, 그래서 한탄해야만 하는가?
> 그대 혼자만이 아니며, 그러니 탄식해서는 아니 될 것이다.

75 "Les Sages d'autrefois, qui valaient bien ceux-ci,/Crurent, et c'est un point encor mal éclairci,/Lire au ciel les bonheurs ainsi que les désastres,/Et que chaque âme était liée à l'un des astres. [...]/Or ceux-là qui sont nés sous le signe de SATURNE,/Fauve planète, chère aux nécromanciens,/Ont entre tous, d'après les grimoires anciens,/Bonne part de malheur et bonne part de bile."(Verlaine, *Œuvres poétiques complètes*, texte établi et annoté par Y.-G. Le Dantec, édition révisée complétée et présentée par Jacques Borel, Paris, Gallimard, 1962, p. 57).

76 〈운명의 발라드〉에 대해서는 Roger Dragonetti, "La Ballade de Fortune", *Revue des langues romanes*, 86, 1982, pp. 177-189; Glynnis M. Cropp, "Fortune and the poet in Ballades of Eustache Deschamps, Charles d'Orléans and François Villon", *Medium AEvum*, 58, 1989, pp. 125-132 등을 참조.

주시하고 보라, 지난날의 내 행적들 속에서,
수많은 용사들 나에 의해 죽음을 맞았고 차갑게 경직되었음을.
그대도 알다시피, 그들에 비한다면, 그대 부엌데기만도 못하니,
진정하고 힐난詰難의 입 다물지어다.
내 권고를 따르고, 모든 것을 기꺼이 받아들이라, 비용이여!
(〈운명의 발라드〉, vv. 6-12)[77]

'점성술'의 권위를 빌린 몸의 발언에 대해, 마음 역시 자신의 이야기가 아닌 '솔로몬'의 권위를 빌려 답한다. 마음이 말하는 내용과 정확히 일치하는 부분을 성서에서 찾을 수는 없지만, 아마도 비용은 다음과 같은 부분을 염두에 두었던 것으로 추정된다.[78]

> 나는 이러한 것을 곰곰이 생각하고 마음속으로 되새겨본 결과, 지혜와 인척 관계를 맺는 것은 불멸을 가져다 주고/지혜와 우정 관계를 맺는 것은 완전한 만족을 가져다 줌을 알았다. 지혜는 그 손으로 한량없는 재물을 만들어낸다. 또 지혜와 교제하는 가운데 현명이 있고 지혜와 말을 주고받는 가운데 영예가 있다는 것을 깨달았다. 그래서 나는 어떻게 하면 지혜를 내 집으로 데려올 수 있을까 하고 사방으로 찾아다녔다./나는 좋은 기질을 타고난 어린이였으며 훌륭한 영혼을 받은 아이였다. (〈지혜서〉, 7, 17-19)

그러나 이러한 마음의 '훈계'에도 몸은 자신의 신조를 굽히지 않으며, 자신은 "성신이 만들었던 그대로 될"것이라 답함으로써 몸과 마음의 대화가 다시 정지된다.

77 "S'a honte viz, te dois tu doncques plaindre?/Tu n'es pas seul, si ne te dois complaindre;/Regarde et voy, de mes faiz de jadiz,/Mains vaillans homs par moy mors et roiddiz,/Et n'es, ce sais, envers eulx ung soullon./Appaise toy et mect fin en tes diz,/Par mon conseil prens tout en gre, Villon!"

78 그러나 마르탱은 이와 같은 생각이 성서가 아닌 프톨레마이오스에게서 비롯한 것이라 보았고, 그 예로 데샹의 시에 나오는 다음과 같은 구절을 들었다: "Mais li saiges, ce nous dit Tholomée,/Les estoiles seigneurit de ça-jus."(Martin$_1$, 210).

〔마음〕 살고 싶어? 〔몸〕 신이 그럴 힘을 주시기를!

〔마음〕 네게 필요한 것은… 〔몸〕 무엇이지? 〔마음〕 양심의 가책을 느끼고, 끊임없이 읽는 일이야 〔몸〕 무엇을? 〔마음〕 지혜를 익히는 것이지, 어리석은 자들을 떠나는 것이고. 〔몸〕 그렇게 하는 데 주의를 기울이지.

〔마음〕 그래, 그 점을 꼭 명심해! 〔몸〕 단단히 기억해 두겠어.

〔마음〕 사태가 악화될 때까지 기다리지 말기를.

〔마음〕 더는 네게 말하지 않겠다 〔몸〕 그만하는 것이 좋겠군.

(〈비용의 몸과 마음의 논쟁〉, vv. 41-47)

이제 마음은 비유나 우회적인 권고를 그만두고 단도직입적으로 질문을 던진다. 그 결과 발라드의 마지막이자 결론에 해당하는 이 부분에서, 처음으로 몸이 마음의 권고를 받아들이며, 농담을 그만두고 진지하게 답변한다. 몸은 "신이 그럴 힘을 주시기를!"("—Dieu m'en doint la puissance!", v. 41)이라 말한다. 그런데, 몸의 이러한 외침은 실상 마음의 외침과 다른 것이 아니며, 이제 비로소 몸과 마음의 이야기의 흐름은 동일한 방향으로 나아가게 된다.

여기서 43행과 44행에 대한 다양한 이견들과 해석들을 지적해 두자. 43행의 'Lire en scïence'를 두고 연구자들은 무수한 잉크와 종이를 허비한 바 있다. 'scïence'가 의미하는 바에 대해, 콘스는 "신학théologie"을,[79] 베네데토는 무분별하고 경박한 자들과 대비되는 의미에서의 '진중한 학업'을,[80] 폭스는 "지식 혹은 지혜를 얻기 위한 독서"($\mathrm{Fox_1}$, 31; $\mathrm{Fox_2}$, 94)를, 조도뉴는 비용이 지난날 그만두었던 '학업의 재개'를 제시한 바 있다($\mathrm{Jodogne_1}$, 380). 이에 대해 리슈네와 앙리는 43행의 의미를 '지혜를 얻기 위해 열심히 배우는 것'("apprendre sérieusement en vue de la sagesse")이라 풀이하였고($\mathrm{RH_1}$, 122-

79 L. Cons, "Five Notes on the Text of Villon", *Modern Language Notes*, 57, 1942, p. 527) $\mathrm{Martin_1}$, 211을 참조.

80 "[...] l'opposizione degli studi severi alla frivola scapigliatura dei «faiseurs de lais, de motetz, de rondeaux», di quei «conpaings de galle» [...]"($\mathrm{Benedetto_1}$, 314).

123), 마르탱 역시 솔로몬의 이름을 거명하는 이유가 리슈네-앙리의 견해와 같은 맥락임을 강조했다.[81]

마음은 "어리석은 자들을 떠나"("Laisser les folz.", v. 44)라고 몸에게 권한다. 이 말은 비용이 개심이 불가능하며 손을 쓸 수 없는 사람이 아니라는 점, 그가 잘못된 교제의 희생자일 뿐이라는 점, 또 바른 길을 찾기 위해서는 누군가의 도움이 절실하다는 점 등을 내포하는 것이라 할 수 있다($D_1$, 144). 마침내 발구에서 나오는 후렴구는 결론 없는 '중단'과 잠정적인 결론, 그리고 중단된 지점에서의 대화의 재개였던 이전의 경우와는 달리, 권고를 받아들인 몸을 이제 지켜보겠다는 의미에서 '관찰의 시간'을 부여하는 새로운 의미의 '중단'이 된다. 그리고 41-46행에 아크로스티슈 기법으로 'VIllon'이라는 이름이 표시되면서 작품은 끝을 맺는다.[82]

장루아는 이 시가 '선과 악의 싸움을 그리는 마지막 일화'와도 같으며, '심각한 양심의 구명과 자성'을 보여 준다는 점을 지적했고(AJ, XXXVIII), 캉포 역시 이를 '비용과 그의 양심의 대화'라 평하면서 〈벗들에게 보내는 서한〉과 멀지 않은 시기의 작품으로 보았다(Campaux, 120-121). 파리스는 이 시를 '비용과 그의 양심의 논쟁'으로 정의하면서, 처음으로 시인이 내면으로 내려가 숙고하는 모습을 보인다는 점을 강조했고, '논쟁'이라는 전통적인 형태를 효과적으로 적소에서 사용하고 있는 이 발라드의 '비장함'과 '진

---

81 $Martin_1$, 211을 참조.

82 44-47행의 경우, 이를 '개심'의 차원에서 해석해야 하는지 아니면 '아이러니'가 섞인 응수로 보아야 하는지에 대해서도 많은 논란이 있어 왔다. 시칠리아노가 이 부분을 진지한 '개심'으로 본 것에 반해($Siciliano_1$, 492-496), 베네데토는 이를 일종의 '책략'이자 '회피'로 이해했다($Benedetto_1$, 309-310). 한편 이토 도시키는 이 작품에서 제시되는 비용의 처지가 실제의 투옥을 말하는 것이기보다는 비용의 '내면적인 타락'을 암시하는 것이라 보았고, 46행을 '육체적인 쾌락'과 결부시켜 다음과 같이 해석하기도 했다: "Par suite, dans le *Débat*, le Cuer ne parle pas de l'abandon de ses voies criminelles, mais l'éloignement des «amoureux sentiers.» […] «N'attends pas trop, autrement tu auras peine de t'arracher à plaisance», sous-entendu: «Si tu tardes et que tu guérisses de cet état de danger mortel, tu poursuivras la plaisance comme autrefois et tu ne m'(ton Cuer) *oüiras* plus.»"(Ito Toshiki, "Le *Débat du Cuer et du Corps* de Villon—En matière de vers 46", *Etudes de langue et littérature françaises*, 14, 1969, p. 77).

실성'에 주목했다(Gaston Paris$_1$, 112-113). 또 피에르 르 장티는 이 발라드의 제작 연대에 대해, 묑의 감옥에서 쓴 것이 아닌 가장 나중의 것에 해당한다는 의견을 보이기도 했고, 비용의 품성을 가장 잘 보여 주는 예이자 그의 삶과 작품 모두가 훌륭하게 요약된 시의 하나라고 평가했다.[83]

한편 시칠리아노는 '죄인과 재판관 사이의 논쟁'과 같은 작품의 특징을 언급하면서, 이 시의 '극적인 구조'에 관심을 기울였고,[84] 콘스는 이 시가 비용의 비통한 고백을 통해, 티보 도시니의 '용서'와 '도움'을 구하는 것이라 보았다(Cons, 12). 뒤푸르네 역시 비용의 심중에는 '자신이 방종하고 반항적이며 무분별한 '몸'의 희생자였고, '마음'으로는 선을 바라며 추구한다는 것'을 알리려는 생각이 있었고, 이를 통해 주교 티보 도시니의 너그러운 용서와 도움을 얻으려는 의도가 이 시에 숨겨져 있다고 보았다(D$_1$, 142). 그러나 이와 달리, 프랑크는 이 시가 비용의 '타고난 기질인 회개하지 않는 자의 모습'을 보여 주는 것이라는 대비되는 견해를 밝힌 바 있다.[85] 핀케르넬은 제작 연대를 1461년 5월 중순경으로 추정하면서, 일차적으로는 샤를 도를레앙을, 또 경우에 따라서는 주교 티보 도시니 역시 염두에 두고 이 시를 썼을 것으로 추측한다. 그에 따르면 비용 자신이 겪고 있는 '정체성'의 위기가 이 작품 안에서 강조되는 것이다(Pinkernell, 136).

분명 이 작품의 끝에 가면 '몸'의, 아니 '비용'의 '회개'와 '개심'으로의 움직임이 두드러진다. 그러나 이러한 '회심'은 《유언의 노래》의 전반부와 비교

83 "Celui qui éclaire le mieux la personnalité du poète est sans doute le *Débat dit du coeur et du corps* de Villon. Il oppose en fait Villon à sa propre conscience, un Villon fuyant, désinvolte et incorrigible qui, fermement sermonné, cherche des excuses à sa conduite et finalement se refuse à tout effort de redressement, dans l'immédiat tou au moins. On a les meilleures raisons de penser que Villon ne s'est jamais mieux défini et jugé que dans cette *ballade*, qui résume toute son oeuvre et toute sa vie."(Le Gentil, 72-73).

84 "Débat entre le «follastre» et le «povre Villon», débat entre le coupable et le juge, entre le jeune homme et l'homme mûr. Débat dramatique à tout point de vue. [...]"(Siciliano$_1$, 495).

85 Grace Frank, "The Impenitence of François Villon", *The Romanic Review*, 37, n° 3, 1946, p. 229.

해 보았을 때, 상대적으로 불완전하고 미약한 것이 사실이며, 만약 주교 티보 도시니의 용서 혹은 공작 샤를 도를레앙의 도움을 구하려는 목적으로 쓴 것이라면, 무엇 때문에 자신의 뉘우침과 회개하는 모습을 더 강하게 더 절실하게 더 감동적으로 그리지 않았는가 하는 의구심을 갖게 한다. 자신의 현재 심경을 솔직하게 내보이며 적극적으로 간청을 하는 것이었다면, 무엇 때문에 비용이 이전 세기의 뤼트뵈프Rutebeuf와 같이 '사실적'이며 '직접적'인 간청을 던지지 않는지 또한 의문스럽다. 일례로 지난날 뤼트뵈프는 이루 말할 수 없이 곤궁한 처지에 있는 자신을 도와줄 것을 국왕에게 청하면서 불명료하거나 모호한 일체의 모습을 배제하고 누구나 그 의도를 쉽게 짐작할 수 있는 직접적인 호소를 다음과 같이 던진 바 있다.

> 어디에서 시작해야 할지를 모르겠나이다,
> 그만큼 〔말씀드릴〕 내용이 많습니다,
> 제 곤궁함에 대해 말씀드릴 것 같으면.
> 신의 이름으로, 당신께 청하오니, 프랑스의 왕이시여,
> 제게 호구지책을 마련해 주소서.
> 〔…〕
> 위대한 왕이시여, 당신께서 아니 도와주신다면,
> 틀림없이, 모두가 도와주지 않을 것입니다.
> 먹고 살 것이 제게는 없습니다.
> 제게 손을 내주는 자 아무도 없고, 무엇 하나 주는 자도 없습니다.
> (〈뤼트뵈프의 궁핍La povretei Rutebuef〉, vv. 1-5, 25-28)[86]

뤼트뵈프의 가난과 비참함은 결코 추상적인 모습으로 제시되지 않으며, 더없이 구체적으로, 문자 그대로 제시된다.

86 이하 뤼트뵈프의 작품 인용은 $Rutebeuf_3$에 의거한다. $Rutebeuf_1$, 38; $Rutebeuf_2$, 96; $Rutebeuf_3$, II, 420.

저는 추위에 콜록거리며, 허기에 입을 쩍 벌립니다,
저는 빈궁 속에서, 죽을 지경입니다.
저는 덮을 것도 누울 곳도 없습니다,
여기서 상리스까지, 저보다 곤궁한 자는 없습니다.
폐하, 저는 어디로 가야 할지도 모르겠습니다.
제 옆구리 밀짚에 이골이 났습니다만,
짚단 침상은 침상이 아닌 법이지요,
그런데도 제 침상 속에는 짚단밖에 없습니다.
(〈뤼트뵈프의 궁핍〉, vv. 29-36)[87]

'추위'와 자신의 '비참함'을 사실적으로 눈앞에 직접 보여 주듯 제시하는 '짚단의 삼단논법'을 펼친 다음, 뤼트뵈프는 주저없이 또 하나의 중요한 문제인 '먹을 것'을 논한다.

저는 빵을 살 어떤 것도 갖고 있지 못합니다.
이 세상 모든 부富가 파리에 있지만,
제 것이 되는 것이라고는 여기 아무것도 없습니다.
여기서는 보이는 것이 별로 없으며, 받는 것도 별로 없습니다.
제게는, 다른 어떤 사도들보다,
성 바오로가 더욱 떠오릅니다.
'아버지'는 저도 잘 압니다만, '우리'가 무슨 말인지는 모르겠습니다.[88]
(〈뤼트뵈프의 궁핍〉, vv. 37-44)

직접 매달리는 듯한 호소로 '가난'과 '곤궁함'을 토로함으로써, 뤼트뵈프

87 Rutebeuf$_1$, 38-39; Rutebeuf$_2$, 94-96; Rutebeuf$_3$, II, 420-421.
88 '아무것도 없음peu'을 의미하는 'pou'와 'saint Paul'을 지칭하는 'saint Pou'에 대한 말장난에 이어, 주기도문의 처음 구절인 'Pater noster'에 대한 말장난을 더함으로써, 뤼트뵈프는 자신의 '빈곤'을 희화적으로 부각시키고 있다. 이러한 말장난은 그의 다른 작품에서도 발견된다: "S'om lor envoie, c'est trop pou./Il lor sovient plus de Saint Pou"(Rutebeuf$_3$, 72, vv. 95-96).

는 자신의 시를 읽는 이들의 얼어붙은 마음을 녹이려고 애쓴다. 그런데 무엇 때문에 투옥된 비용은 '간절함'을 포기하고, 확고한 모습이라고는 선뜻 말할 수 없을 정도로 주저함을 비치는, 모호하고 간접적인 방식을 택하는 것일까? 아마도 그 대답은 이 작품의 작성 시기에 대한 추정을 통해 간접적으로 찾을 수 있을 것이다. 이 작품과 묑의 감옥과의 관련성을 부정할 수는 없지만, 구체적인 호소나 통렬한 감정의 깊이, 확고하며 전적인 개심의 모습을 찾아볼 수 없다는 점으로 미루어 보아, 이 시는 콘스나 뒤푸르네의 의견처럼 자신을 감옥에서 풀어 줄 특정한 누구를 염두에 두고 쓴 것은 아닌 것으로 판단되며, 피에르 르 장티의 지적처럼 《유언의 노래》 이후의 것으로 볼 수도 없다. 어느 정도는 미망에 사로잡혀 있으며, 주저하는 모습과 흔들리는 내면적인 갈등이 표출된다는 점에서, 이 시의 작성 연대는 루이 11세의 사면령으로 마침내 묑의 감옥에서 풀려나는 1461년 9월 즈음에서 《유언의 노래》가 작성되었던 시기 사이의 어느 순간으로 보는 것이 타당할 것이다. 따라서 이 시는 《유언의 노래》의 임박한 도래를 알리는 전주에 해당하며, 과도기적인 성격을 지니는 것이라 생각된다.[89]

《유증시》와 먼 곳으로의 '출발'은 비용의 삶과 시를 모두 변화시킨다. 1457-1461년 동안, 비용은 막연한 희망과 기대, 알 수 없는 불안과 초조, 손에 잡힐 듯한 희망과 궁정 시인으로서의 성공, 철저한 소외와 절망을 차례로 맛보게 되며, 결국 감옥의 수인으로 전락한다. 투옥에서 오는 고립은 그에게 갈등과 성찰을 동시에 불러일으키며, 시간과 함께 점점 스러져 갈 뿐인 과거와 현재를 비참하고 왜소한 것으로 만들어 버린다. 쾌활함에는 비장함이 깃들고, 두려움과 불안에는 미래에 대한 모호한 기대가 스며든다. 이 기간 동안 비용이 경험했던 삶의 양면성과 감정의 이중성은, 그에게 결코 잊어버릴 수 없는 각인을 남기며, 파악할 수 없는 이 '불확실함'은 《유언의 노래》를 준비하고 예고하게 된다.

---

89 $Martin_1$, 220-221을 참조.

# 제3장 《유언의 노래》의 다층구조

## 1. 〈시편〉과 《유언의 노래》의 시작

성서의 〈시편〉이 《유언의 노래》를 이해하기 위한 일종의 '배경' 내지 '길잡이'가 될 수 있다면, 그것은 바로 두 작품 모두 특수하면서도 보편적인 정황들을 가지기 때문이며, 바로 이러한 이중의 맥락에서 〈시편〉과 《유언의 노래》의 서두에서 볼 수 있는 여러 공통점들이 파생된다.[1]

〈시편〉의 기원은 민요의 기원과 마찬가지로 불분명하다. 〈시편〉 안에는 저자로 알려진 다윗 왕 외에도 '합창단 지휘자 아삽' 혹은 '코라의 후손들'이라는 이름이 자주 거명된다. 또 '다윗의'라는 표현 역시 '다윗이 쓴'이라는 의미뿐만 아니라 '다윗이 수집한 것으로 알려진'이라는 의미를 지닐 수 있기에, '다윗 왕'이라는 표면적인 화자의 목소리 속에 다양한 목소리들이

---

1 〈시편〉에 관한 논의는 서인석, 《오늘의 구약성서 연구》, 성 바오로 출판사, 1983; 국제가톨릭성서공회 편찬, 《해설판 공동번역 성서》, 일과놀이, 1984; 데어모트 콕스, 《하느님 인간 그리고 시. 어떻게 시편을 알아 들을까?》, 박영식 옮김, 성서와 함께, 1988; 제자원(기획·편집), 《그랜드 종합 주석 욥기·시편》, 성서교재간행사, 1993; 폴 오브레, 《시편은 시인 예수 그리스도의 노래》, 서인석 역주, 분도출판사, 1993; J.-P. 프레보스트, 《시편의 작은 사전》, 이기락 옮김, 가톨릭출판사, 1997; 김경수, 〈시편 가운데 '복수와 저주'의 요소를 어떻게 읽을가?—시 109편의 분석을 통해〉, 《교수논문집》, 2, 1998, pp. 71-92; 《성서의 길을 따른 여정. 〔구약편 IV〕》, 생활성서사, 2005; 함성국, 《시편 해석》, 대한기독교서회, 2005; Lindsay Jones(ed.), *Encyclopedia of Religion*, Tome 11, Detroit-New York, Thomson Gale, 2005 등을 참조하여 요약·정리한 것임을 밝힌다.

섞여 나온다고 이해할 수 있다. 150편의 시들로 이루어진 〈시편〉의 기도에는 모든 사람들이 금방 이해할 수 있는 단순한 기도들과 깊이 있게 다듬어진 사람들에게만 의미를 주는 심오한 기도들이 함께 섞여 있으며, 그 기도의 범위 또한 '찬양과 감사', '애원과 지혜', '율법과 전례', '저주와 예언' 등에 이르기까지 실로 광범위하다.

〈시편〉은 가난하고 억압받는 자들이 삶의 현실 앞에서 자신들의 감정을 직접적으로 드러내는 기도이며, 그 안에는 '진실과 거짓', '정의와 불의', '사랑과 증오', '관용과 배척', '슬픔과 열정', '비탄과 분노' 사이의 갈등과 대결이 생생하게 표현되어 있다. 〈시편〉의 기도들은 공통적인 특징을 가진 몇 가지 유형으로 구분될 수 있지만, 그렇다고 해서 그 전체가 체계적으로 분류되거나 구별되지는 않으며, 상당수가 '애원시'의 성격을 보인다. '애원시'에서 화자는 스스로를 '가난한 자', '궁핍한 자', '억압받는 자' 등으로 부르면서, 자신들이 처한 상황, 즉 자신들이 외롭고, 버림받고, 박해받고, 조롱당하고, 공격받고, 죽을 지경에 처해 있음을 강력하게 묘사함으로써 신에게 단도직입적으로 도움을 청하며 신을 움직이려 한다. 〈시편〉은 신과 인간과의 관계를 생생하게 기록하면서, 말씀하는 신과 그 말씀을 듣는 인간 사이에서 이루어지는 상호 작용을 강조하며, 여러 곳에서 유사한 내용과 동일한 표현을 반복하여 되풀이함으로써 각 낱말들의 상호 관련성을 부각시킨다. 또 〈시편〉은 구체적으로는 이스라엘의 역사에 있었던 어떤 일화들을 그 내용으로 다루고 있지만, 그 일화들이 단순히 역사적인 일회적 사건으로 환원되는 것이 아니며, 어느 누구라도 공감할 수 있고 지금 현재도 일어날 수 있는 체험 가능한 것처럼 제시된다는 점에서 특징적이다.

《유언의 노래》는 '비용'이라는 한 화자의 목소리를 통해 전개된다. 그러나 그 사이사이마다 그가 목소리를 빌려 준 사람들의 다양한 목소리가 개입되어 그의 목소리와 중첩되며, 작품의 끝부분은 비용의 죽음을 알리는 제3의 목소리를 통해 마무리된다. 186편의 8행시를 중심으로 이루어진 《유언의 노래》에는 누구나 쉽게 받아들일 수 있는 내용과 유증물들 외에도 해당 인물이나 비용 자신만이 그 내용과 의미를 가늠할 수 있는 매우 난해하고 비유적인 내용들과 유증물들이 혼재되어 있다. 《유언의 노래》 안에서는 '사랑과 죽음', '젊음과 노년', '돈과 가난', '법과 종교', '비탄과 절망', '분노와 악담' 등 인간의 감정들 거의 전부가 표출된다. 《유언의 노래》에서 서술되는 주제와 대상들은 일정한 공통점을 지닌 특정한 몇 개의 시군으로 분류될 수 있지만, 그렇다고 해서 모든 부분들이 뚜렷하게 구별되는 것은 아니다. 특징적인 내용들 사이에 동일한 내용들이 반복적으로 되풀이되며, 동일한 인물과 유사한 주제들은 매순간 되살아난다. 《유언의 노래》의 시작에서 주교 티보 도시니에 대한 분노와 원한, 울분과 저주를 표현하는 화자는 주교를 위한 '기도'를 말하며 〈시편〉의 한 구절을 직접적으로 언급하기도 하고, 가난하고 불쌍한 자신의 모습, 늙고 보잘것없는 자신의 신세와 처지를 말하면서 일종의 독백이자 대화처럼 이야기를 전개해 나가기도 한다. 《유언의 노래》는 수많은 전거들과 일화들을 그 진술 속에 도입하며, 이러한 인용들은 때로는 원래 그대로의 의미로 또 때로는 '다시 쓰기' 기법을 통해 새로운 의미를 창출하면서, 독자의 관심과 공감, 나아가 혼란마저 불러일으킨다. 자신과 자신을 둘러싼 사람들에 대한 이야기가 전개되는 《유언의 노래》는 독자를 염두에 두고 기술된 것이며, 독자는 비용의 목소리를 들으며 그의 목소리에 직접적으로 혹은 간접적으로 응답함으로써 의미를 발견해 나가게 된다.

〈시편〉과 《유언의 노래》에서 모두, '가련한' 화자, 외부 환경에서 영향을 받아 가난한 상태이며 '모욕'을 당하고 폭력의 희생물이 된 사람들은 '악인'에 대한 분노와 '저주'를 토로하며, 신을 애타게 찾는다. 〈시편〉 저자들이 어쩔 수 없이 죄를 범하여 불행을 맛본 것을 매우 날카롭게 있는 그대로 표현하면서, 자신들의 죄로 초래된 불행을 깊이 깨닫고 신의 용서를 솔직하게 청하듯, 《유언의 노래》의 화자 또한 자신이 죄인임을 시인하며 신의 자비와 은총에 매달린다. 그들의 '감사'에는 진정한 감사의 의미뿐만 아니라 자신의 잘못에 대한 고백도 포함되어 있으며, 이들은 끊임없이 '부르고', '대화'

를 희구하며, 응답을 받기를, 경청해 줄 것을 바란다.

> 내 나이 삼십 세에 이른 해,
> 그때 온갖 치욕을 마셨고, (T, I, vv. 1-2)[2]

라는 말로 비용은 《유언의 노래》를 시작한다. 그리고 "수없는 고초를 겪었음에도 불구하고, 전적으로 어리석지도 그렇다고 전적으로 현명하지도 않다"(Ne du tout fol ne du tout saige/ Non obstant maintes peines eues, T, I, vv. 3-4)는 자신의 현재 상태가 드러난다. "그때 온갖 치욕을 마셨고"라는 비용의 말은 다음과 같은 샤를 도를레앙의 시를 연상하게 한다.

> 자신의 모든 치욕을 마신 자,
> 그에게는 중요치 않다, 남들이 그에게 하는 말은,
> 그는 조소를 지나가게 한다
> 자신의 눈 앞에서, 마치 구름처럼.
>
> 혹 사람들이 길 한가운데에서 그를 야유해도,
> 그는 즐거운 얼굴로 머리를 흔든다.
> 〔자신의 모든 치욕을 마신 자,
> 그에게는 중요치 않다, 남들이 그에게 하는 말은,〕
>
> 그에게는 조롱이 환영이다.
> 사람들이 웃을 때, 그도 웃을 따름.
> 사람들은 그가 낯을 붉히게 만들지 못할 것이라.
> 그는 태연함을 잃지 않았다.
> 〔자신의 모든 치욕을 마신 자,〕 (CCI, vv. 1-13)[3]

---

2 "En l'an de mon trentiesme aage/Que toutes mes hontes j'euz beues,"

3 $CdO_1$, 405; $CdO_2$, 494.

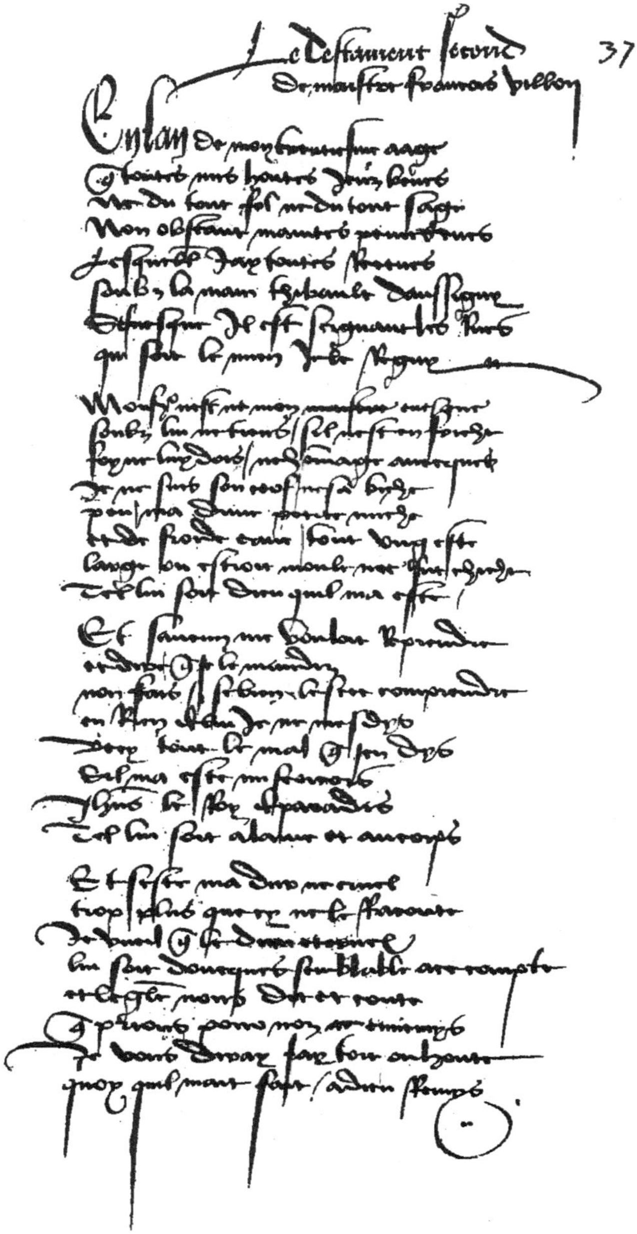

필사본 *F*(Stockholm, Bibliothèque royale, ms. V.u. 22)에 수록된 《유언의 노래》의 시작 부분

이 시에서 비용의 모습이 즉각적으로 연상되는 것을 부정할 수는 없지만, 여기에서 언급되는 인물이 바로 비용일 것이라고는 보기 어렵다. 왜냐하면 샤를 도를레앙의 작품에 나오는 "자신의 모든 치욕을 마신 자"는 불명예에도 아랑곳하지 않으며, 다른 사람들에게 무관심한 일종의 '무감동한 조상彫像'과도 같기 때문이다($D_1$, 205-206). 플랑슈의 지적처럼,[4] 이 시에서 비용의 모습이 연상되는 것은 아마도 우연일 것이며, 문제의 인물은 비용이 아닌 거리의 어떤 인물이나 블루아 궁정의 누구인가를 가리키는 것으로 보는 것이 타당할 것 같다. 어떤 연유에서인지는 알 수 없지만, 비용은 공작 샤를 도를레앙의 작품을 염두에 두고 《유언의 노래》를 시작한다.[5]

> 나 받았으니, 그 모든 고난들을
> 티보 도시니 수하手下에서...
> 주교라고 그가, 거리에서 십자성호를 그어 강복해도,
> 나의 주교일 수는 없으니, 나 이를 거부하노라. (T, I, vv. 5-8)[6]

고대 이래로, 작가들은 '지금까지 누구도 들어본 적이 없는 이야기를 들려주겠다'는 투의 말을 통해 자신이 '전대미문前代未聞'의 사건을 이야기할 것임을 알리는 말로 작품을 시작하거나(Curtius, 158-159),

> 내 귀부인 마리 드 샹파뉴께서 제가 이야기를 짓기를 바라시니, 저 기꺼이

---

4 "La suite du texte évoque une sorte de bouffon accueillant avec plus d'indifférence que de cynisme les quolibets que son passage dans les rues suffit à faire fuser, riant lui-même des moqueries qu'il suscite, et que rien ne peut plus atteindre. [...] il est peut-être l'écho d'une rencontre de hasard, comme celle du petit marchand ou de la fringante jeunesse à cheval."(Alice Planche, *Charles d'Orléans ou La recherche d'un langage*, Paris, Champion, 1975, p. 138).

5 Jean Dufournet, "Sur le prologue et l'épilogue du *Testament* de Villon", *Bien Dire et Bien Aprandre*, 19, 1999, pp. 94-95를 참조.

6 "Lesquelles j'ay toutes receues/Soubz la main Thibault d'Aucigny.../S'esvesque il est, signant les rues,/Qu'il soit le mien, je le regny."

이 일을 맡으렵니다. 그녀를 위해, 이 세상에서 할 수 있는 모든 일을 행함에 있어, 일말의 아첨 없이, 전적으로 그분에게 헌신하는 사람으로서.[7]

라는 말로 《수레를 탄 기사*Lancelot ou Le Chevalier de la Charrette*》를 시작하는 크레티앵 드 트루아Chrétien de Troyes의 경우처럼, 신이나 후원자인 왕족에게 바치는 '칭송'과 '헌사'를 작품의 시작 부분에서 사용하곤 했다. 하지만 비용은 이와는 달리 작품의 서두에 '주관적'이며 '암시적'인, '한정되지 않은 불분명한' 언급을 제시하며, 원수의 이름을 거명하는 일종의 '반헌사反獻辭'를 둔다.

실제 유언장의 형식을 차용한 《유언의 노래》라는 제명에서도 잘 나타나듯, 시간 지표로 작품을 시작하는 것은 비용이 택한 작품의 틀에 부합되는 것일 뿐만 아니라 다른 중세 문학 작품들에서도 빈번히 사용되던 방식이었다. 리걸레도의 지적처럼(Regalado$_2$, 237-238), 《장미 이야기》는 "젊은이들이 사랑의 열병을 앓는 시기인, 스무 살이 되는 해"[8]로 시작된다. 뿐만 아니라 뤼트뵈프의 경우 역시,

> 1260년,
> 강생하여, 수난을 겪으신
> 예수 탄생하셨고,
> 그 일주일 후,
> 나무들의 잎이 다 떨어지고, 새들도 노래하지 않는 때,
> (〈뤼트뵈프의 혼례Li mariages Rutebuef〉, vv. 1-5)[9]

---

7 "Puisque ma dame de Chanpaigne/Vialt que romans a feire anpraigne,/Je l'anprendrai molt volentiers/Come cil qui est suens antiers/De quan qu'il puet el monde feire/Sanz rien de losange avant treire;"(Chrétien de Troyes, *Œuvres complètes*, édition publiée sous la direction de Daniel Poirion, avec la collaboration d'Anne Berthelot, Peter F. Dembowski, Sylvie Lefèvre, Karl D. Uitti et Philippe Walter, Paris, Gallimard, 1994, p. 507).

8 "El vintieme an de mon aage,/el point qu'Amors prent le paage/des jones genz, [...]" (RdR, vv. 21-23).

9 Rutebeuf$_1$, 23; Rutebeuf$_2$, 60; Rutebeuf$_3$, I, 244.

라는 시간 지표를 시작으로 자신의 불행한 '결혼 이야기'를 들려주기 시작한다. 그러나 《유언의 노래》의 시작에서 나타나는 시간 지표는 모두가 쉽게 알 수 있는 객관화된 것이 아니며, 한 개인의 지극히 주관적 표지라는 점에서 주목할 만하다.

일반적으로 나이와 연대를 거명하는 것은 작가 개인의 삶뿐만 아니라 모든 인간들의 삶의 순환을 나타낼 수 있는 하나의 전범이자 지표의 역할을 하는 것이었다.[10] 많은 시들의 경우, 화자의 현재 나이와 연대 표시는 시간을 벗어난 '일반화'와 '삶 전체에 대한 조망', 그리고 자신의 경험을 평가할 수 있는 '우의적인 시간'의 성격을 보였다. 그러나 이와는 대조적으로, 《유언의 노래》 안에서 화자는 시간 속을 이리저리 옮겨 다니지도 못하며, 흔히 등장하는 꿈이나 경이驚異의 세계로 도피하지도 못한다.[11] 그는 자신과 결부된 현재와 과거, 역사적이고 경험적인 세계를 벗어나지 못한 채 머물러 있다. 《유언의 노래》의 81행에서 객관적이고 역사적인 시간인 '1461년'이라는 지표가 밝혀지기 전까지, 시작 부분에서 드러나는 화자의 모습은 '30세라는 나이에 이른 자'이며, 이루 말할 수 없이 많은 치욕과 굴욕을 주교 티보 도시니의 손을 통해 받았던, 신원을 알 수 없는 자일 뿐이다. 또 그의 불분명한 신원은 '영웅'의 신비한 출생 과정이나 험난한 젊은 시절의 특징과는 거리가 멀다.

동시대의 시인이었던 샤를 도를레앙이 "그리고 나, 샤를, 오를레앙 공작이, 시를 쓰니"라고 글을 쓰는 주체를 명시하며 작품을 시작했던 것처럼,[12] 비용도 5년 전의 《유증시》에서, "1456년, 나, 프랑수아 비용, 학생"("L'an quatre cens cinquante six,/Je, Françoys Villon, escollier,", L, I, vv. 1-2)이라는 말로 작성 연대를 명시하고, 자신이 누구인지를 분명히 언급하면서 작품을 시작했다. 하지만, 이와는 달리 《유언의 노래》를 시작하는 시간적 지표는

10 Mühlethaler$_1$, 139-161; Michel Zink, *La subjectivité littéraire*, Paris: P.U.F., 1985, pp. 106-125를 참조.

11 Mireille Dremaules, *La Corne et l'Ivoire*, Paris, Champion, 2010을 참조.

12 "Et je, Charles, duc d'Orlians, rimer"(*Complaintes*, I, v. 82, CdO$_1$, 261).

지극히 개인적이면서도 국한된 성격을 보이며, 누가 이 말을 하는지는 밝혀지지 않은 채 오직 '원수'의 이름만이 거명된다. 또 "온갖 치욕을 마셨던"이라는 말을 통해,[13] 앞으로 전개될 화자의 이야기들이 일종의 '후일담'의 성격을 보이게 될 것임이 암시된다. '주관적'이며 '암시적'일 뿐만 아니라 '한정되지 않은 불분명한' 언급은 지금까지 자신이 살아왔던 삶과 그 안에서 일어났던 갖가지 사건들, 그리고 그 삶의 단면들 속에 개입되었던 수많은 사람들의 모습으로 《유언의 노래》가 채워질 것임을 예고하는 일종의 '제사'의 역할을 하며, 이러한 면모는 《알코올*Alcools*》의 '시집 1898-1913'이라는 부제와 "생애의 사건들의 기념"[14]이라는 아폴리네르G. Apollinaire의 언급을 연상시키기도 한다.

'후일담'이라는 점에서, 《유언의 노래》의 시작 부분은 《장미 이야기》의 시작 부분과 밀접한 연관 관계를 맺는다.[15] "젊은이들이 사랑의 열병을 앓는 시기인, 스무 살이 되는 해"라는 말로 시작되었던 《장미 이야기》 역시, 화자가 '꿈'에서 깨어나 그동안 자신이 겪었던 일들을 기술한다는 점에서 《유언의 노래》와 유사한 면을 보인다. 하지만 '스무 살'이라는 나이를 통해 기욤 드 로리스의 작품에서 화자가 '청춘'과 '즐거움'을 암시하고 '사랑'을 기대하는 모습을 보이는 것과는 대조적으로, 다시 말해 《장미 이야기》가 앞으로의 '미래', 미지의 세계와 경험을 예감하고 나아가는 한 젊은이의 모습을 제시하는 데 반해, 《유언의 노래》의 화자는 '과거'로 회귀하려고 하며, '성숙'한 나이에 도달한[16] 화자가 이야기할 내용은 무엇보다도 '치욕'이라는 불쾌

13 다른 필사본들의 경우, 이 부분은 'j'euz beues'라는 전과거 시제로 씌어져 있다. 헌트에 의하면, 이러한 용법은 불분명한 화자가 말하는 "온갖 치욕을 마셨던"이라는 일이 '이미 모든 것이 다 끝난 기간'의 일임을 알리는 듯한 인상을 더 강화시키며, 이로써 시작 부분에는 종결의 이미지가 함께 드러나게 된다($Hunt_1$, 36).

14 황현산, 《얼굴없는 희망》, 문학과지성사, 1990, pp. 16-17에서 재인용.

15 이하 내용에 대해서는 $Hunt_1$, 34-38; $Uitti_1$, 153-154를 참조.

16 P. Gaffney, "The Ages of Man in Old French Verse Epic and Romance", *Modern Language Review*, 85, 1990, pp. 570-582; D. Hüe, "L'Image de l'âge: Traités et poèmes des âges de l'homme", in *Vieillesse et vieillissement au moyen âge*, Aix-en-Provence, Publ. du CUERMA, 1987, pp. 133-150; $Hunt_1$, 35 등을 참조.

한 말로 정의될 뿐이다.

샤를 도를레앙의 〈발라드 CXX〉에 나오는 "어리석음과 분별력, 두 가지 모두 나를 지배한다"("Folie et Sens me gouvernent tous deux", v. 4)는 말처럼,[17] 동시대의 관행적인 표현과 연계되는 "전적으로 어리석지도 그렇다고 전적으로 현명하지도" 않다는 비용의 말은, 우선 주교가 자신에게 어떠한 영향력도 행사하지 못했고, 그 결과 자신을 현명하게도 어리석게도 만들지 못했다는 뜻을 내비치는 것이다.[18] 동시에 이 말은《유언의 노래》전반에 걸쳐 나타나는 화자의 다양한 변모와 역동적인 움직임, 매 순간 솟아오르는 활기찬 표현들의 출발점이 되며, 시집 전체를 관통하는 구조적 '선조성'의 토대가 된다. 주교 티보 도시니에 대한 극렬한 분노와 저주, 국왕 루이 11세에 대한 넘치는 사의와 칭송, 자신의 과오에 대한 책망과 변명, 삶의 허망함과 죽음에 대한 성찰 등으로 이어지는《유언의 노래》의 시작 부분은 바로 이 말에 힘입어 전개된다.

《유언의 노래》의 시작 부분에서, 첫 5행이 이야기되는 동안 독자들은 비용의 괴로움이 무엇인지를 분명하게 파악하지 못한다. 바로 이 순간 6행이 마치 섬광처럼 제시되며,《유언의 노래》의 처음 부분을 덮고 있던 두터운 휘장을 단번에 갈라놓는다. '치욕'의 잔을 언급한 뒤에 등장하는 주교의 이름에서, 아무런 상황 설명도 구체적인 언급도 없었지만, 독자들은 그가 비용의 고통의 원인이었음을 깨닫게 된다. 연극의 막이 오른 지 한참 후에, 주인공의 등장 대신, 그의 모든 불행과 분노의 원인인 적수를 전면에 등장시키는 비용의 기법은 일순간 무조건적인 공감대를 형성하는 동시에 이후 또 하나의 가능성을 열어 준다. 마침내 등장한 '티보 도시니'라는 실존 인물의 이름은 '나'라는 한 인물과 사회적이고 감정적인 특별한 관계를 맺어 주는

17 $CdO_1$, 182.

18 그러나 폭스의 다음과 같은 설명은 다소 기이하게 여겨지는 것도 사실이다: "[...] he is not entirely foolish, and so has not deserved the harsh treatment meted out to him, but neither is he altogether wise, for he has wasted his early years and been too intent on having a good time."($Fox_1$, 81).

것이며, 이러한 관계 속에서 《유언의 노래》의 화자가 보였던 서두의 격렬한 분노와 저주의 목소리는 앞으로 그가 이야기하게 되는 모든 주제들을 정당화하게 된다(Regalado$_1$, 75-77).

감정의 정점에서 마침내 터져 나온 6행은, 마치 그 격렬함을 증거하기라도 하듯, 미완의 파격구문으로 나타나며 이에 대한 주절의 동사는 끝내 모습을 드러내지 않는다.[19] 《유증시》를 시작하는 "1456년, 나, 프랑수아 비용, 학생"이라는 말이 뒤따르거나 호응하는 말이 없었던 파격구문이었듯, 《유언의 노래》의 시작에서도 재차 비용은 파격구문을 사용한다. 자신의 감정을 제어하지 못하는 듯한 이러한 파격구문은 물론 주교에 대한 비용의 증오심의 폭발과 격노의 분출, 일종의 '감정의 충격'을 의미하는 것일 수도 있다(RH$_2$, 15). 그러나 《유증시》의 파격구문이 '주어+삽입 문장+주절의 미종결' 형태의 '문법적'인 파격구문이었던 것에 비해, 《유언의 노래》의 파격구문은 '문법적' 파격임과 동시에 '의미의 전이'를 알리는 비용 특유의 '문체적'인 효과를 만들어 낸다.[20] 이러한 파격구문은 마치 독자인 우리들 자신이 비용이 말을 내뱉는 바로 그 순간을 함께하는 듯한 인상을 심어 주며, 그의 곁에서 그의 말에 귀를 기울이며, 그의 생각을 그 즉시 따라가는 듯한 효과를 만들어 낸다(Fox$_1$, 82-83). 이제 티보 도시니의 이름 앞에서, "내 나이 삼십 세에 이른 해, 그때 온갖 치욕을 마셨고"로 시작되었던 《유언의 노래》의 화자의 성찰은 사라진다. 일종의 '무질서' 혹은 '동요'가 찾아와 화자의 전면에는 오직 주교 티보 도시니의 모습만이 남는다. 한편으로 보면 느닷없는 7-8행의 도입은 갑작스런 화자의 감정의 변이와 짧은 한순간 찾아

19 파격구문에 관한 논의는 주로 Sergio Cigada, "L'anacoluthe comme figure stylistique et la structure du *Testament* de François Villon", *L'analisi linguistica e letteraria*, 1-2, 2000, pp. 197-207에 의거함.

20 이러한 파격구문은 《유언의 노래》의 시작 부분에 이어, 유언의 진정한 시작이라고 할 수 있는 793-800행의 관계절에서 다시 나타난다. 파격구문이 나타난 다음에 제시되는 801-824행에 이르는 3개의 8행시는 일종의 '내용의 탈선'이라 할 수 있다. 치가다는 이렇듯 독특한 '서명'을 통해 서정적이고 도덕적인 《유언의 노래》의 전반부와 풍자적이고 사회적인 《유언의 노래》 후반부의 특성이 잘 구분된다고 보았다(*Ibid.*, pp. 202-207을 참조).

든 그의 기억을 알리는 역할을 수행하고 있기도 하다.

주교의 이름을 거명한 뒤, 비용은 7행에서 "주교라고 그가, 거리에서 십자성호를 그어 강복해도"라는 말로 티보 도시니에 대해 부연 설명을 한다. 7행의 표현은 한 가지 모습만으로 그의 신분을 충분히 알리고 묘사하는 제유이며, 앞서 자신이 사용한 "티보 도시니 수하에서"라는 말의 'Soubz la main'과 '강복의 손길'을 대비시킴으로써 통렬한 조롱과 비웃음을 던지는 것이기도 하다. 십자 성호를 그어 길가의 사람들을 축성하는 주교 티보 도시니의 모습만을 제시함으로써, 비용은 마치 캐리커처 화가처럼 삶의 한 부분만을 도려내어 부각시킨다. 자신뿐만 아니라 세상 모든 사람들의 죄와 고통을 대신 짊어진 채 십자가를 지고 걸었던 구세주의 모습과 달리, 주교는 고통의 십자가를 타인들에게 부과한다고 이해할 수도 있는 이 구절은, 다른 측면에서 보면 "보라는 듯이 서서" 신께 기도를 드리는 바리사이파 사람의 기도를 연상시킨다(〈루가복음〉, 18, 10-14). 비용은 주교에 대해 단 한마디도 공공연하게 명시적인 비난을 던지지 않으면서 티보 도시니의 위선적인 행동을 효과적으로 풍자하고 탄핵한다.[21]

《유언의 노래》에서, 비용은 주교 티보 도시니와 묑의 가혹한 감옥에 대한 언급을 무려 네 번이나 할 정도로 그에 대해 강한 거부감과 악감을 드러낸다. 티보 도시니는 트레브Trèves의 영주였던 기 도시니Guy d'Auxigny의 인척으로, 1447년 오를레앙 주교로 선출된다. 당시 교황 니콜라스 5세Nicolas V와 국왕 샤를 7세Charles VII의 가호를 받던 인물인 피에르 뷔로Pierre Bureau와 오랜 기간 적대적인 경쟁 관계에 있었던 티보 도시니($D_1$, 132; Champion, II, 116-117)는 원칙을 강조하며 굽힐 줄 모르는 엄격한 정신의 소유자였다고 전해진다.

내 영주도 내 주교도 아니니,

21 Laura Kendrick, "Medieval Satire", in *European Writers. The Middle Ages and the Renaissance*, ed. William T. H. Jackson & George Stade, New York, Charles Scribner's Sons, 1983, p. 358을 참조.

그의 권위 아래에서는 어떤 봉토도, 황무지라 해도, 받지 않으며,
그에게는 가신으로서의 충성도 봉사의 서약도 빚진 것 없고,
나는 그의 수사슴도 암사슴도 아니다.
한여름 내내, 빵 쪼가리 약간과
냉수를 내게 먹였지.
그가 후한지 박한지 [사실 나는 모르지만] 내게는 매우 인색했다.
신이시여, 제게 했던 그대로를 그에게도 행하소서! (T, II, vv. 9-16)[22]

8행시 II는 8행시 I의 8행에서 이야기했던 "나의 주교일 수는 없으니, 나이를 거부하노라"라는 부정의 확장이며, 두 가지 내용을 각각 4행에 걸쳐 이야기한다는 점에서 동일한 구조를 보인다(Hunt$_1$, 38-40). 8행시 II는 주교의 부당함을 확언하며 증거하는 일종의 '사실 확인' 절차로, 비용은 종교외적으로뿐만 아니라 종교 내적으로도 자신이 주교와 아무 관련이 없음을 밝힌다. 또 그에게서 받은 것이나 받을 것이 전무하기에 자신은 그의 '수사슴도 암사슴도' 아니며, 그렇기에 그가 자신에게 '치욕'을 감내하게 만든 것은 더없이 부당한 일이었음을 강조한다. '하인'을 뜻하는 'serf'와 'cerf'의 동일한 발음에 기대는 비용의 말장난은 곧바로 'cerf'에서 암컷을 지칭하는 'biche'로 넘어가게 되며, 일면 단순해 보이는 말장난으로 야기된 하나의 의미 위에 곧바로 여러 의미들이 중첩되게 되는 계기가 이루어진다. 이제 주교의 '부당한 권리 행사'는 종교와 봉건제의 틀을 넘어서 '성적性的 차원'으로 확장되기에 이른다.[23] 동성애에 대한 언급이나 비난은, 르파주가 지적하

22 "Mon seigneur n'est ne mon evesque,/Soubz luy ne tiens, s'il n'est en friche;/Foy ne luy doy n'ommaige avecque,/Je ne suis son serf ne sa biche./Peu m'a d'une petite miche/Et de froide eaue tout ung esté;/Large ou estroit, moult me fut chiche:/Tel luy soit Dieu qu'il m'a esté!"

23 "La bishe est la femelle du cerf, mais, si Villon n'est pas le serf de l'évêque, il n'en est pas non plus la biche. Entendons que Thibaut d'Auxigny confondait les sexes."(Favier, 415-416). 뒤푸르네에 따르면, 이러한 표현은 크게 여섯 가지 정도의 의미를 지닐 수 있다. 아무런 권리도 없는 숲에서 사냥을 하는 주교의 사냥감이기를 거부한다는 점에서 주교는 사냥개와 동일시되며, 사슴과 켄타우루스의 관계에 비추어 볼 때 주교는 비용을 악착같이 추격하

고 있듯이,[24] 중세의 여러 작품들에서 쉽게 찾아볼 수 있다. 일례로 마리 드 프랑스Marie de France의 단시短詩 〈랑발Lanval〉에서, 자신의 사랑을 받아들이려 하지 않는 주인공 기사를 여인은 다음과 같이 비난한다.

> 그녀는 말했다. "랑발이여, 그대가 이러한 쾌락을 좋아하지 않는다고 나는 분명 확신합니다. 아주 종종, 그대가 여인들에게는 관심이 없다는 말이 들리곤 한답니다! 아름답고 젊은 소년들과 함께 그대의 쾌락을 나누기를 좋아한다고들 하더군요!" (〈랑발〉, vv. 277-282)[25]

또 장 드 묑은 《장미 이야기》에서 동성애의 시조로 알려졌던 오르페우스의 이름을 들며 자연의 법칙에 역행하는 자들을 비난한 바 있다.

> 불행한 자들처럼 불모의 땅을 경작하러 가지만, 그곳에서 그들이 뿌리는 씨는 곧 사라지게 됩니다. 그들은 예외적이고 비정상적인 일을 행함으로써 자신들의 타락한 규율들을 굳게 지키며, 바른 밭고랑을 따라가지 않고, 그들의 쟁기를 거꾸로 듭니다. 경작이나 글쓰기를 알지 못했으며, 바른 대장간에서 쇠를 벼리지도 않았던 오르페우스의 예를 따르고자 했을 때에 말입니다. [⋯][26]

---

는 악마의 화신이 된다. 이 말은 비열한 짓을 하는 주교에게 속기를 거부하는 표명일 수도 있으며, 사슴과 여인의 관계에서 본다면 주교의 동성애 상대이기를 거부하는 의미로, 또 사슴과 황금과의 관련성 아래에서는 주교의 부를 원치 않는다는 의미로, 마지막으로 신과 인간의 중개자로서의 사슴의 역할을 고려했을 때에는 비용이 결코 주교의 구원을 바라지 않는다는 의미로도 해석된다($D_2$, 17-28).

24 Yvan G. Lepage, "François Villon et l'homosexualité", *Le Moyen Age*, 92, 1986, p. 71. 아울러 John Boswell, *Les Unions du même sexe dans l'europe antique et médiévale*, traduit de l'anglais par Odile Demange, Paris, Fayard, 1996을 참조.

25 "Lanval, fet ele, bien le quit,/Vus n'amez gueres cel deduit./Asez le m'ad hum dit sovent/Que des femmes n'avez talent!/Vallez avez bien afeitiez,/Ensemble od eus vus deduiez."(*Les Lais de Marie de France*, publiés par Jean Rychner, Paris, Champion, 1983, pp. 80-81). 아울러 *Lais de Marie de France*, traduits, présentés et annotés par Laurence Harf-Lancner, texte édité par Karl Warnke, Paris, LGF, 1990, p. 149와 *The Lais of Marie de France*, translated with an introduction and notes, by Robert Hanning & Joan Ferrante, Durham, North Carolina, The Labyrinth Press, 1982, p. 112를 참조.

그러나 비용이 이러한 비난을 직접적으로 하는 대신, 매우 암시적으로 사용하고 있다는 점을 기억해 두자.[27] "한여름 내내, 빵 쪼가리 약간과 냉수를 먹였"음을 말하고 나서, 능청스럽게 자신은 "그가 후한지 박한지" 모른다고 말하는 비용의 비아냥거림은 그의 말을 듣거나 그의 글을 읽는 이들로 하여금 티보 도시니의 성정을 비용에게 했던 행위 하나만을 절대적인 기준으로 삼아 판단하게 만든다. 그리고 형편없는 음식만을 말할 뿐 그 밖의 가혹했던 점들에 대해서는 굳게 입을 다물어 버림으로써, 실제 이상으로, 아니 몇 갑절 더 주교의 가혹함과 감옥에서 겪었던 그의 고초를 부풀려 상상하게 만든다.[28]

"제게 했던 그대로를 그에게도 행하옵소서!"라는 비용의 기원은 표면적으로는 '자비와 용서'를 강조하는 성서의 "우리가 우리에게 잘못한 이를 용서하오니/우리의 죄를 용서하시고"(〈루가복음〉, 11, 4)라는 내용을 의미하는 듯 보이지만, 사실 이는 흔히들 '탈리오의 법칙lex talionis'이라 부르는 구약舊約의 "누구든지 같은 동족에게 상처를 입힌 자에게는 같은 상처를 입혀 주어라./사지를 꺾은 것은 사지를 꺾는 것으로, 눈은 눈으로, 이는 이로, 이렇게 남에게 상처를 입힌 만큼 자신도 상처를 입어야 한다."(〈레위기〉, 24, 19-20)라는 내용의 표현이며, 일종의 '저주'에 가깝다. 자신이 주교에 대해 암

---

26 "et vont conme maleüreus/arer en la terre deserte/ ou leur semance vet a perte,/ne ja n'i tandront droite rue,/ainz vont bestournant la charrue/et conferment leur regles males/ par excepcions anormales,/quant Orpheüs veulent ansivre,/qui ne sot arer ne escrivre/ne forgier en la droite forge [...]"(RdR, vv. 19614-19623).

27 비용의 의도는 루이 11세의 총신이자 동성애 상대였던 기욤 비슈Guillaume Biche를 염두에 둔 것일 수도 있다(John Fox, "A Contested Will: Villon's *Testament*", *Medium Aevum*, 62, 1993, p. 88을 참조).

28 감옥에서 겪는 수인의 참담한 고초에 대해 샹피옹은 다음과 같이 말한 바 있다: "La rigueur de telles prisons était presque incroyable. L'humidité des sous-sols ou des murs énormes déformant les membres, la vermine supprimant le sommeil, l'inappétence des aliments trop simples (le pain d'amertune[*sic*] et l'eau d'angoisse), la nuit presque perpétuelle, l'extrémité du froid et du chaud amenaient prématurément la vieillesse et la mort."(Pierre Champion, *Le Prisonnier desconforté du château de Loches*, poème inédit du XV$^{e}$ siècle avec une introduction, des notes, un glossaire et deux fac-similés, Paris, Champion, 1909, p. XIII).

묵적인 '저주'를 행하였기에, 비용은 이어지는 8행시 III에서 '저주'에 관한 자신의 생각을 다음과 같이 말한다.

> 그런데, 내가 그를 저주한다고
> 혹 누군가 나를 꾸짖고 나무라고자 한다면,
> 내가 그러지 않았음을, 내 말을 잘 이해한다면, 알게 되리라.
> 그에 대해 나 아무것도 잘못 말한 것 없음을.
> 그에 대한 내 악담은 바로 이 것이 전부이니,
> 그가 내게 자비심을 보였다면,
> 천국의 왕, 예수여,
> 그의 영혼과 육신도 동일하게 대하소서! (T, III, vv. 17-24)[29]

이후, 빈번하게 《유언의 노래》에 등장하는 비용과 독자, 혹은 비용과 청자 사이의 '대화', 일종의 가상의 '논쟁'이 처음으로 17-18행에서 이루어진다(CT, 90). 비용은 8행시 III에서 'maudiz', 'mesdiz', 'mal 〔…〕 dis'라는 세 개의 동사에 내포된 매우 광범위한 의미를 가지고 자신의 논지를 정교하게 이어 나간다.[30] 중세의 신학자들은 두 가지 종류의 '저주', 즉 신의 '저주 maudiz'처럼 정당한 것과 '시기와 질투'에서 비롯되는 죄악으로서의 '저주'를 구분하였고, 전자의 경우는 아무런 죄가 되지 않는 것이었다. 따라서 《유언의 노래》의 서두에서 자신의 외침이 명백한 부당함에 대한 분노와 항변이었음을 스스로 밝힌 바 있는 비용이, 무엇 때문에 8행시 III에서 "그런데, 내가 그를 저주한다고, 혹 누군가 나를 꾸짖고 나무라고자 한다면"이라는

---

29 "Et s'aucun me vouloit reprendre/Et dire que je le maudiz,/Non faiz, se bien me scet comprendre;/En riens de luy je ne mesdiz./Vecy tout le mal que j'en dis:/S'il m'a esté misericors,/Jhesus, le roy de paradis,/Tel luy soit a l'ame et au corps!"

30 이하 논의들은 Jean-Claude Mühlethaler, "François Villon à l'école de la lettre pervertie: le début du *Testament* ou la satire impossible", in *«Ce est li fruis selonc la letre». Mélanges offerts à Charles Méla*, textes réunis par Olivier Collet, Yasmina Foehr-Janssens et Sylviane Messerli, Paris, Champion, 2002, pp. 477-491을 주로 참조하여 정리하였다.

말을 통해 주저하는 모습을 보이며, 자신의 정당함에 대한 우회적인 '철회' 가능성을 내비치는 것인지에 대해 재차 주의를 기울일 필요가 있다. 이러한 '주저'의 이유를, 비록 8행시 II의 9-12행에 걸쳐 자신이 주교와 무관하며 주인에게 복종하는 하인처럼 그에게 복종해야만 하는 사람이 아님을 강조한 바 있지만, 자신 역시 부당한 권위를 사용하는 것에 대한 해명, 즉 경의를 표해야 하며 그 권위에 복종해야만 하는 주교의 심판자로 자처한다는 데에서 찾을 수도 있겠다.

'mesdiz'를 '말이 빗나가다, 틀린 것을 말하다'라는 뜻으로 본 토마의 견해에 대해(JTH, 13-15), 뮐르탈레는 이 말을 '비방하다, 중상하다'라는 현대적인 의미와 동일한 뜻으로 보아야 한다고 지적한다.[31] 비용이 이 말을 하는 이유는 주교에 대한 자신의 공격을 다른 사람들이 '죄악'으로서의 '저주'로 받아들이는 것을 피하기 위함이며, 이제 그의 '저주'는 한 단계 아래에 위치한 일종의 '틀린 말' 내지는 '비방', '험담'으로 그려진다. 그러나 비용은 "그에 대해 나 아무것도 잘못 말한 것 없"다고 다시 자신의 '결백'을 강조한다. 비용의 부언은 자신이 주교에 대해 한 말이 진정 '사실'이기 때문이며, 표면적으로도 '자비와 용서'를 강조한 표현이기 때문이다.

이렇듯, 비용의 '비방'은 항상 출구를 만들어 놓고 상대방을 공격하며, 또 그 공격은 정면에서 직접적으로 행해지는 것이 아니라 늘 우회적이고 암시적인 방식을 택한다. 그러나 그의 '비방' 또한 곧바로, 주교가 자신에게 "자비심을 보였다면" 신께서 "그의 영혼과 육신도 동일하게 대하소서!"라는 말이 "그에 대한 내 악담"의 전부라는 말에 의해 홀연 자취를 감춘다. 그러나 모든 것을 신에게 맡기는 담담하면서도 평범한 비용의 '기원'은 이후 훨씬 더 강력한 타격을 가하기 위한 일순간의 정적精寂일 뿐이며, 평범한 '기원'은 다시 날카로운 '비방'과 '저주'의 기도를 준비하는 시작에 불과하다. '기원'과 '비방' 그리고 '저주'는 평범한 '풍자'의 틀을 넘어, 이제 타인의 반박이나 비판을 의식하거나 신경쓰지 않으면서, 또 명확하게 분리되거나 구

31 *Ibid.*, pp. 480-481.

별되지 않는 모습으로 이어지게 된다. 이제 비용은 자신의 말의 진위를 판단해 줄 심판관으로, 그 누구도 반박할 수 없는 '천국의 왕'을 내세우며,[32] 표면적으로는 교회의 뜻에 합치하면서도 실제 내용상으로는 교회가 금지하는 주교를 위한 '기도'를 준비한다.

또 내가 여기 폭로하는 것보다 훨씬 더,
그가 내게 가혹하고 잔인했다면,
바라오니, 영원하신 신이시여,
동일한 방식으로, 그에게도 상응하게 대하소서.
그런데 교회는 우리에게 말하고 가르치기를,
우리의 적들을 위해 기도하라 하시니,
나 그대들에게 말하리라, 내가 받은 부당함과 치욕,
그가 내게 했던 짓 일체를, 신의 심판에 맡기리라![33] (T, IV, vv. 25-32)

8행시 III이 '세상 사람들'이 제기할 수 있는 반박을 염두에 두고 진행되었다면, 이제 8행시 IV에서는 '교회'가 문제삼을 수 있는 금지와 반박에 대해 비용의 방어가 이루어진다. 앞선 23행과는 달리, 비용은 이번에는 '영원하신 신Dieu eternel'이라는 호칭을 사용한다. 앞선 호칭이 '용서'와 '포용'의 신의 속성이었다면, 이번 호칭은 '단죄斷罪'와 '복수' 그리고 '징벌'을 주관하는 '엄정한 신'을 염두에 둔 것이다($RH_2$, 17). '살아서도 또 죽어서도' 그 댓가를 받기를 강하게 표명했던 앞선 8행시의 "그의 영혼과 육신도 동일하게 대하소서!"("Luy soit dont semblable a ce compte.", T, III, v. 24)라는 내용은 이제 외

32 23행의 'paradis'는 수사적인 기교를 통해 '아이러니컬한 말'을 의미하는 'para-dis'로 읽힐 수도 있다($Hunt_1$, 41).

33 리슈네와 앙리는 31-32행의 뜻을 'quoi qu'il m'ait fait, j'ai remis au jugement de Dieu le tort et la honte que j'ai subis'로 풀이하고 있으며($RH_2$, 17), 현대역의 경우도 대개 이와 유사하다(DF, 83; CT, 92; $LA_2$, 85). 그러나 송면은 이를 "나는 말하리라 〈잘못하였으니 부끄럽소이다/그놈이 나에게 한 소행은 신에게 맡기오리다!〉"로 옮기고 있으며($宋勉_1$, 183), 최근 영역 역시 이 구절을 "I tell you I've been wronged and shamed;/What he's done me I leave to God."으로 옮기고 있다(SB, 55).

관상으로는 "그에게도 상응하게 대하소서"("Que prions pour noz annemys;", T, IV, v. 28)라는 온건한 표현으로 바뀐다. 이윽고 비용은 "우리의 적들을 위해 기도하라 하시니"라는 말을 통해, 성서가 강조하는 바를 떠올린다.

> 그러나 나는 이렇게 말한다. 원수를 사랑하고 너희를 박해하는 사람들을 위하여 기도하여라.
>
> 그래야만 너희는 하늘에 계신 아버지의 아들이 될 것이다. 아버지께서는 악한 사람에게나 선한 사람에게나 똑같이 햇빛을 주시고 옳은 사람에게나 옳지 못한 사람에게나 똑같이 비를 내려주신다.
>
> (〈마태오복음〉, 5, 44-45)[34]

30행의 언급을 통해, 비용은 더없이 명시적으로 주교 티보 도시니가 그의 '적'이자 '원수', 자신을 박해한 자임을 만천하에 공언하며, 모든 것을 '신의 심판'에 의탁한다. 8행시 IV의 29-30행은, 주교 티보 도시니와 비용과의 관계뿐만 아니라 비용이 주교를 어떻게 바라보고 있는지를 명백하게 보여 주는 것이며, 8행시 V-VII로의 전개를 마련하는 출발점이자 연결고리가 된다($RH_2$, 17). 교회의 가르침과 기도는 이제 비용으로 하여금 성찬에서의 '포도주의 신비'를 떠올리게 하며, 비용은 '적'에 대한 기도를 권고하는 교회의 가르침을 충실히 따른다. 비용은 '코타르의 영혼'을 거론함으로써 기도에 대해 본격적으로 논하기 시작하며, '취한醉漢의 가호'를 언급한다.

> 하지만 그를 위해, 나 진심으로 기도하리라,
> 고인이 된, 호인 코타르의 영혼의 이름을 걸고!

34 "'그러나 이제 내 말을 듣는 사람들아, 잘 들어라. 너희는 원수를 사랑하여라. 너희를 미워하는 사람들에게 잘해 주고/너희를 저주하는 사람들을 축복해 주어라. 그리고 너희를 학대하는 사람들을 위하여 기도해 주어라./누가 뺨을 치거든 다른 뺨마저 돌려 대주고 누가 겉옷을 빼앗거든 속옷마저 내어주어라. […] 그러나 너희는 원수를 사랑하고 남에게 좋은 일을 해주어라. 그리고 되받을 생각을 말고 꾸어주어라. 그러면 너희가 받을 상이 클 것이며 너희는 지극히 높으신 분의 자녀가 될 것이다. 그분은 은혜를 모르는 자들과 악한 자들에게도 인자하시다.'"(〈루가복음〉, 6, 27-29, 35)

그런데 어떻게! 그러니까 그 기도는 마음으로 할 것인즉,
이는 소리 내어 읊조리는 것이 내게 성가시기 때문이니,
피카르풍의 기도를 하리라.
이런 기도를 그가 알지 못한다면, 배우러 가기를!
내 말을 믿는다면, 너무 늦기 전에,
플랑드르의 두에나 릴로. (T, V, vv. 33-40)[35]

33행에서 비용은 주교를 위해 "진심으로" 기도드릴 것임을 말하고, 그 확실성을 증언해 주는 이로 장 코타르의 이름을 거명한다. 'Si prieray pour lui de bon coeur/Et pour l'ame de feu Cotart.'라는 이형을 보이는 필사본 *A*를 택할 경우, 33-34행은 '주교와 코타르에게 하는 기도가 동일한 내용의 것'이라는 뜻이 되며, 따라서 두 사람에게 하는 기도는 모두 '적대적인 기도'를 이르는 것이 된다($D_1$, 407). 그러나 필사본 *C*와 *F*, 그리고 인쇄본 *I*의 'Pour l'âme du bon feu Cotart'를 택할 경우, 34행의 'pour'는《유증시》의 115행이나《유언의 노래》의 1726행과 마찬가지로 'au nom de'의 의미($RH_2$, 17), 영어의 'in the name of'에 해당하는 뜻이 되며, '자신의 말이 틀림없는 것'이라는 확고함을 강조하는 말이 된다. 이 부분을 '코타르의 가호에 의지한다는 것은 주교를 위한 기도를 취한의 맹세 정도로 믿는 것이 좋다'는 의미로 해석할 것을 제안한 프라피에의 의견에 대해($Frappier_2$, 440),[36] 앙리는 코타르를 말할 때 비용이 늘 동정심을 보였다는 의견과 함께, '코타르를 위해 기도할 때 진심 어린 기도를 했던 것처럼, 주교를 위해서도 그렇게 할 것'임을 나타내는 의미('Je prierai pour lui en toute sincérité, j'en prends à temoin l'âme du bon feu Cotart')로 해석해야 한다는 견해를 밝혔다.[37]

35 "Sy prieray pour luy de bon coeur,/Pour l'âme du bon feu Cotart;/Mais quoy! ce sera donc par cueur,/Car de lire je suis fetart./Priere en feray de picart:/S'il ne le scet, voise l'apprendre,/S'il m'en croit, ains qu'il soit plus tart,/A Douay ou a L'Ysle en Flandre!"
36 서전트-바우르 역시 프라피에와 유사한 입장을 밝힌 바 있다: "Swearing by the soul of this somewhat disreputable person diminishes the force of the preceding line."(SB, 195).
37 A. Henry, "Pour le commentaire des huitains V et VI du *Testament*", *Romania*, 88,

그런데, 34행의 'Pour l'âme du bon feu Cotart;'의 해석에서 난점으로 제기되는 것이 'pour'의 의미 한 가지만은 아니다. 코타르에 대한 비용의 평가와 생각을 드러내는 'bon'이라는 표현 역시 난제로 작용하며, 코타르의 이름이 《유언의 노래》의 "내가 자신에게 악담과 모욕을 가했다 말하며," ("Disant que l'avoye mauldicte.", T, v. 1235)라는 구절에서 볼 수 있듯이 '저주'와 '악담'을 거론할 때 등장한 이름이었다는 점 또한 그러하다. 한편 비용은, "마음으로"라고 옮긴 35행의 'par cueur'라는 말 속에도 은밀한 노림수를 심어 놓는 것을 잊지 않는다. 'par cueur'라는 말에는 일차적으로 다른 사람들이 듣기를 원치 않기에 소리내서 말하는 것이 아니라는 의미에서 '암송하여', '마음속으로'라는 뜻이 포함되며, 여기에 '비용의 마음대로', '제멋대로 내키는 바에 따라'라는 의미와 '상상으로', '가상으로'라는 이차적인 의미가 중첩될 수 있다($RH_2$, 18; CT, 92). 또 소리내지 않는 기도는 주위 사람들을 방해하지 않는 기도라는 뜻으로, 입술을 움직이면서도 아무런 소리를 내지 않는 기도를 가리키기도 한다.[38]

일반적으로 37행은 '이단'과 관련지어 설명되지만(TH, II, 88), 구체적인 의미에 대해서는 많은 이견이 있어 왔다.[39] 대부분의 연구자들은 'picart'가 1459-1460년에 가혹한 박해를 당했던 아라스Arras의 발도파를 지칭하는 것이라 보았다. 발도파의 경우, 교회에서 소리 내어 기도 드리는 것보다는 개인적인 기도가 우월하다 여겼으며, 그런 이유에서 소리 내지 않고 마음속으로만 기도하였다는 점을 고려하여, 연구자들은 이 기도가 '은밀한 기원을 숨긴 기도'이거나 '기도하지 않음'을 의미한다고 이해하였다.[40] 드마롤은

1967, p. 400; $RH_2$, 18.

38 P. Henriet, *La Parole et la prière au Moyen Âge*, Bruxelles, De Boeck Université, 2000, pp. 27-28을 참조.

39 중세의 이단심문에 대해서는 Henry Charles Lea, *A History of the Inquisition of the Middle Ages*, New York, S. A. Russell, 1955; Guy Testas et Jean Testas, *L'inquisition*, huitième édition, Paris, P.U.F., 2001; James B. Given, *Inquisition and Medieval Society*, Ithaca and London, Cornell University Press, 1997 등을 참조.

40 "A mon avis, Villon n'a commis aucune confusion, plaisante ou non: il a directement pensé aux Picards de France, aux habitants de la Picardie et du Nord de la France, régions

또 바로 이 자들은 동성애, 이단 행위 등의 죄뿐만 아니라 그 이외의 수많은 다른 범죄들을 저질렀고, 신뿐만 아니라 자연에도 반하는 이렇듯 몹시 추악한 대죄들로 인해, 앞서 말한 심문관들은 감히 그 이름을 들 수조차 없다 말하며, 〔…〕[41]

라는 연대기의 내용을 통해, 지상에서뿐만 아니라 신에 의해서도 '화형火刑'으로 단죄받는 죄가 바로 동성애인 '남색男色'임을 강조한 바 있다. 드마롤은, 특히 플랑드르 지방에서 수많은 사람들이 '남색'으로 처형당했다는 점을 들어 비용이 말하는 '화형'과 '피카르'에 대한 언급이 바로 '동성애'에 대한 암시라는 의견을 개진하였다.[42] 다른 연구자들의 경우, 일례로 게냉F. Genin은 민간 전승에 근거하여 '피카르풍의 기도'가, 피카르 지방 사람들의 성정과 그 명칭의 기원에서 볼 수 있는 것처럼, '원한이나 악감을 가진 자의 기도'를 의미한다고 보았고,[43] 쿤은 '성병'을 지칭하는 명칭 가운데 하나일 수도 있다는 입장을 밝힌 바 있다(Kuhn, 257).

비용은 주교가 자신의 기도인 피카르풍의 기도가 무엇을 의미하는지 모른다면 두에나 릴에 직접 가서 배우라고 말하지만, 실상 "마음으로" 하는 기도를 주교가 배울 수 없다는 점은 자명하다. 그뿐 아니라 여기서도 비용은 이중적인 의미를 노린 말장난을 12행에서처럼 다시 반복하고 있기에,

---

où s'était répandue peu d'années avant la composition du *Testament* une hérésie de type vaudois probablement mêlée à des pratiques de sorcellerie. [...] si l'on se souvient que les Vaudois ne pratiquaient que l'oraison mentale ou même allaient jusqu'à nier l'efficacité de la prière et, par conséquent, n'en pratiquaient aucune forme, on saisit pleinement que la «prière de Picart» faite par Villon est de nature à renforcer le ou les sens de l'expression «par cuer»."(Frappier$_2$, 441).

41 "Et mesme illecq commectoient le péchié de sodomie, de bougrerie et tant d'aultres crimes sy très fort puants et énormes, tant contre Dieu que contre nature, que ledict inquisiteur dict qu'il ne les oserait nommer[...]"(Pierre Demarolle, "Qui sont les *Picards* de Villon", *Romanische Forschungen*, 82, n° 3, 1970, p. 348에서 재인용).

42 *Ibid.*, pp. 347-351. 아울러 Jean Dufournet, "Sur quelque vers du *Testament* de Villon (vv. 1005, 1085, 1210)", *Le Moyen Age*, 72, n° 1, 1966, p. 112를 참조.

43 "une prière de Picart est celle «d'homme qui garde rancune, comme on dit que c'est le caractère des Picards, et même l'origine de leur nom.»"(Kuhn, 257에서 재인용).

'피카르풍의 기도'는 돌연 '피카르 지방에서 통용되는 그 지방 방언으로 하는 기도'로 된다. 어느 경우이든, 주교는 비용이 말한 곳으로 가서 '피카르풍의 기도' 혹은 '피카르 지방 방언'을 배워야 비용의 의도를 파악할 수 있으나, 티보 도시니가 가야 할 지역은 이단 심문과 박해가 자행되는 곳이며, 그 결과 피카르 지방 사람들을 찾아보기 힘든 곳이기도 하다. 이러한 맥락에서, "너무 늦기 전에"라는 비용의 말은 박해가 끝나지 않았을 때, 한창 살육이 진행 중일 때, 주교가 그곳에 가서 이단으로 몰려 죽기를 바라는 기원이거나 혹은 아무도 가르쳐 주지 않으며 가르쳐 줄 사람도 없는 곳으로 가서 주교가 헛수고만 하기를 바라는 것으로 해석되며(CT, 92; $RH_2$, 19-20), 주교가 프랑스의 경계를 넘어가는 머나먼 타지로 유배되기를 바라는 심사의 발로일 수도 있다(Pickens$_1$, 6).

8행시 V에서 표면적으로 드러나는 의미와 그 이면에 감추어져 있는 의도들이 모두 주교에 대한 강한 악감을 드러내는 동시에 지극히 음험한 것이라는 점에서, 무엇 때문에 주교를 위한 기도를 거론하며 코타르의 이름을 말하는 것인지, 또 비용의 코타르에 대한 감정은 어떻게 해석해야 하는지를 살펴볼 필요가 있다. 《유언의 노래》에서, 비용은 자신의 "교회 법정 대리 소송인"("Mon procureur en court d'Eglise,", T, CXXV, v. 1230)이었던 장 코타르Jehan Cotart를 언급하면서 자신이 그에게 진 빚을 이야기한다.

> 1파타르가량 빚이 있으니,
> —지금에서야 그 생각이 떠올랐기 때문이라,—
> 내가 자기에게 악담과 모욕을 가했다 말하며,
> 드니즈가 나를 재판에 고소했을 때였다. (T, CXXV, vv. 1232-1235)

코타르에 대한 언급은 8행시 CXXIII과 CXXXIV에서 프랑수아 드 라 바크리François de La Vacquerie와 장 로랑Jean Laurens에 대한 유증이 끝난 이후 나타난다. 이 두 사람은 1458년 나바르 신학교 절도 사건과 기 타바리의 심문에 참석했던 이들로 모두 비용에 의해 술에 취한 자들로 묘사되었다($D_1$, 408-410). 취한으로 그려지는 법조계의 인물들을 논하는 부분에 코타르를 거명하는 것은 따라서 지극히 자연스러운 진행이 아닐 수 없다. 1461년 1월 9일에 사망한 코타르는 1451년 투옥된 전력이 있으며, 1460년에는 변호인이 아닌 검사직을 수행하기도 했던 인물이다(Champion, II, 342-343; $D_1$, 408).

비용의 부채인 "1파타르ung patart"의 경우, '파타르'는 1435년 필리프 르 봉Philippe le Bon에 의해 아라스, 플랑드르 등지에서 사용되던 화폐이며($RH_2$, 180), 비용이 8행시 IV에서 말했던 릴과 두에에서 사용되던 것이기도 하다.[44] 그런데 코타르가 죽은 다음 떠올린 부채인 1파타르라는 금액은 고소당한 비용이 대리 소송인에게 줄 금액으로는 턱없이 부족한 금액이며, 따라서 실제로 드니즈Denise라는 여인이 "악담과 모욕을 가했"기에("Disant que l'avoye mauldicte", T, CXXV, v. 1235) 비용을 고소한 바 있다면 반어적으로 해석하여 막대한 금액을 빚지고 있다는 뜻이 된다($RH_2$, 180).[45] 하지만 반대로 생각했을 경우, '파타르'는 'il n'a pas un patard' 혹은 'cela ne vaut pas un patard' 등의 표현에서 볼 수 있듯이 매우 약소한 금액을 의미하는 것이며($D_1$, 406), 이 경우에는 코타르가 비용을 위해 법정에서 했던 일의 결과가 실로 유감스러운 것이었기에 그의 봉사에 상응하는 형편없는 금액을 말하는 것이 된다(CT, 190). '드니즈'라는 신원 미상의 여자에 대해, 뒤푸르네는 이 이름이 카트린 드 보셀을 지칭하는 것으로 보았고($D_1$, 126), 티리는 샤를 디오니스Charles Dyonis의 이름을 변형시킨 것일 가능성도 있다는 점을 언급한 바 있다(CT, 190). 또한 이 이름은 기욤 코키야르Guillaume Coquillart의 작품에서 사용되었던 맥락을 고려한다면, 즉 드니즈라는 이름이 부정한 아내에게 속아 넘어가는 남편을 이르는 데 자주 사용되었던 이름들과 함께

---

44 Robert Harden, "François Villon and his Monetary Requests", *Speculum*, 33, 1958, pp. 345-350을 참조.

45 Sylvia Romanowski, "L'Unité du *Testament* de Villon", *Les Lettres romanes*, 22, n° 3, 1968, p. 231.

거명된다는 점에서는, 한 개인을 말하는 것이 아닌 '경박한 유형의 여자'를 통칭하는 것이 되며,[46] 유명한 '매춘부'를 지칭하는 말로 볼 수도 있다.[47]

비용은 "그의 영혼이 천국에 이를 수 있도록, 여기에 다음과 같은 추도사를 쓴다"("Pour son ame, qu'es cieulx soit mise,/Cette orroison j'ay cy escripte.", T, CXXV, vv. 1236-1237)고 말한다. 비용이 코타르에게 선사하는 〈추도追悼의 발라드Ballade et oraison〉는 'boire'와 'savoir' 동사를 중심으로 매우 정교하게 구성되어 있다는 점에서 우선 이채롭다($D_1$, 405, 412).

포도나무를 심었던 선조 노아여,
바위 동굴에서 술을 마셨다가,
그로 말미암아 사람을 홀리는[48] 사랑의 신이
자기 딸과 육체 결합을 갖도록 이끈, 그대 롯이여,
—나 그대를 비난하기 위해 이를 거론하는 것이 아니니—
시음과 주연의 수장首長 아르시트리클리누스여,
그대들 세 명 모두에게 청하노니, 맞이하고 알려 주소서,[49]

46 "Je vous demande ung autre cas./Mignonne de haulte entreprise/Qui porte des devises a tas,/Lettres, couleurs de mainte guise,/Peult estre qu'elle a nom Denise,/Et son mary Jehan ou Thibault,/Et neantmoins pour sa devise/Porte une M qui faict Michault."($Coquillart_1$, 188-189, vv. 1143-1150).

47 "Là, Denise paraît désigner un type, une prostituée autrefois bien connue. Pourrait-il être question de Denise la sainturière, attestée en 1456/1457, veuve du ceinturier Germain Bon Ouvrier, qui a repris son commerce à Saint Marcel-les-Paris?"(Jelle Koopmans, "Denise et la tante Laurence (Villon *Testament* v. 1234 et *Pathelin* v. 148)", *L'analisi linguistica e letteraria*, 1-2, 2000, pp. 250-251).

48 라틴어 'ingenium'에서 파생된 'engin'('engignier')은 원래 '지적 능력', '이해능력', '문제를 해결하는 능력', '능란함' 등을 뜻하는 것이었으며 '구상하다', '창안하다' 등의 의미로 사용되었다. 이러한 의미에 '곤경에서 벗어나기 위해 만들어진 술책'이라는 의미가 더해져, 종종 'barat', 'art', 'guile', 'tricherie', 'renardie' 등의 동의어로 사용되기도 한다. 이에 대해서는 Ambroise Queffélec et Roger Bellon, *Linguistique médiévale*, Paris, Armand Colin, 1995, pp. 517-524를 참조.

49 우리가 "맞이하고 알려 주소서"라 옮긴 'prescher'는 필사본 *C*의 형태를 취한 것이다. 어원적인 의미인 'annoncer'라는 의미가 1252행과 1260행에 잘 부합되기는 하지만, 그 용례를 찾아볼 수 없다는 제한이 있다. 필사본 *A*, *F* 그리고 인쇄본 *I*의 형태인 'percher'의 경우, 'donner une place, établir'의 의미를 가질 수 있지만, 과연 이 세 사람이 코타르에게 어떤 자

고인이 된 호인 장 코타르의 영혼을. (T, vv. 1238-1245)

비용이 거명하는 이른바 포도주의 '삼위일체'가 되는 세 사람은 모두 성서의 인물이다. "선조 노아Pere Noé"에 관한 이야기는 〈창세기〉에 나오는 내용을 그대로 적은 것이며,[50] '소돔과 고모라의 멸망'과 관련된 롯에 관한 내용의 경우,[51] 비용은 〈창세기〉의 내용을 약간 변형시킨다. 신약의 '가나의 혼인 잔치' 이야기에 등장하며 오직 〈요한복음〉에서만 거명되는,[52] 세 번째 인물인 아르시트리클리누스architriclinus의 경우, 중세에는 가나의 혼인 잔치의 '신랑'과 자주 혼동되었다고 한다(RH$_2$, 181; CT, 190). 피킨스에 의하면,

---

리를 마련해 줄 수 있는지에 대해 의문이 제기되기도 했다. 'prescher'를 'pescher'로 고칠 것을 주장한 뷔르제의 의견은(Burger$_2$, 24), 성서의 "예수께서 그들에게 '나를 따라오너라. 내가 너희를 사람 낚는 어부로 만들겠다.' 하시자/그들은 곧 그물을 버리고 예수를 따라갔다." (〈마태오복음〉, 4, 19-20)는 부분에서 볼 수 있듯, 비유적인 의미를 잘 살린 것이기는 하지만, 세 사람의 역할과 예수의 제자들의 역할을 비교해 보았을 때 만족할 만한 설명이 되지는 못한다(RH$_2$, 181-182; CT, 190).

50 "한편, 노아는 포도원을 가꾸는 첫 농군이 되었는데,/하루는 포도주를 마시고 취하여 벌거벗은 채로 천막 안에 누워 있었다./마침 가나안의 조상 함이 아버지가 벗은 것을 보고 밖에 나가 형과 아우에게 그 이야기를 하였다./셈과 야벳은 겉옷을 집어 어깨에 걸치고 뒷걸음으로 들어가, 아버지의 벗은 몸을 덮어드렸다. 그들은 얼굴을 돌린 채 아버지의 벗은 몸을 보지 않았다."(〈창세기〉, 9, 20-23)

51 "롯은 소알에서 그 고장 사람들과 함께 사는 것이 두려워 두 딸을 데리고 소알에서 나와 산에 들어가 살게 되었다. 그는 두 딸과 함께 굴 속에서 살았다./하루는 언니가 아우에게 말하였다. '아버지는 늙어가고, 이 땅에는 우리가 세상의 풍속대로 시집갈 남자가 없구나./그러니 아버지께 술을 취하도록 대접한 뒤에 우리가 아버지 자리에 들어 아버지의 씨라도 받도록 하자.'/그 날 밤, 그들은 아버지께 술을 대접하고는 언니가 아버지 자리에 들었다. 그러나 아버지는 딸이 언제 들어왔다가 언제 일어나 나갔는지 통 몰랐다./그 이튿날 언니가 아우에게 말하였다. '간밤에는 내가 아버지 자리에 들었으니 오늘은 네 차례다. 아버지께 술을 대접하고 자리에 들어라. 같이 아버지 씨를 받자.'/그들은 그 날 밤에도 아버지에게 술을 대접하고 이번에는 아우가 아버지 자리에 들었다. 그러나 아버지는 딸이 언제 들어왔다가 언제 일어나 나갔는지 통 몰랐다./이리하여 롯의 두 딸은 아버지의 아이를 가지게 되었다."(〈창세기〉, 19, 30-36).

52 "예수께서 하인들에게 '그 항아리마다 모두 물을 가득히 부어라.' 하고 이르셨다. 그들이 여섯 항아리에 물을 가득 채우자/예수께서 '이제는 퍼서 잔치 맡은 이에게 갖다 주어라.' 하셨다. 하인들이 잔치 맡은 이에게 갖다 주었더니/물은 어느새 포도주로 변해 있었다. 물을 떠간 그 하인들은 그 술이 어디에서 났는지 알고 있었지만 잔치 맡은 이는 아무 것도 모른 채 술맛을 보고 나서 신랑을 불러/'누구든지 좋은 포도주는 먼저 내놓고 손님들이 취한 다음에 덜 좋은 것을 내놓는 법인데 이 좋은 포도주가 아직까지 있으니 웬일이오!'하고 감탄하였다." (〈요한복음〉, 2, 7-10).

아르시트리클리누스는 '신랑' 외에 '시종장'을 의미하기도 했으며, 혼례에 초대받은 손님을 지칭하는 말로 종종 상좌에 있는 '중요한 손님'을 의미하기도 했다고 한다. 따라서 피킨스는 6행에서 비용이 지칭하는 바가 '신랑'의 의미가 아니며, 아르시트리클리누스는 '시종장' 혹은 '하객'을 가리키는 것으로 보았다.[53]

> 그는 매우 오래전 그대들의 피를 물려받고 태어나,
> 비록 빗 하나 값을 치를 돈이 없었을지라도,
> 가장 비싸고 가장 좋은 술을 마셨으니,
> 분명, 누구에게도 뒤지지 않는 용감한 한 명의 궁수弓手였도다.
> 그의 손에서 술독을 빼앗을 수 있는 자 아무도 없었고,
> 진정 마시는 데 있어, 결코 지체하는 법이 없었으니,
> 고귀한 분들이여, 천국에서 부디 막아서지 마시라,
> 고인이 된 호인 장 코타르의 영혼이 들어오는 것을. (T, vv. 1246-1253)

"용감한 한 명의 궁수"("Certes, sur tous c'estoit ung bon archer;", T, v. 1249)라는 구절에서 '궁수'라는 말은 당시 은어로 '호주가', '술꾼'을 의미하는 것이었으나, 이를 문자 그대로 받아들여 활을 든 '술의 신'의 병사로 이해해도 무방할 듯하다. 가진 것 하나 없는 파산 상태이면서도 고가의 극상품 술을 호기롭게 주문했던 코타르의 모습은 진정 '술의 신'을 섬기는 데 있어 남다른 것이었기에, 비용은 그에게 '용감한'이라는 수식어를 서슴없이 붙인다. 이러한 호칭은 일면 활시위를 당겨 연인들의 가슴에 결코 빠지지 않는 화살촉을 남기는 '사랑의 신'의 모습마저도 떠올리게 한다. 그가 용감한 전사의 무기인 '술독'을 한시도 손에서 놓지 않았고, 전장의 최전선을 지키는 데 결코 나태한 적이 없었음을 강조함으로써, 비용은 코타르를 술독에서 새로운 힘을 다시 얻는 '거인 아틀라스'처럼 묘사한다($D_1$, 413-414). 흡사 그리스 신

---

53 Pickens$_1$, 8-9; $D_1$, 417-418을 참조.

화에서 대지에 발을 붙이면 그 힘이 배가되던 인물을 연상할 수도 있는 이러한 모습을 통해, 코타르는 이제 신화적인 차원의 인물로 그려진다.

> 비틀거리며 갈지자로 걷는 노인처럼,[54]
> 잠을 자러 가던 그를, 나 종종 보았으며
> 또 한 번은 그의 머리에 혹이 생겼으니,
> 내 기억에 생생하다, 그것은 과도한 폭음 탓이었다.[55]
> 요컨대, 아침 저녁으로 마셔 대는,
> 더 대단한 호주가는 이 세상에서 찾아볼 수 없음이라.
> 그가 부르는 소리 그대들에게 들리면, 들어오게 하소서,
> 고인이 된 호인 장 코타르의 영혼을. (T, vv. 1254-1261)[56]

잠자리에 들 때면, 거의 항상 술에 취해, 운신이 힘든 노인처럼 비틀거리던 코타르가 비단 한 번만 타박상을 입었을 리 만무하다. 그러나 비용은 자신이 기억하는 한 차례의 일화만을 들려주며, 그 한 번의 사고는 독자들의 머릿속에서 수십 번, 아니 수백 번의 사고로 증폭된다. 비용이 일종의 캐리

---

54 1254행의 경우, 리슈네와 앙리는 'homme beu'를 텍스트로 택하였지만 '술에 취한 자를 취한에 비유'한다는 것은 당연한 사실의 기술이 아닌 이상 별반 의미가 없다(B. N. Sargent-Baur, "On Certain Lines of Villon's *Testament*", *L'Esprit Créateur*, 7, n° 3, 1967, p. 204를 참조). 필사본 *C*와 인쇄본 *I*의 이형('viel')이 술에 취한 코타르의 모습을 더 생생하게 보충하는 묘사인 것으로 생각되어, '만취한 취한, 주정뱅이'로 번역하지 않았음을 밝혀 둔다(CT, 190; DF, 204; SB, 215).

55 이 부분의 이형으로는 'a l'estal d'ung boucher'가 있으며, 이를 택할 경우 몸을 가누지 못하고 '만취하여 푸줏간 진열대에 다치다'라는 의미가 만들어진다. 분명 필사본 *A*, *F*와 인쇄본 *I*의 이형이 단순하고 확실한 의미를 제공하기는 하지만, '폭음'으로 옮긴 필사본 *C*의 이형 'pie'는, '새oiseau'와 '술, 음료boisson'의 이중적인 말장난을 의도하는 것이라는 점에서 이채롭다. 뿐만 아니라 '포도주를 위에서 발효시킨다'라는 뜻의 'Jucher la pie'를 코타르가 잠자리에 드는 목적이자 결과로 볼 수 있기에, 해석 가능한 의미의 폭이 더 넓어진다는 장점이 있다(RH$_2$, 183; DF, 433; CT, 192, LA$_2$, 178).

56 "Comme homme beu qui chancelle et trespigne/L'ay veu souvent, quant il s'alloit coucher,/Et une foiz il se fist une bigne,/Bien m'en souvient, pour la pie juchier./Bref, on n'eust sceu en ce monde sercher/Meilleur pïon pour boire tost et tart./Faictes entrer, quant vous orrez hucher,/L'ame du bon feu maistre Jehan Cotart."

커처 기법을 통해 코타르의 모습을 제시하는 이유는, 그를 '조롱'하고 '야유'하려는 의도라기보다는, 진정한 '술의 신'의 가신으로서의 모습을 강조하려는 데 있다고도 볼 수 있다. 이렇듯, 술에 취한 코타르의 모습은

> 노래여, 가서, 좋은 술에 내 인사 전하거라,
> 수많은 자들을 진창에 곤두박질치게 했고,
> 또 수많은 자들을 옷을 입은 채 밤에 자게 만들었으며,
> 또 많은 이들을 좋은 길로 인도했구나. (V, vv. 21-24)[57]

라는 구절을 연상시키기도 한다. 현세에서는 그와 대적할 사람을 찾아볼 수 없으니, 응당 코타르가 있어야 할 곳은 오직 천국의 세 사람 곁임을 암시하며 비용은 발라드를 다음과 같이 마무리한다.

> 왕후王侯여, 그는 땅에 침을 뱉을 수도 없는 처지였고,
> 언제나 외치곤 했다오. "도와주오, 목구멍이 불타오!"
> 또한 그는 해갈 한 번 할 수 없었다오
> 고인이 된 호인 장 코타르의 영혼은. (T, vv. 1262-1265)[58]

한 폭의 훌륭한 그림과도 같은 이 발라드의[59] 주인공 코타르에 대해, 시칠리아노는 비용이 적어도 코타르의 '지상에서의 불멸'을 보장해 준 것이며, 비용이 그에게 깊은 동정심을 보였을 것이라는 의견을 보였고(Siciliano$_1$, 481-483), 쿤 역시 코타르와 비용이 진실한 우정을 나누었을 것이라는 입장

57 "Chançon, va t'ent, au bon vin mant salus:/Maint homme a fait tumer en la palus,/Et maint en fait gesir la nuit vestus,/Et maint en fait chaïr en belle voie."(CSB, 78; ATPJ, 213).

58 "Prince, il n'eust sceu jusqu'a terre cracher,/Tousjours crioit: «Haro, la gorge m'art!»/Et si ne sceust onc sa seuf estancher/L'ame du bon feu maistre Jehan Cotart."

59 "Jamais le peintre n'a su dessiner avec plus de netteté, n'a employé de plus chaudes couleurs que dans cette pièce, digne des Flamands les plus réjouis, [...] Avec quelle émotion Villon les supplie de le laisser entrer, et avec quelle vivacité de souvenir il le représente tel qu'il l'a connu!"(Gaston Paris$_1$, 115-116).

을 취했다(Kuhn, 378-383). 그러나 이와는 달리, 뒤푸르네는 이 부분을 능력 없는 취한이자 무용한 법률가인 코타르에 대한 가차없는 비용의 비난으로 보았다. 뒤푸르네는 비용이 겉으로는 고인이 된 그를 옹호하는 모습을 보이지만, 이러한 표면적인 옹호는 실상 코타르를 '술에 의해서만 또 술을 위해서만 사는 자'로 만들어 버림으로써, 그에 대한 모든 평판을 허물어뜨리면서 그가 했던 모든 일들을 무가치한 것으로 만들고자 하는 의도에 따른 것이라 설명하였다($D_1$, 410-411, 418).

드라고네티의 경우, 그는 코타르를 비용의 '분신'으로 보았고,[60] 피킨스는 코타르가 티보 도시니의 적수로 호명된 것이라는 의견을 제시하였다. 피킨스에 따르면, 코타르에 대한 기도는 "마음으로" 하는 것이 아니며, 1237행에서 보듯 "다음과 같은 추도사를 쓴다"고 말한 만큼, 주교에 대한 이단의 기도인 '저주'와 다른 것이 된다. 피킨스의 논의에 의거한다면, 비용은 〈시편〉 저자의 역할을 취하고 있으며, 그를 공격하며 "사악한 자들이, 사기치는 자들이/입을 벌리고 달려"들고, "혀를 놀려 거짓말을 퍼"부으며, "증오의 말들이 주위에서 들려오"는 것을 막기 위해(〈시편〉, 109, 2-3) 코타르에게 변호자로서의 신의 역할을 맡긴다. 따라서 이러한 맥락에서 주교 티보 도시니는 "내가 자신에게 악담과 모욕을 가했다 말하며, 드니즈가 나를 재판에 고소했을 때"의 드니즈와 동일시된다($Pickens_1$, 7-8).

드라고네티와 피킨스의 해석은 《유언의 노래》의 8행시 LXXXI-LXXXIII (vv. 801-824)의 내용을 통해서도 그 타당성이 인정된다. 비용은 구약의 족장들과 예언자들을 제외한다면, 그 신분이 어떠하든 죽은 자들의 육신은 썩고, 영혼은 불길 속에 빠진다는 것을 말한 뒤, 자신의 말의 정당성을 입증하는 증거로

> 그것은 바로 포근한 자리가 아닌
> 불길 속에 파묻힌 부자와

60 R. Dragonetti, *op. cit.*, pp. 133-134.

그 위에 있는 가난한 자에 대한
예수의 비유 (T, LXXXII, vv. 813-816)

라는 '라자로와 부자'의 일화를 거론한다. 비용이 간명하게 말하고 있는 이 부분은 성서의 내용(〈루가복음〉, 16, 19-31)을 거의 그대로 옮긴 것이라 할 수 있다.

> 부자가 죽음의 세계에서 고통을 받다가 눈을 들어 보니 멀리 떨어진 곳에서 아브라함이 라자로를 품에 안고 있었다.
> 그래서 그는 소리를 질러 '아브라함 할아버지, 저를 불쌍히 보시고 라자로를 보내어 그 손가락으로 물을 찍어 제 혀를 축이게 해주십시오. 저는 이 불꽃 속에서 심한 고통을 받고 있습니다.' [···] 아브라함은 '얘야, 너는 살아 있을 동안에 온갖 복을 다 누렸지만 라자로는 불행이란 불행을 다 겪지 않았느냐? 그래서 지금 그는 여기에서 위안을 받고 너는 거기에서 고통을 받는 것이다.' (〈루가복음〉, 16, 23-25)

비용은 표면적으로는 매우 진지한 척 가장하면서, '부자와 가난한 자'의 비유에 해괴한 결론을 덧붙이며, '지옥'과 '술꾼'들에 대한 희화적인 이야기로 자신의 말을 마친다.

만약 그 부자가 라자로의 손가락이 불타는 것을 보았었다면
결코 그에게 자신을 식혀달라 청하지 않았을 것이며,
자기 목구멍을 축이기 위해
그의 손가락 끝에 닿기를 바라지도 않았을 것이다.
겉저고리와 셔츠까지 팔아 마셔 대는
술꾼들은 거기서 서글픈 얼굴을 하고 있을 터이니,
그 이유인즉 그곳에서는 술이 매우 비싸기 때문,
신이여, 그 손에 우리 잡히지 않게 해주소서! (T, LXXXIII, vv. 817-824)

'부자와 라자로'의 일화에서, '천국과 지옥 사이의 도달할 수 없는 무한한 거리감', '생전의 부귀영화에 대한 보속으로서의 고통'을 결론으로 이끌어내는 대신, 비용은 지극히 터무니없는 가정을 덧붙인다. 비용의 가정이 이치에 어긋나는 것처럼 보이는 까닭은 천국에서 복을 누리는 라자로의 손가락이 불길에 휩싸이는 일은 아무도 상상할 수 없는 것이기 때문이다. 그런데 지상에서 주린 배를 안고 살아야 했던 라자로의 모습은 이 지상에서는 단 한 번도 타는 듯한 갈증을 풀지 못했고, 늘 '도움'을 간청했던 코타르의 처지를 상기시키며, 생전에는 온갖 부귀영화를 누렸지만 마침내 불길 속에서 고통받는 '부자'의 모습은 비용이 주교 티보 도시니에게 바라 마지않는 모습이라 할 수 있다. 비용은 코타르가 '지옥'에서 서글픈 표정을 짓는 '술꾼'들 가운데 속하지 않도록 '천국으로의 통행증'을 대신하는 '추도사'를 교부하며, 코타르가 라자로와 같은 복을 누리기를 기원한다. 지상의 '갈증과 허기', 지옥의 '갈증과 서글픔' 대신 천상의 '음식과 포도주'를 허락받게 되는 코타르는 아브라함의 보살핌을 받는 라자로의 분신이며, 지옥의 업화에서 제외되는 성서의 족장들인 노아나 롯과 같은 반열에 오르게 된다. 그리고 비용은 '술의 신'의 용맹한 투사를 티보 도시니에 대한 자신의 수호성인이자 변호인으로 두게 되는 것이다.

> 그렇지만, 그를 위해 무엇을 기도하는지 그가 귀로 듣기를 원한다면,
> 내 세례 때 받은 신앙을 걸고 맹세하거니와,
> 비록 내가 한 명 한 명에게 모두 〔기도의 내용을〕 떠들지는 않겠으나,
> 그의 기대가 실망으로 바뀌는 일은 없을 것이다.
> 내가 그렇게 할 수 있을 때면,
> 소가죽이나 산양가죽으로 장정된 것은 아니지만,
> 시편 성가집에서, '*Deus laudem*' 시편의
> 일곱 번째 적힌 시절을 고르리라. (T, VI, vv. 41-48)[61]

---

61 "Combien, s'oÿr veult que l'on prie/Pour luy, foy que doy mon baptesme,/Obstant qu'a

41행의 경우, "Combien, souvent je veul qu'on prie"라는 이형을 택할 경우, 그 의미는 "하지만, 어찌 되었건 간에, 모두 그를 위해 자주 기도드리기를 내가 바라니"의 의미가 된다. 프라티에는 43행('Obstant qu'a chacun ne le crye,')이 인과관계를 나타내는 'vu que, du fait que sa demande ne s'adresse pas à tout le monde'를 의미한다고 보았지만, 앙리는 이 말이 '모두에게 이를 알리는 경솔함을 범하지 않을 것이니, 직접 그의 귀에 대고, 오직 그에게만 말해줄 것이다'라는 뜻이며, 반어적으로 풀이하여 '모두가 이를 알게끔 할 것이니'로 해석해야 한다고 설명하였다.[62]

비용이 선택한 〈시편〉의 '*Deus laudem*' 구절은

> 내 찬미의 하느님, 침묵을 깨고 나오소서.
> 사악한 자들이, 사기치는 자들이 입을 벌리고 달려듭니다.
> 혀를 놀려 거짓말을 퍼붓습니다.
> 증오의 말들이 주위에서 들려오고 까닭 없이 나를 공격합니다.
> 그들이 우정을 원수로 갚아도 나는 그들 위해 기도하였습니다.
> 그들은 선을 악으로 갚고 사랑을 미움으로 보답합니다.
> "부랑배를 내세워 그를 치자. 그 오른편에 고발자를 세우자.
> 재판에서 죄를 뒤집어쓰게 하자. 그의 기도마저 죄로 몰자.
> 이제 그만 그의 명을 끊어버리고 그의 직책일랑 남이 맡게 하자."
> (〈시편〉, 109, 1–9)[63]

---

chacun ne le crye,/Il ne fauldra pas a son esme:/Ou psaultier prens, quant suis a mesme,/Qui n'est de beuf ne cordouen,/Le verselet escript septiesme/Du psëaulme *Deus laudem*."

62 Albert Henry, *op. cit.*, p. 402. 아울러 JTH, 25; JCM, 212 등을 참조.

63 비용이 선택한 '*Deus laudem*' 구절은 원래 〈시편〉 108을 의미하지만, 우리가 인용하는 공동번역 성서의 경우 109로 표시되어 있기에 이하 109로 지칭함을 밝힌다. 라틴어 원문은 다음과 같다: "2 Deus laudabilis mihi ne taceas quia os impii et os dolosi contra me apertum est/locuti sunt de me lingua mendacii verbis odii circumdederunt me et expugnaverunt me frustra/pro eo quod eos diligebam adversabantur mihi ego autem orabam/et posuerunt contra me malum pro bono et odium pro dilectione mea/constitue super eum impium et Satan astet a dextris eius/cum fuerit iudicatus exeat condemnatus et oratio eius sit in peccatum/fiant dies eius parvi episcopatum eius accipiat alter"(*Biblia Sacra*, Stuttgart,

라는 것이며, 〈시편〉 109는 '불의하게 고발당한 결백한 사람의 간구'라는 점에서 특별히 의미를 갖는다.[64] 이 부분을 두고 튀안은 비용이 8절을 염두에 두었으나, 의도적으로 이를 7절로 틀리게 적은 것이며, 여기에는 자신이 실제로 기도를 드리고 있다는 것을 보여 주려는 의도가 있었을 것으로 보았다(TH, II, 91). 그러나 필사본 *A*의 경우, 비용의 작품을 필사한 필경이 마치 오늘날의 주석처럼 부기한 〈시편〉의 내용을 보면, 오늘날의 8절이 7절로 제시되어 있으며, 16-17세기의 몇몇 판본들의 경우에도 그러하다(Edelman$_2$, 32).

15세기의 어느 성서 번역은 〈시편〉 109의 7-8절을 "Il isse comme dampnez quand il sera jugiez et son oroison faicte en péché. Il vive pou de temps et autre ait son eveschié"라 옮기고 있다.[65] 이 번역에서 'eveschié'는 라틴어 'episcopatum'에 해당하는 것으로 원래는 '직책', '자리'를 의미하는 것일 뿐이다. 이를 다윗 왕이 '주교의 권좌'를 말하는 것으로 보는 것은 물론 시대착오적인 것이겠지만, 공교롭게도 비용이 주교 티보 도시니에게 바라는 것으로는 더할 나위 없는 풍자가 된다고 할 수 있다. 르쿠아는 이러한 '골족 기질'의 풍자가 학생이나 성직자들에게 친숙한 것이었으며 매우 전통적인 것이라는 점에 주목하였고, 이에 관해 레만P. Lehmann의 연구를 소개한 바 있다. 일종의 우스꽝스러운 기도로, 기도의 대상이 되는 사람의 신분이나 상황에 따라 적합한 성서의 구절을 적용하는 장난에서, 〈시편〉 109는 내용상의 특징으로 인해 빈번하게 활용되곤 했다. 이러한 장난에서 왕에게는 9절이, 황제에게는 18절이, 시토회의 수도사들에게는 15절이 적용되었다고 한다.[66] 이러한 놀이가 어린 학생들의 치기 어린 장난에 불과한 것이 사실이

---

Deutsche Bibelgesellschaft, 1969; 1994).

64 신의 가차 없는 진노가 적들에게 내리기를 간구하며 원수들에 대한 저주를 드러내는 내용은 〈시편〉 109 외에도 35, 55, 58, 59, 69, 79, 137 등에서 나타난다. 성서의 〈시편〉에서 증오와 복수심을 나타내는 구절들은 크게 집단적 애원시와 개인적인 애원시로 구분된다. 일례로 〈시편〉 저자는 다음과 같이 말한다: "저들을 물이 흘러 없어지듯이,/풀이 밟혀 시들듯이,/유산하는 여인의 몸에서 핏덩이가 쏟아지듯이,/달팽이의 진액이 말라버리듯이,/난데없이 불어닥친 회리바람에/싱싱하던 가시덤불 말라버리듯이 만드소서."(〈시편〉, 58, 7-9).

65 Guiette$_1$, 231에서 재인용.

66 Lecoy$_1$, 497-498; Guiette$_1$, 232-233을 참조.

지만, 비용의 경우처럼 개인적이고 특수한 상황에서는 진부한 농담의 차원을 넘어 더욱 강력한 의미를 지니게 되기도 한다.

그러나 여기에서 중요한 것은, 무엇 때문에 비용이 《유언의 노래》의 다른 부분에서 했던 것처럼 일부 구절이나 단어를 직접 인용하거나 자신의 방식대로 이를 옮기지 않았는지 여부이다. 구체적인 내용의 제시 없이 그저 〈시편〉의 7절이라고만 언급하는 비용의 태도에서, 자신의 기도를 직접 언급하거나 발설하는 것이 너무 위험하다고 생각했을 것이라는 가정을 해 볼 수 있다. "소리 내어 읊조리는 것이" 자신에게 "성가시기 때문"에 "그 기도는 마음으로 할 것"이라는 말로 직접적인 언급을 회피하는 비용의 태도 이면에는 수중에 아무런 "시편 성가집"도 없기에 그저 기억에 따라 한 구절을 말한 것이라는 '위험을 피할 통로'가 마련되어 있는 것이다. 혹 누군가가 자신을 비난하거나 자신에게 불리한 일이 생길 경우, 자신은 그저 기억에 의존했기 때문에 엉뚱한 부분을 말하게 된 것이라 변명을 하면 그만이기 때문이다. 그러나 이 말을 반어적으로 뒤집어 보면, 자신의 눈 앞에는 이미 성서가 구비되어 있으며, 언제든지 책을 펼쳐 자신의 '원수'에게 해당하는 대목을 고르기만 하면 된다는 의미가 만들어진다(Edelman$_2$, 32-33). 이러한 비용의 태도는 궁금하다면 어서 서둘러 책을 펼쳐, 자신이 지적한 부분을 소리 내어 혹은 마음속으로 '읽기'를 독자에게 권하는 것이며, 동시에 '원수'를 향한 기도를 자신 혼자만이 아닌 많은 사람들의 입에서 울려 퍼지게 하는 것이기도 하다.

"그리할 것을 모두에게 내가 요구하지 않기에, 그의 기대가 실망으로 바뀌는 일은 없을 것"이라는 비용의 '확신'아닌 '확신'은 바로 이러한 점을 염두에 둔 것이다. 거센 항변으로 시작되는 〈시편〉에서, 한데 모아진 수많은 목소리들의 분노가 〈시편〉 저자 한 사람의 입을 통해 무수한 적들 가운데 한 명에게 분출되는 것과 마찬가지로, 비용의 무수한 유감들과 원한들 역시 한데 모여 티보 도시니라는 한 사람에게 집약되는 것이다. 여기서 한 가지 더 주의를 기울여야 하는 것은 그 다음 8행시, 즉 국왕 루이 11세에 대한 칭송과 자손 번창에 대한 축원 역시 〈시편〉 109의 9절과 관련되는 것으로 이해해야 한다는 점이다. 따라서 이 대목과 이어지는 부분은 모두 〈시편〉의 영향 아래 기술되는 것으로 보아야 하며, 비록 비용이 8행시 VI에서 "'*Deus laudem*' 시편의 일곱 번째 적힌 시절" 하나만을 이야기하고 있지만, 그의 지적은 사실상 작게는 〈시편〉 109의 7-8절을, 넓게는 〈시편〉 109 전체를 염두에 두고 말하는 것으로 받아들여야 한다(Guiette$_1$, 233-234).

〈시편〉 109는 다른 측면에서도 비용이 주교 티보 도시니를 어떻게 생각하고 있는지 또 그에게 무엇을 바라는지를 잘 보여 준다. 〈시편〉 109의 7절은 기사나 귀족의 '파문 의식'에서 신의 없는 배신자로 낙인찍혀 파문을 당하는 자의 머리 위에서 사제가 낭독하는 구절이라는 점에서 의미심장하다. 처형대 위에서 일단 선고를 내린 후 '파문 의식'이 재차 교회에서 반복됨으로써 파문당한 자는 목숨은 부지하되 죽은 자와 같이 취급되기 때문이다.[67] 이러한 점을 고려했을 때, 비용은 티보 도시니가 수치와 불명예를 겪고, 죽음보다 더 고통스러운 삶을 살기를 바라는 것이 된다. 또 같은 구절은 성서에서 "예수를 잡은 자들의 앞잡이가 된 유다"(〈사도행전〉, 1, 16)에 대한 성령의 예언을 말하는 데 인용되었던 것이며,[68] 이 경우에는 비용이 주교 티보 도시니를 유다와 동일시하고 있음을 알 수 있다. 《유언의 노래》의 8행시 I-VI이 이어지는 동안, 비용은 단 한순간도 '저주'와 '비난'의 끈을 놓지 않는다. 비용의 '반헌사'는 마침내 '〈시편〉'과 이어지고, 독자는 《유언의 노래》와 〈시편〉 사이를 오가게 된다. 비용 개인의 '울분'과 '저주'는 시공을 초월한 '〈시편〉'의 '울분'과 '저주'와 하나가 되고, 하나의 목소리는 복수의 목소리로 증폭되며, 상자 안에 담긴 상자들처럼 개인적인 '저주'의 안을 들여다보면 여러 목소리들의 '저주'를 또다시 발견하게 되는 것이다.

---

67 '파문 의식'에 관한 세부 사항에 대해서는 Philippe Du Puy de Clinchamps, *La Chevalerie*, Paris, P.U.F., 1961(1982); Guiette$_1$, 234-236을 참조.

68 "시편에,/'그의 집을 폐허로 만드시고/아무도 거기에 드는 이 없게 하여주십시오.'/또/'다른 사람으로 하여금 그의 자리를 차지하게 하여주십시오'/라고 기록되어 있습니다."(〈사도행전〉, 1, 20).

8행시 VII의 내용에 대해, 튀안은 '모든 증오스러운 생각들을 그만두고, 이제 비용은 신의 아드님과 그 어머니이신 성모의 은총에 대해 기도드린다'라고 요약한 바 있으나(TH, II, 91), 이러한 요약은 비용의 표현 이면의 것을 간과한 것이라 할 수 있다. 비용은 지금까지 그토록 강렬하게 토로하였으며 잠시도 기억에서 놓지 않았던 '저주'의 사슬을 이제 그만 내려놓고 '기도'를 드리는 것이 아니다. 〈시편〉 109와 《유언의 노래》의 관련성은 계속 유지된다. 〈시편〉은 '저주'를 토로한 뒤, 자신의 '구원자'인 신이 "가난하고 가련"한 자의 "속속들이 아픈" 마음을 달래고 "기우는 석양처럼" "기울어가"는 자신을 도와주셨음을 말하면서(〈시편〉, 109, 22-23) 다음과 같이 찬미의 노래를 부른다.

> 나는 야훼께 크게 감사 드리고
> 사람이 모인 곳에서 그를 찬양하리라.
> 야훼께서 이 가난한 자의 오른편에 서시어
> 재판관들의 손에서
> 목숨을 건져주셨다. (〈시편〉, 109, 30-31)

동일한 과정이 티보 도시니에 대한 '저주' 이후에 오는 이른바 '해방자에게 바치는 찬사'로 이루어진 《유언의 노래》의 8행시 VIII-XI에서도 진행된다. 비록 표면적으로는 비용이 '감사와 찬미'로 방향을 선회한 것처럼 보이지만, 그의 심중에는 여전히 〈시편〉의 그늘이 드리워져 있으며, 51행에서 잘 드러나듯 비용의 '증오와 저주'는 잠시 '찬미'의 이면으로 모습을 감춘 것일 뿐이다. 비용은 8행시 VII에서 '해방자에게 바치는 찬사'를 시작하며, 이러한 '찬사'는 8행시 XI까지 이어진다.

> 그 때문에, 저의 모든 고통 속에서 도움을 호소했던,
> 신의 축복받은 아드님께 기도 드리니,

보잘것없는 저의 기도를 들어주소서,
제 영혼과 육신은 당신께 속해 있으며,
당신께서 저를 무수한 모욕에서 구해 주셨고,
악하고 비열한 힘으로부터 자유롭게 해주셨나이다.
신이여 찬미받으소서, 또한 성모 마리아와,
프랑스의 선량하고 용맹한 왕 루이여, 찬미받으소서. (T, VII, vv. 49-56)

《유언의 노래》에서 드러나는 "고통 속에서 도움을 호소"하는 가련한 자의 모습, 또 "무수한 모욕"과 "악하고 비열한 힘으로부터" 자유를 얻게 하는 신의 모습은 〈시편〉 도처에서 드러난다.

야훼는 나의 사랑,
나의 애원하는 소리를 들어주셨다.
내가 부르짖을 때마다
귀를 기울여주셨다.
죽음의 끄나풀이 나를 두르고
저승의 사슬이 나를 묶어
불안과 슬픔이 나를 덮쳐 누를 때,
나는 야훼 이름 부르며 부르짖었다. (《시편》, 116, 1-4)

라는 부분이나,

야훼여, 내 기도를 들어주소서.
내 애원하는 소리 들으소서.
당신은 진실하시고 의로우시니 대답하소서.
이 종을 재판에 부치지 말아주소서.
살아 있는 사람치고 당신 앞에서 무죄한 자 없사옵니다.
원수들이 이 몸을 따라잡아

이 목숨 땅바닥에 메어치고는
영영 죽어버린 사람처럼
어둡고 깜깜한 곳에 살게 합니다. (〈시편〉, 143, 1-3)

라는 부분에서 그려지듯, '구원자'인 신은 그에게 호소하는 자의 기도를 들어주기에, 비용 또한 《유언의 노래》에서 "신의 축복받은 아드님께 기도드리니, 보잘것없는 저의 기도를 들어주소서"("Si prie au benoist filz de Dieu, /[...]/ Que ma povre priere ait lieu", T, vv. 49-51)라고 말한다. 51행의 '보잘것없는 비용의 기도'를 앞선 8행시 VI의 내용으로 보는 견해에 따르면, 문두의 'Si'는 종결적인 가치를 지니는 것이 된다($RH_2$, 21-22). 따라서 이 "보잘것없는 기도"는 '사회적인 강자 혹은 권력자와 맞서게 되는 보잘것없으며 힘없는 자'의 기도를 의미하게 되지만, 'povre'라는 비용의 말은 기도의 실제 내용을 고려해 보았을 때 매우 아이러니컬한 의미를 갖게 된다. 아울러 필사본 *A*와 *F*의 이형인 'bonne priere'의 경우, 앞에서 표명했던 "그를 위해, 나 진심으로 기도하리라"("Sy prieray pour luy de bon cueur", T, v. 33)라는 부분을 반향하게 되기에 나름대로의 가치를 지닌다($RH_2$, 22).

토마의 표현을 빌리자면, 마치 '수프 속의 머리카락 한 올'처럼(JTH, 36), 비용은 '해방자에게 바치는 찬사'의 끝에 가서야 "프랑스의 선량하고 용맹한 왕 루이"("Et Los, le bon roy de France,", T, v. 56)라고 국왕의 이름을 거명하며, 루이 11세에게 성서의 유명한 인물들이 누렸던 갖가지 지복을 주실 것을 신에게 청한다. 그러나 루이 11세를 위한 축원에 등장하는 성서의 인물들은, 이후 자신에 관해 이야기할 때 거명되는 성서의 인물들과는 달리, 비개인적이고 추상적으로 제시될 뿐이며, 생동감을 찾아보기 어렵다.[69]

그분께 〔국왕에게〕 야곱의 복과
솔로몬의 명예와 영광을 주시옵고,

69 $\text{Sargent-Baur}_1$, 392를 참조.

—무용이라면, 그분은 넘치도록 지니고 계시며,[70]
권력 또한 그러하니, 이는 제 영혼에 맹세코, 진실입니다—
덧없는 이 현세에서,
가능한 한 지극히 장구하고 장대하게,
그분의 명성이 기억되도록,
므두셀라만큼 장수를 누리게 하소서! (T, VIII, vv. 57-64)[71]

8행시 VIII은 동일한 내용의 연속이라는 점에서뿐만 아니라, 'auquel'이라는 표현을 통해 문법적인 측면에서도 앞선 8행시 VII과 하나의 통일체를 이룬다. 비용은 57행의 "야곱의 복"을 시작으로 국왕에게 기원하는 지복들을 차례로 열거한다. 아브라함의 아들인 이사악과 리브가에게서 태어난 야곱은 장자 에사오에게 떡과 불콩죽을 주는 대신 그가 받아야 할 상속권을 자신의 것으로 만들며(〈창세기〉, 25, 29-34), 형인 에사오의 옷을 입고 "염소 새끼 가죽을 매끈한 손과 목에 감아" 둘러 아버지가 빌어주는 복을 가로챈다(〈창세기〉, 27, 1-41). 그는 신과 겨루어 씨름을 하여 이스라엘이 되며(〈창세기〉, 32, 23-33), 베델에서는

> "나는 전능한 하느님이다. 너는 많이 나아 번성하거라. 너에게서 한 민족이, 아니 여러 민족이 모인 집단이 나리라. 네 후손 가운데서 왕들이 태어나리라.
>
> 아브라함과 이사악에게 주었던 이 땅을 내가 너에게 준다. 또한 너의 뒤를 이을 후손에게 준다." (〈창세기〉, 35, 11-12)

70 'trop'의 경우, 뷔르제는 이를 'beaucoup'의 의미로 해석했으나(Burger$_2$, 110), 토마는 이러한 표현이 조롱섞인 말에 해당하며 그런 만큼 현대적인 의미로 해석해야 한다는 의견을 제시하였다: "En tout état de cause, la parenthèse éclaire d'un jour singulier le second voeu: souhaiter à quelqu'un la gloire et l'honneur de Salomon, c'est insinuer, avec une litote à la clef, qu'il n'a point *trop* de sagesse; *trop* est donc à prendre au sens moderne." (JTH, 37).

71 "Auquel doint Dieu l'eur de Jacob/Et de Salmon l'onneur et gloire/— Quant de prouesse, il en a trop,/De force aussi, par m'ame, voire —,/En ce monde cy transsitoire/Tant qu'il a de long ne de lé,/Afin que de lui soit memoire,/Vivre autant que Mathussalé,"

라는 축복을 받고, 네 명의 여인으로부터 열두 아들을 두었으며(《창세기》, 35, 23-26) 백팔십 세까지 살다 숨을 거둔 인물로 그려진다.

그러나 실상 57행의 표현은 보기와는 달리 상당히 모호한 축원에 해당한다. 야곱이 받은 모든 축복들을 국왕 또한 누리기를 기원하는 것이라면, 이어지는 8행시 IX에서 정실 소생의 열두 명의 자식을 보기를 바라는 기원은 엄밀히 말해서 '야곱의 복'에 포함되지 않는 것이며, 이미 프랑스의 국왕인 루이 11세에게 후손 가운데 왕이 태어나리라는 기원은 별반 복이라고는 생각되지 않는 축원이다. 또 "야곱의 복"이라는 말 속에 루이 11세 역시 신의 '선택받은 사람'이 되기를 희망하는 기원이 담겨 있다고 보기는 어렵다. 따라서 '풍요와 번성'을 의미하는 '야곱의 복'은 8행시 II에서 암시되었던 주교 티보 도시니의 '불모'와 대비되는 효과를 위해 사용된 것이며, 〈시편〉의 "그의 후손은 끊기고/그의 이름은 다음 세대에서 없어지게 하자"(109, 13)라는 구절의 연장선상에서 이해하는 것이 적절하다(Hunt$_1$, 46).

58행의 경우, 비용이 '지혜와 힘fortitudo-sapientia'이라는 토포스를 이야기하고 있다고 본 토마의 견해에(JTH, 37), 티리 등은 59-60행이 황태자 시절 루이 11세가 세웠던 무훈들, 즉 1443년 영국군과 싸웠던 디에프Dieppe 전투에 대한 암시 혹은 1444년 독일과의 전투를 염두에 둔 것이라는 보충 설명을 덧붙인다(CT, 94; TH, II, 92). 노아의 조부이며, 969살까지 살았던 므두셀라와 같은 장수를 기원하는 것에 대해,[72] 튀안은 8행시 VI에서 자신에게 해악을 입힌 주교의 돌연한 죽음을 기원하는 것과 대조적으로 자신에게 도움이 된 루이 11세의 장수를 바라는 것이라 설명하였고(TH, II, 93), 폭스와[73] 헌트[74] 역시 유사한 설명을 하고 있다. 국왕에 대한 비용의 축원은 이

72 "므두셀라는 백팔십칠 세에 라멕을 낳았다./므두셀라는 라멕을 낳은 다음 칠백팔십이 년 동안 살면서 아들딸을 더 낳았다./므두셀라는 모두 구백육십구 년을 살고 죽었다."(《창세기》, 5, 25-27)

73 "Such a cornucopia of blessings all this, not to be wondered at, however, in the circumstances. Villon clearly felt that he owed, not just his freedom, but his very life, to the King, and needed, in any case, to build the King up in opposition to the bishop, a hint possibly to the reader that he was in the King's favour—no need to give the true

어지는 8행시 IX에서도 계속된다.

> 또 열두 명의 훌륭한 자식들을 보게 하소서. 모두 남자이고,
> 고귀한 그분 왕가의 혈통을 타고 났으며,
> 위대한 샤를 왕만큼 용맹하고,
> 혼례로 맞은 정비正妃의 품에서 수태된,
> 성 마르샬처럼 용감한.
> 전 황태자에게 이와 같은 일들이 이루어지게 하소서!
> 저는 그 분이 어떤 불운도 갖지 않기를 바라오니,
> 그런 연후, 끝으로 천국으로 보내 주소서. (T, IX, vv. 65-72)[75]

롱농은 67행의 "위대한 샤를 왕"이 루이 11세의 부친인 샤를 7세를 의미한다고 보았으나, 대다수의 연구자들은 비용이 다른 대목에서 샤를 7세를 "Et Charles septiesme le bon?"(T, v. 363)이라 정확히 칭했던 점과 'grant'이라는 수식어를 고려해, 문제의 왕이 '샤를마뉴'를 지칭하는 것으로 본다. 그러나 이러한 모호한 표현은 랑리[76] 혹은 토마의 지적처럼(JTH, 39), 비용의 의도적인 것으로 볼 여지도 있다. 또 '신의 보상과 선물'로서의 자녀가 성서의 〈욥기〉,[77] 혹은 〈시편〉[78] 등에서도 언급되는 것이지만, "혼례로 맞은 정비

---

circumstances!"($Fox_2$, 22).

74 "The petition that Louis live as long as Methuselah(64) is in deliberate and obvious contrast to the implied curse on Thibault with its refersenc to Psalm 108: 8 [...]"($Hunt_1$, 47).

75 "Et douze beaux enffans, tous masles,/Veoir de son cher sang royal,/Aussi preux que fut le grant Charles,/Conceuz en ventre nuptïal,/Bons comme fut saint Marcïal./Ainsi en preigne au feu daulphin!/Je ne lui soubzhaicte autre mal,/Et puis paradis en la fin."

76 "Villon n'ignorait pas la haine que Louis XI portait à son père et se serait bien gardé ici de rappeler le souvenir du roi défunt."($LA_1$, 59).

77 "야훼께서 욥의 여생에 전날보다 더한 복을 내려주셨다. 양 만사천 마리, 낙타 육천 마리, 겨릿소 천 쌍, 암나귀 천 마리에다/또 일곱 아들과 세 딸도 주셨다."(〈욥기〉, 42, 12-13).

78 "자식은 야훼의 선물이요, 태중의 소생은 그가 주신 상급이다./젊어서 낳은 자식은 용사가 손에 든 화살과 같으니,/복되어라, 전동에 그런 화살을 채워 가진 자, 성문에서 원수들과 담판할 때에 높은 데서 이야기하리라."(〈시편〉, 127, 3-5) 혹은 "너의 집 안방의 네 아내

正妃의 품에서 수태된" 자식에 대한 언급은 실패한 결혼이었던 스코틀랜드의 마르그리트Marguerite d'Écosse와의 첫 번째 결혼 이후의 사실들과 관련되는 것일 가능성도 있다.[79]

루이 11세에 대한 언급은 72행을 끝으로 이제 더이상 나오지 않는다. 8행시 VII-XI에 이르는 과도하다 싶을 정도의 '찬사'는 71행에서 비용의 의중을 파악할 수 있게 하는 하나의 실마리를 제공한다. 루이 11세에 대해 "저는 그분이 어떤 불운도 갖지 않기를 바라오니"라고 말하는 비용의 말은 티보 도시니를 두고 이야기했던 21행의 "그에 대한 내 악담은 바로 이것이 전부이니"라는 말을 연상시키기 때문이다. '해방자에 대한 찬사'가 티보 도시니에 대한 공격의 연장선상에 있으며, 국왕에 대한 기원이 실질적으로는 주교에 대한 '저주'의 '거꾸로' 된 표현이었음이 여기서 짐작된다.

비용은 〈시편〉 저자의 모습에 자신의 모습을 투영시키면서, 자신의 입장을 정당화한다. 또한 〈시편〉 109의 기도를 간접적으로 거론하고, '원수'에 대한 저주와 '해방자에 대한 찬사'를 효과적으로 사용함으로써, 비용은 자신의 말에 다양한 해석 가능성을 부여한다. 〈시편〉을 배경으로 하여 만들어진 의미의 '다양성'은 비용이 '희생자'이자 '핍박받는 자'의 모습을 취한 이후 '욥'의 면모를 보임으로써 한층 더 강화된다. 〈욥기〉에서 드러나는 다양한 면모의 '욥'의 초상을 택함으로써, 비용은 변화무쌍한 감정들을 제한 없이 노래하는 기회를 만든다. 그리고 〈욥기〉는 '삶'과 '고통', '시간'과 '죽음'에 대한 논의와 성찰의 기반을 마련한다.

---

는 포도알 푸짐한 포도나무 같고 밥상에 둘러앉은 네 자식들은 올리브 나무의 햇순과 같구나./보아라, 야훼를 경외하는 자는 이렇게 복을 받으리라./야훼께서 시온으로부터 복을 내리시어 네 평생 모든 나날을 예루살렘의 번영을 바라다보며/아들 손자 많이 보게 하여주시기를!"(〈시편〉, 128, 3-6) 등의 구절을 예로 들 수 있다.

79 루이 11세는 1436년 6월 23일 스코틀랜드의 마르그리트Marguerite d'Écosse와 투르Tours에서 결혼했으며, 황태자비가 죽은 지 6년 후인 1451년 3월 9일 사부아의 샤를로트Charlotte de Savoie와 재혼하였다. 자세한 내용은 Jean Favier, *Louis XI*, Paris, Arthème Fayard, 2001, pp. 55-57을 참조.

## 2. 〈욥기〉—'시간'의 물레와 죽음의 무도舞蹈

"완전하고 진실하며 하느님을 두려워하고 악한 일은 거들떠보지도 않는 사람"(〈욥기〉, 1, 1)이었던 욥은 신의 허락을 받은 사탄에 의해 갖가지 불행들을 겪게 된다. 그러던 차에 재난을 겪고 있는 그를 위로하기 위해 엘리바즈와 빌닷과 소바르라는 세 사람의 친구가 찾아온다.[80] 그러나 친구인 엘리바즈에게 중요한 것은 한 사람의 인간 욥이 겪고 있는 고통이나 그의 신음소리가 아니며, 무엇 때문에 욥이 고통받고 있는지에 대한 이유를 찾는 것이 그의 관심사가 된다. 엘리바즈는 그 이유를 욥이 죄인이라는 점에서 발견하며, 욥의 고통이 신으로부터 온 약이라고 말한다(〈욥기〉, 4-5). 이러한 엘리바즈의 말에 대해 욥은 "제발 이리로 얼굴을 돌려주게./자네들의 얼굴을 쳐다보며 속이기야 하겠는가!"(〈욥기〉, 6, 28)라는 '동정'을 구하는 인간적인 호소와 함께

> 인생은 땅 위에서 고역이요
> 그의 생애는 품꾼의 나날 같지 않은가?
> 해 지기를 기다리는 종과도 같고
> 삯을 기다리는 품꾼과도 같지 않은가?
> 달마다 돌아오는 것은 허무한 것일 뿐,
> 고통스런 밤만이 꼬리를 문다네.
> 〔…〕
> 나의 나날은 베틀의 북보다 빠르게
> 덧없이 사라져가고 만다네. (〈욥기〉, 7, 1-3, 6)

80 '욥'과 〈욥기〉에 관한 논의는 국제가톨릭성서공회 편찬, 《해설판 공동번역 성서》, 일과놀이, 1984; 《성서의 길을 따르는 여정 〔구약편 IV〕》, 생활성서사, 2005; 제자원(기획·편집), 《그랜드 종합 주석 욥기·시편》, 성서교재간행사, 1993; 민영진, 《설교자와 함께 읽는 욥기》, 한국 성서학연구소, 2002; 황성일, 〈욥기 이해〉, 《광신논단》, 12, 2003, pp. 71-105 등을 참조하여 정리한 것임을 밝힌다.

라는 말로 처절한 심경을 토로한다. 그의 고백에서는 가난한 자들이 너무도 잘 알고 있는 '삶의 무용성'과 '무의미함'에 대한 자신의 느낌들, 비참한 상태에서 죽어야 한다는 애통함이 숨김없이 드러난다. 욥은 자신이 젊었을 때 몇 가지 잘못을 저지른 적이 있어 완전히 죄가 없다고는 할 수 없지만, 이토록 심한 고통을 받아야만 할 대죄를 저지른 적은 없었으며, 인간처럼 하찮은 피조물의 죄가 전능하신 분의 눈에 대수로울 것이 무엇이 있겠냐고 반문하며 다시 한 번 이렇게 주장한다.

> 사람이란 결국 여인에게서 태어나는 것,
> 그의 수명은 하루살이와 같은데도
> 괴로움으로만 가득 차 있습니다.
> 꽃처럼 피어났다가는 스러지고
> 그림자처럼 덧없이 지나갑니다.
> 그런 사람에게서 살피실 일이 무엇이며
> 법정에서 잘잘못을 가릴 일이 무엇입니까? (〈욥기〉, 14, 1-3)

이렇듯 비참한 처지의 '욥-비용'의 모습은 벗들에게 도움을 청하던 〈벗들에게 보내는 서한〉에서 묘사된 바 있다. 하지만 《유언의 노래》의 경우, 비용은 자신을 직접적으로 제2의 욥으로 그리지는 않으며, 그 대신 성서의 〈욥기〉를 인용하거나 간접적인 암시를 통해 자신의 처지를 욥의 그것에 비유한다. 비용은 단일한 면모의 '욥', 즉 '인내'와 '순종'의 전형으로서의 '욥'의 모습을 택하는 대신, 다양한 욥의 모습들을 그린다. 친구와 타인들 나아가 가족과 아내의 조롱과 비난, 경멸과 무시를 감내해야 하는 '욥', "조롱거리가 되고 비웃으며 수군거리는 대상"(〈욥기〉, 30, 9)이 된 지극히 미약한 자로서의 '욥', 고초와 불행에 시달려 "살갗은 까맣게 벗겨"졌으며(〈욥기〉, 30, 30) 연민과 동정을 불러일으키는 처참한 몰골의 '욥', 자신의 괴로움과 절망, 이해할 수 없고 해결할 수도 없는 답답함을 토로하며 끊임없이 계속되는 '침묵의 세계'의 닫힌 문을 울며 두드리는 '욥'의 모습이 재현되며, 여기에 '지혜의 추구'와 '무고한 자의 복권'이라는 〈욥기〉 본래의 특성이 더해진다. 《유언의 노래》에서 비용은, 고난과 불행의 정점이나 고통스러운 처지를 이야기하는 부분에서가 아니라, 과거의 젊은 시절 그리고 시간의 흐름과 후회를 말하는 부분에서 〈욥기〉의 내용을 인용하며, 이러한 인용은 '죽음'에 대한 논의로 무리 없이 이어진다.

주교 티보 도시니에 대한 분노와 루이 11세에 대한 찬사를 표명한 다음, 비용은 자신의 유언에 관해 이야기를 꺼낸다. 비용은 《유언의 노래》의 시작 부분에서 제시되었던 개인적이고 주관적인 시간 지표와 객관적이고 연대기적인 시간 지표를 하나로 묶어 다시 제시하며, 이러한 '시간'의 제시에는 이제 '회한과 희망'의 성격이 깃들게 된다.

> 내가 이를 〔유언을〕 쓴 것은 1461년,
> 국왕께서 묑의 가혹한 감옥에서
> 나를 자유롭게 풀어 주시고,
> 또 생명을 되살려 주신 때이니,
> 그렇기에 나는, 내 심장이 살아 뛰는 한,
> 그분에게 겸허히 복종해야 할 것이며,
> 죽을 때까지 그리 하리라.
> 그분의 은사를 망각해서는 아니 되기에. (T, XI, vv. 81-88)[81]

구력舊曆 1461년은 1462년 4월 17일에 끝나지만, 비용이 감옥에서 풀려난 것은 1461년 9월의 일이다. 1461년 8월 15일에 랭스Reims에서 대관식을 올린 루이 11세는 투르Tours를 거쳐 동년 9월 2일 금요일에 묑-쉬르-루아르Meung-sur-Loire를 지나게 되며, 이 행차로 인해 비용은 자유의 몸이 된다.

81 "Escript l'ay l'an soixante et ung,/Lors que le roy me delivra/De la dure prison de Mehun,/Et que vie me recouvra,/Dont suis, tant que mon cueur vivra,/Tenu vers luy m'usmilier,/Ce que feray jusqu'il moura:/Bienfait ne se doit oublier."

감옥에서 그가 겪었던 고초는 84행의 표현만으로도 쉽게 짐작할 수 있다. 필사본 *F*와 인쇄본 *I*는 'mourir' 동사의 3인칭 미래 형태인 'mourra'로, 필사본 *A*와 *C*는 'moura'로 표기하고 있는 87행의 경우, 주체를 명확하게 밝히지 않고 이를 단지 "죽을 때까지"로만 옮긴 것은 지금까지 여러 연구자들이 개진했던 이중의 의미를 모두 포괄하기 위함이었다.

87행은 연구자들이 많은 이견을 보였던 대목이다. 파리스는 이를 'movoir' 동사인 'mouvra'로 보아야 하며, 따라서 주어를 비용으로 보아 '내 심장이 뛰는 한'으로 해석해야 한다는 견해를 밝힌 바 있다(Gaston Paris$_2$, 371). 이에 대해 풀레는, 파리스의 의견을 따를 경우 같은 내용을 두 행에 걸쳐 말하는 것이기에, 필사본에서 제시된 형태를 그대로 유지하는 것이 타당하리라고 보았다.[82] 한편 뷔르제는 대명사 'il'이 지칭하는 것은 '내[비용의] 심장'이기에 이를 'movra'로 읽어야 한다는 의견을 보였고,[83] 네리는 'ouvrer'의 3인칭 과거 형태인 'm'ouvra'로 읽을 것을 제안하기도 했다(JTH, 43).[84] 한편 'il'이 지칭하는 바는 '비용의 심장'과 '국왕' 모두 가능하며, 이러한 표현에는 애매성을 인정할 수밖에 없다는 견해를 리슈네와 앙리 등이 밝힌 데 반해(RH$_2$, 25; JCM, 213), 티리는 'il'이 '비용의 심장'을 받는 것이 더 타당하다 보았고, 이 부분을 "내 심장이 멎는 날까지 국왕 폐하를

---

82 "Mais si l'on lit *movra*, il en résulte qu'à deux vers d'intervalle Villon dit la même chose en des termes presque identiques: [...] Ce serait, pour ne rien dire de plus, une gaucherie dont on aurait peine à trouver un autre exemple dans le reste du *Testament*. Il vaut mieux conserver le texte des manuscrits. En voulant corriger, on oublie que Villon vient de souhaiter au roi de vivre autant que Mathusalem. Il se souvient de ce vers quand il nous dit, avec un sourire: «Je m'en sentirai tenu envers lui jusqu'au jour de sa mort.»"(Lucien Foulet, "Notes sur le texte de Villon", *Romania*, 42, 1913, p. 508).

83 "La conjonction *jusques* ne se retrouve qu'une fois (T1387), avec le subjonctif. Mais *tant que*, chez Villon, n'a par ailleurs que le sens de «aussi longtemps que» ou «à tel point que»; il semble donc, si on l'adopte, qu'il faille interpréter le *moura* de *AC* par *movra*, ce qui n'est guère plausible puisque c'est justement *A* et *C* qui ont «jusque» [...] Je suis d'avis que *il* se rapporte à *mon cuer* du vers 85, et non à *luy* du vers 86."(Burger$_2$, 16).

84 "[...] ma leggo «m'ouvra», (la forma «ouvrer» ha riscontro in *T*, 1714) [...]"(*Le Lais. Le Testament et les Ballades*, éd. Ferdinando Neri, Torino, Chiantore, 1944; Torino, Bottega D'Erasmo, 1963, p. 49).

경배하리라"라고 풀이하였다(CT, 96). 그러나 티리의 의견을 따를 경우, 85행의 의미와 87행의 그것이 단순히 반복된다는 점에서, 문제의 'il'은 '국왕 루이 11세'를 지칭하는 것이 더 타당하리라 판단된다. 따라서 '국왕께서 붕어崩御하실 때까지'로 이 구절의 의미를 이해하는 것이 적절할 듯하다.[85]

> 나 자신, 약함을,
> 건강상보다는 금전상 더 느끼기에,
> 내 지각과 분별력이 온전한 때,
> (비록 변변치 않으나 신이 빌려 주신,
> 내가 그 외의 사람들에게 빌린 적이 없으니,)
> 내 최후의 유지遺志,
> 전체가 유효하기로는 단 하나의 것이자 취소 불가능한,
> 이 확고한 최종 유언을 작성한다. (T, X, vv. 73-80)[86]

유언을 남기고자 하는 이유로 들기에는 매우 희화적이고 기이한 이 대목에서, 비용은 당시 실제 유언장의 형식과 표현들을 그대로 흉내내고 있다. 유보와 반복적인 표현을 통해, 비용은 실제 유언에서 관례적으로 사용되는 표현들에 아이러니컬한 뉘앙스를 부여한다($RH_2$, 24). "나 자신, 약함을" "느끼기에"라는 말은 자신이 미약하기 그지없는 존재임을 암시하는 것 외에도, 성서의 내용(〈요한복음〉, 19, 28)을 즉각적으로 연상시키는 《유언의 노래》 후반부의

> 나는 〔임종 말기의〕 갈증이 다가오는 것을 알고 있으니,

85 아이러니컬한 의미로 해석할 경우, 비용이 국왕이 어서 죽기를 바라는 것인지, 아니면 자신이 지금 임종을 앞두고 있기 때문에 국왕을 경배할 시간이 얼마 남지 않았음을 말하는 것인지가 불분명해지며, 또한 '어진 왕'이라는 말을 통해 이미 숨을 거둔 루이 11세의 부친 샤를 7세를 이야기하는 것인지 여부도 불분명하게 된다는 점을 부기할 필요가 있다.

86 "Pour ce que foible je me sens,/Trop plus de biens que de sancté,/Tant que je suis en mon plain sens,/Sy peu que Dieu m'en a presté,/Car d'autre ne l'ay emprunté,/J'ay ce testament tres estable/Fait, de derreniere voulenté,/Seul pour tout et inrevocable."

솜같이 하얗게, 공처럼 큰
담을 내뱉고 있다. (T, LXXII, vv. 729-731)

라는 대목이나

내 심장이 약해지는 것이 느껴진다,
더는 입을 놀릴 수 없구나.
프레맹이여, 어서 내 침상 곁에 앉으라,
누가 와서 내 말을 훔쳐 듣지 못하도록.
어서 잉크와 펜과 종이를 집어,
내가 말하는 것을 빨리 기록하고,
이어서 그것을 세상에 널리 전파하라. (T, LXXIX, vv. 785-791)[87]

고 당부하는 부분을 떠올리게 한다.

이제 《유언의 노래》의 8행시 XII부터 시의 내용은 일종의 '내적 고백'과 심경의 토로, 그리고 각성으로 이루어지는 전환점을 돈다.

사실, 시름과 한탄, 눈물,
그리고 고통스러운 신음 후에,
비참과 고통,

87 비용의 서기 프레맹은 'Frémiz le May'라는 인물로 추정되기도 하지만(TH, II, 196; $RH_2$, 116-117), 실존 인물이 아니라 비용이 만들어 낸 가상의 인물이라 볼 수 있다. 이 부분에 대해 연구자들은 비용이 피에르 드 오트빌의 영향을 받았을 가능성도 있다고 보았다: "Sus, mon clerc, il te fault penser./Apporte moy encre et papier/Et escry cy mon ordonnance/Et pense tost de t'avancer/Sans aucunement deslayer/Ce que dray a ma plaisance."(CTPH, 95, vv. 727-732). 위에서 언급한 피에르 드 오트빌의 작품은 1450년 이전에 만들어진 것으로 추정된다(*Le Jardin de plaisance et fleur de rhétorique*, t. II: Introduction et notes, par E. Droz et A. Piaget, Paris, 1925, p. 315). 슬픔으로 죽은 연인이 '사랑'을 부정하고 나서 본격적인 유언을 시작하는 것처럼, 비용 역시 《유언의 노래》에서 사랑을 부정한 후 본격적인 유언을 시작한다. 한편 비들러의 지적에 의하면, 피에르 드 오트빌의 작품에서 727-732행은 모든 필사본에 누락되어 있다고 한다. 여기에 대해서는 $RH_2$, 118; CT, 152; JCM, 232; $Rychner_1$, 272-274 등을 참조.

고역과 고충의 방황 후에,
시련은, 실공처럼 둔한,
내 아둔한 사고를,
아리스토텔레스에 대한 아베로에스의 주석
일체보다 더 깨우쳐 열어 주었다. (T, XII, vv. 89-96)[88]

89행의 "Or est vray"라는 표현의 경우, "특별한 접합이 필요 없이, 어느 자리에나 올 수 있는" 표현이라는 입장을 보였던 시칠리아노의 의견에 대해(Siciliano$_2$, 72), 리슈네는 이 표현이 원래 법정의 소송 용어이며, '일반적인 내용에서 특수하고 개별적인 내용으로의 전환'을 알리는 데 사용되었음을 여러 예들을 통해 지적하였다. 따라서 《유언의 노래》의 8행시 XI에서 XII로의 이행에서 이러한 표현을 사용한 것은 '유언의 작성'이라는 큰 계획에서 '본격적인 유언의 실행'으로 넘어간다는 사실을 알리는 것이 된다(Rychner$_1$, 265-275; RH$_2$, 25-26). 샤를 도를레앙이라면 자신이 겪었던 고통과 신음을 각인시키기 위해 궁정풍 '알레고리'의 세계로 침잠하여,

매우 비참한 무도가 벌어지는
**두려움**의 거처 안에서,
**근심**, **노년**, **비탄**이, (CCCCXXII, vv. 1-3)[89]

춤을 추고 있으며, "**불행**이라는 이름의 북치는 자"("Le tabourin nommé Maleur", v. 5)의 혼란스런 박자에 맞추어 "그러고는, 음악도 화음도 없이, 눈물의 노래를 부르는"("Puis chantoient chançons de Pleur,/Sans musicque, ne accordance;", vv. 9-10) 정경이라 표현했거나,[90] 아니면

88 "Or est vray qu'aprés plains et pleurs/Et angoisseux gemissemens,/Aprés tritresses et douleurs,/Labeurs et griefz cheminemens,/Travail mes lubres sentemens,/Esguisez comme une pelocte,/M'ouvrist plus que tous les commens/D'Averroÿs sur Arristote."
89 "Dedens la maison de Douleur,/Ou estoit trespiteuse dance,/Soussy, Viellesse et Desplaisance,"

탄탈로스도 결코 알지 못하리,
이렇듯 괴로운 삶은.
남들이 무엇이라 말할지라도,
수도사, 은자隱者, 은둔자라 해도.
다이달로스의 감옥과도 같구나! (〈롱도 CCCCXI〉, vv. 9-13)[91]

라는 탄식을 통해, 헤어날 수 없는 미궁에 빠진 비극적이고 신화적인 차원의 '우수'를 강조했겠지만, 비용은 그저 자신의 몸으로 직접 체험한 삶의 경험이 학교에서 배웠던 모든 것보다 더 많은 것을 알려주었음을 말할 뿐이며,[92] 이러한 그의 말에는 어느 정도의 우스꽝스러움마저 담겨져 있다.

비용은, 마치 우리 눈으로 그 모든 과정들을 직접 볼 수 있었던 것처럼, 모든 정황을 하나의 고유명사만으로 재현해 낸다(Fox$_2$, 24). 그러나 이러한 그의 말은 일반적이고 전통적인 생각과는 사뭇 동떨어진 것이며, 여기에는 일종의 아이러니가 포함되어 있다. 왜냐하면 비용의 "아둔한 사고를" "깨우쳐 열어 주었"던 "시련"에 '투옥'과 그로 인한 '고통'이 포함되지 않을 리 없건만, 이미 《유언의 노래》의 3-4행에서 "수없는 고초를 겪었음에도 불구하고, 전적으로 어리석지도 그렇다고 전적으로 현명하지도 않다"고 자신의 상태를 말한 바 있기 때문이다.

하지만, 내 비참함의 가장 밑바닥에서,
한 푼도 없이 여행하고 있을 때,
복음서가 전하듯,

90 CdO$_1$, 536-537; CdO$_2$, 688-689; CdO$_3$, 92.
91 "Oncques ne fut Tantalus/En si trespeneuse vie,/Ne, quelque chose qu'on die,/Chartreux, hermite, ou reclus:/C'est la prison Dedalus!" (CdO$_1$, 529).
92 당시의 대학 교육과 교과 내용에 대해서는 Favier, 58을 참조. 중세의 대학 및 식자층에 대해서는 Jacques Verger, *Les Universités au Moyen Âge*, Paris, P.U.F., 1973; 2007; Jacques Verger, *Les gens de savoir dans l'Europe de la fin du Moyen Âge*, Paris, P.U.F., 1997; Alain Corbellari, *La Voix des clercs. Littérature et savoir universitaire autour des dits du XIII^e^ siècle*, Genève, Droz, 2005를 참조.

엠마우스의 순례자를 위무慰撫하신 신은,
내게 복된 도시를 보여 주시고,
또 '희망'이라는 선물을 베푸셨도다.
그 죄가 아무리 추악하다 해도,
신께서는 악에 대한 집착만을 미워하시기에. (T, XIII, vv. 97-104)[93]

성서에서 '엠마우스의 순례자'에 관한 내용은 예수의 부활에 대한 이야기 다음에 이어진다. 〈마르코 복음〉에서는 "그 뒤 제자들 가운데 두 사람이 시골로 가고 있을 때에 예수께서 다른 모습으로 그들에게 나타나셨다./그 두 사람도 돌아와서 다른 제자들에게 이 소식을 전했으나 그들은 그 말도 믿지 않았다."(16, 12-13)라는 간략한 내용이 기술될 뿐이지만, 〈루가복음〉(24, 13-35)에서는 다음과 같이 보다 자세하게 전모가 이야기된다.

> 바로 그 날 거기 모였던 사람들 중 두 사람이 예루살렘에서 한 삼십리쯤 떨어진 곳에 있는 엠마오라는 동네로 걸어가면서/이 즈음에 일어난 모든 사건에 대하여 말을 주고받고 있었다./그들이 이야기를 나누며 토론하고 있을 때에 예수께서 그들에게 다가서서 나란히 걸어가셨다. 그러나 그들은 눈이 가려져서 그분이 누구신지 알아보지 못하였다. 〔…〕
>
> 예수께서 함께 식탁에 앉아 빵을 들어 감사의 기도를 드리신 다음 그것을 떼어 나누어 주셨다./그제서야 그들은 눈이 열려 예수를 알아보았는데 예수의 모습은 이미 사라져서 보이지 않았다./그들은 "길에서 그분이 우리에게 말씀하실 때나 성서를 설명해 주실 때에 우리가 얼마나 뜨거운 감동을 느꼈던가!" 하고 서로 말하였다. (〈루가복음〉, 24, 13-16, 30-32)

비용이 101-102행에서 언급한 '복된' 도시에 대해, 몇몇 연구자들은 부

93 "Combien, au plus fort de mes maulx,/En cheminant sans croix ne pille,/Dieu, qui les pelerins d'Esmaulx/Conforta, ce dit l'Euvangille,/Me monstra une bonne ville/Et pourveut du don d'esperance:/Combien que pechiez soit ville,/Riens ne het que perseverance."

르봉 공작의 가문家紋이 'Esperance'라는 점을 근거로 삼아, 비용이 물랭 Moulins을 염두에 둔 것이라는 입장을 보였다.[94] 그러나 이러한 해석은 '희망'을 도시의 속사처럼 사용한 필사본 *C*에 기초하였을 경우에만 가능하다. 쿤은 신이 비용에게 보여 준 도시가 일반적인 의미에서 모든 순례자 기독교인들이 가도록 정해진 곳인 '신의 왕국*civitas Dei*'이라 보았고(Kuhn, 145-146), 그 근거로 성서의 다음과 같은 부분을 인용하였다.

> 그러나 실지로 그들이 갈망한 곳은 하늘에 있는 더 나은 고향이었습니다. 그래서 하느님께서는 그들이 당신을 자기들의 하느님이라고 부르는 것을 수치로 여기시지 않고 오히려 그들을 위해서 한 도시를 마련해 주셨습니다. (〈히브리서〉, 11, 16)

페인D. A. Fein은 98행의 'sans croix ne pille'이라는 표현이 '무일푼'이라는 경제적인 처지뿐만 아니라, "비참함의 가장 밑바닥에서" '십자가도 없이' 고달픈 여정을 가는 자가 드러내게 되는 '믿음'의 부재, 다시 말해 '신앙'의 상실을 의미한다는 견해를 밝혔다. 페인의 논지에 의하면, 비용의 '정신적인 공황 상태'를 보여 주는 이 구절은 빈곤과 육체적인 역경, 고통 속에서 일종의 '전환'이 이루어짐을 암시하는 것이 된다. 비용이 '죄악의 상태'에서 '믿음과 신앙의 상실'로, 이어서는 '구원에 대한 희망'과 '참회를 통한 구원의 상태'로 나아가는 과정을 기술하고 있다고 본 페인의 의견에 대해,[95] 최근 피킨스는 부활절 시기의 전례와 8행시 XI-XIII의 공통점을 새롭게 조망한 바 있다. 피킨스는 엠마오가 두려움과 의구심으로부터의 피난처이자 눈이

94 "*Espérance* était la devise des Bourbons, et le poète joue ici sur les mots, suivant son usages. [...] Malgré les bonnes relations qu'atteste le ton de cette pièce, Villon, soit par inquiétude naturelle, soit à la suite de quelque nouvelle incartade, ne reste pas auprès du duc Jean."(Gaston Paris$_1$, 61); "Il fut aussi accueilli «au plus fort de ses maux» par le duc Jean II de Bourbon."(Dauvillier, 289).

95 David A. Fein, "Villon on the Road to Emmaus: Stanza XIII of the *Testament*", *Fifteenth-Century Studies*, 19, 1992, p. 31.

열리고 마침내 깨닫게 된 두 제자들이 그들을 사로잡던 두려움에서 해방된 곳이며, 마침내는 다시 예루살렘으로 되돌아오는 전환점임을 지적하였다. 피킨스는 "엠마우스의 순례자"라는 표현을 통해 비용이 강조하고자 했던 것이 다름 아닌 순례자들의 예루살렘으로의 귀환이며, 이러한 의미에서 신이 비용에게 보여 준 '복된 도시'는, 프랑스의 예루살렘인 '파리'일 수밖에 없다는 의견을 제시했다.[96]

신이 '악에 대한 집착', 즉 죄악을 계속 저지르면서 무감각해지고, 자신의 잘못과 죄악을 뉘우치려 하지 않으며, 악의 구렁텅이에서 벗어나려 애쓰지 않는 자만을 미워한다는 말은, 그래서 비용 자신도 희망을 품을 수 있었음을 암시하는 동시에 이어지는 다음 8행시의 전주가 된다.

> 나는 죄인이니, 나도 그 점을 잘 알고 있다,
> 하지만 신께서는 내 죽음을 원하지 않으시고,
> 죄에 빠진 다른 모든 사람들에게도 바라시듯,
> 내가 회개하고 올바르게 살기를 원한다.
> 내가 죄를 범한 채 죽는다 하더라도,
> 신은 보고 계시며, 또 그분의 자애로움은,
> 내가 양심의 가책을 느끼게 될 때,
> 은총으로 나를 용서해 주신다. (T, XIV, vv. 105-112)

비용은 여기서도 성서의 내용을 염두에 두고 있으며, 성서의 권위와 효과를 십분 활용한다.

> 내가 한 죄인에게 '너는 사형이다.'라고 유죄 판결을 내렸는데, 네가 그 죄

96 Rupert T. Pickens, "Villon on the Road to Paris: Contexts and Intertexts of Huitain XIII of the *Testament*", in *Conjunctures. Medieval Studies in honor of Douglas Kelly*, edited by Keith Busby and Norris J. Lacy, Amsterdam-Atlanta, Rodopi, 1994, pp. 444-447. 이 부분은 성서의 〈사도행전〉(9: 3-19)과도 관련성이 없지 않다.

> 인에게 버릇을 고치라고 타일러주지 않았을 경우에는 그 죄인은 자기 죗값으로 죽겠지만 그 사람이 죽은 책임을 나는 너에게 지우리라. 〔…〕 일러주어라. '내가 맹세한다. 죄인이라고 해도 죽는 것을 나는 기뻐하지 않는다. 주 야훼가 하는 말이다. 죄인이라도 마음을 바로잡아 버릇을 고치고 사는 것을 나는 기뻐한다. 그러나 너희는 돌아오너라. 나쁜 버릇을 고치고 돌아오너라. 이스라엘 족속아, 어찌하여 너희는 죽으려고 하느냐!' 〔…〕 그러나 나에게 사형을 선고받은 죄인이라도 자기 죄를 청산하고 돌아와 올바로 살기만 하면 죽지 아니하리라. (《에제키엘》, 33, 8, 11, 14)

진실한 마음으로 개심하든, 권고를 통해 행실을 바르게 고치든 간에, 만유의 신이 항상 "보고 계시며"("Dieu vit, et sa misericorde,", T, XIV, v. 110), 이를 구분하고 심판한다는 점을 강조하면서, 비용은 자신도 신의 은총으로 용서받게 될 것임을 말한다. 그러나 비용은 자신이 죄인임을 강조할 뿐("Je suis pecheur, je le sçay bien,", T, v. 105), 자신이 어떤 잘못들을 범했는지에 대해서는 아무런 언급도 하지 않는다. 비용이 전면에 제시하는 107행의 '회심' 앞에서 그가 저지른 구체적인 과오들은 소리 없이 자취를 감춘다. 이윽고 '죄'는 '삶'과 '죽음'에 대한 생각으로 넘어가며, 필연적으로 '시간'에 대한 인식과 성찰로 나아간다.

《유언의 노래》를 구성하는 중심축 가운데 하나이며, 그 흐름을 끊어지지 않고 계속 이어지게 하는 '시간의 물레'는 크게 세 가지 모습으로 나타난다. 첫 번째는 '개인적 시간'으로, 그 주안점은 과거의 지나간 시간들, 대부분 불행하고 비참했던 시간들에 맞추어져 있으며, 이를 통해 현재는 과거의 결과로 제시된다. 두 번째 모습은 '역사적 시간'에 해당한다. 자신에게 한정되었던 시간은 보다 넓은 광의의 시간, 즉 자신과 자신이 속한 세대를 포함하는 모든 인간의 삶으로 확장되며, 이러한 맥락에서 개인은 지극히 미소한 존재로 그려지게 된다. 세 번째는 '가상의 순간'으로, 여기서는 삶과 죽음이 서로 조우하고 교차된다. 이러한 세 가지 시간들은 독립적으로 모습을 드러내지만, 경우에 따라서는 여러 시간들이 함께 중첩되다가 하나의 시간만 이 전면에 떠오르기도 하며, '시간의 파괴력'을 여실히 보여 주는 '노년'과 '죽음' 등의 변주된 형태로 모습을 드러내기도 한다.[97]

비용은 8행시 XXII에서 자신의 지나가 버린 젊음을 그리워한다. 일면 갑작스런 시상의 변화로도 볼 수 있는 8행시 XXII로의 이행은 167-168행의 내용에 기초한 것으로, 여기서 비용은 '빈궁'의 원인과 결과를 제시하며, 자신의 뒤늦은 각성을 이야기한다. 물론 이 부분 역시 비용의 '자기 변론'의 연장선상에 위치하지만, 그는 앞선 8행시들에 비해 '덜 논증적으로', 보다 '감성적'으로 호소하면서, 자신이 말하고자 하는 바를 애절하고 비통하게 전달한다.

> 나, 청춘 시절을 애통하게 후회하니,
> 노년의 입구에 이르기까지,
> 그동안, 다른 누구보다도 향락의 삶을 살았건만,
> 청춘 시절은 자신이 떠나는 것을 내게 숨겼어라.
> 두 발로 걸어서 가 버린 것도 아니고,
> 말을 타고 가 버린 것도 아니라, 아! 그렇다면 어떻게?
> 돌연 날아가 버렸고,
> 내게는 어떤 시혜도 남기지 않았구나. (T, XXII, vv. 169-176)[98]

《장미 이야기》의

> 〔…〕 **노고**와 **고통**의 집에 **노년**이 묵고 있습니다. 그런데 **노고**와 **고통**이 **노년**을 밧줄과 쇠사슬로 묶어 놓고 어찌나 심하게 때리고 고문하는지 **노년**은

97 이상의 논의는 대부분 $Fein_1$, 470-472의 요약·정리임을 밝힌다.

98 "Je plains le temps de ma jeunesse,/Ouquel j'ay plus qu'autre gallé/Jusqu'a l'entree de viellesse,/Qui son partement m'a cellé:/Il ne s'en est a pié alé/N'a cheval, helas! comment don?/Soudainement s'en est vollé/Et ne m'a laissié quelque don."

> 죽음이 임박했다는 것을 느끼고 자신의 삶을 뉘우치고 싶어합니다. 그처럼 이들은 **노년**에게 고통을 강요하는 것이지요. 때늦은 바로 이 후회의 순간에 이르러서야, 힘없고 늙어 백발이 된 자신을 보면서, **노년**은 비로소 자신의 지난날들을 헛되게 낭비하도록 만든 **청춘**에게 완전히 속았다는 것을 깨닫게 됩니다. 그리고 미래의 구원을 받지 못한다면 자신의 삶이 끝이라는 것을 알게 됩니다. 〔…〕[99]

라는 부분을 떠올리게 하는 8행시 XXII에서, 비용은 '청춘 시절'을 신의 없고 불성실한 친구처럼 제시하는 우의적인 표현과 시각적인 생생한 재현을 통해, 지난날을 회상해 본 사람이라면 누구나 공감할 수 있는 '감성적'인 측면에서의 공감대를 이끌어 낸다. 비용은

> 시간은 잠시도 쉬거나 멈추지 않고 흐르며 우리를 피해 슬그머니 도망가 버려, 보기에는 늘 한 곳에 멈추어 있는 것 같지만, 사실은 단 한순간도 멈추지 않고 지나가 버립니다. 〔…〕 제자리에 머물 수 없는 시간은 되돌아오는 일 없이 가 버립니다. 단 한 방울도 역류하는 일 없이 흘러 내려가는 물처럼 말입니다. 쇠라도, 또 아무리 단단한 것이라도, 시간에 저항할 수 있는 것은 아무것도 없으니, 왜냐하면 시간이 모든 것을 부식시키고 집어삼키기 때문입니다.[100]

라는 진리를 통해, 지금까지 자신의 개인적인 차원에서 서술되었던 이야기

---

99 "[...] Travaill et Douleur la herbergent,/mes il la lient et l'enfergent/et tant la batent et tourmentent/que mort proichaine li presentent,/et talent de soi repentir,/tant li font de flaeaus sentir./Adonc li vient en remenbrance/an ceste tardive presence,/quant el se voit foible et chanue,/que malement l'a deceüe/Jennece, qui tout a gité/son preterit an vanité,/et qu'el a sa vie perdue,/se du futur n'est secourue,[...]"(RdR, vv. 4493-4506).

100 "Li tens, qui s'en vet nuit et jor/sanz repox prendre et sanz sejor,/et qui de nos se part et emble/si celeement qu'il nos semble/qu'il s'areste adés en un point,/et il ne s'i areste point,/ainz ne fine de trespasser, [...] li tens, qui ne puet sejorner,/ainz vet torjorz sanz retorner/con l'eve qui s'avale toute/n'il n'en retorne ariere goute;/li tens, vers qui neant ne dure,/ne fers ne chose tant soit dure,/car tens gaste tot et menjue;"(RdR, vv. 361-377).

들을 부지불식간에 모든 인간에게 적용될 수 있는 일반적인 차원의 이야기들로 돌려놓는다.

설령 앞서 이야기되었던 비용의 논증적인 주장들이 독자의 동정과 지지를 끌어내는 데 실패했다 하더라도, 유한한 인간이라면 누구나 한 번쯤은 시간의 덧없음과 어느새 돌이킬 수 없는 처지에 이르게 된 자신을 생각해보고 탄식했을 터이기에, 지금부터 전개되는 매우 정교하게 짜여진 감성의 그물은 무쇠 같은 마음의 독자들이라도 비용에게 우호적인 태도를 취하게 만든다(Fox$_2$, 35-36).[101] 1929년, 박술음朴術音이

> 靑春은 모르는새 흘너갓스니
> 그時節생각코 나는痛哭합니다
> 뉘보다도 즐긴 靑春의時節
> 설어워라 老衰가侵犯하네요
> 靑春은 발로 거러간것안이고
> 말타고 달닌것도 안이람니다
> 그러면 엇써케? 오! 날너갓지요
> 그리고서 永永히 不再還이야요.[102]

라고 이 부분을 번역한 바에서도 알 수 있듯이, 연구자들을 비롯한 거의 모든 독자들이 8행시 XXIII의 '비장함'과 '심정적인 호소'에 주의를 기울였고,[103] 그 결과 비용이 의도했던 바가 훌륭히 이루어진다.

> 청춘은 가고, 나는 남는다.

---

101 아울러 8행시 XXII에 대해서는, Alain-Guy Jacob, "Actualité de Villon. Contribution à l'analyse textuelle d'un passage du *Testament* de François Villon, vv. 169-176", in *Mélanges offerts à Rita Lejeune*, Gembloux, J. Duculot, 1969, II, pp. 1427-1431을 참조.

102 朴術音, 〈早熟詩人《채터튼》의 설음〉, 《學生》, 第壹卷 第五號, 昭和 四年, p. 41.

103 다자이 오사무太宰治 역시 1940년 발표한 《걸식 학생》에서 비용의 이 구절을 그대로 인용하고 있다. 우리말 번역의 경우, 다자이 오사무, 《여자의 결투》, 노재명 옮김, 하늘연못, 2005, p. 127을 참조.

분별은 초라하고, 지식도 그러하며,
비통하고, 좌절하며, 뽕나무 열매보다 더 검고,[104]
수중의 돈도, 지대地代 수입도, 아무런 재산도 없다.[105]
(T, XXIII, vv. 177-180)

아폴리네르의 〈미라보 다리Le Pont Mirabeau〉의 유명한 구절, "세월은 가고 나는 남는다"("Les jours s'en vont je demeure", v. 12)를 떠올리게 하는 이 부분에서,[106] 비용은 슬픔과 그로 인한 창백함, 좌절과 낙담, 육체적인 쇠약과 붕괴를 드러내는 더없이 침울하고 어두운 얼굴과 신체를 기술한다. 당장 쓸 현금도 수중에 들어오게 될 확실한 돈도 없는 자신의 신세, 영주의 부과조賦課租를 비롯한 어떤 수입도 없으며 아무것도 기대할 수 없는 자신의 처지를 이야기함으로써(CT, 104), 비용은 "무화과도 대추야자 열매도 먹지 않았건만, 소제용 솔처럼 마르고 까만", 그리고 "금새 없어질 터인 몇 푼의 돈밖에는" 가진 것이 없던 《유증시》의 모습에 '비통함'과 '좌절'을 더한다. 《유증시》의 "명성 높은 비용"은 이제 《유언의 노래》의 시작에서는 '초라한 분별과 지식'의 소유자로 바뀐다.

나도 잘 알고 있으니, 어리석었던 청춘 시절,
학문에 열중하고,

104 리슈네와 앙리는 그 의미를 'affreusement sombre'로 풀이한다(RH$_2$, 34). '정도의 강함intensité du degré'을 표현하기 위해 흔히 상용되던 표현으로, 장 르 페브르Jean le Fèvre의 "Car j'ai le cuer plus noirs que meure"라는 예 외에도 《에렉과 에니드》의 "les cols noirs con une more,"(Chrétien de Troyes, *Erec et Enide*, édition critique d'après le manuscrit B.N. fr. 1376, traduction, présentation et notes de Jean-Marie Fritz, Paris, Librairie Générale Française, 1992, v. 6789), 기욤 드 마쇼의 "tu me fais a cuer plus noir que meure"(DLMF, 570) 등의 예를 찾아볼 수 있다.

105 "Alé s'en est, et je demeure,/Povre de sens et de savoir,/Triste, failly, plus noir que meure,/Qui n'ay ne cens, rente n'avoir."

106 Apollinaire, *Œuvres poétiques*, préface par André Billy, texte établi et annoté par Marcel Adéma et Michel Décaudin, Paris, Gallimard, 1965, p. 45. 우리말 번역의 경우, 기욤 아폴리네르, 《알코올》, 황현산 옮김, 열린책들, 2010을 참조.

바른 몸가짐에 전념했더라면,
집과 포근한 잠자리를 가졌을 것을…
그런데 어쩌랴! 나 학교를 도망 나왔으니,
못된 아이가 그러하듯이.
이 말을 쓰다 보니,
내 심장 금방이라도 터질 것만 같구나. (T, XXVI, vv. 201-208)

지난날 성실히 학업을 수행했을 경우 그에게 보상으로 부여되는 것은, 심원한 지식이나 지혜, 정신적인 성숙이 아니며, 〈프랑 공티에에 대한 반론〉의 "훌륭히 자리 깔린 방안", 따뜻한 "잉걸불"과 "부드러운 솜털 이불"을 떠올리게 하는 물질적인 풍요와 안락함이다. 그러나 이러한 비용의 탄식을 곧이곧대로 믿기는 어렵다. 비용은 이미 대학의 학사 학위를 취득했으며, 그의 운명이 내리막길로 들어선 것은 학위를 받은 이후이기 때문이다(CT, 106). 8행시 XXVI 이후, 비용이 거론하는 예전의 벗들의 '현재의 지위와 처지' 역시 물질적인 면이 강조되어 나타나며, 그의 후회는 물질적인 안락함을 얻을 수 있었던 '기회의 상실'을 강조한다. 지나간 과거와 흘러간 시간, 그리고 자신의 현재의 처지를 돌이켜 봄으로써, 《유언의 노래》의 화자는 현재 그리고 미래의 '죽음'으로 시상을 발전시킨다. 그러나 이러한 '죽음의 무도'를 향한 발걸음에는 '만인평등'의 죽음을 통한 '자기 위안'과 자신의 물질적인 빈곤에 대한 '자위'의 모습 역시 깃들어 있으며, 자신의 '빈곤'에 대한 일종의 강박 관념은 이후의 내용 전개를 촉발시키는 추진력이 된다.[107]

나의 하루하루는 재빨리 지나간다,
베 짜는 이가 손에 불붙은 지푸라기를 쥐고 있을 때의
천자락의 실밥이 그러하듯.
욥은 이렇게 말했으니,

107 이에 대해서는 $\text{Freeman}_0$, 59-70을 참조.

튀어나온 실밥이 조금이라도 있으면,
금새 한순간에 이를 없애 버린다.
그렇기에 어떤 일이 내게 밀려와도, 나는 두려워하지 않으니,
이는 모두 죽음으로 끝나기 때문이다. (T, XXVIII, vv. 217-224)[108]

비용은, 원통하고 허무한 심정을 말하면서 "나의 나날은 베틀의 북보다 빠르게 덧없이 사라져 가고 만다"("Dies mei velocius transierunt quam a textente tela succiditur et consumpti sunt absque ulla spe", 〈욥기〉, 7, 6)고 탄식하는 욥의 이야기를 들어, 이야기를 전개해 나간다. 시간의 빠른 흐름과 그 파괴적인 특징을 비유적으로 강조하는 8행시 XXVIII의 내용에 대해(CT, 108), 토마는 성서의 다음과 같은 내용을 전거로 제시한 바 있다(JTH, 89).

나는 생각하였습니다.
이제 한창 살 나이에
저승의 문에 들어가야 하는구나.
남은 세월을 빼앗기고 마는구나.
[…]
나의 초막은 목동의 초막처럼 뽑혀
말끔히 치워졌습니다.
당신께서는 직조공이 천을 감아들이듯
나의 목숨을 감아들이고,
베틀에서 자르듯 자르십니다.
해가 떠도, 해가 져도
당신께서는 나를 보아주시지 아니하십니다. (《이사야서》, 38, 10-12)[109]

108 "Mes jours s'en sont alez errant,/Comme, dit Job, d'une touaille/Font les filletz, quant tixerant/En son poing tient ardente paille:/Lors s'il y a nul bout qui saille,/Soudainement il le ravit./Sy ne crains plus que riens m'assaille,/Car a la mort tout s'assouvit."

109 "ego dixi in dimidio dierum meorum vadem ad portas inferi/quaesivi residuum annorum meorum/[...] generatio mea ablata est et convoluta est a me quasi tabernaculum

시간의 돌이킬 수 없는 흐름과 모든 것을 흔적도 없이 사라지게 하는 힘은 "그 옛날 내가 자주 만났던 다정한 친구들은 어디에 있나"("Ou sont les gracïeux galans/Que je suivoye ou temps jadiz,", T, XXIX, vv. 225-226)라는 질문을 스스로에게 던지게 한다. 그리고 계속해서 8행시 XXIX-XXX에서,

또 어떤 이들은, 신이여 찬미받으소서,
대영주와 권위있는 사람이 되었고,
어떤 이들은 온통 헐벗은 채 구걸을 하니, (T, XXX, vv. 233-235)[110]

라는 구절을 통해, 예전 친구들의 천차만별의 모습을 이야기한다. 그러나 한순간, 지난날의 친구들에 대한 이야기에서 벗어나 수도사들의 호의호식을 거론함으로써, 비용은 8행시 XXXI-XXXII에서 약간의 탈선을 범하며, 이를 다음과 같이 변명한다.

내 본래 주제와는 아무 관련이 없는
이런 여담으로 들어가 버렸구나.[111]
나는 악행을 처벌하고 사면하는
재판관도 재판장도 아니고,
모든 이들 가운데 가장 불완전한 인간이라.
온유하신 예수 그리스도여 찬미받으소서!
그들이 나를 통해 보상을 얻기를.

---

pastorum/praecisa est velut a texente vita mea dum adhuc ordirer succidit me/de mane usque ad vesperam finies me"

110 "Et les autres sont devenuz,/Dieu mercy, grans seigneurs et maistres;/Les autres mendient tous nuz,"

111 프랑수아 비용의 작품과 '여담'의 문제에 대해서는 아직까지 깊이있는 연구가 이루어지지 않았으며, 후속 연구가 필요하다는 점만을 짚어 두도록 하자. '여담'의 문제에 대해서는 *La digression dans la littérature et l'art du Moyen Âge*, études réunies par Chantal Connochie-Bourgne, Aix-en-Provence, Publications de l'Université de Provence, 2005; Randa Sabry, *Stratégies discursives: digression, transition, suspens*, Paris, EHESS, 1992; Pierre Bayard, *Le Hors-sujet, Proust et la digression*, Paris, Minuit, 1996을 참조.

> 허나 내가 썼던 것은 이미 쓴 것일지니. (T, XXXIII, vv. 257-264)

"내가 썼던 것은 이미 쓴 것"("Ce que j'ay escript est escript.", T, XXXIII, v. 264)이라는 구절은

> 빌라도가 명패를 써서 십자가 위에 붙였는데 거기에는 "유다인의 왕 나자렛 예수"라고 씌어 있었다.
>
> 그 명패는 히브리 말과 라틴 말과 그리스 말로 적혀 있었다. 예수께서 십자가에 달리신 곳이 예루살렘에서 가깝기 때문에 많은 유다인들이 와서 그것을 읽어 보았다.
>
> 유다인들의 대사제들은 빌라도에게 가서 "'유다인의 왕'이라 쓰지 말고 '자칭 유다인의 왕'이라고 써붙여야 합니다." 하고 말하였으나
>
> 빌라도는 "한번 썼으면 그만이다." 하고 거절하였다.
>
> (〈요한복음〉, 19, 19-22)

는 성서의 한 대목을 떠올리게 하는 말이다($RH_2$, 42). 그러나 이 말의 속내는 자신의 유언이 '변경 불가능'한 것임을 말했던 것에 대한 암시에 그치지 않는다. 264행은 자신이 말한 것을 철회하거나 취소하지 않고 변함없이 주장하려는 그의 확고한 의도를 보여 주는 것이며, 그러는 동시에 성서의 권위를 빌린 짧은 한 줄로 자신의 이유 없는 탈선을 비난할지도 모를 다른 사람들의 입을 막는 말이 되기도 한다. 이제 비용은 자신의 말에 아무런 책임을 질 필요가 없으며, 그가 탈선을 통해 한 말은 사람들의 더 큰 주목을 끌게 된다.

비용은 탈선에서 돌아와, "수도원은 〔원래〕 있던 곳에 그대로 두고, 보다 유쾌한 것들에 대해 이야기하도록 하자"("Laissons le moustier ou il est,/Parlons de chose plus plaisante;", T, XXXIV, vv. 265-266)고 말한다. 이러한 전환은 속담처럼 사용되는 표현을 통해($RH_2$, 43), 문자 그대로는 '수도원'을 말했던 앞선 맥락에서 벗어나지 않게 하면서, 동시에 '화제를 바꾸어 다른 이야기를

하겠다'는 의미를 재치있게 표현하는 것이다. 하지만 이러한 표현의 이면에는 '빈곤'이라는 깊고 끊임없는 고통이 변함없이 자리잡고 있음을 엿볼 수 있으며, 비용은 자신의 말과는 달리 다시 '가난'에 대해 이야기를 계속한다.

> 서글프고 불평 많은 가난은,
> 늘 무례하고 반항적이고,
> 신랄한 말을 내뱉는다.
> 감히 입으로 말하지 못한다 해도, 그리 생각한다. (T, vv. 269-272)

'가난'이 "무례하고 반항적"("Tousjours, despiteuse et rebelle,", T, v. 270)인 것은 무례하고 모멸적인 대접을 받았기 때문이며, 그렇기에 '가난'은 "서글프고 불평많은"("Povreté, chagrine, doulente,", T, v. 269) 모습을 가질 수밖에 없다. "신랄한 말"을 밖으로 내뱉을 용기를 내지 못한다 해도, 속으로는 계속해서 신랄하고 상처를 주는 말들을 생각하는 '가난'은 비용의 모습과 크게 다르지 않다. 왜냐하면 화제를 바꾸어 다른 말을 하겠다고 했던 비용 역시 여전히 '가난'을 이야기하고 있으며, 속으로는 날카로운 공격을 준비하고 있기 때문이다. 가난에 대한 생각은 우선 자신의 처지에 대한 회고로 이어진다.

> 나는 유년 시절부터 빈곤했고,
> 빈곤하고 보잘것없는 집안 태생이다.
> 내 아버지는 큰 재산을 가져 본 적이 결코 없었고,
> 오라스라 불리는 조부도 그러했으니. (T, XXXV, vv. 273-276)

하지만 이러한 비용의 말은 사실 다소 우스꽝스러우며 역설적인 것으로, '가난'의 시간축뿐만 아니라 그 원인과 결과를 역전된 모습으로 제시하는 서술이다.[112] 이름 모를 '오라스Orrace'라는 조상에 대해, 핀케르넬은 고유명

---

112 사실상 이러한 기법은 '거꾸로 된 세계monde à l'envers'라는 토포스에 해당하는 것이기

사를 'hors'와 'race'로 분리시켜 생각하게 만드는 말장난일 수도 있다는 가정을 피력하였고,[113] 브로크마이어(Brockmeier, 93-95)와 뮐르탈레는 중세 내내 '본보기 작가'의 한 명으로 이름 높았던 시인 호라티우스에 대한 암시를 주장하기도 했다(JCM, 219). 그러나 이에 대한 구체적인 증거는 실상 전무한 것이 사실이다. 아울러 "보잘것없는 말의 행상인"(T, XLII, v. 417)으로 스스로를 부르는 비용의 입장에서 볼 때, '위대한 선조'를 거론하는 것 또한 맥락상 어울리지 않는다.

태어날 때부터 가난했고, 가난하게 살 수밖에 없는 운명을 타고 났으며, 단 한 번도 기회를 잡을 수 없었던 비용, 가난의 굴레를 벗어날 수 없었던 그의 불운은, 8행시 XIV에서 "나는 죄인이니"("Je suis pecheur,", T, v. 105)라고 말했던 스스로에 대한 정의를 변모시킨다. 이제 비용은 형용사를 문두에 둠으로써, 자신의 '궁핍함'을 부각시켜 "빈곤하구나, 나는"("Povre je suis", T, XXXV, v. 273)이라 말하며, 8행시 XXXVI 또한 "빈곤에 대해 나 한탄하니"("De povreté me grementant,", T, v. 281)라는 말로 시작된다(Fox$_2$, 43). 이 부분에서 비용이 우리에게 전하는 것은 바로 '가난한 자의 메시지'이며, 그의 '빈곤'은 단순한 하나의 일면을 넘어 '비참함, 연민과 동정의 결여, 물질적인 가난함' 모두를 포괄하는 총체적인 의미를 갖게 된다. 왜냐하면 이러한 '빈곤'은 조상 대대로 물려받은 것인 동시에 가혹했던 운명, 스스로의 과오, 동정 없는 세상이 그에게 강제한 것이며, 사랑의 실패 역시 그의 '빈곤'에서 비롯한 것이기 때문이다.[114]

> 생전에 영주였다가,
> 성대한 분묘 아래에서 썩는 것보다는,

---

도 하다. 이에 대해서는 Curtius, 170-176을 참조.

113 "Ou bien (supposition personnelle) s'agit-il d'un jeu de mots sur hors et race, voulant dire que cet ancêtre était [...] un bâtard né en dehors de la race noble de son père?"(Pinkernell$_1$, 20).

114 이 부분에 대해서는 Jodogne$_1$, 374-375를 참조.

거칠고 조악한 옷을 입고 살아가는 것이 낫다
(T, XXXVI, vv. 286-288)[115]

는 비용의 자위는[116] "천사의 후예"("Filz d'ange", T, XXXVIII, v. 298)[117]가 아닌 다음에야(CT, 114; $RH_2$, 46-47) 어머니도 자신도 결국에는 죽음을 맞이하리라는 운명에 대한 성찰로 이어진다. 마침내 비용은 '죽음의 무도'의 주제가 되는 '만인평등의 죽음'을 이야기하게 된다.

나는 잘 안다, 가난한 자이건 부자이건,
현명한 자이건 어리석은 자이건, 성직자건 속인이건,
귀족이건 천민이건, 후덕한 자이건 인색한 자이건,
작은 자이건 큰 자이건, 미남이건 추남이건,
높은 모자를 쓰고,
들어올린 목깃의 옷을 입은 귀부인이건,[118]

---

115 "Mieulx vault vivre soubz groz bureau/Povre, qu'avoir esté seigneur/Et pourrir soubz riche tumbeau."

116 여기서 비용은 'Mieux vaut mourir à honneur que vivre à honte'라는 속담을 반대로 풀이하고 있다. 이에 관해서는JCM(219)를 참조. 한편, 토마는 "그렇다. 사람이란 산 자들과 어울려 지내는 동안 희망이 있다. 그래서 죽은 사자보다 살아 있는 강아지가 낫다고 하는 것이다"라는 성서의 내용(《전도서》, 9, 4)을 전거로 제시하였다(JTH, 103).

117 이 부분에 대해서는 성서의 〈창세기〉(6, 2-4) 및 Mario Roques, *Études de littérature française*, Lille, Girad; Genève, Droz, 1949, pp. 67-74를 참조. 그러나 비용은 8행시 CLXVII에서는 이와는 달리, 자신이 "요정의 후예이기에 사랑받는 비결을"("Item, donne a maistre Lomer,/Comme extraict que je suis de fee,/Qu'il soit bien amé [...]", T, vv. 1796-1798) 장 로메르에게 남겨 준다고 말하기도 한다.

118 TH, II, 144; CT, 114; $RH_2$, 48 등을 참조. 화려하고 우아한 여인의 옷을 의미하며, 마토레는 이에 대해 다음과 같은 지적을 한 바 있다: "Les élégantes adoptent la mode des *collets* extravagants; Villon parle (*Testament*, v. 309) de «dames a rebrassez (retroussés) collets». Mais la partie la plus excentrique du costume féminin est alors la *coiffure* ou *atour de teste* qui affecte des formes nombreuses. C'est aux *atours* ainsi qu'aux bourreletz de cheveux nattés au-dessus des oreilles que fait également allusion Villon (*Testament*, v. 311). Les *bourrelets* appelés *truffeaux* sont surmontés au sommet de la tête par des postiches, tandis que le front est rasé, les cheveux tirés en arrière et les sourcils épilés." (Georges Matoré, *Le vocabulaire et la société médiévale*, Paris, P.U.F., 1985, p. 229). 중세 여성의 의복에 대해서는 Françoise Piponnier et Perrine Mane, *Se vêtir au Moyen Âge*, Paris, Société nouvelle Adam Biro, 1995

어떠한 신분이건 간에,
죽음이 예외 없이 제 손아귀에 잡아넣는다는 것을.
(T, XXXIX, vv. 305-312)[119]

8행시 XXXIX는 엘리낭 드 프루아드몽Hélinand de Froidmont의

죽음은, 로마에서 외친다, 랭스에서 외친다.
그대들, 모두는 내 수중에 있도다,
낮은 자와 마찬가지로 높은 자 또한,
그대들의 눈을 열고, 그대들의 허리띠를 졸라 채비를 갖추도록 하라,
내가 그대들에게 재갈을 물려 끌고가기 전에,
또 그대들로 하여금 아! 불행하다! 부르짖게 하기 전에. (XV, vv. 1-6)[120]

라는 부분이나, "죽음은 모든 것을 사로잡는 그물, 죽음은 모든 것을 움켜쥐는 손"("Morz est la roiz qui tot atrape,/Morz est la mains qui tot agrape;", XXXI, vv. 1-2)이라는 부분, 혹은

죽음이여, 그대는 단 한 번에 쓰러뜨리는구나,
제 지붕 아래 있는 가난한 자뿐만 아니라,
탑 속에 있는 왕 역시.
그대는 쉬지 않고 끊임없이 배회한다.
저마다를 출두시켜,
그들이 빚진 것 모두를 신께 갚게 하기 위해. (XXI, vv. 1-6)[121]

---

를 참조.

119 "Je congnois que pouvres et riches,/Sagez et folz, prestres et laiz,/Nobles, villains, larges et chiches,/Petiz et grans, et beaulx et laitz,/Dames a rebrassés colletz,/De quelconque condicïon,/Portans atours et bourreletz,/Mort saisit sans excepcïon."

120 "Morz, crie a Romme, crie a Rains:/«Seigneur, tuit estes en mes mains,/«Aussi li haut comme li bas./«Ovrez voz ieuz, ceigniez voz rains,/«Ainçois que je vos praigne as frains/«Et vos face crier Hé las!"(HdF$_1$, 14; HdF$_2$, 75).

라는 구절들을 연상시키며, '죽음'에는 아무런 예외가 없음이 계속해서 강조된다. "파리스나 헬레나라 해도 죽음을 맞이하며"("Et meure Paris ou Elayne,", T, XL, v. 313), 죽는 사람은 "누구나 숨결과 호흡이 정지되고, 담즙이 그의 심장 위로 흘러 퍼지"("Telle qu'il pert vent et alaine,/Son fiel se criesve sur son cueur,", T, XL, vv. 315-316)며, 아무도 짐작할 수 없는 고통스런 땀을 흘리며 죽어 간다.

> 나는 허리가 굽기 시작하고 곱사등이 되어 간다,
> 귀는 잘 들리지 않고, 내 기력은 떨어져 간다,
> 내 머리카락은 위에서 드문드문해지고,
> 두 콧구멍에서는 콧물이 흘러내린다,
> 가슴에는 심한 통증이 있고,
> 이제는 사지 전부가 떨리는 것을 느낀다,
> 조바심을 내며, 멸시에 물어뜯기며,
> 말을 할 때면 나 급하고 격해진다,
> 이끌어 주지 않으면, 나는 걸어가지도 못한다.
> 이런 것들이 죽음의 신호일지라. (〈발라드 1266〉, vv. 1-10)[122]

라는 데샹의 말을 몇 배 더 뛰어넘는 '죽음의 손길'이 다가와 두려움과 전율을 퍼뜨리며, 그 결과

> 죽음은 몸을 떨게 하고, 얼굴은 창백하고
> 코는 구부러지고 혈관은 부풀어 올라,

121 "Morz, tu abaz a un seul tor/Aussi le roi dedenz sa tor/Com le povre dedenz son toit:/Tu erres adès sanz sejor/Por chascun semondre a son jor/De paier Dieu trestot son droit."(HdF$_1$, 20; HdF$_2$, 81).

122 "Je deviens courbes et bossus,/J'oy tresdur, ma vie decline,/Je pers mes cheveulx par dessus,/Je flue en chascune narine,/J'ay grant doleur en la poitrine,/Mes membres sens ja tous trembler,/Je suis treshastis a parler,/Impaciens, desdaing me mort,/Sanz conduit ne scay mes aler:/Ce sont les signes de la mort."(Deschamps$_1$, VII, 3; Deschamps$_2$, 184-185).

목은 붓고 살은 물러지며,
관절과 힘줄은 굵어지고 늘어나게 된다. (T, XLI, vv. 321-324)

"그 고통을 덜어 주는 자 아무도 없"("Et n'est qui de ses maulx l'alege,", T, XL, v. 318)으며, 형제자매나 자식들 또한 그를 대신하려 하지 않기에, "산 채로 하늘에 가는"("tout vif aler es cieulx.", T, XLI, v. 328) 수박에 다른 길이 없음이 이야기된 연후,[123] 8행시의 긴 행렬 속에 삽입 시편인 세 편의 발라드가 나타나게 된다.[124] 여기서, 8행시 XLI까지 328행에 걸쳐 진행되던 동일한 리듬과 동일한 형태들의 변주가 처음으로 이루어지며, 그 시작이 되는 것이 바로 〈거년去年의 미녀들에 대한 발라드〉이다.[125]

말해 다오, 어디, 어느 곳에 있는지
로마의 미녀 플로라[126]는,
한 핏줄의 자매[127] 같던
아르키피아데스[128]와 타이스는,[129]

---

123 8행시 XL-XLI에서 비용은 《장미 이야기》의 15885-15914행을 염두에 두었을 것으로 추정된다. 이에 대해서는 Michel Zink, *Nature et poésie au Moyen Âge*, Paris, Fayard, 2006, pp. 221-223을 참조.

124 《유언의 노래》에 삽입된 발라드에 대해서는 김준현, 〈비용의 발라드 연구를 위한 전망(I)〉, 《프랑스학연구》, 57, 2011, pp. 25-52를 참조.

125 가장 최근의 연구로는 Jane Gilbert, *Living death in medieval French and English literature*, Cambridge, Cambridge University Press, 2011, pp. 122-150을 참조.

126 로마의 유녀遊女로, 유베날리우스, 락탄티우스, 몽테뉴 등의 작품에서 그 이름을 찾아볼 수 있다. 총칭적인 의미로 '아름다움과 지성을 겸비한, 비길 데 없는 아름다움의 전형'으로 이해하는 것이 적절할 것으로 판단된다.

127 'cousine'이라는 표현에 대해, 뒤푸르네는 저마다 매우 아름답기에 '혈연'인 것처럼 매우 가깝다는 의견을 보였고(DF, 406), 티리 등은 미모뿐만 아니라 유녀라는 신분과 행동 역시 유사하기에 이러한 표현을 사용했다는 입장을 보였다(CT, 116; $RH_2$, 53).

128 E. K. Rand, "Mediaeval Gloom and Mediaeval Uniformity", *Speculum*, 1, n° 3, 1926, p. 266; Étienne Gilson, "De la Bible à François Villon", in *Les Idées et les Lettres*, Paris, Vrin, 1932, p. 29; Ernest Langlois, "Archipiada", in *Mélanges de philologie romane dédiés à Carl Wahlund*, Macon, Impr. Protat, 1896; Genève, Slatkine, 1972, pp. 173-179 등을 참조.

129 《유언의 노래》의 330-331행에 나오는 세 명의 미녀가 당시 가장 유명했던 나라들인 로마, 그리스, 이집트를 대표하는 인물이라는 의견도 있다(PM, 72).

강물 위나 못 위에서
소리 일렁일 때면 답하는
인간의 미를 뛰어넘는 아름다움을 지녔던 에코[130]는, (T, vv, 329-335)[131]

콜르테가 가장 높이 평가한 발라드이기도 했으며,[132] 파리스가 '모든 시대의 시들 중에서도 지극히 희귀한 진주들 가운데 하나'라고 극찬을 아끼지 않았던(Gaston Paris$_1$, 107), 이 첫 번째 발라드는 거년의 유명했던 여인들인 엘로이즈, 왕녀 베르트, 아랑뷔르지스, 잔 다르크 등의 이름을 열거하면서 "그런데 거년의 눈은 어디에?"("Mais ou sont les neiges d'anten?", T, v. 336)[133]라는 후렴구와 함께 다음과 같은 당부를 남긴다.[134]

왕후여, 묻지 마오, 이 주일 내내, 또 이 해 내내,
그녀들이 어디에 있는지를 (T, vv. 353-354)

그러나 지난날의 유명한 여인들을 거명하며 '죽음'을 노래하는 방식은 비용만의 독창적인 기법이 아니었으며, 비용 이전에도 많은 선례들이 존재했

130 이 부분의 이형인 'Etha'는 《장미 이야기》에 언급된 고대의 전설적인 여인이다(CT, 116). 에코는 숲과 샘의 요정으로, 목신牧神 판Pan의 사랑을 거부한 것에 대한 보복으로 목동들이 그녀의 몸을 찢어 죽였다는 설과 아름다운 나르시스를 헛되이 사랑하다가 절망에 목숨을 끊었다는 설, 제우스 신의 사랑을 받은 님프로 여신 헤라의 저주를 받았다는 설 등, 전설의 내용이 상이하며(DF, 406), 《장미 이야기》의 1439-1510행에서도 자세히 이야기된다.

131 "Dictes moy ou n'en quel pays/Est Flora la belle Romaine,/Archipïadés ne Thaÿs,/Qui fut sa cousine germaine,/Echo parlant quant bruyt on maine/Dessus riviere ou sur estan,/Qui beaulté ot trop plus qu'umaine."

132 "Entre ses ballades, celle que j'estime le plus, c'est celle où, parlant de la grandeur du monde, il deduit comme les plus belles dames, les plus grands monarques et les plus sçavants hommes sont morts et passez comme un éclair;"(PL, 25).

133 자의적으로는 '작년'을 의미하나, 시 안에서는 먼 과거에서 점차 가까운 시기로 다가오는 과거를 환기시킨다. 이 후렴구를 "But Where are the snows of yester-year?"로 옮긴 로제티D. G. Rossetti의 번역은 영역 가운데 가장 훌륭한 것의 하나로 꼽힌다.

134 베뤼크는 "그런데 거년의 눈은 어디에?"라는 후렴구를 상징적이고 비유적인 의미로 보기보다는 문자 그대로의 의미에서 당시 축제의 '눈으로 만든 조각상'에 대한 기억일 수도 있다고 지적한 바 있다(Paul Verhuyck, "Villon et les neiges d'antan", in *Villon Hier et Aujourd'hui*, Paris, Bibliothèque historique de la Ville de Paris, 1993, pp. 177-189를 참조).

다. 일례로, 14세기에 샤틀랭George Chastelain 역시

> 그리도 많은 검의 타격을 가했던,
> 거년의 위용 넘치던 여인들은 어디에 있는가
> 세미라미스 여왕,
> 그 명성 드높던 타마리스,
> 그리고 아름답던 펜테실레이아는
> 〔…〕
> 다른 모든 이들을 넘어서 비길 데 없던
> 미녀 헬레나는 어디에 있는가?
> 루크레티아의 영예와 덕성들,
> 그리고 저마다 경탄을 금하지 못했던
> 그녀의 정절은 어디에?
> 이 점에 주의를 기울이고,
> 뒤따라야만 함을 이해하게 되는 자 행복하리라.
> 아! 우리도 피할 수 없음이니!
> (《죽음의 거울Le miroir de Mort》, vv. 145-149, 169-176)[135]

라는 시를 통해, 아시리아와 바빌로니아의 전설적인 시조이자 여왕이었던 세미라미스, 아들의 죽음을 복수했던 여왕 타마리스, 아킬레우스의 손에 죽음을 맞이한 아마존의 여왕 펜테실레이아, 트로이 전쟁의 원인이 된 스파르타의 왕 메넬라오스의 부인이었던 헬레나, 모욕을 받고 수치스럽게 살기보다는 죽음을 택한 로마 여인 루크레티아의 이름을 들며, 이 모든 여인들

---

135 "Ou sont les preuses de jadiz/Ou ferirent tant copz d'espee:/La royne Semiramis,/La renommee Thamaris/Et la belle Panthasilee?/ […]/Ou est d'Helaine la beaulté/Sur toutes autres non pareille?/Ou est l'onneur et la chierté/De Lucrece, et sa chasteté/De quoy ung chacun s'esmerveille?/Eureux est celui qui y veille,/Et qu'il congnoit qu'il fault suïr:/Helas, nous ne povons fuïr!..."(*Anthologie de la poésie française. Moyen Âge, XVI<sup>e</sup> siècle, XVII<sup>e</sup> siècle*, textes chosis, présentés et annotés par Jean-Pierre Chauveau, Gérard Gros et Daniel Ménager, Paris, Gallimard, 2000, pp. 403-404에서 재인용).

이 어느덧 사라졌음을 노래한 바 있다.[136]

> 아울러, 어디에 있는가, 칼리스투스 3세는?[137]
> 이 이름을 가진, 최근의 망자亡者,
> 교황의 권좌에 4년 동안 머물렀던 이. (T, vv. 357-359)

로 시작되는 두 번째 발라드인 〈거년의 왕후들에 대한 발라드〉에서, 비용은 거년의 이름 높았던 왕과 제후들, 1458년 74세를 일기로 사망한 아라공의 왕 알폰소 5세Alphonse V, 1461년 7월 22일 57세를 일기로 사망한 루이 11세의 부친 샤를 7세 등의 이름을 거명한다($RH_2$, 57). 파리스는 이 두 번째 발라드를 두고 '무가치하고 전통적인 열거에 불과하며, 전혀 새로운 점을 찾아볼 수 없다'는 평을 남기기도 했고($Gaston\ Paris_1$, 113-114), 슈피처는 '첫 번째 발라드에서 몽상적인 암시였던 모든 것이 여기〔두 번째 발라드〕에서는 단조로운 표명으로 변했다'는 혹평을 하기도 했다($Spitzer_1$, 18). 하지만 이러한 평가는 〈거년의 왕후들에 대한 발라드〉를 앞선 발라드에서 볼 수 있었던 내용의 동일한 변주나 반복으로 본 것에 기인하는 것이다. '거년'을 노래한 세 편의 발라드는 개별적으로 분리되는 것이 아니라 일종의 '삼위일체'로서의 '통일체'를 이루며, 그 안에서 저마다의 고유한 특징과 의의를 갖는 작품으로 보아야 한다.[138]

> 마찬가지로, 사람들이 말하기를,
> 이마부터 턱에 이르기까지

---

136 샤를 도를레앙 역시 〈발라드 60〉에서 거년의 미녀들을 노래한 바 있다: "Ou vieil temps grant renom couroit/De Creseide, Yseud, Elaine/Et maintes autres qu'on nommoit/Parfaittes en beauté haultaine./Mais, au derrain, en son demaine/La Mort les prist piteusement;/Par quoy puis veoir clerement/Ce monde n'est que chose vaine."($CdO_1$, 85, vv. 9-16). 이에 대해서는 $Wilmotte_1$, 165를 참조.

137 1458년 81세를 일기로 사망한 인물로, 잔 다르크의 화형에 관여하였다($RH_2$, 57).

138 $Lacy_2$, 353-358을 참조.

그 얼굴의 절반이, 마치 자수정처럼,
진홍색이라던 스코틀랜드의 왕은?[139]
명성 높던 키프로스의 왕은?
아! 또 그 이름은 알지 못하지만,
에스파냐의 용맹한 왕은? (T, vv. 365-371)

비용은 "이 세상은 환영일 뿐이며, 죽음에 맞서 대항하는 자 없"("Le monde n'est qu'abusïon;/Il n'est qui contre mort resiste", T, vv. 374-375)음을 "그런데 용맹무쌍한 샤를마뉴 황제는 어디에?"("Mais ou est le preux Charlemaigne?", T, v. 384)라는 후렴구의 반복을 통해 재차 강조한다.[140] 384행의 후렴구에서 볼 수 있듯이, '거년'을 노래한 발라드에 등장하는 고유명사들은 하나의 '전형'이자 '본보기'로서의 고유명사들이며, 이러한 이름들에 내포된 울림은 《유언의 노래》의 개인적인 성격에 독특한 의미, 즉 '시간', '사랑', '죽음', '삶' 등에 대한 전반적이고 폭넓은 숙고와 성찰의 면모를 부여하게 된다.[141]

비용의 두 번째 발라드인 〈거년의 왕후들에 대한 발라드〉 역시 지극히 전통적인 형식과 주제를 택하고 있는 것으로, 이에 대해서도 무수한 선례들을 찾아볼 수 있다. 외스타슈 데샹은 명성 높던 성서의 인물들과 위인들, 이를테면 다윗 왕, 바쎄바의 남편이었던 헷 사람 우리야(《사무엘하》, 11, 1-27), 무훈시의 영웅들, 1차 십자군 원정에 참여했던 인물들, 예리고를 점령했던 여호수아(《여호수아》, 6, 1-27) 등의 이름을 거명하며,[142] 시간의 흐름

139 자크 뒤 클레르Jacques Du Clerc는 1460년 30세의 나이로 사망한 이 인물에 대해 다음과 같은 글을 남긴 바 있다: "Ichelluy roy avoit la moictié de son visage rouge comme du sang, et tel yssit du ventre de sa mere." 이에 대해서는 $RH_2$, 57; TH, II, 159를 참조.

140 〈거년의 왕후들에 대한 발라드〉에 대해서는 John Fox, "A note on Villon's 'Ballade des seigneurs du temps jadis'", *Modern Language Review*, 55, 1960, pp. 414-417; Glynnis M. Cropp, "La Ballade des Seigneurs de Villon et les chroniques", *Le Moyen Age*, 100, n° 2, 1994, pp. 221-236 등을 참조.

141 Nancy Freeman Regalado, "La fonction poétique des noms propres dans le «Testament» de François Villon", *Cahiers de l'Association Internationale des Études Françaises*, 32, 1980, p. 54를 참조.

142 데샹은 주로 중세의 아홉 용사에 대해 이야기하고 있다. 이에 대해서는 Horst

과 그 무상함을 다음과 같이 노래하였고,

> 전사 다윗은 어디에 있는가
> 유다 마카베오와 우리야는,
> 샤를마뉴와 롤랑은 어디에 있는가,
> 시리아에 머물렀던 고드프루아는,
> 보두앵과 그들의 기사단은,
> 여호수아, 다리우스 왕, 아서 왕
> 그리고 사라센인들과 유다인들, 기독교인들
> 대부분을 정복했던 이들은 어디에?
> 그들은 가루가 되고, 썩었구나.
> 우리 삶은 무의미한 것, 한 줄기 바람. (〈발라드 1452〉, vv. 11-20)[143]

샤틀랭 또한 유사한 내용을 시로 쓴 바 있다. 샤틀랭의 작품에서, 사랑하는 여인의 임종의 자리에 참석한 연인은 그녀의 죽음으로 인해 삶과 죽음에 대해 깊이 숙고하게 되고, 그 결과 중세의 아홉 용사를 중심으로 세상의 헛됨과 모든 인간에게 공통적으로 부과되는 운명으로서의 '죽음'에 대한 성찰이 이루어진다.

> 모든 것을 정복하고자 했던
> 알렉산드로스 왕은 어디에 있는가?
> 영국의 훌륭한 왕 아서와

---

Schröder, *Der Topos der Nine Worthies in Literatür und bildender Kunst*, Göttingen, Vandenhoeck & Ruprecht, 1971; Huizinga$_1$ 등을 참조.

143 "Ou est David le combatant,/Judas Machabée et Urie:/Ou est Charlemaine et Rolant,/Godefroy qui fut en Surie,/Baudouin, leur chevalerie,/Josué, Daires et Artus/Et ceuls qui conquirent le plus/Sarrazin, Juif et Crestien?/Ilz sont mis en pouldre et corrups:/Souflez, nostre vie n'est rien."(Deschamps$_1$, VIII, 149; Deschamps$_2$, 206-207) 아울러, '죽음'을 주제로 한 데샹의 다른 작품들의 경우, *Poèmes de la mort de Turold à Villon*, choisis, traduits et présentés par Jean-Marcel Paquette, Paris, Union Générale d'Édition, 1979, pp. 170-183을 참조.

그의 긍지 높던 마음은 어디에?
또 용맹한 기사 랑슬로는,
[…]
에스파냐인들을 정복했던
프랑크족의 왕 샤를마뉴는? (〈죽음의 거울〉, vv. 10-14, 17-18)[144]

장 레니에 또한 전설상의 위대한 영웅들의 이름을 거명하면서, '죽음의 무도'를 노래한 바 있다.

아서 왕은 어디에 있는가, 트로이의 헥토르는 어디에,
'나의 기쁨'[145]을 외쳤던 용맹한 이들,
샤를마뉴 황제와 그의 위대한 제후들은 어디에 있는가,
사랑에서 기쁨을 얻었던 파리스는 어디에,
(〈수인이 만든 교화 발라드Balade morale que le prisonnier fit〉, vv. 25-28)[146]

우리가 비용 이전의 선례들, 거의 동일한 내용의 시들을 연이어 거론한 것은 당시 이러한 주제가 상용된 것이었음을, 또 비용 역시 이미 확립된 하나의 '전통' 속에 자리잡고 있음을 말하기 위해서만이 아니며, 오히려 비용이 시도하고 있는 동일한 '전통' 속의 작은 새로움을 살펴보기 위해서이다.

---

144 "Ou est Alexander d'Aillier,/Chelly qui tout vollu conquerre?/Ou est le bon roy d'Angleterre,/Artus et son coraige fier?/Et Lanselot, bon chevalier, […]/Charlemaine, roy des Franchois,/Qui les Espaignes reconquist?"(*Anthologie de la littérature française du Moyen Âge IX*$^{e}$*-XV*$^{e}$ *siècles*, sous la direction de Claude Thiry, Louvain-la-Neuve, Bruylant-Academia, 2002, p. 254에서 재인용).

145 "Carles en ad la mure, mercit Deu;/En l'oret punt l'ad faite manuvrer./Pur ceste honur e pur ceste bontet,/Li nums Joiuse l'espee fut dunet./Baruns franceis nel deivent ublier:/Enseigne en unt de Munjoie crier;/Pur ço nes poet nule gent cuntrester."(*La Chanson de Roland*, 3$^{e}$ édition revue et corrigée, texte établi d'après le manuscrit d'Oxford, traduction, notes et commentaires par Gérard Moignet, Paris, Bordas, 1969, p. 188, vv. 2505-2511).

146 "Ou est Artus, ou est Hector de Troye,/Ou sont les preux qui crierent: Montjoye,/Charlemaignë et sa grant seigneurie,/Ou est Paris qui en amours eut joye,"(FAJR, 179).

많은 시인들이 전형적인 과거의 이름난 인물들, 특히 아홉 용사들의 이름을 사용하여 동일한 주제를 전개시켰던 것에 반해, 또 거년의 정형화된 미녀들을 거론했던 발라드와도 달리, 비용은 당대에서 그리 멀지 않은 과거의 인물들을 거명함으로써, 점점 더 죽음이 현재로 다가오는 듯한 인상을 발라드에 부여한다. 또 비용은, 369행에서 언급되었던 키프로스의 왕 장 3세의 경우에서처럼,[147] 영광과는 거리가 먼 인물을 자신의 작품 속에 등장시킴으로써, 장엄한 죽음의 진실들과 전설적인 인물들 사이사이에 희화적인 어조와 미묘한 색조, 반어적이거나 아이러니컬한 분위기를 만들고, 무조건적인 숭배에 희화적인 부분을 첨가한다.

비용의 '혁신'은 "그 이름은 알지 못하지만, 에스파냐의 용맹한 왕은?" ("Helas! et le bon roy dEspaigne/Duquel je ne sçay pas le nom?", T, vv. 370-371)이라는 부분에서도 쉽게 드러난다. 비용이 의도한 '에스파냐의 왕'이 카스티야의 장 2세인지 아닌지 여부는 이제 크게 중요하지 않게 된다. 비용의 무지가 진실이건 가장된 것이건 간에, 비용은 에스파냐 왕의 이름을 공란으로 비워 둠으로써, 그가 말하는 인물 자체가 무의미함을 말하는 것이든지 아니면 죽음 앞에 직면하게 되면 왕가의 인물이라 할지라도 아무 소용이 없음을 은연중에 암시한다(CT, 120). 이렇듯 불확실성과 모호함 속에 명예와 명성의 덧없음이 부각된다. 비용은 '시간'과 '죽음'을 동시에 생각하게 하는 발라드의 장중하면서도 숙연한 주제에서 벗어나, 사람들의 입가에 싱긋 미소를 짓게 만드는 일종의 '탈선'을 종종 범하며, 이러한 그의 기법은,

> 한번 더 질문을 던지니,
> 랑슬로, 보헤미아의 왕은
> 그는 어디에? 그의 조부는 어디에? (T, vv. 377-379)[148]

---

147 장 3세는 43세의 나이로 1458년 사망하였다. 라 몽트는 비용이 말하는 인물이 장 3세가 아닌, 1369년 사망한 피에르 1세Pierre I라는 의견을 제시한 바 있다. J. L. La Monte, "The «roy de Chippre» in François Villon's *Ballade des Seigneurs du temps jadis*", *The Romanic Revue*, 23, 1932, pp. 48-53을 참조.

라는 부분에서도 잘 드러난다. 18세의 나이로 1457년 사망한 헝가리와 보헤미아의 왕 라디슬라스Ladislas, 즉 라스치오 5세Laszio V의 이름은, 헝가리 사절이 샤를 7세의 딸인 마들렌Madeleine과의 혼인 서약을 체결한 직후 그가 사망하였기에, 당시 사람들에게 큰 반향을 일으켰으며(RH$_2$, 58), 코민Commynes[149]를 비롯한 여러 연대기 작가들이 그에 대한 기록을 남긴 바 있다. 'László', 'Ladislas', 'Lancelot' 등의 이름이 혼용된 것에 대해, 포터는 'László'와 'Lancelot'가 유사하게 발음되었을 뿐만 아니라, 후자의 경우 프랑스 사람들에게 매우 친숙한 이름이었기 때문에 자주 혼용되었음을 밝히면서, 나폴리의 왕이었던 'Ladislao d'Angiò-Durazzo' 역시 'Ladislaus', 'Lansalao', 'Lancilao', 'László' 등으로 불렸음을 예시한 바 있다.[150] 그러나 이 부분에서 강조되는 아이러니는 인물 자체에 대한 것이라기보다는 그 운명에 관한 것이다(CT, 120). 이름이 거명된 보헤미아의 왕, 최근에 죽은 그가 지금 어디에 있는지를 모르는 마당에 어찌 그의 이름 모를 조부, 더 먼 과거의 인물에 대해 말할 수 있겠는가![151]

'거년'을 노래한 세 편의 발라드들의 내용이 단순한 주제들의 병치와 열거로 전개되지 않는다는 점 또한 기억해 둘 필요가 있다. 《유언의 노래》 전편

---

148 "Encore faiz une questïon:/Lancellot, le roy de Behaygne,/Ou est il? ou est son tayon?"

149 "Et tost aprés son decés, vint en aage d'homme le roy Lancelot, a qui ledict royaulme appartenoit, avec Behangne et la Poulenne. [...] Et, comme mal contente de ce qu'il se marioit en France avecques la fille du Roy Charles septiesme, qui de present s'appelle la princesse de Vienne, qui estoit contre ce qu'il avoit promis, elle l'empoisonna en ung baing en luy donnant a manger d'une pomme, et mist la poison en la ma[n]che d'ung cousteau."(Philippe de Commynes, *Mémoires*, introduction, édition, notes et index de Joël Blanchard avec la collaboration de Michel Quereuil pour le glossaire, Paris, LGF, 2001, p. 485).

150 M. E. Porter et Thomas A. Sebeok, "Lancelot, le roy de Behaigne", *Romance Philology*, 5, 1951, p. 40을 참조.

151 피킨스는 이 발라드에서, 비용이 프랑스를 둘러싼 여러 나라들의 인물들을 거론함으로써, 비록 '프랑스'라는 말이 단 한 번도 사용되지는 않았지만, '프랑스'가 중심에 있다는 점을 강조하기도 했다. 이에 대해서는 Rupert T. Pickens, "Villon on the Edge/Villon at the Center: Paris in the *Testament* Once Again", in *"Por le soie amisté" Essays in Honor of Norris J. Lacy*, Amsterdam-Atlanta, Rodopi, 2000, p. 394를 참조.

에 걸쳐 확인할 수 있는 것처럼, 비용은 문법적인 연결뿐만 아니라 어떤 감정적인 끈, 정서적인 연산 작용을 통해 하나의 주제와 하나의 사실이 자연스럽고도 필연적으로 다른 주제와 사실들로 넘어가게 만드는 기법을 십분 활용한다. 감정의 사슬은 어조와 분위기의 미묘한 전환과 변동을 간직한 채 끊임없이 계속해서 이어진다. 두 번째 발라드가 시작 부분의 "아울러"("Qui plus,", T, v. 357)라는 말을 통해 앞선 첫 번째 발라드에 이어지는 것처럼, 세 번째 발라드 역시 앞선 내용의 전환을 뜻하는 "사실"("Car", T, v. 385)이라는 말을 통해 두 번째 발라드와 연결됨으로써, 세 편의 발라드가 개별적이며 독립된 것이 아니라 하나의 일체를 이루고 있음을 잘 보여 준다.

비용은 이제 세 번째 발라드인 〈고불어古佛語로 노래하는 발라드〉에서 개별적인 이름들을 거명하는 대신, 자신이 앞에서 거명했던 개개인들의 이름을 그 신분으로 바꾸어 표현한다.[152] 다른 사람들의 기억이 희미해지거나 시간이 급격히 흐르는 것은 더 이상 관건이 아니며, 이제 부각되고 요체가 되는 것은 '개인의 미소함과 무의미함', '인간의 보잘것없음'이다. 따라서 세 번째 발라드는 단순한 '모방'이 아니며, 앞의 두 편의 발라드에서 이야기했던 것들의 결론이 제시되는 최후의 일성一聲이 된다. 비용은 여기서 교황, 국왕, 영주들 모두의 피할 수 없는 공통적인 운명을 '고불어古佛語'로 이야기한다. 비용이 '거년'을 노래한 세 편의 발라드의 마지막 결론을 지난날의 고어로 쓰는 이유는, 인간의 삶이나 세속적인 명성뿐만 아니라 시적인 영감과 그 영감에서 태어나 먼 후대에까지 불멸의 숨결을 간직한 채 전해질 것처럼 생각되는 작품들 역시 풍상風霜에 날려 사라지고 말 뿐이며, 자신의 작품 또한 그렇게 될 것임을 보여 주려는 것이다.[153] 일종의 '동기'를 제시했던 첫

---

152 이하 내용은 $Lacy_2$, 357의 정리·요약임.

153 카다-브누아Kada-Benoist는 반대로 그 이유를 '죽음에 저항하기 위한 것'에서 찾기도 했다: "Cette troisième ballade ne voudrait-elle pas signifier que si la légende résiste à la mort, peut-être parce qu'elle est le reflet d'une tradition populaire en grande partie orale, le langage lui aussi résiste à la mort pour la même raison? [...] Une fois encore constatons que Villon prend d'une façon détournée le contre-pied de ce qu'il dit: alors même qu'il fait resurgir le passé sous la forme de l'ancien français, il s'emploie à désagréger la notion de

번째 발라드는 그 '동기'를 확장시키는 두 번째 발라드를 관통하여 마침내 세 번째 발라드에 이르러 결론을 구하게 된다. '거년'을 노래한 세 편의 발라드들은 구체적이고 특별한 것에서 점차 모호하고 불명확한 것으로 움직이며, 마침내는 알 수 없는 어둠 속에 그 흔적들을 감추고 바람과 함께 사라진다.[154]

> 왕후들도 죽도록 운명이 정해졌으니,
> 또 다른 모든 살아 있는 자들도 마찬가지라.
> 그들이 이로 인해 통분해 하거나 격노한다 해도,
> 바람과 함께 사라지는 것이니! (T, vv. 409-412)[155]

이어지는 8행시 XLII에 대해, 시칠리아노는 이 부분이 아무런 쓰임도 없는 불필요한 부분이며, 단지 앞뒤 내용을 연결시켜 주는 역할에 그치는 것이라는 혹평을 남긴 바 있다(Siciliano$_2$, 73). 그의 지적처럼, 이 부분에서 비용은 앞서 말했던 내용을 다시 부연하고 있다. 하지만 이 부분은 반복적인 부연 설명을 넘어서 앞선 발라드의 내용을 요약하는 동시에, 만인평등의 보편적인 죽음에 관한 내용을, 개인적이며 개별적인 차원으로 바꾸는 전환점이라는 점에서 의의를 갖는다.

> 교황들, 왕들, 그리고
> 왕비의 배에서 잉태된 왕자들도
> 죽고 차갑게 식어 땅에 묻히기에,

temps en lui faisant perdre toute relativité et toute consistance." (Danielle Kada-Benoist, "Le phénomène de désagrégation dans les trois ballades du temps jadis de Villon", *Le Moyen Age*, 80, n$^{o}$ 2, 1974, p. 308).

154 마거릿 미첼Margaret Mitchell의 원작 소설을 바탕으로 만든 영화 〈바람과 함께 사라지다Gone with the Wind〉(1939)의 프랑스어 제목은 비용의 유명한 표현과 동일한 'Autant en emporte le vent'이다.

155 "Prince a mort sont destinez/Et tous autres qui sont vivans;/S'ilz en sont courcez n'atinez,/Autant en emporte ly vens!"

—그들의 왕국도 타인의 수중으로 넘어가는데—,
나, 보잘것없는 말의 행상인이
죽지 않을 수 있을까? 그렇다... 신의 뜻이 그러하다면!
하지만, 내 몫의 행운을 누릴 수 있다면,
나 바른 죽음을 마다하지 않으리. (T, XLII, vv. 413-420)

"나, 보잘것없는 말의 행상인"("Moy, povre marcerot de regnes", T, XLII, v. 417)의 경우, 라틴어 'mercem'이 어원인 'marcerot'는 잡다한 물건들을 파는 행상인을 뜻하는 말이며, 이들이 주로 취급했던 물건들은 실, 빗, 단추 등의 소소한 물품이었다. 'regnes'가 아닌 'renes'라는 이형을 보이는 필사본 *F*와 인쇄본 *I*의 경우, 417행을 문자 그대로 해석한다면, 비용이 브르타뉴 지방의 렌Rennes까지 물건을 팔러 갔다는 뜻이 되며, 샹피옹은 이러한 해석 가능성을 완전히 부정하지는 않았다(Champion, II, 89-90). 하지만 시칠리아노는 이 구절을 비용의 삶의 행적과 관련된 것으로 보는 것은 적절하지 않다고 보았다. 비용 자신이 '보잘것없으며 하찮은 존재'임을 일종의 속담처럼 말하는 것이라는 시칠리라노의 해석에 대해(Siciliano$_1$, 73-74), 튀안 역시 동일한 견해를 보였다(TH, I, 40).

비용이 'regnes'라는 말을 사용하는 것은 '이 세상의 위대한 자들이 '왕국'을 소유하는 데 반해, 나 비용은 고작해야 렌의 상인이라고밖에는 말할 수 없다'는 의미의 말장난이거나(D$_1$, 20$_1$; PM, 80), 아니면 자신이 긴 방황 동안 이처럼 비천한 일을 하며 지냈음을 강조함으로써 독자를 현혹시키려는 의도적인 표명일지도 모른다. 또는 시칠리아노의 지적처럼, 자신을 격하시킴으로써 다른 사람들의 동정을 얻기 위해 사용되었을 가능성도 있다.[156] 그러나 이에 대해 리슈네와 앙리는 'regnes'를 'propos, discours'를 의미하는 'raisne'로 보고, '보잘것없는 말의 행상인pauvre petit marchand de discours'

156 물론, 417행을 《유언의 노래》 후반부의 삽입 발라드에 나오는 "개구리들, 두꺼비들, 그리고 위험한 동물들"("Regnes, crappaulx et bestes dangereuses,", T, v. 1439)이라는 구절과 관련지어 '개구리를 〔사고 파는〕 상인'으로 볼 수 없다는 점은 자명하다(JCM, 223).

으로 해석할 것을 주장하였고($RH_2$, 63-64), 이 경우 비용의 말은 '헛되고 헛되다'를 강조했던 '거년의 발라드'의 연장선상에서 '인간의 말의 헛됨'을 강조하는 것이 된다. 뮐르탈레는 이 부분을 성서의

> 또 하늘 나라는 어떤 장사꾼이 좋은 진주를 찾아다니는 것에 비길 수 있다./그는 값진 진주를 하나 발견하면 돌아가서 있는 것을 다 팔아 그것을 산다./또 하늘 나라는 바다에 그물을 쳐서 온갖 것을 끌어올리는 것에 비길 수 있다./어부들은 그물이 가득 차면 해변에 끌어올려 놓고 앉아서 좋은 것은 추려 그릇에 담고 나쁜 것은 내버린다./세상 끝날에도 이와 같을 것이다. 천사들이 나타나 선한 사람들 사이에 끼여 있는 악한 자들을 가려내어/불구덩이에 처넣을 것이다. 그러면 거기서 그들은 가슴을 치며 통곡할 것이다. (〈마태오복음〉, 13, 45-50)

라는 부분과 관련지어 읽을 수 있다는 점을 지적하기도 했다(JCM, 223).

"보잘것없는 말의 행상인"의 '죽음'에는 "하지만, 내 몫의 행운을 누릴 수 있다면, 나 바른 죽음을 마다하지 않으리"("Mais que j'aye fait mes estraines,/ Honneste mort ne me desplaist.", T, vv. 419-420)라는 말이 부차적인 조건처럼 더해져 있다. '바른 죽음'이라는 말은 교수대나 형장에서 수치스럽게 죽는 것이 아니라, 존경받는 사람으로 살다가 이후 그에 걸맞게 죽음을 맞이하고 싶다는 열망의 표출로 받아들여도 무방하다. 그러나 419행의 'estraines'가 의미하는 바에 대해서는 다양한 이견이 제시된 바 있으며, 이미 18세기에 니콜라 랑글레-뒤프레누아는 "이 말에 어떤 의도가 함축되어 있는지 나로서는 이해할 수 없다"는 표명을 통해 이 부분의 난점을 강조한 바 있다(JCM, 223).

'estraines'의 의미에 대해 제기되었던 다양한 의견들을 여기서 짚어 두도록 하자. 이 말은 《파틀랭 선생 소극笑劇》에서는 '마수걸이, 행운'('première vente de la journée', 'payer le premier achat', 'bonne chance') 등의 의미로 사용

되며, 샤를 도를레앙의 〈발라드 LIX〉,[157] 〈롱도 CIX〉[158] 등에서는 '선물하다'('faire des cadeaux')의 뜻으로 사용된다($D_1$, 210-211). 뷔르제는 "내 몫의 행복을 얻을 수 있다면"("pourvu que j'aie obtenu mon lot de bonheur")이라는 해석을($RH_2$, 64), 조도뉴는 "무엇인가 유용한 일〔선행〕을 할 수 있다면"("à condition que j'aie fait quelque chose de profitable, mes premières bonnes actions")이라는 해석을 제시하였다.[159] 한편 뒤푸르네는 "내 유언을 남길 시간이 주어진다면"("à condition qu'on me laisse le temps de faire mon testament")이라는 의견을($D_1$, 211), 뮐르탈레는 "즐거움을 누린 후라면"("mais seulement après avoir bien joui", JCM, 109)이라는 의견을 제시한 바 있다. 이상의 여러 연구자들의 지적 가운데, 뷔르제와 뮐르탈레의 해석을 따르는 것이 보다 적절하다고 판단된다. 그러나 비용의 소망은 결코 자신의 힘만으로는 이루어질 수 없는 것이고, 이를 위해서는 신의 보살핌이 필요하다는 점에서, 'estraines'는 응당 '신의 뜻'과 연결지어 해석해야 할 것으로 보이며, 그 의미는 《큰 발의 베르트*Berte as grans piés*》의 1267-1273행에서 제시되는 것처럼, 신이 너그러이 내려주시는 '은총, 행운'의 뜻으로 보는 것이 타당할 것이다.[160]

다양한 '욥'의 면모 아래 거역할 수 없는 '시간'의 흐름과 '죽음'을 서술함으로써, 비용은 독자들의 이성적인 측면과 감성적인 측면 모두를 강하게 두드려 인간적인 동정을 이끌어 낸다. 이러한 비용의 시도는 잘 알려진 '일화'에 대한 의도적인 '다시 쓰기'에서도 동일하게 표출된다. 비용은 의도적인

157 "[...] Et pour a toutes gens moustrer/Que pas n'ay ma Dame oubliee,/De messes je l'ay estrenee [...]"($CdO_1$, 84, vv. 11-13).

158 "Celle que je ne sçay nommer/Com a mon gré desireroye,/Ce jour de l'an, de biens et joye/Plaise a Dieu de vous estrener."($CdO_1$, 352, vv. 1-4).

159 Omer Jodogne, "A propos du cinquième centenaire du *Testament*", *Bulletin de l'Académie royale de Belgique, classe des lettres et des sciences morales et politiques*, 47, 1961, pp. 531-532.

160 "Ce fu par un lundi, au chief de la semaine,/Que Berte fu trouvee en la forest dou Maine,/Ou ele ot molt soufert de travail et de paine;/Mais Dieus, qui est donneres de joie souveraine,/Li a a cel lundi envoié bonne estraine,/Selonc ce que ele ert de ses amis lointaine,/Car Dieus maint desvoié bien a voie ramaine."(Adenet le Roi, *Berte as grans piés*, édition critique par Albert Henry, Genève, Droz, 1982, pp. 96-97).

'인용'의 오류와 불분명한 결론을 유도하는 모호한 '서술'을 통해, 독자들이 자신이 의도한 바를 여러 측면에서 받아들일 수 있는 터전을 마련하며, 그 파급 효과를 가능한 한 확장시켜 《유언의 노래》의 다층구조에 깊이와 두께를 더한다.

### 3. 일화와 인용의 '다시 쓰기'

"내가 이 유언을 쓴 것은 1461년"("Escript l'ay l'an soixante et ung,", T, v. 81)이라는 말이나, "내가 썼던 것은 이미 쓴 것일지니"("Ce que j'ay escript est escript", T, v. 264)라는 말에서 볼 수 있듯이, 《유언의 노래》의 화자는 여러 번 자신이 《유언의 노래》를 '쓰고' 있다는 점을 강조한다. 그러나 이러한 '쓰기'에 대한 강조는 어떤 '확실함'을 부여하는 것이라기보다는 자신이 이용하는 전거들, 그 권위를 빌리는 이름들, '글쓰기' 자체 혹은 여러 텍스트들의 상호 관계에 '아이러니'와 '모호함'을 부여하는 기이한 모습으로 드러나곤 한다. "내 심신을 잔혹하게 짓누르는 자들은 원숙圓熟에 이른 나를 보려 하지 않는다"("Ceulx donc qui me font telle presse/Em meureté ne me vouldroient voir.", T, vv. 119-120)는 말은 주교 티보 도시니 외에도 비용에게 적대적인 사람들이 많이 있음을 암시하는 것이며, 그렇기에 비용은 그들에 대해 "고준高峻한 《장미 이야기》의"("Et comme le noble Roumant/De la Rose dit et confesse", T, vv. 113-114) 권위를 내세워 다음과 같이 자신을 변호한다.

> 또 고준高峻한 《장미 이야기》의
> 처음 시작 부분에서,
> 청춘기의 젊은이를,
> 노년기의 늙은 〔현명해진〕 그를 보게 될 때,
> 응당 용서해야 한다고,

> 이야기하고 공언하듯이. 아, 그 말이 옳도다!
> 허나 내 심신을 잔혹하게 짓누르는 자들은
> 원숙圓熟에 이른 나를 보려 하지 않는다. (T, XV, vv. 113-120)

그러나 비용이 권위를 빌려 인용한 상기 부분은《장미 이야기》가 아닌 장 드 묑의《유언*Le Testament maistre Jehan de Meun*》에 나오는 다음과 같은 부분이다.

> 청춘 시절의 젊은 마음은 응당 용서를 받아야 한다,
> 신께서 그에게 은총을 베푸시어, 노년에 원숙해졌을 때.
> 그렇지만, 더 큰 미덕이요 더 높은 고귀함일지니,
> 젊은 시절에 마음이 원숙함을 구하는 것은.[161]

《장미 이야기》에서는 비용의 인용과 정확하게 합치하는 부분을 찾아볼 수 없으며, 아래의 인용에서 볼 수 있듯,

> 〔…〕 **청춘**은 남자와 여자를 육체와 영혼의 온갖 위험에 빠뜨리기 때문입니다. 또한 **청춘**은 목숨을 잃거나 불구가 되거나, 또는 자기 자신이나 가문을 욕보이고 폐해를 입히지 않고는 지나기 힘든 시기이기 때문이기도 하지요. **청춘**에 떠밀려 인간은 온갖 종류의 타락에 빠지게 되고 좋지 못한 인간관계를 맺고 방탕한 생활을 하게 됩니다. 그리고 결심한 바를 자주 바꾸게 됩니다. 〔…〕 **청춘**은 인간들을 광기와 방종, 방탕함과 색욕, 그리고 무절제 속으로 내던집니다. 결심한 바를 바꾸게 만들고, 해결하기 힘든 다툼을 시작하게 만듭니다. **청춘**이 쾌락을 부추길 때, 인간들은 바로 이런 위험들에 직면하게 되는 것입니다.[162]

---

161 "Bien doit estre escusez jeune cuer en jeunesce/Quant Diex li donne grace d'estre viel en viellesce;/Mais moult est granz vertus et tres haute noblesce/Quant cuer en jeune aage a meürté s'adresce."(vv. 9-12) Silvia Buzzetti Gallarati(éd.), *Le Testament maistre Jehan de Meun*, Alessandria, Edizioni dell'Orso, 1989, p. 121; Regalado$_3$, p. 285. 튀안의 인용은 부제티의 인용과 철자상의 차이가 있다. "Bien doit estre excusé jone cuer en jonesce/Quant Diex il donne grace d'estre viel en viellesse […]"(Thuasne$_1$, 103).

라는 유사한 내용만을 찾아볼 수 있을 뿐이다. 모든 연구자들이 지적하듯 이는 분명 '인용의 오류'에 해당하지만, 사실 《유언의 노래》에서 이번 한 번만 잘못된 인용이 이루어지는 것은 아니다. 〈시편〉 109의 7절을 말하는 부분에서도 유사한 오류를 찾아볼 수 있었다. 그러나 〈시편〉 109의 '기도'는 잘못된 인용이 아닌 의도적이며 치밀한 계획에서 비롯된 것이었으며, 많은 사람들이 익히 잘 알고 있는 부분에서 이루어진 인용이었다. 그렇다면 이 대목 역시 〈시편〉의 인용과 동일하게, 특정한 의도를 가지고 행해진 '인용의 오류'가 아닌지 의문을 가질 수밖에 없게 된다.

중세의 경우, 대부분의 잘못된 인용은 그 인용자가 현명한 사람이라기보다는 어리석은 자임을 보여 주는 것이었지만, 그와 동시에 독자의 기억과 상상력을 확장시켜 직접적이고 정확한 인용으로는 얻어 낼 수 없는 풍부한 의미와 어조를 새로 만들 수 있는 것이기도 했다(Regalado$_3$, 288-291). 일례로 〈이중의 발라드Doubld ballade〉의 한 구절을 살펴보도록 하자.

> 온화한 음유악사 오르페우스는,
> 플루트와 손풍금을 울리며,
> 머리 넷 달린 개 케르베로스와
> 맞서는 죽을 위험에 처했다. (〈이중의 발라드〉, vv. 633-636)[163]

이 부분에 대한 전거로 티리는 미쇼 타유방의 작품 《사랑의 고별시*Le congé d'amour*》에 나오는 세 번째 발라드의 64-67행과[164] 네 번째 발라드의 92-95

---

162 "[...] Jeunece boute home et fame/en touz periz de cors et d'ame,/et trop est fort chose a passer/sanz mort ou sanz menbre quasser/ou sanz fere honte ou domage/soit a soi soit a son lignage./Par Jonece s'en va li hons/en toutes dissolucions/et suit les males conpaignies/et les desordenees vies/et mue son propos souvent. [...]/Jeunece met home es folies,/es boules, es ribauderies,/es luxures et es outrages,/es mutacions de courages,/et fet conmencier tex mellees/qui puis sunt enviz desmellees."(RdR, vv. 4403-4413, 4433-4438).

163 "Orpheüs le doulx menestrier,/Jouant de fluctes et musectes,/En fut en danger de murtrier/Chien Cerberuz a quatre testes;"

행을[165] 지적한 바 있다(CT, 140). 케르베로스에 대한 이야기는 보에티우스와 단테의 작품을 통해 널리 알려져 있었고,[166] 장 드 묑 또한 《장미 이야기》에서 세 개의 젖이 달린 아트로포스와 머리가 세 개 달린 케르베로스를 언급한 바 있다.

> 살아 있는 생명들에 맞서 싸우고, 그 마음은 죽은 자들을 통해 그렇게나 즐거움을 얻는, 이 불행한 여인, 이 비참한 여인이, 갈망에 몸을 떨 정도로 인간들의 죽음을 몹시도 바라는, 악견惡犬 케르베로스를 길렀습니다. 만약 이 못된 여인이 돕지 않았다면, 그는 배고픔에 미쳐 죽었을 것입니다. 그도 그럴 것이 아트로포스가 없었더라면, 케르베로스는 자신을 먹여 줄 누구인가를 찾을 수 없었을 테니 말입니다. 그녀가 줄곧 케르베로스를 먹여 살렸고, 그에게 더 달콤한 먹이를 주기 위해, 이 맹견이 자신의 젖가슴에 매달리는 것을 내버려두었는데, 그녀는 두 개가 아닌 세 개의 젖가슴을 갖고 있었습니다. 케르베로스는 세 개의 입을 그녀의 젖가슴에 파묻고, 물고 당기고 빨았습니다. […][167]

케르베로스가 세 개의 머리를 가졌다는 사실이 널리 알려진 것이었음에

164 "Ainsy comme fist Orpheüs/Jadis, maint amans ne font mie:/Le portier d'enfer Cerberus/Endormy a sa chalemie […]"(Robert Deschaux, *Un poète bourguignon du XV^e^ siècle. Michault Taillevent*, Genève, Droz, 1975, p. 253).

165 "Orpheüs jadiz se party/Et s'amie requerre alla/En enfer mais il la perdy/Tost aprez, on scet bien cela; […]"(*Ibid.*, p. 254).

166 "L'étrange bête et cruelle, Cerbère/chieninement par ses trois gorges gronde/dessus la gent qui baigne en cette soue."(Dante, *Œuvres complètes*, traduction et commentaires par André Pézard, Paris, Gallimard, 1965, p. 915). 롱농의 프랑스어 번역은 다음과 같다: "Fauve cruel et monstrueux, Cerbère/De trois gosiers aboye comme un chien/Contre les gens qui sont là, submergés."(Dante, *La Divine Comédie*, traduction, préface, notes et commentaires par Henri Longnon, Paris, Dunod, 1996, p. 36).

167 "Cest lasse, ceste chetive,/qui contre les vies estrive/et des morz a le queur si baut/norrist Cerberus le ribaut,/qui tant desierre leur morie/qu'il an frist touz de lecherie,/et de fain anragiez mourust/se la garce nou secourust;/car, s'el ne fust, il ne peüst/ja mes trouver qui le peüst./Ceste de lui pestre ne cesse;/et por ce que soëf le pesse,/cist mastins li pant aus mammeles,/qu'ele a tribles, non pas gemeles;/ses .III. groins en son sain li muce,/et les groignoie et tire et suce, […]"(RdR, vv. 19775-19796).

도 불구하고, 비용은 지옥의 수문장인 케르베로스에게 머리 하나를 더 붙여 놓는다. 잘못된 인용은 바로 이 점에서 독자의 상상력을 제한 없이 확장시키며, 비용 자신이 강조하고 싶은 점을 효과적으로 부각시킨다. 무기로 쓰기에는 전혀 어울리지 않는 악기를 지닌 오르페우스와 그가 당면한 위험의 무시무시함을 강조하기 위해 만들어 낸 '머리가 하나 더 달린 개'의 모습에는 직접 인용으로는 표현할 수 없었던 아이러니가 담겨져 있으며, 연인 오르페우스는 터무니없이 우스꽝스러운 모습으로 재현된다.[168] 관사가 있는 필사본 *C* 대신 무관사로 표시된 필사본 *A*를 택할 경우 역시 비용의 빈정거림과 아이러니가 잘 드러난다. 필사본 *A*의 경우, 'murtrier'는 '죽인다'는 뜻의 'tuer' 동사가 되며, 이로 인해 '사랑'이 오르페우스의 머리를 온통 뒤흔들어, 온화하고 평온한 성정의 오르페우스가 감히 겁 없이 케르베로스를 공격한다는 뜻이 만들어지기 때문이다. 이러한 우스꽝스러움은 기사들의 창과 칼에 비해 지극히 터무니없는 오르페우스의 '무구武具'가 드러나는 635행을 보다 강조하며, 비용이 의도한 바인 '사랑의 폐해', 한 사람을 송두리째 뒤흔들어 광인처럼 행동하게 하는 불길한 힘을 한층 강화한다($RH_2$, 94-95).

먼저 8행시 XV에서의 비용의 인용이 단순한 오류였을 가능성에 대해 생각해 보자. 8행시 XV의 내용이 비용의 무의식적인 실수였다면, 그것은 장 드 묑의 《유언》이 비교적 널리 알려진 작품이 아니었다는 점을 의미하며, 비용은 무심코 장 드 묑의 가장 유명한 작품인 《장미 이야기》를 전거로 제시한 것이 된다. 그러나 이러한 가정은, 1291-1292년에 작성된 것으로 추정되며 그 길이가 2,120행에 달하는 장 드 묑의 《유언》이 중세 전반에 걸

168 그러나 이러한 점을 인식하지 못하고, 이를 그저 잘못된 인용으로 받아들인 몇몇 번역자들은 네 개의 머리를 세 개로 교정하거나 모호한 표현으로 대치하기도 했다. 일례로 니콜슨은 "Fell likewise into great peril/Of Cerberus in oubliette."라는 번역을 제시했고(JUN, 45), 존 헤론 르퍼는 "Through love ran danger from the dire/Dog Cerberus' three-headed bite;"라는 번역을 제시하기도 했다(*The Testaments of François Villon*, translated by John Heron Lepper, New York, Liveright Publishing Corporation, 1924, p. 42).

쳐 널리 알려진 것이었다는 사실에 비추어볼 때 그 근거가 미약하다. 또 근 200여 년 동안 계속해서 필사되었고, 오늘날까지 전해지는 116개의 필사본들 가운데 상당수가 15세기에 만들어진 필사본이며, 대부분 그의 《유언》이 《장미 이야기》와 함께 수록되었다는 점에서도 타당성이 부족하다 (Regalado$_3$, 293-295).[169] 뿐만 아니라 장 드 묑의 《유언》과 그 내용은 '《장미 이야기》에 대한 논쟁'의 주역이었던 장 제르송Jean Gerson의 글이나, 피에르 콜Pierre Col, 크리스틴 드 피장Christine de Pizan의 답변에서도 알 수 있듯,[170] 많은 이들에게 잘 알려진 것이었다.[171]

그런데, '《장미 이야기》에 대한 논쟁'에서, 논쟁의 주역이었던 세 사람은 "나는 젊은 시절 헛되게 많은 글을 썼다"("J'ai fait en ma jeunesce maint dit par vanité")[172]라는 장 드 묑의 말에 대해 저마다 상이한 해석을 제시하였다.[173] 또 여기에서 출발하여 장 드 묑의 말이 무엇을 의미하는지에 대한 검토뿐만 아니라 장 드 묑의 작품들에 대한 비교로까지 그 관심을 확장시킨다. 이러한 확대 양상이 우리의 관심을 끄는 것은, 실질적으로는 장 드 묑의 《유언》에서 내용을 취하면서 그 전거는 《장미 이야기》로 돌리는 비용의 '잘못된 인용'이, 독자에게 해당 내용의 의미와 전거의 확인을 강제함과 동시에 두 작품에서 나타나는 차이에 대해서도 생각하게끔 하는 것일지도 모른다는 점 때문이다. 비용의 '인용'은 장 드 묑의 《유언》에서 출발하여 어느 순간

---

169 Pierre-Yves Badel, *Le Roman de la Rose au XIV$^e$ siècle. Étude de la réception de l'œuvre*, Genève, Droz, 1980, pp. 62-66; *Lectures françaises de la fin du moyen âge. Petite anthologie commentée de succès littéraires*, par Frédéric Duval, Genève, Droz, 2007, pp. 65-72를 참조.

170 E. Hicks, *Le Débat sur* Le Roman de la Rose, Paris, Champion, 1977; *Le Débat sur* Le Roman de la Rose, traduit en français moderne par Virginie Greene, Paris, Honoré Champion, 2006을 참조.

171 '여성 논쟁Querelle des Femmes'이라는 이름으로 16세기까지 계속되는 이 논쟁은 동시에 도덕적이고 문학적인 차원에 놓인 것이었다. 1400년 1월 6일 공현절에 헌장을 공표했던 '사랑의 궁정la Cour amoureuse'이 이 논쟁의 중심에 있었다. 자세한 사항에 대해서는 *A New History of French Literature*, edited by Denis Hollier *et al.*, Cambridge, Massachusetts, Harvard University Press, 1989, pp. 114-118을 참조.

172 Regalado$_3$, 291에서 재인용.

173 E. Hicks, *op. cit.*, p. 64, 66, 95, 121 등을 참조. 아울러 이하 내용에 대해서는 Regalado$_3$, 296-298을 참조.

《장미 이야기》에서 이야기되었던 '청춘'과 '노년' 등에 대한 환기로까지 사고의 폭을 넓히며, 그 파급 효과를 가능한 최대한의 것으로 만든다. 부지불식간에, 독자는 장 드 묑의 《유언》을 떠나 《장미 이야기》의 세계로 옮겨 가게 되고, 거기서 다음과 같은 정경을 보게 된다.

> 그런데 **고역**과 **고통**이 **노년**을 밧줄과 쇠사슬로 묶어 놓고 어찌나 심하게 때리고 고문하는지, **노년**은 죽음이 임박했음을 느끼고 자신의 삶을 뉘우치고자 합니다. 〔…〕 때늦은 바로 이 후회의 순간에 이르러서야, 힘없고 늙어 백발이 된 자신을 보면서, **노년**은 비로소 자신의 지난날들을 헛되게 낭비하도록 만든 **청춘**에게 완전히 속았다는 것을 깨닫게 됩니다. 그리고 미래의 구원을 받지 못한다면 자신이 삶이 끝이라는 사실을 알게 됩니다.[174]

8행시 XIII에서 자신이 "비참함의 가장 밑바닥에" 있을 때, 신이 "복된 도시를 보여 주시고 '희망'이라는 선물을 베푸셨"음을 말하고 나서, 또 8행시 XIV에서 신이 바라는 것은 자신이 회개하고 바르게 사는 것임을 말한 직후에 이루어지는 8행시 XV의 '인용'은, 장 드 묑의 《장미 이야기》와 《유언》의 힘을 얻어, 앞선 8행시의 분위기와는 상반되는 '비극적인 시간'과 때늦은 '통탄할 자각'을 강조하는 효과를 만들어 낸다. 그리고 앞서 비용이 8행시 XII에서 이야기했던 "시름과 한탄, 눈물", "고역과 고충의 방황"을 즉각적으로 다시 떠올리게 해준다.

잘못된 인용의 힘은 '반박'을 위한 것으로, 자신의 이야기를 더 비극적이고 생생한 모습으로 만들어 독자에게 더욱 폭넓은 예들을 전해 주는 동시에, 자신의 이야기를 새로 떠올리고 되짚어 보게 하는 계기를 만든다. 아울러, 자신의 논지에 부합하지 않는 장 드 묑의 두 줄, 즉 "그렇지만, 더 큰 미덕이요 더 높은 고귀함일지니, 젊은 시절에 마음이 원숙함을 구하는 것은" 이라는 부분은 의식적으로 인용하지 않음으로써, 비용은 스스로를 교묘하

174 RdR, vv. 4493-4497, 4499-4506. 아울러 제3장의 주 99를 참조.

게 합리화한다.

현자의 말씀을 지나치게 호의적으로
마음속에서 믿었으니, 이는 분명 내 잘못이라!
그 말씀은 "내 아들아, 즐기거라,
너 젊은 시절에"라는 것이었다. 그런데,
다른 곳에서는 또 다른 요리를 제공했으니,
그것은 "유년과 청춘은
과오와 미망일 뿐이라는 것이었다."
—이는 그가 말한 바 그대로이며, 더도 덜도 아니다—
(T, XXVII, vv. 209-216)

"현자의 말씀을 지나치게 호의적으로 마음속에서 믿었으니,"("Le dit du Saige trop lui feiz/Favourable, [...]", T, vv. 209-210)라고 옮긴 대목에 대해서도 연구자들은 서로 상이한 의견을 제시한 바 있다. 이 부분을 'Le dict du Saige, trop le fiz'로 읽어야 한다는 파리스의 지적 이후,[175] 'lui'가 앞선 행의 'cuer'를 받는 것으로 본 풀레의 의견에 대해,[176] 쿤은 'Saige'를 받는다는 의견을 보였고(Kuhn, 164), 뒤푸르네는 'cuer'와 'Saige'를 동시에 지칭한다고 여겼다.[177] 이에 대해 드마롤은 214-216행과 169, 202행 등을 고려했

175 "La leçon adoptée par l'édition au v. 209, *est tres beaulx dictz*, n'est que dans I; A et F ont des leçons altérées; C donne la leçon ci-dessus, rendue certaine par la rime et le sens: «J'ai pris trop en ma faveur la parole du Sage, qui dit, etc.»"(Gaston Paris$_2$, 372-373).

176 "A porte: *Le dit du Saige bien apris*, ce qui ne se relie pas au vers suivant, F a: *Le dit du Saige bien prins mes*, ce qui ne signifie rien, I *Le dit du Saige tres beaulx ditz*, ce qui est également incompréhensible. L'édition a reproduit la leçon de C, sauf que l'on a corrigé *trop lui feiz* en *trop le feiz*. La correction donne un très bon sens, mais elle ne s'impose pas. On peut conserver *lui*, qui se rapporte à *cuer* du vers précédent: *A peu que le cuer ne me fent*."(Lucien Foulet, "Notes sur le texte de Villon(*Lais* et *Testament*.)", *Romania*, 49, 1920, p. 389).

177 P. Demarolle, "Pour l'interprétation d'un vers de Villon: Que représente le pronom «Luy» au vers 209 du «Testament»?", *Revue belge de philologie et d'histoire*, 50, n° 3, 1972, p. 756을 참조.

을 때 화제의 중심에 놓인 것은 즐거움의 나이인 '젊음'이며, 따라서 'lui'는 'temps' 혹은 'temps de ma jeunesse'를 의미하는 것으로 보아야 한다는 의견을 제시하였다.[178] "우유 속의 파리" 이상의 것은 알지 못하는 비용이 느끼는 불확실함과 불명료함은 이제 신의 말씀으로까지 이어지며, 비용은 신의 말씀을 자신에게 도움이 되는 유용한 것이기보다는 문제를 양산하는 시원始原으로 교묘히 뒤바꿔 놓는다(Vitz, 137). "헛되고 헛되다vanitas vanitatum"라는 유명한 말로 시작되는 〈전도서〉는 아래와 같이 말한다.

> 불행한 날이 많은 것을 명심하고 얼마를 살든지 하루하루를 즐겨라. 사람의 앞날은 헛될 뿐이다./그러니 젊은이들아, 청춘을 즐겨라. 네 청춘이 가기 전에 하고 싶은 일을 하며 즐겨라. 가고 싶은 데 가고, 보고 싶은 것을 보아라. 그러나 하느님께서 네가 하는 모든 일을 재판에 붙이시리라는 것만은 명심하여라. (〈전도서〉, 11, 8-9)

비용은 성서의 이야기가 마치 동떨어진 두 부분에서 제시되는 듯한 인상을 독자에게 심어 주지만, 실상 비용이 주장하는 '다른 곳'은 첫 번째 내용이 나오는 바로 다음에 이어지는 것이다. 앞선 211-212행에 비해 성서의 내용을 덜 충실하게 번역한 214-216행에 대해, 연구자들은 "젊음도 검은 머리도 물거품 같은 것"(〈전도서〉, 11, 10)이라는 내용을 비용이 옮긴 원전의 내용으로 지적한 바 있다(CT, 106).[179]

---

178 *Ibid.*, pp. 755-759를 참조.

179 이 부분은 "우리 인생은 짧고 슬프다. 수명이 다하면 별수 없이 죽는다. […] 우리 인생은 구름 조각들처럼 지나가 버리고 햇볕에 쫓기고, 열에 녹아버리는 안개와 같이 흩어져 버린다./인생의 하루하루는 지나가는 그림자, 한 번 죽으면 되돌아올 수 없다. 죽음이라는 도장이 한 번 찍히면 아무도 되돌아올 수 없다./그러니, 어서 와서 이 세상의 좋은 것들을 즐기자. 늙기 전에 세상 물건을 실컷 쓰자./값비싼 포도주와 향료를 마음껏 즐기자. 봄철의 꽃 한 송이도 놓치지 말자./장미꽃이 지기 전에 장미 화관을 쓰자."(〈지혜서〉, 2, 1, 4-8)라는 내용과도 유사하지만, 이 말은 "악인들"의 입에서 나오는 것이라는 점에서 비용이 의도했을 리 없다고 여겨진다.

저 수도원 안의, 저 교회 안의,
옷자락의 주름 위에 앉아 있는
저 여인들, 두세 명을 바라볼지어다.
그대 다가가라, 그리고 움직이지 말라.
그대 그곳에서 얻게 되리라,
마크로비우스도 결코 하지 못했던 그런 고견高見을.
들어 보라, 그 가운데 몇몇을 기억해 두어라.
그 모두 훌륭한 교훈들이니. (T, CXLV, vv. 1543-1550)

마크로비우스Ambrosius Macrobius Theodosius는 중세의 경우 플라톤 철학의 대표자로 여겨졌으며, 키케로의 〈스키피오의 꿈〉에 대한 주석으로 유명한 인물이다. 기욤 드 로리스가 《장미 이야기》의 시작 부분에서 자신의 꿈의 진실성을 강조하기 위해 마크로비우스를 보증인으로 내세우기도 했던 것처럼,[180] 비용 역시 그를 고대 현인의 전형적인 인물로 거명한다($RH_2$, 216). 그렇지만 1550행은 반어적인 의미를 지니는 것으로, 들리는 것은 전부 또 들리지 않는 것 역시 모두 아낙네들의 쓸모없는 수다와 비방임을 나타내는 것이라는 점에서, 현자의 이름을 거명하는 것은 어울리지 않는 인용이 된다. 또 단 한 번도 유사한 견해를 피력하지 않았던 마크로비우스의 이름을 들어 이 여인들의 이야기가 금과옥조로 삼아 마땅한 교훈임을 말하는 것 역시 우스꽝스러운 분위기를 만들어 낸다. 물론 어떤 말을 하거나 어떤 글을 남긴다고 해서, 그가 말하거나 쓰는 것이 모두 진실이거나 자신이 직접 읽고 체험한 것이라는 보장은 없다.[181] 그렇기에 상드라르는 '불량 학생' 비용을 '박식한 대학자'로 만드는 것을 비웃으며,

180 "Aucunes genz dient qu'en songes/n'a se fables non et mençonges;/mes l'en puet tex songes songier/qui ne sont mie mençongier,/ainz sont aprés bien aparant,/si en puis bien traire a garant/un auctor qui ot non Macrobes,/qui ne tint pas songes a lobes,/ançois escrit l'avision/qui avint au roi Scypion."(RdR, vv. 1-10)
181 $Guiette_1$, 125-127을 참조.

> 그는 선생들의 강의에 들쑥날쑥 출석하여, 오늘날에는 잊혀졌거나 통용되지 않는 학문과 질문들, 종교적인 논쟁거리들, 철학적이거나 도덕적인 논쟁거리들을 겉핥기식으로 습득한 〔…〕 볼품없고 초라한 학사였다. 〔…〕 중세에는 서적들이 비싸고 희귀했다. 서적들은, 오늘날처럼, 온갖 사람들이 손에 들고 다니는 것이 아니었다. 직접 책을 읽는 것보다는, 그 책에 대해 이야기하는 것을 듣는 경우가 훨씬 많았다. 바로 이처럼 비용도, 밤이면 선술집에서 그가 만났던 모든 신학생들과 마찬가지로, 사람들이 말하는 한 무더기의 이야기들을 들었고, 또 심지어는 지극히 미묘한 질문들마저도, 그 점에 대해 현학자인 양하지 않고, 논할 수 있었던 것이다. (Cendrars$_1$, 51)

라고 말했던 것이다. 이러한 측면에서 본다면, 그가 현자의 권위를 빌리는 것은 그저 풍문으로 들었던 것을 감추기 위해, 아니면 급조한 '진리'임을 숨기기 위해서일지도 모르며, 바로 이 점에 의해 아이러니가 생겨난다(LA$_2$, 203; CT, 214). 그러나 한 걸음 더 나아가 비용의 의중을 추측해 볼 필요가 있다. 마크로비우스가 비유적이거나 암시적인 이야기에서 자칫하면 간과하기 쉬운 '진리'나 '교훈'을 풀어내는 데 명성이 높았던 인물이었음을 고려한다면, 아무리 현명한 그라 할지라도 파리 아낙네들의 잡담과 수다에서는 어떤 숨겨진 보석도 찾아낼 수 없을 것임을 역으로 빈정거리며 놀리려는 의도 역시 발견된다(Hunt$_1$, 26-27).

비용은 인용이나 전거의 '다시 쓰기'뿐만 아니라 일화의 '다시 쓰기'에서도 자신의 재능을 유감없이 발휘한다. 알렉산드로스 왕과 디오메데스의 일화가 우연히 《유언의 노래》에 삽입되었다고 보기는 어렵다. 일종의 예화인 8행시 XVII-XX의 32줄은 따로 분리시켜 읽었을 때에도 그 자체의 의미를 잃지 않지만, 샤를 보들레르가 《소산문시집》의 서두에서 각각의 시들이 독립적인 가치를 지니면서 동시에 전체적인 맥락 속에서 광범위한 의미를 획득한다는 것을 강조했던 것처럼, 《유언의 노래》와 연결된 맥락에서 읽을 때 더 깊은 해석의 폭을 얻게 된다.[182]

튀안에 따르면, 이 일화는 키케로의 《공화국*République*》의 일부와 트라야누스 황제 시절의 인물인 카이킬리우스 발부스Caecilius Balbus의 글, 노니우스Nonius의 글, 성 아우구스티누스의 《신국神國*De Civitate Dei*》 IV권, 솔즈베리의 존Jean de Salisbury이 쓴 《폴리크라티쿠스*Polycraticus*》 등에 나오며, 14세기 들어, 자크 드 세솔Jacques de Cessoles, 장 드 비녜Jean de Vignay, 장 페롱Jean Ferron 등이 이 일화를 프랑스어로 번역하기도 했다. 튀안은 비용이 참고한 전거가 솔즈베리의 존이 쓴 작품이거나 장 드 비녜의 번역일 것으로 여겼고(TH, III, 613-623), 샤를리에는 비용이 이 일화를 솔즈베리의 존이 남긴 작품에서 간접적으로 알게 된 것으로 추정하였다(Charlier, 523).

> 알렉산드로스 왕의 치세에
> 디오메데스라 불리는 자가
> 강도처럼, 엄지와 손가락들에 족쇄가 채워져서,
> 왕 앞에 끌려 왔으니,
> 그것은 이 자가, 바다를 종횡으로 누비던,
> 수적水賊이었기 때문이다.
> 사형死刑을 판결받기 위해,
> 이렇듯 심판자 앞에 세워진 것이었다. (T, XVII, vv. 129-136)[183]

129행의 'Ou temps qu'Alixandre regna'라는 언급을 통해, 8행시 XV에 이르기까지 '1461년'이라는 구체적이고 명확한 지표 아래 이어지던 《유언의 노래》의 시간 배경은 이제 아득한 과거로 바뀐다. 그러나 이 말이 비용이 무책임한 상상력 속에 터무니없는 이야기를 전개하는 계기가 만들어진다는 뜻은 아니다. 비용은 '전설'을 매우 충실히 재현하고 있으며, 중요한 것은

182 이 일화 다음에 나오는 8행시 XXI의 164-166행이 8행시 XVI의 123-124행과 연계되는 것이 전체적인 맥락의 중요성을 보여 주는 일례가 된다.

183 "Ou temps qu'Alixandre regna,/Ungs homs nommé Dïomedés/Devant lui on lui admena/Engrillonné pousses et detz/Comme larron, car il fut des/Escumeurs que voyons courir;/Sy fut mis devant ce cadés/Pour estre jugiez a mourir."

지금까지 우리의 눈앞에 있던 비용이 전면에서 사라지고 그의 분신 격인 과거의 인물, 전설상의 인물이 등장한다는 사실이다. 비용의 목소리와 디오메데스의 목소리, 과거의 목소리와 현재의 목소리가 중첩되어 우리의 귓가에 들려오는 계기가 이루어짐으로써, 비용은 '전설'의 힘과 그 배가된 감동의 효과를 노리고 있다는 점에 주목하자.

> 그곳에는 그에 필적할 만한 사람이 아무도 없습니다. 그만큼 그의 마음은 고귀함으로 가득하며, 그의 너그러움은 아서 왕, 심지어는 알렉산드로스 왕을 능가한답니다.[184]

라는 《장미 이야기》의 구절이나, 메이어P. Meyer의 아래와 같은 설명처럼,

> 12세기 후반부터 중세 말기까지, 알렉산드로스 왕의 명성을 널리 알리게 한 장점은 〔…〕 무엇보다도 그의 너그러움이었다. 알렉산드로스 왕은, 자신을 위해서는 결코 재물을 모으지 않았고, 대신 그의 수하 사람들에게 그들의 조력을 받아 얻었던 땅과 부를 관대하게 나누어 줌으로써, 봉건 군주의 이상적인 유형이 되었다. 〔…〕[185]

중세의 경우, 알렉산드로스 왕은 '너그러움'의 전형처럼 여겨지던 인물이었다. 8행시 XVII에서 비용은, 시간과 공간의 이동을 염두에 둔 것처럼, 14-18세기에 이르기까지 매우 드물게 사용된 단어이자 아랍어 'qadi'에서 온 'cadés'라는 단어를 사용한다. 135행의 경우, 뷔르제는 'cadés'를 주어로 보고 'devant'을 부사적으로 해석하여 이 문장을 '이 수적의 우두머리를 출두시켰다'('on fit comparaître ce capitaine')라고 풀이했고(Burger$_2$, 41), 튀안은

184 "En cest païs n'a qui le vaille,/tant a le queur plein de noblece,/et seurmonteroit de largece/le roi Artu, voire Alixandre,"(RdR, vv. 12634-12637).

185 Paul Meyer, *Alexandre le Grand et la littérature française au moyen âge*, Paris, 1886, II, p. 372; Thuasne$_1$, 104에서 재인용.

'cadés'가 'juge'와 'capitaine' 모두를 받을 수 있다는 견해를 제시하기도 했지만(TH, II, 111-112), 이후의 대부분의 주석자들은 'cadés'가 알렉산드로스 왕을 지칭할 수밖에 없다고 보았고($RH_2$, 30; CT, 100), 이러한 해석은 튀안이 제시한 여러 선례들을 검토해 보았을 때 그 타당성이 인정된다.[186]

> 황제는 이렇게 그에게 말을 건넸다.
> "네가 수적이 된 까닭이 무엇이냐?"
> 그는 황제에게 대답했다.
> "나를 도적이라 부르는 까닭이 무엇인가?
> 작고 보잘것없는, 길쭉한 협선에 올라,
> 바다를 누비는 나를 보았기 때문인가?
> 내가, 그대와 동일하게, 무장할 수 있었다면,
> 그대처럼, 나도 황제였으리." (T, XVIII, vv. 137-144)

비용은 "작고 보잘것없는"("une petiote", T, v. 142)이라는 말을 통해 두 사람의 대조적인 면, 즉 범죄가 되는 해적의 노략질과 합법적인 정복의 차이와 결과를 극명하게 표현한다(CT, 100). "네가 수적이 된 까닭이 무엇이냐?"는 알렉산드로스 왕의 질문은 다소 급작스럽고 모욕적인 언사로 보여지며, 이 말에 답하는 디오메데스의 말 또한 황제에게 할 수 있는 말이라고는 여겨지지 않을 정도로 무례하고 직설적이다. 황제의 추궁에 디오메데스는 자신의 모든 행실이 '운명'에 따른 것임을 다음과 같이 말한다.

> 그런데 그대는 무엇을 원하는가?
> 그를 거역해서는, 나 진정 아무것도 할 수 없었고,
> 나를 그토록 부당하게 대우했던, 내 운명에서,

186 Denis Foullechat: "quant il fu pris et amené devant li"(TH, III, 618); Jean Ferron: "si le fist prendre et admener devant lui"(TH, III, 619); Jean du Vignai: "commanda que Dyomedes cist fust enfui et prins, et amené a luy"(TH, III, 620).

이 모든 행실이 유래한 것을
적으나마 나를 용서하고,
또 알아 두시오, 이 말은 흔히 쓰이는 말이니,
극도의 빈궁 속에는,
청렴과 명예가 머물지 않음을. (T, XIX, vv. 145-152)

8행시 XIX의 화자는 물론 디오메데스이며, 그의 말을 듣는 이는 알렉산드로스 왕이다. 이 부분을 비용이 직접 독자들에게 스스로를 변론하고 호소하는 내용으로 보아도 크게 문제될 것은 없으나, 사실 비용과 디오메데스의 공통점은 '운명'과 '빈곤'의 희생양이라는 점에 국한될 뿐이며, 두 사람을 완전히 동일한 인물로 볼 수는 없다. 왜냐하면 일화를 전부 소개한 이후 8행시 XXI에서 비용이 다시 강조하듯, 디오메데스가 알렉산드로스 왕을 만나 운명이 바뀌었던 것과는 달리, 비용은 그러한 행운을 얻지 못했기 때문이다. 디오메데스는 자신의' 운명'과 '빈곤'을 전면에 내세워 스스로를 변호하며,[187] 고통과 불행의 근원인 '빈곤'의 끔찍함은《장미 이야기》의 다음과 같은 부분에서도 찾아볼 수 있다.

> **빈곤**은 사람을 멸시하고 증오하게 만들고, 순교의 고통 속에 살게 하네. 심지어는 사람들의 분별력을 앗아 가기도 하지. [⋯] **빈곤**은 **죽음**보다 더 끔찍한 짓을 한다네. 단 한순간으로 그치는 것이 아니라, 영혼과 육체가 함께하는 한 내내, 이 둘을 괴롭히고 극도의 고통을 주니 말이야. 또 거기에 그치지 않고, 그들이 지옥의 영벌을 받게 하려고, 절도와 배반뿐만 아니라 사람들에게 가혹한 아픔을 주는 그 밖의 다른 모든 불행들 역시 가져다주지. [⋯][188]

---

187 비용은 150-152행을 전후로 127-128행, 167-168행에서도 '빈곤'을 강조하고 있다.

188 "Povreté fet home despire/et haïr et vivre a martire,/et tost aus genz neïs lou sen. [...] Et Povreté fet pis que Mort,/car ame et cors tormente e mort/tant con l'un o l'autre demeure,/non pas sanz plus une seule eure,/et leur ajouste a dampnement/larrecin et parjurement/avec toutes autres durtez,/dont chascuns est griement hurtez, [...]"(RdR, vv.

세세한 죄상의 열거 대신 그의 모든 죄의 근원인 '운명과 빈곤'만을 말함으로써, 디오메데스는 죄지은 자에 대한 비난보다는 그가 그렇게 할 수밖에 없었던 처지와 환경을 탓하는 것이 합당하다는 논지의 변론을 전개한다.

> 디오메데스의 이야기 모두를
> 황제는 심사숙고했고,
> "너의 운명을, 내 바꾸어 주리라,
> 악운을 행운으로"라고 그에게 말했다,
> 그리고 그와 같이 행하였다. 그 이후로 그는 어느 누구에게도
> 상처 입히는 말을 하지 않았고, 올바른 사람이 되었다.
> 이는 로마의 위대한 현자로 명성높은,
> 발레리우스가 실화라 전한 것이다. (T, XX, vv. 153-160)[189]

비용은 현자 발레리우스의 이름을 들어, 자신이 이야기한 일화의 '진실성'을 강조한 후, 자신이 디오메데스와 같은 행운을 누리고도 행실을 고치지 못한다면, 스스로를 준엄하게 단죄할 것임을 엄숙하게 말한다.

> 만약 신께서 나를

---

7957-7959, 8125-8132).

189 "Quant l'empereur ot remiré/De Dïomedés tout le dit,/«Ta fortune je te mueray/Mauvaise en bonne», ce lui dist./Si fist il; onc puis ne mesdit/A personne, mais fut vray homme./Valere pour vray le bauldit/Qui fut nommé le Grant a Romme." 전거가 되는 사본들에서는 'mesdit' 이외의 이형들이 나타나지 않지만, 마로는 이를 'mesprit'로 고친 바 있다. 1873년 롱농은 이를 'mesfit'로 수정했고, 튀안 역시 롱농의 뒤를 이어 이 부분을 'Toujours se comporta bien avec tout le monde, et fut homme loyal'로 옮겼다(TH, II, 119). 그런데 흥미롭게도, 리슈네와 앙리가 'mesdire a aucun'이라는 표현을 입증하기 위해 제시한 예들은 모두 'mesfaire'와 'mesdire'를 같이 사용하고 있다. 스텐H. Sten이 말하듯, 비용이 이 두 동사의 의미를 모두 생각하고 '그 이후 디오메데스는 누구에게도 해를 끼치지 않았고, 양처럼 순해져서, 심지어는 상처를 입히는 말 한마디도 하지 않을 정도로 바뀌었다'는 의미를 'mesdit'라는 한마디 속에 포함시켰다고 보는 것도 흥미로운 풀이일 듯하다(H. Sten, "Pour l'interprétation de Villon", *Romania*, 71, 1950, p. 512).

또다른 연민 가득한 알렉산드로스 왕과 만나게 하시어,
그가 나를 복된 길로 인도하였는데도,
그때 내가 죄악에 다시 빠지는 모습을 보인다면,
내 입으로 직접 나 자신을 판결하여,
화형에 처하고 재가 되게 단죄하리라.
궁핍이 사람들로 하여금 죄를 범하게 하고,
굶주림이 늑대를 숲에서 나오게 만드는구나. (T, XXI, vv. 161-168)

이러한 비용의 말은 8행시 XVI에서 이미 언급했던,

만약 내 죽음으로 모두의 행복이
더 나은 어떤 것이 될 수 있다 한다면
나, 스스로를 악인으로
사형에 처할 것이니, 신께서 나의 증인이 되어 주소서!
(T, XVI, vv. 121-124)

라는 내용을 되풀이하는 것이며, 일단 '빈궁'을 언급한 뒤에, 다시 신과 솔로몬의 이름을 들어, 재차 모든 불행과 악의 원천으로서의 '빈궁'을 강조하는 《장미 이야기》의 방식과 동일한 기법이라 할 수 있다.

솔로몬은 자신의 책, 그 제목은 〈잠언〉이니, 정확히 제30장에서 모든 것을 말하고 있기 때문입니다. "신이여, 당신의 권능으로 저를 부유함과 구걸로부터 보호해 주십시오. 부유한 자는 자기 재산을 너무 생각하다 마음이 온통 광기에 빠져들어 마침내 자신의 창조주를 잊게 됩니다. 구걸하며 고통받는 자가 어찌 죄악에 빠지지 않을 수 있겠습니까? 그가 도둑이나 배신자가 되지 않기란 어려운 일입니다. (…)"[190]

190 "car Salomon tout a delivre/nous a escrit en un sien livre/de Paraboles, c'est le tistre,/tout droit ou treintiesme chaspistre:/«Garde moi, Dieu, par ta puissance,/de riches et de

파리스가 이 부분을 두고, 비용은 "모든 것을 자신의 빈곤 탓으로 돌리면서, 자신의 잘못들을 뉘우치고, 악행들을 고백한다"라고 지적했던 것처럼(Gaston Paris$_1$, 147), 연구자들 대부분이 이 일화를 '비용이 자신의 행실을 고치기를 희망한다'는 의미로 보거나, 비용의 고백과 그가 제시하는 원인에 의거하여 '자신의 결백을 증명'하는 것으로 풀이하였다.[191] 이 부분에서 비용이 말하고자 하는 것이 '자신은 디오메데스보다 덜 행복하여, 자신을 수렁에서 끌어올려 줄 도움의 손길을 찾지 못했다는 점'임을 강조했던 보쉬아 R. Bossuat의 말처럼,[192] 과연 이 일화를 통해 비용이 강조하려는 것이 무엇인지, 다시 말해 '자신이 죄인임은 너그럽고 동정심 많은 알렉산드로스 왕을 만나는 행운을 누리지 못했기 때문'인지, 아니면 '자신이 죄인임을 고백하며, 죄인이 될 수밖에 없었던 이유를 변명하는 것'인지에 대해 따져 볼 필요가 있다. 이 두 가지 물음은 외관상 동일한 것으로 여겨지지만, 사실 전자가 '결백한 자의 복권'과 관련된 것인 데 반해 후자는 '사면과 용서'에 주안점을 둔 것이기 때문이다.

앞선 8행시 XV의 119행에서 비용은 자신의 "심신을 잔혹하게 짓누르는 자들"이 있음을 말하였고, 8행시 XVI의 121-124행에서는 자신의 죽음이 모두에게 이로운 것이라면, 스스로 '판결'을 내릴 것임을 말했다. 또 이 일화를 소개한 다음인 8행시 XXI에서도 반복하여 "내 입으로 직접 나 자신

mendiance;/car riches hon, quant il s'adrece/a trop penser a sa richece,/tant met son queur en la folie/que son sreator en oblie./Cil que mendicitez guerroie,/de pechié conment le guerroie?/Enviz avient qu'il ne soit lierres/et parjurs», [...]"(RdR, vv. 11247-11260). 성서의 내용은 다음과 같다: "저에게는 당신께 간청할 일이 두 가지 있습니다./그것을 제 생전에 이루어주십시오./허황된 거짓말을 하지 않게 해주십시오./가난하게도, 부유하게도 마십시오./먹고 살 만큼만 주십시오./배부른 김에, "야훼가 다 뭐냐?" 하며 배은망덕하지 않게,/너무 가난한 탓에 도둑질하여/하느님의 이름에 욕을 돌리지 않게 해주십시오."(〈잠언〉, 30, 7-9).

191 이하 논의는 R. L. Wagner, "Villon, *Le Testament*(Commentaire aux vers 157-158)", in *Fin du Moyen Age et Renaissance. Mélanges de philologie française offerts à Robert Guiette*, Anvers, De Nederlandsche Boekhandel, 1961, pp. 165-176과 Guiette$_1$, 238-245에 의거 그 내용을 요약하였음을 밝힌다.

192 Robert Bossuat, *Le Moyen Age*, Paris, del Duca, 1967, p. 264.

을 판결하여, 화형에 처하고 재가 되게 단죄"("A mal, estre ars et mis en cendre/ Jugié me feusse de ma voys.", T, vv. 165-166)할 것임을 강조했다. 그러나, 앞으로 소개할 일화가 법정에서 벌어지는 한 장면임을 강조하듯, 일화의 앞뒤에서 '판결'을 강조하는 것은, 디오메데스와 알렉산드로스 왕의 법정 공방을 알리는 것이기보다는《유언의 노래》의 시작 부분에서 그가 주교에게서 받았던 "그 모든 고난들을" 다시 부각시키려는 의도로 보는 것이 더 타당성을 갖는다. 뿐만 아니라 비용이 135행에서 '심판자'라는 말을 사용하는 것, 또 현명한 솔로몬을 연상시키는 '공평무사'한 알렉산드로스 왕을 거명하는 것 또한, 자신에게 '부당한 처사를 행했던' 주교 티보 도시니를 겨냥한 것으로 보는 것이 작품의 흐름에 부합한다. 그러나 비용은 이러한 점을 그저 암시할 뿐이며, 명확하게 이야기하지 않는다. 독자에게 재량껏 해석하고 이해할 수 있는 기회를 부여하는 이러한 '암시'는 '모호함'을 증폭시키고자 하는 비용의 의도적인 것이며,《유언의 노래》의 마지막 부분에서 생면부지의 장 드 칼레에게 자신의 '유언' 일체에 대한 재량권을 주는 것과 유사한 의도인 것이다.

황제는 138행에서 "네가 수적이 된 까닭이 무엇이냐?"고 디오메데스에게 질문을 던지며, 그는 황제의 말을 거의 동일하게 반복하여 "나를 도적이라 부르는 까닭이 무엇인가?"라고 대꾸한다. 'laron'이라는 말은 '필요'에 의해서가 아니라 악덕에 물들어 다른 사람들의 것을 강탈하는 자에게 붙이는 말이지, 부당한 '운명'을 거역할 수 없었고 "극도의 빈궁" 속에서 "청렴과 명예"를 생각할 겨를이 없었던 사람에게는 해당되지 않는 말임을 항변하는 디오메데스의 대답은 그와 황제 가운데 누가 피고인지, 누가 잘못된 생각을 가지고 있는지, 누구의 말이 정당한 것인지, 누가 누구에게 올바른 길로 이끄는 교훈을 주는 것인지를 자문하게 만든다($\text{Hunt}_1$, 16-17).

"디오메데스의 이야기" 전부를 "황제는 심사숙고했고" 마침내 디오메데스에게 행운을 선사한다. 그리고 다음과 같은 언급이 뒤따른다. "그 이후로 그는 어느 누구에게도 상처 입히는 말을 하지 않았고, 올바른 사람이"("onc puis ne mesdit/A personne, mais fut vray homme.", T, vv. 157-158) 되었다. 대부분의 연구자들은 드러나지 않은 'mesdit'와 'fut'의 문법상의 주체를 디오메데스에게 해당되는 것으로 보았고($RH_2$, 31-32), 이 부분을 '디오메데스의 개과천선'을 의미하는 것으로 받아들였다. 이러한 견해에 대해, 바그너는 이러한 추정 근거가 비용과 디오메데스를 동일한 인물로 상정한 것, 그리고 과거의 악행에 대한 개심과 그에 따른 훌륭한 삶으로의 회귀라는 두 가지 측면을 지나치게 고려한 결과였음을 지적한다.

바그너는 비용과 디오메데스를 완전히 동일한 인물로 볼 수 없다는 점을 강조한다. 두 사람 모두 본의와는 무관하게 가혹한 '운명'에 의해, 또 필요에 의해 어쩔 수 없이 악행을 저질렀지만, 그들 모두 가혹하고 적대적인 '운명'의 희생자였다는 점을 제외한다면, 그 외의 다른 부분에서는 두 사람의 유사한 면모를 별로 찾아볼 수 없으며, 결과적으로 디오메데스는 행운을 얻게 되지만 비용은 행운을 얻지 못하기 때문이다. 또 바그너는 상당한 길이의 이 일화가, 단지 자신이 '가혹한 '운명'의 희생자'요 '알렉산드로스 왕과 같은 사람을 만나는 행운'을 얻지 못했다는 지극히 진부하고 당연한 사실을 말하기 위해서 선택된 것일지에 대해 의문을 제기한다.

바그너는 'mesdit'와 'fut'의 문법상의 주체가 알렉산드로스 왕이며, 따라서 이 부분의 의미는 황제가 디오메데스의 말에서 교훈을 얻어, 그 뒤로는 누구에게도 상처를 주거나 틀린말을 하는 경박한 어리석음을 범하지 않았고, 그 결과 올바른 사람, 즉 바른 '심판자'가 되었다는 뜻으로 이해해야 한다고 지적했다. 바그너의 견해를 따른다면, 이 일화는 자신을 알렉산드로스 왕처럼 대해 주지 않은 누군가에 대한 유감과 분노, 그리고 원한을 표출하기 위해 서술되는 것이다. 표면상으로는 일종의 탈선이나 여담에 불과한 것으로 여겨지지만, 이 일화는 죄를 범한 죄인의 회심이나 한탄의 예로서 선택된 것이 아니라, 알렉산드로스 왕의 모범이 되는 모습을 통해 법과 정의를 지켜야 하는 자가 마땅히 갖추어야 할 자세를 강조하기 위한 것이다. 기예트 역시 이 일화의 교훈이 비용 자신에 대해 자비심을 보이지 않았고,

자신을 복권시켜 주지 않았던, 그 결과 자신을 계속해서 악행을 저지른 범죄자의 상태로 내버려 두었던 주교 티보 도시니를 겨냥한 것이라는 견해를 보였다(Guiette$_1$, 240).

후일 바그너는 이 일화에 대한 이전의 견해를 보완하여, 피고와 재판관, 알렉산드로스 왕과 디오메데스 모두가 'mesdit'와 'fut'의 주체에 해당한다는 입장을 다시 밝힌다.[193] 바그너는 이 일화의 요체가, 비록 그 신분은 다르지만 창조주의 피조물이라는 점에서는 동등한 두 불완전한 인간이 법정에서 조우하며, 피고가 재판관의 성정을 고치는 동시에 재판관도 피고의 불행을 행운으로 바꾸어 주는 점에 있다고 설명한다. 죄인의 말을 들어보기도 전에 가혹한 심판을 내리고 처벌을 부과했던 황제는 디오메데스의 용기 있는 항변에 자신의 잘못을 뉘우치고 공정한 심판자가 되며, 이러한 황제의 개심이 디오메데스 역시 변화시켜 존경받는 사람이 되도록 만들었음을 지적하면서, 이러한 이중의 '모호함' 속에 신화가 갖고 있는 모든 힘이 남김 없이 포함된다는 점을 바그너는 새로 강조하였다.

연구자들 모두 발레리우스를 일화의 전거로 든 159-160행의 인용이 잘못되었음을 지적한 바 있다. 튀안은 여러 선례들에 대한 비교·검토를 통해(TH, III, 613-623), 자크 드 세솔의 작품에 빈번하게 발레리우스의 이름이 거론되었기에 비용이 착각을 한 것이라는 의견을 제시했고, 샤를리에는 발레리우스가 언급한 적이 없는 말을 그가 한 것으로 전하는 유사한 실수를 비용의 동시대인인 니콜 질Nicole Gilles이나 후대의 피에르 그랭고르Pierre Gringore가 범했음을 지적하면서, 이러한 오류가 여러 역사적이고 도덕적인 일화들을 모은 선집을 발레리우스의 저술로 지칭했던 것에 기인하는 것이라고 설명했다.[194] 또 이러한 오류가 비용만의 것은 아니며, 울리히 폰 에센

193 이하 논의는 R. L. Wagner, "Villon et Jean de Bueil (D'un exemple à un mythe)", in *Medieval Miscellany presented to Eugène Vinaver*, edited by F. Whitehead *et al.*, Manchester, Manchester University Press, 1965, pp. 289-299의 정리임을 밝힌다.

194 "L'erreur commune de Villon, de Nicole Gilles et de Gringore se comprend à merveille si l'on admet que le XV$^e$ siècle désignait par «livre de Valère» non pas précisément

바흐Ulrich von Eschenbach의 경우에도 동일한 오류를 찾아볼 수 있다는 의견 역시 제기된 바 있다(RH$_2$, 32).[195]

그러나 알렉산드로스 왕과 디오메데스에 대한 일화의 출처로 엉뚱한 인물의 이름을 거명하는 것을 단순한 인용상의 오류로만 볼 수는 없다. 비용의 '잘못된 인용'은 지극히 의식적인 것이며, 자신만의 '다시 쓰기'를 위한 초석이 되기도 하기 때문이다. 이와 유사한 경우는《유증시》의 시작 부분에서도 분명하게 드러난다. 비용은《군사술*De re militari*》에서 장수가 갖추어야 하는 혜안과 숙고를 강조했던 베제티우스Flavius Vegetius Renatus의 권위를 빌려 이렇게 말한다: "베제티우스가 밝히고 있듯이, 사람은 모름지기 행동을 계획함에 있어 심사숙고해야만"("Comme Vegece le racompte,/Qu'on doit ses euvres conseillier", L, I, vv. 5-6) 한다. 비용은 원문에도, 장 드 묑, 장 프리오라Jean Priorat, 장 드 비녜의 번역에도 없는 말을 베제티우스의 권위를 빌려 말함으로써(RH$_1$, 6-7; DF, 391), 자신이 충분히 가늠해 본 연후에 결정을 내리고 행동하는 것이며, 이제부터 그가 하게 될 이야기가 '진지한' 것이라는 점을 보장받는다.

비용이 의도한 일화와 인용의 '다시 쓰기'를 통해, 무정한 여인이 강제하는 죽음은 실상과는 달리 '절박한 위기'로 바뀌며, 그의 '출발'과 '고별시'는 모두에게서 정당성을 인정받게 된다. 마찬가지로《유언의 노래》에서는 현자 '발레리우스'의 이름을 거명하며 그 내용의 '진실성'을 강조함으로써, 비용은 '다시 쓰기'를 통해 자신이 이 일화에 부여했던 '이중의 의미'를 독자들이 의구심을 갖거나 반박하지 않고 받아들이게 만든다. 잘못된 인용은 원래의 의미를 감추거나 변형시킴으로써 비용에게 적합한 '반박'을 가능하

le *De dictis et factis memorabilibus*, mais un recueil d'anecdotes historiques moralisées, analogue au *Violier des histoires romaines*, et dont l'auteur latin avait sans doute fourni la meilleure partie." (Charlier, 524).

195 Werner Ziltener, "Zur Quellenfrge des Anekdote von Alexander und dem Seeräuber bei Villon und Jean de Bueil", *Zeitschrift für romanische Philologie*, 87, 1971, pp. 238-243. 그러나 이 논문은 직접 확인할 수 없었기에, 관련 내용은 RH$_2$, 32에 의거하였음을 밝힌다.

게 해주며,[196] 불분명한 전거의 진실성을 강조하는 비용은, 단일한 해석 가능성을 피하는 모호한 교훈과 이면의 암시를 통해, 자신의 의도를 노골적으로 강요함 없이 모든 선택의 재량권을 독자들에게 '너그러이' 맡긴다.

196 이에 대해서는 Paul Zumthor, *Essai de Poétique médiévale*, Paris, Seuil, 1972, pp. 427-428을 참조. 영역의 경우, *Toward a Medieval Poetics*, translated by Philip Bennett, Minneapolis and Oxford, University of Minnesota Press, 1992, p. 355를 참조.

# 제4장 《유증시》로서의 《유언의 노래》 읽기

## 1. '사랑'의 허위성과 교훈

'거년'을 노래한 발라드들을 통해 피할 수 없는 '죽음의 무도'를 강조한 뒤, 비용은 자신의 지금 처지와 다를 바 없는 늙은 창녀, 한 투구상 아낙의 목소리를 빌려 '세월의 흐름'과 '때늦은 자각'을 부각시킨다. 그러나 여기에서 행해지는 '지나간 시간'에 대한 각성은 《유언의 노래》의 시작 부분인 8행시 XXIII에서 말했던 '지나간 과거에 대한 회오'를 반복하고 다가올 '죽음'을 이야기하기 위한 것이 아니다. 비용은 '시간의 흐름'이 '죽음'으로 이어지는 궤도를 벗어나, '시간'과 '사랑'이 만나는 새로운 축으로 자리를 옮기며, 그 결과 그의 지금 처지와 '회오'는 '사랑'의 허위성을 자각하지 못했던 데 따른 필연적인 결과로 제시된다.

알랭 샤르티에의 작품에서, 사랑의 극심한 괴로움과 고통을 한탄하며, 여인에게 호의를 청하는 연인에게 "그렇게 고상한 병은 결코 사람을 죽음에 이르게 하지 않지요"("Si gracieuse maladie/Ne met gaires de gens a mort,", XXXIV, vv. 265-266)라고 대답하는 무정한 여인의 말이 '사랑'을 '죽음의 고통'에 비유하는 것이 거짓임을 증명하는 것이었다면(BDSM, 11),[1] 늙은 투구

1 알랭 샤르티에가 15세기 작가들에게 행사한 영향력은 앞선 시기 작가들에게 《장미 이야기》가 구사했던 파급 효과에 비견된다. 종래의 궁정풍 윤리에 치명적인 일격을 가한 "눈

상 아낙("La belle qui fut hëaulmiere,", T, v. 454)의 한탄은 '세월의 흐름'이 밝혀 주는 사랑의 허위성이라 할 수 있으며, '사랑'의 교훈을 일찍 알아차리지 못한 이 늙은 여인은 '사랑'의 피해자요 실패자인 셈이다.

> 투구상 아낙이었던 미녀가[2]
> 젊은 여인이길 바라며,
> 다음과 같은 투로 말하면서
> 탄식하는 소리를 내 귀로 들은 듯하다.
> "아! 잔혹하고 비정한 노년아,
> 무엇 때문에 이렇게 빨리 나를 덮쳤느냐?" (T, XLVII, vv. 453-458)

이야기되는 주제의 '전통적인 면'을 부각시켜, 르베가 '자신의 젊은 시절을 한탄하는 늙은 여인'('La Vieille en regrettant le temps de sa jeunesse')이라는 제명을 부여한 데 반해, 마로는 '화자'에 주안점을 두어 '투구상 미녀의 한탄'('Les regrets de la belle Heaulmiere')이라는 제명을 이 시에 붙인 바 있다(CT, 126). 이미 18세기에 랑글레-뒤프레누아가 지적한 바 있듯이(JCM, 224), '사랑의 교훈'을 이야기하는 이 부분의 선례가 된 것은《장미 이야기》의 12765-14160행과 14461-14550행이다. 그러나 비용은 선례를 그대로 모방하는 것에 그치지 않고 자신만의 '다시 쓰기' 기법을 가미한다(Taylor, 89-94).

"학생, 상인, 성직자 위에"("Sur clers, merchans et gens d'Eglise,", T, XLVIII, v. 463) 군림할 수 있는 '전능하고 지고한 특권'이 있었기에, 여인은

---

은 바라보기 위해 만들어진 것이랍니다"("les yeux sont faits pour regarder")라는 무정한 미인의 대답은 이후 수많은 작가들의 작품에서 반향을 불러일으킨다. 과거 알레고리의 세계에서 타인과 자신의 욕망의 거울로 기능하던 눈은 이제 단순한 시각 수단이 됨으로써, 패러다임의 변화를 알린다. 아울러 Pierre-Yves Badel, "«Les yeux sont faits pour regarder». Sur la fortune d'un vers d'Alain Chartier", in *«Ce est li fruis selonc la letre». Mélanges offerts à Charles Méla*, texte réunis par Olivier Collet *et al.*, Paris, Champion, 2002, pp. 91-109를 참조.

2 Albert Meiller, "*La Belle qui fut heaulmiere* de Villon et un fait de langue méconnu", *Bibliothèque d'Humanisme et Renaissance*, 56, n° 2, 1994, pp. 469-473을 참조.

수많은 남자들을 거절했으니,
이는 한 간교한 젊은이에 대한 사랑 때문이었고,
그에게 내 사랑을 듬뿍 주었거늘,
이는 내 입장에서 현명한 생각이 아니었다.
다른 사람들에게는, 물론 거짓 태부림을 부렸지만,
내 영혼에 맹세코, 그는 진정 사랑했다.
그런데 그는 나를 혹독하게 다루기만 했고,
오직 내 돈을 보고 나를 사랑했다. (T, XLIX, vv. 469-476)

자신이 다른 사람들, 즉 그녀를 찾는 손님들의 돈을 보고 마음에도 없는 거짓 아양과 교태를 부렸던 것과 동일하게, 그녀가 온 마음을 다해 진정 사랑했던 교활하고 닳고 닳은 젊은이 역시 그녀의 돈만을 원했을 뿐이다. 시간은 흘러, 30년의 세월이 지난 지금에 와서야 늙은 여인은 그 사실을 자각하며, 자신의 젊은 시절의 아름다움을 회상한다.[3]

어떻게 변했는가, 그 매끈한 이마,
황금빛 모발, 저 활처럼 둥근 눈썹,
넓은 미간, 지극히 교활한 사내도 사로잡는
그 생기발랄한 눈길,
크지도 작지도 않은, 저 아름답고 오뚝한 코,
잘 만들어진 그 작은 두 귀,
보조개가 있는 뺨, 환하고 섬세한 얼굴,
그리고 그 아름답고 붉은 입술은. (T, LII, vv. 493-500)

아름다운 여인의 모습을 각 신체 부위별로 나누어 세밀히 말하는 방식은 매우 전통적인 것에 해당한다.[4] 이러한 전통에 부합하듯, 늙은 여인은 지

3 B. Geremek, *Les marginaux parisiens aux XIV$^{e}$ et XV$^{e}$ siècles*, traduit du polonais par Daniel Beauvois, Paris, Flammarion, 1976, pp. 270-271을 참조.

난날의 자신의 얼굴을 회상한 뒤, 계속해서 지난날의 "그 귀엽고 작은 어깨, 그 긴 팔과 섬세한 손, 작은 젖가슴"("Ces gentes espaulles menues,/Ces braz longs et ces mains traictisses,/Petiz tetins, […]", T, LIII, vv. 501-503) 등을 떠올리지만, 과거의 아름다움에 대한 회상은 늙은 여인의 추한 현재를 강조할 뿐이다.

> 내 나신裸身을 바라보니,
> —지난날에는 어떠했고, 지금은 어떻게 변했는가!—
> 빈약하고, 마른, 뼈만 남고 작아진,
> 이리도 많이 나 변해 버렸음을 보게 된다. (T, LI, vv. 488-491)[5]

이러한 '노년'의 폐해는 앞서 언급한 《장미 이야기》의 후반부 외에도, 기욤 드 로리스가 기술한 전반부의,

> 그 다음에는 **노쇠**의 그림이 있었습니다. 이 노파는 원래 키보다 1피에는 줄어들었습니다. 스스로 음식을 먹기 힘들 정도로 노쇠하고 다시 아이가 되어 버렸습니다. 원래의 미모는 없어지고 너무나 추한 몰골이 되었습니다. 흰 꽃이라도 핀 듯이 머리에는 백발이 무성했습니다. […] 예전의 보드랍고 팽팽하던 얼굴은 벌써 시들어 이제는 주름투성이였습니다. 두 귀는 털로 덮이고 이빨은 하나도 남김없이 모두 빠져 버렸습니다.[6]

---

4 여기에 대해서는 Siciliano$_1$, 376-389; A. Colby, *The Portrait in twelfth century French Literature*, Genève, Droz, 1965 등을 참조.

5 "Que me regarde toute nue/—Quelle fuz, quelle devenue!—/Et je me voy si tres changee,/Povre, seiche, maigre, menue,"

6 "Aprés fu Vielleice portrete,/qui estoit bien un pié retrete/de tele come el soloit estre,/qu'a poine qu'el se peüst pestre,/tant estoit vielle et redotee./Mout estoit sa biauté gastee,/mout estoit laide devenue./Toute sa teste estoit chenue/et blanche com s'el fust florie. […] Mout estoit ja ses vis flestiz,/qui fu jadis soés et plains:/or estoit toz de fronces plains./Les orelles avoit velues,/et toutes les denz si perdues/quar ele n'en avoit pas une."(RdR, vv. 339-347, 352-360).

라는 내용과도 부합하는 것이다.

이제 투구상 아낙은 자신의 얼굴을 보다 찬찬히 바라본다.

> 이제 이마는 주름이 지고
> 머리는 잿빛으로 물들고 눈썹은 희미하고
> 웃음 머금은 시선으로 많은 상인들을 사로잡던
> 눈은 빛을 잃고
> 코는 비틀어져 귀여움이 사라지고
> 귀는 늘어져 잔털로 덮이고
> 얼굴은 창백하게 메말라 생기가 없고
> 턱은 주름 잡히고 입술은 쭈글쭈글하게 되었도다. (T, LIV, vv. 509-516)

아당 드 라 알Adam de la Halle은 비용보다 더 세세하게 같은 정황을 묘사하며,

> 지금, 내 생각으로는, 그녀의 모든 것이 변한듯 보이네.
> 〔지난날〕 그녀는 잘 정돈되고 균형 잡힌,
> 희고, 매끈하고, 탁 트인 이마였건만,
> 지금은 좁아지고 주름진 것을 보게 되네.
> 그녀의 눈썹은, 내 보기에,
> 활처럼 둥글고, 가느다랗고,
> 붓으로 칠한 듯 밤색으로 잘 그어져 있어,
> 그녀의 눈길을 더 아름답게 했지.
> 〔그런데〕 지금은 헝클어지고, 비죽비죽 곤두서,
> 마치 공중으로 날아갈 것만 같다네.
> (〈녹음극Le Jeu de la Feuillée〉, vv. 90-99)[7]

---

7 "Tout me sanle ore en li mué./Ele avoit front bien compassé,/Blanc, omni, large fenestric;/Or le voi cresté et estroit./Les sourchiex par sanlant avoit/Enarcant, soutiex et

세월이 변화시킨 여인의 모습은 뤼트뵈프가 묘사한 바 있는, 고통스러운 순례의 행보와 고행을 겪은 여인의 모습과 다를 바 없다.

이 여인을 혹 누가 보았다면,
과거의 그녀였는지 말하기 힘들었을 것이니,
그녀에게서는 아무런 〔과거의〕 흔적도 보이지 않았기 때문이다.
그녀의 살은, 백조의 발처럼 검게 되었고,
그렇게나 많이 비를 맞았기에,
가슴에는 이끼가 끼었으며,
두 팔과 긴 손가락들, 그리고 두 손은
적어도 잉크나 송진보다 더
검게 변했던 것이다.
(《성녀 마리아의 생애La vie de sainte Marie》, vv. 449-457)[8]

늙은 여인은 자신의 몸 어느 한 구석에서도 지난날의 찬란했던 흔적들, 꽃다웠던 청춘의 아름다움을 찾지 못한다. 머리부터 점차 아래쪽으로, 사방으로 시선을 던져도 눈에 보이는 것은 오직 '폐허'뿐이다.

—이것이 인간의 아름다움의 끝이니—,
팔은 짧아지고 손은 쪼그라들어 자유로이 놀릴 수 없고,

---

ligniés/D'un brun poil pourtrait de pinchel/Pour le resgart faire plus bel;/Or les voi espars et drechiés/Con s'il voellent voler en l'air."(Adam de la Halle, *Œuvres complètes*, édition, traduction et présentation par Pierre-Yves Badel, Paris, Librairie Générale Française, 1995, p. 292). 현대역의 경우, Adam le Bossu, *Le Jeu de la feuillée*, traduit en français moderne par Claude Buridant et Jean Trotin, Paris, Champion, 1983, p. 5를 참조.

8 "A poinnes deïst ce fust ele/Qui l'ot veüe damoizele,/Car ne paroit en lei nul signe./Char ot noire com pié de cigne./Sa poitrine devint mossue,/Tant fu de pluie debatue./Les braz, les lons doiz et les mains/Avoit plus noirs, et c'ert du mains,/Que n'estoit poiz ne arremens."(Rutebeuf$_3$, I, 422-423) 비용과 뤼트뵈프의 비교는 F. McCulloch, "Villon's portrait of the Belle Heaulmiere and saint Mary the Egyptian", in *Mélanges offerts à J. R. Smeets*, Leiden, 1982, pp. 187-193을 참조. 그러나 이 논문은 직접 참고할 수 없었음을 밝힌다.

어깨는 온통 굽고,
유방은, 무엇이라? 모두 오그라들고,
엉덩이는 젖가슴과 마찬가지며,
음문陰門은, 아악! 넓적다리의 경우는,
더 이상 넓적다리가 아니라,
순대처럼 반점으로 얼룩진, 외관만 넓적다리이니! (T, LV, vv. 517-524)

"인간의 아름다움의 끝"("—C'est d'umaine beaulté l'yssue...—,", T, v. 517)에 선 노파는 "늙고 시들면, 늙은 사제 구실밖에는 못 하게 될"("Quant deviendrez vielle, fleterye,/Plus ne servirez q'un viel prestre", T, vv. 546-547) 터임을 일러주며,[9] 늙은 여인은 "늙은 추녀醜女는 사랑을 끌 수 없다"("Laide viellesse amour n'impestre", T, v. 555)는 '가혹한 진리'를 '돈'에 비유하여 다음과 같이 간단하게 요약한다.

늙은 여자는 통용되지도 않고 값어치도 없어
사용을 금한 동전과 같기 때문이니. (T, vv. 539-540)[10]

'사랑의 허위성'과 그 교훈은 '돈'으로 시작하여 '돈'으로 끝을 맺게 되며, 자신도 여인과 사랑을 했으며 앞으로도 여인을 사랑하고 싶다던 비용의 바람이 어떤 연유에서 좌절되었는지가 분명하게 밝혀진다. "춤은 불룩한 아랫배에서 나오는 법이니!"("Car la dance vient de la pance!", T, XXV, v. 200)라

9 이 구절은 두 가지 해석이 가능하다. 이를 성직자의 하녀가 될 수 있는, 나이 40세가 될 것이라는 뜻으로 보면, '늙은 사제를 모시는 것 외에는 할 일이 없다'는 의미가 되며, 후렴구와의 관련성을 강조한다면 '통용되지 못하는 잔돈이나 늙은 사제 구실밖에는 못 하게 된다'는 뜻으로, 즉 '아무짝에도 쓸 데가 없다'는 의미가 된다($RH_2$, 81; CT, 134).

10 "Car vielles n'ont ne cours ne estre/Ne que monnoye qu'on descrye." 이 구절은 샤를 도를레앙의 〈롱도 CCCXCII〉의 다음과 같은 구절을 연상시킨다: "Comme monnoye descriee,/Amours ne tient conte de moy;"($CdO_1$, 517-518). 아울러 DF, 411; SB, 203; Claudio Galderisi, *En regardant vers le païs de France. Charles d'Orléans: Une poésie des présents*, Orléans, Paradigme, 2007, pp. 113-127 등을 참조.

는 말로 정의되었던 '사랑'과 '돈'의 함수관계는 '사용을 금한 동전'이라는 말을 통해 부연 설명되며, '사랑'은 상궤를 벗어난 부정적인 모습으로 제시된다. '사랑'이 배불리 먹은 자, 부유한 자의 '성적인 쾌락'일 뿐이라는 점이 밝혀지며, 정신적인 면보다는 물질적인 면이 강조된다. 이제 비용은 '돈'에 좌우되는 '사랑'의 교훈을 반박할지도 모르는 자들을 위해, 그들에게 '여자의 본성'을 일러 준다.

> 이제 이 경솔한 연인들은 버림받고,
> 귀부인들이 주도권을 잡아 그들을 가지고 논다.
> 그것이 연인들이 응당 받게 되는 진짜 보수이니,
> 감미로운 입맞춤과 포옹을 찾게 된다고 해도,
> 사랑 안에서는, 모든 신실함이 멸절된다.
> 개, 새, 무구, 사랑과 함께 하면,
> 이는 널리 퍼진 분명한 진실이니,
> 즐거움 한 가지에 백 가지 고통이로다. (T, LXIV, vv. 617-624)

그러나 "즐거움 한 가지에 백 가지 고통"("Pour une joye cent doulours", T, v. 624)이라는 '사랑'의 속성을 "경솔한 연인들"("ces folz amans", T, v. 617)은 늘 망각하곤 한다. 그렇기에 고금의 유명한 '사랑'의 교훈들이 〈이중의 발라드〉를 통해 다시 한 번 강조된다. 지금까지의 '교훈'들이 여인들을 위한 것이었다면, 이제 '남자'들을 위한 교훈이 시작되는 것이다.

> 사랑은 가장 커다란 어리석음이며,
> 가장 갈피를 잡을 수 없는 환상,
> (《웃음을 위한 즐거운 훈화Sermon joyeux pour rire》, vv. 116-117)[11]

11 "Amours est la plus grande folye,/La plus diverse fantasye" (*Recueil de sermons joyeux*, édition critique avec introduction, notes et glossaire par Jelle Koopmans, Genève, Droz, 1988, p. 552).

이라는 점을 비용은 "어리석은 사랑은 사람을 짐승으로 만든다"("Folles amours font les gens bestes:", T, v. 629)는 말로 바꾸어 표현하며, 그 예를 고유명사의 열거를 통해 하나씩 하나씩 제시한다. 그러나 '남자'들을 위한 교훈은 매우 간결하고 압축된 표현을 통해 제시될 뿐이다. 솔로몬에 대해,[12] 르네 당주가

> 그뿐 아니라, 여기 이 우상偶像은
> 한 여인으로 인해, 솔로몬이
> 열광적으로 숭배하던 것이오.
> 사랑은, 이럴 정도로 그를 눌렀고,
> 또 지극히 현명하다 자신했던 자인,
> 그의 단단한 의지를 누그러뜨렸오. (vv. 1937-1942)[13]

라고 장황하게 말하는 것과 달리, 또 삼손의 경우,[14]

> 옆에서 그대가 보는 가위가,
> 더없이 틀림없는 사실임을 믿어도 좋으니, 바로
> 삼손의 머리카락들을 잘랐던 그것이니,
> 이로 인해 그는 비참하게 죽었다오,
> 왜냐하면, 그의 힘이 너무도 사랑을
> 경멸한 결과, 그의 힘이 깎였기 때문이라오,
> 들릴라에 의해, 음험하게. (vv. 1897-1903)[15]

---

12 성서의 〈열왕기상〉(11, 3-8)을 참조.

13 "Oultreplus cela est l'ydolle/Que Salemon de chaude colle/Pour une femme ydolatra./Amours en ce point si l'oultra/Et ravala son dur couraige,/Car il cuidoit bien estre saige."(RAC, 412-414).

14 성서의 〈판관기〉(16, 4-21)를 참조.

15 "Les forces emprés que voyez/Sont celles, tout seur en soyez,/Dont Sanson eut rongné le chief,/De quoy puis morut a meschief,/Car tant desprisoit par sa force/Amours, que puis tondu de force/Fut par Dalida faulcement,"(RAC, 410).

라고 세세하게 이야기하는 것과는 달리, 비용은 간단명료한 한 마디 말로 모든 것을 요약한다. 이어지는 부분에서 오르페우스, 나르시스, 사르다나팔루스[16]가 거론되며, 인용은 이제 다윗 왕에까지 이른다.[17] 다윗 왕을 이야기하는 부분에서 비용은 성서의 내용을 약간 뒤틀어 그 내용을 희화적인 것으로 만들기도 하며, 이어서는 암논,[18] 헤로데 왕[19] 등의 이름을 열거하면서 "행복할지니, 사랑에 연루되지 않은 자!"("Bien eureux est qui rien n'y a!", T, v. 632)라는 후렴구를 반복한다. 〈이중의 발라드〉에서, 성서의 인물들은 하나의 특질, 하나의 사건에 초점이 집중되어 묘사되며, 짧은 묘사를 통해 생동감 넘치는 개성적인 인물들로 그려진다.[20] 토마는 이러한 후렴구

16 아시리아의 전설적인 왕으로, 폭정과 방탕함으로 악명이 높았던 인물이다. 옷차림이나 목소리, 습관 등이 여자와 같았으며, 옷감을 짜고 옷을 만드는 일로 세월을 보냈다고 한다. 자신의 갖가지 보물들로 거대한 화장용 장작더미를 만든 후, 신하들 그리고 여인들과 함께 불에 타 죽었다고 전해진다. '사르다나팔루스'라는 이름을 '사르다나'로 쓴 이유 및 그와 관련된 전거들에 대해서는 Svend Hendrup, "«Sardana, le preux chevalier.». Notices sur les vers 641-44 du *Testament* de Villon", *Revue Romane*, 3, n° 1, 1968, pp. 8-15를 참조. 르네 당주는 사르다나팔루스에 대해 이렇게 이야기하기도 했다: "이어서, 그대가 보는 이 얼레는,/더없이 틀림없는 사실임을 믿어도 좋으니,/사르다나팔루스가 실을 잣던 것이오./그대는 저쪽에서 물렛가락과 아마를 볼 수 있을 것이오/사랑은 그를 여인들 틈에서/실을 잣게 하였으며, 또한 그에게서,/그로 하여금 사랑의 위업들을/그토록 무시하게 만들었던,/오만함을 박탈했다오."("Puis la quenoille que voyez/Fut celle, tout seur en soyez,/Dont Sardinapaulus filla;/Fuzeau et lin vous voyez la./Amours aussi filler le fist/Entre femmes et le desmist/De l'orgueil dont tant se prisoit/Que les faiz d'Amours desprisoit.", RAC, 412).

17 "어느 날 저녁에 다윗은 침대에서 일어나 궁전 옥상을 거닐다가 목욕을 하고 있는 한 여인을 보게 되었다. 매우 아름다운 여인이었다./다윗이 사령을 보내어 그 여인이 누구인지 알아보게 하니, 사령은 돌아와서 그 여인은 엘리암의 딸 바쎄바인데 남편은 헷 사람 우리야라고 보고 하였다./다윗은 사령을 보내어 그 여인을 데려다가 정을 통하고는 돌려 보냈다. 여인은 마침 부정을 씻고 몸이 정결한 때였다."(〈사무엘하〉, 11, 2-4).

18 "그 뒤에 이런 일이 있었다. 다윗의 아들 압살롬에게 다말이라는 예쁜 누이가 있었는데, 다윗의 다른 아들 암논이 다말을 사랑하였다./그러나 다말은 아직 처녀여서 좀처럼 만나기가 어렵다는 것을 알고 암논은 애만 태우다가 병이 나고 말았다. [···] 암논은 자리에 누워서 앓는 체하고 있었다. 그러다가 왕이 문병 오자 청을 드렸다. "아버님, 누이 다말을 보내주십시오. 다말이 제 앞에서 떡 두어 개 손수 구워주는 것을 받아 먹고 싶습니다."/[···] 그러나 아무리 애걸해도 암논은 듣지 않고 억지로 다말을 눕히고 욕을 보였다./[···]"(〈사무엘하〉, 13, 1-2, 6, 14).

19 성서의 〈마태오복음〉(14, 6-11)을 참조.

20 물론, 암논과 헤로데를 거명하면서 비용이 사용하는 지소사들, 즉 650행의 'tartelectes'와 655행의 'chansonnectes'는 성서에서 제시되는 두 일화의 의미를 한껏 축소시킨다. 성서

가, 성서의 '산상설교'에 나오는 "옳은 일을 하다가 박해를 받는 사람은 행복하다/하늘나라가 그들의 것이다"("beati qui persecutionem patiuntur propter iustitiam quoniam ipsorum est regnum caelorum", 〈마태오복음〉, 5, 10)라는 구절을 성적인 의미에서 우스꽝스럽게 패러디하는 것이며, 남성의 성기性器를 의미할 수도 있는 'rien'에 대한 말장난을 통해 여자를 만족시켜주지 못하는 남성의 '성적 무능력'을 빗대어 이야기하는 것이라는 의견을 보이기도 했다(JTH, 166-168).

과거의 인물들을 열거한 뒤, 비용은 스스로를 앞서 언급했던 전설상의 인물들과 동일한 반열에 올린다. 비용은 〈이중의 발라드〉에 자신의 이야기를 도입함으로써 화자와 역사적인 인물들 사이의 간극을 지우며, 여기서 그 이름이 거명된 인물들이 모든 인간, 나아가 자신과 다를 바 없는 평범한 인간임을 말함으로써 '남자'의 미약함과 희생을 강요하는 '운명'의 폐해를 부각시킨다. 그러나, 비용의 연애담에는 과거의 인물들이 경험했던 비장함과 처절함이 없으며, 죽음과 사랑의 교차와는 달리 빈정대는 목소리로 가득하다. 그리고 "시어에서 일상어로의 갑작스런 전환은, 기교에 의해서 결합된 것이 아니라 실제 몸으로 겪은 듯한 경험을 표현하는, 신랄하면서도 환멸에 가득찬 화자의 목소리를 직접 접하는 듯한 환상을 불러일으킨다."[21]

> 불쌍한, 나에 대해, 말하고자 하니,
> 나는 시냇물에 씻는 빨랫감처럼 두들겨 맞았다,
> 알몸으로, 나 이 사실을 숨기려 하지 않으니,
> 카트린 드 보셀이 아니라면,

---

의 후광 안에서 어느 정도의 위엄과 장대함을 갖고 있던 글들은 비용의 손에 의해 '객설'과 소소한 '잡담'의 수준으로 격하된다(Sargent-Baur$_1$, 393을 참조).

21 Nancy Freeman Regalado, "I the Scholar François Villon", in *A New History of French Literature*, edited by Denis Hollier, Cambridge, Massachusetts, Harvard University Press, 1989, p. 121.

누가 나에게 저 까치밥나무 열매를 씹어먹게 했겠는가?
그 곳에 제삼자로 있던 노엘이
똑같은 장갑 세례를 혼례 때 받기를. (T, vv. 657-663)[22]

거의 200행의 공백 후에 다시 일인칭 'je'가 나타나(JCM, 229), 662-663행에서 노엘이라는 인물을 거명한다. 연구자들은 이 인물이 《유언의 노래》의 후반부에서 "내 정원에서 꺾어 온 한 줌의 버드나무가지 회초리 형벌"("plain poing d'oziers frez cueilliz/En mon jardin", T, CLII, vv. 1638-1639) "220대를 앙리의 손에 맞는"("Unze vings coups lui en ordonne,/Livrez par les mains de Henry.", T, CLII, vv. 1642-1643) 유증을 받은 노엘 졸리Noël Jolis를 지칭한다는 의견을 보였다.[23] 혼례 때의 '장갑 세례'는 라블레의 《제4서》 12장에서 이야기되는 다음과 같은 장면을 연상시킨다.

> 서약이 끝난 다음 북소리에 맞추어 신부에게 입맞출 때, 여러분들은 '혼례의 기억', 즉 가벼운 주먹다짐을 서로 주고 받도록 하시오. 그렇게 함으로써 식사를 더 맛있게 할 수 있을 거요. 그러나 시카누 차례가 되면, 부디 바라건대 덜 여문 보리를 타작하듯이 사정 두지 말고 힘껏 치고, 때리고 두들겨 패도록 하시오. 받으시오, 이제 여러분들에게 새끼 염소 가죽을 씌운 아주 새것인 전투용 장갑을 주겠소. 셈하지도 말고 이리저리 마구 주먹세례를 퍼부으시오.[24]

"까치밥나무 열매를 씹어먹게" 했다는 660행의 의미에 대해서는 무수한 이견들이 제기된 바 있다. 시칠리아노는 '모욕을 감내하다'('subir un affront,

22 "De moy, povre, je vueil parler:/J'en fuz batu comme a ru telles,/Tout nu, ja ne le quiers celler./Qui me fist macher ces groselles/Fors Katherine de Vauselles?/Noel le tiers ot qui fut la/Mitaines a ces nopces telles."
23 사실, 노엘이 노엘 졸리인지 여부뿐만 아니라, Catherine de Vaucelles과 Katherine la Bourcière(T, v. 551)가 동일인물인지 아닌지 여부 역시 명확하게 밝혀진 바는 없다.
24 Rabelais$_1$, 79-80. 현대어역의 경우, Rabelais$_2$, 397을 참조. 유사한 내용이 《제4서》 14장에도 다시 나온다.

avaler des couleuvres')라는 해석을(Siciliano$_1$, 43), 르쿠아는 '자신이 저지르지 않은 잘못의 벌을 감내하다, 희생양이 되어 부당한 처벌을 받다'라는 해석을 제안했다(Lecoy$_1$, 501-502). 티리는 '쓴 열매를 삼키다, [까치밥나무의 가지로] 매질을 당하다'('avaler ces fruits amers, recevoir cette correction')라는 의견을 보였고(CT, 142), 기로는 'Katherine'이 '남자의 성기'를, '혼례noces'는 'noces de chien'을 의미한다고 보기도 했으나(Guiraud$_1$, 299), 그 누구도 이 구절에 대해 명확한 의미를 밝히지는 못했다.[25] 660행의 '까치밥나무 열매groselles'라는 말은 비용뿐만 아니라 아당 드 라 알, 뤼트뵈프, 마로 등의 시인들에 의해서도 사용된 말이며, 그 의미를 명확히 규정할 수는 없지만, 대개 '외설적'이고 '성적'인 의미에서 사용되곤 했다.[26] 쿠프만은 658행과 660행이 같은 이야기의 반복이 아니라는 전제하에서, 이 단어가 '나병'의 초기 증상, 즉 '붉은 반점'을 의미하는 것이라 보았다(JCM, 229).[27] 아울러 뒤푸르네와 티리는 661행의 'vaucelles'이라는 말 또한 '여자의 성기petites vallées du corps féminin'를 지칭하는 '외설적'인 의미에서 사용된 것이라 여겼다(DF, 414; CT, 142).

그런데, 이렇듯 젊은 사내가
저 젊은 여인들을 포기해야 하는가?
아니다, 빗자루를 타고 공중을 나는 마법사로 몰려
산 채로 화형에 처한다 하더라도!
그에게 젊은 여인들은 사향 고양이보다 더 달콤하다,
그러나 금발이든 갈색 머리이든,
젊은 여인들을 믿는 자는 어리석은 자,

---

25 이 구절 역시, 비용에 대한 가상의 전기적 사실들이 시의 의미를 파악하는 데 많은 영향을 준 부분이다. 비용과 카트린 드 보셀과의 관계에 대한 '가상의 재구성'에 대해서는 Favier, 474-476을 참조.

26 Koopmans$_1$, 129-137을 참조.

27 Koopmans$_1$, 138. 쿠프만의 의견을 따를 경우, 662-663행은 노엘 역시 자신과 동일한 병에 걸리기를 바란다는 의미로 해석된다(JCM, 229).

행복할지니, 사랑에 연루되지 않은 자! (T, vv. 665-672)

"빗자루를 타고 공중을 나는 마법사"("Comme ung chevaucheur d'escouvettes!", T, v. 668)라는 대목에서, 필사본 *C*의 이형인 'escrinectes'는 'escrinet'를 여성명사로 사용한 것으로 '보석함boîte à bijoux'을 의미하며,[28] 이중의 의미를 담고 있는 'chevaucheur'에 비추어볼 때 여자의 성기를 가리키는 외설적인 의미로 해석된다. 결국, 참담한 자신의 처지를 말한 뒤에도, 비용은 결코 젊은 여자를 포기할 수 없는 자신의 여전한 욕망을 재차 드러내 보인다.

늙은 창녀의 한탄은 비용에게 지난날 자신을 기망했던 여인을 떠올리게 하며, 마침내 알게 된 '사랑'의 허위성과 교훈은 다시 자신의 처지를 돌아보게 만든다. 이러한 이행 과정에서, 비용은 자연스럽게 감옥에서 겪었던 고초와 다가오는 '비극적인 죽음'에 대한 생각으로 되돌아갈 수밖에 없게 된다. 다소 장황한 '사랑'의 교훈들과 '사랑'으로 인한 자신의 현재 처지와 심경은 '죽음'에 대한 논의를 다시 도입하기 위한 일종의 연결점이 된다.

## 2. 다시 부르는 노래—《유증시》로의 회귀

무자비하고 가차없는 '세월'의 흐름을 자각하고, 무정한 여인으로부터 받았던 수모와 치욕을 인정하면서도, 비용은 여자에 대한 욕망의 끈을 놓지 못한다. 하지만 비용의 애타는 바람과는 달리, '사랑'의 해악과 그의 때이른 '노쇠'는 그를 점차 '죽음'의 그늘로 끌어당기며, 되살아난 원치 않는 고통은 그에게 지난날의 《유증시》를 기억하게 만든다.

28 "Escrinet, *escrinnet, escrignet, escriniet, escrigniet,* s.m. petit écrin, petite cassette."(GOD, III, 441).

나는 〔임종 말기의〕 갈증이 다가오는 것을 알고 있으니,
솜같이 하얗게, 공처럼 큰
담을 내뱉고 있다.
이것이 무엇을 의미하는 것인가? 젊은 여인들이,
나를 더는 젊은 사내로 여기지 않고,
깃털 빠진 늙은 잡종매로 본다는 것이구나.
목소리와 어조는 늙은이 같지만,
나는 어리석은 젊은 매일 따름이건만. (T, LXXII, vv. 729-736)[29]

〈시편〉의 예언과 같이,[30] 예수가 숨을 거두는 장면을 상기시키는 729행에서,[31] 비용은 "〔임종 말기의〕 갈증"과 '여자들의 눈에 비치는 자신의 모습'을 결부시킨다. 734행의 'ung viel usé rocquart'라는 표현을 두고, 'vieux cheval épuisé'라는 풀이를 제시한 코트그레이브 사전의 정의와, 'vieux militaire retraité'(Burger$_2$, 101)라는 풀이를 제안한 뷔르제의 의견은 고드프루아 사전의 정의와 같은 맥락의 것이었다.[32] 이에 대해 리슈네와 앙리는 734행이 '넋두리를 늘어놓는 늙어 빠진 노인네'('un vieillard décrépit et grognon')를 의미할 것이라는 의견을 제시한 바 있다(RH$_2$, 110). 'rocquart'와 대비되는 말로 사용된 'valleton'은 'valet'에 지소사인 '-on'이 붙은 것으

29 "Je congnois approucher ma seuf,/Je crache blanc comme coton/Jacoppins groz comme ung estuef./Qu'esse a dire? Que Jehanneton/Plus ne me tient pour valleton,/Mais pour ung viel usé rocquart:/De viel porte voix et le ton,/Et ne suis q'un jeune cocquart."

30 "나의 하느님, 나의 하느님,/어찌하여 나를 버리십니까?/살려달라 울부짖는 소리 들리지도 않사옵니까?/〔…〕 깨진 옹기 조각처럼 목이 타오르고/혀는 입천장에 달라붙었습니다." (〈시편〉, 22, 1-15).

31 "예수께서는 모든 것이 끝났음을 아시고 '목마르다' 하고 말씀하셨다. 이 말씀으로 성서의 예언이 이루어졌다./마침 거기에는 신 포도주가 가득 담긴 그릇이 있었는데 사람들이 그 포도주를 해면에 담뿍 적셔서 히솝 풀대에 꿰어가지고 예수의 입에 대어드렸다./예수께서는 신 포도주를 맛보신 다음 '이제 다 이루었다' 하시고 고개를 떨어뜨리시며 숨을 거두셨다." (〈요한복음〉, 19, 28-30).

32 고드프루아 사전에는 "roquentin, vieux militaire en demi-solde logé dans les châteaux et les places fortes", "vieux cheval"이라는 정의가 제시되어 있다(GOD, VII, 239). 위게 사전은 "Homme très vieux?"라는 정의를 내리고 있다(Huguet, VI, 631).

로, 귀족 출신으로 궁정에서 왕이나 영주를 모시는 기사가 되기 전의 젊은 이를 뜻한다. 문자 그대로는 '젊은 수탉'을 의미하는 'cocquart'의 경우, 연구자들은 이 말을 '어리석음'과 결부시켜 'sot, benêt'(RH$_2$, 110), 'béjaune'(DF, 151), 'benêt prétentieux, facile à tromper'(CT, 148), 'sot'(JCM, 127) 등의 해석을 제안하였다. 이러한 해석은 고드프루아 사전과 위게 사전의 정의에 따른 것으로,[33] 여기에 '속아 넘어간 남편mari trompé', '무능력한impuissant' 정도의 뜻이 첨가될 수 있다. 뒤푸르네는 '순종이 아닌 잡종의' 새를 뜻하는 'rocard'가 'cocquart'와 동일한 의미를 지니며, 이것이 비용이 염두에 두고 있는 뜻일 것이라 보기도 했다(D$_2$, 49).

식물의 성장이나 계절의 변천, 열두 달의 진행과 비교되기도 하는 '젊음의 무분별함', '후회와 한탄', '경험에서 얻어진 지혜'와 같은 삶의 궤적들에서, 비용은 자신의 지식이나 경험을 통해 만인에게 적용될 수 있는 보편성을 갖는 '법칙'과 '숙고'를 만들어 내지 못한다. 《유언의 노래》의 화자는 이전의 선례들이 확언하고 증거하던 '나이와 경험' 그리고 '나이와 지혜'와의 관계를 부정하며, '지혜를 얻지 못한 노년', '힘과 아름다움을 상실한 젊음'을 지닌 기괴한 '노쇠한 젊은이puer senex'[34]의 모습으로 그려지는 시적 화자는 어떤 확고한 체계가 아닌 불확실성과 끊임없는 질문의 세계를 보여 줄 뿐이다. 이와 같은 결과를 낳게 된 이유를 비용은 지체하지 않고 이야기하며, 바로 여기서 《유언의 노래》의 서두에서 나타났던 주교 티보 도시니에 대한 강한 분노가 다시 표출된다.

> 신께 감사를 … 또 타크 티보 덕에  
> 그는 내게 차가운 물을 엄청나게 많이 먹였고,  
> 높은 언덕 위에서가 아니라, 지하 토굴 안에서,  
> 또 무수하게 쓰디쓴 배를 먹게 했지,

33 "Coquard. (subst.) Sot, niais. Le mot exprime le plus souvent, en outre, l'idée de vanité, d'outrecuidance. [...] Mari trompé."(Huguet, II, 535).

34 Curtius, 98-101을 참조.

쇠사슬에 묶어 놓은 채… 내 그 때가 기억나니,
나, 그를 위해, 또 그에게 속한 모두를 위해, 기도 드린다.
신이시여, 그에게 내리소서, 진정으로, 진정으로
제가 생각하는 것을, 또 '그 밖의 것을'! (T, LXXIII, vv. 737-744)[35]

비용의 이야기는 일관된 시간의 흐름에 따라 전개되지 않는다. 어떤 감정이나 사건, 기억들은 시인의 심중에서 순간순간 찾아오는 감흥에 따라 사방에서 펼쳐지며, 순차적이라기보다는 무질서한 것처럼 보이는 일종의 '연상' 작용을 통해 제시된다. 그렇기에 자신의 삶과 과거의 행적들에 대한 암시는 장소에 구애받지 않고 불쑥 그 모습을 드러내며, 8행시 LXXIII 또한 동일한 양상을 보이는 것으로 볼 수 있다. 비용은 여기서 주교 티보 도시니와 샤를 6세 시대의 인물인 타크 티보Taque Thibaut를 동일시한다.[36] 이러한 동일시는 동성애에 대한 신랄한 비난으로 해석되기도 하며(CT, 148), 동시에 주교를 그 지위에 어울리지 않는 탐욕스럽고 원성 자자한 인물로 만드는 것이기도 하다.

'차가운 물을' 이야기하는 738행은, 이미 14행에서도 언급했던 것처럼, 자신이 감옥에서 먹을 수 있었던 것이라고는 '빵과 물'밖에 없었다는 사실을 말하는 동시에 '물고문'을 당했음을 암시하는 것으로 해석된다. 그리고 740행 역시 정신적으로 고통과 괴로움을 맛보았다는 뜻이거나 혹은 재갈을 물려 입을 강제로 벌리게 만드는 고문 도구에 시달렸음을 의미하는 것

35 "Dieu mercy… et Tacque Thibault,/Qui tant d'eaue froide m'a fait boire,/En ung bas, non pas en ung hault,/Menger d'angoisse mainte poire,/Enferré… Quant j'en ay memoire,/Je prie pour luy, et relicqua,/Que Dieu lui doint, et voire voire,/Ce que je pense, *et cetera*."

36 "A côté du duc était Taque Thibaut, à qui s'arrêtait la majeure partie de sa plaisance. Ce Taque Thibaut était un valet et un faiseur de chausses que le duc de Berry avait en âme, on ne savait pourquoi, car en le dit valet il n'y avait ni sens ni conseil ni nul bien, et ne tendait qu'à son grand profit. Le duc l'avait enrichi de bons joyaux en or et en argent, de la valeur de deux cent mille francs. Et tout avaient payé les pauvres gens d'Auvergne et de la Langue d'Oc qui étaient taillés trois ou quatre fois l'an pour accomplir au duc ses folles plaisances."(Favier, 417). 아울러 TH, II, 230을 참조.

처럼 보인다(CT, 148; JCM, 231; $RH_2$, 111).[37] 다양한 해석이 가능한 비유적이고 암시적인 표현을 통해, 비용은 자신이 실제로 받았던 고초 이상의 것을 받았다고 독자가 생각할 여지를 남겨 둔다. 비용은 자신을 가혹하게 괴롭힌 자들이 받아야만 할 벌에 대해서도 유사한 방식을 사용한다. 자신의 생각을 밖으로 표출시키지 않고 침묵을 고수하며, '기타 등등'을 의미하는 "그 밖의 것을"이라는 모호한 표현만을 덧붙임으로써, 자신이 미처 생각하거나 말하지 못한 것들, 독자가 상상해 내는 것들, 신께서 판단하시고 내리시는 것들 등, 자신의 적들에게 가해지는 처벌 역시 무한대로 확대되는 효과를 누리게 되는 것이다.

> 그렇지만, 나 악의는 없으니,
> 그에게도, 또 그의 검찰관에게도,
> 마찬가지로, 유쾌하고 상냥한
> 그의 종교재판소 판사에게도.
> 그 외의 사람들은 나와 무관하나,
> 작은 로베르는 예외로 한다.
> 나 그들 모두를 한데 묶어서 사랑하니,
> 롱바르가 신을 사랑한 것과 마찬가지로 (T, LXXIV, vv. 745-752)

주교의 '검찰관'으로 지칭되는 746행의 인물은 피에르 부르구앵Pierre Bourgoing이며(TH, II, 232), "유쾌하고 상냥한"("Qui est plaisant et advenant,", T, v. 748) 종교재판소 판사는 에티엔 플레장스Etienne Plaisance를 말한다. '플레장스'라는 이름에서 출발하여, 비용은 그의 성정을 이름과 결부시켜는 말장난을 즐긴다. 하지만 샹피옹에 따르면, 이 인물은 비용의 묘사와는 달

37 위게 사전에는 "*Poire d'angoisse*. Variété de poire d'un goût âpre. [...] (Fig.) Ce qui est pénible, désagréable."이라는 정의가 제시되어 있으며(Huguet, VI, 56), 퓌르티에르 사전에는 다음과 같은 풀이가 나온다: "poire d'angoisse, se dit d'un cadenas qui par de certains refforts qui se laschent, quand on l'a mis dans la bouche, oblige à la tenir ouverte, & empesche de crier."(*Le Dictionnaire universel d'Antoine Furetière*, Paris, Robert, 1978).

리 매우 잔혹하기로 이름난 인물이었다고 한다(Champion, II, 120-121). "롱바르가 신을 사랑한 것과 마찬가지로"("Ainsi que fait Dieu le Lombart.", T, v. 752)라는 구절의 경우, 문법적으로는 주어를 'Dieu'로 보고 'Lombart'를 목적어로 보아, '신이 고리대금업자를 사랑하듯'이라는 뜻으로 풀이하는 것과, 'Lombart'를 주어로 하고 'Dieu'를 목적어로 하여, '피에르 롱바르Pierre Lombard가 삼위일체이신 신을 사랑하듯, 이들 모두를 구별없이 사랑한다'로 풀이하는 두 가지 해석이 모두 가능하다(CT, 150; JCM, 232). 전자의 의미로 해석할 경우, 성서의 〈출애굽기〉(22, 24), 〈레위기〉(25, 35-37), 〈신명기〉(23, 20), 〈시편〉(15, 1-5), 〈루가복음〉(6, 34-35) 등에서 언급되듯이, 교회로부터 단죄받았으며 백성들로부터는 증오의 대상이었던 고리대금업자를 신이 사랑할 리 만무하기에 비용의 말은 반어적인 뜻을 갖게 된다.[38] 또 고리대금과 관련지어 이 부분을 해석하는 것은 '부르봉 전하에게 보내는 탄원'이라는 제명으로 널리 알려진 〈군주에게 바치는 청원Requête au Prince〉의 "본성이 고리대금업자인 롱바르인에게/내 건강을 조금이라도 팔 수 있다면"("Si je pouoie vendre de ma santé/A ung Lombart, usurier par nature," vv. 21-22)이라는 구절과도 연계되는 것이다.[39]

본고에서 택한 후자의 해석은 'Lombart'가 고리대금업자를 지칭하는 것이 아니라 12세기의 유명한 신학자였던 피에르 롱바르[40]를 의미한다는 의견을 제시한 프라피에의 주장을 따른 것이다.[41] 프라피에의 해석을 따를 경우, 비용이 자주 사용하는 통사적인 모호함을 살릴 수 있을 뿐만 아니라 '신의 사랑'과 '불가분의 삼위일체'에 관한 저술을 남긴 바 있는 피에르 롱바

38 고리대금업에 대해서는 Jacques Le Goff, *Your Money or Your Life. Economy and Religion in the Middle Ages*, New York, Zone Books, 1988; 자크 르 고프, 《돈과 구원》, 김정희 옮김, 이학사, 1998을 참조.

39 이에 대해서는 김준현, 〈비용의 발라드 연구를 위한 전망(II)〉, 《외국문학연구》, 43, 2011, pp. 93-96을 참조.

40 *Medieval Italy. An Encyclopedia*, volume 2, ed. Christopher Kleinhenz *et al.*, New York and London, Routledge, 2004, p. 879를 참조.

41 J. Frappier, "Pour le commentaire de Villon", *Romania*, 80, 1959, pp. 191-207을 참조.

르의 이론을 자신을 괴롭혔던 이들에게 적용시키는 비용의 조롱을 구체적으로 표현할 수 있다는 장점이 있다. 프라피에는 주교 티보 도시니와 피에르 부르구앵, 에티엔 플레장스가 '반反삼위일체'를 이룬다고 보았지만, 리슈네와 앙리는 메트만의 지적에 의거하여,[42] 8행시 LXXIV에서 거명되는 네 명의 인물들 가운데 주교를 제외한 그 하수인 세 명이 '반삼위일체'를 구성한다고 여겼고, 이러한 리슈네와 앙리의 견해는 법정에서 이들 세 명이 담당했던 동일한 역할 면에서도 합당하다고 판단된다. 또 8행시 VI의 주교에 대한 기도에서 비용이 보여 주었던 '성서'에 능통한 모습은 8행시 LXXIV에서 주교의 수하들을 거론하며 보여 주는 '신학'에 조예가 깊은 모습과 긴밀한 연관 관계를 갖는다(RH$_2$, 112-113). 아울러 주교와 그 수하들에 대한 분노는 《유언의 노래》의 마지막, 〈자비를 구하는 발라드Ballade de merci〉에서 다시 한 번 다음과 같이 표출된다(CT, 250; RH$_2$, 271-272; JCM, 277).

> 수많은 밤과 수많은 낮 동안 나로 하여금
> 딱딱한 빵껍질을 갉아 먹고 씹어 먹게 했던,
> 음험하고 흉물스런 개새끼들은 예외로 하니,
> 나 지금은 그들을 똥 세 덩어리만큼도 두려워하지 않는다.
> 그들에게 방귀나 트림을 분사했으면 좋으련만,
> 그럴 수 없으니, 이는 내 〔임종의 침상에 기대〕 있기 때문이라.
> 결국, 분쟁을 피하기 위해,
> 나 모든 사람들에게 자비를 구한다. (T, vv. 1984-1991)

《유언의 노래》의 시작 부분에서와 마찬가지로, 본격적인 유언이 시작되는 8행시 LXXV에서도 재차 파격 구문이 나타나며, 이는 증오하는 자들에 대한 기억과 그를 다시 엄습한 분노로 인해 통사 구조 역시 뒤흔들리는 것으로 받아들일 수 있다(CT, 250; RH$_2$, 271-272).

---

42 W. Mettmann, "Zum Verständnis von Villon, *Testament*, vers 751-752 und 781", *Romanistisches Jahrbuch*, 10, 1959, pp. 103-111.

나 분명 기억하고 있으니, 신의 도우심으로,
1456년, 떠나갈 때,
나 약간의 유증물들을 남겼으나,
어떤 자들은, 나의 동의 없이
이를 유언이라 부르고자 했다.
그것은 그들의 의향, 내 뜻이 아니다.
그러나 어찌하랴! 모두들 입을 모아 말하기를
자기 것이라 해도 그 주인이 제 뜻대로 할 수 없다 하니.
(T, LXXV, vv. 753-760)[43]

비용은 자신이 "〔이미 말했던 지난날의 유증들을〕 철회하기 위해 이 말을 하는 것은 아니"("Pour les revocquer ne le diz,", T, LXXVI, v. 761)라고 말한다. 자신의 "동의 없이, 이를 유언이라 부르고자" 한다는 말은 그의 때이른 죽음을 바라는 이들이 있다는 말로 해석될 수도 있고, 아니면 그에게 죽음을 선고하기 위해 그의 뒤를 좇는 사람들이 있다는 말도 된다. 혹은 일단 저자의 손에서 그가 쓴 책이 벗어나면, '책은 저자가 관여할 수 없는 자신만의 고유한 운명을 갖게 된다'는 '*Fata sua habent libelli*'라는 말을 비용이 염두에 두었을지도 모른다($Hunt_1$, 24).

비용은 지난날 그가 남겼던 작품을 언급하면서 과거의 기억 속으로 미적미적 뒷걸음친다. 묑의 감옥과 주교 티보 도시니에 대한 기억과 고통 그 이전으로 비용은 내려갈 수밖에 없다. 이제 그는 고통스럽지만, 지금의 고통보다는 그 강도가 덜할지도 모르는 과거로의 여행을 계획하며, 그의 기억에 떠오르는 모든 사람들과 모든 장소들의 힘을 빌려 《유언의 노래》의 후반부를 이어가려 한다. 보다 먼 과거로의 하강이 고통스러운 이유는 이제 다시

43 "Sy me souvient bien, Dieu mercis,/Que je feiz a mon partement/Certains laiz, l'an cinquante six,/Qu'aucuns, sans mon consentement,/Voulurent nommer testament;/Leur plaisir fut, non pas le myen./Mais quoy! on dit communement/Qu'ung chacun n'est maistre du scien."

는 시계 바늘을 거꾸로 돌려 지난날의 시간과 공간으로 돌아갈 수 없기 때문만이 아니다. 비용이 불러낼 수 있는 과거에도 늘 고통은 존재했으며, 그 고통은 자꾸만 현재의 고통에 다가가려고 한다. 그의 과거는 미래로 나아갈 수 있는 희망의 여지도 없기에 고통스럽지만, 이러한 고통에는 적으나마 소소한 즐거움들이 깃들어 있다.

비용은 5년 전의 작품 《유증시》와 지금의 작품 《유언의 노래》를 뚜렷하게 구분짓는 동시에 유사성을 강조함으로써 한데 연결하고자 한다. 비용은 지난날의 《유증시》를 떠올리는 것에서 위안을 구하고 새로운 힘을 얻으려 한다. 고통스러운 '사랑'과 '죽음'의 반복되는 이중주, 되풀이되는 악몽처럼 그를 사로잡는 '투옥의 고통' 속에서, 이제 그에게 남은 것은 자신의 손으로 빚어 내던 소재로서의 거짓 죽음과 도피, '허상虛像'으로서의 죽음의 부산물이자 쾌활한 조롱이었던 '유증'뿐이며, 《유증시》는 비용에게 비장한 죽음에서 희극적인 죽음으로의 유일한 통로가 된다.[44] '무정한 여인'이 부과하는 죽음과 '사랑'을 피하기 위해 남겼던 지난날의 《유증시》가 고통으로부터 벗어나는 '출발의 시'였다면, 이제 《유언의 노래》의 후반부에서 소환된 '다시 부르는 노래'로서의 《유증시》는 고통을 잊기 위한 '회귀의 시'로 된다. 비용은 그가 자신의 젊음을 보냈던 파리, 자신의 터전으로의 귀환과 투옥 이전의 과거로의 복귀를 꿈꾼다. 비용은 삶의 한 페이지를 넘긴 후, 다시 이전 페이지로 돌아가는 것이다.[45]

---

44 이에 대해서는 Michel Zink, "*Lais* et *Testament*: Villon et son consentement", in *L'Hostellerie de pensée. Études sur l'art littéraire au Moyen Age offertes à Daniel Poirion*, Paris, Presses de l'Université de Paris-Sorbonne, 1995, pp. 499-505를 참조.

45 《유증시》에서 거명되었던 인물들 가운데, 《유언의 노래》에서 다시 거명되지 않는 유증 수령자들은 블라뤼Blaru(L, XII, v. 91), 로베르 발레Robert Valee(L, XIII-XV, vv. 97-120), 레니에 드 몽티니Montigny(L, XVIII, v. 139), 장 트루베Jehan Trouvé(L, XXII, v. 169), 피에르 드 루스빌Pierre de Rousseville(L, XXXIV, v. 270) 등 다섯 명이다. 토게비는 이들의 이름이 다시 거론되지 않는 이유에 대해 '《유증시》가 유증물에 따라 수령자를 선별하는 데 반해, 《유언의 노래》에서는 수령자를 고른 이후에 유증물을 떠올리기 때문'이라는 입장을 보였다(Knud Togeby, "La structure des deux testaments de Villon", *Travaux de linguistique et de littérature*, 7, 2(Études littéraires), 1970, pp. 315-323).

지난날의 《유증시》를 떠올린 이후, 비용은 본격적인 유언의 최초 유증 수령자로 《유증시》와 동일하게 양부였던 기욤 드 비용Guillaume de Villon의 이름을 거명한다. 《유증시》에서 실속 없고 허울뿐인 유증물을 선사하면서 매우 거창하고 엄숙한 표현을 통해, "기욤 비용 어르신께 내 명성을 남겨 드린다"("Je laisse, de par Dieu, mon bruyt/A maistre Guillaume Villon,", L, IX, vv. 69-70)고 말했던 비용은 다음과 같이 《유언의 노래》의 후반부를 시작한다.

> 그리고, 내게 아버지 이상의 분이었던
> 기욤 드 비용 어르신께,
> 그분은 강보에서 갓 나온 아이인 내게
> 어머니 이상으로 부드러운 분이셨고,
> —나를 수많은 곤경에서 구해 주셨다.
> 그런데 이번 경우에는 달가워하지 않으시는구나.
> 그렇기에 무릎 꿇고 그분께
> 이에 관한 모든 기쁨을 내게 남겨 달라 청한다.
> (T, LXXXVII, vv. 849-856)

고토-메르슈,[46] 리슈네와 앙리 등은 "이번 경우에는 달가워하지 않으시는구나"("Et de cestuy pas ne s'esjoye;", T, v. 854)라는 말이 비용이 묑의 감옥에 투옥된 일을 말하는 것이며, 따라서 이 부분이 감옥 안에서 작성된 것으로 보았다(RH$_2$, 127). 한편 시칠리아노는 여기서 이야기되는 일이 페르부 사건을 가리키는 것으로 보았으며(Siciliano$_2$, 60-62), 티리와 뒤푸르네는 두 가지 사건 중 어느 것인지에 대해 결정을 유보하고 있다(CT, 158; DF, 419). 854행과 856행은 반어적으로 해석한다면 기욤 드 비용이 늘 자신의 피후견인에 대한 근심과 걱정을 갖고 있었음을 의미하며, 양부가 느끼는 '슬픔과 고통'

46 Claudine Gothot-Mersch, "Sur l'unité du *Testament* de Villon", in *Mélanges offerts à Rita Lejeune*, Gembloux, J. Duculot, 1969, t. II, pp. 1416-1417을 참조.

을 나타내는 것이 된다. 캉포[47] 혹은 비츠의 지적처럼,[48] 대부분의 연구자들이 비용이 양부에 대해 깊은 애정을 갖고 있다고 보았으나, 849행("mon plus que pere")과 851행("Qui esté m'a plus doulx que mere,")의 비교급을 아이러니컬한 어조가 담긴 지나친 '찬사'로 보고 거리를 둔 간접적인 비난,[49] 혹은 양부이자 자신의 보호자인 기욤 드 비용의 '동성애적' 성향이나 '소아성애小兒性愛' 성향에 대한 풍자일지도 모른다는 의문을 제기하는 연구자들도 있다(JCM, 235).

> 그분에게는 내 서가의 장서와
> 《악마의 방귀 이야기》를 드리니,
> 이 이야기는 진실하고 정직한 사람인
> 기 타바리가 훌륭한 사본을 만든 것으로
> 묶어 장정하지 않은 상태로 탁자 아래 두었다.
> 거칠고 투박하게 만들어지기는 했지만,
> 그 제재가 매우 유명한 것이기에
> 모든 결점들을 보상해 줄 수 있을 만한 것이다.
> (T, LXXXVIII, vv. 857-864)[50]

---

47 "Avec quelle tendresse il parle de ce qu'il lui doit, et le supplie de ne plus s'entremettre pour lui! Il était honteux à la fin d'avoir eu tant de fois recours à lui dans ses disgrâces [...]"(Campaux, 182).

48 "By the combination of the words plus que pere and mere, we feel, and we feel that Villon felt, the richness of the love and protection which the canon Villon gave or tried to give to his adoptive son."(Vitz, 56).

49 "[...] 'Villon' tient à garder une certaine distance, qui s'exprime dans la touche d'ironie imprégnant le passage et dans les objets facétieux, puisqu'inexistants, qu'il lui lègue. [...] 'Villon' veut-il faire croire à ses lecteurs, ou du moins à certains d'entre eux, qu'il aurait servi à Guillaume pas seulement de domestique, de secrétaire et d'enfant de choeur?"(Pinkernell$_1$, 19).

50 "Je lui donne ma librarye/Et le roumant du Pet au Deable,/Lequel maistre Guy Tabarye/Grossa, qui est homs veritable./Par cayeulx est soubz une table;/Combien qu'il soit rudement fait,/La matiere est si tres notable/Qu'elle admende tout le meffait. "

기 타바리Guy Tabarye를 두고 "진실하고 정직한 사람"("qui est homs veritable", T, v. 860)이라 칭하는 묘사는, 나바르 신학교 절도사건을 실토한 자가 바로 기 타바리라는 점에서, 지극히 아이러니컬한 표현으로 볼 수 있다. 또 861행의 'cayeulx'에서 몇몇 연구자들은 나바르 신학교 절도사건의 공범인 콜랭 드 카이외Colin de Cayeux에 대한 암시를 보기도 한다(JCM, 236). 대학과 경찰 사이의 갈등을 보여 주었던 경계석 사건과 《유증시》의 작성 시기와 같은 때 벌어진 나바르 신학교 절도사건의 흔적이, 두 사건 모두 도움이 되었을 양부에 대한 유증이 들어 있는 8행시에 담겨 있다는 점이 이채롭다고 할 수 있다(CT, 158). 그러나 기욤 드 비용에게 남기는 "《악마의 방귀 이야기》"("Et le roumant du Pet au Deable,", T, v. 858)와 같은 유명무실한 유증물들과 과도한 '찬사', 그리고 반어적인 의미로 해석될 수 있는 내용들에 비추어 볼 때, 양부에 대한 비용의 감정을 어머니에 대한 지극한 감정에 준하는 것으로 보기는 어렵다. 그러나 《유증시》와 《유언의 노래》에서 모두 양부를 첫 번째 유증 수령자로 거명하며, 다른 유증 수령자들의 경우에서처럼 신랄한 조롱과 비판을 가하는 것은 아니라는 점에서, 비용이 기욤 드 비용을 전적으로 비난하고 그에 대해 악감惡感을 갖고 있는 것은 아니라고 여겨진다.

양부에 대한 언급 후, 비용은 어머니와 무정한 여인에게 각각 한 편의 발라드를 유증물로 남기며, 그 다음으로는 《유증시》에서도 거명된 바 있었던 이티에 마르샹을 거명한다. 이티에 마르샹은 1461년 루이 11세와 형제간이었던 샤를 드 기엔Charles de Guyenne을 섬겼으며, 국왕 루이 11세에 대한 여러 음모에 가담하기도 했던 인물이다. 1473년, 1,000리브르의 연금과 관직을 제수하겠다는 국왕의 회유책을 거부하기도 했던 것에 비추어 볼 때, 정치적으로 상당한 비중을 차지하던 인물로 보이는 그는, 1474년 국왕을 독살하려던 음모에 연루되어 체포된 후 감옥에서 의문의 죽음을 맞이하였다(Champion, II, 297-298).

《유증시》에서 "매우 신세를 진"("Auquel je me sens tres tenu,", L, XI, v. 82)이라는 표현과 더불어, "내 날카로운 검"("mon branc d'acier tranchant,", L, XI, v.

83)을 물려받았던 이티에 마르샹에 대해,[51] 여러 연구자들은 그에 대한 언급이 《유증시》와 《유언의 노래》에서 모두 카트린으로 추정되는 '무정한 여인' 바로 다음에 위치하며 여러 번 되풀이되며 언급된다는 점에서,[52] 비용과 그가 연적 관계에 있었을 것으로 추정한다($D_1$, 266). 이티에 마르샹에 대한 비용의 적의는 《유언의 노래》에 와서 더욱 치밀하고 강렬한 것이 된다. "그가 곡을 붙인다는 조건으로, 10행으로 이루어진 이 단시短詩를[53] 준다." ("Donne, mais qu'il le mecte en chant,/Ce lay contenant des vers dix,", T, XCIV, vv. 972-973)는 말에서, 비용이 강조하는 유증 조건은 고유명사를 보통명사로 바꾸어 놀리는 것, 즉 'Marchant'이라는 이름에서 '노래를 못함'을 의미하는 'chante mal'을 이끌어 내는 조롱이거나, 아니면 이티에 마르샹의 음악적인 재능이 형편없거나 전무함을 비웃는 것이 된다. 아울러 최근 쿠프만이 밝힌 바에 따르면, 비용이 강조한 조건에는 새로운 의미가 더해질 수 있다. 1939년 재발견되었으며 그 작성 연대가 1460년경으로 추정되는 한 필사본('Chansonnier Nivelle la Chaussée', Paris, BNF, Rés. Vmc Ms57)에는 비용이 이티에 마르샹에게 남겨 준 작품에 들라에Delahaye라는 인물이 곡을 붙인 바 있다는 사실이 기록되어 있다고 한다. 이러한 점에서 본다면, 이미 곡

51 부유한 기사가 자신의 무구를 유증하는 것을 의미하는 경우, 유증물로서의 검이 담보로 잡혀 있다는 점에서 비용의 선물은 허위의 유증이라 할 수 있다. 또 검을 수식하는 말에 주목해서 본다면, 비용과 연적 관계에 있었을지도 모르는 그를 단번에 영원히 보내 버릴 '일격'을 의미할 수도 있다. 외설적인 의미에서 본다면, '검'은 남자의 성기를 지칭하는 뜻이기에, 이티에 마르샹의 성적 불능을 조롱하면서 그에게 왕성한 성적 능력을 부여하는 반어적인 표현이 된다. 마지막으로 뷔르제의 지적처럼 '배설물'의 동의어로 볼 경우($Burger_2$, 40), 이는 이티에 마르샹이 무가치한 인물임을 암시하는 것으로 해석할 수도 있다(Jean Dufournet, "Deux exemples de la méchanceté raffinée de Villon", *Romania*, 86, 1965, pp. 380-381; JCM, 69; $D_1$, 268-270 등을 참조).

52 풀레는 《유언의 노래》의 "Au fort, quelc'um s'en recompence/Qui est remply sur les chantiers,"(T, XXV, vv. 198-199)라는 구절이 이티에 마르샹의 이름을 아나그람한 것으로 보았다.

53 15세기의 경우, 'lay'는 기욤 드 마쇼, 외스타슈 데샹 등이 자주 만들었던 길고 복잡한 구성의 정형시만을 의미하지 않는다. 장 몰리네가 지적하고 있듯이, 'lay'는 상이한 운율을 가지고 다양한 형태로 쓴 장중한 분위기의 시를 전반적으로 지칭하는 데 사용되었다. 이를 '단시'로 옮긴 것은, 일반적으로 'lay'가 12행으로 이루어진 장시를 의미하는 데 반해, 비용은 10행으로 구성된 것을 남기고 있기 때문이다(CT, 168; $RH_2$, 144; JCM, 240).

이 붙여져 있으며 널리 알려진 작품에 이티에 마르샹이 다시 곡을 붙이는 것은, 아무 소용도 없는 무의미한 일에 지나지 않는다. 결국 마르샹으로서는 도저히 실천할 수 없는 불가능한 조건이 된다는 점에서,[54] 그에 대한 비용의 '악감'이 더없이 잘 드러난다 할 수 있다.

또 구체적으로 이름을 밝히는 대신 단지 '옛사랑'이라고만 언급하는 말에서 짐작해 보건대, 이전에 이미 사랑했던 여인이 그에게 있었고, 여전히 그녀를 잊지 못하고 있음을 카트린 드 보셀에게 알림으로써, 이티에 마르샹이 신의 없고 불성실한 연인임을 고발하는 것이거나, 아니면 이를 계기로 이티에 마르샹과 카트린 드 보셀의 관계가 끊어지기를 바라는 데 비용의 의도가 있음을 짐작할 수 있다(D1, 270-271). 그러나 "그가 나를 영원히 증오하게 될 터이라"("Car il me hairoit a tousjours.", T, XCIV, v. 977)라는 말을 보다 넓게 해석한다면, 그 의미는 지금까지 만났던 여인들뿐만 아니라 앞으로 만나게 될 여인들까지, 즉 이티에 마르샹이 만나는 모든 여인들이 죽음을 맞이하여, 그가 연인과의 사별로 인한 실연과 절망의 고통 속에서 영원히 벗어나지 못하기를 간구하는 지극히 악의적인 유증이 되기도 한다(CT, 168). 일면 지극히 우아한 궁정풍 연애시로 읽힐 소지가 있는 비용의 단시는 아래와 같다.

> 죽음이여, 그대 혹독함을 원망하여 제소하니
> 그대 내게서 내 사랑하는 여인을 〔무정하게〕 앗아 갔구나,
> 그대 그것으로도 만족하지 않아
> 나를 비탄과 고통에 침잠하게 하는구나.
>
> 그 이후로, 나 아무런 힘도 기력도 없구나.
> 생전에, 그녀가 무슨 해악을 그대에게 끼쳤더란 말인가?
> 죽음이여, 〔그대 혹독함을 원망하여 제소하니

54 J. Koopmans, "«Mort, l'appelle de ta rigueur», ou la première Renaissance française à l'école de François Villon", in *Villon et ses lecteurs*, Paris, Champion, 2005, pp. 55-67을 참조.

그대 내게서 내 사랑하는 여인을 〔무정하게〕 앗아 갔구나〕

우리 몸은 둘이었지만, 마음은 하나였으니,
그 마음 죽었다면, 나 또한 죽어야만 하고,
정녕, 생명 없이 살아야만 하리.
겉보기만 살아 있을 뿐인, 조상彫像이나 환영처럼.

죽음이여, 〔그대 혹독함을 원망하여 제소하니
그대 내게서 내 사랑하는 여인을 〔무정하게〕 앗아 갔구나,
그대 그것으로도 만족하지 않아
나를 비탄과 고통에 침잠하게 하는구나〕. (T, vv. 978-989)

비용은 이 작품을 '단시lay'라고 칭했지만, 실상 이 시는 전통적인 4연으로 구성된 롱도, 혹은 반복구가 축약된 'rondeau à rentrement'[55]에 해당한다. 그렇기에 클레망 마로는 그의 판본에서 이 시의 제명을 'rondeau'로 고친 바 있다. 호격이거나 혹은 989행의 'vive'의 주어와 동격인 978행("Mort, j'appelle de ta rigueur,")에서, 연구자들은 성서의 "곤경에 빠져서 야훼께 부르짖었더니"("De profundis clamavi ad te, Domine", 〈시편〉, 120)라는 구절, 혹은 "고통스럽고 추악한, 번민과 불행을 주는 저주스러운 죽음이여, 그대에 대해, 〔…〕 나 그대의 비열한 배반을 원망하여 제소하니"("Contre toy, Mort doloreuse et despite,/Angoisseuse, maleureuse, maudite,/[…] Je t'appelle de traïson vilaine;", I, vv. 1-2, 7)로 시작하며, "그대가 나의 귀부인, 나의 연인을 내게서 앗아 갔고, 그대가 내 마음과 내 기쁨을 죽게 만들었"("Tu m'as tolu ma dame et ma maistresse,/Et as murtry mon cuer et ma lëesse", II, vv. 1-2)다고 탄식

55 "Les vers singuliers (non répétés) de la 1re et de la 2e strophe seraient aptes à être complétés par la première partie du refrain: c'est une disponibilité, un accrochage sémantique à prévoir entre la fin du second et du troisième couplet et le début du refrain d'autre part. Comme le suffixe l'indique assez, *rentrement* est un nom d'action."(Omer Jodogne, "Le Rondeau du XVe siècle mal compris. Du dit et de l'écrit", in *Mélanges de langue et de littérature médiévales, offerts à Pierre Le Gentil*, Paris, SEDES, 1973, p. 406).

하는 알랭 샤르티에의 〈한탄가Complainte〉[56]와의 유사성을 지적한 바 있다 (CT, 168).

비용이 이티에 마르샹에게 남긴 이 작품은, "우리 몸은 둘이었지만, 마음은 하나였으니, 그 마음 죽었다면, 나 또한 죽어야만 했고"("Deux estions et n'avions q'un cueur;/S'il est mort, force est que desvye,", T, vv. 982-983)라는 구절에서 짐작되듯, 개별적이고 독립된 작품으로 읽는다면 전통적인 궁정풍 '사랑'의 분위기를 담고 있는 작품으로 읽히지만(JCM, 240), 《유언의 노래》의 특수한 맥락 속에서는 정반대의 의미로 읽히게 된다. 이 작품은 "사용을 금한 동전"이라는 표현으로 요약되었던 '사랑'이 늙은 창녀의 모습에서 자연스럽게 '노년'으로 이어지며, '노년'은 다시 '과거의 사랑'으로 전이되는 순환 구조에서, '사랑'과 '죽음'이 함께 하나의 모습으로 제시되는 첫 번째 계기가 된다는 점에서도 주목할 만하다.

이티에 마르샹 다음에는 《유증시》에서 언급되었던 장 르 코르뉘Jean le Cornu가 등장하며(Champion, II, 309-310), 그 다음에는 피에르 드 생-타망Pierre de Saint-Amand과 그의 아내가 거론된다.

> 또한, 피에르 생-타망의
> 아내에게는, 그녀가 나를
> 걸식자와 같은 부류로 취급했음을 감안해서,
> —하지만, 그녀의 영혼이 죄업에 물들었을지라도,
> 신께서 그녀를 자애로이 용서해 주시기를!—
> 움직일 줄 모르는 '백마'를 대신해서
> 젊은 빈마牝馬 한 마리를,
> 또 '암노새'를 붉은 당나귀 한 마리로 바꿔 준다.
> (T, XCVII, vv. 1006-1013)[57]

---

56 A. Chartier, *Poèmes*, textes établis et présentés par J. Laidlaw, Paris, Union générale d'Éditions, 1988, p. 152.

57 "Item, et pour ce que la femme/De maistre Piere Saint Amant/—Combien, se coulpe

필사본 *F*와 인쇄본 *I*에는 누락되어 있는 8행시 XCVII에서, 비용은 《유증시》에서 "암노새와 함께 백마를"("Le Cheval blanc avec la Mule,", L, XII, v. 90) 유증한 바 있는 피에르 드 생-타망을 거명한다.[58] 피에르 드 생-타망은 1447년부터 경제 분야에 오랜 경험을 가진 사람이 임명되며, 관련 행정 일체를 책임지는 직위의 하나였던 국왕의 재무 담당 비서secrétaire du roi et clerc du Trésor 자리에 있던 인물이었다. 파리에 여러 채의 집을 가지고 있었던 매우 부유하고 영향력 있는 사람이었다고 전해지며, 그의 아내의 이름은 자네트 코슈로Jeannette Cochereau였다고 한다(Champion, I, 173-174; Desonay, 78).

《유증시》의 경우, 고위 관직에 있는 생-타망의 신분에 걸맞게 '백마와 노새'를 주는 비용의 유증은, 이름 높은 기사들이 말과 노새를 끌고 다녔던 것에 비추어 보았을 때($D_2$, 79-80), 합당한 것이 아닐 수 없다. 그도 그럴 것이 부유하고 고위직에 있는 생-타망이 도보로 거리를 지나는 일은 드물었을 것이기 때문이다. 그러나 반대로 생각해 보면, 늙은 생-타망이 말이나 노새를 타고 가는 모습이 그다지 훌륭해 보이지 않았기에, 비용이 실제의 탈 것이 아닌 가게의 간판들을 주는 장난을 치는 것일 수도 있다($D_1$, 286-288). 아울러 성적인 측면이 강조된 것이라면, '암노새'가 '불모'와 '불감증'의 상징이며 '백마'의 흰색이 '노년'과 그로 인한 '성적인 무능력'을 암시한다는 점에서, '백마'는 생-타망을 지칭하는 것이며 '암노새'는 그의 아내를 빗대어 말하는 것이 아닐 수 없다. 따라서 비용의 유증은 늙은 생-타망의 '무력함'과 그의 아내의 '불모성'를 상징하는 조롱 섞인 유증으로 해석될 수도 있다($D_1$, 292).

《유언의 노래》에서 비용은 생-타망 대신 그의 아내가 자신에게 보였던 태도를 전면에 부각시킨다. 비용은 짧게 한마디로, 그녀가 자신을 '걸식자

---

y a a l'ame,/Dieu lui pardonne doulcement!—/Me myt ou ranc de caÿmant,/Pour le *Cheval blanc* qui ne bouge/Lui changë a une jument,/Et la *Mulle* a ung asne rouge."

58 "Notons également que, selon Paracelse, le fameux *morbus gallicus* est né de l'accouplement d'un Français lépreux et d'une prostituée avec des bubons vénériens (comme la mule vient de l'accouplement du cheval et de l'âne)."($Koopmans_1$, 141).

처럼 취급했다'고, 혹은 그녀가 자신을 '걸식자와 같은 부류로 여겼다'고 말한다(CT, 170; $RH_2$, 149). 비용을 'caÿmant'으로 정의 내린 그녀의 태도와 이 말에 담긴 극도의 부정적인 의미들은, 탁발종단을 두고[59]

> 도둑을 털어먹는 능란한 도적이며,
> 사기꾼에게 속임수를 쓰는 사기꾼들,
> 강도를 벗겨 먹는 강도들[60]

이라 비난했던 뤼트뵈프의 말에서, 또 'caÿmant'이 '잔인하고 흉폭한 도적과 살인자'와 같은 범주의 흉악한 자들임을 말했던 《파리의 한 부르주아의 일기》에서도 쉽게 드러난다.[61] 그러나 '너그러운' 비용은 자신을 모욕한 여인에 대해 표면적으로는 한없이 호의적인 기원을 전한다. 일종의 삽입 부분인 1008-1009행을 통해, 비용은 이 여인의 성정이 지극히 좋지 못하며, 분명 많은 잘못들을 저질렀음을 만천하에 알리는 동시에, 앞으로 이 여인에게 자신이 어떤 것을 유증할지에 대해 독자의 기대감을 증폭시킨다. 이제 '백마'는 '빈마'로, '암노새'는 심술궂음과 어리석음의 대명사이자, 그 위에 올라타고 가는 것이 '수치와 불명예'를 상징하는, 또 어쩌면 걷잡을 수 없이 성이 났거나 흥분했기에 통제할 수 없는 '붉은 당나귀'로 바뀐다. 생-타망과 그의 아내를 '빈마'와 '붉은 당나귀'라는 새로운 한 쌍으로 지칭하는 것은, 새로운 유증을 통해 그들이 갖고 있었던 이전의 '불모'와 '무능력'을 치료하기 위한 '의사' 비용의 처방이며, 서로가 뜨겁고 방탕한 성정을 지니고

---

59 탁발종단에 대해서는 Marcel Pacaut, *Les ordres monastiques et religieux au Moyen Âge*, Paris, Nathan, 1993, pp. 162-204를 참조.

60 "Fors lerres est qu'a larron emble,/Et cil lobent les lobeors/Et desrobent les robeors," (L'état du monde, vv. 42-44, $Rutebeuf_3$, 80).

61 "[...] en ce temps [1449] furent pris caïmans, larrons et meurtriers, lesquels par géhenne ou autrement confessèrent avoir emblé enfants, à l'un avoir crevé les yeux, à autres avoir coupé les jambes, aux autres les pieds et autres maux assez et trop." (*Journal d'un bourgeois de Paris de 1405 à 1449*, texte original et intégral présenté et commenté par Colette Beaune, Paris, LGF, 1990, p. 442).

있으니 서로 바람을 피고 속는 일이 있어도 놀라지 말기를 바라는 '친절한' 비용의 관심 어린 당부이기도 하다($D_1$, 292-294; $D_2$, 85-86).

《유증시》에 등장하지 않았던 두 명의 새로운 인물들을 8행시 XCVIII-XCIX에서 소개한 후,[62] 비용은 레니에 드 몽티니와 함께 《유증시》에서 거명되었던 자크 라기에에게 유증물을 남긴다.

> 또한, 자크 라기에에게는
> 그레브 광장의 '큼지막한 술잔'을
> 4플라크를 지불한다는 조건에서 주니,
> 그로 인해 그가 언짢기는 하겠지만,
> 장딴지와 정강이를 덮는 것을 팔아야만 할 터이고,
> 슬리퍼를 신고, 다리를 드러낸 채, 가야만 할 것이다.
> 앉아서든 서서든,
> 선술집 '솔방울'의 구멍에서, 나 없이 마신다면 말이다.
> (T, CI, vv. 1038-1045)[63]

《유증시》에서 비용은 자크 라기에에게

> 포팽의 물 마시는 곳과
> 복숭아들, 배들, —달콤한 녹색과 무화과—[64]

62 "Item, donne a sire Denis/Hyncelin, esleu de Paris,/[...] Item, donne a mon advocat,/Maistre Guillaume Charüau,/[...]" (T, XCVIII, vv. 1014-1015, XCIX, vv. 1022-1023)

63 "Item, je donne a maistre Jacques/Raguier le *Grant Godet* de Greve,/Pourveu qu'il paiera quatre placques,/Deust il vendre, quoy qu'il lui griesve,/Ce dont on coeuvre mol et greve,/Aler nues jambes en chappin,/Se sans moy boyt, assiet ne lieve/Au trou de la *Pomme de Pin*."

64 필사본 *C*의 'Perches, poussins au blanc menger'는 라기에에게 '농어, 그리고 편도가 들어간 소스와 같이 병아리를' 준다는 의미로 해석되지만(이형에 대한 논의에 대해서는 $D_2$, 89-93을 참조), 리슈네와 앙리는 이 부분을 다시 만들어진 것으로 추정하였다. 이 구절을 두고, 롱농, 비방크 등은 유증물이 필경 술집 간판일 것이라는 의견을 제시했고(Bijvanck, 53), 뷔르제는 비용이 《유증시》의 124행에서와 마찬가지로 '무화과 나무에서 딴 복숭아와 배'를 라기에에게 준다는 뜻으로, 즉 '아무것도 주지 않는다'는 의미로 해석하였다($Burger_2$,

매일마다 좋은 부분을 선택할 수 있는 기회,
선술집 솔방울의 구멍을 (L, LXX, vv. 153-157)[65]

남겨 주면서 "박고 싶어 하는 자는 박기를!"("Et qui vouldra planter si plante!", L, v. 160)이라는 충고를 남긴 바 있다($D_2$, 94).

《유증시》 XX의 156행에서 말하는 '좋은 부분'은 기름진 음식들을 뜻하는 진수성찬뿐만 아니라 여자와의 성적인 쾌락 역시 의미하는 것이며 (CT, 72), 'planter' 동사는 크게 세 가지 의미로 해석된다(DF, 395). 첫 번째로는, 샤를 도를레앙의 롱도에 나오는 "[그녀는] 재미있는 농담을 하는 것에, 종종 웃음짓고, 즐거워했다"("Souventesfoiz s'esbat et rit/A planter une gente bourde.", CXLVI, 3-4)[66]라는 구절에서 볼 수 있듯이, '농담하다, 재미있는 이야기를 주고받다plaisanter'라는 의미이며, 두 번째는 농사일에서 파생된 외설적인 의미로 '성행위를 하다'라는 의미를, 마지막으로는 모조품 보석을 만든다거나 카드를 숨겼다가 내놓아 돈을 따는 행위 등의 갖가지 못된 행동들을 의미한다($D_2$, 94). "포팽의 물 마시는 곳"을 유증물로 받은 것에서, 자크 라기에가 호주가요 호색가임을 짐작할 수 있는 만큼(Champion, I, 269; DF, 395), 그런 그가 "선술집 '솔방울'"에 가는 것은 지극히 당연한 것이 된다. 또 선술집의 아늑한 은신처와 같은 "구멍"에서 술이 거나히 오르면, 그가 원하는 것이 도박이든, 농담이든, 아니면 여자와의 성행위이든 무엇이든 하라고 비용은 권하는 것이다.

《유증시》에서와 마찬가지로 변함없이 기름진 음식들을 좋아하고, 술집을 제집 안방처럼 드나드는 인물로 그려지는 자크 라기에에게 비용은 《유언의 노래》의 8행시 CI에서 "그레브 광장의 '큼지막한 술잔'"을 유증물로 남긴다(Champion, II, 306). 유증물을 얻기 위해서 자크 라기에는 4플라크의

14). 이 구절에 대한 다양한 이견들에 관해서는 $RH_1$, 26-27을 참조.

65 "Et a maistre Jacques Raguier/Laisse l'Abeuvroir Popin,/Paiches, poires —sucré, figuier—,/Tous jours le choiz d'un bon loppin,/Le trou de la Pomme de Pin,"

66 $CdO_1$, II, 374; $CdO_2$, 406.

술값을 갚아야 하지만, '플라크'라는 화폐는 이미 1436년에 그 소용이 다한 것이다. 더 이상 통용되지 않기에 이 화폐를 찾으려면 그는 많은 애를 써야 하며, 또 설령 찾는다 해도 쓰이지 않는 무가치한 것인 만큼 아무도 받아주지 않기에, 자크 라기에에게 주는 비용의 유증물은 결국 아무것도 주지 않는 것과 마찬가지가 된다($D_2$, 97). 그러나 이러한 해석은 1041-1043행의 설명에는 별 도움이 되지 못하며, 여기서 비용이 1040행의 'placques'가 가지게 되는 이중의 의미를 8행시 CI의 후반부인 1041-1045행으로 넘어가는 발판으로 삼고 있음을 알게 된다(JCM, 243). 'placques'는 의학 용어로 '굳은살, 딱지, 선병질腺病質, 궤양' 등을 의미하므로,[67] 비용은 동음이의어의 말장난을 통해, 자크 라기에가 병에 걸려 고생하고 그의 상처가 만천하에 공개되기를 바란다. 또 모든 것을 다 팔아 치워서 가난해진 자크 라기에가, 자신의 수치스런 모습을 가릴 것이 더이상 없기에, "슬리퍼를 신고, 다리를 드러낸 채" 거리를 활보할 수밖에 없게 되기를 희망한다(CT, 174; $RH_2$, 152; $D_2$, 96-97).

또한, 메르뵈프와
니콜라 드 루비에를 위해서는,
나 그들에게 암소도 황소도 주지 않으니,
이는 그들이 소치는 자들이 아니기 때문이다.
〔대신〕 새매를 들고 다니기 위한, 또
(내가 농담한다 생각하지 말지니,)
실수 없이, 마슈쿠의 가게에서,
자고새와 물떼새를 잡기 위한 장갑들을 준다. (T, CII, vv. 1046-1053)[68]

---

67 1489년에 쓴 "Placques voit on sur gambes fort rongneuses"(〈동전들의 외침Le Cri des Monnoies〉,, v. 29)라는 몰리네의 시구를 예로 들 수 있다(CT, 174; TH, II, 284).

68 "Item, quant est de Merebuef/Et de Nicolas de Louviers,/Vache ne leur donne ne beuf,/Car vachiers ne sont ne bouviers,/Mais gans a porter espreviers,/Ne cuidez pas que je me joue,/Et pour prendre perdrys, ploviers,/Sans faillir … sur la Machecoue."

《유증시》에서 메르뵈프와 니콜라 드 루비에는

> 프랑 주화들과 옛날 에퀴 주화들이
> 가득 들어 있는 달걀 껍질 하나씩을 저마다 (L, XXXIV, vv. 267-268)

받았었다(Champion, II, 318-323). 그러나 이들이 받았던 프랑 주화는 1422-1423년에 샤를 7세 치하에서 주조되었다가 1456년에 오면 더는 유통되지 않게 되어 찾아보기 힘든 것이며, 옛날 에퀴 주화는 1436년에 이미 그 가치가 없어진 것이었던 만큼, 아무런 가치가 없는 화폐들에서 허황된 성격의 유증물을 주는 것 이외의 다른 의도를 찾아보기는 힘들었다.[69] 게다가 달걀 껍질 안에 얼마만큼의 주화가 들어갈지 또한 어렵지 않게 짐작된다.

하지만 《유언의 노래》에 와서, 비용은 메르뵈프와 니콜라 드 루비에가 어떤 인물들이며, 또 자신과 다른 사람들이 이들을 어떻게 생각하는지를 유증물을 통해 보여 준다. 《여우 이야기》나 라퐁텐의 우화의 무대에서처럼, 마치 의인화된 동물들의 모습을 그리고 있는 듯한 8행시 CII의 전체적인 분위기는 유증 수령자들의 이름 그리고 유증물이 쓰이는 배경과 밀접하게 관련된 것이다. 롱바르 거리rue des Lombards에 살던 부유한 나사螺絲 상인이자 선술집을 갖고 있었던 메르뵈프(Champion, I, 71; II, 321)는 인쇄본 *I*의 경우 'Maire beuf'로 표기되기도 하며, 이 경우 현대어의 '시장市長'을 연상시키는 'Maire'는 '소들 가운데 가장 거칠고 큰 소'를 의미하는 것이 된다. 1464년 귀족의 작위를 받게 되는 니콜라 드 루비에는 나사와 양을 취급하던 상인이었고(Champion, I, 299; TH, II, 285), 그의 이름 역시 '늑대'와 관련되어 '늑대의 외양을 한', '늑대처럼 탐욕스러운', 혹은 '늑대를 잡기 위한 함정' 등을 의미하게 된다($D_2$, 106-107; $D_3$, 195). 이 두 사람에게 "암소도 황소도" 주지 않을 것임을 이야기하는 비용의 말은 각운으로 사용된 메르뵈프

---

69 기로는 이러한 유증물이 부유한 상인인 두 사람의 탐욕과 인색을 의미하는 것이라고 말하기도 했으나, 구체적으로 어떤 이유에서 그러한지는 밝히지 않았다($Guiraud_2$, 40).

의 이름에 대한 말장난임과 동시에 이들의 실제 직업이 양과 나사를 다루는 상인이라는 점을 염두에 둔 것이었다.

메르뵈프와 니콜라 드 루비에가 받게 되는 1050행의 유증물에 대해, 뷔르제는 필사본 *C*의 애매한 표현이 비용의 방식에 더 어울린다고 보고 'Mes chiens a porter espreviers,'를 텍스트로 택할 것을 제안한 바 있다(Burger$_2$, 23). 이에 대해 뒤부아M. Dubois는 뷔르제의 《비용 어휘집》에 대한 서평에서, 매사냥에[70] 사용되는 '새의 발에 묶는 끈'을 뜻하는 'giet'로 읽을 것을 제안하면서 'Mais giés a porter espreviers'로 텍스트를 이해할 것을 주장하기도 했다.[71] 하지만 이 경우 'giet'는 'a porter espreviers'라는 표현과는 어울리지 않는다는 난점이 있고, 1052행의 "자고새와 물떼새를 잡기 위한"이란 표현을 명확히 설명할 수 없게 되기에 이를 텍스트로 택하기 힘든 면이 없지 않다(RH$_2$, 153-154; CT, 174). 리슈네와 앙리는 필사본 *A*와 *F*의 'Mais gens a porter espreviers,'에서 'gans'을 추정하여 'Mais gans a porter espreviers,'를 텍스트로 제시했으나, 이들이 제안한 'gans'은 저본이 되는 필사본들 어디에도 나와 있지 않은 '추정된 형태'라는 약점이 있다.

필사본 *C*의 'chiens'을 택할 경우, 이러한 해석은 'gans'을 택해 해석하는 것과 전체 문맥상으로 볼 때에 크게 다르지 않다. 그러나 필사본 *C*에 기초한 해석은 보다 즉각적이며 강렬한 인상을 주며, 보다 다양한 의미들을 암시하게 된다는 장점이 있다(CT, 174). "우선, 매[사냥]에서 많은 즐거움을 얻고자 하는 사람은, 필히 부활절 이후부터는 자기 주위에 [에스파냐산] 사냥개들을 갖추고 있어야만 하며, 종종 자고새와 메추라기를 찾아 들판으로 개들을 데리고 나가야만 한다"라는 말에서 볼 수 있듯이,[72] '사냥개'

---

70 매사냥과 새매에 대해서는 Baudouin Van Den Abeele, *La fauconnerie au Moyen Age*, Paris, Klincksieck, 1994; Lucien-Jean Bord et Jean-Pierre Mugg, *La Chasse au Moyen Âge*, Aix-en-Provence, Éditions du Gerfaut, 2008; *Mesnagier de Paris*, 474-537 등을 참조.

71 "Mais n'est-ce pas tomber d'un mal dans un pire? Car on conçoit mal que Villon ait eu l'idée d'un équipage de chasse aussi extraordinaire. Si l'on osait aller contre la tradition, on proposerait de lire: *mais gies*, le *giet* (encore dans Littré, s.v. *jet*) étant une 'courroie dont on se sert pour attacher l'oiseau tenu sur le poing'."(*Romance Philology*, 14, n° 4, 1961, p. 337).

를 구비하고 사냥개를 훈련시키는 것은 매사냥에 꼭 필요한 중요한 조건이었다.[73] 이러한 맥락에서, 읽는 독자에 따라 메르뵈프와 니콜라 드 루비에는 사냥에 동원되는 '개'가 되기도 하고, 혹은 사냥을 하기 위해 '개'를 받기도 한다. 또 이 구절을 '그들이 마치 귀족인 양 사냥을 하는 것'을 비난한다고 생각하지 말라는 뜻으로 받아들이는 독자 옆에는 '그들이 사냥개와 다름없다'고 농담하는 것이 아니라는 뜻으로 받아들이는 독자나, 정작 수렵에서는 아무런 사냥감도 잡지 못하고, 사냥감을 사기 위해 마슈쿠의 가게로 가는 것을 비아냥거리는 내용으로 받아들이는 독자 또한 생기게 된다.[74] 또 메르뵈프와 니콜라 드 루비에가 형편없는 사냥꾼임을 놀리는 조롱 이면에는 이들의 태생이 원래 귀족이 아니었으며, 귀족 행세를 하는 이들에 지나지 않음을 비난하는 의도가 개입될 수 있다. 《장미 이야기》는 사냥개와 새매를 갖고 있다고 해서 모두가 진정한 귀족인 것은 아니라는 점을 다음과 같이 말한 바 있다.

하지만, 이들은 자신들이 귀족이라 말한다. 그리고 다른 사람들이 자신들

---

72 "Premierement, qui veult avoir bon deduit de l'esprecier, il est neccessité que assez tost apres Pasques l'espriveteur se garnisse d'espaingnoz et les maine souvent aux champs querir les cailles et les perdriz, [...]"(*Mesnagier de Paris*, 476).

73 *Mesnagier de Paris*, 476-480을 참조.

74 마슈쿠는 고기를 구워 팔던 상인이자 '황금 사자Lion d'Or'라는 간판의 가금상 주인이었다. 마슈쿠의 생몰 연대에 대해 연구자들은 이 여인이 1461년 이전에 사망한 것으로 추정한다. 마슈쿠가 1461년 이전에 사망하였다는 사실에서, 시칠리아노는 비용이 이 8행시를 1461년 이전에 썼다고 주장하기도 했다: "Pour expliquer l'étrangeté d'un poème qui, composé après le mois d'octobre 1461, nous donne comme vivante une femme qui à cette date était morte et nous parle d'un prévôt qui n'était plus prévôt, on a dit que Villon, étant caché quelque part dans les environs de Paris, ignorait la mort de l'une et la disgrâce de l'autre. [...] L'ignorance du poète écartée, il ne nous reste qu'une seule explication, simple et logique: les passages qui parlent de la Machecoue vivante et de Robert d'Estouteville prévôt de Paris ont été écrits [...] c'est-à-dire avant l'an 1461."(Siciliano$_2$, 63-64). 그러나 이에 대해 롱농과 뒤푸르네는, 파리 근교에서 숨어 지내던 비용이 이 사실을 몰랐거나, 아니면 그녀의 사망 소식을 알고 있었지만 각운을 위해 마슈쿠의 이름을 그대로 사용했을 가능성을 남겨 둔다. 그녀의 사망 이후에도 변함없이 이 가게가 마슈쿠의 이름으로 불렸을지도 모른다는 설명을 덧붙인다(D$_2$, 107; Champion, II, 325-326; Longnon$_2$, 452).

을 귀족이라 부르기 때문에, 또 자신들의 훌륭한 선조들이, 응당 그들이 그렇게 되었어야 하는 것처럼, 귀족이었기 때문에 그렇다고 이유를 댄다. 그들은 자신들이 사냥개들과 새들을 갖고 있으며, 그렇기에 귀족 청년들처럼 보인다고 말한다. 또 강과 숲, 들판과 히드가 무성한 땅을 지나 수렵을 하러 가며, 여러 즐거움과 한가로움 속에서 생활한다고 말한다. 그러나 다른 사람의 것인 고귀함을 뽐내는 이들은 비천하고 저열한 자들이다.[75]

이러한 맥락에서 본다면, 우선 비용이 그들에게 유증하는 '사냥개'는 가난한 비용으로서는 줄 수 없는 유증물이기에 공허한 유증물에 지나지 않는다. 두 번째로 설령 실제로 '사냥개'를 준다고 해도, 원래 귀족이 아니었던 이 두 사람은 귀족의 특권인 매사냥을 할 자격이 없을 뿐만 아니라 유증물을 제대로 사용할 줄 모르기에, 유증물은 결국 무용지물이 되고 만다. 마지막으로 나사 상인인 두 부르주아들이 사냥하는 것은 고기장수인 여인이 파는 고기 혹은 여인 자체일 뿐이라는 점이 암시된다.[76]

8행시 CV에서는 파리 검찰장관을 호위하는 열두 명의 승마 경관 가운데 일인인 장 라기에Jehan Raguier가 거명된다("Item, a Jehan Raguier je donne,/ Qui est sergent, voire des Douze,", T, CV, vv. 1070-1071). 이 인물은《유증시》의 경우 형장에서 처형된 비용의 악우惡友 레니에 드 몽티니와 함께 언급된 바 있다. 형이 집행된 인물과 같이 거론된다는 점만 보더라도 장 라기에의 성

75 "si dient qu'il sunt gentill home/por ce que l'an les i renome/et que leur bons paranz le furent,/qui furent tel con estre durent,/et qu'il ont et chiens et oiseaus/por sambler gentis damoiseaus,/et qu'il vont chaçant par rivieres,/par bois, par chans et par bruieres,/ et qu'il se vont oiseus esbatre;/mes il sunt mauvés vilain natre,/qui d'autrui noblece se vantent."(RdR, vv. 18825-18835).

76 비츠 역시 다양한 해석 가능성을 제시한 바 있다: "These pretentious men felt free, by reason of their possession of the "noble bird", to take without paying, to snatch, like birds of prey, food from the rotisserie of the *Machecoue*. Or else, this strophe may suggest that they are so incompetent at the noble hunt that they have to buy their 'kill'. One final possibility for the implications of this strophe [...] the *Machecoue* might be a prostitute, then the *esprevier*, and the *perdris* and *plouviers* in question here may be, as above, sexual birds."(Vitz, 75).

정은 충분히 짐작되며, '게걸스러운 자'로 그려지는 그는 남의 "식탁에서 집어온 탈무즈 파이를 매일 하나씩"("Tous les jours une tallemouze/Pour bouter et fourrer sa mouse,/Prinse a la table de Bailly;", T, CV, vv. 1073-1075) 받는다. 음식인 '탈무즈'가 동음이의어로 '따귀, 모욕soufflet, gifle'을 의미하는 만큼, 유증 수령자에 대한 비용의 감정은 쉽게 파악된다.

8행시 CVI에서는 미쇼 뒤 푸르Michault du Four가 거론된다. 이 인물은 샤틀레 경관이자 태형 집행인이면서 동시에 선술집 주인, 푸주한 등의 여러 직업을 갖고 있었다고 전해지며, 싸움을 즐기고 돈을 잘 지불하지 않는 자였다고 한다. 8행시 CVII에서는 11대의 20인조 시내 순찰 경관들이 등장하며, 그중에서 특히 드니 리셰Denis Richier와 장 발레트Jehan Valecte의 이름이 호명된다("Item, aux Unze Vings sergens/[...] Denis Richier et Jehan Valecte—", T, CVII, vv. 1086-1089). 1087행에서 "정직한honneste"이라는 말을 사용하는 것에서부터 비용은 이 시를 반어적으로 읽어야 한다는 점을 알리며, 비용이 지시한 독법은 경관들 전체 혹은 이름이 거명된 두 사람만을 지칭하는 부가어인 "선하고 용감한 자들"("Et sont bonnes et doulces gens", T, CVII, v. 1088) 이라는 말에서 확실해진다. 왜냐하면 당시 경관들은 '탐욕과 잔혹'의 화신이었고, 종종 '악마의 종자les valets du diable'로 칭해졌기 때문이다. 비용은 그들의 모자를 장식할 "커다란 띠를 모두에게"("A chacun une grant cornecte", T, CVII, v. 1090) 유증물로 선사하며, 이 '끈'은 금방 교수대의 밧줄을 떠올리게 한다.

이어서 《유증시》(L, XXIV, vv. 185-192)에서 공동으로 "오리 한 마리"를, 또 제각기 "성 프란체스코회 수도사의 장대한 외투와 장작, 목탄, 비계와 완두콩" 등을 받았던 르 루와 숄레가 8행시 CIX와 CX에서 언급된다. 비용은 숄레가 통을 만들던 "그의 모든 도구들을 리옹산 검으로 바꾸러 가기를"("Mais tous ses houstiz changer voise/A une espee lïonnoise,", T, CIX, vv. 1105-1106) 바란다고 말함으로써, 경관이 되었기에 합법적으로 검을 지닐 수 있게 된 그의 신분 변화를 풍자하며, 르 루에게는 "가는 길에서 암탉들을 놓치지 않도록, 근사한 작은 사냥개 한 마리"("Ung beau petit chiennet couchant,/qui ne laira poullaille en voye.", T, CX, vv. 1114-1115)를 남겨 줌으로써, 그가 '노략질'을 일삼았음을 암시한다.

이어지는 8행시에서 비용은 "나무 세공사"("l'Orfevre de Boys", T, CXI, v. 1118)를 유증 수령자로 거명한다.[77] 8행시 CXI에서 기이한 별칭으로만 호명되는 유증 수령자는 장 마에Jean Mahé로 추정되며(Gaston $Paris_2$, 390), 그의 신원은 마르셀 슈보브에 의해 최초로 확인되었다.[78] 샹피옹에 의하면, 그는 1462년 3월부터 샤틀레의 곤봉 소지 경관이자 보조 고문집행관으로 언급된다고 한다(Champion, II, 338). 앞선 8행시 CV-CX에서 이야기되었던 인물들과 장 마에는 모두 샤틀레 소속 경관들이었다는 점에서 주목을 끈다. 비용이 연달아 샤틀레 경관들을 유증 수령자로 거론하는 것은 최일선에서 법을 집행하는 경관들의 모습이 실제로는 범죄자나 주변인의 모습과 별로 다르지 않다는 점을 강조하기 위해서일 것으로 추측되며, 이러한 점을 게레메크는 다음과 같이 지적한 바 있다.

> 경관들에 대한 통제는 지극히 미미했으며, 그들의 권한 남용은 빈번히 발생했다. 이에 대한 불만이 늘 토로되었지만, 그들에게 규율을 따르기를 명하는 왕령들은 모두 실효를 거두지 못했다. 경관이라는 자리는 참으로 돈벌이가 되는 것이었고, [⋯] 경관들은 그들의 우월함에서 가능한 모든 이득을 끌어냈다. 범죄를 처벌하고 범죄 주모자를 추적하는 것이 그들의 본분이었으나, 그들 자신이 불법의 언저리에서 생활하고 있는 것처럼 여겨졌다.[79]

---

77 이하《유언의 노래》의 8행시 CXI에 대한 논의는 선행 연구의 요약임을 밝힌다. 김준현, 〈비용의 난제(難題) 읽기—《유언의 노래》의 8행시 CXI을 중심으로〉,《프랑스학연구》, 59, 2012, pp. 109-128을 참조.

78 이 인물의 신원은 자크 다르마냐크Jacques d'Armagnac의 재판 기록(1476년 10월 22일부 문서)에 나온다. TH, II, 303; $LA_1$, 178 등을 참조.

79 B. Geremek, *op. cit.*, p. 27.

쿤과 같은 연구자는 '이 대목의 경우 별반 주해가 필요치 않다'고 말했지만(Kuhn, 419), 사실 8행시 CXI은 유증 수령자의 호칭에서 유증물의 의미에 이르기까지 난해한 구석이 하나둘이 아니다. 먼저 호칭의 문제부터 살펴보도록 하자. 샹피옹은 이러한 별칭이 조롱과 야유를 위한 것임을 지적했지만, 별명의 구체적인 의미에 대해서는 특별한 언급을 하지 않았다.[80] 송면은 선행 번역에서 장 마에의 별명을 "숲의 금은세공사"로 옮겼으나(宋勉$_1$, 365), 이 번역에서 기이한 호칭에 내포되었을 비용의 의도를 짐작하는 것은 매우 어렵다. 문제의 호칭은, 베뤼크의 지적처럼(Verhuyck$_1$, 409), 고문집행관 보조였던 장 마에의 '괴벽怪癖'을 암시하는 것으로 보는 것이 문맥상 타당하다고 판단된다. 맡겨진 소임을 단순히 수동적으로 따르는 것을 넘어서, 오늘날의 '마니아'나 '오타쿠'처럼 직접 고문도구를 제작하고 정교하게 고치는, 고문도구의 효율성을 극대화하는 자에 대한 풍자가 비용이 겨냥한 바로 여겨지기 때문이다. 따라서 이 호칭은 '나무木材 세공사', '목공 장인匠人', 혹은 '목공의 달인' 정도로 옮기는 것이 희화적인 이미지를 전달하는 데 효과적일 것이라 생각된다.

장 마에에게 비용은 "백 개의 사라센산 생강 못, 머리와 꼬리 전부를"("Donne cent clouz, queues et testes,/De gingembre sarrazinoys,", T, CXI, vv. 1119-1120) 유증물로 선사한다. 일단 '머리와 꼬리 전부'라는 말은 꼭지와 줄기 모두를, 다시 말해 최상의 약효를 보기 위해 '무엇 하나 빼지 않고' 준다는 의미로 이해되는 한편(RH$_1$, 164), 무엇이 도움이 될지 모르니 무조건 주고 본다는 의미로도 추측된다. 중세의 경우, 생강과 정향이 최음제이자 강정제로 널리 알려진 것이었던 만큼, 비용의 유증물이 어떤 용도로 쓰이게 될지는 어렵지 않게 파악된다. 아울러 '생강'과 '못'의 조합은 다음에 어떤 내용이 이야기될 것인지를 미리 암시하는, 즉 기민한 독자들이 금방 파악할 수 있게 마련된 복선처럼 작용한다. '금속으로 된 못'이 두 장의 나무판을 하나로 연결

80 "Son surnom (l'orfèvre de bois) parait bien être un quolibet populaire; un sergent à verge du même temps était dit «l'empereur du houx»."(Champion, II, 338).

해주듯("acouppler ses boictes,", T, CXI, v. 1121), 강정제와 최음제는 두 사람의 몸을 못을 박듯 한 몸으로 만들며, 그 결과 물건인 상자(匣)와 인간 사이에 기이한 아날로지가 만들어진다("Mais pour joindre cuz et couëctes/Et couldre jambons et andoulles,", T, CXI, vv. 1122-1123).

1460년경의 작품으로 추정되며, 성인전에 관한 기존의 설교를 패러디하여 얇게 잘려진 햄과 둥글게 썰린 앙두유의 처지를 순교와 기적으로 이야기하는 〈성자 햄과 성자 앙두유의 즐거운 훈화訓話Sermon joyeux de Saint Jambon et de Sainte Andouille〉는 8행시 CXI을 이해하는 데 많은 도움을 준다. 외설적인 은유 차원에서 '남근-앙두유'와 '여성의 둔부-햄'의 이야기를 전하는 이 작품에서, '성자'에 의해 임신한 여인이 앙두유를 먹던 차에 '쓴 소스'를 먹게 되었음을 털어 놓자,[81] 이야기를 듣던 벗은 그녀에게 배가 불러올 염려가 없는 항문 성교를 권한다.[82] 이 구절은 1122행에서 비용이 이야기하는 'queue'와 'cul', 즉 '남근男根'과 '둔부臀部'가 어떤 연유에서 1223행에서 'jambon'과 'andouille'로 이행되는지를 짐작하게 해주며, 따라서 8행시 CXI의 1122-1123행은 비용이 장 마에에게 '항문 성교'나 '후배위'를 권하는 것으로 풀이될 수 있다. 그러나 중세 신학과 의학이 '후배위retrorsum' 혹은 '항문 성교'를 지극히 부정적으로 간주하는 동시에 인간을 금수禽獸처럼 만드는 죄악으로 여겼던 만큼, 장 마에에게 권장되는 성행위 체위는 유증 수령자에 대한 비용의 악의를 짐작하게 한다.[83]

8행시 CXI의 마지막 두 줄에서, 비용은 "꼭지에 흰 젖이 솟아오르고, 불알에 피가 흐를 만큼!"("Tant que le let en monte aux tectes/Et le sang en devalle aux coulles.", T, CXI, vv. 1124-1125)이라고 말한다. 언뜻 보기에 1124행은 여

---

81 "Helas, j'ay mengé une amere/Saulce en mengeant Saincte Andouille"(Qsj, 54, vv. 215-216).

82 "—«Vous donray conseil qui est bon,/Ma commere: a Sainct Jambon/Vouez vous bien devottement,/Car sachez que appertement/En aurez bonne delivrance!»"(Qsj, 54, vv. 223-226).

83 B. Ribémont, *Sexe et Amour au Moyen Âge*, Paris, Klincksieck, 2007, p. 120을 참조.

성의 '임신 및 출산'과 관련되는 듯 판단되며, 유사한 구절들을 기욤 알렉시스,[84] 장 몰리네[85] 등의 작품뿐만 아니라 〈성자 햄과 성자 앙두유의 즐거운 훈화〉에서도 찾을 수 있다. 일례로 우스꽝스러운 성인전에서 화자는 '남근의 기적'을 전하며, 명의名醫처럼 육체를 치유하고 여인의 몸에 들어가 불감증을 고치는, 나아가 가정의 평화를 보장하는 '기적의 성인'의 행적을 아래와 같이 이야기한다.

> 내가 이 사실을 말할 필요가 있으니,
> 나뭇가지보다 더 가느다란 그런 여인이 있어,
> 그 〔남근〕의 가호를 입게 되면,
> 그녀는, 내 보증하는 바이니,
> 곧 여느 암돼지보다 더 살집 풍성하게 될 터라. 〔…〕
> 젊은 처녀들의
> 유방에 젖이 오르도록 하는 바 〔…〕
> 그런 고로 그 명성 드높은 성인이라,[86]

튀안은 쾌락으로 인해 여인의 유방에 젖이 몰리게 되고(혹은 그렇게들 믿었거나), 남자는 뇌와 척수脊髓의 신경 중추가 자극을 받아 극도로 충혈된 상태를 경험하는, '남녀의 신체적인 변화'가 8행시 CXI의 정경이며, 이러한 변화의 직접적인 원인이 바로 장 마에가 맡았던 소임, 즉 옷을 벗긴 나체의 용의자들에게 가했던 채찍질이라고 보았다(TH, II, 305). 반면 브뤼넬리는,

84 "Et si m'a mis le laict en la mamelle/Le plus beau filz qu'on vit onc de deux yeulx."(Brunelli$_1$, 769에서 재인용).

85 "Et fut guerrie nettement/Par la vertu de l'ongnement/Tellement qu'au bout de neuf moys/Elle eult du laict plein ses mamelles/Et en ses bras un beau poupart."(Brunelli$_1$, 769에서 재인용).

86 "Tant, puis qu'il faut que je le die,/Que se une femme estoit plus maigre/Que bois et elle en fut oignie/Elle sera, je vous affie,/Tantost plus grace qu'une truye. [...]/Il faict venir lait aux mamelles/Aux jeunes filles, [...]/C'est donc un sainct de grant renom,"(Qsj, 81, vv. 59-67).

장 마에를 유곽의 포주이자 창녀들의 기둥서방으로 여겼고, 8행시 CXI을 매춘업에 종사하는 장 마에에 대한 풍자로 읽는다(Brunelli$_1$, 770). 브뤼넬리는 문제의 육체적인 변화가 일반적인 남녀가 보이는 반응과 다르지 않으며, 아울러 '여성의 출산'이라는 자연스러운 결과를 풍자적으로 '골족 기질' 안에 담아낸 것으로 설명했다. 그러나 이러한 설명은 랑리가 지적했듯이(LA$_1$, 179), 일종의 '크로키'나 '캐리커처'처럼 하나의 광경을 빠르게 그리다 갑자기 성교性交에서 아홉 달을 건너뛰는 셈이라 다소 맥락과 이어지지 않는 것이 사실이며, 1124행의 풀이에 치중한 나머지 1125행에 대해서는 충분한 설명이 되지 못한다.

베뤼크가 지적하듯이(Verhuyck$_1$, 417), 1125행의 의미는 '중세 의학', 즉 '정액'에 관한 이론과 관련되는 것으로 보인다. 중세 후기로 오면 점차 '혈행성 이론', 다시 말해 피가 남성의 고환으로 내려와 정액이 만들어진다는 설이 우세를 점하게 된다는 사실을 감안한다면,[87] 비용이 특별히 '정액'을 유증 수령자와 결부시켜 강조하는 이유는 장 마에의 '성적 불능'을 패러디하기 위한 것으로 보인다(CT, 180). 아닌게 아니라 유증 수령자의 성적 불능을 치유하는 '의사-비용'의 모습은, 《유언의 노래》에서 피에르 드 생-타망과 그의 아내를 언급할 때 등장했던 만큼, 그리 낯설지 않다. 이런 맥락에서 베뤼크는, 보나방튀르 데 페리에Bonaventure des Périers의 작품 〈투아네트라 불렸던 젊은이에 대해Du jeune garçon qui se nomma Thoinette〉에 근거하여,[88] 가학

87 B. Ribémont, *op. cit.*, p. 115를 참조. 아울러 D. Jacquart and Claude Thomasset, *Sexuality and Medicine in the Middle Ages*, tr. by M. Adamson, Cambridge, Polity Press, 1988, p. 59를 참조.

88 작품의 내용을 개괄하면 다음과 같다: 젊고 아름다운 수녀들을 욕망하던 한 청년이 젊은 처녀로 변장하고 수녀원에 들어가 여러 여인들과 잠자리를 같이 하게 된다. 곧 이러한 소문이 수녀원에 널리 퍼지게 되고, 수녀원장은 수녀들의 옷을 벗겨 남자가 있는지 여부를 확인하고자 한다. 이를 알게 된 청년은 실에 자신의 성기를 묶어 뒤쪽으로 당겨 둔다. 그러나 수녀원장이 안경을 쓰고 검사를 시작하자, 나신인 수녀들의 모습을 바라보던 투아네트는, 그의 의지와는 달리 고약하게 변한 성기와 뒤로 당겨진 실로 인해 큰 고통을 느끼게 된다. 마침내 수녀원장이 투아네트를 검사하려고 가까이 다가와 몸을 기울였을 때, 그의 물건을 묶었던 실이 끊어져 발기한 물건이 드러나게 된다.

적인 환상 속에서 장 마에가 제 성기를 자기 항문에 스스로 못박고, 강정제의 도움을 받아 성적인 흥분을 맛보기를, 이어서 극도의 발기 상태로 인해 이 기괴한 자세에서 큰 고통을 맛보기를 바라는 것으로 1124-1125행을 풀이한다(Verhuyck1, 415).

물론 '불가능함'을 말하는 것이 무조건 터무니없는 일은 아니다. 또 무대가 '거꾸로 된 세계'인 《유언의 노래》이고, 모든 것이 시인의 굳건한 의지와 '말'을 통해 가감없이 구현된다는 점에서는 베뤼크의 가정 역시 충분히 있을 수 있는 일이 된다. 그러나 이러한 해석에 선뜻 동의하기는 힘들다. 왜냐하면 자신의 지인들, 혹은 당대의 파리 사람들이 이미 알고 있는 사실을 비틀어, 독자의 즉각적인 웃음을 터뜨리게 하는 것이 캐리커처 화가로서의 비용이 의도했던 바라고 보는 편이 더 타당성을 가질 수 있기 때문이다. 뿐만 아니라 거의 불가능한 상상에 무게를 두는 것보다는 유증 수령자의 잘 알려진 특징을 과장해서 조롱하는 것이 《유언의 노래》의 전반적인 분위기에도 더 어울리기 때문이다.

따라서, 일면 풀길 없는 난제처럼 보이는 8행시 CXI의 내용은, '목석'같은 '성불구자' 장 마에가 흥분할 수 있도록 뛰어난 강정제를 송두리째 선사하여, 그가 원없이 성적 흥분을 느끼고 쾌락을 맛보기를 기원하는 것으로 해석하는 것이 적절할 듯 보인다. 이런 관점에서 1124-1125행의 의미를 짚어 본다면, 1124행은 이중의 의미에서 장 마에의 '불능'을 조롱하는 말로 이해되며, 성적 불능의 치유는 성적 쾌락을 실컷 맛보는 것에서 한 걸음 더 나아가 자식의 '생산'으로까지 이어지게 된다. 필경 비용은, 임신이 불가능하며 아이를 지우는 갖가지 방법들을 익히 알고 있다고 알려진 기존의 창녀娼女에 대한 인식과 달리, 마르고를 임신한 창녀로 둔갑시킨 대목과 유사한 조롱을 장 마에에게 던지는 것으로 보인다. 뿐만 아니라, 1125행은 유증 수령자 장 마에가 '정상적'인 성체위에 진력이 났거나, 아니면 본래 성정상 '비정상적인' 것을 즐기는 인물임을 조롱하는 차원으로까지 상상의 폭을 확장시킨다. 비용은 금기시되던 체위인 '후배위', '항문 성교'를 장 마에에게 권하며, 구체적인 표지가 없이 '일반화'된 '항문'과 '성기', '햄'과 '앙두유'는 무수한 대응 관계들을 파생시킨다. 장 마에는 여성과의 후배위를 즐길 수도, 아니면 여인의 역할을 맡아 남성과의 동성애를 즐길 수도, 그도 아니라면 남성 역할을 맡아 남색을 즐길 수도 있게 된다. 또 경우에 따라서는 터무니없이 발기한 그의 성기로 인해 상대의 항문이 파열되는 일마저 생겨날 가능성이 만들어지는 것이다.

다양한 해석이 가능한 비유적이고 암시적인 표현을 통해, 비용은 자신의 생각을 밖으로 표출시키지 않으면서도 적에게 가해질 불운을 무한대로 확대시킨다. 8행시 CXI은 의미를 쉽게 파악할 수 없는 모호한 기술과 암시를 통해 청중의 상상력을 증폭시키는 비용의 특징적인 기법이 효과적으로 구현되었다는 점에서 주목을 끈다. 평이하고 단조로운 열거는 특정 대목에서의 불명료함을 통해 분위기를 바꾸며, 애매함은 독자의 주의를 집중시키고 그들의 상상력을 확산시켜 마침내 더없이 구체적인 한 폭의 그림을 완성시킨다. 자신이 이야기한 것보다 더 많은 것을 말하는 동시에 더 많은 것을 상상하게 만드는 기법을 통해, 비용은 특별한 하나의 '독창성'을 획득한다.

1157행에서 "포르-루아얄의 여수도원장"("l'abesse de Pourras")을 거명함으로써, 비용의 관심은 카르멜회, 프란체스코회, 도미니크회, 아우구스티누스회로 구별되는 탁발종단을 비롯한 수도사들과 수녀들에게로 옮겨진다.

> 또한, 탁발종단 형제들과,
> 신심 깊은 수녀들,[89] 그리고 베긴 교단의 수녀들에게는,
> 파리에 있든 오를레앙에 있든,
> 튀를뤼팽 남신도이든 여신도이든 간에,
> 기름진 자코뱅 요리와[90]

---

89 튀안은 "신심 깊은 수녀들"을 '*Filles Dieu* de Paris'(TH, II, 309-310)로 추정했다. 아울러 $RH_2$, 169를 참조.

90 그 요리법은 다음과 같다: "Souppe jacopine de pain tostee, de frommage du meilleur

플랑 과자를[91] 봉헌한다.
그런 연후에는 침상의 휘장 속에서
명상에 관해 논해도 무방하리라. (T, CXVI, vv. 1158-1165)

《유증시》에서 이들은 다음과 같은 유증물들을 받았었다.

식욕을 돋우는 맛있는 음식들,
통통하게 살찐 거세한 수탉, 플랑 과자, 기름진 암탉,
그리고 또 최후 심판의 열다섯 가지 전조들을 알리고 설교하는 권리,
양손으로 돈과 기증물들을 긁어모으는 권리를 준다.
카르멜파 수도사들이 근처의 여자들 위에 올라타지,[92]
하지만 그것은, 극히 소소한 일에 지나지 않는다.
(L, XXXII, vv. 251-256)

비용에 의해 수도사들과 수녀들은 14세기에 성행했으며, 샤를 5세 치하에서 박해를 받았던 '튀를뤼팽'("Tant Turlupins que Turlupines,", T, v. 1161), 그 이름이 '문란한 삶'의 동의어가 된 이교도들과 같은 부류에 놓이게 된다($RH_2$, 169; CT, 184; JCM, 247; SB, 213). 비용은 '수도사'들을 언급하면서 늘 풍성한 음식들과 여인을 거론함으로써 그들의 위선적인 '탐욕'과 '색욕'을 비난한다.[93] 하지만, 이들의 문란한 생활은, 그들의 다른 무분별한 행태들

que on pourra trouver, et mettre sur les tosteez, et destramper de boullon de beuf, et mettre dessus de bon pluviers rotis ou de bon chappons"(TH, II, 311).

91 플랑 과자의 요리법은 다음과 같다: "*Item*, flaons ont saveur de frommage quant l'en les fait de laitances de lus, de carpes, amandes ou amidon broyez, et du saffran destrampé de vin, et de succre foison dessus./*Item*, se font de char de tanches, lus, carpes, et amidon, saffran deffait de vin blanc, et succre dessus."(*Mesnagier de Paris*, 728). 아울러 《유언의 노래》의 251행을 참조.

92 "Mes dames, sans aucun vacarme,/Vont en voiage bien matin—/En la chambre de quelque carme/Pour aprendre a parler latin!"($Coquillart_1$, 327-328, vv. 193-196).

93 "Nous comprenons maintenant comment les *turlupins* (et les *turlupines*) purent être désignés par un terme nettement obscène d'après leur pratique du 'naturel' en matière de sexe. Chez Villon et Rabelais le sens originaire est déjà perdu: le *turlupin* est alors un

에 비하면, 극히 소소한 것이자 빙산의 일각일 뿐이다(CT, 80; JCM, 75). 갖가지 음식들을 즐기며, 재물을 모으는 데 혈안이 된 '늑대'와도 같은 이들의 행태는 뤼트뵈프의 다음과 같은 조롱에서도 잘 드러난다.

> 백의白衣와 흑의黑衣를 입고,
> 도미니크파 수도사들은 이 세상에 왔다.
> 그들 안에는 모든 미덕들이 풍성하다.
> 원하는 자는 그렇게 믿을지어다.
> 의복을 보면, 그들은 정결하고 순수하니,
> 여러분들은 잘 알 것이다, 그것이 틀림없는 사실임을.
> 혹 늑대가 두건 달린 구형 외투를 입고 있다면,[94]
> 사제인 듯 보일 것이다.[95]

이러한 비아냥은 '옷이 수도사를 만들지는 않는다'는 주제에 해당하는 것이며, 성서의

> 거짓 예언자들을 조심하여라. 그들은 양의 탈을 쓰고 너희에게 나타나지만 속에는 사나운 이리가 들어 있다. [⋯] 그러므로 너희는 그 행위를 보아 그들이 어떤 사람인지 알게 된다. (〈마태오복음〉, 7, 15-20)

는 가르침과 같은 맥락의 것이라 할 수 있다. 그러나 이러한 수도사들에 대

---

'mauvais bougre' quelconque, soit hypocrite, soit paillard (soit même buveur), ou tout simplement un gueux, un souffreteux—du moment que la secte n'existait plus!"(Leo Spitzer, "Turlupin", *Modern Language Notes*, 61, n° 2, 1946, p. 108).

94 M. G. Houston, *Medieval Costume in England and France*, New York, Dover Publications, 1996, pp. 153-158을 참조.

95 "Jacobin sunt venu el monde/Vestu de robe blanche et noire./Toute bonteiz en eulz habunde,/Ce porra quiconques wet croire./Se par l'abit sunt net et monde,/Vos saveiz bien, ce est la voire,/S'uns leux avoit chape reonde,/Si resambleroit. li prouvoire."(La descorde des Jacobins et de l'Universitei, VI, vv. 41-48, Rutebeuf$_3$, I, 110).

한 비용의 비난은 1180-1181행을 통해 '교회'의 권위 아래 잠잠해지며, 비용은 교회의 가르침에 순종하며 침묵을 지킨다. 물론 이러한 그의 침묵은 자발적이고 순수한 것이 아니며, 교회의 가르침을 충실히 지키기 위한 것은 더더욱 아니다. 독자는 그의 침묵을 강압적인 침묵으로 받아들이게 되며,[96] 비용은 자신이 하고 싶은 말 이상의 것을 침묵 속에 표현하면서 자연스럽게 다른 유증 수령자에게로 눈을 돌릴 수 있게 된다.[97]

다음으로는 메를Marle이라는 인물을 유증 수령자로 거명하는 8행시 CXXVI이 이어진다.[98] 8행시 CXXVI의 경우, 《유증시》에서는 거론된 적이 없던 새로운 인물이 유증 수령자로 등장하며, 이 인물에 대한 짧은 언급 이후 다시 《유증시》에 등장했던 친숙한 유증 수령자들이 연속적으로 거명된다는 점에서 주목을 끈다. 일상적인 표현으로 바꾸어 보았을 때 일종의 '버퍼링'에 해당한다고도 말할 수 있을 이 부분이 작품의 진행에 있어 어떠한 의미를 갖고 있으며, 《유증시》와 《유언의 노래》의 연관 관계에 어떤 시사점을 제공하는 것인지에 대해 살펴볼 필요가 있다.

8행시 CXXIII과 CXXIV에서 주정뱅이의 모습을 한 두 법조인들, 즉 프랑수아 드 라 바크리François de La Vacquerie와 장 로랑Jean Laurens에 대한 유증을 행한 뒤, 비용은 8행시 CXXV와 이어지는 한 편의 '추도追悼 발라드'(vv. 1238-1265)에서 자신의 교회법정 대리 소송인이었던 장 코타르Jehan Cotart를 거명한다. 그러나 돌연 8행시 CXXVI에 오면, '법조인들'을 논하던 유증이 돌연 '환전업자'에 대한 이야기로 바뀌며, 그 내용은 다음과 같다.

---

96 M. Bastide, "La critique religieuse dans l'œuvre de Villon", *L'Information littéraire*, 45, n° 1, 1993, pp. 3-9를 참조.

97 비용의 성직자 비판에 관해서는, 김준현, 〈《유언의 노래》 후반부의 '변신'에 대한 고찰(2)—비용의 성직자 비판을 중심으로〉, 《프랑스어문교육》, 35, 2010, pp. 287-308을 참조.

98 이하 메를과 관련된 논의는 김준현, 〈《유증시*Lais*》에서 《유언의 노래*Testament*》로—비용François Villon과 '젊은 메를르 le jeune Marle'〉, 《불어불문학연구》, 80, 2009, pp. 117-148에 수록되었던 내용의 요약임을 밝힌다.

다음으로, 젊은 메를이
이제부터 내 환전 업무를 관리하기 바란다,
실은 나 이 일에 전념하는 것이 내키지 않기 때문이라,
단, 아는 이가 되었든 혹 이국인異國人이 찾아오든 간에, 늘
에퀴 세 개는 브르통 방패 여섯 개로,
꼬마천사 두 개는 대천사 한 개로
바꾸어 준다는 조건을 달아 둔다,
이는 연인은 응당 후해야 하기 때문이다. (T, CXXVI, vv. 1266-1273)[99]

우선 문제가 되는 것은 1266행의 'jeune'라는 수식어이다. 필사본 *A*의 이형 "Germain de Marle"에서 볼 수 있듯이, 비용이 사용한 "젊은 메를"이라는 표현을 문자 그대로 받아들여 유증 수령자를 아들인 제르맹 드 메를Germain de Merle로 보는 독자(Champion, I, 343; TH, III, 338) 한편에는 이 말을 반어적인 의미에서 받아들여 늙은 부친인 장 드 메를Jean de Merle을 지칭하는 것으로 받아들이는 독자 역시 있었기 때문이다.[100] 문제의 인물을 아들로 볼 경우, 연인의 덕목이 너그러움임을 강조하는 1273행의 내용을 별 무리없이 받아들일 수 있으며, 그 결과 1457년 10월 31일에 이미 환전상으로 일하고 있던 제르맹 드 메를이 1460년을 전후한 시기에도 여전히 젊은 나이였음을 짐작할 수 있다. 반대로 '젊은jeune'을 반어적으로 해석하여, 이러한 호칭이 부친을 겨냥한 것으로 보는 경우, 비용의 표현은 고약하기 그지없는 말장난이 된다. 부친 장 드 메를이 1462년 1월 12일 사망한다는 점을 떠올린다면, 1266행의 표현은 임종의 침상이 그리 멀지 않으며 어쩌면

99 "Item, vueil que le jeune Marle/Desormaiz gouverne mon change,/Car de changer enviz me mesle,/Pourveu que tousjours baille en change,/Soit à privé ou à estrange,/Pour troys escus six brectes targes,/Pour deux angelotz ung grant ange,/Car amans doivent estre larges."

100 하지만 거의 대부분의 연구자들이 표현의 모호함에 기인하는 유증 수령자의 변화 가능성을 인정하고 있는 것이 사실이다. 그러나 뒤푸르네의 경우에는, 반어적인 표현에 더 무게를 두고 있다(DF, 433).

현재 단말마의 고통에 시달리고 있을, 혹은 이미 숨을 거둔 지 오래인 인물을 반어적으로 빗댈 수 있는 무자비하고 가차없는 말이 되기 때문이다. 물론 비용 자신이 아들과 아버지 양자를 고려한 모호한 표현을 통해, 독자의 입맛에 맞는 해석의 다양성과 함께 자신에게 쏟아질지도 모르는 비난들로부터 피할 구석을 찾았을 것이라는 가정 또한 가능하다.

1267-1268행에서 비용은 일종의 '변신'을 시도한다. "이제부터 내 환전 업무를 관리하기를 바란다"는 1267행에서의 변모는 《유언의 노래》 후반부에서 일어나는 비용의 갖가지 변신 및 그에 따른 '역전된 세계'의 창조와 맥을 같이 하는 것이지만, 그 내용 면에서만 본다면 다소 터무니없다는 인상을 받게 된다. 왜냐하면 이러한 변용은 《유언의 노래》의 전편에서, 그것도 비용 스스로에 의해 끊임없이 강조되고 환기되었던 '빈곤한 자', '불쌍한 자'의 이미지와 대척점에 위치한 것이기 때문이다. 분명 터무니없는 비용의 변신, 그리고 이러한 변신에서 만들어지는 환전과 관련된 유증은, 독자로 하여금 이와 같은 교환 방식의 본질이 무엇인지에 대해 의문을 가지게 만든다.

1270행의 'privé'는 이방에서 온 이국인과 대조되는 말로 사용된 것이며, 이러한 대조는 표면적으로는 환전상이 보이는 혹은 그에게 요구되는 공평무사한 방식을 암시하는 것으로 여겨질 수 있다. 하지만 1271행에서 언급되는 화폐인 에퀴가 1436년 7월 12일 주조가 이루어진 금화로 300드니에의 가치를 가지는 것에 반해, 1개의 작은 방패 문양 브르통 주화는 1399년 사망한 샤를 4세와 1442년 사망한 샤를 5세 당시 사용된 은화였고 10드니에의 가치를 갖는 것이었다. 언뜻 보기에 환전 수량의 증가는, 3개를 6개로 바꾸어 주는 만큼, 환전을 하러 온 사람에게 후한 교환 방식으로 보이지만, 실상은 900드니에를 60드니에로 바꾸어 주기를 명하는 것이며, 따라서 환전업자가 터무니없는 폭리를 취하는 사기가 아닐 수 없다. 한편 단어의 원의에서 보자면, 1271행에서 권고되는 교환은 방패 3개를 작은 방패 6개로 바꾸어 주는 일종의 물물교환으로도 볼 수 있으며, 'écu'와 'targe'라는 단어는 세 가지 차원의 의미, 즉 '군사적인 무구',[101] '통화通貨로서의 화폐', 그리고 '남녀의 성기'라는 다양한 의미를 가지는 것이기도 하다(DF, 433).

이러한 단어의 다양한 의미폭과 표면적인 화폐 교환상의 부당한 사기는 다음 행의 'angelot'에서도 유사하게 표출된다. 1272행에서 비용은 꼬마천사(아기천사) 두 개를 대천사 한 개로 바꾸어 줄 것을 명한다. 물론 여기서의 일차적인 의미는 통화로서의 화폐이나, 이러한 말은 돈의 가치와는 별도로 주화에 각인된 천사 그림에 대한 착각을 유발시키기도 한다. '아기 천사'가 '대천사'로 바뀌는 것은, 대천사가 아기 천사보다는 통념상 더 확실하고 힘센 수호천사로 여겨진다는 점에서, 또 작은 것 2개보다는 큰 것 하나가 낫다는 입장에서는, 고객에게 유리한 것이 아닐 수 없다. 그렇지만 실제의 화폐 가치만을 고려해 본다면, 샤를 7세의 파리 입성 즈음인 1436년부터 이미 사용이 금지되었기에 무용지물이 된 금화 2개를 더 오래전인 60여 년 전, 즉 1400년경 기욤 4세Guillaume IV de Hainaut에 의해 불법적으로 주조된 주화이며 더는 통용되지 않는 이역의 화폐로 바꾸어 주는 환전은 고객에게 더없이 터무니없는 교환이 아닐 수 없다.[102]

"연인은 응당 후해야 하기 때문"으로 옮긴 1273행의 경우, 문자 그대로의 의미는 분명 '사랑을 하는 자는 마음이 너그럽고 관대해야 한다'는 의미로 받아들일 수 있다. 또 이러한 지적은 중세 연애론의 시작에서 끝에 이르기까지 변함없이 지적되곤 했던 일종의 토포스와도 같으며, 오비디우스, 안드레아스 카펠라누스, 《장미 이야기》, 그리고 중세 말기의 시인들은 이를 저마다 강조한 바 있다. 일례로, 비용과 동시대인이었던 샤를 도를레앙은 다음과 같은 가르침을 전한다.

---

101 장 몰리네는 다음과 같이 말한다: "Targes, escus sont cheulx les fourbisseurs"(TH, III, 340에서 재인용).

102 '에퀴'가 다층적인 의미를 가진 말이었던 것처럼, 'angelotz' 역시 '아기천사', '금화', 나아가 음식물인 '노르망디산 치즈'를 의미할 수 있는 중의적인 말이기도 하다: "Et l'angelot au sac du fromagier!"(TH, III, 340에서 재인용).

> 내가 여기 드는 다음의 네 가지 점은, 명예를 얻고 〔사랑을〕 진척시키며, 그들의 사랑을 좋은 결과로 이끌고자 바라는 모든 연인들이 준수해야만 하는 것이니, 〔…〕 네 번째로 〔연인은〕 너그러움이 가득해야 한다는 것이니, 이는 고귀함을 돋보이게 하는 것이기 때문이라.[103]

또 마르탱 르 프랑Martin Le Franc 역시 유사한 충고를 한 바 있다.[104]

그러나 비용의 충고가 선례들과 동일한 것, 이른바 전형적인 '사랑의 기법'에서 이야기되던 연인의 필수 조건을 되풀이하여 말하는 것이 아니라는 점은 분명하다. 그러나 1273행, 나아가 8행시 CXXVI에 내포된 의미가 단순히 인색한 수전노에 대한 풍자에 머무는 것만은 아니다. 튀안은 1273행이 끔찍한 수전노인 젊은 메를이 사랑에 있어서도 비할 데 없이 째째한 자이며, 요컨대 '인정과는 거리가 먼 냉혹하고 철저한 수전노'라는 점을 강조하는 것으로 보았고(TH, III, 340), 티리는 이 말을 유증 수령자의 탐욕스러운 모습에 대한 제시 이후 행해지는 비용의 아이러니컬한 충고 정도로 보아야 한다는 의견을 제시한 바 있다(CT, 192). 또 피에르 미셸은 '당치 않은 사랑을 생각하고 바라기보다는 본업에 전념할 것'을 풍자하는 내용으로 마지막 행을 해석한다.[105]

그러나 1273행에서 이야기되는 내용은 모두가 알고 있는 주지의 사실인 동시에 자신의 경험을 통해서 확인되었던, 즉 비용이 몸으로 직접 체득한 진리라는 점에서 우리의 주목을 끈다. 비용은 8행시 CXXVI에서 사용된

---

103 Ces quatre poins qu'ay cy devant nommez/De tous amans doivent estre gardez,/Qui a honneur et avancement tirent/Et leurs amours a fin mener desirent. [...] Le quartriesme qu'il soit plain de largesse,/Car c'est chose qui avance noblesse.(CdO$_2$, p. 50, vv. 351-354, 367-368).

104 "Quartement, tu doibs estre large/Et en temps deu abandonné:/Homme qui est d'estroicte marge/Ja ne sera bien fortuné./Donc ainchois que l'on t'ait donné,/N'espargne comme ung usurier./Jamais villain avillané/D'Amours ne sera tresorier."(Martin Le Franc, *Le Champion des dames*, publié par Robert Deschaux, Paris, Champion, 1999, Tome III, MDCCLXXXI, vv. 14241-14248).

105 'Le changeur devait penser plutôt à s'enrichir qu'à faire l'amour'(PM, 152).

것과 동일한 단어인 'escu'와 'targe'를 사용하여, 지난날 자신이 사랑했던 여인에게 유증물을 남기는 8행시 XC을 남긴 바 있으며,

> 그러나 금화건 은화건 간에 그녀에게 남기는 자,
> 내가 처음이 될 것인즉, 교수대에 목이 달릴 것이라.
> (T, XC, vv. 916-917)[106]

는 점을 표명한 바 있다. 이미 '사랑'에서 쓰라린 교훈을 얻었고 여인의 실체를 파악하게 되었기에, 비용은 지난날의 '사랑의 궁정'의 일원들이 행하던 '심장'의 유증과는 달리,[107] 이제는 죽은 심장임과 동시에 더는 여인에게로 향하지 않을 자신의 마음만을 전달할 것이며, 여인의 신의 없음을 반증하는 믿음만을 갖고 있을 것이라는 점을 분명히 말했었다. 이러한 맥락을 고려한다면, '환전'의 세계는 비용이 경험했던 '사랑의 세계'와 결코 다른 것이 아니며, 1273행의 표현 이면에는 '사랑과 돈의 함수 관계'에 대한 비용의 남모를 감회가 감추어져 있다고 볼 수 있다.

8행시 CXXVI에서 이야기되었던 '환전'의 세계는 '사랑'의 세계와 동일한 것이었으며, 《유언의 노래》의 1273행에서 이야기되는 교훈은 동시에 유증 수령자에 대한 것이자 스스로를 위한 것에 다름 아니다. 교훈의 실질적인 수혜자인 비용은 젊은 메를에 대한 충고를 통해 실제의 세상이자 거꾸로 된 세계에서의 사랑이 어떤 것인지를 자신 있게 이야기할 수 있게 된다. 다시 말해, 뒤따르는 8행시들에서 거론되는 '세 명의 고아들'에게 비용 자신이 기울이게 될 '애정'과 '너그러움'이 어떤 것인지를 말하는 도입부가 여기에서 만들어지는 것이다. 그렇기에 비용은 '세 고아들'에게로 얼른 관심을 돌린다.

---

106 "Mais pendu soit il, qui je soye,/Qui luy laira escu(s) ne targe!"

107 '사랑의 궁정'에 대해서는 Jacqueline Cerquiglini-Toulet, *op. cit.*, pp. 49-56을 참조.

모두들, 신발도 없는 맨발에, 걸친 것도 없으며,
모두들 가진 것도 하나 없이 유충幼蟲처럼
헐벗은 불쌍한 고아들 (L, XXV, vv. 196-198)

이었던 "온통 헐벗은 이 세 명의 작은 아이들"("A troys petis enffans tous nudz", L, XXV, v. 194)에 대해 비용은 《유증시》에서 다음과 같이 이야기했었다.

재산도 없고, 친척도 없는,
들통의 손잡이만큼의 가치도 갖지 못한,
이들 하나하나에게 내 재산을 한 움큼,
아니면, 작은 동전 네 개를 준다, 이것을 그들이 더 좋아할 경우.
이 아이들은, 내가 늙었을 때면,
좋은 음식을 많이 먹게 될 것이다. (L, XXVI, vv. 201-208)

테오필 고티에는 이 부분을 문자 그대로의 의미로 받아들였고, 여기서 비용의 선량함의 흔적을 찾을 수 있음을 지적하면서 "그는 세 명의 어린 고아들을 부양하였으며, [⋯] 그들에게 일할 것을 충고하였다"[108]라고 평한 바 있으나, 오늘날 고티에의 '순진한' 지적을 따르는 독자는 별로 없다. 비용이 '세 고아들'이라고 지칭했던 "콜랭 로랑, 지라르 고수앵, 장 마르소" ("Colin Laurens,/Girard Gossuïn, Jehan Marceau,", L, XXVI, vv. 201-202)는 《유언의 노래》에서는 8행시 CXXVII-CXXX에 이르는 4편의 8행시에 걸쳐 길게 언급된다. 비용이 이 세 성직자들에 대해 어떤 감정을 표출하는지를 살펴보기 위해, 이들이 실제로는 어떤 인물이었는지를 먼저 알아 둘 필요가 있다.

1461년 6월 23일을 기준으로, 장 마르소는 67세의 늙은 노인이었다. 그

108 "Certainement Villon n'était pas né pour être un coupe-bourse; il avait une belle âme, accessible à tous les bons sentiments. [...] Il soutenait trois jeunes orphelins. [...] Il leur recommande de travailler."(Gautier$_1$, 11-12).

는 루앙에서 고리대금업으로 많은 상인들을 파산시켰으며, 영국인들의 부역자로 원성의 대상이 되었던 인물이기도 했다. 그는 여러 차례에 걸쳐 독직瀆職으로 처벌을 받고 투옥되기도 했던,[109] 요컨대 인색하고 방탕하며 성직자의 자격이 없는 인물이었다(D₁, 434-437; Champion, II, 344-349). 지라르 고수앵 역시 늙은 고리대금업자이자 영국인들의 부역자였으며, 루앙에서 염세鹽稅와 관련된 분쟁을 조정하는 일을 맡았던 인물이었다(Champion, II, 351-353). 콜랭 로랑은 때로는 파리의 부르주아이자 상인으로 또 때로는 식료품상으로 불렸으며, 자신에게 이익이 되는 일이라면 물불을 가리지 않았던 자였다. 그는 고리대금업뿐만 아니라 천, 술, 소금, 청어 등의 판매와 운송을 맡아 행했으며, 1461년에는 파리의 보좌 판사가 되기도 했다($D_1$, 438; Champion, II, 353-35).

《유증시》에서 비용은 계속해서 이들의 '빈곤'을 강조했다. 또 이 세 명의 고아들이 아무런 친척도 없음을 말함으로써, 이들이 고령의 노인이며, 따라서 부모도 친척도 없는 엄밀한 의미에서의 '고아'임을 우스꽝스럽게 말했었다. 아울러 "이 아이들은, 내가 늙었을 때면, 좋은 음식을 많이 먹게 될 것"("Ilz mengeront maint bon morceau,/Les enffans, quant je seray vieulx.", L, vv. 207-208)이라는 말을 통해, 이들이 죽을 날이 얼마 남지 않았음을 내비쳤다. 또 그때가 되면 자신이 이야기한 것처럼 무덤 속에서 "유충처럼 헐벗은" 꼴로 누워 있을 것이라는 지극히 신랄한 조롱을 암시함으로써, 앞선 8행시 XXV의 내용을 일종의 신성한 '예언'이자 '신탁'처럼 받아들이게 만들었다. 5년 후의 《유언의 노래》에서, 비용은 앞선 《유증시》에서 활용하였던 세 명의 '빈곤'과 '노령'을 다시 강조한다.

---

109 국왕의 검찰관은 그를 다음과 같이 고발하기도 했다: "il ne pouvait jouir du privilège de clerc, puisqu'il s'était adonné à tous négoces séculiers; il a pratiqué usure et transport de billon; il a vécu avec des jeunes filles à la vue de tout le monde; par trois fois il a été fait prisonnier et fut toujours rendu à l'évêque. Il a laissé son habit de clerc et en a pris d'autres, dissolus: chapeau à cordons d'amour, robes à grands bords doublées de martres, collet de couleur, chausses rouges, comme il les porte à présent, ce qui ne convient pas à un clerc, etc."(Champion, II, 349).

또한, 나는 이번 여행에서 알았으니,
내 불쌍한 세 고아들이
장성하고 어른이 되었으며,
또 이제는 우둔하지 않아
여기에서 살랭까지[110]
그들보다 더 영악한 아이는 없다는 것을. (T, CXXVII, vv. 1274-1279)

"들통의 손잡이만큼의 가치도" 없었고, 유증물의 선택에 있어서도 '조삼모사朝三暮四'의 고사를 떠올리게 했던 '아이들'이 지난날의 우둔함에서 벗어났음을 말하면서, 비용은 이제 이들의 장래를 책임지는 '양부'이자 '학교 선배'의 입장을 취한다. 앞으로의 학업을 염려하는 모습을 보이면서, 비용은 이들이 신학자인 "피에르 리셰 선생에게서"("Ou? sur maistre Pierre Richier.", T, CXXVIII, v. 1283) 학업을 수행하고 예절 교육을 받도록 권한다. 또 이들이 "그들에게 너무 어려운 도나투스"("Le Donat est pour eulx trop rude,", T, CXXVIII, v. 1284) 대신 '축복 있기를, 황금이여, 그대에게 경의를'이라는 뜻의 "*Ave salus, tiby decus,*"(T, CXXVIII, v. 1287)를 배우기를 희망한다.[111] 성모를 칭송하는 말('Ave, decus virginum, salus hominum')을 패러디하는 한편, 실존 인물인 피에르 리셰의 이름(Champion, II, 355)에서 'Richier'를 'riche'와 's'enrichir'에 결부시킴으로써, 이들의 교육은 오로

110 이 구절에 대해 연구자들 대부분은 '살랭Salins'이 소금으로 유명한 도시이기에, 비용의 말이 '소금을 전매하던 늙은 고리대금업자들에 대한 재치있는 표현'이 된다는 점을 지적한 마로의 주석을 인용하고 있다: "c'est là un joli trait s'adressant à de vieux usuriers qui spéculent sur le sel"(CT, 192; $RH_2$, 187; JCM, 252; $LA_2$, 181). 그런데 이 부분은 뤼트뵈프의 "[여기서] 생리스까지, 저보다 가난한 자는 없습니다."("N'a si povre juqu'a Sanliz.", *La povretei Rutebuef*, v. 32)라는 구절을 염두에 두었을 가능성도 있을 것으로 여겨지며, 이는 이어지는 8행시 1284행의 '*Donat*'와 'rude'를 통해서도 암시된다.

111 튀안은 이러한 패러디에서 저속한 의미를 찾을 수 있다고 보기도 했다: "«Salut! salut d'or, à toi l'honneur! (à toi des culs.)» Plaisanterie équivoque que Coquillart reprendra après Villon [...]"(TH, III, 343). 뒤푸르네 역시 이러한 중의적인 의미를 다음과 같이 지적한 바 있다: "[...] il leur apprend à rendre hommage à la Vierge, qui a contribué au salut du genre humain, mais aussi au salut, à la pièce d'or, qui procure l'honneur (*decus* en latin), attire l'argent (d'écus) et l'amour charnel (*des culs*)."($D_4$, 233).

지 '재산을 늘려 부자가 되는 법'에 집중된, 즉 '황금에 대한 경의'를 위한 것이 된다($D_1$, 447-448). 또 당시 지극히 기초적인 문법서였던 4세기의 문법학자 아엘리우스 도나투스Aelius Donatus의 저서를 교육 과정에서 제외시킴으로써, 비용은 이들이 교육을 전혀 받지 않았다는 것을 일러 준다. 동시에 그 이면에서는 "음유시인들은 혼란에 빠져 있으니, 저마다 그들에게 '주는' 것을 모두 잃어버렸다."[112]라고 뤼트뵈프가 말장난을 했던 것처럼(DF, 434; $RH_2$, 187; $LA_2$, 181), 이들의 인색함을 대놓고 조롱한다. 게다가 여기에

> 'grant credo'를 이해하는 것은,
> 이 어린아이들에게는 너무 어려우니 (T, CXXIX, vv. 1292-1293)[113]

라는 말로, 12개의 항목으로 이루어진 니케아Nicée 공의회의 상징이자 사도들의 상징인 '기독교 신앙'을 이해하는 것은 매우 힘든 일이라는 뜻 속에, 짧은 기간 안에 돈을 다시 회수하는 데 급급한 이들이 '장기 대부'를 이해하고 실천하기란 불가능하다는 조롱을 녹여 낸다(CT, 194; $RH_2$, 189; $D_1$, 446-447).

> 그렇지만, 그들이 체벌을 받는 한이 있더라도,
> 예절은 배우고 익히기를 바라니,
> 모자를 잘 눌러 쓰고
> 허리띠에 엄지 손가락을 댄 채,
> 모든 사람들 앞에서 겸손하게,
> "뭐요? 뭐라구요? 그런 것이 아니지요!"라고 말하면,
> 그때 사람들은 필경 이렇게 말하리라.
> "훌륭한 가문의 아이들이로다!" (T, CXXX, vv. 1298-1305)[114]

---

112 "Menesterez sont esperdu,/Chascuns a son Donet perdu"($Rutebeuf_3$, I, 86, vv. 156-157).

113 "Quant d'entendre la grant credo,/Trop forte elle est pour telz enffans."

이제 비용은 그들의 품성과 예절 교육으로 관심을 돌린다. 1301행에 대해, 코트그레이브 사전은 'les poulces à la ceincture'를 'idlely, sloathfully, carelessly'로 풀이하였으나, 이러한 행동은 허리띠에 찬 돈주머니를 보호하는 자세로 이해되는 것이기도 하다(CT, 194; $RH_2$, 190; JCM, 253; Champion, II, 157). 이렇듯 탐욕스럽고 오만한 자세를 취하는 동시에, 상대방의 말을 알아듣지 못했거나 혹은 알아듣지 못한 척할 때 사용하는 말들을 내뱉는 이들에게 "훌륭한 가문의 아이들"이라는 반어적인 표현을 덧붙임으로써, 비용은 이들이 '악당'이며 일종의 '망나니' 같은 자들임을 강조한다(Champion, II, 158; D1, 447).

성직자들에 대한 유증 다음으로는 《유증시》에서 유명무실한 직책과 폐허가 되어 버린 지 오래인 성들을 남겨 주었던 그리니의 영주가 거론된다.

> 또한, 그리니의 영주에게는
> 니종 성의 파수 소임과
> 몽티니보다 더 많은 여섯 마리의 개들,
> 비세트르 성과 탑을 물려준다. (L, XVIII, vv. 137-140)[115]

필리프 브뤼넬Philippe Brunel에게, 예전에 자신이 비세트르 성을 남겨 주었음을 말하면서("Auquel jadiz lessay Vissextre,", T, CXXXVI, v. 1347), 비용은 다음과 같이 말한다.

> 나 그에게 비이 탑을 주니,
> 문이나 창문이
> 아직까지 서 있거나 그 자리에 남아 있는 것이 있다면,

---

114 "Sy vueil qu'ilz soient informez/En meurs, quoy que couste basture./Chapperons aront enformez/Et les poulces sur la sainture,/Humbles a toute creature,/Disans: «Han? Quoy? Il n'en est rien!»/Sy diront gens par adventure:/«Vecy enffans de lieu de bien!»"

115 "Item, au seigneur de Grigny/Laisse la garde de Nygon/Et six chiens plus qu'a Montigny,/Vicestre, chastel et donjon;"

모두 완전히 원상태로 보수한다는 조건을 달아 둔다.
오른쪽 왼쪽에서, 그가 돈을 얻기를 바라니,
나는 돈이 궁하고, 그는 무일푼이니 말이다.
(T, CXXXVI, vv. 1348-1353)

필리프 브뤼넬은 왕비 이자보 드 바비에르Isabeau de Bavière의 재무출납관이었던 에티엔 브뤼넬Etienne Brunel의 아들이었고, 그의 어머니의 이름은, 비용이 필리프 브뤼넬에게 남기는 유증물들에 매우 잘 어울리는, 위게트 드 비엘샤텔Huguette de Vielzchastel이었다. 그는 이웃들과 빈번하게 싸움을 일으켰던 난폭한 인물이었으며, 소송광이었다고 전해진다(Champion, II, 299-302). 비용이 《유증시》에서 그를 '그리니의 영주'라 칭한 것은, '그리니'가 그의 부친의 영지였기 때문이기도 하지만, 그가 귀족인 것을 떠벌리고 다니는 것에 대한 비아냥거림일 수도 있다. 뿐만 아니라 이러한 호칭은 'Grigny'라는 말이 '이를 드러내는', '찡그리는', '입을 삐죽거리는' 등의 불쾌한 기분이나 무례함을 나타내는 'grignier', 'grigne', 'grignos', 'grignement' 등의 어휘와 같은 범주에 속한다는 점에 근거한 것일 수도 있다($D_2$, 177). 폐허가 된 성을 지키게 하는 것은 그를 귀족이 아닌 일개 병사의 수준으로 격하시키는 것이며, 아니면 지킬 것이 아무것도 없기에 그저 시간을 낭비하라는 말이 되기도 한다. 또 《유증시》 XVIII의 "몽티니보다 많은 여섯 마리의 개들"이라는 표현 역시, 그의 귀족 취향에 대한 조롱이든지 아니면 사기와 도둑질, 살인과 폭력을 일삼았던 자인 몽티니보다 더 고약하고 흉악한 자라는 의미가 된다. 이런 점에서 본다면, 1205년에 축성되었다가 이미 폐허가 된 지 오래인 비세트르 성을 준다는 말 또한 같은 맥락에서 이해할 수 있다. '밤이면 부엉이들의 울음소리가 끔찍하게 들리고, 지나가는 사람들의 물건을 강탈하는 도둑들의 소굴이었으며, 주변 사람들은 악령들과 악마들이 우글거리는 장소라 여기던 곳'인 이곳이야말로 악한에게 더할 나위 없는 곳이기 때문이다($D_2$, 175).

자신이 마음대로 줄 수 있는 곳도 아니며 이미 폐허가 된 곳을 유증물로 준다는 점에서, 《유언의 노래》에서 비용이 필리프 브뤼넬에게 남겨 주는 유증물은 《유증시》의 연장선상에 위치한다. 그러나 이중의 제한 조건이 달려 있다는 점에서, 즉 유증물을 주는 것과 동시에 취소함으로써, 그에 대한 비용의 감정이 보다 직접적으로 드러난다는 차이를 보이기도 한다. 센 강 우안에 위치한 비이 탑tour de Billy은 예전 파리 성벽의 탑으로 자주 그 소유권을 놓고 소송이 벌어졌던 곳이기에, 소송광이자 각종 폐허들과 깊은 관련을 맺고 있던 필리프 브뤼넬에게 더없이 적절한 유증물이 아닐 수 없다 (Champion, I, 285-287). 아울러 '비이 탑'의 발음 역시 '사람을 괴롭히고 때리는'의 뜻을 갖는 'biller', 혹은 '돈'을 의미하는 'bille' 이나 'billon'을 연상시키기에, 무일푼인 그에게 잘 어울리는 유증물이 된다($D_2$, 182). 여기에 비용은 마지막으로, 늙어 퇴물이 된 창녀가 젊은 창녀들에게 말하는 교훈, 즉 "오른쪽에서 또 왼쪽에서 주워라, 부디 단 한 명의 남자도 놓치지 말아라" ("Prenez a destre et a senestre,/N'espargniez homme, je vous prie,", T, vv. 537-538) 라는 충고를 연상시키는 "오른쪽 왼쪽에서, 그가 돈을 얻기를 바라니"라는 마무리를 더함으로써, 강도짓을 해서건 아니면 뚜쟁이나 남창男娼일을 해서건 간에, 어서 돈을 벌어 지금의 무일푼 신세를 벗어나라는 지극히 신랄한 비난을 덧붙인다.

이어서 식료품 상인 장 드 라 가르드를 《유언의 노래》에서 언급하면서, 비용은 그의 이름을 혼동하는 척하며, 짐짓 유증물을 남기는 데 고심하는 모습을 보인다.

> 또한, 티보 드 라 가르드에게는…
> 티보? 내가 거짓말을 했으니, 그의 이름은 장,
> 내가 손해를 보지 않을 수 있는, 무엇을 그에게 주어야 하나?
> —금년 내내, 나는 상당히 많은 손해를 보았으니,
> 신께서 이를 보충해 주시기를 바란다, 아멘!—

'작은 통'? 내 영혼에 맹세코, 분명,
주느부아가 더 오래되었고,
그곳에서 마시기에 더 훌륭한 코를 가졌도다.
(T, CXXXVII, vv. 1354-1361)[116]

부친이 샤를 7세의 공증인 겸 비서이자 부유한 식료품 상인이었던 장 드 라 가르드는 1453년에 왕비의 시종 및 어용식품상varlet de chambre et espicier de la royne에 임명된다(Champion, II, 371-373). 비용은 《유증시》에서

또한, '황금 반죽통'을
식료품 상인, 장 드 라 가르드에게 남기며,
겨자를 빻는 데 쓰는 절구공이로 이용하도록,
성 모르의 송엽장松葉杖을 남긴다. (L, XXXIII, vv. 257-260)[117]

고 말한 바 있다. 식료품 상인에게 어울리는 가게의 간판인 '황금 반죽통', 그리고 필수적인 절구공이로 통풍 환자들의 수호성인인 "성 모르의 송엽장"을(Champion, II, 30; $RH_1$, 36) 주는 비용의 의중에는 그가 통풍에 걸려 만년을 고통스러워하며 지내고, 움직일 때면 지팡이를 짚고 힘들게 거동하기를 바라는 악의적인 기원이 자리잡고 있다. 아울러 그 이면에는 외설적인 의미에서 그의 아내가 그를 거부하거나 다른 사람에게 호의를 보이기를 바라는 의도 역시 숨어 있었다. '성 티보'가 아내의 부정에 속아 넘어간 남편들의 수호성인이며 '장'이라는 이름이 속기 쉬운 바보를 뜻한다는 점에서, 《유증시》에서의 비용의 의도는 《유언의 노래》에서 그의 이름을 착각하는

116 "Item, a Thibault de la Garde.../Thibault? je mens: il a nom Jehan,/Que lui donrai ge que ne perde?/—Assez j'ay perdu tout cest an,/Dieu y vueille pourvoir, amen!—/Le Barillet? Par m'ame, voire,/Genevoys est plus ancïen/Et plus beau nez a pour y boire."
117 "Item, laisse le Mortier d'or/A Jehan, l'espicier, de la Garde,/Une potence de sainct Mor,/Pour faire ung broyer a moustarde."

가장된 태도를 통해 다시 반복된다. 《유증시》에서 '통'과 '절구공이'라는 다소 직접적인 비유를 통해 외설적인 조롱을 던졌다면, 이번에는 '이름에 대한 암시'라는 매우 간접적인 방법을 통해 장 드 라 가르드가 오쟁이진 자임을 비용은 두 번에 걸쳐서 말한다(CT, 200; $RH_2$, 195; $D_1$, 455-457).

비용은 그에게 가능한 한 최소한의 것을 주고자 하며, 그 이유를 스스로의 처지를 들어 해명한다. 지난 1년은 물론 1461년을 의미하는 것이며, 이 시기가 비용에게 있어서 최악의 시기였음은 두말할 필요도 없다. 비용이 자신의 처지를 들어 말하는 것은, 어쩌면 'Thibault'라는 이름에서 오를레앙의 주교 티보 도시니와 묑-쉬르-루아르에서의 투옥을 연상했기 때문일 수도 있으며, 혹은 투옥 이전의 일들이나 감옥에서 풀려난 이후의 일들을 떠올렸기 때문일지도 모른다. 결국 비용은 유증 수령자에게 술집 간판인 '작은 통'을 유증한다. 이러한 유증물은 오쟁이진 남편의 슬픔을 술로 달래라는 비용의 처방이거나, 아니면 원래부터 그가 취한이자 호주가의 성향을 갖고 있었음을 의미하는 것이지만, 돌연 마지막에 가서 비용은 장 드 라 가르드가 위안을 받을 수 있는 '술을 마실 기회'조차 그에게서 빼앗아 버린다($RH_2$, 196; $D_1$, 457). 느닷없이 끼어든 새로운 유증 수령자인 늙은 변호사, 1460년 4월 30일에 사망한 피에르 주느부아Pierre Genevoys가 장 드 라 가르드의 몫이었던 '작은 통'을 가로채게 되는 것이다(Champion, II, 336; $D_1$, 457-458; TH, III, 354-355).

《유증시》에서 "소동과 죄악을 가차없이 단속하는 영주의 은총을"("Le gré du seigneur qui attainct/Troubles, forfaiz, sans espargnier;", L, XXI, vv. 163-164) 물려준 바자니에Pierre Basannier에게, 비용은 "정향丁香 한 바구니"("De giroffle plain ung panier", T, CXXXVIII, v. 1364)를 주면서 "성 크리스토푸스를 섬기는 주군"("Le seigneur qui sert saint Christofle,", T, CXXXVIII, v. 1369)을 잘 섬길 것을 《유언의 노래》에서 당부하며, 그 다음으로는 《유증시》에서 아무런 조건이나 의무 사항 없는 "무상 증여로"("en pur don", L, XVI, v. 121)

내 장갑, 두건 달린 비단 망토와,
〔…〕
버드나무 숲의 도토리 역시,
또, 매일 매일, 살찐 거위 한 마리,
또 살이 잘 오른 거세한 수탉 한 마리,
백묵처럼 흰 백포도주 열 통,[118]
그리고 너무 비계 끼지 않도록, 소송 두 건. (L, XVI, vv. 122, 124-128)

을 유증했던 자크 카르동을 떠올린다.

비용의 유증물로 판단하건대, 먹고 마시는 음식과 포도주의 양이 가르강튀아나 키클롭스가 먹어 치우는 양에 비길 만한 자크 카르동은 모베르 Maubert 광장에 살던 상인이었으며 그의 두 형제들은 성당 참사위원이었다(Champion, II, 22-23). 그런데 비용은《유증시》에서 오직 자크 카르동에 대해서만 유일하게 "내 친구"("mon amy", L, XVI, v. 123)라는 표현을 사용한다. 이를 두고, 샹피옹은 비용과 자크 카르동이 절친한 친구 사이였으며 함께 노래를 부르곤 하던 사이였으리라 추측했다(Champion, II, 167, 296). 시칠리아노 역시 그를 비용의 진정한 친구로 여기며《유언의 노래》에서 비용이 친구의 불행을 아무런 악의도 없이 진심으로 슬퍼하고 있다는 입장을 보였고(Siciliano$_1$, 57), 파비에 역시 시칠리아노와 동일한 견해를 보인 바 있다(Favier, 112-113).

하지만 시칠리아노, 샹피옹, 파비에 등과는 달리, 뒤푸르네는《유증시》에서 자크 카르동이 받는 유증물들의 이면에 신랄한 구석이 있다는 의견을 제시했다. 비용의 옷은 사실 존재하지 않는 가상의 것일 확률이 높으며, 설령 있다고 해도 부유한 나사 상인에게 조악한 옷들이 아무런 필요도 없으며, 버드나무에서 도토리가 열릴 리 또한 만무하다는 점을 들어, 뒤푸르네

118 옛날의 용량 단위로, 파리를 기준으로 했을 때, 술 1'뮈'는 268 리터에 해당한다(CT, 70; RH$_1$, 23).

는 비용의 유증물들이 자크 카르동을 돼지와 같이 탐욕스러운 인물로 풍자하기 위한 것이라 결론내린다(RH$_1$, 23; TH, II, 28). 뒤푸르네는 또한 버드나무가 고대 그리스부터 '불모'의 상징으로 널리 알려진 것이자 바람기 많고 신의 없는 연인을 비난하는 데 소용되었다는 점을 강조하면서,[119] 갖가지 기름진 음식들이 유증 수령자의 탐욕과 식욕을 빗대는 것이라 지적했다. 또 두 건의 소송은 자크 카르동이 남의 재산을 탐하는 자임을 말하는 것이든지, 아니면 비용 자신이 준 갖가지 유증물들을 그가 평화롭게 즐기지 못하게 하기 위한 매우 악의적인 것으로 설명했다(D$_2$, 153). 이에 대해 쿠프만은 "버드나무 숲의 도토리"("Le glan aussi d'une saulsoye,", L, v. 124)라는 대목에서, 'saulsoye'가 반드시 '버드나무'를 의미하는 것은 아니며, 경우에 따라서는 '여인과 사랑을 나누는 장소', 혹은 '이상향'으로서의 'locus amoenus'를 의미할 수도 있음을 밝혔다.[120] 또 그는 '도토리'에서 연상되는 '돼지'가 '포창疱瘡'을 말하는 것일 수도 있는 만큼, 사랑의 기쁨을 맛보는 장소에서 딴 열매가 알고 보니 수치스러운 질병인 피부병이었음을 암시하는 것으로 이 구절을 해석하였다.[121]

《유언의 노래》에서 비용은 "그에게 합당한 것을 나 아무것도 갖고 있지 않기에"("Car je n'ay riens pour lui d'onneste", T, CLXVI, v. 1777)라는 모호한 말과 함께, 그에게는 단지 '목가牧歌 한 편'을 줄 수 있을 뿐이며, 그 목가는

> 마리옹 라 포타르드를 위해 만들어진
> '마리오네트' 선율에 따라,
> 아니면 '기유메트, 네 문을 열어라'의 선율에 따라 노래로 불려진다면,
> 겨자를 찾으러 가는 데 어울릴 것이다. (T, CLXVI, vv. 1780-1783)[122]

---

119 Raphael Levy, "Le symbole du saule chez Conon de Béthune", *PMLA*, 51, n° 1, 1936, pp. 26-30; Michel Dubois, "De quelques locutions où figure le nom du saule", *Romania*, 84, 1963, pp. 536-544 등을 참조.

120 쿠프만은 라블레의 작품에 나오는 가르강튀아의 출생 직후 장면을 들어 'locus amoenus'로서의 'saulsoye'를 예시한다. 이에 대해서는 Koopmans$_2$, 280-281을 참조.

121 Koopmans$_2$, 282를 참조.

라고 말한다. 그러나 1777행에서 비용이 하는 말이 '그에게 선사하기에 걸맞은 선물을 내가 갖고 있지 않다'라는 겸양의 뜻인지, 아니면 '그는 훌륭한 선물을 받을 자격이 없다'는 부정적인 의미인지를 명확히 규정하기는 어렵다. 또 '성행위' 혹은 '외설적인 내용'을 뜻하는 1783행의 내용에나[123] 제격인 '마리오네트' 선율과 '기유메트, 네 문을 열어라' 선율에 맞추어 자크 카르동에게 유증되는 롱도를 부르는 것은, "말라르메의 시를 재즈 가락에 맞추어 부르는 것과 같다"고 평한 드로E. Droz의 언급처럼,[124] 궁정풍의 우아한 문체를 구사한 유증물과는 전혀 어울리지 않는 것이 된다($D_2$, 164-165).

내가 거의 생명을 두고 온
가혹한 감옥에서 돌아올 때,
운명이 나를 시기한다면,
운명이 과오를 범했는지 아닌지 판단하라.

내가 생각하기로는, 이성에 의거 당연히
운명은 만족해야 할 것이다.
돌아올 때, [내가 거의 생명을 두고 온
가혹한 감옥에서]

만약 운명이 부당함으로 가득 차,
내가 진정 죽는 것을 원한다면,
신이시여, 제 영혼을

---

122 "S'elle eust le chant Marïonnecte/Fait pour Marïon la Peautarde,/Ou d'Ouvrez vostre huys Guillemete,/Elle alast bien a la moustarde."

123 하셀은 "En icelluy temps, chantoient les petiz enfans au soir, en allant au vin ou à la moustarde, tous communement..."(*Journal d'un bourgeois*, p. 49), "[...] les petits enfans qui vont à la moustarde, savent bien raconter l'un à l'autre."(Chastellain) 등의 예를 들고 있다(James Woodrow Hassell, Jr, *op. cit.*, p. 172).

124 E. Droz, "Les chansons de François Villon", in *Mélanges de musicologie offerts à M. Lionel de La Laurencie*, Paris, E. Droz, 1933, p. 31; $RH_2$, 246.

저 높은 곳, 당신의 처소로 데려가 주소서! (T, vv. 1784-1794)

이 시는 알랭 샤르티에의 《무정한 미인》처럼, 궁정풍 전통에 부합하는 '연애시'에 해당하며, 비용 자신의 전기적인 요소들이 내포된 작품으로 볼 수 있다. 그러나 뒤푸르네는 이러한 전통적인 해석을 따르는 것보다는 유증 수령자에게 비용이 무엇을 바라는 것인지를 파악하는 것이 더 생산성이 높다고 보았다.[125] 뒤푸르네의 논지에 따르면, 비용은 예전에 썼던 롱도를 《유언의 노래》에 삽입함으로써 이 시에 새로운 의미를 주게 된다. 그가 새롭게 부여한 의미는 자크 카르동이 여러 번 투옥되어 육체적인 면에서뿐만 아니라 정신적인 면에서도 고초를 겪기를, 그리고 마침내는 가혹하고 부당한 '운명'에 시달린 나머지 절망한 채 죽기를 바라는 것에 다름 아니다($D_2$, 165-166).

자크 카르동에 대한 유증을 마친 뒤, 이어지는 8행시 CLXVII에서 비용은, 요정 모르간Morgane과 오지에 르 다누아Ogier Le Danois의 전설을 배경에 두고, 자신이 "요정의 후예이기에 사랑받는 비결을"("Item, donne a maistre Lomer,/Comme extraict que je suis de fee,/Qu'il soit bien amé [...]", T, vv. 1796-1798) 피에르 로메르Lomer에게 준다고 공언한다. 그리고 그 신분이 어떻든 간에 여인과 "하룻밤에 백 번 사랑을 즐기기를"("Faire ung soir cent foiz la faffee, T, v. 1802) 명한다.[126] 하지만 요정의 신비한 권위를 빌린 이러한 유증물은 매춘부를 추방하는 일을 담당하고 있던 유증 수령자에게는 무용지물에 다름 아니며, 심지어는 터무니없는 변신에 해당하는 것이 아닐 수 없다(Champion, II, 365-366). 뿐만 아니라 신비한 요정의 힘을 통해 젊음을 되찾았던 무훈시의 주인공에 대한 암시는 피에르 로메르가 '사랑의 행위'와는 거리가 먼 늙고 무력한 자임을 빗대는 것으로 이해할 수 있다.

---

125 $D_4$, 230을 참조.

126 이하 자크 잠Jacques James과 관련된 논의는 김준현, 〈《유언의 노래》 후반부의 '변신'에 대한 고찰(1)〉, 《프랑스어문교육》, 27, 2008, pp. 375-394에 실었던 내용을 수정한 것임을 밝힌다.

8행시 CLXVIII에서는《무정한 미인》의 작자인 알랭 샤르티에의 이름과 함께 '사랑에 번민하는 연인들'이 거명된다. '사랑으로 인해 괴로워하는 연인'이라는 의미와 함께 실제적으로는 '사랑을 하기에는 무기력하고 쇠약한 연인'이라는 뜻이 중첩된 유증 수령자들에게 비용은

> 눈물로 가득한 성수반,
> 그리고 성수채처럼 늘 푸르른
> 작고 가는 들장미가지 (T, CLXVIII, vv. 1804-1809)

를 남겨 준다. 그리고 이러한 유증물에서, 무정한 여인으로 인해 번민하며 신음하기에, 혹은 자신들의 자리를 빼앗아버린 다른 자로 인해 유발되는 눈물이 마를 겨를이 없기에, 항상 연인들의 머리맡 수반에는 눈물이 가득하며, 그로 인해 들장미가지는 언제나 시들지 않게 된다는 점이 암시된다. 그러나 '시와 사랑의 영원함'을 상징하는 것처럼 보이는 싱싱하고 푸르른 들장미가지가 장려한 것이기는커녕 '작고 가는' 것이라는 점에서, 이들 허약한 연인들의 '사랑'이 거두게 될 성과가 어떠할지는 자명하다(CT, 234). 뿐만 아니라 '성수반과 성수채'는 남녀의 성기를 지칭하는 말이 되기도 한다는 점에서 비용의 조롱은 다층적인 의미를 갖는다($D_1$, 504-505).

여인과의 사랑과 관련된 외설적인 유증물들을 거대한 탐욕을 지닌 자, 절륜한 정력의 소유자, 그리고 무력한 연인에게 차례차례 선사한 뒤, 비용은 이제 자크 잠을 호명한다.

> 또한, 목숨 바쳐 재물을 긁어모으는
> 자크 잠 나으리에게는
> 그가 원하는 만큼의 여인들과 혼인을 약속하는 권한을 준다,
> 하지만 혼인하는 권한, 그것은 아니 될 말!
> 그가 재물을 긁어모으는 것은 누구를 위해? 제 식솔들을 위해서지.
> 그는 제 〔식탁의〕 음식을 아까워할 따름이라.

그렇지만, 내 생각해 보건대, 암퇘지에게 속한 것은
응당 돼지들에게 돌아가야만 하리. (T, CLXIX, vv. 1812-1819)[127]

자크 잠은 '파리 시 소속 목공 및 석공장이자 수원 감시관Maître des œuvres de maçonnerie et charpenterie de la ville de Paris et garde des fontaines'이었던 장 잠Jeans James과 그의 첫 번째 아내 기유메트Guillemette 사이에서 태어났으며, 부친에게서 여러 채의 집을 상속받았다고 전해진다. 그러나 그가 1457년 파리 주교에 의해 성직자로 서임되었고, 폭력과 상해 과실로 인해 자주 법정 기록에 등장하던, 심지어 샤틀레 감옥에 투옥되기도 했던 인물과 동일인인지 여부는 확실하지 않다(Champion, II, 369; $D_1$, 508).

1812-1813행은 문자 그대로 그가 비할 데 없이 탐욕스러운 자임을 부각시키는 말로 볼 수 있다. 그러나 이러한 표현의 이면에는 자크 잠이 제 몸을 아끼지 않고 노력하여 직접 재물을 축적하는 것이 아니라, 다른 사람이 흘린 땀의 결과를 가로채는 자, 한마디로 일하지 않고 남의 골수를 빼먹는 자라는 반어적인 의미 또한 들어 있다($D_1$, 508). 이러한 점은 1814행과 1818-1819행을 통해 재차 암시되며, "사람들로 하여금 갖기만 하고 절대로 내놓지는 않도록 꼬드기고, 엄청난 재산을 끌어 모으도록 부추기는", 또 "말라빠지고 갈고리처럼 굽은 손을" 갖고 "남의 재물을 빼앗고, 가로채고, 강탈하는 것이나 속이고 사기 치는 일들"을 권장하는 《장미 이야기》의 **탐욕**Convoitise의 면모를 연상시킨다.[128]

비용은 자크 잠에게 "원하는 만큼의 여인들과 혼인을 약속하는 권한"만을 부여하며, 실제로 혼인하는 권한은 주지 않을 것임을 부언한다. 혼인하

127 "Item, a maistre Jacques James,/Qui se tue d'amasser biens,/Donne fiancer tant de femmes/Qu'il vouldra, mais d'espouser, riens!/Pour quy amasse il? Pour les sciens;/Il ne plaint fors que ses morceaux;/Ce qui fut aux truyes, je tiens/Qu'il doit de droit estre aux pourceaux."

128 "C'est cele [Covoitise] qui la gent atise/de prendre et de noiant doner/et les granz avoirs aüner;/[...] c'est cele qui fet l'autrui prendre,/rober, tolir et bareter[...] Recorbelees et crochues/avoit les mains icele ymage;/[...]"(RdR, vv. 170-172, 180-181, 188-189)

는 권한을 그에게 주지 않겠다는 1814-1815행의 내용은 우선 자크 잠이 성직자였을 경우(TH, III, 507), 전적으로 불가능한 사실이자 당연한 사실에 대한 말장난이 된다. 또 남달리 탐욕스러운 자인 자크 잠이 '비싼 혼례 비용'을 지출하는 것은 가당치 않은 일이기에 혼인이 불가하다는 의미를 가질 수도 있다. 마지막으로는 혼인으로 인해 그가 지금껏 모은 재산을 물려줄 자식이 태어날 수도 있다는 점에서, 자크 잠이 '혼인'을 원치 않는다는 의미로도 해석될 수 있다($RH_1$, 252).

풀레는 1816행의 "그가 재물을 긁어모으는 것은 누구를 위해? 제 식솔들을 위해서지"라는 말이 성서의 반향일 것으로 보았지만,[129] 1816-1817행은 앞선 내용과 마찬가지로 반어적인 의미로 이해하는 것이 더 적절하다. '탐욕'의 화신이며, 제 한 몸만을 위하는 인물인 자크 잠이 자신이 아닌 가족이나 부모, 나아가 벗들을 위해 몸을 아끼지 않고 재물을 모은다는 것은 터무니없는 말이 아닐 수 없기 때문이다.[130] 아울러 1817행의 'plaindre les Morceaux'라는 말의 사전적인 정의가 '타인의 입에 들어가는 것을 못마땅하게 여기는'이라는 뜻인 만큼,[131] 자크 잠의 부유함과는 대조적으로 그의 식탁에 차려지는 것들이 지극히 시시하고 형편없는 음식들임이 암시되며(CT, 236), 나아가 제 뱃속으로 들어가는 음식조차 아까워하는 그의 인색함과 야박함에 대한 풍자가 가감 없이 드러난다($L_1$, 278; $L_2$, 225).

1818-1819행은 자크 잠이 부친에게서 오 트뤼 거리Rue aux Truies의 저택 이외에도 당시 문란한 행동들로 악명 높았던 '욕탕'을 물려받았다는 점을 환기시키는 것으로 여겨진다(Champion, II, 369).

---

129 "재물을 쌓아도 그것은/한낱 입김에 지나지 않으며/그 차지할 자 누구일지 모르는 것을."(《시편》, 39, 6)

130 1816행의 "Pour les sciens"은 의문형으로 해석하여 의구심을 표현하는 것으로 볼 수도 있으나(CT, 237; $L_2$, 225), 단정적인 평서문으로 해석하는 것이 반어적인 의미를 표현하는 데 더 적절하다고 판단되어 이렇게 옮겼음을 밝힌다($RH_1$, 253).

131 "n'estre pas content qu'un autre mange"(D. Oudin, *Curiositez françoises, pour supplement aux dictionnaires*, Paris, Antoine de sommaville, 1640, p. 355).

> 욕탕은 널리 알려진 상시 매춘의 중심일 뿐만 아니라 약속 장소이자 뚜쟁이질 장소이기도 했다. 1470-1489년 무렵, 리옹에서는, '몸을 씻으러 가다'라는 표현이 일상어에서 매우 특별하면서도 모두가 익히 아는 의미를 가지고 있었다.[132]

상기 인용에서 나타나듯, 당시의 욕탕은 말 그대로 몸을 정갈하게 하는 정상적인 기능뿐만 아니라 매춘이라는 명예롭지 못한 기능 역시 동시에 수행했다. 매춘부의 욕탕 출입을 금하거나 욕탕 입장 시간과 요일을 남녀에 따라 달리 적용한 수많은 규제들에도 불구하고, 욕탕에는 늘 젊은 여자 하녀들이 넘쳐 났다. 또 욕탕에는 욕조뿐만 아니라 침대가 다수 구비되어 있었고, 일반적인 유곽처럼 매춘이 용인되곤 했다.[133] 오늘날의 터키탕과 흡사한 당시의 '욕탕'에서는 매춘 이외에도 갖가지 폭력이 난무했다고 전해진다($D_1$, 509).

자크 잠이 유곽의 역할을 담당했던 '욕탕'의 소유주라는 점에 주목해 1814-1815행을 다시 살펴보면, '혼인을 약속하는 권한'은 그가 여자들에게 갖가지 달콤한 말을 속삭여 환심을 얻어 내는 데 능한 자였음을 암시하는 말이 되며, 그가 소유했던 '욕탕'에서 여자들로 하여금 매춘 행위까지도 불사하게 만들었다는 의미로 이해할 수 있다($L_1$, 278).[134] 자크 잠의 감언이설에 현혹되어 무분별한 사랑에 빠진 여인들이 결국 매춘부로 전락하게 되며, 그의 명에 따라 욕탕에서 호객 행위를 하게 된다는 측면에서 볼 때, 그의 실체는 유곽의 '포주'에 다름 아니며(CT, 236; $D_1$, 508), 자크 잠이 자신의

---

132 "Les bains sont, [...] les centres d'une prostitution notoire et permanente, mais aussi des maisons de rendez-vous et des lieux de maquerellage. A Lyon, vers 1470-1480, l'expression «aller s'estuver» avait dans le langage courant une acception bien particulière et connue de tous."(J. Rossiaud, *La prostitution médiévale*, Paris, Flammarion, 1988, p. 23).

133 *Ibid.*, pp. 19-22를 참조.

134 다음의 내용은 자크 잠의 경우에 훌륭히 부합하는 것이기도 하다: "Or advisent bien en quel peril sont ceulx qui font pecher autrui, comme faire batre, mener a riblerie et atirer une fille ou une femme a mal, faire tromperie ou entretenir larcin, tenir les estuves ou ce (*sic*) fait le bordeau."(TH, III, 507에서 재인용).

약혼자들인 매춘부들이 벌어들인 것을 제 것으로 거두어들임으로써 재물을 늘려 간다는 것을 비용이 조롱하는 것으로 보인다($L_1$, 278).

비용은 자크 잠의 저택이 있는 거리 이름이자 행실이 문란한 여인들을 지칭하는 말이기도 한 'truyes'에 널리 알려진 "Se forfait la truie, que les pourceaux le compeirent"이라는 속담을 덧붙인다(CT, 236; $D_1$, 510). '암퇘지가 잘못을 범하면, 돼지들이 그 잘못을 치른다'는 뜻의 이 속담은 코트그레이브 사전에서는 "Si truye forfaict, les pourceaux le souffrent"로 약간 변형되어 나타나기도 하며, "Pigs come to lugs for scathe done by the sow"[135] 라는 풀이가 제시되기도 했다. '돼지'는 성서(〈신명기〉, 14, 3-8)뿐 아니라 이집트에서도 '부정한 동물'로 여겨졌으며,[136] '음탕함'의 대명사로 인식되곤 했다. 또 '돼지'는 단테의 《신곡》에서 묘사되듯, 지옥에서 단죄받는 죄인 '식탐'을 상징하는 동물이기도 했다.[137] 게다가 '돼지'는 육체적인 불결함과 정신적인 면에서의 추악함을 사회적인 신분과 관련지어 이야기할 때 널리 인용되던 짐승이었고, 아래의 인용에서 기술되듯, 취한 자, 게으른 자, 빈둥거리는 자를 지칭하는 말로도 상용되었다.

> 오직 제 입의 욕망과 사랑의 여신의 욕망만을 채우려고 하는 이 짐승〔돼지〕과 마찬가지로, 게으름의 지배를 받는 〔나태한〕 자는 전적으로 제 육체적 쾌락의 만족에 전념한다.[138]

비용은 일면 평범하고 대수롭지 않게 보이는 비유 속에 다층적인 의미를

135 Randle Cotgrave, *A dictionarie of the french and english tongues*, London, Adam slip, 1611. 아울러 TH, III, 508-509를 참조.

136 헤로도토스, 《역사》, 박광순 역, 범우사, 1988, p. 144를 참조.

137 "Mais qui es-tu, dis-moi, toi qui es mis/En un lieu si dolent et à un tel supplice [...] Pour la damnée coulpe de cette gueule,/Comme tu vois, je m'effondre à la pluie."(Dante, *La Divine Comédie*, éd. H. Longnon, Paris, Dunod, 1996, p. 37).

138 "Semblable à cet animal[le porc] qui ne cherche qu'à satisfaire ses appétits de la bouche et de Vénus, l'homme dominé par la paresse s'abandonne tout entier à la satisfaction de ses sens, [...]"($D_3$, p. 112에서 재인용).

부여하여 자크 잠을 '더럽고 추한 자', '탐욕스럽고 게으른 자', '음탕하고 비정상적인 자'로 만들어 놓으며, 1819행에서 사용된 '돼지'라는 말이 자크 잠의 자식이나 벗들 모두를 지칭할 수 있는 가능성을 열어 놓는다. 그 결과 모든 것이 자식에게 귀결되어야 한다는 점을 강조하는 의미에서는 자크 잠의 집착과 노심초사를 조롱하며, '매춘부들이 벌어들이는 수입은 응당 자크 잠과 어울리는 동료들에게 귀속되어야 한다'는 의미를 부각시킬 경우에는 주위의 벗들에게는 아무것도 주지 않은 채 모든 것을 독식하는 자크 잠을 힐난하는 이중의 효과를 거두게 된다($D_1$, 511; DF, 449).[139]

이어서는 《유증시》에서 가게의 간판인 "투구"("Le Hëaulme luy establis,", L, XIX, v. 146)를 유증받았던 "야경대 대장"("Item, au chevallier du guet", T, CLXXI, v. 1828)이 등장한다.

> 야경대 대장에게는
> 두 명의 작고 잘 생긴 근위시동,
> 필리베르와 뚱보 마르케를 준다. (T, CLXXI, vv. 1828-1830)

기마경관 20명과 40명의 도보경관을 거느리는 야경대 대장 장 드 아를레Jean de Harlay에게(Champion, I, 124-129; Favier, 178, 325) 선사되는 "필리베르와 뚱보 마르케"("Philebert et le groz Marcquet,", T, CLXXI, v. 1830) 두 사람의 신원은 불분명하다. 하지만, "그들은 인생의 대부분을, 경관대장관警官隊長官을 섬겼고, 그로 인해 더욱 현명해졌다"("Lesquelz servy, dont sont plus saiges,/La plus partie de leurs aages,/Ont le prevost des mareschaulx.", T, CLXXI, vv. 1831-1833)라는 비용의 말에 따른다면, 이들이 산전수전을 모두 겪은 늙은 경관이라는 점을 알 수 있다. 또 당시의 장관이었던 트리스탕 에르미트Tristan l'Hermite를 섬기는 것을 그만두었다는 사실에서, 이들이 더 이

139 1818-1819행은 자크 잠의 동성애 취향에 대한 비난으로 볼 수도 있다. 이에 대해서는 P. Verhuyck, "De la sottie à Villon", in *Villon at Oxford*, Amsterdam, Rodopi, 1999, pp. 372-373을 참조.

상의 쓸모가 없게 되어 버린 인물이라는 점이 암시된다($RH_2$, 255). 이 부분에서 동성애에 대한 암시를 보는 견해의 경우, 'petite massue'를 뜻하는 'maquette'는 '남자의 성기'를 의미하게 된다(JCM, 273).

> 또한, 샤플랭에게 나는,
> 매우 거창한 예전 봉송이 필요하지 않으며,
> 약식 미사만을 집전하는,
> 삭발례만 받은 신임 성직자의 특권인 '샤펠'을 물려준다.
> 내 소교구 역시 기꺼이 넘겨줄 수 있으나,
> 사람들의 영혼을 책임지는 것을 그는 별로 원하지 않는다.
> 그가 말하기를, 자신은 고해 신부가 아니니,
> 하녀들과 귀부인들만 별도로 한다고 하는구나.
> (T, CLXXII, vv. 1836-1843)[140]

이제 비용은 마지막 유증 수령자에게 유증물을 증여한다. 유증 수령자의 이름은 재차 비용으로 하여금 우스꽝스런 유증물을 남기게 만든다. 'Chappellain'이라는 이름에서 성직자의 권한을 뜻하는 'chappelle'을 떠올림으로써, 기마경관이었던 장 샤플랭Jean Chappelain으로 추정되는 이 인물에게($RH_2$, 256), 비용은 가당치 않은 유증물을 선사한다. 1837-1839행은 장 샤플랭이라는 인물이 게으르고, 술을 좋아하며, 교양 없고 무식한 자였음을 암시하며(Champion, II, 169), 《유언의 노래》의 1559행을 연상시키는 마지막 행에 의거한다면 이 인물이 여자들 꽁무니를 좇아다니는 자였음을 알 수 있다(Favier, 154). 이름에 대한 말장난은 'cure'의 두 가지 뜻을 활용하는 것에 그치지 않고, 신성한 의미에서 '영혼'을 의미하는 말('d'ames')을 세속적이고 저속한 의미에서 '귀부인'을 뜻하는 말('dames')과 연결시킨다. 유증 수

140 "Item, a Chappellain je laisse/Ma chappelle a simple tonsure,/Chargee d'une seiche messe/Ou il ne fault pas grant lecture./Resiné lui eusse ma cure,/Mais point ne veult de charge d'ames;/De conffesser, ce dit, n'a cure/Synon chamberieres et dames."

령자의 이름은 유증물에 대한 단순한 연상 수준을 넘어서 다양한 층위의 의미들을 파생시키는 동시에 이후 무엇을 이야기할지를 결정짓게 한다. 샤플랭에 대한 유증을 마지막으로 비용은 유언 집행자의 선정과 자신의 매장지 등을 이야기하게 되며, 이러한 진행 역시 샤플랭이라는 유증 수령자의 이름에 기인한 것으로 볼 수 있다.

뒤늦게 깨닫게 된 '사랑'의 폐해와 지금의 처지, 그리고 시시각각 다가오는 '죽음'의 손길은 감옥에서의 고초를 다시 환기시키며 비용을 짓누른다. 이 순간 비용은 지난날의 《유증시》에서 위안과 새로운 힘을 찾아 《유언의 노래》의 후반부를 이끌어 나간다. 유증 수령자들을 거명하고 그들에게 '적절한' 유증물을 선사함으로써, 비용과 유증 수령자들 모두가 다양한 '변신'을 경험하게 되며, 이러한 '변용'을 통해 비용은 그가 창조한 새로운 세계에 다시 동화된다. 그러나 이러한 '변용'과 '동화'가 비단 8행시들을 통해서만 이루어지는 것은 아니다. 비용은 《유언의 노래》에 삽입된 발라드들을 유증물로 활용함으로써, 여러 화자들의 목소리가 뒤섞여 울려 퍼지는 가운데 그 소리와 의미가 하나의 발라드에서 다른 발라드들로 반향되는 효과를 만들어 낸다. 《유언의 노래》에 삽입된 발라드들은 단순한 형식상의 변주나 내용의 종합, 분위기의 전환에 그치는 것이 아니며, 8행시에서 언급되었던 유증 수령자와 유증물들과는 다른 층위에서 '유증시'로서의 《유언의 노래》를 발전시킨다. 바로 이러한 측면에서, 여러 작가들이 '발라드'를 어떻게 활용하였으며 '발라드'는 어떤 특징들을 갖고 있는지, 또 비용은 전통적인 '발라드'에서 어떤 '미학'을 새롭게 추구하는지에 대한 논의와 검토가 요구된다.

### 3. 발라드의 미학

'발라드ballade'라는 말은 그 어원이 되는 라틴어 'ballare'에서도 알 수 있듯이, '춤추다danser'를 의미하는 동사 'baller', 'balar'와 관련된 것이며,[141] 최초의 용례는 1260년경의 아당 드 라 알의 작품에서 찾아볼 수 있다. 15세기의 경우, 발라드와 춤과의 관계는 'baladé(e)', 'baladant' 등의 형용사를 통해서만 환기될 뿐이지만,[142] 각 시절 끝에서 반복되는 후렴구 자체가 '춤'과의 관련성을 어렵지 않게 짐작하게 한다. 발라드는 처음에는 시의 '형태'를 가리키는 말이라기보다는 시의 '장르'를 지칭하는 것이었고, 13세기에 이르기까지 매우 다양하며 유동적인 형태를 보였다. 그러나 점차 '비를레virelai'[143]와 분리되는 과정을 거쳐, 14세기 전반 이후로는 정형시의 하나로 확립되기 시작한다. 대다수의 발라드는 등운율等韻律이며, 일반적으로 3개의 시절과 '발구envoi'로 구성된다. 그리고 발구는 일반적으로 고유명사나 호칭으로 시작된다. 각 시절은 대개 8-10음절로 이루어지며, 시구의 행수 역시 보통 8-10행으로 이루어진다.

'chant royal'[144]은 '발라드'의 후렴구를 차용했고, '발라드'는 'chant royal'의 발구를 차용하였다는 점에서 알 수 있듯이, 이 두 형식은 서로 영

141 이하 발라드에 대한 논의는 Georges Lote, *Histoire du vers français*, Paris, Boivin, 1951, Tome II, pp. 270-285; Henri Morier, *Dictionnaire de poétique et de rhétorique*, Paris, P.U.F., 1961, pp. 131-138; Alfred Jeanroy, *Les origines de la poésie lyrique en France au moyen âge*, Paris, Champion, 1969, pp. 401-406; Henri Chatelain, *Recherches sur le vers français au XV$^{e}$ siècle. Rimes, mètres et strophes*, Genève, Slatkine Reprints, 1974, pp. 167-185; Walter Arnold Blue, *François Villon's Art of the Ballade*, Dissertation of Yale University, 1975; Henrik Heger, "La Ballade et le Chant Royal", in *Grundriss der romanischen literaturen des mittelalters*, Band VIII/1, Heidelberg, Carl Winter, 1988, pp. 59-69; Michèle Aquien, *La versification appliquée aux textes*, Paris, Nathan, 1993, pp. 112-115; Emmanuèle Baumgartner, *Poésies de François Villon*, Paris, Gallimard, 1998, pp. 25-28; Jean-Michel Gouvard, *La versification*, Paris, P.U.F., 1999, pp. 241-247; Michèle Aquien et Georges Molinié, *Dictionnaire de rhétorique et de poétique*, Paris, Librairie Générale Française, 1999 등의 정리·요약임.

142 E. Langlois, *Recueil d'arts de seconde rhétorique*, Genève, Slatkine, 1974, p. 185; Poirion$_{1}$, 367.

143 중세 정형시의 하나로, 13-15세기에는 음악에서도 많이 사용되었다. 롱도와 유사한 형식을 가지며, 15세기 중반 이후에는 음악과 분리되는 경향을 보였다.

144 5개의 시절과 발구로 이루어지며, 주로 10음절 시구를 사용했다. 'royal'이라는 부가어에서 짐작되듯, 시의 '장중함'을 특색으로 들 수 있다. 궁정풍 주제를 다루는 '사랑'에 관한 것, 기존의 미학적 가치를 뒤집고 웃음을 유발하는 궁정풍 주제의 심한 패러디, 정치적이고 교화적인 주제, 성모에 대한 찬양 등 크게 네 가지 범주로 구분된다. 5개의 시절을 주된 형식으로 삼은 것에서 '완전함'을 상징하는 오각형의 별모양을 선호했던 중세 후기의 취향이 엿보이기도 한다.

향을 주고받으며 일종의 '혼용' 형태를 취하였고, 이는 푸아리옹의 말을 빌리자면 '방사의 원칙principe de rayonnement'에 따르는 것이었다. 즉, 가상의 축을 중심으로 시의 제반 요소들이 배열되는 경향을 보였으며, 여기서 '중심점'의 역할을 수행한 것이 바로 '후렴구'였다(Poirion$_1$, 361). 발라드의 형식적 특징인 3개의 시절들은 그 안에서 섬세하고 미묘한 변화를 일으키고 변주를 진행시키는 데 유용했으며, 각종 수사 기법들의 활용에도 적합한 것이었기에 궁정에서 큰 인기를 거두었다.

14세기 전반, 궁정에서는 두 가지 유형의 발라드가 널리 사용되었다. 하나는 '궁정풍 사랑'의 전통에 부합하는 것으로, 갖가지 감정들을 표현하는 '사랑'에 관한 발라드였고, 다른 하나는 시대의 풍속이나 정치적 사건, 인간의 운명과 세상사, 인간의 내면세계에 대한 재현 등을 다루는 '도덕적'이며 '철학적'인 성향의 발라드였다(Poirion$_1$, 367). 당시 발라드는 문학적인 면에서뿐만 아니라 사회적인 면에서도 중요한 '의사소통'의 수단이었고, 진지하면서도 명확한 메시지를 전달하고 서로의 감정과 생각들을 서로 교환할 수 있는 이른바 '시적 서한lettre poétique'이었다. 아울러 발라드를 통한 '대화'와 '의사전달'은 인간의 내면세계로 하강하여 영혼의 보이지 않는 수많은 전투와 갈등을 표현하는 데 사용되기도 했다(Poirion$_1$, 368).

발라드를 구성하는 동일한 형식을 가진 세 개의 시절, 다시 말해 세 부분으로 이루어진 구성 체계가 수사학이나 변증법 등을 통해 그 효과와 명료함이 입증된 것인 동시에 모두에게 익숙한 것이었다는 점, 또 무엇보다도 논리적인 '연속성'을 표현하기에 적절한 것이라는 점에서, 중세에 발라드가 거둔 성공과 파장을 짐작해 볼 수 있다. 아울러 무엇보다도 다루는 주제에 상관없이 모든 내용을 표현할 수 있다는 발라드의 특징 또한 기억해 둘 필요가 있다.

마쇼는 10음절 7행의 발라드를 선호했으며, 프루아사르는 독특한 형식인 7음절 6행의 발라드를 남기기도 했다. 전형적이고 일반적인 발라드가 아닌 경우, 시절의 길이는 6-14행까지 다양했으며, 시행의 음절수 또한 4-10

음절에 이르기까지 여러 유형을 보였다. 발라드의 첫 줄은 앞으로 다루려는 주제를 예고하는 역할을 하는 것으로, 이를 통해 전체적인 어조와 분위기가 상정되었다. 또 후렴구는 단순히 장식적인 기능으로 사용되었다기보다는 발라드 전반에 걸쳐 그 주제를 생생하게 느낄 수 있게 하는 '반향'임과 동시에 시인의 의도를 요약해 주는 일종의 '확언'이나 '결론'을 제시하는 데 사용되었다. 물론 롱도의 경우처럼, 후렴구를 통해 일종의 '순환'을 제시할 필요는 없었지만, 발라드의 후렴구는 시의 논리적인 진전을 선조적으로 표현할 수 있는 것이어야 했다. 각 시절들은 하나의 중심 주제를 노래하는 곳으로, 형식적이고 논리적인 구조에 의해 그 내용을 전개해야 했으며, 적절한 배열이 이루어져야 했다. 하지만 발구의 경우, 시절 끝에 위치해야 한다는 점을 제외한다면, 그 행수에 특별한 제한을 두지 않았다.

발라드의 정착에 공헌한 선구자로는 기욤 드 마쇼를 들 수 있다. 마쇼는 '궁정풍 사랑'의 연장선상에서 '사랑'에 관한 발라드를 많이 남겼으며, 이야기되는 작품 속에 발라드를 삽입하는 기법을 통해 궁정과 대중의 요구에 부응하는 한편 작가 자신의 주관성을 조화시켜 드러내기도 했다. 프루아사르 역시 '사랑'과 관련된 많은 발라드를 남겼으며, 종종 발라드를 운문으로 된 다른 작품 속에 삽입시켰지만, 그의 경우 발라드의 삽입은 장식적인 측면이 강했다고 할 수 있다. 발라드의 확립자인 외스타슈 데샹 이후, 대다수의 시인들은 데샹이 확립해 놓은 형식을 준수하게 된다. 데샹은 다른 어떤 장르보다도 발라드를 선호하였으며, '사랑'에 관한 내용 외에도 당대의 모습과 기억할 만한 사건들, 내면세계와 외부 사회의 모습 등, 시인의 '자아'를 엿볼 수 있는 구체적인 삶의 단면들이 제시된 갖가지 발라드들을 남겼다. 크리스틴 드 피장은 과감한 운율을 사용하면서 자신의 고독과 과부의 삶, 그리고 여성 작가의 '주관성'을 발라드를 통해 표현했고, 샤를 도를레앙은 오랜 유배 생활을 통해 각인된 고독과 우수로 물든 자신의 내면세계를 발라드로 표현하였다.

그러나 1549년 뒤 벨레Joachim du Bellay가 《프랑스어의 옹호와 현양》에서 발라드에 대해 혹평을 가한 것에서 알 수 있듯이,[145] 마로 이후의 16세기 시인들, 특히 플레이아드파 시인들이 고전적인 '오드ode'나 이탈리아의 영향을 받은 '소네sonnet'[146]에 치중함으로써, 발라드는 서서히 사람들의 관심과 기억 속에서 사라지게 된다. 17세기의 경우, 약간의 시도들을 찾아볼 수는 있지만, 19세기에 와서 파르나스파와 베를렌 등의 관심이 있기 전까지 발라드는 거의 사장死藏되었다고 할 수 있다.[147]

비용은 특히 8음절 8행, 10음절 8행, 10음절 10행의 세 가지 발라드를 많이 사용하였다. 비용은 발라드를 통해 '자아'의 개성과 주관성을 보다 충실하게 보여 주는 일종의 '거울'을 만들어 냈으며, 유동적이며 불안정한 세계, 부서지고 조각난 세계의 모순과 불명료함 속에서 어떤 것도 정할 수 없었던 자신의 모습을 있는 그대로 숨김없이 보여 주었다. 그런데 이러한 모호함과 불명료함, 나아가 모순적인 면모는 발라드 자체의 특성에 기인한 것이기도 했다. '모호함'이 표출되는 계기가 만들어질 수 있었던 것은, 3개의 시절들의 내용이 조금씩 변화하는 데 비해, 후렴구는 항상 동일하게 제시되는 자체적인 특성 때문이었고, 시절들이 변화와 변동 속에서 명확한 사상이나 감정을 제시하며 전개되는 반면, 후렴구는 맥락의 변화 속에서 반복적으로 하나의 내용을 암시하였기 때문이기도 했다. 또 각 시절들의 객관적이며 논리적인 진행 속에 시인의 주관적인 사상과 감정의 비약이 개입됨으로써, 시인은 대조적인 특성들을 한층 더 효과적으로 강조할 수 있었다.

방빌이나 위스망스Huysmans는 비용을 '발라드의 왕'이자 비할 수 없이 훌

---

145 "Ly, donques, et rely premierement (ò Poëte futur), fueillete de Main nocturne, et journelle, les Exemplaires Grecz et Latins: puis me laisse toutes ces vieilles Poësies Françoyses aux Jeuz Floraux de Thoulouze, et au Puy de Rouan: comme Rondeaux, Ballades, Vyrelaiz, Chantz Royaulx, Chansons, et autres telles episseries, qui corrumpent le goust de nostre Langue: et ne servent si non à porter temoingnaige de notre ignorance."(Joachim du Bellay, *La deffence et illustration de la langue françoyse*, édition et dossier critiques par Jean-Charles Monferran, Genève, Droz, 2001, pp. 131-132).

146 Max Jasinski, *Histoire du sonnet en France*, Genève, Slatkine Reprints, 1970을 참조.

147 Bertrand Degott, *«Ballade n'est pas morte» Étude sur la pratique de la ballade médiévale depuis 1850*, Paris, Annales littéraires de l'Université de Franche-Comté, 1996을 참조.

륭한 발라드의 '보석 세공인'에 비유한 바 있다. 하지만 고전적이고 일반적인 발라드의 기준에 비추어 보았을 때, 비용의 발라드가 전통적인 규칙과 형식을 완전하게 지킨 모범적인 발라드에 해당하는 것은 아니다. 비용은 전통적인 발라드의 형식을 거의 그대로 사용하였을 뿐이며, 이전에 행해진 갖가지 시도들의 '종합'이나 선례를 뛰어넘는 과감한 '혁신'을 보이지도 않았다. 또 비용의 발라드는 대칭적이기보다는 비대칭적인 면모를 자주 보이며, 통사적으로나 리듬 면에서 자주 일그러지고 변형된 모습을 보였다. 이러한 '변형'은 대개 시인의 '감정'과 결부되어 자주 발생하며, 자신의 의도와 감정이 구체적으로 어떤 것인지를 강조하는 면모를 자주 보인다. 비용은 하나의 '동사'를 구심점으로 삼아 자신의 의도와 시의 의미를 강조하는 '반복'과 '변주'를 종종 행하며, 대부분 이중 구조 속에서 두 가지 어조와 분위기를 동시에 표현했다.

비용을 훌륭한 발라드의 '보석 세공인'으로 칭할 수 있다면, 그것은 아마도 그의 발라드에서 자신이 다른 이들에게 뒤지지 않는 훌륭한 시인임을 보여 주고자 했던 여러 시도들, 즉 형식적인 것뿐만 아니라 내용에 있어서의 정교함과 깊이, 표면적으로 드러나는 한 가지 사상이나 한 인물의 이면에 또다른 사상과 인물을 중첩시켜 재현해 내는 함축성과 다양성, 하나의 발라드를 다른 발라드와 연결시키고, 나아가 여러 편의 발라드들을 동시에 결부시키는 계기를 만들어 내는 시도를 볼 수 있기 때문일 것이다.

비용은 발라드를 통해 '찬사', '비난', '기원', '추도', '반박', '죽음' 등 실로 다양한 감정과 주제들을 선보인다. 물론 이렇듯 다채로운 시도의 근원적인 이유를 명확히 찾기는 어렵다. 비용의 시도는 자신의 능력을 과시하려는 열망의 표현일 수도 있지만, 지난날의 암울했던 삶의 흔적들과 불행한 사건들의 여파에서 보호받고자 했던 소망의 표현일 수도 있다. 또 변동과 부침없는 안정 속에서, 새로운 후원자들의 지지를 받으며, 시인으로서의 성공과 새로운 생활을 기대했던 몸짓이었을지도 모른다. 다만 한 가지 분명한 것은, 비용의 시도가 다른 사람들에게 자신의 재능과 역량을 보여 주고자 했던 것일 뿐만 아니라 자신이 결코 보잘것없는 방랑 시인이 아님을 스스로에게도 입증하고자 애썼던 노력이라는 점이다. 이러한 측면을 십분 고려할 경우, 《유언의 노래》에서 지난날의 작품과 그에 대한 반응을 떠올리는 비용의 말은 자신이 더이상 "보잘것없는 말의 행상인"이 아님을 주장하는 외침으로 다가온다. 이러한 관점에서 샤를 도를레앙이 쓴 두 편의 롱도를 먼저 살펴볼 필요가 있다.[148]

이 하찮고 조악한 물건들은 값어치가 없구만,
또 이 자질구레한 장신구들도.
어디서 오는 길인가, 보잘것없는 방물장수?
자네 직업은 대단치 않은 것 같네,
내 보기에는 말일세, 자네가 파는 방법도 그렇고.
〔…〕
〔이런 물건들은〕 여기저기 사방 널려 있는 것이지,
그러니, 말대꾸하려 들지 말고,
자네 바구니에 담긴 것을 전부 늘어놓아 보게,
어디 값진 반지가 있는지
찾아볼 수 있도록 말이야. (〈롱도CCCXXIX〉, vv. 1-5, 12-16)[149]

샤를 도를레앙의 이 시는, 행상인들에게서 가위, 성화聖畵, 상아로 만든 빗, 묵주알 등을 구입했던 공작의 전기적인 일화들에서 볼 수 있듯,[150] 비용과는 직접적인 관련성이 없다. 1-2행("Riens ne valent ses mirlifiques,/Et ses menues oberliques;")에서 샤를 도를레앙은 행상인을 가리킬 경우에는 소유한정사일 수도 있고, 행상인의 자질구레한 물건들을 가리킬 때는 복수

148 이 두 편의 시에 대해서는 Alice Planche, "«Petit mercier, petit panier...» Le débat du grand et du menu", in *Mélanges de langue et de littérature médiévales offerts à Pierre Le Gentil*, Paris, SEDES, 1973, pp. 661-671을 참조.

149 $CdO_1$, 480; $CdO_3$, 386-387.

150 $Champion_1$, 439-440을 참조.

를 나타내는 지시사일 수도 있는 'ses'를 가지고 말장난을 즐긴다.[151] 첫 줄을 통해 행상인의 물건은 이름도 없이 그저 모호한 '어떤 것'으로 지칭될 뿐이며, 이어서는 행상인 자신도 이름 없는 "보잘것없는 방물장수"("petit mercier", v. 3)로 제시된다. 일별만으로 물건의 값어치를 파악하는 화자의 모습은, 자신이 속임수에 빠지기 쉬운 또 현혹되기 쉬운 천하고 가난한 신분이 아닌, 높은 신분의 부유한 사람임을 암시하는 것이며, 그는 물건의 질뿐만 아니라 상대방의 직업과 파는 기술마저도 문제삼는다. 이어서 행상인에게 던지는 "어디 값진 반지가 있는지"("Quelques bagues plus autentiques:", v. 16) 보게 "바구니에 담긴 것을 전부 늘어놓아 보게"라는 말은, 행상인의 무지함을 암시할 수도 있는 것이며, 나아가 행상인이 훌륭한 물건의 가치를 모른 채 하찮은 것으로 여겼을지도 모른다는 점을 빗대는 한편 자신의 훌륭한 선별 능력을 강조하는 말이기도 하다. 이런 그의 말에 대해, 보잘것없는 방물장수는 다음과 같이 화답한다.

> 보잘것없는 방물장수, 보잘것없는 바구니!
> 그렇지만 당신 마음에 꼭 드는
> 물건이 내게 없다고 해서,
> 그런 이유로, 내 직업을 헐뜯지는 마오.
> [···]
> 오늘은 일하는 날임에도,
> 당신과 이야기하느라 나는 시간을 허비하고 있다오.
> 나는 내 일을 잘 끝마치러 갑니다.
> 또 거리 복판에서 외칠 것입니다.
> 보잘것없는 방물장수, [보잘것없는 바구니!]
> (〈롱도 CCCXXX〉, vv. 1-4, 8-12)[152]

---

151 $CdO_3$, 508.

152 $CdO_1$, 480-481; $CdO_3$, 387.

행상인과 물건을 사려던 사람은 저마다 자신이 속한 계층을 대변한다. 한 사람은 값진 물건들 속에서 새로운 물건, 진귀한 물건을 고르려 하며, 또 한 사람은 하루를 일해 하루를 먹고 산다. 두 편의 롱도는 일종의 '논쟁débat'에 속하는 것으로, 높은 신분과 낮은 신분 사이에서 벌어지는 연극의 한 장면과도 같다. 행상인에게는 더 보여 줄 물건이 없으며, 그렇기에 그는 물건을 펼치는 대신 자신의 '이야기'를 펼친다. "보잘것없는 방물장수, 보잘것없는 바구니!"("Petit mercier, petit pannier!", v. 1)라는 말은 리트레가 설명하듯,[153] '자신이 가진 것을 넘어서는 일을 하는 위험을 저지르지 말라'는 뜻으로 사용되는 말이며, 자신보다 더 높은 신분의 사람에게 말할 성질의 격언이 아니다. 하지만 이 말을 통해 행상인은 자신의 물건들이 다른 사람들에게는 필요한 것일 수도 있으며, 그들에게는 즐거움을 줄 수 있을 것이라는 점을 강조한다. 비록 그의 물건들이 "베네치아의 보물과는 거리가 먼 것"("C'est loings du tresor de Venise,", v. 6)이지만, 자신은 이를 "하찮고 조악한 물건"으로 여기지 않는다는 것을 알리면서, 행상인은 "일하는 날임에도" "당신과 이야기하느라" "시간을 허비하고 있다"는 말로("Et tandiz qu'il est jour ouvrier,/Le temps pers quant a vous devise:", vv. 8-9), 한가한 자의 상처를 주는 말에 대해 그가 할 수 있는 한도의 '보복'을 감행한다. 그리고는 첫 행에서 특정한 한 사람을 위해 했던 "보잘것없는 방물장수, 보잘것없는 바구니!"라는 말을 이제 다른 모든 사람들에게 외치러 거리로 나간다.

《유언의 노래》에 삽입된 발라드들은 비용의 모든 시적 재능이 응집된 총화總和이며, '신학대강神學大綱'에 비견되는 '시집성詩集成'이라고 말할 수 있다. 비용이 《유언의 노래》에 발라드들을 삽입시킨 것은 《유증시》의 구조와의 차별화를 위한 것이며, 이는 시인이 추구한 갖가지 다양성들과 변주들의 일례에 해당한다. 비용은 단순히 작품의 주조가 되는 8행시에 형태가 다른 정형시인 발라드를 삽입하는 데에 그치지 않았다. 내용 면에서 볼 때, 서

153 Émile Littré, *Dictionnaire de la langue française*, Paris, Gallimard-Hachette, 1965, tome V, p. 1306.

정적인, 풍자적인, 저속하고 외설적인, 사실적인, 비장한, 궁정풍의 세련된, 우스꽝스럽고 기괴한 갖가지 내용들이 8행시뿐만 아니라 삽입된 발라드들에서 나타난다. 때로는 8행시만으로 한정지어, 또 때로는 이어지는 발라드에까지 동일한 내용과 어조를 확장시키며, 어떤 경우에는 앞선 8행시와 이어지는 발라드를 서로 다른 맥락에서 분리시켜 읽는 것을 가능하게 만들기도 한다. 비용은 발라드의 형태에서도, 단순한 발라드와 이중의 발라드를 적절히 사용하며, 그 음절수에서도 경우에 따라서 8음절과 10음절을 나누어 사용하는 면모를 보인다.[154] 이러한 비용의 노력과 시도들은

> 발라드, 샹송 그리고 애가哀歌는
> 내게서 망각 속에 지나가 잊혀졌으니,
> 이는 걱정과 수많은 생각들이
> 나를 오랫동안 잠들게 했기 때문이라.
> 허나, 그럼에도 불구하고, 근심을 물리치기 위해
> 나는, 예전에 늘 그렇게 했던 것처럼, 내가
> 〔아직도〕 시를 쓸 수 있는지 시험해 볼 것이다.
> 적어도 나는, 나의 최선을 다 할 것이다,
> 비록 내가 태만함에 온통 녹슨,
> 나의 시어를 찾게 될 것임을
> 알게 되고 경험할지라도. (LXXII, vv. 1-11)[155]

라는 샤를 도를레앙의 각오를 떠올리게 하는 것이기도 하다.

작품의 주조를 이루는 8행시들 사이에 정형시들을 삽입하는 방식은 특

---

154 PSF, 25-26을 참조.

155 "Balades, chançons et complaintes/Sont pour moy mises en oubly,/Car ennuy et pensees maintes/M'ont tenu long temps endormy./Non pour tant, pour passer soussy,/Essaier vueil se je sauroye/Rimer, ainsi que je souloye./Au meins j'en feray mon povoir,/Combien que je congnois et sçay/Que mon langage trouveray/Tout enroillié de Nonchaloir." (CdO$_1$, 119; CdO2, 232).

히 14-15세기 전반 기욤 드 마쇼, 장 프루아사르, 크리스틴 드 피장 등의 작품에서 널리 사용되었다. 이들 궁정 시인들은 서술되는 하나의 틀 안에 노래와 정형시들을 삽입함으로써 작품의 인물들이 이러한 삽입 시편들을 직접 낭송하거나 노래하는 것과 같은 효과를 만들어 냈으며, 이와 동시에 단조로운 구조와 진행을 피하려고 노력했다. 정형시의 삽입은 주제의 연속선상에 위치해 이를 확대·부연하는 기능을 수행하기도 하며, 내용의 반전과 새로운 시상의 진전이 이루어지는 계기를 만들어 주기도 한다.

뿐만 아니라 삽입된 정형시들을 통해 도입된 작품의 화자와 상이한 목소리는《유언의 노래》의 통일성 차원에서도 시사하는 바가 크다. 한 명의 화자에게 국한되었던 세부적이고 개인적인 내용은 삽입된 정형시를 통해 일반적이고 보편적인 층위로 이동되기도 하며, 이러한 효과는《유언의 노래》에서 발견되는 화자의 다양한 변신과 편재하는 시적 화자의 목소리를 이해하는 데에도 중요한 의의를 갖는다. 아울러 아크로스티슈를 통해 독자의 참여를 유도함으로써, 그 안에 숨겨진 저자의 의도를 파악하는 데 다시 한 번 관심을 기울이게 하여 시인의 메시지를 찾게 만든다.[156] 삽입된 정형시 자체를 실제 물건을 분배하듯 유증물로 처리하고 있다는 점 또한, 한편으로는 독립적이며 특수한 가치와 의의를 지니는 작품이 전후의 8행시 및 전체 구조 안에서 보편적이면서도 새로운 의미와 위상을 지니게 된다는 점에서 의의가 있다.

### 1) 〈성모에게 기도 드리는 발라드〉

또한, 내 불쌍한 어머니께 드린다.
여주인이신 성모 마리아께 기도 드리기 위해.
어머니는, 나로 인해, 쓰라린 고통을 당하셨고,
신께서 아시듯, 또 무수한 슬픔을 겪으셨다.

---

156 이 점에 대해서는 $Fein_2$, 80을 참조.

—가혹한 재앙이 내게 밀려들 때면,
내 몸과 마음의 피난처 삼을 수 있는 곳이라고는,
나 다른 성도 성채도 없으니,
오직, 불쌍한 여인, 내 어머니뿐이라—. (T, LXXXIX, vv. 865-872)[157]

비용은 《유증시》에서는 언급하지 않았던 자신의 어머니를 떠올린다. 865행에서 사용된 동사 'donne'의 경우, 그 목적어는 8행시 LXXXIX 안에서 제시되지 않으며, 이어지는 발라드 전체가 바로 동사 'donne'의 목적어라는 점이 유증물로서의 발라드의 위상을 짐작하게 해준다.[158] 자신의 안식처가 어머니의 품 외에는 없음을 "나 다른 성도 성채도 없으니"라는 말로 표현하는 비용의 뇌리에는 여전히 고립된 장소인 묑의 가혹한 감옥이 떠나지 않고 있는 듯하다. 비용은 이제 지상의 어머니와 천상의 어머니에 대해 이야기를 시작하며,[159] 그의 손으로 쓴 기도는 다시 어머니의 입을 통해 반복·재생된다.

〈성모에게 기도 드리는 발라드〉는 비용의 목소리를 통해 직접 이야기가 전개되는 대신 어머니의 목소리를 통해 구술된다는 점에서 우리의 주목을 끈다. 그러나, 발레리가 "프랑스 시의 보배들 가운데 하나인" 발라드라 절찬하기도 했던(Valéry$_1$, 432) 이 시를 굳이 검토 대상으로 삼은 것은, 이 발라드가 본격적인 유언이 시작된 후 등장하는 최초의 삽입시이며, 세월의 흐름을 넘어서 여전히 우리에게 커다란 감동을 준다는 점을 재차 확인하기 위해서만은 아니다. 이 발라드가 우리의 주목을 끄는 주된 이유는 우선 두

---

157 "Item, donne a ma povre mere,/Pour saluer nostre Maistresse,/Qui pour moy ot douleur amere,/Dieu le scet, et mainte tritresse/—Autre chastel n'ay ne forteresse/Ou me retraye corps ne ame/Quant sur moy court malle destresse,/Ne ma mere, la povre femme—."

158 Karl D. Uitti, "A note on Villon's Poetics", *Romance Philology*, 30, nº 1, 1976, p. 189를 참조.

159 Rupert T. Pickens, "The Concept of the Feminine Ideal in Villon's *Testament*: Huitain LXXXIX", *Studies in Philology*, 70, nº 1, 1973, pp. 42-50을 참조.

'화자'의 완전한 일치에 있다. 〈성모에게 기도 드리는 발라드〉의 경우, 여타의 발라드들과는 달리, 실질적인 화자 비용과 발라드의 명목상 화자인 어머니의 시선과 음성, 처지와 소망 등 모든 것이 정교하게 하나가 되어 표출되며, 독립적인 가치와 역할을 지닌 삽입시가 전체적인 주제와 틀 속에서 완전한 의미를 지니게 된다. 또한 외부의 삼각면에 위치한 성모의 모습에서 내부의 채색 유리창으로 이어지는 이 발라드의 전개가 어느 교회에 들어간 화자의 눈에 비친 순서와 동일하게 기술됨으로써, 시각적인 재현과 내용의 전개가 하나가 되어 동시에 이루어진다는 점에도 주목할 필요가 있다.[160] '보잘것없는 말의 행상인'이었던 비용이 전통적인 주제와 내용에 어떤 혁신을 가져오는지 살펴보도록 하자.

> 천상의 마님, 지상의 섭정모후,
> 지옥소地獄沼의 여왕이시여,
> 저를 받아들여 주소서, 당신의 비천한 신자를,
> 비록 저 아무런 값어치도 없지만,
> 당신의 선택받은 자들 사이에 들 수 있게 해주소서.
> 나의 마님, 나의 주인이시여, 당신으로부터 오는 은총은
> 제가 지은 죄보다 훨씬 더 큰 것이며,
> 당신의 은총이 없다면, 천국에 값할 수 있는 사람 아무도 없고,
> 또 어떤 사람도 천국에 갈 수 없으니, 이는 거짓없는 제 진심입니다.
> 이러한 믿음 속에서 저 살다 죽고자 하옵니다. (T, vv. 873-882)

'Notre Dame'이라는 호칭은 12세기에 성모에게 부여된 것이며, 13-14세기에 와서야 성모의 신성이 확립되어 널리 확산된다고 할 수 있다. 431년 에페소 공의회Le concile d'Ephèse에서 성모를 예수의 어머니로 칭한 이래, 9세기 들어서는 브장송Besançon, 리모주Limoges, 콩피에뉴Compiègne 지역의 여

---

160 Thiry$_1$, 451을 참조.

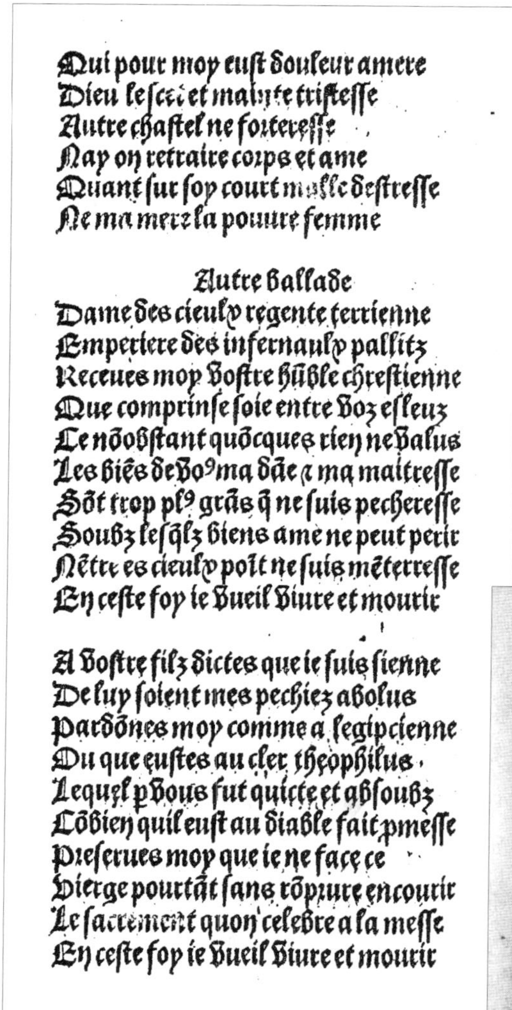

Qui pour moy eust douleur amere
Dieu le sceut et maynte tristesse
Autre chastel ne forteresse
Nay ou retraire corps et ame
Quant sur moy court malle destresse
Ne ma mere la pouure femme

Autre ballade

Dame des cieulx regente terrienne
Emperiere des infernaulx pallitz
Receues moy vostre hūble chrestienne
Que comprinse soie entre voz esleuz
Ce nōobstant quōcques rien ne valus
Les biēs de vo⁹ ma dāe ⁊ ma maitresse
Sōt trop pl⁹ grās q̄ ne suis pecheresse
Soubz lesqlz biens ame ne peut perir
Nētrer es cieulx point ne suis mēterresse
En ceste foy ie vueil viure et mourir

A vostre filz dictes que ie suis sienne
De luy soient mes pechiez abolus
Pardōnes moy comme a legipcienne
Ou que eustes au clerc theophilus
Lequel par vous fut quicte et absoubz
Cōbien quil eust au diable fait pmesse
Preserues moy que ie ne face ce
Vierge pourtāt sans rōpture encourir
Le sacrement quon celebre a la messe
En ceste foy ie vueil viure et mourir

고인쇄본 I(Pierre Levet, 1489)에 수록된
〈성모에게 기도 드리는 발라드〉

Le grant testament villon/et le petit.
Son codicille. Le iargon ⁊ ses balades

*Le grant testament Villon et le petit.*
*Son codicille. Le iargon et ses balades*

현존하는 가장 오래된 인쇄본으로 추정되는
고인쇄본 I(Pierre Levet, 1489)의 표지

러 수도원들이 성모 마리아에게 바쳐졌다. 또 중재자로서의 역할을 성모가 담당한 두 가지 전설, 후일 뤼트뵈프가 작품으로 만들기도 한 테오필루스와 이집트 여인 마리아의 전설이 알려지기도 했다.[161] 무수한 작가들이 성모를 노래했고, 무수한 칭호들이 성모에게 봉헌되었다. '신의 모후, 제왕諸王 가운데 진정한 왕의 모후Mère de Dieu, mère au vray roy des roys', '전능하신 왕의 모후이며 신부merre et espeuze au roy puissant', '천상의 마님이며 왕관을 쓰신 여왕dame de paradis et royne couronnee', '천상의 마님, 지상의 마님Dame du ciel, dame de terre' 등에서 비유적이고 상징적인 의미를 가진 '〔바다의〕 샛별stella maris', '맑고 순결한 장미rose fresche et clere', '흠 없는 꽃flour sans tache', '구원의 문port de salut', '용서의 샘fontaine de misericorde', '성채와 탑chastel et tour' 등의 표현에 이르기까지, 성모에 대한 호칭은 삶의 모든 양상들, 인간의 갖가지 처지와 감정들, 저마다가 품고 있던 환상과 열망들을 모두 표현하는 것이었다(Siciliano$_1$, 203-225).

첫 번째 시절에서 비용은, 샤를 도를레앙이 사용하기도 했던 "천상의 여왕이며 지상의 여주인"("Royne des cieulx et du monde maistresse")이라는 호칭과 유사한 표현들을 반복해서 사용한다. 성모의 '선택'을 받고자 하는 열망, 성모가 '베푸는 은총'을 받고자 하는 소망을 표현하기 위해, 비용은 '주종 관계'를 드러내는 호칭들을 열거한다. 효과적인 호칭들을 택하는 그의 의도는 성모를 지칭하는 가장 일반적이면서도 구체적인 호칭인 '동정녀Vierge'나 '동정녀 마리아Vierge Marie'를 한 번도 사용하지 않는다는 점에서도 충분히 짐작된다.

> 당신 아드님께 제가 그분을 섬기는 신자임을 전해 주소서.
> 그분을 통해, 저의 죄업들이 사해지게 하시며,
> 그분께서 저를 용서하게 하소서, 이집트 여인에게 하셨던 것처럼,
> 혹은 악마를 섬기겠다고 계약을 맺었음에도 불구하고,

---

161 이에 대해서는 Dufournet$_2$, 7-25를 참조.

당신의 도움으로 계약에서 풀려나 죄의 사함을 받았던
성직자 테오필루스에게 하셨던 것처럼.
결코 그와 같은 죄를 범하지 않도록 저를 지켜 주소서,
미사에서 찬송하는 성체를,
성스러운 동정녀의 몸으로, 품으신 성모여.
이러한 믿음 속에서 저 살다 죽고자 하옵니다. (T, vv. 883-892)

시칠리아노가 지적하듯이, 883행("A vostre Filz dictes que je suis scienne;")에서 성모 마리아는 신과 인간의 중재자로 그려진다. 성모는 신의 어머니이며 그 전능한 힘을 통해 범접할 수 없는 신성을 지니고 있지만, 본래의 온유함과 어머니로서 겪었던 고통, 그리고 연민을 통해 지극히 인간적인 면모 또한 지닌다. 성모는 불행과 절망, 고통과 죄악으로 괴로워하는 인간들을 변호하는 존재로 그려지며,[162] 그렇기에 성 베르나르도Saint Bernard는 '순례자인 우리들 앞에는, 심판자이신 분의 모친이자 자비로우신 어머니, 당신의 기도로 우리를 구원으로 이끄시는 성모'가 계신다는 사실을 강조하면서,[163] 어떤 경우에든 성모에게 모든 것을 의탁할 것을 다음과 같이 말하기도 했다.

유혹의 바람이 일면, 고난의 암초가 가는 길에 솟아오르면, 별을 바라보고, 성모를 찾으라. 오만의 파도에, 야망, 비방, 시기의 파도에 흔들린다면, 별을 바라보고, 성모를 찾으라. 분노, 탐욕, 부정한 욕망들이 영혼의 작은 배를 뒤흔든다면, 성모를 향하고 바라보라. 무수한 죄들로 고통받는다면, 양심의 파렴치함에 수치를 느낀다면, 심판의 두려움에 겁이 난다면, 절망의 심연에서 슬픔의 구렁에 빠져드는 것을 느낀다면, 성모를 생각하라. 위험 속에서, 고통 속에서, 의혹 속에서, 성모를 생각하고, 성모에게 간구懇求드리라.[164]

162 인간과 신의 '중재자', 인간의 '변호자'로서의 성모의 모습에 대해서는 Siciliano$_1$, 211-214를 참조.
163 Dufournet$_2$, 13에서 재인용.

이러한 성모의 모습은 테오필루스가

> 나 감히 하느님, 그리고 성인 성녀들에게 기도드릴 수 없구나.
> 또 지극히 온유하신 성모, 누구나 마땅히 사랑해야 하는 분에게도.
> 하지만 성모께서는 일말의 매정함과 가혹함도 갖고 계시지 않으니,
> 내가 그분에게 자비를 청한다 해도, 이를 비난할 사람 아무도 없다.
> (vv. 428-431)[165]

라고 말한 뒤, "아름답고 성스러운 여왕, 영광스런 동정녀, 당신을 통해 모든 선이 나타나는 은총이 가득하신 귀부인, 곤란 속에서 당신께 기도드리는 자를 그 고통에서 풀어 주시는 분"(vv. 432-437)[166]에게 "성모여, 당신 아드님에게 빌어 주소서, 제가 구원되도록"("Dame, ton chier Filz proie/Que soie despreez.", vv. 532-533)이라는 기도를 드리는 대목에서도 잘 드러난다. 예루살렘 주교였던 소프로니오스Sophronios의 글로 추정되는 이야기에 최초로 나타나며, 4월 2일이 축일인 성녀 이집트의 마리아는 종종 테오필루스와 함께 거론되곤 했다. 그도 그럴 것이 이집트의 마리아와 테오필루스 모두 성모의 중재를 통해 회개하고 구원을 받은 인물이었기 때문이다.

> 우리의 구원자이신, 당신의 온유하신 아드님의 은총으로,[167]
> 우리를 간악하고 음험한 지옥의
> 늪에서 구해 주시는 분이시여,

---

164 Dufournet$_2$, 13에서 재인용.

165 "Je n'os Dieu ne ses saintes ne ses sainz reclamer,/Ne la tres douce Dame que chascuns doit amer./Més por ce qu'en li n'a felonie n'amer,/Se je li cri merci nus ne m'en doit blasmer."(Rutebeuf$_3$, 52).

166 "Sainte roïne bele,/Glorieuse pucele,/Dame de grace plaine/Par qui toz biens revele,/Qu'au besoing vous apele/Delivres esr de paine;"(Rutebeuf$_3$, 52).

167 이 부분의 번역은 다음의 주석에 의거하였다: "*Salu*, vu le contexte et l'exigence de la doctrine, semble ici désigner le Christ, [...] Sens : «qui grâce à ton doux fils, qui est notre sauveur, nous as tirés de l'enfer»."(*Œuvres complètes de Rutebeuf*, publiées par Edmond Faral et Julia Bastin, quatrième tirage, Paris, Éditions A. et J. Picard, 1977, Tome II, p. 29).

가시에서 태어난 장미와 같이,
맑고 순결하신 동정 마리아여,
[…]
당신 아드님 곁에서,
당신이 모든 인간들을 심판하실 때,
제가 저질렀던 행동들과,
제가 범했던 대죄들을 떠올리지 마옵소서.
대신, 당신께서는 그렇게 하실 수 있으시오니,
제 사안을 돌보아 살펴 주시옵소서.
그것은, 당신이 아니 계시면, 제가 커다란 고난의 역경에 처하게 되고,[168]
당신이 없다면, 송사訟事에서 지게 되기 때문입니다.
이는 틀림없는 진실이며, 저 또한 이를
믿음과 경험으로 잘 알고 있습니다.
그러니 저를 불쌍히 여기소서!
(《성녀 이집트의 마리아의 생애La vie de sainte Marie l'Egypcienne》, vv. 269-273, 319-329)[169]

위에서 인용한 319행 이하의 내용은, 성서의 "그러나 만일 못된 행실을

168 쟁크는 325행을 "car sans vous je joue une partie difficile,"로 옮기면서 "La merele désigne normalement le caillou ou le palet du jeu de la marelle. Mais les emplois figurés sont nombreux."라는 설명을 붙인 바 있다(Rutebeuf$_3$, 497). 다른 판본들의 경우, 이 부분은 "Que sanz vous sui en fort berele,"(*Œuvres complètes de Rutebeuf*, publiées par Edmond Faral et Julia Bastin, quatrième tirage, Paris, Éditions A. et J. Picard, 1977, Tome II, p. 30) 혹은 "Que sanz vous vi en fort berele,"(*Rutebeuf: La vie de SAINTE MARIE L'EGYPTIENNE*, edited by Bernadine A. Bujila, The University of Michigan Press, 1949, p. 55)로 되어 있다. 본고에서는 'embarras, situation pénible'을 의미하는 'berele'의 의미를 살려 번역하였다.

169 "Dame qui por ton douz salu/Nous a geté de la palu/D'enfers qui est vils et obscure,/Virge pucele nete et pure,/Si com la rose ist de l'espine […]/Quant vos leiz votre Fil seroiz,/Que vos toute gent jugeroiz,/Ne vos souvaigne de mes fais/Ne des granz pechiez que j'ai faiz,/Mais si com vos le poeiz faire,/Preneiz en cure mon afaire,/Quar sanz vos sui en fort merele,/Sans vos ai perdu ma querele:/Si com c'est voirs et je le sai/Et par espoir et par essai,/Si aiez vos de moi merci!"(Rutebeuf$_3$, 414-416).

하던 자라도 제 잘못을 다 버리고 돌아와서 내가 정해 준 규정을 지키고 바로 살기만 하면 그는 죽지 않고 살 것이다./나는 그가 거역하며 지은 죄를 다 잊어주리라. 그는 옳게 산 덕분으로 살게 되리라"(《에제키엘》, 18, 21-22)라는 내용을 염두에 둔 것이기도 하다. 성화로 그려진 성모의 모습은 12세기에는 툴루즈Toulouse의 생테티엔Saint-Étienne 교회에, 또 13세기에는 부르주Bourges, 파리Paris 등의 교회 채색유리창에 그려졌다고 한다(Rutebeuf$_3$, 397-398). 이러한 사실을 보여 주듯, 다음 3연에서는 교회 안의 "천국의 그림"과 "지옥의 그림"이 제시되며, 이러한 전개는 교회 안으로 들어간 화자의 시선을 따르는 듯한 인상을 준다.

> 저는 늙고 불쌍한,
> 아무것도 알지 못하고, 글자 한 자 읽을 수 없는 여인입니다.
> 제가 속한 교구의 교회에서, 저는 봅니다,
> 하프와 류트가 있는, 그림으로 묘사된 천국을,
> 그리고 단죄받은 죄인들을 불길에 끓이는 지옥을.
> 하나는 저를 두렵게 하며, 다른 하나는 기쁨과 즐거움을 줍니다.
> 전능하신 여신이시여, 제가 기쁨을 얻도록 해주소서,
> 죄인들 모두 당신께,
> 충만한 믿음으로 소홀함과 나태함 없이, 도움을 청할 수밖에 없으니,
> 이러한 믿음 속에서 저 살다 죽고자 하옵니다. (T, vv. 893-902)

비용의 어머니의 눈에 보이는 그림은 기유베르 드 메츠Guillebert de Metz의 셀레스탱 교회église Célestins에 관한 묘사에 부합하는 것이기도 하다.[170] 불쌍한 어머니는 '문맹文盲'이며, 따라서 성서를 읽을 수도 없고, 거창한 신학적인 논리를 알지 못한다. 비용의 어머니가 이해할 수 있는 것은 고작 채

---

170 "Aux Celestins est paradis et enfer en painture, avec autres poutraitures de noble euvre en un cuer a part. Item devant le cuer de l'eglise a ung autel est painte ymage de Nostre Dame, de souveraine maistrise."(TH, II, 255).

색 유리에 그림으로 그려진 광경들뿐이며, 천국과 지옥의 그림을 본 어머니는 "하나는 저를 두렵게 하며, 다른 하나는 기쁨과 즐거움을 줍니다"("L'un me fait paour, l'autre joye et lïesse.", T, v. 898)라는 말로 자신의 감흥을 단순하게 표현한다. 무지하고 소박한 노파에게 지옥이 한 가지 느낌만을 주는 데 반해, 천국은 그 배가 되는 두 개의 선물을 준다. 899행의 "전능하신 여신 haulte deesse"이라는 다소 낯선 성모에 대한 호칭의 경우, 연구자들은 장 레니에Jean Regnier의 작품을 선례로 들고 있다(CT, 162).

> 오 여왕이여, 온유하신 성모 마리아여,
> 내 여신, 내 여주인, 내가 사랑하는 분이여,
> 죄악에 빠지지 않게, 저를 잘 지켜 주소서.
> (《수인이 만든 교화 발라드》, vv. 49-51)[171]

천국과 지옥의 갈림길에서, 비용은 항구적인 '믿음'을 강조함으로써 자신과 어머니의 기도를 요약한다.

> 거룩하신 성모여, 여왕이시여, 당신께서는
> 영원무궁토록 〔세상을〕 다스리시는 예수를 태중에 가지셨고,
> 전능하신 그분께서는, 미약한 인간의 모습으로,
> 천상을 떠나 우리를 구하러 오셨고,
> 당신의 눈부시게 빛나는 젊음을 죽음에 바치셨으니,
> 바로 그분이 우리 주님이시며, 저 또한 그렇게 믿나이다.
> 이러한 믿음 속에서 저 살다 죽고자 하옵니다. (T, vv. 903-909)[172]

---

171 "O princesse, doulce Vierge Marie,/Ma deesse, ma maistresse, m'amye,/Gardez moy bien que je ne me mescompte;"(FAJR, 179).

172 "Vous portastes, digne Vierge, princesse,/Jhesus regnant qui n'a ne fin ne cesse./Le tout Puissant, prenant nostre foiblesse,/Laissa les cieulx et nous vint secourir,/Offrit a mort sa tres clere jeunesse./Nostre Seigneur tel est, tel le confesse:/En ceste foy je vueil vivre et mourir."

비용은 'APELLA CE VILLON'(T, vv. 895-909)이라는 아크로스티슈를 통해 자신이 이 기도를 작성했음을 알린다.[173] 이제 마지막으로 후렴구와 그 안에서 사용된 'foy'라는 말에 대한 논의가 남아 있다. 덜O. A. Dull의 지적에 따르면, 후렴구는 각 시절의 끝에서 조금씩 다른 의미로 사용된다. 첫 번째 시절의 끝에서 '믿음'은, 마치 '은총'의 전제조건인 것처럼, '겸허함' 및 '솔직함'과 관련되어 표현된다. 두 번째 시절에서 '믿음'은, 지난날의 예들을 통해 성모가 보여 주었던 '힘'과 관련되며, 그 의미는 확장되어 '용서'와 '죄의 사함'으로 이어진다. 세 번째 시절에서 '믿음'은, 쿤의 지적처럼,[174] '신앙'과 상호적인 '충실함'을 서약하는 봉건적인 의미 사이에서 사용되며, 마지막 발구에서는 앞선 모든 의미들을 종합하는 총체적인 의미로 사용된다.[175]

이 발라드의 주제와 논점들, 그리고 형식적 특징들은 전통적인 것에 속한다. 하지만 여러 선례들과 달리, 비용은 여기에 새로운 시적인 목소리를 중첩시킴으로써 이전의 작품들이 갖지 못했던 '새로움'을 만들어 낸다. 전능하신 신에게 감히 직접 기도드릴 자격조차 없는 아들은 '이중의 중재'를 통해 그의 기원을 표현한다. 비용은 자신의 비천함과 불쌍함을 어머니의 그것으로까지 확장시켜, 성모에 대한 어머니의 심정과 간구는 아들의 것과 동일한 것이 된다. 이러한 점을 고려한다면, 마지막 발구의 아크로스티슈는 'Villon'이 아닌 여성화된 'Villone'로 볼 수 있게 된다.[176] 동일한 슬픔과 절

173 Jacques Mariès, "Un nouvel acrostiche chez Villon? (*Testament*, v. 893-909)", *Revue des langues romanes*, 26, 1962, pp. 165-169. 이 논문은 직접 참고할 수 없었기에, 이에 대한 논의는 $RH_2$, 133-134; CT, 162; JCM, 237 등에 의거함을 밝힌다.

174 쿤은 이 발라드에서 사용된 'foy'라는 말이 엄밀한 의미에서의 '신앙'과 '믿음'을 가리키는 것이기보다는 상호적인 '충실함'을 서약하는 봉건제도상의 의미에 해당한다는 입장을 보였다(Kuhn, 47-50). 이에 반해 리슈네와 앙리는 'foy'에 봉건적인 의미가 전혀 없으며, 따라서 절대적인 '믿음'을 의미하는 것으로 설명하였다($RH_2$, 130-131).

175 $Dull_1$, 393을 참조.

176 "La très savante simplicité de ce poème est basée, au contraire des tendances dominantes de la littérature "mariale", sur l'évitement de tout contact entre le pécheur et la Vierge: au lieu d'une avalanche de figures, il suffit au poète d'avoir *délégué sa voix*, d'en avoir trouvé une qui ne soit pas "jangleresse". Figure globale, et puissante par sa discrétion même, où il reste à inscrire, en marge d'une prière devenue le bien de l'illettrée, la signature de l'écrivain: c'est ce que fait l'acrostiche de l'envoi."($Cornilliat_1$, 514-515).

망, 동일한 무력함과 고독 속에서, 어머니와 아들은 희망을 간직하고 기도를 드리며($RH_2$, 134), 아들은 불쌍한 자신의 어머니를 중재자로 삼는다. 그리고 그 어머니는 다시 신의 어머니이신 성모에게 중재를 청한다.[177] 아들의 간절한 애원과 고통은 어머니의 그것으로, 나아가 모든 인간의 그것으로 확장되기에 이른다.

아들과 어머니가 완전한 '하나'가 되고, 어머니의 모성애는 신과 인간 모두에 대한 이중의 의미에서의 성모의 모성애로 이어지며, 구원자인 성모의 아들은 어머니의 바람처럼 그를 믿는 신자인 '아들-어머니'를 구원하게 되는, 촘촘한 '유사성'의 그물망 안에서, '동일성'의 극치를 보여 주는 아들의 기도는 어머니의 입을 통해 여러 번 되풀이되고 반복된다. 아들과 어머니가, 어머니와 성모의 모성애가 전적으로 합치되는, 또 성모의 아드님이 그를 믿는 어머니와 아들을 구원하게 되는 '중층 구조'의 동일성이 한 편의 발라드에서 만들어진다. 설령 어머니의 입을 통해 바쳐지는 기원이 '말은 사라지고, 글은 남는다verba volant, scripta manent'라는 말처럼 바람에 날려 사라진다고 해도,[178] 아크로스티슈에 그 모든 간구를 담아 만들어진 한 편의 발라드, 이 기도문은 쉽게 사라지지 않을 것이다. 또 바로 이 점에서, 중세 내내 성행했던 성모 숭배의 전통에 대한 고찰과 한 시인의 독창성에 대한 조망이 요구된다.

### 2) 〈연인에게 보내는 발라드〉

어머니의 이름으로 성모께 기도를 드린 뒤, 비용은 지난날 그가 사랑했던 여인을 떠올린다. 그리고 그녀에게 유증물을 남기고자 한다. "내 사랑, 내 소중한 장미"("m'amour, ma chiere rose,", T, XC, v. 910)라고 지칭되는 한 여인에게, 《유증시》에서

177 $Dull_1$, 395를 참조.

178 Orlando de Rudder, *Aperto libro ou le latin retrouvé. Dictionnaire commenté des expressions latines d'hier et d'aujourd'hui*, Paris, Larousse, 1988, p. 292를 참조.

핏기 없고 가련한,
죽어 생기 없는 내 심장을 (L, X, vv. 77-78)

유물함에 고이 넣어 남겨 주었던 것과는 달리, 비용은 이번에는 "심장도 간장도 그녀에게 남겨 주지"("Ne luy laisse ne cueur ne foye;", T, XC, v. 911) 않을 것임을 밝힌다. '사랑'의 허위성을 분명 인식하였고 그 '교훈'을 실천했던 '현명한 여인',

돈이 가득 들어 있는,
깊고도 넓은, 커다란 비단 지갑 (T, XC, v. 91)

을 더없이 사랑하는 이 여인이 언제나 자신을 기만하였음을 비용은 다음과 같이 말한다.

나를 속였고, 또 늘 믿게 만들었다,
이것은 〔이것이 아닌〕 다른 저것이라고.
밀가루는 재라고 했으며,
법모法帽는 펠트 모자라고,
고철 찌끼는 주석이라고,[179]
주사위 1이 두 개 나온 것은 주사위 3이 두 개 나온 것이라고,
—사기꾼들은 늘 남을 속이며,
그리하여 방광을 초롱이라 믿게 만든다. (T, LXVII, vv. 689-696)[180]

---

179 F. Sautman, "Des vessies pour des lanternes: Villon, Molinet and the Riddles of Folklore", *Neophilologus*, 69, 1985, pp. 174-177을 참조.

180 "Abusé m'a et fait entendre/Tousjours d'un que ce feust ung autre:/De farine que ce feust cendre,/D'un mortier ung chappel de faultre,/De viel machefer que feust peaultre,/D'ambesars que c'estoient ternes/—Tousjours trompeur autruy engautre/Et rend vecyes pour lanternes—,"

《아마다스와 이두안》의

> 그녀는 그처럼 끔찍하게 기만적이었고,
> 또 자신이 속이고 기만하고자 하는
> 남자에 대해서 위험하고 유혹적이다.
> 어찌나 능란하게 남자를 취하게 만들고
> 속이는지, 가장 현명한 사람이라도,
> 또 가장 교활한 사람이라도
> 빈번히, 갖가지 방식에 의해, 상처 입는다.
> 그녀의 거짓 꾸밈과 신의 없음에 의해.[181]

라는 구절을 연상시키게 하는 간악한 여인의 마력에 빠진 비용은, 성서의

> 아들아, 아비의 훈계를 지키고
> 어미의 가르침을 저버리지 마라.
> (…)
> 탕녀에게 빠지지 않게 지켜주고
> 남의 계집의 꾐에 걸려들지 않게 해준다.
> 그런 여인의 아름다움을 탐내지 말고
> 그 눈짓에 걸려들지 마라.
> 몸 파는 여자는 빵 한 덩어리로 살 수 있지만
> 탕녀는 네 귀중한 생명을 노린다. (〈잠언〉, 6, 20, 24-26)

는 가르침이나, "지혜를 네 신부로 삼고/ 슬기를 내 애인이라 불러라./그래야 지혜가 너를 창녀에게 빠지지 않도록 지켜주고,/남의 계집의 유혹에 걸

181 "Tant durement est decevans/Et angousseuse et souduians/Vers goume qu'ele veut deçoivre/Et engingnier, si bel l'enboivre/Et afole que le plus sage/Et qui a plus soutil corage/Grieve souvent en mainte guise/Par traïson et par faintise;"(AeY, vv. 3575-3582). 이 부분에 대해서는 $Huot_1$, 102를 참조.

려들지 않게 해준다."(《잠언》, 7, 4-5)라는 현명한 가르침을 지키지 않았고, 그 결과 비용은 "[…] 마치 푸줏간에 끌려가는 소와도 같이,/올가미에 걸려드는 사슴같이,/제 발로 창애에 걸려드는 새 꼴이 되어"(《잠언》, 7, 22-23) 여인에게 기만당한다.[182]

8행시 LXV-LXIX은 688, 689, 705행에서 볼 수 있듯이, '속다', '농락당하다'라는 뜻의 'abuser'라는 단어를 중심으로 구성된다. 그러나 일면 두서없는 내용이거나 무의미한 열거처럼 보이는 8행시 LXVII에서도, 단순한 말장난 이상의 숨겨진 의도가 발견된다. 여자에게 속고 기만당한 자의 세계는 모든 것이 '역전된 세상'이며, 이러한 세계에서는 무가치한 것들이 가치를 지니고, 무용한 것이 유용한 것처럼 보인다($D_1$, 226-228). 또 8행시 LXVII에서 제시되는 갖가지 물건들은 기만적인 여인이 불러일으키는 갖가지 감정들과 그 서글픈 결과를 설명해 주는 것이기도 하다.

무정하고 간교한 여자로 인해 비용은 식욕을 잃고 자신의 건강을 돌보지 않게 되며, 그 결과 "밀가루는 재"와 다름없게 된다. 높은 사회적 지위를 가진 고위층이 쓰는 '법모'는 보다 신분이 떨어지는 경관의 '펠트 모자'와 동일한 것이 되며, 비용은 출세에 개의치 않는 삶을 살게 된다. 여인은, 가게의 간판인 '황금 반죽통'에서처럼, 돌로 만든 반죽통을 모자처럼 쓸 수 있다 믿게 만들 정도로 그를 어리석게 만들어 사람들의 놀림감이 되게 하며, 여인의 간교함은 그로 하여금 '고철 찌끼'를 '주석'으로 속여서 사람들에게 팔게 하거나, 아니면 '주석'을 이용하여 사전私錢을 만들게 하는 악행의 길로 인도한다. 여인은 주사위 노름에서 그를 속이거나 그로 하여금 다른 사람들에게 속임수를 쓰게 만들며, 그의 실패와 불운을 성공과 행운이라 속인다($D_1$, 237-242). 이 모든 '기만' 행위는, '검은 것을 하얀 것으로 믿게 만든다'는 표현에서 드러나듯,[183] '터무니없는 혼동을 일으키다', '외관을 실재라

182 Paul Imbs, "Notes sur quelques huitains du *Testament* de Villon", *Travaux de linguistique et de littérature*, 16, n° 1, 1978, pp. 230-231을 참조.

183 "[…] Et pour faire entendant noir pour blanc et vessye pour lanterne, […]" (DLMF, 886-887); "Je n'ay point aprins qu'on me serve/de telz motz en mon drap vendant./Me

고 여기다' 등의 뜻을 가진 "방광을 초롱이라 믿게 만든다"는 한마디로 요약된다.[184]

무정한 여인은 비용을 마치 짐승처럼 변모시켜, 지극히 당연한 것, 지극히 명백한 것도 구분하지 못할 정도로 만든다. 대척점에 있는 상반된 것들을 동일한 것으로 여기는 불확실하고 불투명한 혼동 속에서, 비용은 광인처럼 사고하고 행동할 수밖에 없으며, 그 광기의 원인인 간교한 여인은《장미 이야기》의 **가식**과도 같다.

> 저는 신의 없이 맹세를 어기는 자입니다. 하지만 제가 성사시키려는 일은, 끝나기 전에는 잘 드러나지 않습니다. 많은 사람들이 제 간계를 알아차리지 못하고 저로 인해 죽음을 맞았습니다. 그리고 많은 사람들이 제 간계를 모른 채 지금도 죽어 가며, 앞으로도 그럴 것입니다. […] 그런데 제 속임수는 워낙 뛰어난 것이어서 눈치를 채기가 극히 어렵습니다. 그도 그럴 것이, 자신이 마음먹은 대로 무엇으로든 변신할 수 있었던 프로테우스마저도 저와 비견될 정도로는 간계와 술책을 알지 못했기 때문입니다. […][185]

어떤 모습으로든 마음대로 변장할 수 있는 **가식**의 본모습은 겉보기와는 완전히 다르며, 그 행동과 말은 전혀 일치하지 않는다.

---

voulez vous faire entendant/de vecies que sont lanternes?"(*Maistre Pierre Pathelin, farce du XV^e siècle*, deuxième édition revue par Richard T. Holbrook, Paris, Champion, 1970, p. 43, vv. 798-801).

184 당시 짐승의 방광으로 초롱을 만들곤 했으며, 그중에서도 특히 돼지의 방광이 자주 사용되었다는 점에서 이러한 표현이 생겨났다. 라틴어 'Vesica' 역시 방광의 가죽으로 만든 지갑, 초롱, 공 등의 물건들을 가리키는 데 사용되었다고 한다. 코르베는 이러한 표현이 이미 고대부터 있었던 표현이며, 'lanterner'라는 동사 역시 '전혀 중요하지 않은 일에 전념하는, 따라서 시간을 낭비하는'의 뜻으로 사용되었음을 지적한 바 있다(N. L. Corbett, "Prendre des vessies pour des lanternes", *Le Français moderne*, 37, n° 3, 1969, pp. 193-197).

185 "Parjurs sui; mes ce que j'afin/set l'en enviz devant la fin;/car pluseur par moi mort reçurent/qui onc mon barat n'aperçurent,/et reçoivent et recevront/qui ja mes ne l'apercevront. [...] Mes tant est forz la decevance/que trop est grief l'apercevance,/car Protheüs, qui se soloit/muer en tout quan qu'il voloit,/ne sot onc tant barat ne guile/con je faz, [...]"(RdR, vv. 11141-11146, 11149-11154).

저는 의복을 아주 잘 갈아입습니다. 이것을 입었다가 저것으로 바꿔 입곤 하지요. 기사가 되었다가는 수도사가 되고, 고위 성직자가 되었다가는 참사위원이 되며, 〔…〕 어떤 때는 여자 옷을 입기도 합니다. 처녀가 되었다가 부인네가 되기도 하고, 수녀가 되었을 때에는, 신참이었다가는 원장 수녀로 〔모습을 바꿉니다〕.[186]

이제 비용은 겉으로는 가련한 '어린 양'을 닮은 여인의 속이 음험한 '늑대'와 같으며, 그녀의 정체가 바로 가식이었음을 깨닫게 된다. "〔당신을 통해〕 모든 여자는, 사람을 속이고 기망하며, 거짓말장이에 속임수꾼이며, 음험하며 믿지 못할 사람"[187]임을 알게 되었다고 말하는 아마다스의 말처럼, 혹은

여인이여, 더는 당신을 바보처럼 바라보지 않고 싶소.
당신은 다른 바보를 찾을 수 있을 것이오.
늦게서야, 당신이 나를 속였던 것을 알아차렸지.
여인이여, 더는 당신을 바보처럼 바라보지 않고 싶고,
당신을 기대하며 내 시간을 허비하지 않을 것이오
당신은 말똥가리를 새매로 만들 수 있으니 말이오.
(〈롱도 631〉, vv. 1-6)[188]

---

186 "Trop sé bien mes habiz changier,/prendre l'un et l'autre estrangier./Or sui chevaliers, or sui moines,/or sui prelaz, or sui chanoines, [...] Autre eure vest robe de fame,/or sui damoisele, or sui dame;/autre eure sui religieuse,/or sui rendue, or sui prieuse, [...]"(RdR, vv. 11157-11160, 11177-11180).

187 "Par vous sai que cascune drue/Est triceresse et souduians,/Et menteresse et decevans,/Et foimentie et parjuree."(AeY, vv. 5928-5931). 아울러 이 부분에 대해서는 $Huot_1$, 102를 참조.

188 "Je ne veuil plus a vous dame muser;/Vous povez bien querir autre musart./Tart m'appercoy qu'on m'a fait amuser;/Je ne veuil plus a vous dame muser/Ne plus n'espoir en vous mon temps user/Quant d'esprevier savez faire busart;"($Deschamps_1$, IV, 90; $Deschamps_2$, 100-101).

라고 말하는 데샹의 말처럼, 비용도

> 그녀가 모든 남자들에게 그렇게 무정했는지
> 나 알지 못하니, 이로 인해 나는 대단히 고통스럽다.
> (T, XCII, vv. 929-930)

고 말한다. 그러나 비용은 외관상으로만 고통스러운 척하는 것이며, 실제로는 이 여인에 대해 조롱을 던진다. 이 점은 "따라서 나 그녀를, '색광'이라 불렸던 미쇼의 후예들에게 넘겨주니"("Si m'en desmez aux hoirs Michault/Qui fut nommé le Bon Fouterre;", T, XCI, vv. 922-923)라는 비용의 말에서도 쉽게 짐작된다.[189]

> 이 발라드를 그녀에게 전하니,
> 이것은 〔각 시행이〕 모두 R로 끝나는 것이다.
> 누가 그녀에게 전할까? 어디 보자…
> 라 바르의 페르네가 되겠구나,
> 순찰하던 중에,
> 혹 비틀어진 코의 내 아가씨를 만나게 되면,[190]
> 대뜸 그녀에게 이렇게 말한다는 조건으로.
> "더러운 창녀, 어디에서 나오는 길이냐?" (T, XCIII, vv. 934-941)[191]

---

189 CT, 164; $RH_2$, 136; TH, II, 266-267 등을 참조.

190 이 구절에 대해 튀안은 "un défaut de son visage, […] le nez légèrement de travers et non pas droit"라는 주석을 붙인 바 있다(TH, II, 268). 그러나 939행에서 비용이 하는 말이 실제의 육체적인 결함을 말하는 것으로는 받아들이기 어려운 면이 있는 만큼, 그보다는 정신적인 면에서의 추함을 반증하는 것으로 본 티리의 지적이 타당하다고 판단된다: "Le titre courtois (damoiselle) prend une valeur d'autant plus parodique qu'il est assorti d'une qualification révélant une laideur physique, reflet visible de la laideur morale."(CT, 164).

191 "Ceste ballade luy envoye,/Qui se termine tout par erre./Qui luy portera? Que je voye.../Ce sera Pernet de la Barre,/Pourveu, s'il rencontre en son erre/Ma damoiselle au nez tortu,/Il luy dira sans plus enquerre:/«Orde paillarde, dont viens tu?»" 특히 941행의 표현에 대해서는 $Foulet_2$, 77-97을 참조.

비용은 무정한 여인에게 모든 시행이 'R'로 끝나는 발라드, 으르렁거리는 개를 연상시키는 한 다발의 'R'를 남겨 준다.[192] 위옹 르 루아Huon le Roi가 "불쾌한 〔기분을 상하게 하는〕 글자"("R est une letre qui graingne")라 말한 바 있는 문자 'R',[193] 청각적으로 또 반복될 때, 듣는 이들에게 불쾌한 느낌을 주며, 절망과 분노를 나타내는 듯한 인상을 주는,[194] 또 공격적이며 나아가 천둥 소리와 같이 빠른 움직임과 두려운 인상을 심어 주는 'R'[195]는 무정한 여인에게 해당되는 것인 동시에 이 여인에 대한 비용의 심정이기도 하다.[196] 비용은 이 발라드를 "라 바르의 페르네"를 통해 여인에게 전하고자 한다. 페르네 마르샹은 《유증시》와 《유언의 노래》에서 여러 차례 거론되는 인물로, 비용이 본격적으로 '유언'을 시작하고자 하는 부분에서도 거명된 바 있다.

> 라 바르의 사생아에 대한
> 내 연민은 차갑게 식지 않았기에
> 짚 세 다발과 더불어
> 내 오래된 상보牀褓를 주니,
> 조여 안는 데 좋으리라,
> 또 두 손과 두 발로 제 몸을 지탱하는 일에도. (T, LXXVI, vv. 763-768)

---

192 이하 내용에 대해서는 Morawski$_1$, 153-162를 참조.

193 주앵빌Joinville은 'R'를 두고 다음과 같이 말하기도 했다 : "Il disoit que male chose estoit de prendre de l'autrui, car le rendre estoit si grief que neis au nommer le rendre escorchoit la gorge par les erres qui y sont, les quiex erres senefient les ratiaus au dyabole qui touz jours tire ariere vers li ceulz qui l'autrui chastel veulent rendre."(Michel Zink, *Le Moyen Âge à la lettre. Un abécédaire médiéval*, Paris, Tallandier, 2004, p. 89에서 재인용).

194 "Quand il roule de l'R, il est très en colère."(Morawski$_1$, 153에서 재인용).

195 "[...] d'éclairs et de tonnerres/Déjà grondant dans l'ombre à l'heure où nous parlons."(Morawski$_1$, 155에서 재인용).

196 그러나 롱사르의 경우, 그는 '《라 프랑시아드》 서문'('Preface sur la Franciade')에서 'R'를 '영웅적인 글자'라 말하기도 했다: "[...] sur toutes les rr, qui sont les vrayes lettres Héroïques, font une grande sonnerie & baterie aux vers."(Pierre de Ronsard, *Œuvres complètes XVI. La Franciade (1572)*, édition critique avec introduction et commentaire par Paul Laumonier, deuxième tirage avec un cahier additionnel par Raymond Lebègue et Guy Demerson, Paris, Nizet, 1983, p. 347).

페르네 마르샹은 곤봉을 소지한 열두 명의 경관 가운데 한 사람으로(Champion, II, 327), 지난날 《유증시》에서는 다음과 같은 유증물을 받은 바 있다.

> 그리고, 라 바르의 사생아라 불리는
> 페르네 마르샹에게,
> 그가 훌륭한 상인인 까닭에,
> 짚 세 다발을 남겨 주니,
> 이는 땅바닥에 그것을 펼치고
> 사랑의 상업에 전념하도록 하기 위해서이다.
> 그 일에서 그의 생계生計를 찾아야만 할 터이니,[197]
> 그는 다른 직업을 갖고 있지 않기 때문이다. (L, XXIII, vv. 177-184)

비용은 페르네 마르샹을 '사생아'라고 부르면서 그가 "훌륭한 상인"("Pour ce quil est ung bon merchant", L, v. 179)이라 말한다. 물론 'bon merchant'이라는 표현은 문자 그대로 해석할 경우 '존경받는 정직한 상인'을 말하는 것이지만, 그가 '귀족과는 거리가 먼 신분'이라는 의미에서 사용된 것일 가능성도 있으며, '음란하고 방탕한 자'라는 뜻으로 사용된 것일 수도 있다($RH_1$, 29). 이러한 이면의 의미는 《유증시》의 180행과 182행에서 밝혀지는 유증물과 "사랑의 상업"이라는 부연 설명을 통해 더욱 분명하게 드러난다. 비용은 페르네 마르샹에게 "짚 세 다발"을 유증하며, 그가 종사하는 일이 '매춘'과 관련된 것임을 강조함으로써, 그의 생계 수단을 이야기하는 183행이 다음의 세 가지 의미 가운데 하나임을 암시한다. 페르네 마르샹은 매춘부를 소개하고 알선하는 일, 즉 여자들을 매춘부로 내모는 일에서 먹고 살 것을

197 183행("Ou il luy fauldra sa vie querre")의 'Ou' 또한 두 가지 해석이 가능하다. 이를 접속사로 보는 뷔르제의 의견에 따르면 'ou bien il lui faudra chercher sa subsistance (ailleurs)'의 의미가 되며, 182행을 받는 관계사로 보는 리슈네와 앙리의 의견에 따르면 'où (en quoi) il lui faudra assurer sa subsistance'로 해석할 수 있다($RH_1$, 30).

찾거나, 여자에게 얹혀 사는 기둥서방으로 생계를 유지해야 하며, 혹은 그 자신이 직접 '남창'이 되어 매춘에 종사해야 한다($D_1$, 281). 이러한 맥락에서 페르네 마르샹에게 새롭게 유증되는《유언의 노래》의 "오래된 상보"는 지난날 짚단 위에서 장사를 했던 것에 비하면 더 "훌륭한 상인"의 품격을 갖추는 데 유용한 도구가 된다.

> 재차, 페르네에게,
> 내 말은 라 바르의 사생아를 가리키는 것,
> 그는 아름답고 정직한 소년이기에,
> 그의 방패에, 사선斜線 대신,
> 납을 넣고, 정사각형이 되도록 잘 잘라 만든 주사위 세 개와
> 무척 예쁜 카드 한 벌을 준다.
> 그리고 또 무엇을? 그가 방귀 뀌는 소리를 사람들이 들을 경우,
> 거기에 더해서 사일열四日熱을 갖게 되리라. (T, CVIII, vv. 1094-1101)[198]

페르네 마르샹을 지칭하는 데 사용된 1096행의 형용사 'net'는 1099행의 'beau joly'와 마찬가지로 빈정대는 반어적인 의미를 담고 있다. "아름답고 정직한 소년"이라는 말은, 지금까지 페르네 마르샹에 대해 반어적으로 이야기를 해 왔던 만큼, 그가 실상은 '추하고 경멸스러운 자', '사람을 속이는 자'임을 단언하는 것이 된다. 이러한 그의 실상은 불결하고 혐오스러운 행동인 "방귀뀌는 소리"를 통해 재차 강조되고, '정직'과는 거리가 먼 "훌륭한 상인"으로서의 진면모가 노골적으로 그려진다. 같은 면이 계속 나오도록 속임수를 쓰기 위해 납을 넣은 후 이러한 조작을 감추기 위해 보통의 주사위와 구별되지 않게 "정사각형이 되도록 잘 잘라 만든 주사위"와 미리 표시를 해 둔 "무척 예쁜 카드 한 벌"은 '훌륭한'이라는 말을 정반대되는 의미로

---

198 "De rechief donne a Perrenet,/J'entens le bastart de la Barre,/Pource qu'il est beau filz et net,/En son escu, en lieu de barre,/Trois dez plombez de bonne quarre/Et ung beau joly jeu de cartes./Mais quoy! s'on l'ot vecir ne poire,/En oultre aura les fievres quartes."

읽어야 한다는 점을 주지시킨다. 발라드의 전달자인 페르네 마르샹에게 비용이 부여한 "훌륭한 상인"의 특질들은, 사실상 발라드의 수령자인 여인의 특질과 모든 점에서 일치하는 것임을 짚어 둘 필요가 있다. 간교한 여인과 비열한 상인은 '분신'과도 같은 존재이며, 그런 연유에서 비용이 페르네 마르샹에게 발라드를 전달하게 하는 것이다.

이 발라드의 작성 연대에 대해, 연구자들은 《유증시》와의 유사성을 염두에 두고 상이한 의견들을 제시한 바 있다. 샹피옹은 〈연인에게 보내는 발라드〉가 《유증시》에 앞선다는 의견을 보였고(Champion, II, 7), 파리스는 비용이 1456년 12월 이전에 이 발라드를 썼을 것이라 추정하였다(Gaston Paris$_1$, 110). 또 풀레는 《유증시》 이후를,[199] 시칠리아노는 《유증시》 직후 혹은 직전의 시기에 해당하는 것이라는 입장을 보였다(Siciliano$_1$, 340). 그러나 이러한 의견들에 대해, 뒤푸르네는 이 발라드의 세 번째 시절에서 나타나는 '노년'에 대한 환기가 《유증시》에서는 찾아볼 수 없는 것이며, 후렴구에서 사용된 'povre'라는 단어와 그 안에 내포된 '불행'이라는 의미가 《유언의 노래》에서 빈번하게 사용된다는 점, 또 이 발라드에서 자주 나타나는 일종의 '의인화'된 표현들이, '의식의 몽롱함'을 나타내는 부분을 제외한다면, 《유증시》의 경우 찾아볼 수 없는 기법이라는 점을 근거로, 이 발라드의 작성 시기를 1457-1460년 사이로 추정하였다(D$_1$, 73-75, 99).

1910년 드뷔시Claude Debussy가 곡을 붙이기도 한 〈연인에게 보내는 발라드〉는 작성 연대에 대한 이견만큼이나 연구자들의 많은 혹평을 받기도 했다. 파리스는 이 작품에 대해 '조악하고 무가치하다'는 평을(Gaston Paris$_1$, 110), 시칠리아노는 "우스꽝스러운 성구들의 끝없는 연속"이라는 평을 남긴 바 있다(Siciliano$_1$, 340). 그러나 1952년, 비용을 '으뜸가는 도적'이 아닌 "프랑스 최후의 음유시인"("le dernier des troubadours de France")이라 규정한 상드라르의 표명을 통해 이 발라드에 대한 평가가 달라지기 시작했다. 상드라

199 "De tout ce qui précède, il est naturel de conclure que la Ballade a été écrite assez peu de temps après le départ de 1456."(Foulet$_1$, 372).

르는 〈연인에게 보내는 발라드〉야말로 "가장 풍부한 의미를 담고 있는 작품이며" '비용의 삶과 시를 파악하는 열쇠'를 간직한 작품이라고 평하기도 했다.[200]

그처럼 비싼 값을 치르게 만든 허울뿐인 미녀여,
실상은 맹혹하고 가식적인 온유함,
강철보다 더 씹기에 딱딱한 사랑,
내 파멸을 확신하며, 나 이를
한 불쌍한 마음을 죽음에 닿게 하는, 간악한 매력이라 부를 수 있으니,
사람들을 죽음으로 이끄는 감추어진 오만,
냉혹무비한 눈, 엄정한 법은 바라지 않는가,
고통스럽게 짓누르는 대신, 한 불쌍한 자를 구해 줄 것을?

내가 다른 곳에서 구원을 찾았더라면
더 좋았을 것을, 또 내 명예를 지킬 수 있었을 것을.
어떤 것도 나를 이 사랑 밖으로 낚아챌 수 없었으니,
나 수치스럽게 멀리 도망치는 길밖에 없다.
도와주오, 도와주오, 크게 또 작게!
무엇인가? 싸우지도 않고 나 죽어야 하나?
그렇지 않다면, 이 반복구를 듣고, 연민의 마음 일어
고통스럽게 짓누르는 대신, 한 불쌍한 자를 구해 줄 것을?

그대의 활짝 핀 꽃이 말라 버리고,
누렇게 되고, 시들어 버리는 때가 올 것이니,
내 그때도 턱을 움직일 수 있다면, 이를 보고 가가대소하리라,
그러나, 안 될 말이니, 이는 어리석은 짓.

---

200 "[...] qui tant au point de vue biographique qu'au point de vue interprétation me semble être la plus riche en significations et comporte peut-être la clé de l'existence dévergondée de Villon, du malheur de sa vie et de la source de sa poésie."(Cendrars$_1$, 60).

나 늙게 될 것이고, 그대 생기 잃고 추해질 것이니.
그러니 실컷 마시라, 시냇물이 흐르는 한.
모든 사람들에게 이런 고통을 주지 말라.
고통스럽게 짓누르는 대신, 한 불쌍한 자를 구해 줄 것을.

연애의 왕후여, 연인들 가운데 가장 위대하신 분이여,
나 당신의 심기를 불편하게 만들기는 원치 않습니다,
하지만, 고귀한 마음을 지닌 사람 모두는 응당,
고통스럽게 짓누르는 대신, 한 불쌍한 자를 구해 주어야 하니.
(T, vv. 942-969)

〈연인에게 보내는 발라드〉의 첫 줄부터 두 가지 내용이 강조된다. "그처럼 비싼 값"("Faulse beaulté qui tant me couste chier,", T, v. 942)이라는 말을 통해, 비용은 '정신적으로 매우 큰 고통을 겪게 만들었고 마침내는 행복을 앗아간'이라는 뜻과 '호의를 얻기 위해 거금을 쓰게 만든'이라는 두 가지 뜻을 동시에 강조한다(CT, 166; $D_1$, 104). 사랑이 주었던 갖가지 고통들은 943행("Rude en effect, ypocrite doulceur,")의 이형들에서 극명하게 드러나며, '여인의 실제 모습'을 의미하는 'dure'와 '거짓으로 사랑의 고통과 두려움을 가장했던' 여인의 태도를 보여 주는 'douleur', 여인의 '외면적인 달콤함과 부드러움'을 뜻하는 'doulceur'와 여인의 '잔혹하고 거친' 실제 모습을 암시하는 'rude'를 통해, '사랑의 양면성'이 강조된다. 이러한 '사랑의 양면성'은《장미 이야기》의

사랑이란 증오 어린 평화이며, 사랑 깃든 증오요, 불충한 충직이고 충직한 배반입니다. 안전이 보장된 공포요 절망에 빠진 희망이며, 광분한 이성이자 합리적 광기입니다. 헤어나기 힘든 달콤한 위험이며 가볍게 다룰 수 있는 무거운 짐입니다. 사랑은 싫으면서도 매력적인 저 위험스러운 카뤼브디스입니다. 생기 넘치는 무기력이며, 병색이 완연한 건강입니다. 포식한 배고픔이

며 탐욕에 굶주린 만족이고, 술 취한 목마름이자 목마름에 취한 취기이며, 거짓 쾌락이요 즐거운 슬픔이며 분노한 환희입니다. 사랑은 달콤한 악이자 사악한 달콤함, 형편없는 감칠맛이며, 용서가 섞인 죄악이자 죄악에 물든 용서입니다. 사랑은 참으로 기쁨에 겨운 고통이며, 자비가 충만한 잔인함이고, 확정된 규칙도 없는 놀이이자 견고하면서도 끊임없이 변하는 상태이고, 제 힘으로 모든 것을 움직이는 강건한 나약함이자 나약한 강건함입니다. 사랑은 어리석은 지혜요, 지혜로운 어리석음이며, 슬프고도 유쾌한 번영이고 울음과 눈물이 뒤섞인 웃음이며, 끊임없이 고통받는 휴식이고, 감미로운 지옥이자 괴로운 천국입니다.[201]

라는 부분에서 훌륭히 정의된 바 있으며, 후일 르네 당주는 '사랑'을

> 감미로운 전투, 달콤한 불행,
> 쾌활한 권태, 불행한 행복
> 또 그렇게나 시달리게 하는 휴식,
> 드러나는 상처 없이 중한 상처를 주는
> 타격 없는 싸움 (vv. 19-23)[202]

---

201 "Amors, ce est pez haïneuse,/Amors, c'est haïne amoureuse;/c'est leautez la desleaus,/c'est la desleautez leaus;/c'est poor toute asseüree,/esperance desesperee;/c'est reson toute forsenable,/c'est forcenerie resnable;/c'est douz perilz a soi noier,/griés fes legiers a paumoier;/c'est Caribdis la perilleuse,/desagraable et gracieuse;/c'est langueur toute santeïve,/c'est santé toute maladive;/c'est fain saoule en habondance,/c'est covoiteuse souffisance;/c'est la soif qui toujors est ivre,/ivrece qui de soif s'enivre;/c'est faus deliz, c'est tristeur liee,/c'est leece la courrouciee;/douz mal, douceur malicieuse,/douce saveur mal savoreuse;/entechiez de pardon pechiez,/de pechiez pardon entechiez; c'est peine qui trop est joieuse,/c'est felonie la piteuse,/c'est li geus qui n'est point estables,/estaz trop fers et trop muables,/force enferme, enfermeté fors/qui tout esmeut par ses efors;/c'est fos sans, c'est sage folie,/prosperité triste et jolie;/c'est ris plains de pleurs et de lermes,/repos travaillant an touz termes;/ce est enfers li doucereus,/c'est paradis li doulereus;"(RdR, vv. 4263-4298).

202 "Doulce guerre, mal savoureux,/Plaisant ennuy, bien deseureux/Et repos qui ahanne tant,/Lequel sans cops va combatant/Et blessant fort, sans playe ouverte,"(RAC, 88).

이라 다시 표현하기도 했다. "강철보다 더" "딱딱한 사랑"("Amour dure plus que fer a macher,", T, v. 944)이라는 말은 《유증시》의 59-60행에서 자신이 "강철이나 주석으로 만들어지지도 않았음"을 말했던 대목을 떠올리게 한다. '강철' 같은 사랑과 여인의 잔혹함, 여인의 위선적인 양면성과 '사랑의 양면성'은 비용으로 하여금 948-949행("Yeulx sans pitié, ne veult droit de rigueur,/ Sans empirer, ung povre secourir?")에서 "엄정한 법"에 "한 불쌍한 자를 구해 줄 것"을 청하게 만든다($Burger_2$, 55; $RH_2$, 140).[203]

한 불쌍한 자의 한탄은 여러 배심원들 앞에서 행해지는 능란한 법정 변호처럼 제시된다($D_1$, 105). 우선 첫 번째 시절에서 비용은 '법'에 호소하지만, 그의 청은 아무런 답도 듣지 못한다. 두 번째 시절에서 비용은 자신이 다른 곳에서 구원을 찾았어야 하며, "멀리 도망치는 길"이 최선이었음을 상기한다. 《유언의 노래》의 677-680행을 연상시키기도 하는 950-951행("Mieulx m'eust valu avoir esté serchier/Ailleurs secours, ç'eust esté mon honneur.")의 내용은 지난날의 자신의 사랑을 염두에 둔 것이라기보다는 부당한 대접을 받은 연인이 택할 수 있는 다른 선택으로 이해되며($RH_2$, 141), 덫에 걸려 신음하면서도 결코 그 덫에서 벗어날 수 없었음이 952행("Riens ne m'eust sceu hors de ce fait hacher:")을 통해 강조된다.

시인은 낚시바늘에 걸린 물고기에 비유되며(CT, 166), 이러한 비유는 다른 그 누구보다도 이 여인이 자신을 매혹시켰음을 강조하는 말이기도 하다. 옴쭉도 할 수 없는 처지에서 연인이 바라게 되는 것은 이제 도움의 손길뿐이며, 과연 도움을 구하는 부르짖음이 터져 나와 비용은 "도와주오, 도와주오"("Haro, haro, le grant et le mineur!", T, v. 954)라고 외친다. 처음에는 절도, 화재, 살인 등 조사와 처벌이 부과되는 중대한 사건에 사용되던 표현이었고, 이후 일반적으로 '큰' 위험을 알리는 데 사용되었던 'grant haro'에

203 풀레는 'Droit'를 'Rigueur'와 대비되는 주어로 보고, 이 부분을 '법은 이러한 가혹함에 맞서'("[…] est-ce que Droit, loin de l'accabler, ne veut pas contre Rigueur secourir un pauvre diable?")라는 의미로 보기도 했다($Foulet_2$, 91; CT, 166).

($RH_2$, 141-142), 비용은 말장난을 통해 '작은' 외침을 덧붙임으로써 '비장함' 속에 익살스러운 '웃음'을 표현하기도 한다.[204] 모든 시도가 불가능한 일이었음이 '비현실성'을 나타내는 과거 시제로 표현되며, 이제 비용은 '연민'에게 도움을 구하지만 그의 간청은 답을 얻지 못한다.

무정한 여인의 '매력'을 한마디로 요약하는 'felon'이라는 말을 늙은 창녀 역시 쓰디쓴 '노년'의 비애를 표현하는 데 사용했던 것처럼, 비용은 세 번째 시절에서 '시간의 흐름과 노년'을 새로운 무기로 사용한다. 지극히 사실적인 묘사들로 이루어진 이 부분에서, 비용은 'Or'와 'Lor', 즉 '현재'와 '미래'를 강하게 대비시킨다($D_1$, 107). 그러나 추해지는 여인의 모습에 대한 조롱은 자신도 같은 길을 걸을 수밖에 없다는 자각에 이르며, 무쇠라도 씹어 먹을 수 있었던 턱은 '사랑'으로 인해 부서지고, 이제 '세월의 흐름'으로 인해 움직일 수 없게 된다. 하지만 노화를 겪는 것이 비단 턱과 얼굴에 국한되는 것은 아니다. 그렇기에 비용은 자신을 위한 충고인 동시에 모든 연인들을 위한 충고인 "그러니 실컷 마시라, 시냇물이 흐르는 한"("Or buvez fort, tant que ru peult courir;", T, v. 963)이라는 말 속에, 작자 미상의 15세기 롱도가 이야기했던 진리를 밀어 넣는다. '한 사람에게만 매달리지 말고, 자신이 바라는 바를 행할 것'과 '지극히 매혹적이던 특성들도 사라지게 된다'는 '은밀한' 사실을 함께 암시하면서, 이제 비용은 슬며시 뒤로 물러난다.

> 딱딱한 살로 된 힘줄들 가득하던
> 한 손 가득하던 커다란 음경陰莖들,
> 그것은 어디에? […]
> 그것들을 필요로 하는 여인들은,

---

204 프롱소는 954행의 "le grant et le mineur!"가 '사람들'을 지칭하는 것으로 보고 "A mon secours, grands et petits"라는 해석을 제시한 바 있으며(JHRP, 174), 자네, 튀안 등도 유사한 해석을 제시하였다. 이러한 해석에 최초로 이견을 제시한 연구자는 풀레이며, 그는 이 구절을 다음과 같이 옮겼다: "Je fuis ma belle. Au secours! Haro, le grand haro des Normands! et, ma foi, pendant que nous y sommes, le petit haro aussi, et tout ce qu'il peut y avoir de haros dans le monde!"($Foulet_2$, 102).

만약 붙들어 두지 않았다면,
작은 것들로 참고 지내야만 하리,
내 생각에는, 아주 멀리 가버렸으니까,
커다란 음경들은 (vv. 1-3, 8-11)[205]

그러나 후일, 롱사르Pierre de Ronsard는 전면에 나서서 엘렌Hélène에게 이렇게 말하게 된다.[206]

그대 아주 늙게 되었을 때, 어느 저녁 촛불 아래,
불가에 앉아, 실을 잣고 뽑으며,
내 시구들을 노래하다, 그대 놀라 감탄하며, 말하리,
내가 아름다웠던 시절, 롱사르가 나를 찬미했었지.
〔…〕
내 사랑과 그대의 오만했던 멸시를 한탄하며.
살아요, 내 말을 믿거든, 내일을 기다리지 말고,
오늘 당장 삶의 장미를 꺾어요. (XLIII, vv. 1-4, 12-14)[207]

이제 비용은 마지막 '변론'을 시작한다. "연애의 왕후여, 연인들 가운데

205 "Les gros vis qui sont de plain poing,/Plains de vaines roides charnues/Où sont-il? [...]/Dames qui en avés besoing,/Se ne les avés retenus,/Passer vous faulra des menus/Car je pense qu'il sont bien loing/Les gros vis."(L. W. Johnson, *Poets as players. Theme and Variation in Late Medieval French Poetry*, Stanford, California, Stanford University Press, 1990, p. 260에서 재인용).
206 롱사르와 비용의 비교에 대해서는 $Wilmotte_1$, 166-167; Cons, 31; $D_1$, 105 등을 참조.
207 "Quand vous serez bien vieille, au soir à la chandelle,/Assise aupres du feu, devidant et filant,/Direz chantant mes vers, en vous esmerveillant,/Ronsard me celebroit du temps que j'estois belle. [...]/Regrettant mon amour et vostre fier desdain./Vivez, si m'en croyez, n'attendez à demain:/Cueillez dés aujourdhuy les roses de la vie."(Ronsard, *Œuvres complètes I*, édition établie, présentée et annotée par Jean Céard, Daniel Ménager et Michel Simonin, Paris, Gallimard, 1993, pp. 400-401). 영역의 경우, *Lyrics of the French Renaissance. Marot, Du Bellay, Ronsard*, english versions by Norman R. Chapiro. Introduction by Hope Glidden. Notes by Hope Glidden and Norman R. Chapiro, New Haven and London, Yale University Press, 2002, p. 301을 참조.

가장 위대하신 분이여"("Prince amoureux, des amans le greigneur,", T, v. 966)라는 호칭에 대해, 연구자들은 비용이 샤를 도를레앙 혹은 잔 드 라발Jeanne de Laval과 막 재혼한 르네 당주를 염두에 둔 것으로 보았다(CT, 166). 전자는 이 발라드를 일종의 '소개장'으로 본 풀레의 지적에 따른 것이고(Foulet$_1$, 379), 후자는 비용이 르네 당주의 도움을 청하기 위해 앙제로 갔던 그때의 경험이 후일 〈프랑 공티에에 대한 반론〉에서 다시 나타난다고 본 뷔르제의 의견을 고려한 것이다.[208] 두 사람 가운데 누가 비용의 의중에 있던 헌정자인지를 명확하게 밝힐 수는 없다. 그러나 자신을 기만한 여인에 대한 적대적인 발라드의 헌사에 실존 인물을 거명하는 비용의 심중에는 헌정자를 이 여인에 대한 재판의 심판자로 삼으려는, 또 동시에 그에게 도움의 손길을 청하려는 의도가 있었을 것이다.

비용은 〈연인에게 보내는 발라드〉에서, 시의 내용을 관조적인 차원에서 행동의 차원으로, 이성적인 목소리에서 점차 감정적인 목소리로 이동시키며(JCM, 238-239), 내용과 연관된 다양한 아크로스티슈의 사용을 통해 뛰어난 작시법상의 기교를 선보인다. 이름을 밝히지 않은 한 무정한 여인에게 바쳐진 첫 번째 시절에서는 '희생자'인 남자의 이름으로 여겨지는 'Francoys'가 나타나며, 남자의 경험과 그의 반응에 해당하는 두 번째 시절에서는 '가해자'로서의 여자의 이름으로 추정되는 'Marthe'가 제시된다. 두 번째 시절의 아크로스티슈는 여인의 가혹함과 그 파괴적인 힘의 결과인 '순교'를 의미하는 'martyr'에 대한 암시로 이어지며, 세 번째 시절에서는 'Ujjlvon(s)'이라는 불완전한 형태의 실패한 흔적을 담은 아크로스티슈를 통해 자신이 '희생자'요 순교자임을 밝히려는 비용의 의도가 암시된다.

'잃어버린 젊음', '사랑의 어리석음', '노년'과 '죽음'에 이어, 비용 스스로의 '말' 또한 붕괴와 조락의 길을 걷는 듯한 면모를 내비치는, 불완전한 파편처럼 제시되는 이러한 아크로스티슈는, 육체적인 노쇠가 자신의 이름을 서명하는 데에도 영향을 끼치고 그 결과 어지러운 모습으로 제시되는 듯한 인상

208 A. Burger, "L'entroubli de Villon", *Romania*, 79, 1958, p. 492.

을 준다.[209] 그뿐 아니라 비용은 발구와 앞선 세 시절의 내용이 서로 이어지는 것처럼 보이게 하는 동시에 분리시킴으로써 발라드의 대상을 교묘히 전환시킨다. 또 앞선 반복구의 의미에서는 찾아볼 수 없었던 상이한 내용을 마지막 발구의 반복구에 포함시킴으로써, 마지막 발구의 후렴구를 '너그러운 도움의 손길을 청하는 은밀한 호소'로 읽게 만든다(RH$_2$, 143; D$_1$, 108-109).

'사랑'은 비극적인 '운명'의 출발점으로 제시된다. '오만'과 '고통', 그리고 '죽음'으로 이어지는 '사랑'은 한 남자에게 '시간의 풍상風霜'과 '죽음', 그리고 '고역苦役'을 안겨다 준 '이브'의 모습으로 그려진다.[210] 가차없는 '운명'에 비견되는 모습을 지닌 이러한 '파괴자'로서의 여인의 모습은, '보호자'이자 '의탁처'로서의 성모의 모습을 연상시키는 〈로베르 데스투트빌을 위한 발라드Ballade pour Robert d'Estouteville〉에서 그려지는 '월계수月桂樹'이자 '감람나무橄欖樹'와 같은 여인의 모습과 극명한 대조를 이루게 된다.

### 3) 〈로베르 데스투트빌을 위한 발라드〉

여러 필사본들의 경우, 이 시의 '발라드' 혹은 '다른 발라드'라고 명시될 뿐이며, '검으로 쟁취한 자신의 배우자에게 보내도록 갓 혼례를 올린 어느 귀족에게 비용이 주는 발라드Ballade que Villon donna a ung gentilhomme, nouvellement marié, pour l'envoyer a son espouse, par luy conquise a l'espée'라는 제명은 1533년 클레망 마로에 의해 붙여진 것이다. 마로의 제명으로 인해, 많은

---

209 Gary D. Mole, "Nom propre, signature et contresignature dans Le *Testament* de Villon", *Dalhousie French Studies*, 37, 1996, p. 11을 참조. 한편 위오는 3연의 아크로스티슈를 '남녀' 모두에게 해당되는 복수형으로 읽어야 한다는 입장을 보였다(Sylvia Huot, "From Life to Art: The Lyric Anthology of Villon's *Testament*", in *The Ladder of High Designs. Structure and Interpretation of the French Lyric Sequence*, Charlottesville and London, University Press of Virginia, 1991, p. 32를 참조).

210 María-Pilar Suárez, "La mère et la femme fatale chez Villon", *Bien dire et Bien aprandre*, 1997, pp. 241-242를 참조.

연구자들이 이 시를 로베르 데스투트빌 부부의 결혼과 같은 시기에 만들어진 '계기의 시'로 보기도 했다

동틀 무렵, 기쁨에 겨워,
또 고준한 천성에 의해, 새매가 날갯짓하는,
개똥지빠귀가 흥겨워 노래하며 날아오르고,
짝을 만나 서로 날갯죽지를 가까이 붙일 때,
나 —열망에 이끌려— 연인들이 기꺼워하는 것을,
당신께 즐거이 바치고자 하니,
사랑의 신이 자신의 책에 이를 적어 두었음을 알아주소서
바로 이것이 우리 함께 있는 이유라.

당신은 정녕 내 마음의 귀부인,
완전무결하게, 죽음이 나를 소멸시키는 순간까지.
당신은 내 정의를 위해 싸우는 감미로운 월계수,
내게서 모든 쓰라림 없애 주는 풍성한 감람나무.
이성은 내가 그대를 사랑하고 섬기는 습관 버리기를 원치 않으며
(또 나 역시 이러한 바람 이성과 같이 나누고)
여느 때나 그런 습관 지키기를 바라마지 않는다오
바로 이것이 우리 함께 있는 이유라.

그뿐 아니라, 때때로 그처럼 분노를 일으키는
**운명**으로 말미암아 고통이 나를 덮칠 때,
그대의 감미로운 눈길은 그녀의 악의를 가라앉히니,
이는 바람이 연기를 흩날려 사라지게 하는 것과 같다오.
또 당신의 밭에 뿌리는 한 알의 씨앗도 나 헛되이 잃지 않으니
그 결실은 나를 닮았고,
신께서 밭을 경작하고 비옥하게 만들기를 내게 명하시니

바로 이것이 우리 함께 있는 이유라.

왕후王后여, 당신을 위해 여기에 되풀이하는 말을 들어주소서
내 마음이 당신의 마음에서 멀어지는 일
결코 없을 것이며, 당신 또한 그러하길 간구懇求드리오,
바로 이것이 우리 함께 있는 이유라. (T, vv. 1378-1405)[211]

〈로베르 데스투트빌을 위한 발라드〉를 유증물로 남기기에 앞서, 비용은 《유언의 노래》에 실린 두 편의 8행시 CXXXVIII(T, vv. 1362-1369)과 CXXXIX(T, vv. 1370-1377)를 일종의 '도입부'로 활용한다. 비용은 8행시 CXXXVIII에서 샤틀레의 서기이자 공증인 및 취조인이었던 바자니에Basanier의 이름을 언급하면서, 그에게 "성 크리스토푸스를 섬기는 주군을 성심성의껏 바지런하게 모실 것을 당부"("Servir de cueur gent et ysnel/Le seigneur qui sert saint Christofle,", T, vv. 1368-1369)한다. 바자니에는 지난날 《유증시》에서 "소요와 악행들을 가차없이 벌하는 주군의 호의"("Le gré du seigneur qui attainct/Troubles, forfaiz, sans espargnier", L, XX, vv. 163-164)를 비용의 유증물로 받은 바 있으며, 《유증시》의 속뜻은 그가 실제로는 주군의 호의와 총애를 받지 못했음을 암시하는 것이었다(TH, III, 358-359).

"성 크리스토푸스를 섬기는" 주군으로 지칭되는 로베르 데스투트빌은 노르망디Normandie 지방의 유력한 가문 출신으로, 1435-1440년에는 디에프Dieppe 등지에서 영국과의 전쟁에 참여하여 국왕을 위해 전력을 다했고, 1444년에는 황태자를 모시고 전투에 참가하기도 했던 인물이다(Champion, I, 179-182).[212] 그는 1447년 3월 27일, 장인의 뒤를 이어 군사, 법률, 경제 등 다양한 분야에 걸쳐 임무를 맡았으며,[213] 국왕 다음가는 '제2인자'의 위치

---

211 시행별 주석의 경우, 김준현, 〈프랑수아 비용의 《유언의 노래》 주석판 시론—〈Ballade pour Robert d'Estouteville〉를 중심으로〉, 《프랑스 고전문학연구》, 7, 2004, pp. 104-156을 참조.

212 Dufournet$_1$, 342-346을 참조.

였던 파리 검찰장관이 된다(TH, III, 362).

검찰장관의 이름을 직접 거명하는 대신, 그의 '종교적인 신심'을 보여 주는 간접적인 말로 로베르 데스투트빌을 부르는 것에 대해, 라크루아는 '갑작스런 죽음'을 두려워했던 당시의 민간 신앙에 기초한 설명을 제시한 바 있다(PL, 141). 한편 니콜슨은 성 크리스토푸스와 매춘부들과의 관계를 근거로, 이러한 호칭이 로베르 데스투트빌의 장인이었던 앙브루아즈 드 로레를 말하는 것이라는 의견을 보였고,[214] 뒤푸르네는 루이 11세 측근에서 로베르 데스투트빌이 담당했던 역할이 아기 예수를 어깨에 태우고 강을 건넜던 거인 성자의 역할과 같았음을 암시하는 것일 수도 있다는 입장을 보였다($D_3$, 176). 그러나 이어지는 발라드와의 '내용상의 연계'를 고려한다면, 성 크리스토푸스의 이름이 거명되는 것은 '음탕함'에 빠지지 않게 보호해 주는 '금욕자'의 수호성인이라는 점을 강조하기 위한 것으로 보인다. 따라서 이러한 호칭은 로베르 데스투트빌이 충실한 남편임을 표현하는 것이라는 티리의 의견이 보다 타당성을 갖는다고 판단된다(CT, 200).[215]

비용은 자신이 무엇 때문에 한 편의 발라드를 로베르 데스투트빌에게 선사하는지를, 앞선 8행시와 관계절로 이어지는 8행시 CXXXIX에서 다음과 같이 밝힌다.

이 발라드를 그에게 드리니,

---

213 RG, 203을 참조.

214 JUN, 267-269를 참조. 그러나 선행되는 두 개의 8행시가 하나는 장인에 대해, 이어서는 사위에 대해 조롱을 보내는 것이라는 니콜슨의 주장은, 관계절로 이어지는 두 8행시의 구조상 납득하기 어려운 설명이며, 아내와 남편에 관한 내용의 발라드에 장인의 이름을 아크로스티슈로 표시한다는 것 역시 작품의 내용상 부적절한 것이 아닐 수 없다.

215 성 크리스토푸스에 관한 전설에 대해서는 Jacques de Voragine, *La Légende Dorée*, traduction de J.-B. M. Roze, Paris, GF-Flammarion, 1967, t. II, pp. 7-11; Joyce Tally Lionarons, "From Monster to Martyr: The Old English Legend of Saint Christopher", in *Marvels, Monsters, and Miracles*, edited by Timothy S. Jones and David A. Sprunger, Kalamazoo, Michigan, Western Michigan University, 2002, pp. 167-182; Dominique Rigaux, "Une image pour la route. L'iconographie de saint Christophe dans les régions alpines (XII$^{e}$-XV$^{e}$ siècle)", in *Voyages et Voyageurs au Moyen Âge*, Paris, Publications de la Sorbonne, 1996, pp. 235-266 등을 참조.

이는 모든 미덕들을 갖춘 그의 아내를 위해서이다.
사랑의 신이 모든 남자들에게 그러한 보상을 내리지 않는다 해도
그에 대해 나는 크게 놀라워하지 않으리니,
이는 그가 그녀를 쟁취하기 위해,
시칠리아의 르네 왕이 주최한 마상시합에 갔었기 때문이며,
그는 그곳에서, 지난날의 헥토르나 트로일루스가 했던 것처럼,
아무런 말 없이, 빛나는 무훈을 세웠던 것이다.
(T, CXXXIX, vv. 1371-1377)[216]

1374행의 'pas'는 '[어전]공방 마상시합'을 의미하며,[217] 여기에서는 시칠리아의 왕이었던 르네 당주가 1446년 소뮈르Saumur에서 개최했던 'Pas de la Joyeuse Garde'를 의미한다. 많은 연구자들은 로베르 데스투트빌의 부인이 된 앙브루아즈 드 로레Ambroise de Loré가 이 마상시합의 상급이었다고 보았고, 이를 토대로 튀안은 비용이 '쟁취conquester'라는 단어를 적확하게 사용했다고 말했다(TH, III, 360). 롱뇽,[218] 파리스(Gaston Paris$_1$, 35-36), 커티노,[219] 등은 비용이 1446년의 마상시합을 직접 참관했을 가능성이 높다는 의견을 밝히기도 했으나, 비앙치오토는 로베르 데스투트빌이 그녀를 부인으로 맞이하게 된 것은 상급과는 거리가 멀 뿐만 아니라 로베르 데스투트빌이 마상시합에서 비할 수 없이 눈부신 무훈을 세운 것도 아니라는 점을 지적한 바 있다. 비앙치오토는 '기사들의 명예와 귀부인들의 즐거움'을 위한

216 "Auquel ceste ballade donne/Pour sa dame, qui tous bien a./S'Amour ainsi tous ne guerdonne,/Je ne m'esbahys de cela,/Car au pas conquester l'ala/Que tint Regnier, roy de Cecille,/Ou si bien fist et peu parla/C'oncques Hector fist ne Troïlle."

217 *Grand Larousse encyclopédique* en dix volumes, tome VIII, Paris, Librairie Larousse, 1963을 참조.

218 "Cette circonstance peut faire supposer que Villon aurait assisté, dans sa jeunesse, au tournoi de Saumur, et qu'il écrivit la pièce consacrée à Ambroise de Loré sous l'impression de ses souvenirs; [...] En tout cas, cette pièce porte témoignage de relations intimes et anciennes du prévôt de Paris et du poète, [...]"(Longnon$_1$, 103-104).

219 G. P. Cuttino, *I laugh through tears. The Ballades of François Villon*, New York, Philosophical Library, 1955, p. 17.

마상시합에서 귀부인이 실제 상급이 된다는 것은 궁정식 관례에 어긋나는 것인 만큼, 샹피옹의 의견처럼,[220] 1374행에서 사용된 '쟁취'라는 말은 '심정적인 차원'에서의 정복을 나타내는 것이라 보았고(Bianciotto$_1$, 117-122), 티리 역시 동일한 견해를 보였다(CT, 200).

대부분의 연구자들은 1377행의 'Bien fist'가 헥토르에게 적용되는 것이며, 'peu parla'는 트로일루스와 관련되는 것이라는 의견을 보였다. 이러한 견해는, 트로일루스의 '말없는' 무훈이 조국 트로이를 구하기 위한 것이었다기보다는 한 여자에 대한 사랑과 욕망에 따른 것임을 의식한 해석이었다. 트로일루스가 "사랑 때문에 전투에서 가장 뛰어난 모습을 보임으로써 자신의 명성이 그가 사랑하는 여인의 귀에 들어가기를 기대했던" 것처럼,[221] 로베르 데스투트빌이 보인 용맹과 무훈 역시 앙브루아즈 드 로레의 관심과 사랑을 얻기 위한 것이었다는 점이 암시되는 것이다(Bianciotto$_1$, 117-118). 헥토르의 이름을 같이 거명한 것은 로베르 데스투트빌의 무훈이 헥토르에 비견될 만한 것임을 극찬하기 위한 것으로 볼 수 있다.

트로이의 영웅들 가운데 트로일루스의 이름을 특별히 언급한다는 점에서, 연구자들은 르네 당주의 시종이었고, 마상시합에서 로베르 데스투트빌의 맞수였던 루이 드 보보Louis de Beauvau에 대한 암시나, 보카치오의 작품을 번안한 루이 드 보보 혹은 피에르 보보Pierre Beauvau의 《트로일루스와 크리세이다 이야기*Roman de Troÿle et Criséida*》에 대한 암시가 이 구절에 담겨 있

---

220 Champion$_2$, II, 111; Champion, 181을 참조.

221 "Les aspres batailles et les angoisseux tournoyz que Hettor et ses frères faisoient ung chacun jour accompaignez de Troyens, ne procedoient en riens des amoureux pensesemens. Mais le plus souvent trop plus se monstroit d'avant tous autres ès perilleux assaulx et faisoit armes à merveilles, et à ce le conduisoit amours; [...] mais le desir d'avoir renommée qui s'espandist jusqu'aux oreilles de sa dame affin que plus lui peust plaire. Et si l'istoire est vroye, il devint si aspre et si fier en armes que les gens le craignoient comme la mort. [...] Oncques Brisaïda ne se apperceut de la grant amour que Troylus avoit en elle, pour ce qu'il se tenoit fort couvert, [...]"(*Nouvelles françoises en prose du XIV^e^ siècle*, publiées d'après les manuscrits avec une introduction et des notes par MM. L. Moland et C. d'Héricault, Paris, P. Jannet, 1858, p. 132).

다고 보기도 했다(DF, 437; CT, 200). 이상의 사실들에서 비용과 로베르 데스투트빌 사이에 특별한 친분 관계가 있었는지, 또 그가 비용에게 특별한 후의를 보였는지 여부를 확실히 밝힐 수는 없다. 그러나 비앙치오토의 말처럼 "부부나 가까운 지인들 사이에서나 알려졌음직한 지난날의 일들이 암시되어 있다는 점에서, 검찰장관과 비용 사이에는 어떤 관계가 분명 있었"을 것으로 추정된다($Bianciotto_1$, 131-132).

이 발라드의 작성 시기와 비용의 의도에 대한 연구자들의 견해는 작품에 대한 평가만큼이나 다양한 것이었다. 튀안은 이 시가 로베르 데스투트빌이 파리 검찰장관 직을 제수받은 직후인 1447년에 작성된 것으로 추정하였고, 예전에 쓴 발라드를 《유언의 노래》에 삽입함으로써 그에 대한 자신의 사의를 표명함과 동시에 여전히 파리 검찰장관 자리에 있다고 믿었던 인물의 호의를 간직하려 했던 것으로 보았다(TH, III, 362-363). 이에 반해 로베르-비달E. Robert-Vidal은 이 시가 비용이 사면장을 받았던 1456년 1-12월 사이에 만들어진 것으로 추정하였다. 비용이 이 발라드를 쓴 이유는 "세르무아즈 살해 사건 당시 파리의 검찰장관이었던 로베르 데스투트빌에게 사면장 획득에 대한 사의를 표하기 위해서"였을 것이라고 로베르-비달은 설명하였다.[222]

이 작품을 초기작으로 간주한 선행 연구에 대해 뒤푸르네는, 로베르 데스투트빌이 겪었던 두 번의 시련, 즉 1460년 샤를 7세 치하에서 받았던 체포 및 심문과 루이 11세 치하에서의 해임의 흔적(1461년 9월-1465년 11월)이 1388-1389행과 1394-1396행에 표현된 것으로 보았고, 여기에 기초하여 이 시의 작성 연대를 1461년 말에서 1462년 초로 추정하였다. 뒤푸르네는 문체나 10음절 시구의 사용과 같은 시법상의 특징이 작성 시기 추정의 근거가 되기에는 미약하다는 점을 실례를 통해 보임으로써, 이 작품을 비용의 초기 작품으로 간주하는 견해를 부정하였고, 이 시는 검찰장관에 대한 사

222 E. Robert-Vidal, "Villon et Robert d'Estouteville", *Studies in philology*, 59, 1962, pp. 38-40을 참조.

의 표시가 아닌 '육체적 사랑에 대한 찬가hymne à l'amour charnel'라는 의견을 제시했다.[223] 한편 세르지오 치가다는 뒤푸르네의 의견에 반해, '운명의 여신'이라는 주제는 중세 문학 전반에 걸쳐 널리 상용되었던 만큼 이러한 공통 논거를 연대 추정의 근거로 삼을 수 없음을 지적하였고, 이 시의 작성 연대를 1452-1455년으로 제시하기도 했다($D_2$, 205). 리슈네와 앙리는 뒤푸르네의 의견을 대부분 수용하였고, 《유언의 노래》의 1368행이 작품의 작성 연대를 암시하는 하나의 단서가 된다고 보았다. 따라서 리슈네와 앙리는 비용이 이 시를 쓸 당시 로베르 데스투트빌은 검찰장관 직위에서 해임되지 않은 상태라는 입장을 보였고, 이 발라드의 가능한 작성 연대를 1460-1461년(혹은 1462년)으로 추정하였다($RH_2$, 200).

〈로베르 데스투트빌을 위한 발라드〉는 《유언의 노래》에 삽입된 발라드들 가운데 유일하게 궁정풍의 우아한 문체를 사용하고 있으며, 그 내용 또한 '사랑'을 노래했던 서정시의 전통에 부합한다. 또 《유언의 노래》 전반부에서 기술되던 비극적인 '사랑'의 모습, 특히 〈연인에게 보내는 발라드〉에서 드러나던 파멸의 '이브'와는 대비되는 새로운 여성상이 제시된다. 뿐만 아니라 밝은 빛을 찾아볼 수 없는, 문자 그대로 어두운 색조만이 두드러지는 《유언의 노래》에서, 유일하게 활기찬 '여명의 빛'이 나타나는 작품이기도 하다.[224] 파리스는 이 시가 비용과는 어울리지 않는 문체를 사용한 독창성이 없는 초기작으로, 그다지 훌륭한 작품이 아니라는 의견을 보였고(Gaston $Paris_1$, 102), 샹피옹,[225] 튀안,[226] 데조네,[227] 등도 '조악하고 틀에 박힌 작품'이라는 견해를 피력했다. 심지어 루이스는 "현학적이고 아무런 영감도 없는" 발라

223 $Dufournet_1$, 342-354를 참조.

224 $Fein_0$, 60-61을 참조.

225 "Bien que la ballade qu'il composa alors pour son mari, et en l'honneur de madame Ambroise de Loré, ne soit pas des meilleurs, elle s'élève encore fort au-dessus des médiocres productions des rimeurs de ce temps; elle a une autre allure que la triste complainte du désespéré de l'an 1452"(Champion, 183).

226 "Cette ballade, une des premières de Villon, écrite dans le genre allégorique et conventionnel de l'époque, et qui nous semble des plus médiocres, eut sans doute une tout autre fortune dans le milieu raffiné où elle parut."(TH, III, 362).

드라는 혹평을 남기기도 했다.[228] 그러나 브뤼넬리는, 이 시를 '여성과 결혼에 대한 칭송un éloge de la femme et du mariage'으로 정의하였고, 이 발라드가 '여성 혐오'적인 태도와 대비되는 것이며 '영원한 신생新生'의 분위기를 보인다는 점을 강조했다.[229] 프라피에 또한 이 시가 일종의 '계기의 시'라는 점에 무게를 두었다. 프라피에는 '부부간의 믿음과 사랑', '역경을 넘은 부부간의 사랑의 소생'을 노래한 이 작품에서 《유언의 노래》의 전반적인 어조와는 구별되는 이질적인 면모가 드러난다는 사실에 주목하기도 했다(Frappier$_2$, 437-456).

1960년대 후반, 쿤은 이 작품을 '진정한 사랑의 극치'이자 '창조'의 시, '자연'의 철학을 노래한 작품으로 해석하기도 했다(Kuhn, 384). 피에르 르 장티는 '부부간의 사랑'을 노래하는 이 시가 비용의 소망, 즉 자신이 가장 값진 것이자 자연스러운 것으로 생각했던 '이상'을 토로하는 것일 수도 있다는 견해를 개진했고, 티리 역시 이러한 칭송이 비용의 은밀한 꿈들 가운데 하나였을지도 모른다는 데 무게를 두었다(CT, 202). 한편, 리보리오M. Liborio는 이 발라드를 로베르 데스투트빌의 '동성애 성향'을 풍자하는 조롱섞인 작품으로 간주함으로써, 작품에 내재된 다양한 해석 가능성을 늘 간과하지 않아야 한다는 점을 부각시켰다. 또 테일러는 이 시를 '풍성한 다산多產을 위한 성性에 대한 찬양'으로 여겼고(Taylor, 166), 장 드 묑이 《장미 이야기》 후반부에서 이야기했던 "남성의 힘과 여성의 생산력 안에서 이루어지는 풍성한 결실을 맺는 성"이 울려퍼지는 것이라는 입장을 보였다.

제작 연대의 불분명함과 삽입된 발라드라는 특징은 〈로베르 데스투트빌

227 "Nous sommes mieux renseignés sur les premières ballades de Villon. [...] Beaucoup sont en décasyllabes. Et, parmi elles, une des plus anciennes qu'il dut écrire: la ballade pour Robert d'Estouteville, lequel venait d'être nommé prévôt de Paris(27 mars 1447). Les commentateurs, non sans quelque sévérité, s'accordent à la juger des plus médiocres: banale dans la forme, conventionnelle pour le fond."(Desonay, 166).

228 D. B. Windham Lewis, *François Villon. A documentary survey*, New York, Garden City Publishing Company, 1928, p. 292.

229 Brunelli$_1$, 763-770.

을 위한 발라드〉에 대한 평가와 직접적으로 관련된 것이었다. 수작秀作이라는 평가와 조악한 작품이라는 상반된 견해, '부부 사이의 풍성한 사랑'을 노래하는 시로 보는 입장과 '동성애 성향'에 대한 신랄한 조롱과 풍자로 보는 이질적인 입장이 양립할 수 있었던 것은 '유증물'로서의 삽입 발라드가 갖는 독특한 위상에 기인한다. 이 발라드가 '결혼과 부부 사이의 사랑'이라는 지극히 일반적인 내용을 이야기하면서도, 아크로스티슈를 통해 '앙브루아즈 드 로레'라는 고유명사가 부각되며, 제작 시기와 선행되는 8행시들의 의미 여하에 따라 발라드 전체의 의미가 변할 수 있다는 점이 다양한 해석의 폭을 마련한 것이다. 그러나 이 작품에서 감추어진 어떤 풍자나 패러디를 찾기보다는, 《장미 이야기》의 후반부와 많은 부분에서 유사점을 보이며, '자연'의 의도에 부합하는 '풍성한 사랑'을 노래하는 표면 그대로의 의미를 취하는 것이 적절할 듯하다.

〈배불러 오른 마르고를 위한 발라드〉와는 달리, 〈로베르 데스투트빌을 위한 발라드〉에서는 '성적인 행위' 또한 신성한 모습으로 그려지며, 아내에 대한 남편의 사랑이 더없이 구체적으로 구현된다. 또 아내의 모습은 〈성모에게 기도 드리는 발라드〉에서 언급되었던 '유일한 성채', '중재자'이자 '구원의 의지처'인 성모의 모습과 닮아 있다. 이 발라드는, 인간의 차원에서는 갖가지 제약과 난관을 넘어선 한 쌍의 조화를, 동물의 차원에서는 한 쌍의 새들이 보여 주는 충만한 기쁨과 즐거움을, 식물의 차원에서는 정의와 영광, 평화와 승리를 전해 주는 월계수와 감람나무를 보여 주며, 여성의 풍성한 생산력은 대지의 그것에 비견되어 모든 것이 '자연'과의 충일한 동화를 보여 준다($D_2$, 208). 갖가지 차원에서의 완벽한 합주를 보여 주는 이 시에 내포된 의미의 폭은 아크로스티슈로 각인된 이름에서 출발하여 신비한 나무의 표상, 신화적인 아폴로와 미네르바의 상징을 거쳐, 정교한 한 편의 작품의 산출과 그 작품을 통한 시인의 불멸로까지 확장될 수 있으며,[230] 일체의

---

230 Jean Dufournet, "Villon, le laurier et l'olivier", *Revue des Scienses Humaines*, 183, 1981, p. 92를 참조.

'사랑의 허위성'이 지워진 "건강하며 풍성한 생산의 희망 속에서, 두 부부의 몸과 마음을 하나로 이어주는 감정과 욕망의 충실성"이 여명과 신생의 분위기 속에 아름답게 펼쳐진다(Le Gentil, 96).

#### 4) 〈배불러 오른 마르고를 위한 발라드〉

> 또한, 매우 우아한 얼굴과 모습의,
> 배불러 오른 마르고에게는
> —'우리 주, 하느님'에 대한 믿음으로 말하건대,[231]
> 이 신앙심 깊은 피조물,[232]
> 나 그녀를 내 고유한 방식으로 사랑하고
> 또 그녀도 그녀 방식대로 나를 사랑하니, 애교 많은 여자라—,
> 혹 우연히 그녀를 발견하게 되면,
> 이 발라드를 그녀에게 읽어 주기 바란다. (T, CL, vv. 1583-1590)[233]

롱농의 연구[234] 이래 '배불러 오른 마르고'를 노트르담 수도원Cloître

---

231 이 표현은 'by our Lord, by God'('par Notre Seigneur, par Dieu')의 변형이며, 마로는 여기에 다음과 같은 주석을 붙인 바 있다: "en angloys, *Dieu et Nostre Dame*, et appert icy que du temps de Villon restoit encore a Paris quelque mot des Angloys qui avoient passé par la."($RH_2$, 221-222; JCM, 262-263; TH, III, 421을 참조).

232 리슈네와 앙리는 'Assez'로 표기되어 있는 필사본 *A*를 수정하여, 'A si devocte creature,'라는 텍스트를 제시하였다. 1586행은 1584행과 마찬가지로 '마르고'와 동격이며, 1587행에서 목적어로 사용된다고 보는 것이 더 적절하다 판단하여 이렇게 옮겼음을 밝힌다($RH_2$, 222; CT, 216을 참조).

233 "Item, a la Grosse Margot,/Tres doulce face et pourtraicture/—Foy que doy, brulare bigot,/A si devocte creature,/Je l'ayme de propre nature,/Et elle moy, la doulce sade—,/Qui la trouvera d'aventure,/Qu'on lui lise ceste ballade."

234 "Et, en effet, «la grosse Margot», auquel Villon adressa sa cynique ballade, n'était pas une femme de chair et d'os; c'était alors simplement l'enseigne d'une taverne que fréquentait Villon et ses compagnons, et que nous trouvons mentionnée en 1452 à l'occasion de l'un d'entre eux, Regnier de Montigny qui, une certaine nuit, avait battu le guet à la porte de «l'ostel de la Grosse Margot». Cette enseigne était encore si populaire au temps de Louis XIII, qu'elle servait alors concurremment avec une autre enseigne, la Cloche-Perce, à désigner une rue du quartier de Grève."($Longnon_1$, 48-49).

Notre-Dame 부근의 악명 높은 집의 간판으로 보는 의견이 지배적이었지만, 《유언의 노래》에 등장하는 유증 수령자들이 실제 인물이었다는 점에서, 마르고 역시 실존 인물일 가능성 또한 부정할 수는 없다(Champion, I, 107-109; $RH_2$, 221). 1589-1590행에서 볼 수 있듯이, 비용은 단지 이 발라드를 읽어 주기를 바랄 뿐이고, 엄밀한 의미에서의 유증물로 남겨 주는 것은 아니라 할 수 있다. 《유언의 노래》의 8행시 CL에서 이야기되는 "나 그녀를 내 고유한 방식으로 사랑하고, 또 그녀도 그녀 방식대로 나를 사랑하니"(T, vv. 1587-1588)라는 말은 이어지는 발라드의 내용을 요약하는 제사題詞이자 문장紋章이기도 하다.

> 이 미녀를 내가 진심으로 사랑하고 섬긴다 해서,
> 그 때문에 그대들, 나를 비천하고 어리석다 여겨야만 할까?
> 그녀는 누구라도 만족시킬 수 있는 자질들을 몸에 지니고 있기에,
> 그녀의 사랑을 위하여, 나 방패와 검을 든다.
> 사람들이 올 때면, 나 얼른 달려가 술병을 잡고,
> 큰 소리 내는 법 없이, 포도주를 찾으러 간다.
> 나는 사람들에게 물과 치즈, 빵과 과일을 건넨다.
> 그들이 지불을 잘 하면, 나는 그들에게 말한다. "'좋습니다',
> 발정기가 되거든, 다시 이 곳을 찾으시오,
> 우리가 다스리는 궁전인 곳, 이 유곽으로." (T, vv. 1591-1600)

이 발라드는 첫 번째 시절의 2행("M'en devez vous tenir ne vil ne sot?", T, v. 1592)에 나오는 'vous'라는 말에서 알 수 있듯이, 신원을 알 수 없는 '그대들'에 대한 질문으로 시작한다. 그러나 2행의 'vous'가 9행("Retournez cy, quant vous serez en ruyt,", T, v. 1599)의 'vous'와 같은 사람을 말하는 것인지 여부는 불명료하며, 유곽을 찾는 '손님'과 이 글을 읽는 '독자'의 동일성 여부 또한 밝혀지지 않는다. 이러한 질문은 특정 대상을 염두에 둔 것이라기보다는 자

기 스스로에게 던지는 것이거나 '독자'에게 던지는 질문처럼 여겨지며, 명확한 대답을 기대하고 던지는 질문으로 받아들이기 어려운 면이 있다. "비천하고 어리석다"는 말에는 답하는 사람의 판단과 감정이 필연적으로 개입되어야 하지만, 처음 두 행에서 언급되는 사실은 '미녀에 대한 사랑과 봉사'가 전부이기 때문이다. 가치 평가를 내릴 수 없는 사실에 대해 '비천함'과 '어리석음'을 결부시키는 것은 불가능할 뿐만 아니라 다음 두 줄에서 암시되는 그의 기사도적인 행동에서도 역시 불충분한 근거는 판단을 유보하게 만든다(Kuhn, 25). 처음 네 줄은 '기사-연인'의 입에서 나오는 말인 듯한 인상을 주며, 우리를 잘못된 독법讀法으로 유도하지만(Taylor, 144), 다섯 번째 행부터 우리는 비용의 질문이 그럴 만한 이유가 있는 것이라는 점을 인정하게 된다.

귀부인과 기사의 '숭고한 사랑'을 연상하던 이의 눈앞에 제시되는 것들은 '술병'과 '음식들'이며, 《유언의 노래》의 1595-1596행에서 비용은 자신을 민첩하고 사근사근한, 주도면밀한 하인처럼 묘사한다.[235] 이제 장면들은 매우 빠르게 독자의 눈앞에서 진행된다. "사람들이 올 때면"으로 시작되었던 장면은 어느 순간 지불이 완료되고 다시 찾아 주기를 말하는 끝인사로 넘어가며, '좋습니다Bene stat'라는 비용의 라틴어 인사말에서 이 유곽의 손님들이 성직자 계층임을 추측해 볼 수도 있다(Vitz, 122). 순수하고 이상적인 사랑에서는 통용되기 어려운 '지불'이라는 말과 짐승에게나 사용하는 '발정'이라는 속된 말을 통해, 그리고 후렴구의 '유곽'이라는 말에서, 이제 무엇 때문에 이러한 질문을 제기했는지가 명확해진다. 혹자는 고티에처럼 '음란한 추악함'과 '구토'의 전조를 느끼는 한편(Gautier$_1$, 28), "경탄할 만한 것이면서도 혐오스러운" "그런 동판화를" 연상하게 된다(Gautier$_1$, 29). 궁정풍 이미지와 저속한 이미지의 교차는 후렴구에서 반복되며, 두 가지 의미[236]를 지니는 후렴구는, 비용이 의도한 바가 어떤 맥락에서였든 간에, 천박한

235 이 부분은 8행시 CXLVII의 1565-1566행("Puis aprés, sans mener grant bruyt,/Je leur ramentoy le jeu d'asne.")을 연상시킨다. 이에 대해서는 CT, 218; JCM, 263 등을 참조.

유곽과는 어울리지 않는 장중한 어조로 발라드의 처음 정경을 마무리짓는다($RH_2$, 223; CT, 218; JCM, 263).

> 그러나, 마르고가 돈 없이 잠을 자러 올 때,
> 그때 생기는 나의 불만과 언짢음이란!
> 나 더는 그녀를 쳐다보기도 싫고, 마음속에서는 그녀가 미워 죽겠구나.
> 그녀의 옷가지들, 허리띠와 위에 입는 옷을 잡고,
> 이것들이 내가 받을 몫의 이문을 대신한다고 그녀에게 단언한다.
> 두 손을 허리에 붙인 채, 이 적그리스도는 〔악마 같은 마르고는〕
> 예수 그리스도의 죽음에 걸고 맹세하건대,
> 그럴 수는 없을 것이라고 악을 쓰고 단언한다.
> 그러면, 나는 나뭇조각을 움켜쥐고,
> 그것으로 그녀의 코 위에 기록을 남긴다.
> 우리가 다스리는 궁전인 곳, 이 유곽에서. (T, vv. 1601-1610)

이제 시는 점점 더 구체적인 묘사와 정경들을 제시한다. 우아하고 고상한 표현들은 일상적이고 비속한 모습들에 자리를 내주며 두 번째 시절에서 그 모습을 감춘다. "마르고가 돈 없이 잠을 자러 올 때"("Quant sans argent s'en vient coucher Mergot;", T, v. 1602)라는 말을 시작으로, 이제 비용은 하루하루가 늘 동일한 일상적인 유곽의 모습 중에서 특별한 하루의 정경을 그리기 시작한다. 이제 첫 번째 시절의 '진심 어린 사랑'은 '크나큰 불만과 못마땅함'("[...] il y a grant deshet,", T, v. 1601)으로 바뀌며(Kuhn, 28), '사랑' 대신 '돈'과 '옷가지들'이 전면에 떠오른다. 이 '궁전'에서 관건이 되는 것은 더 이상 '명예'나 '존경' 혹은 '숭고한 사랑'이 아니며, '사랑'은 '성적인 욕망'과 '상품화된 육체' 그리고 '돈'으로 격하되어 강조된다.[237] 그의 '궁전'은 일종

236 후렴구인 "En ce bordeau ou tenons nostre estat."는 'vivre selon les exigences d'un état de haut rang'과 'tenir sa cour'의 의미를 지닌다.
237 $Freeman_0$, 63을 참조.

의 '폭군의 처소'로 바뀌며, 평화롭고 다정하던 정경은 'prens'과 'se prent', 'jure'와 'jure', 'Antecrist'와 'Jhesucrist' 등의 동일한 표현들의 반복을 통해 서로 격렬한 대치 상태에 있는 두 사람의 대결 구도로 바뀐다.[238] 이 기이한 '전투' 혹은 '마상시합'에서 비용은 기사의 '창'이 아닌 '나뭇조각'을 움켜쥐며, 매우 잔인하게도 상처를 표현하는 말로 'escript'라는 말을 사용한다. 마치 잘못과 죄상을 기록으로 남겨 두는 법정의 판결처럼, 혹은 외상을 기록하거나 영수증에 표시하듯, 비용은 마르고의 얼굴에 '기록'을 새기며("[...] Lors empoingne ung esclat,/Dessus son nez lui en faiz ung escript,", T, vv. 1608-1609), 이렇게 남겨진 기록은 장엄한 행동과 위업의 결과처럼 유지된다(RH$_2$, 223-224; CT, 218; JCM, 263-264).

> 그리고 화평和平이 이루어지고, 그녀는 내게 독한 방귀를 뀐다,
> 추잡한 쇠똥구리보다 더 강렬한 한 방을.[239]
> 웃으면서, 내 머리 위에 주먹질을 하고,
> 내게 '자, 어서요'라고 말하며, 내 허벅지를 툭툭 건드린다.
> 둘 모두 취해 있어, 우리는 팽이처럼 미동도 없이 잠을 잔다.
> 그리고 깨어나, 배에서 꾸르륵 소리가 나면
> 그녀는, 열매를 망가뜨리지 않도록, 내 위로 오르고,
> 그녀 밑에서 신음하며, 나는 널빤지보다 더 평평해진다,
> 그녀는 음탕한 짓거리들로 나를 완전히 녹초가 되게 만든다,
> 우리가 다스리는 궁전인 곳, 이 유곽에서. (T, vv. 1611-1620)

처벌이 이루어지고 기록됨으로써 마침내 '화평'이 이루어진다. 자신에게 기록을 '남긴faiz' 것에 대한 반응으로 마르고는 독한 방귀를 '뀌며fait' 화답

---

238 "Sa robe prens, demy seint et seurcot,/Sy lui jure qu'il tendra pour l'escot./Par les costez se prent, c'est Antecrist,/Crye et jure par la mort Jhesucrist" (T, vv. 1604-1607).

239 이 구절의 해석은, 'enffle'가 아닌 필사본 *A*, *F* 등의 'enflambé'를 따랐다. 이에 대해서는 RH$_2$, 224-225; JCM, 264; Urban T. Holmes, "Villon's *Testament*, lines 1610-1611 (Escharbot)", *Modern Language Notes*, 51, 1936, pp. 33-34 등을 참조.

和答하고("Puis paix se fait et me fait ung groz pet,", T, v. 1611), 이러한 '방귀pet'는 '화평paix'과 기이한 짝을 이룬다(JCM, 264). 술에 취해, 미동도 없이 잠을 자던 두 사람은 본능적인 신호에 따라 육체적인 사랑을 나누기 시작한다. 그런데, 이제 두 사람의 관계는 '여성 상위'라는 역전된 형태로 드러나며("Et au resveil, quant le ventre lui bruyt,/Monte sur moy, [...]", T, vv. 1616-1617), 비용의 '여성화' 혹은 마르고의 '남성화'를 통해, 이제 마르고가 권좌에 앉아 군림하는 시간이 도래한다(Taylor, 148). 임신이 불가능하다고 생각되던, 또 임신을 하더라도 아이를 지우는 방법들을 이것저것 잘 알고 있다고 알려진 창녀이건만, 마르고를 임신한 창녀로 묘사함으로써("[...] que ne gaste son fruyt,", 1617), 비용은 터무니없고 지극히 저속한 농을 던진다. 마르고는 빗자루를 타고 하늘을 나는 마녀처럼 비용 위에 올라타, 자신이 알고 있는 온갖 기교들을 부리며, '널빤지'가 된 비용은 빗자루에 더 가까워진다.[240] 이제 1행에서 언급되었던 "섬긴다"라는 말의 의미는 표면적인 말과는 거리가 먼 손님 접대와 시중들기에서 '성적인 봉사'로까지 확대되는 것이었음이 드러난다.

> 바람 불고, 서리 내리고, 얼음 언다 해도, 나는 구어진 빵이 있고,[241]
> 나는 음탕한 색골, 음란한 색녀가 나와 함께 하니
> 우리 둘 가운데 누가 더 나은가? 저마다 상대방을 닮았고,
> 서로가 서로에게 값하니, 이는 못된 쥐에 못된 고양이구나.
> 우리가 추잡함을 사랑하면, 추잡함이 우리와 같이 가고
> 우리가 명예를 피하면, 명예가 우리를 피하는구나.

---

240 "Il est vrai que «le fantasme de la femme qui chevauche hante les rêves des théologiens», et R. Zapperi a raison d'en rapprocher l'image de la soecière sur son balai. [...] dans les miniatures, quand il s'agit d'adultère ou de fornication, la femme est toujours représentée sur l'homme."(Jacques Rossiaud, *op. cit.*, p. 266). 영역의 경우, Jacques Rossiaud, *Medieval Prostitution*, translated by Lydia G. Cochrane, Oxford, Basil Blackwell, 1988, p. 109를 참조.

241 'avoir cuit son pain'이 'j'ai terminé ma vie de plaisir'를 의미하는 데 반해, 'avoir son pain cuit'는 'avoir tout ce qu'on désire'를 의미한다. 튀안은 이 구절을 "Qu'il vente, qu'il grêle, qu'il gèle, j'ai ma vie assurée."로 옮겼다(TH, III, 430).

우리가 다스리는 궁전인 곳, 이 유곽에서. (T, vv. 1621-1627)[242]

〈배불러 오른 마르고를 위한 발라드〉가 'sotte chanson'과 매우 유사한 면을 보인다는 점은 이미 오래전부터 지적되어 왔다.[243] 시칠리아노는 사랑하는 여인의 추악한 모습, 즉 '늙고 음탕하며, 술에 취한, 또 비열한' 모습을 보여 주는 15세기 전반기의 'sotte chanson'의 특징을 지적하면서, 이러한 묘사에는 '광란과 소동', '다툼과 욕설'이 늘 뒤따르며, 한순간의 평화가 찾아온 후 다시 싸움이 새로 시작된다는 점을 강조한 바 있다(Siciliano$_1$, 398-399). 궁정풍의 제재와 영감을 바탕으로 확립된 기존의 미학적인 가치를 전복시키며 조롱함으로써 격한 '도시적 감성'과 '웃음'을 만들어 내는 'sotte chanson'과의 관련 속에서, 비용이 제기했던 "비천하고 어리석다"라는 질문을 다시 생각해 볼 필요가 있다.

사실 'vil'과 'sot'는 등가에 해당하는 말이 아니며, 동의어라고는 말할 수 없는 성질의 단어이다. 'vil'이라는 말이 자신의 낮은 신분, 즉 그가 높은 신분의 '기사'가 아니라는 점에 기인하는 것인지, 아니면 유곽의 포주이며 창녀인 마르고와 깊은 관계를 맺고 있기 때문인지 여부는 불분명하게 나타난다. 'sot' 역시 그러하다. 그가 어리석기 때문에 스스로를 이렇게 지칭하는 것인지, 아니면 자신이 'sotte chanson'이나 '바보극sottie'의 주인공이기에 이렇게 말하는 것인지 여부는 명확하지 않으며,[244] 자신이 'sot'이기에 'vil' 한 것인지 아니면 'vil'하기에 'sot'인 것인지 또한 불분명하게 제시될 뿐이

242 "Vente, gresle, gesle, j'ay mon pain cuyt./Je suis paillart, la paillarde me suyt./Lequel vault mieulx? Chacun bien s'entressuyt,/L'un vault l'autre, c'est a mau rat mau chat./Ordure aimons, ordure nous affuyt,/Nous deffuyons honneur, il nous deffuyt,/En ce bordeau ou tenons nostre estat."

243 문자 그대로는 '어리석은 노래'라는 뜻이나, 정확한 역어를 찾기 힘든 면이 있다. 고상한 궁정풍 작품을 저속하게 패러디한 시를 통칭한다. 데샹은 'sotte chanson'을 다음과 같이 정의하였다: "Item, quant est aux pastoureles et sotes chansons, elles se font de semblables taille et par la maniere que font les balades amoureuses, excepte tant que les materes se diffreent selon la volunte et le sentement du faiseur."(Deschamps$_1$, VII, p. 287). 아울러 Poirion$_1$, 364를 참조.

244 '바보극sottie'의 경우, Aubailly$_1$, 280-460을 참조.

다(Taylor, 149-151). 일면 아무런 문제 없이 수긍되는 듯 보이던 비용의 질문은, 발라드의 일차 독법에서 얻은 정보들을 토대로 이차 독법을 행할 경우, 아무것도 명쾌히 해결되지 않았음이 드러난다. 그렇다면 이 발라드는 "화자의 스스로에 대한 조롱"을 나타내는 것에 지나지 않는 것일지도 모른다.[245]

여기서 이 발라드의 '비속함'을 두고 파리스가 표명했던 놀라움에 대해 살펴보도록 하자.

> 그런데, 이 발라드를 유명하게 만든 것은 다름 아닌 이 발라드의 비속함이다. 이 발라드는 시인의 훌륭한 작품들 가운데 하나가 아니다. 이 작품에서 사실주의는 극에 달해 있으며, 여기서 여러 어색한 면들을 지적할 수 있다. 이 작품을《유언의 노래》에, 그것도 자신의 어머니로 하여금 이야기하게 했던 작품에서 멀지 않은 곳에, 끼워 넣어 이런 상스러운 작품을 간직해 두었다는 점이 놀랍다. [⋯] (Gaston Paris$_1$, 108-109)

파리스는 비용의 서로 다른 발라드에서 표현된 '비속함'과 '숭고함'의 극명한 대비에 대해 놀라움을 표시한 것이지만, 이러한 지적은 그의 본래 뜻과는 달리, 우리에게 새로운 시각을 갖게 해준다. 성모에게 바치는 비용의 어머니의 기도와 〈배불러 오른 마르고를 위한 발라드〉는 모두 아크로스티슈를 통해 'Villone'라는 여성화된 'Villon'의 이름이 제시되며, 'En ceste foy je vueil vivre et mourir'와 'En ce bordeau ou tenons nostre estat'라는 두 후렴구는 모두 'en+지시형용사+명사'로 시작한다는 공통점을 지닌다. 성모에게 바치는 기도에서 화자인 어머니와 그 기도를 쓰는 비용은 모든 면에서 중첩된 동일한 '한 사람'으로 제시되며, 〈배불러 오른 마르고를 위한 발라드〉의 화자와 마르고 또한 1인칭 'je'와 3인칭 'elle'이 상호 '긴밀한' 관

245 "Die Selbstpersiflage des Sprechers schränkt die weiberfeindliche Tradition des Textes ein."(Brockmeier, 170).

계를 유지한다. 마르고와 화자는 거의 모든 점에서 대칭되며, 상응하는 두 사람의 관계는 완전한 '평행' 상태에 가깝다. 이러한 두 사람의 '평형' 관계 혹은 수평 관계는 "저마다 상대방을 닮았고, 서로가 서로에게 값하니"라는 말로 압축됨으로써, 마르고와 화자는 마침내 모든 면에서 중첩된 '한 사람'으로 제시된다.

그러나 두 작품의 관련성이 단지 '성모'와 '마르고', 혹은 '신실함과 성스러움 대對 저속함과 추악함'의 극명한 대조에 그치는 것은 아니다. 단테의 작품에서 제시되는 '천국편'과 '지옥편'의 대구처럼, 대조적이고 상이한 의미의 'Maîtresse'를 노래한 두 편의 시는 저마다 '주종主從' 관계를 다루고 있으며, 한편에 '미사의 성체'(T, v. 891)가 있다면 다른 한편에는 발정난 손님들을 위한 '빵과 포도주'가 있다(T, vv. 1596-1597) 성모가 구세주를 태중에 품고 있다면, 마르고는 뱃속에 '아이'를 품고 있으며, 성모의 미덕과 '은총'을 의미하는 'bien'은 마르고의 모두를 만족시킬 수 있는 '자질들'인 'bien'과 연결되고, 두 시에서는 모두 '그리스도의 죽음'이 암시된다. 천국의 기쁨과 즐거움은 유곽의 동물적인 즐거움 및 취기의 쾌락과 대비되어 나타난다 ($D_3$, 170-173; $Cornilliat_1$, 399-400).

이렇듯 정교하게 구성된 서로 다른 작품들 사이의 반향과 울림은 고유명사에 대한 암시와 말장난을 통해서 가일층 확장되며, 나아가 여러 편의 발라드를 동시에 연결시키며 새로운 시각에서 다시 읽게 만든다. 〈성모에게 기도 드리는 발라드〉에서는 성모 마리아뿐만 아니라 또 한 사람의 'Marie', 즉 방탕한 생활을 보낸 후 회개와 고행을 통해 마침내 성녀의 반열에 오른 이집트의 마리아가 언급되며, 'Marie'는 〈연인에게 보내는 발라드〉의 아크로스티슈인 'Marthe'와 '순교'에 대한 이미지로 이어진다. 무정한 여인 'Marthe'는 다시 유곽의 창녀 'Margot'로 이어지며, 〈배불러 오른 마르고를 위한 발라드〉의 각운은, 〈연인에게 보내는 발라드〉의 각운이 모두 '-r'로 끝났던 것처럼, 'Margot'의 이름의 마지막 철자 '-t'를 암시하는 듯한 '-t'로 끝난다. 설명하기 힘든 복잡한 연관성의 그물을 통해, 비용은 파악할 길 없

던 '불명료한 세계'의 모습을 시집 안에 구현한다.[246]

비용의 질문은 한 편의 발라드에 대한 '다시 읽기'를 유도한다. 이러한 '다시 읽기'는 동시에 여러 편의 발라드들을 다시 떠올리고 읽게 만들며, 그 결과 수많은 연관 관계의 망이 형성된다. 그러나 비용의 질문과 '다시 읽기'는 분명한 해답을 제시하는 법이 없다. 독자는 영원한 '보헤미안'이 되어, 이리저리 길을 찾으려 애쓰며, 늘 한 부분에서 다른 부분으로, 다음 부분에서 이전 부분으로 발길을 옮기게 된다. 하지만 이러한 이행 과정은, 이상화된 비극과 정형화된 감정들의 세계를 벗어나는 계기를 만들어 주며, 어느 순간 그 비극성과 감정들이 만들어지던 처음 상태, 불명료하고 불확실한 세계로의 진입을 가능하게 해주기도 한다.

### 4. 기억 속의 재건축

용맹한 기사들은 모험을 찾아 신비한 숲이나 낯선 땅으로 향하며, 그곳에서 '지상낙원'의 면모를 지닌 이상화된 공간을 발견하곤 한다. 또 궁정과 도회의 삶, 자신을 구속하는 속박을 벗어나 사람들의 위선, 탐욕과 시기를 피하고자 하는 이들은 모든 것을 '자연'의 뜻에 따르는 '전원의 삶'에서 '행복의 공간'을 찾는다. 그러나 비용은 이러한 몽환적인 공간이나 미화된 삶을 경험해 본 적이 없었을 뿐만 아니라 추구할 수도 없었다. 비용이 그리워한 공간, 그가 속하기를 바라던 '로쿠스 아모에누스'는 바로 그가 살아왔고 그의 모든 추억들과 삶의 즐거움들이 간직된 '도회'였다. 그가 들어가고자 했던 비밀의 정원은 다름 아닌 '파리'였으며 목가적인 삶의 모습들은 비용에게 '빈곤'과 다른 것이 아니었다. 비용의 이상향은 그의 육체적인 감각들을 충족시켜 줄 수 있는 물질적인 풍요가 보장된 안락한 삶이었고, 이러한 삶

246 아울러 Virginie Minet-Mahy, *L'Automne des images*, Paris, Champion, 2009, pp. 184-188을 참조.

은 자신의 터전이었던 '도시에서의 삶'을 통해 얻을 수 있는 것이었다.

그러나 비용은 그를 매혹시키는 '행복'을 찾을 수 있는 '유일한' 도시였던 '파리'에 계속해서 머물 수 없었다. 비용은 방랑과 도피를 거듭하면서, 멀리서 '파리'를 그리워할 수밖에 없었고, 마침내는 《유언의 노래》의 후반부에서 자신의 삶을 구성하던 사람들을 하나씩 떠올리고 그들에게 유증물을 남김으로써, 가상의 '도회'를 건설하기에 이른다. 앞으로 검토하게 될 '프랑 공티에 시군cycle de France Gontier'에 속하는 선례들과 〈프랑 공티에에 대한 반론〉은, '목가'와 '반목가反牧歌'의 차이점뿐만 아니라 목가적인 삶을 배격하고 도시에서의 삶을 추구하는 비용의 감정들을 파악하는 데 실마리를 제공함으로써, 무엇 때문에 비용을 '파리의 시인'이라 부를 수 있는지에 대한 해답을 발견하게 해준다.

### 1) 목가와 반목가

〈프랑 공티에에 대한 반론〉이라는 발라드는 시칠리아의 왕 르네 당주의 파리 재판소 대리 소송인이었던 앙드리 쿠로에게 유증된 것이다. 이 인물은 파리에서 여러 앙제 출신 인물들의 이해를 대변했으며, 1462년에는 주교 티보 도시니를 위해 일하기도 했다(RH$_2$, 207-208; Champion, II, 312-313; TH, III, 390). 혹자는 비용이 이 발라드를 앙드리 쿠로에게 남겨 주는 이유가 르네 왕에게 자신을 적극 추천하지 않은 데 대한 시인의 실망에 있다고 추측하기도 했으나(Favier, 372), 앙드리 쿠로를 유증 수령자로 언급하는 것은 그의 이름에 대한 말장난과도 관련이 없지 않다.[247] 비용은 이 발라드를 남겨 주면서

높은 곳에 앉아 있는 폭군에 대해,

247 앙드리 쿠로의 이름은 'courir[les filles]', 혹은 'vagabond, bohémien'의 동의어인 'coureux'와도 관련된다(Freeman$_1$, 264).

그에 대해서는 아무것도 비난하지 않는다
가난하고 힘없는 자가 권세를 가진 이에
맞서게 되는 것을 현자는 바라지 않으니,
그것은 권세를 가진 자가 그물망을 펼쳐,
가난하고 힘없는 자가 그 투망投網에 걸려드는 것을 막기 위함이라.
(T, CXLII, vv. 1459-1464)

고 말한다. 성서의 〈전도서〉와[248] 〈집회서〉[249]의 내용을 암시적으로 말한 뒤, 비용은 자신이 지금 여기에서 "높은 곳에 앉아 있는 폭군"("Quant du tirant seant en hault,", T, v. 1459)이 아닌 공티에와 "논쟁을 벌이고 있음을"("Mais en ce debat cy nous sommes", T, CXLIII, v. 1467) 강조한다.

1467행은 〈배불러 오른 마르고를 위한 발라드〉의 후렴구 "En ce bordeau ou tenons nostre estat." 혹은 로베르 테스투트빌에게 남긴 발라드의 후렴구 "Et c'est la fin pourquoy sommes ensemble."를 연상시키기도 한다. 그러나 이러한 '논쟁'을 엄밀한 의미에서의 '논쟁'이라고 말할 수는 없다. '논쟁'은 두 사람이 서로 마주하고, 서로의 논점을 듣고 논박하는 것을 의미하지만, 여기서 공티에 측의 이야기는 오직 '공티에'라는 이름을 통해서, 또 비용의 발라드에서 인용·암시되는 몇몇 단편들만을 통해 제시될 뿐이며, 오직 비용 측의 입장과 답변만이 상세히 제시되기 때문이다. 피에르 다이Pierre d'Ailly의 작품에서 사용된 'tirant seant'(v. 3)[250]이라는 표현을 그대로

248 "임금이란 하고 싶은 일은 무엇이나 하는 자이니, 경솔하게 어전에서 물러나오거나 임금이 싫어하는 일을 고집하지 않도록 하여라./임금의 말은 권위가 있는 것이라, "왜 그러십니까?" 하고 반대하지 못한다./그러므로 그의 명령을 지키는 사람은 화를 입지 않는다. 생각이 지혜로우면 어떤 경우에 어떻게 행동해야 할지도 알게 된다."(〈전도서〉, 8, 3-5).
249 "성찬을 차린 식탁에 앉았을 때, 입을 딱 벌리고, '야, 굉장하구나.' 하고 말하지 말아라."(〈집회서〉, 31, 12); "권력자와 맞서지 말아라. 그의 손에 망할까 두렵다./부자와 싸우지 말아라. 그의 금력에 눌릴까 두렵다. 황금은 많은 사람을 파멸시켰고 제왕들의 마음을 사로잡았다."(〈집회서〉, 8, 1-2).
250 뒤푸르네는 '폭군'이라는 표현 이면에 '교수형'과 '사형집행인'의 이미지가 숨어 있음을 지적한 바 있다($D_2$, 217-223을 참조).

인용하고 있는 1459행은, 자신의 반론 상대가 피에르 다이가 말한 '폭군'이 아닌 '프랑 공티에'이기에, 피에르 다이의 작품에 대해서는 아무런 언급도 하지 않겠다는 의미의 익살로 볼 수도 있으나, 그 속에는 자신의 말을 은연중에 다른 내용으로 돌려, 두 가지 사실을 한꺼번에 뒤섞어 말하고자 하는 의도 역시 감추어져 있다.

비용은 "가신家臣도 전혀 없고, 또 물려받아 가진 것이 나보다 더 많지도 않은"("il n'a nulz hommes/Et mieulx que moy n'est herité;", T, CXLIII, vv. 1465-1466)

> 그가 자신의 빈곤을 예찬하고,
> 겨울에도 여름에도 가난하며,
> 또 내가 불행이라 여기는 것을
> 그는 지복이라 생각하기 때문 (T, CXLIII, vv. 1468-1471)

에 자신과 공티에가 '논쟁'을 하는 것임을 재차 강조하면서, "어느 쪽이 틀렸는가? 이제 그에 대해 논해 보겠다"("Lequel a tort? Or en discute.", T, CXLIII, v. 1472)고 말한다. 이러한 말의 이면에는, 빈곤과 비참함에 시달렸던 비용의 입장에서 보았을 때, 궁정에 있는 높은 지위의 사람들이 정작 자신들은 호화로운 생활과 풍성한 음식들을 즐기면서, 위선적으로 가난과 검소함을 찬양하는 시를 짓고 소박한 삶을 흉내 내는 것에 대한, 또 이러한 시를 훌륭한 것으로 평가하고 칭송하는 사람들에 대한 강한 거부와 비난의 목소리가 감추어져 있을지도 모른다.[251]

모Meaux의 주교였던 필리프 드 비트리Philippe de Vitri는 1291년 10월 31일에 태어난 것으로 추정되며, 기욤 드 마쇼에 비견될 만한 시인이라는 평가

251 Amazawa Taijiro, "Essai de lecture plurielle des *Contreditz Franc Gontier* de François Villon —En se référant à Miyazawa Kenji—", *Etudes de langue et littérature françaises*, 80, 2002, p. 22를 참조.

를 받기도 했다. 또 그를 두고 페트라르카는 "프랑스 유일의 시인poeta nunc unicus Galliarum"[252]이라는 찬사를 보내기도 했다.[253] 비용의 주장에 앞서, 먼저 공티에 측의 말을 들어 보자.

초록의 나뭇잎 아래, 싱그런 풀 위에
졸졸 흐르는 냇물과 맑은 샘물 곁에
안락한 초가 한 채 있는 것을 나는 보았네.
그곳에서 공티에는 귀부인 엘렌과 함께 먹고 있었지.
신선한 치즈, 우유, 버터, 유즙,
크림, 엉긴 우유, 사과, 호도, 자두, 배,
마늘과 양파, 다진 골파를
회갈색 빵껍질 위에 얹어, 거친 소금 뿌려, 더 잘 마시기 위해.

이들은 질그릇에 물을 마셨고, 새들은 하프를 연주했네,
연인과 사랑받는 여인을 즐겁게 해주기 위해,
그 다음에 이들은 사랑에 끌려 서로 입맞추었지,
매끄럽고 수염이 많이 난, 입과 코에.
자연이 주는 달콤한 식사를 마쳤을 때,
공티에는 곧 목덜미에 도끼를 받쳐 들고, 숲으로 갔네,
그리고 엘렌 부인은 등과 배를 덮는
옷을 세탁하는 데 모든 정성을 기울였지.

나는 들었네, 나무를 베어 넘기면서,
평안한 삶을 신께 감사드리며 공티에가 말하는 것을,
그는 말했지. "저는 대리석 기둥들이 무엇인지 알지 못합니다,

252 Piaget$_1$, 55에서 재인용.
253 김준현, 〈'로쿠스 아모에누스'(locus amoenus)의 중세적 변용〉, 《중세르네상스영문학》, 제11집 제2호, 2003, pp. 236-238을 참조.

찬란히 빛나는 부조들도, 벽화로 장식된 벽들도 모릅니다.
저는, 아름다운 외관 아래, 거미줄처럼 짜여진 배신에
또 황금잔 속에 있는 독약에, 두려움을 갖지 않습니다.
저는 폭군 앞에서, 모자를 벗지도,
또 무릎을 꿇지도 않습니다.

문지기의 몽둥이는 결코 저를 쫓아내지 못하니,
그것은 탐욕, 열망, 게걸스런 폭식이
그럴 정도로 저를 사로잡지 못했기 때문입니다.
노동은 즐거운 자유로움 속에서 저를 먹여 살리며,
저는 엘렌을 무척 사랑하고, 또 그녀도 저를 진정 사랑합니다.
이것이면 충분합니다. 우리는 성대한 무덤을 원치 않습니다."
그때 나는 말했네, "아! 궁정의 노예는 짚단의 값어치도 없으나,
프랑 공티에는 순금 보석의 값어치를 지녔구나."[254]

하위징아는 이 시에서 전형적인 '목가적 삶에 대한 열망'을 보았다.[255] 그러나 여기서 한 가지 짚고 넘어갈 점은, 중세의 경우 단 하나의 이상향만이 존재했던 것은 아니며, 재현된 이상향의 모습 또한 모두 동일한 모습을 보이거나 등가의 것이라고는 말할 수 없다는 점이다.[256] 또 필리프 드 비트리가 이러한 내용의 시를 쓴 것은 단지 소박하고 평화로운 '전원생활'을 찬미하기 위해서가 아니었으며, 실제로는 갖가지 죄악에 물든 궁정 사회에 대한 질책과 훈계를 위한 것이었다는 점을 기억해 둘 필요가 있다.[257]

---

254 원문의 경우, Piaget$_1$, 63-64; TH, III, 396; Chaney$_1$, 132-133을 참조. 영역의 경우, *The Penguin Book of French Verse. I. To the Fifteenth Century*, introduced and edited by Brian Woledge, Harmondsworth, Middlesex, Penguin Books, 1961, pp. 216-218을 참조.

255 Huizinga$_1$, 139를 참조.

256 P. Tucci, "Villon contre Franc Gontier", *L'analisi linguistica e letteriaria*, VIII, 1-2, 2000, pp. 284-285를 참조.

257 이 점은 피에르 다이의 작품도 마찬가지이며, 그의 시에서 공티에와 엘렌의 정직하고 절제된 삶의 기쁨을 찬양하는 말은 한마디도 찾아볼 수 없다. 공티에의 삶이 언급되는 것은 오직 궁정에서의 삶과의 대조를 위해서일 뿐이다.

위에서 인용한 필리프 드 비트리의 작품은 거의 대부분 피에르 다이의 작품과 함께 언급된다는 점이 특기할 만하다. 1591년 판본의 경우, 피에르 다이의 작품에는 "캉브레의 주교 피에르 다이가 쓴 폭군의 삶은 얼마나 비참한가"("Combien est miserable la vie du Tyran par Pierre d'Alliac, evesque de Cambray")라는 제명이 붙어 있다.[258] 1398-1402년 사이에 만들어진 것으로 보이는 피에르 다이의 작품은 필리프 드 비트리의 작품에 대한 일종의 화답이며, '프랑 공티에 시군'에 속하는 것이라 할 수 있다.[259]

> 위험한 물가, 거센 바람 부는 곳의,
> 무시무시한 절벽 위 어느 성을 나는 알고 있다.
> 그곳에서 나는 폭군이, 커다란 궁전의,
> 화려한 방안, 높은 식탁에 앉아 있는 것을 보았다.
> 거만한 시종들,
> 책략과, 시기, 불만 어린 웅성거림 가득하고,
> 충성도 사랑도 없고, 즐거운 평화도 없는,
> 탐욕스런 욕망에 아첨하고 비굴하게 구는 이들에게 둘러싸여서.

피에르 다이의 작품은, 프랑스에서 국왕 샤를 5세의 광기와 루이 도를레앙Louis d'Orléans의 암살, 왕권의 적법성 문제, 폭정 등에 대한 성찰과 논의가 현실 정치뿐만 아니라 번역에 있어서도 활발하게 이루어지던 시기에 만들어진 것이다.[260] 이 작품에서 다루어지고 있는 전원에서의 자유로운 삶과 궁정에서의 삶의 대조는 이미 필리프 드 비트리의 작품에서 행해진 것이며,

---

258 Piaget$_1$, 64에서 재인용.

259 Joël Blanchard, *La pastorale en France aux XIV^e et XV^e siècles. Recherches sur les structures de l'imaginaire médiéval*, Paris, Champion, 1983, pp. 51-61을 참조.

260 피에르 다이의 작품에 대한 설명은 Jean-Claude Mühlethaler, "Le tyran à table. Intertextualité et référence dans l'invective politique à l'époque de Charles VI", in *Représentation, Pouvoir et Royauté à la fin du moyen âge*, actes du colloque organisé par l'Université du Maine les 25 et 26 mars 1994, édités par Joël Blanchard, Paris, Picard, 1995, pp. 49-62의 정리·요약임을 밝힌다.

틀에 박힌 전형성을 탈피하지 못한 것도 사실이다.

피에르 다이의 작품에서는 상징적인 표현들의 사용과 함께 시간과 공간적인 지표가 불분명하게 제시되며, 계속해서 과거 사실에서 현재 사실로의 이행이 이루어진다. 작자는 어느 시대에나 그 가치가 인정되며 진실이라 여길 수 있는 일종의 '교훈적인 예시'를 주고자 노력한다. 폭군의 처소에 대한 묘사 역시 "저 먼 바다 깊은 곳에 자리 잡은, 물결 위에 우뚝 솟은 바위섬, 바다가 지칠 줄 모르고 달려들어 으르렁거리는 곳"[261]이라는 《장미 이야기》의 **운명**의 거처와 유사한 면모를 보인다. 세속적인 재물의 헛됨을 강조하기 위해 우의적으로 사용된 **운명**의 거처처럼, 마치 '지옥'처럼 제시되는 궁전에서 폭군은 재물과 권력에 사로잡힌 노예가 되어 근심과 불안 속에서 생활한다. 갖가지 음식들이 차려진 "커다란 궁전의,/화려한 방안, 높은 식탁" ("La vy thirant seant a haulte table,/En grant palais,, en sale plantureuse,", vv. 3-4)이라는 말을 통해, 피에르 다이의 시는 자연스럽게 성서의 "성찬을 차린 식탁"(〈집회서〉, 31, 12)을 연상하도록 만들며, 과연 이어지는 부분들에서 갖가지 산해진미와 탐욕스런 인간들의 모습이 묘사된다.

> 술과 고기가 넘치도록 있었고,
> 살코기와 생선들이 갖가지 방식으로 잡혀 있었고,
> 다양한 색깔의 소스들과 죽들,
> 그리고 기호에 맞게 재주를 다해 만든 요리들이 있었네,
> 먹고 마시고 싶은 욕망을 발견하고, 수단과 방법을 찾기 위해
> 사방에서 엿보고 주시하는 혐오스런 걸신 들린 자는,
> 폭식에 불타는 자신의 입과 마찬가지로,
> 자신의 배를 마치 걸인의 지갑처럼 가득 채웠다.
>
> 하지만, 배설물 자루와 악취 풍기는 묘지,

261 "Une roche est en mer seanz,/bien parfont, el mileu leanz,/qui seur la mer en haut se lance,/contre cui la mer groce et tance."(RdR, vv. 5891-5894).

포도주 무덤, 부풀어 오른 몸, 기름진 배,
이 모든 재산들에 대해 그는 기쁜 표정을 짓지 않는다.
포식한 위장은 풍미에서는 아무런 쾌락도 얻지 못한다.
웃음도, 유희도, 노래도, 춤도 그를 즐겁게 만들지 못한다.
그처럼 탐욕스럽고, 그처럼 탐내고, 그처럼 열망하기에,
그가 가진 어떤 것에서도 그는 진정한 만족을 찾지 못한다.
그가 얻기를 바라는 것은 왕국이나 제국.

일단 배를 채우면 혀를 제어하지 못하듯, 성찬과 탐욕에 뒤따르는 것은 "배를 마치 걸인의 지갑처럼 가득 채운"("Son ventre emplisse com bourse pautonniere.", v. 16) 자들의 '책략과 시기, 불만 어린 웅성거림'들뿐이다. 아첨과 질시가 다시 고개를 들며, 그 결과 '폭군'의 처소에는 '충성도 사랑도 없고, 즐거운 평화 또한 없다.'

그는 인색함으로 끔찍한 순교의 고통을 느끼고,
배반을 두려워하며, 그 누구도 믿지 않는다.
그의 마음은 잔혹하며, 오만과 분노로 부풀어 있고,
슬퍼하고, 근심하고, 우수에 가득차 있다.
아아! 프랑 공티에의 삶이,
검소한 행복과 청빈한 가난이 더 값지구나,
더러운 탐욕을 끊임없이 행하는
폭군의 궁정과 부유한 불운보다는.[262]

폭군 역시 아무런 만족을 찾지 못하며 그저 "근심하고, 우수에"("Triste, pensis, plain de merencolie.", v. 28) 잠길 뿐이다. 시는 자연스럽게 성서에서 이야기되었던 '무절제와 탐욕에 대한 경계' 그리고 '절도를 지키는 삶'에 대

---

262 Piaget$_1$, 64-65에서 재인용. 아울러 Chaney$_1$, 133-134를 참조.

한 권유를 다시 환기시키며, 이제 궁정 생활의 헛됨과 대비되는 '절도'를 지키는 삶의 모습으로 "프랑 공티에의 삶", "검소한 행복과 청빈한 가난"("Las! trop mieulx vault de Franc Gontier la vie,/Sobre leese et nette povreté,", vv. 29-30)이 대두된다. 그러나 피에르 다이의 탄식은 아무런 지향점도 갖지 않으며, 현실과 떨어진 불분명한 세계의 모습을 그릴 뿐, 그 누구에게도 강하게 또 직접적으로 호소하지 않는다. 이러한 불분명한 면모와는 달리, 비용은 지극히 구체적인 정경의 묘사를 통해 대조적인 반론을 다음과 같이 전개한다.

> 훌륭히 자리 깔린 방안, 잉걸불 곁의
> 부드러운 솜털 이불 위에 앉아, 한 뚱보 성당 참사위원이
> 곁에 누운, 희고 부드럽고 매끈하며
> 잘 치장한 귀부인 시두안과
> 밤낮으로 강정주强精酒를 마시며
> 웃고 희롱하고, 서로 애무하며 입맞추고,
> 서로 발가벗고 더 큰 육체의 쾌락을 즐기려는 것을
> 나는 빗장 틈으로 보았네.
> 그때 나는 깨달았다네, 고통을 달래기 위해서는
> 제 편한 대로 사는 것이 최고의 보물이라는 것을. (T, vv. 1473-1482)

소극笑劇의 한 장면을 연상시키는 이 시의 시작 부분은 배경에 대한 묘사로 시작되며, 1474행에 와서야 비로소 등장 인물들이 모습을 드러낸다. 이어서 "뚱보 성당 참사위원"("[...] ung gras chanoine,", T, v. 1473)과 "곁에 누운 귀부인 시두안"("A son costé gisant dame Sidoine,", T, v. 1475)의 내밀한 행동들이 계속해서 이어지고,[263] 이 광경을 계획적으로 보는 것이든 아니면 우연

263 성직자 계층과 품행이 경박한 여인들의 관계는 여러 이야기들과 풍자적인 시에서 자주 등장하곤 한다. 이에 대해서는 J. Ygaunin, *La Femme et le Prêtre, thème littéraire*, Paris, Nizet, 1993을 참조.

한 계기에서 보는 것이든 간에, 빗장 틈으로 숨어서 바라보는 염탐꾼의 우스꽝스러운 모습은 첫 번째 시절의 끝부분("Les vy tous deux par ung trou de mortaise.", T, v. 1480)에 와서야 나타난다. 후렴구("Il n'est tresor que de vivre a son aise.", T, v. 1482)는 성서의 "결국 좋은 것은 살아 있는 동안 잘살며 즐기는 것밖에 없다는 것을 깨달은 것이다./사람은 모름지기 수고한 보람으로 먹고 마시며 즐겁게 지낼 일이다. 이것이 바로 하느님의 선물이다"(《전도서》, 3, 12-13)라는 내용을 연상시키기도 한다.

〈프랑 공티에에 대한 반론〉에 대한 논의에 앞서, 유증되는 발라드의 화자와 작성자에 대한 문제를 짚어 두는 것이 필요하다. 〈성모에게 기도 드리는 발라드〉의 경우, 기도를 드리는 것은 어머니였으며, 비용은 어머니를 대신해서 이를 글로 남긴다. 또 〈로베르 데스투트빌을 위한 발라드〉에서는 남편인 로베르 데스투트빌을 대신하여 아내 앙브루아즈 드 로레에게 이야기하는 발라드를 만들지만, 결국 발라드의 화자는 남편이 되며, 〈배불러 오른 마르고를 위한 발라드〉에서 역시 명목상으로는 마르고의 남편 격인 인물, 즉 유곽 주인의 입을 통해 발라드가 노래된다. 유증되는 발라드의 경우, 실제로 시를 쓰는 것은 비용이지만, 만들어진 시는 항상 유증 수령자의 목소리를 통해 이야기된다는 점에 주의를 기울여야 한다. 따라서 이 발라드 또한 비용이 바라본 광경이면서도 결국에 가서는 앙드리 쿠로의 입을 통해 그가 본 광경을 이야기하는 것으로 보아야 하며,[264] 이러한 점에서 볼 때 권력자에 대한 비판이 내재되어 있는 것이라 할 수 있다.

프리맨은 이 발라드의 신랄한 어조가 오직 앙드리 쿠로만을 겨냥한 것은 아니며, 또 이 '논쟁'이 필리프 드 비트리와 피에르 다이를 반박하기 위해서

264 이러한 점을 고려했을 때, 프리맨의 다음과 같은 지적은 매우 타당한 것이면서도 한편으로는 부적절한 것일 수도 있다: "Il ne s'agit plus d'un traité d'antimorale quelconque, mais bien d'une scène prise sur le vif dont il aurait été le témoin. Et c'est à ce moment-là que celui qui a vu la scène qu'il décrit et qui, dans le contexte du *Testament*, ne peut être que Villon lui-même, déclare avoir eu une prise de conscience, un sentiment du bonheur de la vie, [...]"(Freeman$_1$, 269).

만도 아닐 것으로 보았다. 비용이 염두에 두고 있는 발라드의 일차적인 독자가 기욤 드 비용과 친분 관계가 있던 성직자층이며, 그런 만큼 이 시에는 비용의 개인적인 기억들이 암시적으로 포함되어 있다고 프리맨은 설명한다 (Freeman$_1$, 267). 그의 해석에 따르면, 비용의 주안점은 마치 '현자'처럼 자신에게 여러 훈계들을 했던 양부 기욤 드 비용 역시 심지 굳건한 고행자처럼 여자의 유혹에 스스로를 지키지 못했으며, "창녀를 가까이 하지 말아라. 그 여자의 홀림에 넘어갈까 두렵다"(〈집회서〉, 9, 3)는 성서의 가르침을 어긴 바 있음을 친한 사람들 앞에 알리는 데 있다. 따라서 이 발라드는 양부를 다소 무례하게 놀리는 동시에 본의는 아니었지만 결국 자신에게 '물질적인 쾌락의 위안과 교훈'을 알려 주었던 '현자'에게 일종의 경의를 표함으로써 이 시를 듣는 다른 사람들을 흥겹게 하기 위한 것이 된다(Freeman$_1$, 271-273). 그러나, 이러한 설명은 실질적인 유증 수령자로 거명되는 앙드리 쿠로의 역할을 유명무실한 것으로 만든다는 점에서 타당성이 부족하다. 비록 《유언의 노래》에서 빈번히 드러나는 '공연'의 성격과 '구어口語'적인 특성에 부합하는 해석이기는 하지만, 불분명한 전기적 가설에 근거한 것이라는 점에서, 프리맨의 의견은 '가능성'의 차원을 벗어나지 못하는 것으로 볼 수밖에 없다.

프랑 공티에와 그의 반려자 엘렌이
이러한 감미로운 삶을 알았더라면,
입냄새 많이 나게 하는 양파와 파가
구운 흑빵 한 조각과 동일한 가치를 갖는다고 여기지는 않았으리라.
그들의 엉긴 우유 전부와 단지 속에 든 음식들 전부는
마늘 한 쪽의 가치도 없으니, 나 아무런 악의 없이 이 말을 한다.
그들이 장미나무 아래에서 자는 즐거움을 뽐낸다면,
어느 편이 더 좋은가, 의자 곁들인 침대와?
이에 대해 무어라 말하겠는가? 답을 찾는 데 시간을 허비해야 하는가?

제 편한 대로 사는 것이 최고의 보물이라는 것을. (T, vv. 1483-1492)

비용은 양파와 파, 엉긴 우유 등, 필리프 드 비트리의 시 5-8행에 언급되었던 음식들을 그대로 다시 사용함으로써 자신의 의도를 더 강하게 부각시킨다. "프랑 공티에와 그의 반려자 엘렌이"("Se Franc Gontier et sa compaigne Elayne", T, v. 1483) 먹었던 소박한 음식들, '자연'이 제공하는 음식들은, "마늘 한 쪽의 가치도 없"다는("Ne prise ung ail,[...]", T, v. 1488) 비용의 한마디의 말로, 한순간에 무가치한 최악의 음식으로 바뀌게 된다. 또한, 비용이 형편없고 무가치한 음식을 말하기 위해 비교 대상으로 삼는 '마늘' 역시 공티에의 식사를 구성하는 중요한 음식이라는 점에서, 공티에와 엘렌은 이중의 강한 타격을 받는다. 결국 "나 아무런 악의없이 이 말을 한다"("[...], je le dy sans noisier.", T, v. 1488)고 강조하는 비용의 말은 '온통 악의로 가득한' 최후의 일격이 된다.

그들은 보리와 귀리로 구운 조악한 빵을 먹고 살고,
또 일년 내내 물만 마신다.
여기에서 바빌론까지의 모든 새들도
그러한 조식粗食으로는,[265] 단 하루도
아니 오전 한때만이라도, 나를 붙들 수 없으리라.
이제, 신의 이름으로, 프랑 공티에는, 엘렌도 그와 함께,
아름다운 들장미 아래에서 기뻐 뛰놀지어다.
이것이 그들에게 기쁨이 된다면, 나 이 때문에 괴로워할 이유 없네,
하지만, 전원에서 노동하는 일에 대해 무엇이라 생각하든 간에,
제 편한 대로 사는 것이 최고의 보물이라는 것을. (T, vv. 1493-1502)

---

265 Albert Henry, "*A tel escot* (vers 1496 du *Testament*)", in *Mélanges d'histoire littéraire, de linguistique et de philologie romans offerts à Charles Rostaing*, Liège, Association des Romanistes de l'Univ. de Liège, 1974, pp. 437-440을 참조.

임종의 순간에도 '물'이 아닌 '포도주'를 마셨던 비용의 입장에서, 공티에와 엘렌이 마시는 '맑은 물'은 비난받아 마땅한 음료가 아닐 수 없다. "조악한 빵"("De groz pain bis vivent, [...]", T, v. 1493)과 물은 비용이 감옥에서 먹을 수밖에 없었던 끔찍한 음식인 동시에, 페르스발이 은자의 집에서 먹었던 속죄와 고행의 음식과도 같다.[266] 비용은 1498-1499행("Or s'esbate, de par Dieu, Franc Gontier,/Helayne o luy, soubz le bel esglantier;")에서도 필리프 드 비트리의 작품 4행에서 사용되었던 전치사 'o'를 사용함으로써 자신이 의도한 바를 분명히 밝힌다.[267] '감미로운 삶'의 교훈을 얻은 그는 이제 공티에와 엘렌에 대해서는 상관하지 않는다. 이제 그에게 중요한 것은 '전원 속에서의 삶'이 아닌 바로 '도회에서의 삶'인 것이다.

> 왕후여, 판결하소서, 우리를 빨리 화해시키기 위해!
> 나로서는, 그런데 누구도 이 말에 기분 상하지 않으면 좋으련만,
> 어린 아이였을 때, 이렇게 이야기하는 것을 들었다오,
> 제 편한 대로 사는 것이 최고의 보물이라는 것을. (T, v. 1503-1506)

'전원'과 '도회'의 대비는, 이 발라드와 앞선 발라드와의 관계를 되짚어 보게 한다. 비용은 갖가지 불길한 질료들, 이를테면 비소, 유황, 독사의 피, 검은 고양이의 뇌 등의 불결한 것들 속에서 "저 불쾌한 혓바닥들을 튀길" ("Soient frictes ces langues ennuyeuses!", T, v. 1430) 것을 명하는 '저주의 요리법'인 〈불쾌한 혓바닥들에 대한 발라드〉를 페르드리에 형제에게 유증하기 때문이다.[268] 지극히 아름다운 사랑의 정경이 펼쳐지던 〈로베르 데스투트

---

266 Amazawa Taijiro, *op. cit.*, p. 21을 참조.

267 1498행에서 사용된 '기뻐 뛰놀다s'esbate'라는 표현이 일면 〈로베르 데스투트빌을 위한 발라드〉의 시작 부분을 연상시킨다는 점을 짚어 두자.

268 최근 연구로는 D. A. Fein, "Villon's Disgusting Recipe for Fried Tongue", *French Review*, 81, n° 2, 2007, pp. 328-338을 참조. 그러나 여전히 무엇 때문에 이렇듯 극렬한 저주를 페르드리에 형제에게 퍼붓는 것인지, 왜 유독 이 대목에서만 '요리사와 요리법'을 공격 수단의 일환으로 삼는 것인지 등에 대해서는 특별한 해명이 이루어진 바 없다는 점을 부기할 필요가 있다.

빌을 위한 발라드〉 직후에 강한 저주의 발라드가 소개된다는 점은 무엇 때문에 〈불쾌한 혓바닥들에 대한 발라드〉에 이어 목가적인 사랑의 세계가 그려지는지 역시 세밀히 따져 볼 필요가 있음을 시사한다.

파리스는 선례가 되는 두 작품을 비용이 다시 반복하는 이유가 '반박'을 위해서일 뿐이라 지적한 바 있다(Gaston Paris$_1$, 97). 그러나, 필리프 드 비트리의 작품 이후 나온 유사한 다른 몇몇 작품들에서는 전원에서의 삶이 갖는 기쁨이 중심 제재로서의 역할을 수행하지 못한다. 또 전원적인 삶은, 순전히 장식적인 것이라고까지는 할 수 없지만, 그저 부차적이고 주변적인 가치를 지닐 뿐이다. 게다가 프랑 공티에와 엘렌의 삶의 방식은 다른 어떤 것과도 비교되거나 대조되지 않는다. 이러한 경향은 전원에서의 삶이 구체적으로 무엇인가를 알려주고, 여기에 대해 어떤 가르침을 주기 위한 것이 아님을, 그저 하나의 이상화된 모습, 일종의 추상화에 그칠 뿐이라는 점을 알려주는 것이다. 뮐르탈레는 이 작품의 의도가 '속담의 가치'에 있다고 보았고(Mühlethaler$_1$, 80), 빈프리트 엥글러Winfried Engler는 동시대의 작품인 《장 드 생트레*Jehan de Saintré*》에 대한 응수에서 그 해답을 찾기도 했다.[269]

그러나 비용의 '반론'이 무엇을 위한 '반론'이며, 또 동시에 무엇에 대한 '반론'인지를 고려해 보았을 때, 비용의 '반론'은 필리프 드 비트리의 작품에서 제시되었던 '단순하고 소박한 삶'뿐만 아니라 당대의 '길들여지고 미화된 소박한 삶'의 모습 또한 거부하는 몸짓으로 받아들일 수 있다. 비용은 궁정 생활의 대척점으로서의 '이상화된 전원에서의 삶'에 조롱과 야유를 던지는 동시에 '궁정에서의 감미로운 삶을 위해 이상화된 모습'에도 신랄한 비판을 던진다. 하지만 비용의 '반론'이 단순히 이러한 '이중의 부정'에 그치는 것은 아니다. 그는 '도회에서의 삶'이라는 틀 안에 전원에 국한되었던 이른바 '로쿠스 아모에누스'의 모습을 투사하며, 그 결과 '이상향'에 대한 종래의 관점과 개념을 뒤흔들어 새로운 가치관을 이끌어 낸다. 규범적인 가치 아

---

269 Winfried Engler, "Sidoine, nicht Elayne. Villon: «*Les Contreditz (de) Franc Gontier*»", *Zeitschrift für französische Sprache und Literatur*, 98, 1988, pp. 256-263을 참조.

래 종속되었던 '행복'은 이제 물질적이며 육체적인 '행복'에게 자리를 내주며, 어떠한 이념이나 규범에도 지배받지 않는 '행복' 하나를 비용은 우리에게 보여 준다.[270]

### 2) 파리의 시인

'파리'와 비용과의 관계는 비용 자신의 말을 통해 여러 번 강조되었다.[271] 《유언의 노래》에서, 비용은 자신을 '파리 아이enffant de Paris'(T, CIII, v. 1059)라고 지칭하며, 〈4행시〉에서는 "나는 프랑수아, 이 점이 나를 무겁게 짓누르니, 태어난 곳은 파리"라는 구절을 통해 자신의 출신지를 강조한 바 있다. 또 무수한 여인들 가운데 '파리 여인'이 으뜸임을 다음과 같이 이야기하기도 했다.[272]

> 브르타뉴 여자들, 스위스 여자들은 정통하지 못하고,
> 가스코뉴 여자들도 툴루즈 여자들도 그러하네.
> 프티 퐁에서 청어를 파는 두 여자들은
> 〔단번에〕 이 여자들 입을 다물게 만들 것이며, 로렌 여자들,

---

270 P. Tucci, *op. cit.*, pp. 288-295를 참조. 아울러 〈프랑 공티에에 대한 반론〉에 대해서는 Tom Conley, "Poetic Mapping. On Villon's "Contredictz de Franc Gontier"", in *Medieval practices of space*, Minneapolis, University of Minnesota Press, 2000, pp. 242-260을 참조.

271 이 부분에 대한 논의는 주로 다음의 연구를 참조하여 그 내용을 정리한 것임을 밝힌다: Frappier$_3$, 396-407; Jean Dufournet, "Villon et Paris ou Le Grand carnaval", *L'analisi linguistica e letteraria*, 1-2, 2000, pp. 269-280; Michael Freeman, *François Villon in his works. The villain's tale*, Amsterdam-Atlanta, Rodopi, 2000, pp. 56-79.

272 8행시 CXLIV에서 늙은 브뤼에르 과수댁, 즉 카트린 드 베티시Catherine de Béthisy를 유증 수령자로 지명한 뒤 이어지는 삽입시가 바로 〈파리 여자들에 대한 발라드〉이다. 여기서 비용은 능청스러운 말과 함께 각지의 여자들을 거론하면서, 파리 여자의 드센 성정과 고약하기 그지 없는 입담을 강조한다. 그러나 이 발라드는 유증물로 직접 제시되는 것으로 보기 힘들며, 행실이 좋지 못한 여인들을 바르게 인도하려 애썼던 과수댁, "성서와 신학에 조예가 깊던"("Item, pour ce que Scet sa Bille", T, CXLIV, v. 1507) 카트린 드 베티시에 대한 직접적인 '반론'으로 보는 것이 적절하다고 판단된다. 뿐만 아니라 이 발라드는 'Il n'est …que'라는 유사한 구문의 후렴구를 갖는 〈프랑 공티에에 대한 반론〉과 함께 '논쟁에서의 반론', '논박'이라는 틀로 묶일 수 있다.

영국 여자들, 칼레 여자들, 〔모두 마찬가지〕
—내가 지명地名들을 충분히 포함시켜 열거했으려나?—
피카르디 여자들에서 발랑시엔 여자들까지.
파리 여자의 세치 혀를 당할 자 없네]. (T, vv. 1531-1538)[273]

파리와 시인과의 관계 정립을 위해, 이러한 언급들에 비용을 "지금까지의 파리 시인 가운데 가장 훌륭한 시인"("c'est le meilleur poete Parisien qui se trouve")이라 평가한 마로의 언급을 굳이 덧붙일 필요는 없을 것이다. 그러나 비용만이 '파리'를 노래한 유일한 시인은 아니었다. 비용 이전에 이미 뤼트뵈프를 비롯한 여러 시인들이 '파리'에 대해 이야기한 바 있으며, 14세기의 시인 데샹은, 그의 '도시 찬가urbium laudes'에서, 파리와 견줄 수 있는 도시는 아무 데도 없음을 강조한 바 있다.[274]

육지와 바다를 내가 일주하고,
또 각 지역들을 방문했을 때,
예루살렘, 이집트, 그리고 갈릴리,
알렉산드리아, 다마스커스, 그리고 시리아,
바빌론, 카이로, 그리고 타타르
그리고 그곳에 있는 모든 항구들에 들어갔을 때,
그곳에 있는 향신료들과 단 것들,
그 지방의 고급 황금 직물들과 비단은
프랑스 사람들이 가진 것보다 훨씬 더 값진 것이지만,
어떤 것도 파리에 비견될 수 없다. (〈발라드 169〉, vv. 1-10)[275]

---

273 "Brectes, Souyssez ne scevent guerres,/Gasconnes ne Toulousïennes:/De petit Pont deux harengiers/Les concluront, et les Lorraines,/Angleches et Callesïennes/—Ai ge beaucoup de lieux compris?—/Picardes de Vallencïennes,/Il n'est bon bec que de Paris."
274 데샹은 이 발라드 외에도 같은 반복구를 사용하면서 동일한 주제를 노래한 시를 한 편 더 쓴 바 있다. 두 작품의 제작 연대는 모두 1394년 무렵으로 추정된다.
275 "Quant j'ay la terre et mer avironnée/Et visité en chascune partie,/Jherusalem, Egipte et Galilée,/Alixandre, Damas et la Surie,/Babilonie, le Caire et Tartarie/Et touz les

모든 곳을 둘러보고, 모든 것을 경험한 여행객이 거쳐온 곳은 중동 지방을 시작으로 아프리카, 그리고 중앙아시아에까지 이르며, 이러한 그의 행로는 일종의 '성지순례'이자 마르코 폴로를 떠올리게 하는 '세계의 기술'과도 같다. 화자는 자신이 지나왔던 모든 곳과 그곳의 호사스러움을 열거한 뒤, 마침내 특별한 깨달음을 얻게 된 현자처럼, '파리'야말로 '이 지상의 으뜸가는 도시'임을 말한다.

> 우리네 인간 삶의 모든 재물들 가운데
> 다른 도시들이 갖고 있지 않은 그 이상의 것을 갖고 있다.
> 낯선 이들 모두가 파리를 사랑하고, 앞으로도 사랑할 터라,
> 왜냐하면 기쁨을 얻고 행복을 누릴
> 이와 같은 도시는 결코 다른 곳에서 찾을 수 없기 때문에.
> (〈발라드 169〉, vv. 15-19)[276]

비용이 태어났을 당시 파리는 영국의 지배 아래 있었고, 영국인들은 1437년이 되어서야 파리에서 물러나게 된다. 1453년 마침내 백년전쟁이 막을 내리게 되고, 파리는 다시 활기를 찾기 시작한다.[277] 파비에의 표현을 빌리자면, "도시의 심장이자 상징인 하나의 섬, 매우 다른 모습이면서도 서로 동일하게 중요한 두 개의 하안河岸 지구"[278]로 이루어진 중세 말기의 파리에서, 시테 섬은 행정과 종교의 중심이었고, 센 강의 좌안에는 대학과 술집들이, 그리고 우안에는 상인들과 상점들이 자리잡고 있었다. 샤를 6세 치하

---

pors qui y sont,/Les espices et succres qui s'i font,/Les fins draps d'or et soye du pays/Valent trop mieulx ce que les Francois ont,/Riens ne se puet comparer a Paris."(Deschamps$_1$, I, 301; Deschamps$_2$, 62-63).

276 "De touz les biens de ceste mortel vie/A plus qu'autres citez n'ont;/Tuit estrangier l'aiment et ameront,/Car pour deduit et pour estre jolis,/Jamais cité tele ne trouveront:"(Deschamps$_1$, I, 301; Deschamps$_2$, 62-63).

277 J. Favier, "François Villon: Le Paris dans lequel il vivait", *L'Histoire*, 39, 1981, pp. 46-54를 참조.

278 Jean Favier, *Paris au XV^e^ siècle. 1380-1500*, Paris, Hachette, 1997, p. 13.

에서, 거의 대부분의 작가들이 저마다의 방언을 버리고 '파리' 말로 작품을 쓰게 됨에 따라, 파리는 정치의 중심인 동시에 문학의 중심이 된다. 파리는 그 인구가 런던의 4-5배에 달하는 인구 20여 만 명에 이르는 대도시로 급속도로 확장되며, 이렇게 형성된 대도시 안에서는 수많은 술집들과 여인들, 각종 호화로움이 사람들의 눈을 현혹하고 그들의 발걸음을 붙잡게 된다. 비용과 당대인들에게, 파리는 '수도'이자 '세계의 중심'이었고, 정치와 종교, 경제와 학문의 중심지였다. 하지만 이러한 파리는, 소란스러움과 떠들썩함으로 충만한, 각양각색의 사람들이 우글거리고, 온갖 유혹과 위험, 소란스러운 동요를 간직한, '쾌락'과 '위험'이 공존하는 그런 곳이기도 했다. 이러한 파리의 이면에 대해 한 러시아 작가는 다음과 같이 말한 바 있다.

> 비용은 파리 사람이었다. 그는 도시와 무위를 사랑했다. 흔쾌히 조롱하기까지 했던 자연에 대해, 그는 어떤 특별한 애정도 느끼지 않았다. 15세기에 벌써 도시는, 사람들이 지겨움을 느끼지 않으면서, 또 세계의 나머지 부분을 망각한 채, 헤엄칠 수 있는 그런 대양이었다. 하지만 한가한 삶이 만들어내는 저 헤아릴 수 없는 암초들 가운데 하나에 좌초되는 것은 또 얼마나 쉬운 일이었던가! 비용은 살인자가 되고 만다.[279]

만젤쉬탐의 지적처럼, 파리는 길을 잃고 이리저리 방황하다 타락의 늪으로 빠져들 수 있는, "모든 것을 선술집과 여인들에게"("Tout aux tavernes et aux filles.", T, v. 1699) 바침으로써 '버려진 아이들enffans perduz'이 될 수 있는 그런 도시이기도 했다. 이러한 파리의 불길한 힘은 〈바람직한 교훈의 발라드Ballade de bonne doctrine〉로 불리는 작품을 중심으로 펼쳐지며, 8행시 CLV에서 이야기되는 '버려진 아이들'에 대한 새로운 교훈은 8행시 CLVI-CLVIII에서 재차 반복된다.

---

279 Ossip Mandelstam, *De la poésie*, traduit du russe, présenté et annoté par Mayelasveta, Paris, Gallimard, 1990, p. 151. 모나스Sidney Monas의 영역의 경우, Osip Mandelstam, "François Villon", *New Literary History*, 6, n° 3, 1975, p. 635를 참조.

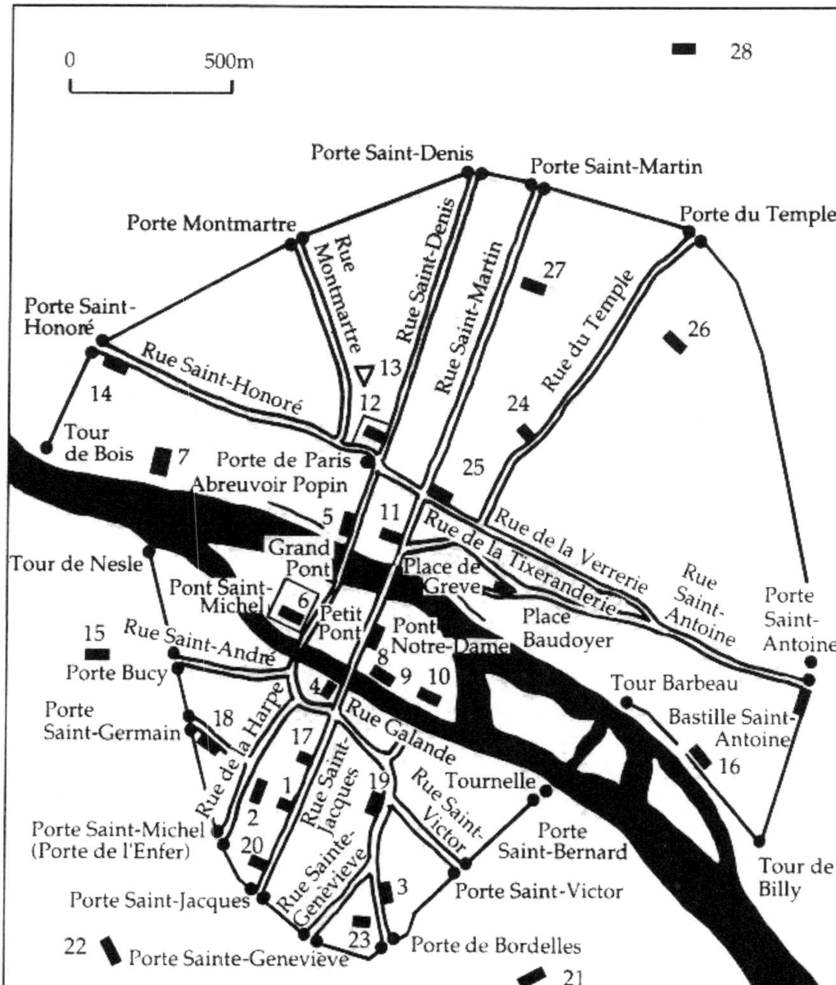
0
500m
28
Porte Saint-Denis
Porte Saint-Martin
Porte Montmartre
Porte du Temple
Rue Montmartre
Rue Saint-Denis
Rue Saint-Martin
Rue du Temple
27
26
Porte Saint-Honoré
Rue Saint-Honoré
13
14
12
24
Tour de Bois
7
Porte de Paris
25
Abreuvoir Popin
5
11
Rue de la Verrerie
Rue de la Tixeranderie
Grand Pont
Place de Greve
Rue Saint-Antoine
Tour de Nesle
Pont Saint-Michel
6
Petit Pont
Place Baudoyer
Porte Saint-Antoine
15
Rue Saint-André
Pont Notre-Dame
8
Porte Bucy
9
10
Tour Barbeau
4
Porte Saint-Germain
18
Rue Galande
Bastille Saint-Antoine
17
Rue de la Harpe
16
1
19
Tournelle
Rue Saint-Jacques
Rue Saint-Victor
2
Porte Saint-Michel (Porte de l'Enfer)
Porte Saint-Bernard
20
Rue Sainte-Geneviève
Tour de Billy
3
Porte Saint-Jacques
Porte Saint-Victor
23
22
Porte de Bordelles
Porte Sainte-Geneviève
21

15세기 파리 지도

비용을 '파리의 시인'으로 평가할 수 있는 것은, 비단 그의 출생지가 파리이기 때문만은 아니다. 그의 작품에서 암시된 자전적인 내용들과 각종 고문서들을 통해, 우리는 비용이 유년시절을 파리에서 보냈고, 소르본 대학에서 학업을 수행했음을 알고 있다. 그의 유년과 결부된 '파리'의 모습은 안전하게 보호받으며 지낼 수 있는 포근한 공간인 동시에 생기 넘치고 모든 것이 살아 숨쉬는 활기찬 시절을 의미하는 것이었으리라. 하지만 비용이, 1463년 1월 5일 '10년 동안의 파리 추방령'을 선고받고 정든 파리를 떠나기 전까지, 늘 파리에 머물렀던 것은 아니다.

1455년 6월 5일, 비용은 필리프 셰르무아 혹은 세르무아즈Philippe Chermoye ou Sermoise라는 어느 사제를 살해하게 되고, 그 결과 1456년 1월 국왕의 사면장을 받기 전까지 파리를 떠나 방황하게 된다.[280] 또 1456년 성탄절 무렵에는 나바르 신학교에서 금화 500에퀴를 훔치는 사건에 연루되어 다시 파리를 떠나게 되며, 1461년 말 혹은 1462년 초까지 비용은 파리로 돌아오지 못한다. 묑의 감옥에서 풀려나 파리에 돌아온 직후, 그는 재차 투옥된다. 1462년 11월 7일 다시 풀려나게 되지만, 그로부터 두 달여 후에는 거리에서의 난투극으로 인해 교수형을 선고받고, 이후 감형되어 정든 파리를 떠날 수밖에 없게 된다. 이러한 점을 살펴보았을 때, 1455년 이후, 비용이 파리에 머물 수 있었던 기간은 고작해야 일년 반 정도의 기간밖에는 되지 않는다. 파리는 늘 그의 작품 속에서, 특히 《유언의 노래》의 후반부에서 그 모습을 드러내지만, 이러한 파리는 사실상 '기억과 향수'를 통한 '가상의 도시'에 불과하다. 기억을 통해 재구성된 '가상의 파리'를 주의깊게 살펴보면, 그 묘사에서 특별한 계절이나 기후의 표시를 찾아볼 수 없으며, 한 주일 혹은 하루하루의 나날의 흐름 등 특정한 시간들로 구분되지 않고, 모든 것이 서로

---

280 비용에게 교부된 두 통의 사면장 가운데, 한 통에는 'François de Montecorbier'라는 이름이, 또 다른 한 통에는 'François des Loges, autrement dit de Villon'이라는 이름이 명시되어 있다. 사면장의 자세한 내용에 대해서는 Longnon$_1$, 133-139; Dauvillier, 280-282; D$_1$, 555-561; Pierre Braun, "Les lettres de rémission accordées à François Villon", in *Villon Hier et Aujourd'hui*, Paris, Bibliothèque historique de la Ville de Paris, 1993, pp. 53-72를 참조.

교차되고 뒤섞여 있다는 점을 발견하게 된다.

《유언의 노래》에 나타나는 파리는 '추방당한 자의 파리', 파리로부터 멀리 떨어진 '유형지에서 그리는 파리'이며, 접근이 금지된 갈 수 없는 곳이자 되돌아가는 것이 매우 위험스러운 장소이다. 이러한 측면에서 《유언의 노래》, 특히 그 후반부는 자신의 '잃어버린 시간을 찾는 노정'임과 동시에 '잃어버린 도시를 찾는 노정'이 된다. 또 《유언의 노래》의 8행시 LXXV에서 이루어지는 《유증시》에 대한 환기는, "내 나라에 있으나, 머나먼 이역에 있는 것 같"은 비용이 스스로의 기억을 통해 파리를 다시 찾고 재구성하는 하나의 방법이 되기도 한다. 파리는 비용의 기억 속에 각인되어, 그 거리거리와 사람들은 마치 눈앞에 보이는 듯 떠오른다.

《유언의 노래》의 후반부에서 유증물을 나누어 줌으로써, 비용은 파리의 거리와 군중들 사이로 걸어 들어가 이곳저곳을 헤매인다. 보들레르가

> 비밀스런 음행淫行을 은폐하는 겉창들
> 누옥마다 걸려 있는, 낡은 성 바깥길 따라,
> 거리와 들판에, 지붕과 밀밭에,
> 잔인한 태양이 맹렬한 화살을 쏘아 댈 때,
> 나는 홀로 변덕스런 칼싸움을 연습하러 간다,
> 거리 구석구석마다 각운의 우연을 냄새 맡으며,
> (〈태양Le Soleil〉, vv. 1-6)[281]

도시 내부를 이리저리 다니듯, 비용도 "여자의 닫힌 집 앞을 방황하고"("Et pourmené de l'uys au pesle.", T, LXIX, v. 706), 수도원이나 교회 안에서 "옷자

281 "Le long du vieux faubourg, où pendent aux masures/Les persiennes, abri des secrètes luxures,/Quand le soleil cruel frappe à traits redoublés/Sur la ville et les champs, sur les toits et les blés,/Je vais m'exercer seul à ma fantasque escrime,/Flairant dans tous les coins les hasards de la rime,"(Baudelaire, *Œuvres complètes I*, texte établi, présenté et annoté par Claude Pichois, Paris, Gallimard, 1975, p. 83).

락의 주름 위에 앉아 있는" 파리 여자들(T, CXLV, vv. 1543-1545)을 바라보며, 창녀들과 경관들, 무뢰배들과 바보들, 광대들과 취한들, 법조계 인물들과 성직자들, 상인들과 주변인들로 혼잡한 거리를 지나간다. 그러나 그의 방황과 응시는 무엇인가를 서둘러 찾기 위해, 무엇인가를 급히 뒤쫓기 위해서가 아니다. 유증물을 나누어 주면서 그가 언급하게 되는 사람들은 필연적으로 또 다른 사람들에 대한 기억을 불러일으키며, 어느 거리로 들어가는 순간, 어느 장소로 들어가는 순간, 그곳은 주변의 다른 공간이나 머나먼 다른 공간에 대한 기억 속에 비용을 빠뜨리게 된다. 이렇게 해서 기억은 '선조성'을 갖게 된다.

> 눈으로는 망을 보며 가는, 거리를 만보하는, 그에게는 돌 하나하나에도 이야기가 깃들어있는 한 도시로 우리를 이끄는 그런 비용을 나는 생각한다. 《유언의 노래》에 구상된 계획은 없다. 하나의 선이 있을 뿐이다. 유쾌한 우회와 갑작스런 멈춤이 함께 있는, 기이하게 움직이는 이 선, 이것은 진정, 단 한 번도 비용이 그만두고자 했던 적 없던 학생들의 길이다. (Desonay, 198)

파리와 비용과의 관계는 우선 그 제재 면에서 확인된다. 비용은 《유언의 노래》의 후반부에서 파리라는 도시와 도시 내부의 여러 지역들, 또 그 지역에 사는 사람들에 대해 말하며, 그는 '고유명사의 시학'을 통해 이러한 인명과 지명들에서 무궁무진한 소재를 길어 올린다. 그의 시는 그 기법과 리듬 안에서부터 파리의 흔적을 담고 있으며,[282] 비용은 파리 특유의 발음을 짐작하게 하는 여러 흔적들 역시 각운에 남겨 놓는다.[283] 그의 시 곳곳에서는 거리의 억양과 대중들의 말투가 그 모습을 드러낸다. 일종의 소문 무성한

---

282 Champion$_2$, II, 118-119를 참조.

283 《유언의 노래》의 382-384행에서 'Auvergne'가 'Charlemaigne'와, 750-752행에서 'Robert'가 'Lombart'와, 또 1266-1268행의 'Marle'가 'mesle'와 각운을 이루는 점 등을 예로 들 수 있다. 이에 대해서는 Georges Lote, *Histoire du vers français*, Paris, Boivin, 1955, tome III, p. 143을 참조.

'소식지'처럼 그가 자신의 작품에서 거명하는 사람들과 그들의 근황, 거명된 사람들에 대한 묘사와 유증물의 가치를, 그리고 비용의 의중을 음미할 수 있는 사람들은 다른 누구도 아닌 바로 파리 사람들이었다. 파리는 비용이 경험했던 대부분의 사건들과 그 기억들이 간직된 일종의 '지도'이자 '무대'였으며, 그의 '시적 영감의 원천'이기도 했다. 이러한 점에서 "그가 유언에서 행하는 유증들의 본의를 충분히 감상하고 이해하려면, 그의 시대의 파리에 있어야"함을 지적했던 마로의 말은 《유증시》와 《유언의 노래》가 파리와 맺고 있는 관계를, 다시 말해 비용의 시를 어떻게 읽어야 하는지를 강조하는 것으로도 해석된다.

파리는 이런 저런 광경들의 산일된 모습이나 무수한 사람들의 혼란스러운 움직임을 넘어서는 곳, 다른 곳의 광경들이 필요치 않으며 그 자체만으로 충분한 하나의 '소우주小宇宙'로 그려진다. 그 안에서는 온갖 삶의 복잡다난한 희비극들이 벌어지며, '삶과 죽음'의 광경과 더불어 갖가지 감각적 쾌락의 천국, 비참함과 타락의 지옥이 한데 뒤섞여 펼쳐진다. 비용은 파리를 자신의 커다란 화폭으로 삼아, 그 위에 자신과 당대인들의 갖가지 희비극들을 그려내며, 15세기 파리의 일상생활을 한 폭의 그림처럼 제시한다.

1950년대, 베를렌의 시를 인용하면서, 이진구李鎭求는 비용의

> 《遺言書》는 이와 같이 言言句句 피어린 말들로 엮어진, 慘憺한 뷔용의 生活의 記錄이오, 眞率한 告白이다. 15世紀 詩人들이 즐겨서 그리던 5月의 아침도 田園描寫도 없다. 그의 一切의 關心은 《人間》에 있었다. 술잔에 뜬 거품 방울을, 풀 잎의 아침 이슬 방울보다도 더 사랑했던 뷔용은, 보들레에르와 같이 都市의 詩人, 群衆의 詩人이었다.[284]

는 지적을 남겼다. 물론, "도시의 시인, 군중의 시인"이라는 말을 오늘날의 시각에서, 또 무조건적으로 받아들여, 비용을 19세기 시인들과 동일한 '사

284 李鎭求, 〈人間失格—프랑쏘아·뷔용〉, 《France》, 1959. 12, p. 50.

랑의 사막'의 시인이나 불모의 현실을 살아가야 하는 문명의 '도시의 시인'이라고 평하는 것은 아마 성급한 결론일 것이다. 그러나 비용 역시, 여러 다른 의미에서 '도시의 시인'이었음을 단적으로 부정할 수는 없다. 시칠리아노의 말처럼, 전원은 비용에게 "범죄와 추방 이후의 도망과 은신, 그리고 비참한 방황"을 의미하였을 것이며(Siciliano$_1$, 417), 특히 묑-쉬르-루아르에서의 투옥과 고초를 연상시키는 것이기도 했을 것이다. 쉬아레스A. Suarès가 "묘지가 그의 전원이었고, 그의 일몰은 거리에서의 난투극이었다"고 말한 것처럼,[285] 비용이 추구했으며 표현했던 삶의 공간은 오직 '도시 풍경'밖에는 없었다(Cons, 88).

> 그가 얼마나 그의 소중한 파리를 사랑했는지! 그가 파리를 얼마나 잘 알고 있었는지! 모든 길들, 모든 선술집들, 모든 가게들이 그에게는 친숙한 것이었다. 그에게 간판들은 풍경이었다, 아니 오래된 친구들과도 같았다. 그는 간판들을 부르고, 간판들은 그에게 말한다. 그는 간판들과 더불어 익살을 부리고, 간판들은 그와 함께 익살을 떤다.[286]

비용의 작품은 일체의 '자연', 그것이 인공적인 손길이 닿은 이상향으로서의 정원이든 숲이든, 아니면 야생의 삼림이든 간에, 모든 '자연'과 분리되는 양상을 보이며, 바로 이러한 철저한 '자연'과의 '단절'이 그를 '도시의 시인'이 되게 한다. 중심과 주변의 모습들이 가감 없이 드러나는《유언의 노래》에서, 낡은 목가적 환상을 거부한 비용에게 남은 것은 오직 '파리'라는 도시뿐이며, 이 도시는 다름 아닌 '주변인'들의 도시이기도 하다.

뿐만 아니라, 개인적인 삶의 경험들과 특별한 삶의 순간들을 자신의 작품 안에 표현할 수 있다는 점을 의식했으며, 도시에서 그들이 볼 수 있는 갖가지 사람들의 삶과 자신의 삶 자체를 그들이 다루는 작품의 제재들로 삼

285 André Suarès, "François Villon", *Cahiers de la Quinzaine*, 1914, p. 32.
286 *Ibid.*, pp. 57-58.

았다는 면에서도, 비용을 '도시의 시인', '사실주의의 선구'라 칭할 수 있다. 겨울의 도래를 기술하면서, 마치 거리의 부랑자들에게 직접 이야기를 건네는 듯한 인상을 주며, 연인의 슬픔이나 괴로운 심정을 이야기하는 데 상용되었던 '헐벗은 나뭇가지'나 '매서운 추위' 등의 관습적인 이미지들 속에 도시에서의 삶의 고충을 결합시켰던 뤼트뵈프처럼,[287] 비용 역시 도시에서 그가 볼 수 있었던 광경을 제시한다. 그러나 음유시인들이 자신의 이야기를 '들어 주기'를 청했던 것과는 달리, 비용은 어서 이 광경을 자신과 함께 '바라보기'를 모두에게 권한다. 일괄적으로 특정 계층이나 집단을 거론하는 대신, 비용은 '도시에서의 삶'을 구성하는 구성원 하나하나의 이름을 거명하며, 구체적인 장소들을 이야기한다.

유증물의 분배와 '거리 탐방'을 통해, 비용은 본의에서든 아니든 간에, '도시', 나아가 '한 사회와 그 구성원들', 그들의 '사회적인 환경'을 하나씩 살펴보고 그에 대해 깊이 생각하게 되며, 그 결과 일반적이고 총체적인 의미에서의 '인간'에 대한 '이해와 전망'을 얻게 된다. 그러나 이 말이 '인간' 혹은 '파리'에 대해 총체적이며 통합된 어떤 기술과 조망을 비용이 제시한다는 말은 아니다. 비용은 한눈에 펼쳐지는 일종의 조감도를 제시하는 것이 아니며, 그가 그리는 모습들은 부분적이며 혼란스러운, 유사하면서도 대조적인 무수한 단면들로 이루어져 있다.

> 〔…〕 그는 파리를 매우 잘 알고 있었고, 그가 이렇듯 자신의 도시로 살아갔기에, 도시는 내부 공간이 되었다. 시인과 파리 사이에는 동질의 교환이 존재한다. 파리는 시인의 정신을 통해 여과되고 내면화되며, 그 대신 시인의 정신은, 다양한 '자아'를 외면화시킴으로써, 파리(지옥과 천국)에 스스로를 투사시킬 수 있게 된다. (PSF, 29)

287 Rutebeuf$_3$, I, 200. 이에 대한 논의는 Nancy Freeman Regalado, "Two poets of the medieval city", *Yale French Studies*, 32, 1964, pp. 15-17을 참조.

상기 지적처럼, 비용과 파리는 마침내 동화되어, 비용의 모습은 파리에 투영되기에 이른다. 비용은 간단한 스케치, 낱말 하나, 장소 하나로 한 인간의 모습이나 성정을 나타내고, 그들에게 자신의 유증물을 남긴다. 이러한 기술과 유증에는 늘 반어법과 신소리, 이중의 말장난이 뒤따르며, 《유언의 노래》 아래에는 《유증시》가 중첩되어 수시로 그 모습을 드러낸다.[288] 그 결과 일종의 '미궁迷宮'이 만들어지게 되며, 독자들은 비용이 만들어 놓은 '지도'를 따라 미로처럼 얽힌 복잡한 파리 곳곳을 방황하는 동시에 '의미의 미궁' 속에서 헤매게 된다. '파리'는 파악할 수 없는 '《유언의 노래》의 내부 공간'이 되며, 《유언의 노래》는 투명한 무늬처럼 손에 잡히지 않으며, 그저 바퀴처럼 빙글빙글 도는 '외부 공간으로서의 파리'가 된다. '미궁' 속에 그려지는 세계는 끊임없이 움직이며 변화하는 '카니발'과 같은 양상을 보이며, '혼돈'과 '불명료함', 그리고 '불확실함'만이 가득한 '가면의 세계'를 펼쳐 보인다. 그리고 이러한 양상은 이제 제5장에서 살펴보게 될 '비용' 자신의 '변용'과도 다르지 않다.

---

288 "Les huitains «testamentaires» du *Testament* revêtent en effet un double statut textuel: texte autonome, texte parasité: les vers de 1456 sous-tendent, parfois au niveau de la compréhension la plus élémentaire, ceux de 1461."(Eric Hicks, "Comptes d'auteur et plaintes contre X: De l'identité poétique du bien renommé Villon", in *Le Moyen Age dans la modernité. Mélanges offerts à Roger Dragonetti*, Paris, Champion, 1996, p. 274).

# 제5장 비용의 변용

## 1. '유언'과 '가면극'의 세계

자신에게 밀려드는 갖가지 불행과 곤란함을 매우 비통하게, 하지만 담담하게 이야기하면서 도움의 손길을 청하는 〈자신의 눈에 대한 뤼트뵈프의 한탄La complainte Rutebuef de son œul〉이라는 작품은 비용이 남긴 '유언'의 의미를 파악하는 데 하나의 단서를 제공한다.

> 나는 담보물로 맡길 것도, 팔아 치울 것도 더는 없으며,
> 생활에 필요한 수많은 것들에 응해야 하고,
> 무수한 할 일들,
> 또 무수한 걱정거리와 곤란함이 있기에,
> 여러분들에게 이를 말씀드리려면
> 장황하게 길어질 터입니다.
> 신께서는 나를 또 다른 욥으로 만드셨습니다.
> 그분께서는 일격에
> 내가 가졌던 모든 것을 가져가셨습니다.
> 더할 나위 없이 잘 보였던 오른쪽 눈과 함께.
> 나는 잘 보이질 않아, 길을 찾아가는 것도 어렵고,

내가 어디로 가야 하는지도 모르겠습니다.
이 눈으로 인해,
한낮은 내게 칠흑같은 밤이니,
이는 괴롭고도 끔찍한 고통입니다.
(〈자신의 눈에 대한 뤼트뵈프의 한탄〉, vv. 14-28)[1]

"아무런 매력도 없고, 전혀 아름답지 않은, 아내를 최근에 맞이한"("Je pris ma fame darreniere,/Qui bele ne gente nen iere.", vv. 5-6) 시인은 그때부터 불행에 시달리게 된다. 갖가지 곤궁과 고독 속에서 그는 점점 더 신음하게 되고, 마침내는 오른쪽 눈을 잃고 실명失明의 고통을 겪는다. 시인은 절망의 나락으로 점점 더 침잠하며, 자신이 신의 버림을 받았다고까지 믿게 된다.

신께서는 나를 위해 계절을 아주 적절히 만드셨으니,
여름에는 검은 파리가 나를 찌르고,
겨울에는 흰 파리가 〔나를 찌른다.〕
(〈여름의 그리에슈 노름Li diz de la griesche d'yver〉, vv. 31-33)[2]

그의 고통은 한순간에 그치는 것이 아니며, 여름에도 겨울에도 그는 파리와 눈보라, 더위와 추위에 시달려야 한다.

내가 생각하기에 선한 신께서는
나를 멀리서 사랑하신다.

---

1 "Je n'ai qu'engagier ne que vendre,/Que j'ai tant eü a entendre/Et tant a faire,/Et tant d'anui et de contraire,/Car, qui le vos vauroit retraire,/Il durroit trop./Diex m'a fait compaignon a Job:/Il m'a tolu a un sol cop/Quanque j'avoie./De l'ueil destre, dont miex veoie,/Ne voi ge pas aleir la voie/Ne moi conduire./Ci at doleur dolante et dure,/Qu'endroit meidi m'est nuit oscure/De celui eul."(Rutebeuf$_1$, 28; Rutebeuf$_2$, 70-72; Rutebeuf$_3$, I, 286).

2 "Diex me fait le tens si a point,/Noire mouche en estei me point,/En yver blanche."(Rutebeuf$_1$, 13; Rutebeuf$_2$, 34; Rutebeuf$_3$, I, 184).

이러한 〔내가 처한〕 궁핍함에서 그 점을 잘 알게 된다.
나는 망치가 주형鑄型을 두드려 박는 곳에 있으니,
나를 여기에 둔 분이 바로 신이시다.
〔…〕
만약 내가 신의 분노를 샀다면,
그분은 나를 조롱하고 비웃을 수 있지,
그도 그럴 것이 훌륭히 복수를 하셨으니까.
(〈뤼트뵈프의 결혼Li mariages Rutebuef〉, vv. 54-58, 62-64)[3]

시인은 "망치가 주형을 두드려 박는 곳"("Lai sui ou le mail mest le coing:", v. 57)인 대장간의 망치와 모루 사이에 있으며, 이러한 비유를 통해 자신에게 가해지는 갖가지 고통들과 그로 인한 아픔들, 곤경에 빠진 자신의 처지를 독자들이 생생하게 느끼게 한다. 실명은 우선, 시인의 육체적이고 정신적인 면에서의 비참함뿐만 아니라 방탕했던 삶에 대한 징벌을 의미한다.[4] 인간의 나태함과 원죄 등을 의미하던 신체적인 결함은 나병이 '원죄'의 다른 이름이 되기 전까지 다양한 형태로 그려진 바 있다. 하지만 12세기 들어 신체적인 결함과 죄악을 결부시키던 종래의 관행은 새로운 면모를 보이며, 이제 신체적인 결함은 구원, 인간의 성숙, 속죄와 관련성을 맺는다. 실명은 시련인 동시에 지옥의 고통을 피하게 하는 신의 선물이며, 나아가 정신적인 통찰력과 혜안을 얻게 해준다. 육신의 '눈'은 보이지 않지만, 내면에서 맹인은 '진실'을 보게 된다. 이제 그는 인간과 신의 중재자이자 일종의 현자가 되며, 이러한 점은 이어지는 아래의 구절에서 잘 드러난다.

바로 이것이 나의 불행이라!
이것이 내 무절제함의 결과인지 나는 알지 못하니.

---

3 Rutebeuf$_1$, 25; Rutebeuf$_3$, I, 246.

4 이하 논의는 Jean Dufournet, "La cécité de Rutebeuf", in *L'univers de Rutebeuf*, Paradigme, 2005, pp. 251-254의 정리·요약임을 밝힌다.

이제부터는 검소하고 분별 있는 사람이 되리라
잘못을 저지른 다음이기는 하지만…
또 내 지난 과오들에서 멀어지리라.
(〈자신의 눈에 대한 뤼트뵈프의 한탄〉, vv. 40-44)[5]

바로 이러한 절망과 고통의 심연을 거쳐, 아무것도 가진 것 없게 된 텅 빈 상태에서 시인의 작품이 태어난다. 자신의 주변에서, 또 자신의 내면에서, 모든 것이 사라졌을 때, 비로소 자신을 내용으로 삼는 진정한 시가 솟아오른다. 가중되는 불행은 뤼트뵈프를 점점 더 혼란과 절망에 빠지게 만들며, 마침내 그는 모든 것을 암흑으로 뒤덮는 '실명'의 고통을 겪게 된다. 그러나 실명을 통해 뤼트뵈프는 보이지 않던 이면을, 감추어진 '진실'을 보게 되며, 자신의 현재와 과거를 되짚어 보는 한 편의 시를 쓰게 된다.

비용의 《유언의 노래》 또한 뤼트뵈프의 경우와 유사한 과정을 우리에게 이야기해 준다. 정처 없는 방랑길에서 비용이 감내해야 했던 모진 시련과 고초는 절망적인 투옥으로 이어지며, 묑의 감옥은 그의 눈과 마음을 '죽음'의 환영으로 뒤덮는다. 절망의 절정을 경험하고 온갖 치욕을 마신 후, 비용 또한 자신의 현재와 과거를 《유언의 노래》 안에 기록하기 시작하며, 그가 《유언의 노래》를 쓰기 위해 기울이는 노력과 그 과정에서 느끼는 감정들은 아래의 시에서 샤를 도를레앙이 기술하는 것과 크게 다르지 않다.

내 우수의 깊은 우물에서
나는 희망의 물을 쉼 없이 길어 올린다,
위안의 갈증으로 나 그 물을 바라게 되기에.
물이 말라 버린 것을 종종 발견하게 되면서도.

한순간, 맑고 빛나는 물을 나는 본다,

---

5 "C'est mes damaiges./Ne sai ce s'a fait mes outrages./Or devanrrai sobres et sages/Aprés le fait/Et me garderai de forfait."(Rutebeuf$_1$, 29; Rutebeuf$_2$, 72; Rutebeuf$_3$, I, 288).

이윽고 혼탁하고 나빠지는 것을 보게 된다.
〔내 우수의 깊은 우물에서
나는 희망의 물을 쉼 없이 길어 올린다.〕

이 물에 내 서재의 잉크를 녹여,
내가 글을 쓰노라면, 내 마음을 성내게 하려고,
**운명**이 찾아와 내 종이를 갈기갈기 찢고,
또 모든 것을 집어 던진다, 몹시도 비열하고 잔혹하게
〔내 우수의 깊은 우물에서〕 (《롱도 CCCXXV》)[6]

깊은 우물과도 같은 반복적인 '우울'에서 시를 길어 올리는 샤를 도를레앙처럼, 대립되는 감정들과 대비되는 모습들을 분출하면서, 간헐적인 중단과 힘겨운 재개를 거듭하면서, 비용의 시구詩句들은 회한과 희망, 분노와 조롱, 체념과 절망을 흩뿌리며 기억의 지층 위로 솟아오른다. 앞을 볼 수 없는 어둠 속에서 출구를 찾듯, 비용은 텅 빈 백지 위에 글을 적기 시작한다. 적대적인 힘들과 갖가지 제약들은 이러한 글쓰기를 고무하며 증폭시킨다.[7]

비용은 자신이 가진 것을 모두 나누어 줌으로써 마침내 한 편의 작품을 얻게 된다. 《유언의 노래》는 나누어 줄수록 늘어나는 '풍요의 뿔'과 같기에, 비용은 쉬지 않고 유증물을 나누어 주며, '연인'의 덕목 가운데 하나인 '너그러움'은 끊임없이 계속된다. 수없는 유증 수령자들이 《유언의 노래》의 세계로 하나씩 하나씩 행렬을 이루어 들어오고, 다양한 상황들만큼 다채로운 내용들이 비용이 창조한 세계에 그 모습을 드러낸다. 비용은 순간적인

---

6 "Ou puis parfont de ma merencolie/L'eaue d'Espoir que ne cesse tirer,/Soif de Confort la me fait desirer,/Quoy que souvent je la treuve tarie.//Necte la voy ung temps et esclercie,/Et puis aprés troubler et empirer,/Ou puis [parfont de ma merencolie/L'eaue d'Espoir que ne cesse tirer.] //D'elle trempe mon ancre d'estudie,/Quant j'en escrips, mais pour mon cueur irer,/Fortune vient mon pappier dessirer,/Et tout gecte par sa grant felonnie/Ou puis [parfont de ma merencolie.]"(CdO$_2$, 372; CdO$_3$, 394).

7 J. Starobinsky, "L'encre de la mélancolie", *La Nouvelle Revue Française*, 123, 1963, pp. 410-423을 참조.

'변검'을 위해 다양한 가면들을 그때그때 쓸 수밖에 없으며, 그의 변용은 이렇게 시작된다. 비용은 금새 사라지고 잊혀지게 될 유증 수령자들의 이름을 거명함으로써 그들의 이름이 영원한 '망각'에 빠지지 않게 하며, 그러는 동시에 자신의 이름을 아득한 '망각'에서 구해 낸다. 비용은 죽음을 피할 수 없는 '가사자'들에 대한 자신의 기억을 마치 불멸의 기억처럼 만들어 낸다.

《유언의 노래》를 통해 제시되는 화자의 모습은 오비디우스의 《변신 이야기》나 혼란스럽고 갑작스런 '가면 카니발'의 광경들을 상기시킨다. 비용은 《유언의 노래》에서 끊임없이 새로운 가면을 쓰며, 그의 변신은 빠르게 확산되어 나간다. 임종의 침상에서 죽어 가는 유언자는 사랑의 순교자와 고아한 기사로 되며, 유곽의 포주에서 어느 순간 의사의 모습으로, 불쌍한 고아들의 후견인에서 그들의 스승으로, 보잘것없는 행상인에서 불쌍한 늙은이로, 빗장 틈으로 엿보는 자에서 감옥의 죄수로 매순간 모습이 바뀐다. 그의 변신은 외양의 변화뿐만 아니라 목소리의 변화로도 이어진다. 빈궁에 시달리던 자의 목소리는 어느 순간 해적의 목소리로, 늙은 창녀의 한탄의 목소리는 불쌍한 어머니의 간절한 기도로, 성 크리스토푸스를 기리는 자의 목소리는 십자가의 예수 그리스도의 목소리로 변한다.[8]

그의 변신은 여기에 그치지 않고 '우화와 설화'의 무대로 자리를 옮긴다. 그는 갖가지 짐승의 모습으로 몸을 바꾸어, 늙은 원숭이는 매로 변하며, 기괴한 짐승은 어느 순간 요정의 후예가 된다. 이러한 변신은 비용의 이름을 통해서도 여러 차례에 걸쳐 반복된다. 《유증시》를 시작하는 '학생 프랑수아 비용'은 잠시 후 '사랑의 순교자'가 되며, 마지막에 가서는 순식간에 '명성 높은 비용'으로 변모한다. 또 《유언의 노래》에서 '프랑수아'로 표시되던 아크로스티슈는 어느 순간 '비용'이라는 이름으로 바뀌며, "프랑수아 비용이라 불렸던, 불쌍하고 비소한 일개 학생"은 마침내 "불쌍한 비용"이 된다

8 '가면의 유희'에 대해서는 Gabrirla Tanase, *Jeux de masques, jeus de ruses dans la littérature française médiévale (XII^e^-XV^e^ siècles)*, Paris, Champion, 2010, pp. 187-247을 참조.

($D_3$, 42-43).

갖가지 어조를 담고 이야기되는 비용의 '말' 또한 '카니발'의 행렬, 성탄절과 공현절 때에 행해지던 '광인들의 축제' 행렬의 진행을 촉진시키고 그 변모에 힘을 실어 준다.[9] 다양한 가면들의 밑바닥에는 그만큼이나 변화무쌍한 어조와 감정들이 자리를 잡는다. 그 어조와 감정이 진실한 것이건 가장假裝된 것이건 간에, 비용의 말은 통렬한 야유에서 비통한 한탄으로, 교활하고 의뭉스러운 유머에서 격렬하고 파괴적인 비난으로, 쉬지 않고 움직이며 변해 간다. 끊임없이 사용되는 반어법과 신소리들, 이중 삼중의 의미와 유사음을 활용하는 말장난들은 한 줄의 시행에서, 또는 한 편의 8행시나 발라드에서, 가능한 모든 의미의 창을 열어 놓은 채 고갈되지 않고 솟구치는 분수처럼 떨어져 내린다.

> 반어법의 사용으로부터, 사물을 두겹으로 또 다른 양상으로 보이게 하는 흐릿한 광경이 생겨난다. 말장난들이 반어법 위에 접목되는 만큼, 시 텍스트는 의미의 미궁이 된다. 시 텍스트는 그 자체가 질문이 되며 파악할 수 없는 것을 만든다. 이러한 실행은 그 의미가 애매한 채로 남아 있는 하나의 세계를 드러내 보이며, 독자를 그의 쾌락의 정수인 미완과 의문으로 내몬다. […] 이렇게, 늘 해독해야 하고 끈기있게 음미해야 하는 텍스트는, 불분명하고 혼합적인 것이 된다. (PSF, 30-31)

무수한 색의 빛을 투사하는 수정 구슬처럼, 읽는 독자에 따라, 또 관련되는 내용에 대한 지식의 다소多少에 따라, 비용의 작품은 다양한 의미를 증폭시키고 굴절시킨다. 갖가지 전통적인 여흥거리들 속에 그 자신만의 독특한 경험이 녹아들어 가며, '사랑, 죽음, 가난, 노년' 등의 항구적인 주제들 역시 단순하면서도 사람들의 마음을 뒤흔드는 내용과 표현을 갖추고 《유언의 노래》 속에 융합된다.

9 이하 내용은 PSF, 14-15의 요약임을 밝힌다. '광인들의 축제'에 대해서는 Jacques Heers, *Fêtes des fous et carnavals*, Paris, Fayard, 1983을 참조.

## 2. 순교와 부활

《유언의 노래》의 8행시 CLXXIII에서 비용은

> 30년 전부터 나를 본 적이 없으며,
> 또 사람들이 내 이름을 어떻게 부르는지 알지 못하는
> (T, CLXXIII, vv. 1846-1847)

그러나 자신의 "의향을 잘 알고 있기에, 존경받는 인물인 장 드 칼레" ("Pource que scet bien mon entente/Jehan de Calaiz, honnorable homme,", T, CLXXIII, vv. 1844-1845)에게, 어려운 일이 발생할 경우, 유언 전반에 걸쳐서 모든 것을 자유로이 처리하는 '절대적'인 전권을 부여한다. 생면부지의 인물에게 주어지는 권한의 정도는 "L'oster jusqu'au rez d'une pomme" (T, CLXXIII, v. 1850)라는 불분명한 말로 표현되며, 재차 아래와 같이 상술된다.

> [유언의] 어구의 풀이와 주석,
> 용어의 정의와 설명,
> 축약 혹은 확장,
> 삭제와 파기를,
> 그의 손으로, 그가 쓸 줄 모른다 하더라도.
> 해석과 의미의 결정,
> 더 좋게 하든 더 나쁘게 하든, 그의 재량에 맡기니
> 이 모든 것에 나 동의한다. (T, CLXXIV, vv. 1852-1859)[10]

10 "De le gloser et commenter,/De le diffinir et descripre,/Diminuer ou augmenter,/De le canceller et perscripre/De sa main, et ne sceut escripre,/Interpreter et donner sens/A son plaisir, meilleur ou pire,/A tout cecy je m'y consens."

'une pomme'라는 말을 판단의 기준으로 삼아, 알지 못하는 이에게 '유언'에 대한 전권을 부여하는 1850행의 의미에 대해서는 다양한 의견들이 제기되었다. "L'oster jusqu'au rez d'une pomme"라는 말에 대해, 롱뇽과 뷔르제는 '완전히complètement'라는 뜻을 읽어 냈고(Longnon$_2$, 341; Burger$_2$, 100), 튀안은 '제기될 수 있는 모든 난점들을 해소하는 권한'('je lui donne faculté d'aplanir toute difficulté qui pourrait surgir, si petite soit elle')을 부여한다는 의미일 것이라 보았다(TH, III, 517). 또 파리스는 '사과 표면처럼 매끈하게, 모든 것이 합치될 수 있게끔'('jusqu'à ce que tout soit uni, lisse comme la surface d'une pomme')이라는 의견을 선보였고(Gaston Paris$_2$, 389), 네리와 풀레 등이 그와 의견을 같이하였다. 1850행의 의미를 문자 그대로 반어적인 것으로 보고, 여기에서 비용의 조롱을 찾으려는 시도 역시 이루어졌다. 메트만은 'rez'를 'niveau'의 의미로 보고, 이 부분을 '한도와 범위'를 명시하는 말인 'jusqu'à concurrence de'로 풀이했으며, 장 드 칼레에게 위임되는 '엄숙하고 거창한' 권한이 실제로는 허황되고 보잘것없는 가치를 상징하는 'pomme'에 국한된 것일 뿐이라 풀이했다.[11] 그러나 메트만의 해석은 이어지는 8행시 CLXXIV의 내용과 어울리지 않으며, 1850행에서 동사의 목적어가 되는 'l'이 '난점'이 아닌 '유언'을 가리키는 것이라는 데 문제가 있었다. 한편 티리, 리슈네와 앙리 등은 이 구절을 '누군가 유언 전반에 대해 이의를 제기한다면, 이 유언을 무시할 만한 것으로까지 만들 수 있는 권한을 장 드 칼레에게 허락한다'('Quant à l'ensemble de ce testament, si quelqu'un y fait quelque objection, j'autorise Jean de Calais à le supprimer jusqu'à ce qu'il ne vaille plus qu'une pomme')는 의미로 풀이하였고(RH$_2$, 258; CT, 238), 뮐르탈레 역시, 이 부분을 '이 유언 전체를 무가치한 것으로 만들 수 있는'('réduire tout ce testament à la valeur d'une pomme') 권한을 이양하는 뜻으로 보았다(JCM,

11 W. Mettmann, "«Oster jusqu'au rez d'une pomme», *Testament*, v. 1850", *Romanische Forschungen*, 73, 1961, pp. 148-150. 그러나 이 논문은 직접 참조하지 못하였기에, 관련 내용은 RH$_2$, 257-258에 따른다.

191, 273).

유언자의 권한을 생면부지의 인물에게 이양하는 8행시 CLXXIV의 1852-1859행은 일종의 '역전된 면모', '거꾸로인 세상'을 다시 보여 주는 것이기도 하다. 장 드 칼레는 자신에게 부여된 '전권'을 통해 거꾸로 유언자에게 자신의 '의지'를 밝히고 강제하게 되며, 1856행의 '그의 손으로'라는 말은 장 드 칼레의 손에 의해 모든 것이 좌지우지되는 듯한 인상을 독자들에게 준다. 하지만, 실제로 이 모든 것은 비용이 계획하고 실행하는 것일 뿐이며, 전권을 양도한다는 비용의 말은 자신의 사후 그의 모든 의지를 철회하며, 그가 한 말을 준수하지 않겠다는 표명과 다른 것이 아니다. 결국, 비용은《유언의 노래》의 시작 부분인 78-80행에서 자신이 엄숙하게 말했던 "내 최후의 유지, 전체가 유효하기로는 단 하나의 것이자 취소 불가능한, 이 확고한 최종 유언"이라는 말을, 나아가 지금까지 자신이 한 모든 유언을《유언의 노래》의 끝부분에서 부정하며, 이러한 부정은 구조적인 면에서《유언의 노래》의 시작과 끝이 정확히 대칭을 이루게 만든다.

지난날《유증시》에서, 종소리와 함께 찾아온 '의식의 몽롱함'과 기이한 환상 이후, 유증을 중단함으로써 미완의 유증을 아무런 효력도 없는 것으로 만들었던 것처럼, 비용은《유언의 노래》에서도 변경 불가능하다고 말했던 자신의 유언을 암묵적으로 부정한다. 이러한 유언의 철회와 부정은 자신의 묘지에 대한 언급에서도 재차 확인된다. 유언의 포기를 통해 스스로 죽음에서 벗어난 비용이 선택하는 무덤은 결코 죽은 자에게 허용되는 곳이 아니다.

또한, 나를, 다른 곳이 아닌,
생트 아부아 교회에 매장하기 바란다.
또 저마다 나를 볼 수 있도록,
살과 뼈로 된 육신이 아니라, 그림으로,
내 〔전신〕 초상화를 그려 주기 바란다,

잉크를 써서, 너무 값이 비싸지 않다면.
묘석은, 필요 없으며, 나 개의치 않으니,
왜냐하면 판자 바닥을 무너뜨릴 터이기 때문이다.
(T, CLXXVI, vv. 1868-1875)[12]

비용은 다양한 층위의 농담과 장난들을 8행시 CLXXVI의 여덟 줄 안에서 구사한다. 먼저 1868행에서 '생트 아부아 교회'를 말하면서, 비용은 '안내하다, 인도하다, 이끌다'의 뜻을 가진 'avoyer' 동사와 길을 잘못 든 타락한 사람들을 바른길로 인도하는 '성녀'의 이름을 가지고 신소리를 한다. 또 이미 한 세기 전, 데샹이

내 매장지로 택한 곳은 허공이니,
이는 나 썩기를 원치 않기 때문
(〈농조 유언Testament par esbatement〉, vv. 14-16)

이라 말했던 것처럼, 1층이 아닌 2층에 있는 교회이기에 결코 매장이 이루어질 수 없는 곳을 비용은 자신의 매장지로 지정한다(Champion, I, 290-292; II, 170). 비용은 당시 부유한 사람들이 서 있는 모습이나 기도하는 모습을 조각상으로 만들었던 것을 풍자하여 자신의 전신 초상화를 잉크로 그려 달라 말하고는, 여기에 금전적인 면에서의 유보 조건을 붙여 그의 소망이 실현되기 어려운 것임을 드러낸다(CT, 240, $RH_2$, 260-261; JCM, 274). 한편 1873행의 '잉크'를 써서 그린 '〔전신〕 초상화'라는 말에서, '잉크'를 '유언을 쓰는 행위'와 관련된 것으로 파악한다면, 그의 초상은 '말' 혹은 '글'로 만들어진 비용의 '초상'으로 이해될 수 있다.[13] 아직 그가 임종을 맞이한 것이

12 "Item, j'ordonne a Saincte Avoye,/Et non ailleurs, ma sepulture;/Et afin q'un chascun me voye,/Non pas en char, mais en painture,/Que l'en tire mon estature/D'encre, s'il ne coustoit trop cher;/De tombel, riens, je n'en ay cure,/Car il greveroit le plancher."
13 이에 대해서는 《유증시》의 307-308행과 《유언의 노래》의 789-790행을 참조.

아니며 조금 더 남길 이야기가 있기에 이 '초상화'가 완성된 것은 아니지만, 다른 그 누구의 손을 빌릴 필요도 없이 《유언의 노래》 안에서 비용 자신이 직접 스스로의 '초상화'를 그리는 만큼, 이러한 그의 소망에서는 일종의 아이러니마저도 표출된다.[14] 비용의 익살과 장난은 다음 8행시인 CLXXVII에서 더욱 분명하게 나타난다. 당대의 사람들 혹은 후대의 사람들이 적어도 자신을 어떻게 기억해 주면 좋을지에 대해 그는 체념 섞인 목소리로 이렇게 이야기한다.

> 또한, 내 묘혈 둘레에는
> 아무런 장식도 없이, 이제부터 말하는 것을,
> 상당히 굵은 글자로 써 주기 바란다.
> —혹 쓸 것을 전혀 갖고 있지 않다면,
> 석회 벽에 아무런 흠집도 나지 않게
> 목탄이나 흑석으로.
> 적으나마, 유쾌하고 무사태평한 녀석으로
> 나에 대한 기억이 간직되도록 — (T, CLXXVII, vv. 1876-1883)[15]

1877행의 'histoire'의 경우, 'historier'는 일차적으로 '갖가지 조각상들로 장식하다'라는 의미를 갖는다. 그러나 이 말은 자신이 남기는 말을 '가감 없이 있는 그대로' 써 주기를 바란다는 의미로도 읽을 수 있다. 하지만 "아무런 장식도 없이" 그저 "상당히 굵은 글자로", 경우에 따라서는 "목탄이나 흑석으로" 작성된 그의 묘비명을 본 사람들이, 아래에서 볼 수 있는 호화롭고 찬란한 광경을 보았던 사람들과 비교해 보았을 때, 과연 비용의 이미지를 영원히 간직할 수 있을지는 의문스럽다.

---

14 $\text{Fein}_0$, 70을 참조.

15 "Item, vueil qu'autour de ma fosse/Ce qui s'enssuit, sans autre histoire,/Soit escript en lectre assez grosse/—Qui n'auroit point d'escriptouoire,/De charbon ou de pierre noire/Sans en rien entamer le plastre;/Au moins sera de moy memoire/Telle qu'elle est d'un bon follastre —:"

〔정원〕 복판에서, 푸른 꽃박하로 된
작은 법정 하나를 나는 보았습니다.
그곳에서 나는 수없이 많은 꽃들로 만들어진,
파리스와 헬레나의,
그리고 베르지의 성주 부인의,
지난날 사랑을 섬겼던 이들의, 그림 이야기들을 보았습니다.
(〈무정한 미인에 대한 고발Accusation contre la belle dame sans mercy〉, IX, vv. 65-70)[16]

비록 유보 조건이 붙어 있기는 하지만, 자신의 잘못을 회개하고 뉘우친 비용, 가혹한 운명과 적대적인 사회의 희생양으로서의 불쌍한 비용, 가난하고 보잘것없는 비용의 모습 모두를 뒤로 물리치고, 시인은 걱정없고 익살스러운, 유쾌한 자신의 모습이 남아 전해지기를 바란다.[17] 그리고 그의 기대에 부합하듯 1883행에 나오는 'bon follastre'는 후일 유행한 '무전취식'의 우두머리로서의 비용의 모습과 여러 우스꽝스러운 유언들의 선구가 된다.[18] 그러나 1882-1883행의 내용은 불가피한 경우 '최소한' 살아남아 기억되기를 바라는 그의 모습일 뿐이며, 이러한 점에서 볼 때 비용이 후대에 전해지기를 바라는 '최선의' 모습이 결코 'bon follastre'일 수 없음은 분명하다. 아니면 비용이 다른 무엇을 통해 자신에 대한 기억이 후대에 전해지기를 바라는 것인지도 모른다. 하지만 8행시 CLXXVII은 'Item'이라는 말을 통해 앞선 8행시와는 다른 이야기를 시작하기에, '초상화'를 1882-1883

16 *Le Cycle de La Belle dame sans mercy. Une anthologie poétique du XV^e siècle* (BNF MS FR. 1131), édition bilingue établie, traduite, présentée et annotée par David F. Hult et Joan E. McRae, Paris, Champion, 2003, p. 120.

17 'bon follastre'라는 말에 대해 랑리는 "[...] un bon garçon un peu fou, aimant à passer agréablement son temps."($LA_1$, 288)이라는 풀이를, 샹피옹은 "[...] il a souhaité qu'on conservât de lui le souvenir d'un bon fou."(Champion, II, 272), 뒤푸르네는 "[...] on l'a pris surtout pour un joyeux farceur, buveur, voleur et trompeur."(DF, 452)라는 지적을 하고 있다.

18 Cooper, 85-128을 참조.

행의 해석에 결부시켜 "그림으로" 그려진 "〔전신〕 초상화"를 통해서 그의 모습이 후대에 전해질 수 있다고 보기는 힘들다. 또 금새 지워질 터인 그의 '초상화'가 보는 사람들의 웃음을 유발하며, 무사태평하고 유쾌한 그의 모습을 후대에 전해 주는 것으로 보기는 더욱 어렵다. 그렇다면 비용은 자신의 다음과 같은 '묘비명'을 후대를 위한 '전달 수단'으로 생각하고 있는 것인지도 모른다.

> 여기 이 높은 방에 누워 잠든
> 사랑의 신이 그 화살로 쓰러뜨린 자
> 프랑수아 비용이라 불렸던
> 불쌍하고 비소한 일개 학생
> 그는 단 한 고랑의 토지도 소유하지 않았으며,
> 모든 것을 주었다, 모두가 이를 알고 있으니,
> 탁자, 가판, 빵, 바구니를.
> 신의 이름으로, 이 창가唱歌를 음송하라.
> (T, CLXXVIII, vv. 1884-1891)[19]

첫 구절은 문자 그대로 자신의 방에 누워 잠든 비용을 의미하는 것일 수도 있다. 그러나 'occist'라는 말에서 그의 '잠'이 '영원한 잠'이라는 것이 암시되는 만큼, '높은 방'은 자신의 무덤으로 정한 탕플Temple 거리의 생트 아부아 교회를 의미하는 것으로 보아야 한다($D_1$, 551). 장소에 대한 언급 다음에는 죽은 자의 이름이 거명되며, 1887행에 이르기까지 그 이름이 명시적으로 밝혀지지 않은 채 진행되었던 《유언의 노래》의 '유언자'가 처음으로 밝혀진다.

그러나 'Françoys Villon'이라는 구체적이면서도 확실한 이름과 함께 제

19 "«Cy gist et dort en ce sollier/Qu'Amours occist de son raillon,/Ung povre petit escollier/Qui fut nommé Françoys Villon./Oncques de terre n'eust sillon,/Il donna tout, chascun le scet,/Table, tresteaux, pain, corbillon./Pour Dieu, dictes en ce verset:"

시된 'Ung povre petit escollier'라는 말의 의미는 여전히 불명료하다.[20] 모든 것을 주었기에 아무것도 가진 것이 없어 '가난한' 자라는 의미의 바탕에는 '빈곤'이 운명이었던 자라는 의미가 깔려 있으며, 이러한 의미의 상층에는 강력한 쇠뇌로 '화살'을 맞았던 '불쌍하고' '가련한'이라는 의미와 '보잘것없는'이라는 의미가 공존한다. 또 자신의 '초라한' 처지를 의미할 수도 있는 '비소한'이라는 말의 이면에는 문자 그대로 '어린', '젊은'이라는 뜻이 숨어 있다. '학생'이라는 말은, 〈마리 도를레앙에게 보내는 서한〉에서 볼 수 있었듯, '신분 상승'의 가능성과 모호한 열망이 담겨진 것일 수도 있으며, '젊은 학생'은 《유증시》의 첫 부분을 연상시키는 것일 가능성도 있다. 또 이 말의 이면에는 이제 더 이상 자신이 '신학생', '성직자'가 아니라는 점이 그래서 아무런 '기대'도 갖고 있지 않음을 드러내는 '불쌍하고 비소한' 면이 함께 깃들어 있다. 비용은 수많은 의미가 중첩된 자신의 이름과 신원을 밝힘으로써, 현재의 비참함에서 곧 다가올 자신의 죽음으로 움직이는 동시에 5년 전 《유증시》를 썼던 지난날 혹은 그 이전으로의 이행을 서두른다. 달리 말하자면 비용은 '미래로의 이동과 과거로의 이동'이라는 두 가지 차원의 움직임을 동시에 진행시킨다.

여기서 비용은 지난날 《유증시》에서 부유한 기사의 모습을 취하며 이야기했던 "천막도 막사도 없으니 벗들에게 모두 넘겨 주었고"("Il n'a tente ne pavillon/Qu'il n'ait lessié a ses amis,", L, vv. 317-318)라는 부분을 다시 재현하는 것처럼 보인다. 그러나 적어도 5년 전의 그에게 "금방 없어질 터"이기는 했지만 "몇 푼의 돈"("Et n'a mais q'un peu de billon/Qui sera tantost a fin mis.", L, vv. 319-320)이 남아 있었던 것에 반해, 지금의 그는 모든 것을, 가장 하찮은 것들마저도 모두 다른 사람에게 물려준 상태이다. 그렇기에 그의 처지는, "탁자도 좌판도 없이, 땅바닥에 앉아" "말라빠진 빵을" 먹으며 "바구니 속

20 일례로 기로는 1886행에 대해 다음과 같은 설명을 하기도 했다: "c'est que *Villon* est *escollier* d'une étrange *escolle* […] C'est cette *escolle* du vers 1631 *où l'escollier le maistre enseigne* «où le maistre appose son sceau sur l'escouilleur, videur de couilles». C'est à cette *escolle* que Villon toute sa vie restera «enseigné»." (Guiraud$_1$, 300).

에 나를 넣어" 감옥에서 구해 줄 것을 청하던 〈벗들에게 보내는 서한〉에서의 모습보다 더 가진 것이 없는 상태로 나타난다. 비용은 이제 진혼미사에서처럼, 우스꽝스럽고 풍자적인 레퀴엠을 남긴다.

> 저 사람에게 영원한 안식을 주소서
> 주여, 그리고 영원한 광명을 주소서
> 〔지극히 보잘것없는〕 접시나 주발
> 파슬리 한 점의 값어치도 없었던 그에게
>
> 순무를 깎거나 껍질 벗기듯
> 모발, 수염, 눈썹도 깎인
> 저 사람에게 〔영원한 안식을 주소서
> 주여, 그리고 영원한 광명을 주소서〕
>
> 가혹함이 그를 추방했고
> 또 삽으로 엉덩이를 때렸도다,
> "상소한다"고 말했음에도 아랑곳하지 않고,
> 그것이 악랄한 말도 아니었음에도. (T, vv. 1892-1906)

마로가 부여한 'Rondeau'라는 제명은 운율 형태를 고려한 것으로 형식상으로는 타당한 명칭이라 할 수 있다. 하지만 죽은 이들을 위한 성무일과聖務日課의 전례 창구, 다시 말해 '진혼곡Requiem'이라는 점을 고려한다면 필사본 *C*의 제명 역시 타당성을 지니며(CT, 242), "저 사람에게 영원한 안식을 주소서, 주여, 그리고 영원한 광명을 주소서"("Repoz eternel donne a cil,/Sire, et clarté perpetuelle,", T, vv. 1892-1893)라는 말은 진혼곡의 반복구인 'Requiem aeternam dona eis, Domine/Et lux perpetua luceat eis'의 번역이기도 하다. 스스로의 외양을 "모발, 수염, 눈썹도 깎인"("Il fut rez, chief, barbe, sourcil,", T, v. 1896)이라는 말로 묘사하는 대목에서, 'rere' 동사의 과

거분사인 'rez'에 대해 연구자들은 다양한 의견을 제시한 바 있다. 1896행은 광인의 특징으로 볼 수도 있으나(JCM, 275),[21] 데조네,[22] 튀안(TH, II, 525) 등은 이 부분을 '탈모증alopécie'에 대한 기술로 보았고, 뷔르제,[23] 도빌리에[24] 등은 이를 '파문'에 따른 외적 표지로 이해하기도 했다. 뷔르제의 의견을 따를 경우, 1462년 파리 검찰장관의 선고 시점에서 비용은 더 이상 성직자로 간주되지 않았다고 볼 수 있다($RH_2$, 263).

"가혹함이 그를 추방했고"("Rigueur le transmist en exil", T, v. 1899)라는 말의 경우, 'Rigueur'는 크게 세 가지 의미로 해석될 수 있다. "오랜 기다림의 숲에서"("En la forest de Longue Actente,")[25]로 시작하는 샤를 도를레앙의 작품에서 볼 수 있듯이, 이러한 '가혹함'은 우선 '사랑' 혹은 '사랑의 신'이 부과하는 가혹함을 의미한다. 두 번째로는 《유증시》에서 비용에게 죽음을 선고하여 도피를 택할 수밖에 없게 만들었고, 《유언의 노래》에서는 그를 잔인하게 속이고 파멸로 이끌었던 간악한 여인, '무정한 여인'의 가혹함을 의미할 수도 있다. 마지막으로는 도피와 방랑, 그리고 불확실한 삶 속에서 떠돌이 광대들, 못된 무리들, 범죄자 집단 등과 비용이 맺었을 관계를 염두에 둔다면, '법法'의 가혹함을 가리키는 것이 된다. 또 '추방'이라고 옮긴 'exil'

---

21 이에 대해서는 Jean-Marie Fritz, *Le Discours du fou au Moyen Âge*, Paris, P.U.F., 1992, pp. 39-44를 참조.

22 F. Desonay, "L'art de la caricature dans le *Testament* de Villon", in *Fin du Moyen Age et Renaissance. Mélanges de philologie française offerts à Robert Guiette*, Anvers, De Nederlandsche Boekhandel, 1961, p. 154. 이브-플레시스는 1896행이 의미하는 바가 '선천적 탈모증'이라는 의견을 제시하기도 했다(R. Yve-Plessis, *La psychose de François Villon*, Paris, Jean Schemit, 1925, p. 27).

23 뷔르제의 설명은 유언에 관한 전권을 1952행에서 거명되는 종교재판소의 업무를 담당하는 인물에게 부여하지 않는다는 점에, 또 비용이 상고한 법원이 주교와 무관하다는 점 등에 기반한 것이다($Burger_1$, 152-154).

24 "Postérieurement au vol du collège de Navarre, et peut-être même à l'arrestation de Tabary, qui eut lieu un an après, Villon fut banni à nouveau, après avoir été dépouillé du privilège de clerc. […] le rondeau tout entier a un sens juridique très net. Le clerc, qu'on voulait dépouiller des marques de la cléricature, était rez, c'est-à-dire tondu, de façon que disparût la tonsure, et dépouillé de la robe longue."(Dauvillier, 285-286).

25 "Mais, s'il eschappe, bien se vente/Qu'il gardera c'on ne le tente/Par Beau Parler, ne par Rigueur; […]"($CdO_1$, II, 366).

은, 《장미 이야기》나 샤를 도를레앙의 작품에서처럼,[26] '유배지' 혹은 '유형지'를 뜻하는 것일 수도 있다(CT, 242; $D_1$, 538-541). 〈마리 도를레앙에게 보내는 서한〉의 65-68행을 연상시키는 1900행("Et lui frappa au cul la pelle,")은 비용이 받았을 형벌, 즉 나무 삽으로 엉덩이를 맞았던 것을 의미하거나 ($RH_2$, 263) 아니면, 샤틀랭의 예에서 알 수 있듯이 '수치스럽게 쫓겨났음'을 비유적으로 말하는 것일 수도 있다($D_1$, 544).

'bon follastre'라는 말을 비용이 둘러서 넌지시 말한 표현이거나 씁쓸한 아이러니를 내포한 것으로 보기는 힘들다. 물론 '묘비명'과 '창가'에서 우스꽝스러운 부분과 말장난들, 그리고 저속하고 뻔뻔스러운 말들을 찾아볼 수 있지만, 전체적으로 그려지는 모습은 '비극적'인 것에 가깝고, 이를 비용이 말했던 무사태평하고 유쾌한 모습이라고는 보기 어렵다($Delclos_1$, 392). 비용의 언급과 이어지는 기술은 서로 상반되며, 비용은 두 가지 모습들 사이에서 유동적인 자세를 취한다(PM, 204). 게다가 '묘비명'이 자신이 원하는 'bon follastre'의 이미지를 전하는 수단이라면 이를 잘 보존해야 마땅하다. 그러나 비용은 쓸 것이 없을 경우 금방 지워지는 것으로 묘비명을 써도 무방하다는 점을 말함으로써, 이를 금방 사라지고 잊혀지는 일시적인 것으로 만들어 버린다. 'bon follastre'라는 모습은 그리 오래지 않아 찾아오게 될, 실제로 비용과 알고 지냈던 사람들의 죽음과 함께 망각忘却 속으로 사라질 운명에 처한다. 또 '묘비명' 또한 조만간 사라져 그 흔적을 찾을 수 없게 된다. 결국 '묘비명'과 '창가'를 비롯한 모든 것이 사라진 다음 남는 것은, '부활'과 '소생'뿐이며, 무덤 저 너머까지 전해질 수 있는 새로운 기억과 영광을

26 《장미 이야기》에서 이성은 '운명'에 대해 긴 논의를 펼치면서 이렇게 말한다: "[…] 그는 빨리 죽으면 그만큼 더 빨리 천국에 가게 될 것이라고 스스로를 위로하며, 그것은 유배지 이승을 떠나게 되는 날, 신께서 그를 위해 천국의 자리를 마련해 놓으셨다고 믿기 때문입니다. […]"("pens'il espoir, et s'i solace,/que, quant plus tost defenira,/plus tost en paradis ira,/qu'il croit que Dex le li present/quant il lera l'essill present", RdR, vv. 4990-4994). 또 샤를 도를레앙은 "고통스러운 슬픔의 숲에서"("En la forest d'Ennuyeuse Tristesse,")로 시작되는 〈발라드 LXIII〉에서 다음과 같이 말한다: "나 대답하기를, **운명**이 나를 이 숲속에 유형보냈으니, 오래전부터,"("Je respondy que par Fortune estoye/Mis en exil en ce bois, long temps a,", $CdO_1$, I, 88).

이제 비용은 기대한다(Delclos$_1$, 397).

비용은 이제 〈마지막 발라드〉에서 자신의 '순교'와 '부활'을 준비한다. 그러나 이 작품의 경우, 내용의 파악에 앞서 해명해야 할 부분이 적지 않다. 이 작품이 저본이 되는 4개의 필사본과 1개의 인쇄본에 매우 부분적으로 수록되어 있을 뿐이라는 점, 제명과는 달리 사실상 이 작품을 〈마지막 발라드〉로 볼 수 있는 확실한 근거가 없다는 점, 그리고 누가 이 발라드를 말하고 있는지 여부가 불분명하다는 점 등이 난점이 된다. 〈마지막 발라드〉는 필사본 *F*에는 누락되어 있으며, 인쇄본 *I*에는 제명이 없이 단지 첫 연의 8줄만이 수록되어 있다. 또 필사본 *A*의 경우, 제명이 없고 시행의 순서가 매우 혼란스럽게 배치되어 있으며, 필사본 *C*의 경우에는 '발라드'라는 명칭이 없을 뿐만 아니라 바로 연이어 〈벗들에게 보내는 서한〉과 〈운명의 발라드〉가 뒤따르기에, 이 작품은 《유언의 노래》를 닫는 최후의 진술이 아닌 것처럼 제시된다.

분명 화자의 목소리는 다른 사람이 아닌 비용의 목소리로 여겨지지만, 기이하게도 비용은 이미 죽었음이 발라드의 시작에서 알려진다. 비용의 장례에 사람들을 초대하고, 비용의 간략한 약전略傳을 말하며, 마지막 임종의 순간에 비용이 무엇을 하였는지를 기술하는 이 발라드의 화자와 관련된 난점으로 인해, 무수한 연구자들이 종이와 잉크를 허비했다. 이미 19세기 초에 프롱소는 이 발라드를 '결론을 대신하는 발라드Ballade pour servir de conclusion'로 명명한 바 있다. 르쿠아는 이 발라드의 화자가 유언에 관한 일체의 전권을 물려받았던 장 드 칼레일 것으로 보았고, 랑H. Lång은 이 발라드 전체가 다른 사람에 의해, 즉 우스꽝스러운 그의 후예들 가운데 한 사람에 의해 덧붙여진 것이라는 의견을 내기도 했다.[27] 베르톤은 '거리에서 큰

27 랑은 다음과 같은 이유를 들어, 이 발라드가 다른 사람의 손에 의해 작성된 것임을 강조했다: "The quatrain has always been considered as an isolated poem; if it were directly connected to the 'Ballade des pendus,' it would destroy the atmosphere completely. In the same way, the final ballade destroys the confession in le *Testament*. The conclusion is false, because it ought not to show the scornful passing of a blasphemer, but rather of a sinner

소리로 〔부음을〕 알려 주는 자crieur'의 목소리가 비용의 죽음을 알린다고 보았고,[28] 드마롤은 '연극 속의 연극'이라는 특징을 지적하면서 이를 '무대 밖의 목소리voix off'로 설명하기도 했다.[29] 한편 우이티는 이 발라드가 신원 모를 3인칭 화자에 의해 전해지지만, 독자는 별다른 의혹 없이 '말'의 일관성을 인정하게 되며, 이러한 점에서 예수의 말을 기록한 네 명의 복음사가를 상기시킨다고 말하기도 했다(Uitti$_1$, 159).

여기에서 닫히고 끝난다
불쌍한 비용의 유언은.
울리는 종소리 그대들 귀에 들리면,
그의 장례식에 오라,
진홍색 붉은 옷을 입고,
이유인즉 그가 사랑의 순교자로 죽었기 때문이니
이는 그가 자신의 고환睾丸에 걸고 맹세한 바이다.
그가 이 세상을 떠나가려 했을 때.

또한 나, 그가 거짓을 말하지 않는다고 분명 생각하니,
이유인즉 그가 사랑들에 의해, 증오심과 함께,
마치 불결한 하인처럼 쫓김을 당했으며,
그리하여 여기에서 루시용에 이르기까지,
가시덤불이건 덤불숲이건 간에,
그의 겉옷에서 뜯겨진 조각이 떨어지지 않은 곳
없다고, 그는 이를 거짓 없이 말하였으니,
그가 이 세상을 떠나가려 했을 때.

---

who seems to repent [...]"(Helmer Lång, "Villon's *Testament* and the 'Ballade pour servir de conclusion'", *Symposium*, 9, nº 1, 1955, p. 321).

28 T. Vertone, *Rythme, dualité et création poétique dans l'oeuvre de François Villon*, Roma, Lucarini Editore, 1983, p. 76.

29 P. Demarolle, "Temps et espaces dans le *Testament* de Villon", *Le Moyen Âge*, 99, nº 2, 1993, p. 287.

바로 이렇듯 이루어졌으니,
죽음을 맞이할 때, 그에게는 누더기밖에 남아 있지 않았다.
게다가, 임종의 순간에는, 무참하게도,
사랑의 신의 침이 그를 찔렀고,
그에게 혁대 버클의 금속핀 끝에 찔린 것보다
더 날카로운 고통을 느끼게 하였다.
—바로 이것이 우리를 놀라게 만드니—,
그가 이 세상을 떠나가려 했을 때.

쇠황조롱이처럼 생기 넘치고 우아한 왕후여,
떠나는 순간, 그가 무엇을 하였는지 알아주소서.
그는 암적색暗赤色 포도주 한 잔을 마셨으니,
그가 이 세상을 떠나가려 했을 때.[30]

《슬픔으로 죽은 연인의 고백》의 한 구절을 상기시키는(CXCII, vv. 1147-1149)[31] "진홍색 붉은 상복"("Vestuz rouge com vermeillon,", T, v. 2000)은 '순교자 성인'을 위한 상복일 뿐만 아니라 그가 순교에서 흘린 '피'와 '수난'을 연상시킨다. 하지만, 궁정풍 사랑의 고상한 분위기 속에서 전개되던 시작 부분의 '사랑의 순교자'로서의 죽음은 돌연 "자신의 고환에 걸고 맹세"("Ce

30 "Icy se clost le testament/Et finist du povre Villon./Venez a son enterrement,/Quant vous orez le carrillon,/Vestuz rouge com vermeillon,/Car en amours mourut martir;/Ce jura il sur son coullon,/Quant de ce monde voult partir.//Et je croy bien que pas n'en ment,/Car chassié fut comme ung soullon/De ses amours, hayneusement,/Tant que d'icy a Roussillon/Brosses n'y a ne brossillon/Qui n'eust, ce dit il sans mentir,/Ung lambeau de son cotillon,/Quant de ce monde voult partir.//Il est ainsi et tellement:/Quant mourut, n'avoit q'un haillon;/Qui plus, en mourant, mallement/L'espoignoit d'Amours l'esguillon;/Plus agu que le ranguillon/D'un baudrier lui faisoit sentir/—C'est de quoy nous esmerveillon—,/Quant de ce monde voult partir.//Prince gent comme esmerillon,/Saichiez qu'il fist au departir:/Ung traict but de vin morillon,/Quant de ce monde voult partir." (T, vv. 1996-2023)

31 "ceulx qui pour moy feront le dueil/Auront leurs manteaulx de vermeil,/Mais leurs chapperons seront jaulnes,"(CTPH, 69).

jura il sur son coullon,", T, v. 2002)한다는 엉뚱하면서도 천박한 표현을 통해 강조된다.

> 아브라함은 집안 일을 도맡아 보는 늙은 심복에게 분부하였다. "너는 내 사타구니에 손을 넣고/하늘을 내신 하느님, 땅을 내신 하느님 야훼를 두고 맹세하여라." (〈창세기〉, 24, 2-3)

라는 성서의 내용을 연상시키는 2002행에 대해, 슈피처는 제임스 조이스 James Joyce의 작품을 인용하면서, 이것이 '교수형에 따른 발기'를 암시한다고 보았다.[32] 그러나 이러한 표현은 성서의 "그러나 듣지 않거든 한 사람이나 두 사람을 더 데리고 가라. 그리하여 '두 사람이나 세 사람의 증언을 들어 확정하여라' 한 말씀대로 모든 사실을 밝혀라."(〈마태오복음〉, 18, 16)라는 문구에 기초한 'Testis unus, testis nullus'[33]에 대한 말장난으로 볼 수도 있다.[34] 우아한 '궁정풍 사랑'의 표현과 저속한 표현의 대비에서 만들어지는 편차는 표면적인 차원에 그치지 않고, 나아가 〈마지막 발라드〉와 동일한 각운으로 씌어진 샤를 도를레앙의 롱도에 대한 논의를 부른다.

> 지극히 우아하고 아름다운
> 나의 귀부인의 망에 내가 잡혔을 때,

---

32 Leo Spitzer, "Sur le v. 2015 du *Testament* de Villon", *Romania*, 65, 1939, pp. 101-103; $RH_2$, 274.

33 A. Gouron, "*Testis unus, testis nullus* dans la doctrine juridique du XII$^{e}$ siècle", in *Mediaeval Antiquity*, Leuven, Leuven University Press, 1995, pp. 83-93을 참조.

34 이 부분은 아폴리네르의 《일만일천 개의 회초리》에 나오는 다음과 같은 말장난을 연상시키기도 한다: "En même temps elle porta sa main au bas du membre qui la fêtait et se mit à tâter ces deux petites boules qui servent d'appendages et que l'on appelle testicules, non pas, comme on le dit communément, parce qu'elles servent de témoins à la consommation de l'acte amoureux, mais plutôt parce qu'elles sont les petites têtes qui recèlent la matière cervicale qui jaillit de la mentule ou petite intelligence, de même que la tête contient la cervelle qui est le siège de toutes les fonctions mentales."(Apollinaire, *Œuvres en prose complètes III*, textes établis, présentés et annotés par P. Caizergues et M. Décaudin, Paris, Gallimard, 1993, p. 916).

나는, 나비가 그러하듯,
촛불에 나를 불살랐네.

나는 주사朱砂처럼 얼굴을 붉히고,
불티만큼이나 타올랐다네,
내가 〔망에 잡혔을 때〕

내가 쇠황조롱이였다면,
아니 내게 훌륭한 날개가 있었더라면,
나를 지킬 수 있었을 것을,
침으로 나를 찌른 그 여인으로부터,
내가 〔망에 잡혔을 때〕 (〈롱도 XXIII〉, vv. 1-12)[35]

'빛에 이끌리는 나비'[36]처럼, 화자는 '사랑'에 사로잡힌다. 그리고 그 놀라움과 그 무시무시한 힘을 '사냥'에 비유해서 이야기한다. 자고새를 잡는 그물인 망에, 마치 포획물처럼 사로잡힌 시인은 이렇게 한탄한다: '하늘을 자유로이 날던 새라 할지라도, 일단 자유를 앗아가는 함정에 빠지게 되면, 더는 이전의 처지로 돌아갈 수 없다!' 염료인 양홍洋紅에서 추출한 '붉은색'을 통해, 시인은 걷잡을 수 없는 사랑이 격렬하게 불타오르는 것을 표현하는 동시에 자신의 뜨거운 감정을 숨김 없이 드러내는 낯빛을 말하며, 자신의 무력함을 토로한다. 작은 새매로 사냥에 이용되던 쇠황조롱이를 들어 자신의 처지를 비유적으로 말하는 시인의 모습에서 귀족 특유의 생활과 그 생활의 흔적들을 찾아보는 것은 어렵지 않다. 이 짧은 한 편의 롱도는 고상함

35 "Quant je fus prins ou pavillon/De ma dame, tresgente et belle,/Je me brulé a la chandelle,/Ainsi que fait le papillon.//Je rougiz comme vermillon,/Aussi flambant que une estincelle,/Quant je fus [prins ou pavillon]//Se j'eusse esté esmerillon/Ou que j'eusse eu aussi bonne aille,/Je me feusse gardé de celle/Qui me bailla de l'aguillon/Quant je fus [prins ou pavillon]" (CdO$_1$, II, 303; CdO$_2$, 432; CdO$_3$, 204).
36 CdO$_2$, 715를 참조.

을 잃지 않으면서도 분명하게 '사랑'을 말한다.

그러나 위에서 인용한 롱도와 동일한 각운인 'vermeillon', 'esguillon', 'esmerillon' 등을 사용한 〈마지막 발라드〉는 샤를 도를레앙의 롱도와는 반대로 저속하고 애매모호한 의미들로 이루어져 있다.[37] 특히 "사랑들에 의해" "마치 불결한 하인처럼 쫓김을 당했"("Car chassié fut comme ung soullon/ De ses amours, hayneusement,", T, vv. 2005-2006)음이 이야기되는 두 번째 연의 경우, 이러한 언급이 '그의 사랑들로부터 멀어졌다'는 뜻인지 아니면 '그의 사랑에 의해 쫓겨났다'거나 '그의 사랑들에 쫓기고 시달렸다'는 뜻인지 분명하지 않다(Kuhn, 332). 이러한 불분명함은 그를 사랑하는 여인에게 '버림받은 자'로, 여인들의 추격의 대상이 되는 일종의 '사냥감'으로 만드는 동시에 직접 다른 여인들을 추격하는 '사냥꾼'으로도 간주하게 만든다. 또 2006행의 "증오심과 함께"라는 표현 역시, 카트린 드 보셀과의 관련하에서 보면 '버림받은 자'와 '잔인한 여인' 사이의 감정으로 이해될 수 있다. 그러나 《장미 이야기》에 나오는 "사랑이란 증오 어린 평화이며, 사랑 깃든 증오"라는 말의 연장선상에서 이 표현을 풀이할 경우, '그를 추격하는 여인들' 혹은 '그가 추격하는 여인들'이라는 의미로 볼 여지도 있다($\mathrm{Hunt}_2$, 154-156). 2007행의 '루시용Roussillon'은 도피네Dauphiné 지방의 루시용을 의미하는 것으로 볼 수 있다. 실제로 비용 자신이 이곳을 거쳐 갔을지도 모르며,[38] 아니면 자신의 여러 차례에 걸친 방랑 생활을 환기시키기 위해 그 이름을 들었을 가능성도 배제할 수 없기 때문이다. 그렇지만 이 지명地名은 'roux sillon'을 의미하는 것으로 보아 여성의 성기를 가리키는 말로 볼 수도 있으며(CT, 252; $\mathrm{RH}_2$, 273), 'Brosses n'y a ne brossillon'의 경우에서처럼, '남성의

37 유사한 내용과 각운을 사용한 다른 예로는 코키야르의 작품을 들 수 있다: "Petit musequin esveillé,/Preste a donner l'eschantillon/A quelque grobis esmaillé/Contrefaisant l'esmerillon./Et puis quant on a l'esguillon/Et que on se sent de l'estincelle,/On fait comme le papillon/Qui se brusle a la chandelle;/Et pensés que qui n'a bonne helle/Pour soy contregarder du chault,/[...]"($\mathrm{Coquillart}_1$, 76, vv. 347-356).

38 이러한 해석 가능성에 대해서는 $\mathrm{Longnon}_2$, XXVIII-XXIX; Champion, II, 105 등을 참조.

성기'를 지칭하는 말이 되기도 한다(Kuhn, 332).

최후의 순간까지도 그의 욕망이 계속해서 분출되는 것을 의미하는 것인지, 아니면 8행시 LXX과 LXXI의 713-722행에서 그가 사랑의 신을 부정하고 그를 섬기는 것을 그만둔 것에 대해 징벌을 받는 것인지는 알 수 없지만, 임종의 자리에서 그는 "무참하게도, 사랑의 신의 침"("Qui plus, en mourant, mallement/L'espoignoit d'Amours l'esguillon;", T, vv. 2014-2015)에 찔려 날카롭고 극심한 고통을 느낀다. 성서에서 베드로가 예수를 세 번 부인하는 것과는 달리(〈루가복음〉, 22, 54-62), 〈마지막 발라드〉에 나오는 '사랑의 순교자'의 모습에는 세 번에 걸쳐 그 '말의 진정성'을 강조하는 표현들이 뒤따른다. 하지만 "그가 거짓을 말하지 않는다고 분명 생각하니"("Et je croy bien que pas n'en ment,", T, v. 2004), "그는 이를 거짓 없이 말하였으니"("Qui n'eust, ce dit il sans mentir,", T, v. 2009), "바로 이것이 우리를 놀라게 만드니" ("—C'est de quoy nous esmerveillon—,", T, v. 2018)라는 반복되는 언급은 이 이야기가 정말로 '진실'인지에 대해 의구심을 갖게 만든다. "그가 이 세상을 떠나가려 했을 때"("Quant de ce monde voult partir.", T, v. 2019)라는 반복구는, 분명 표면적으로는 임종의 침상에서 최후의 순간을 맞이하는 그의 '죽음의 순간'을 의미하지만, 그와 동시에 '사랑의 세계' 혹은 '유언의 노래의 세계'를 떠나는 것으로 읽힐 여지를 남긴다. 비용은 외관상으로는 '죽음의 세계'로의 이행을 보여 주면서 동시에 그 이면에서는 '부활과 소생'을 통한 '삶'으로의 복귀를 암시한다.

헌트는 《유증시》의 "내 마음을 조각내는, 지극한 사랑의 감옥을 깨뜨리고 싶구나"("Me vint ung vouloir de briser/La tres amoureuse prison", L, II, vv. 15-16), "이별이 내게 아무리 가혹한 것이라 하더라도, 그럼에도 나는 그녀를 떠나야만 하네"("Combien que le depart me soit/Dur, si fault il que je l'eslongne;", L, VII, vv. 49-50) 등의 표현과 〈마지막 발라드〉의 반복구 "그가 이 세상을 떠나가려 했을 때"에서 볼 수 있는 '출발과 떠남'의 이미지, 《유증시》의 "순교자 연인"("amant martir", L, VI, v. 47)이라는 표현과 〈마지막 발라드〉의 "그

가 사랑의 순교자로 죽었기 때문이니"("Car en amours mourut martir;", T, v. 2001)라는 표현에서 반복되는 '사랑의 순교자'라는 이미지, 《유증시》에서 들려오는 "소르본의 종소리"("J'ouys la cloche de Serbonne", L, XXXV, v. 277)와 〈마지막 발라드〉의 "울리는 종소리 그대들 귀에 들리면"("Quant vous orez le carrillon,", T, v. 1999)이라는 말에 공통적으로 사용된 '종소리', 《유증시》의 "내 가슴속까지 꿰뚫는"("Me tresparsans jusques aux flans,", L, IV, v. 28) 눈길과 〈마지막 발라드〉에서의 "사랑의 신의 침"으로 인한 '고통'의 이미지, 그리고 '궁정풍 사랑'과 대비되는 갖가지 저속한 의미의 표현들에서 《유증시》와 〈마지막 발라드〉의 공통점을 찾았다(Hunt$_2$, 157). 이러한 지적을 감안한다면, 〈마지막 발라드〉는 묑의 감옥에서 나온 자의 목소리라기보다는 《유증시》의 주조를 이루었던 '사랑의 순교자'의 모습을 부각시키는 아이러니컬한 '회고'가 된다(Hunt$_2$, 152-153).

물론 성서 혹은 예수의 이미지와 연관된 '순교자'의 이미지를 통해, 비용이 주교 티보 도시니에 대해 최후의 빈정거림을 던지는 것으로 볼 수도 있지만(Hunt$_1$, 69), 강조되는 '사랑의 순교자'의 모습은 《유언의 노래》의 8행시 LXXV에서 언급되었던 《유증시》에 대한 회고를 연상시킨다. 비용은, 1456년 남겼던 《유증시》가 자신의 의향과는 달리 '유언'이라 불린다는 사실을 말한 바 있다. 그런데 비용은 《유언의 노래》의 끝부분인 8행시 CLXXIV에서 이러한 평을 거꾸로 뒤집으며, '사랑의 순교자'로 죽음을 맞이한 그의 모습을 새로운 출발을 알리는 《유증시》의 그것으로 만든다. 이제 《유언의 노래》가 독자에 의해, 비용이 원하는 바 그대로, 《유증시》로 불리게 될 계기가 이루어진다.[39]

39 마로는 1533년 프랑수아 1세의 명에 의해 비용의 작품을 간행하면서, 《유증시》와 《유언의 노래》의 순서에 대해 이렇게 말했다: "마지막으로, 나는 책의 순서를 변경하였고, 또 내가 보기에는, 〔《소유언》을〕 〔《유언의 노래》보다〕 5년 앞서 썼던 만큼, 그 순서를 《소유언》부터 시작하게 하는 것이 합당하다고 생각된다."("Finablement, j'ay changé l'ordre du livres et m'a semblé plus raisonnable de le faire commencer par le petit testament, d'autant qu'il fut faict cinq ans avant l'autre."). 그러나 역으로 생각해 본다면, 마로 이전의 판본들이 《유증시》와 《유언의 노래》의 순서를 뒤바꿔 놓은 것에서, '《유언의 노래》가 독자에 의해, 비용이 원하

뒤푸르네는 '부친 없는 아이', '불분명한 탄생', '다양한 변신' 등의 공통점을 지적하면서, 비용을 전설상의 마법사 멀린의 모습에 비유한 바 있다. 여기서 멀린과 비비안의 일화를 떠올려 보자. 멀린의 몸은 마침내 탑 안에 갇혀 그 형체가 사라지며, 누구의 눈에도 띄지 않게 되고 오직 목소리만이 남겨진다($D_3$, 44-52). 비용 또한 모든 것을 다 나누어 주고, 모든 것이 비워진 상태에 이른다. 아무것도 갖지 않은 자는 죽음을 통해 모두의 눈에서 사라지며, 어느 누구의 눈에도 보이지 않게 된다. '목탄'으로 그려진 그의 초상은 어느덧 지워지고, 그 자리 역시 애초의 '텅 빈' 공간으로 환원된다. 남은 것은 오직 허공에 울려 퍼지는 목소리뿐이며, 그 목소리는 지금까지 자신이었던 자의 장례에 사람들을 부르고, 자신의 마지막을 그들에게 들려준다.

임종의 자리에서 비용이 마시게 되는 흑포도주에 대해,[40] 튀안은 사제였던 에르베 모리옹Hervé Morillon에 대한 암시가 이 말에 숨겨져 있다는 견해를 보였지만(TH, III, 548), 이 말에서 '죽음'('morillon-mourir')에 대한 말장난의 가능성을 지적한 리슈네와 앙리의 견해가 보다 해석의 가능성을 넓힌다는 점에서 타당하다($RH_2$, 275). 그러나 이러한 '말장난'의 이면에는 비용이 코타르에게 기원했었던 포도주의 신비, 천상에서의 영원한 지복을 암시하는 풍요의 '포도주'에 대한 귓속말 역시 들어 있다. "《유언의 노래》는 비용이 '수난'을 연기하는 성사극"임을 지적했던 쿤의 표현처럼(Kuhn, 145), 또 가나의 혼인 잔치에서 물을 포도주로 바꾸었던 예수의 첫 기적이 이루어지듯, 《유언의 노래》의 마지막에서 비용은 자신이 마셨던 온갖 '치욕'의 잔을 '포도주'로 변화시킨다($Pickens_1$, 18). 이제 '술'은 달콤하고 평온한 '안식'과 '위안'을 보장하며, '사랑'의 세계에서 벗어나는 '부활'을 약속한다. 모든 지상의 물질적인 가치들에서 벗어나, 마침내 비용은 그를 이 세상과 결부시켰던 '시간'의 경계에서 해방되며, '승리의 순간'을 한 잔의 포도주로 자축하면

---

는 바 그대로, 《유증시》로 불리는' 증거를 찾을 수 있을지도 모른다.

40 비용이 마신 포도주가 조악한 질 낮은 포도주라는 설명에 대해, 피킨스는 이 포도주가 훌륭한 고급 포도주라는 입장을 보였다($Pickens_1$, 18).

서(Fein$_1$, 473), 다음과 같이 노래부르게 되리라.

좋은 술은 나를 노래 부르게 하고, 즐겁게 하네.
마시면 마실수록, 더 술을 원하게 되니,
이는 좋은 술이 나를 달콤하게 잠들게 해주기 때문이지.
〔…〕

좋은 술은 위안과 커다란 즐거움을 갖고 있어,
마시면 마실수록, 나 좋은 술에 흡족하게 되지,
왜냐하면 좋은 술로는 죽은 자도 되살릴 수 있으니 말이지.
종교도 이에 수긍하고 동의한다네.
좋은 술은 큰 즐거움 속에서 마셔야만 한다네.

누가 더 강력한 힘을 갖고 있는지 나는 모르네,
술인지, 신인지, 아니면 사랑의 즐거움인지.
다른 모든 것보다, 좋은 술을 택하는 데 나는 동의하네
〔…〕

매일, 좋은 술을 가까이 두고 따라야만 한다네.
이제부터 앞으로, 나는 훌륭한 사랑에 대해서는 입을 다물거라네,
그것은 사랑이 늘 불행한 것으로 변하고,
돈을 가진 이들과 함께하기 때문이라네.
돈에 좌우되는 사랑에 대해서는 한마디도 좋은 말을 안 할 거라네.[41]

---

41 "Chanter me fait bons vins et resjoïr:/Quant plus le boi et je plus le desir,/Car li bons vins me fait souef dormir;/[...]//En bon vin a soulas et grant deport:/Quant plus le boi, et je plus m'i acort,/Car de bon vin peut on revivre mort;/Religions s'i assent et otroie;/Et le bon vin doit on boire a grant joie.//Ne sai qui a seignourie plus fort,/Ou vins, ou Dieus, ou d'amourz le deport;/Sur toute riens au riche vin m'acort;/[...]//Touz jours doit on sieure bon vin de près./D'ore en avant de bonne amour me tès,/Qu'amours touz jours est tournee as mauvez,/Communaus est a ceuls qui ont monnoie;/D'amours venaus pour riens bien ne diroie." (I, vv. 1-3, II, vv. 6-10, III, vv. 11-13, IV, vv. 16-20, CSB, 77-78; ATPJ, 213).

# 결론

시집 《유언의 노래》는 1461년 루이 11세의 즉위와 함께 시작되며, '10년 동안의 파리 추방령'이 비용에게 선고된 후 1463년부터 그의 행적을 찾아볼 수 없게 됨에 따라, 마치 최후의 울음소리인 '백조의 노래'처럼 후대에 전해졌다. 묑의 고통스런 감옥에서 마침내 다시 얻게 된 자유는 비용을 다시 '자유로운 세계', '삶의 활력이 넘치는 세계'로 복귀시켜 주는 듯했다. 비용 또한 그곳에서 다시 희망의 끈을 부여잡을 수 있으리라 기대했지만, 실상 그가 대면하게 된 것은 감옥에서의 생활과 별반 다를 것이 없었다.

어두운 감옥 안에서 고립되어 지내야 했던 그의 처지는 냉혹하며 그만큼 더 가까이 가기 어려운 가혹한 현실 속에서 변함없이 동떨어진 주변인의 삶을 살아가게 했다. 비용은 현실에 대한 더 깊고 쓰라린 자각 속에서 넘어설 수 없는 높고 두꺼운 벽을 느끼며 늘 변두리를 헤맬 수밖에 없었다. 비용이 느낀 장벽의 둔중함과 장대함은 그 높이와 두께를 깨달은 순간부터 더 큰 중압감으로 다가올 뿐이었다. 30년 동안의 고통스런 경험들은 묑의 감옥에서 마셔야 했던 온갖 '치욕의 잔'이라는 말을 통해 정점에 달하며, 시인은 자신에게 남은 유일한 길이자 그가 택할 수 있는 단 하나의 실, 그러나

미궁을 무사히 빠져나오게 할 아리아드네의 실은 아니었던, '말'과 '글'을 택하게 된다.[1]

비용은 "프랑스 최초의 근대 시인" 혹은 "중세 말기의 위대한 시인"이라는 오늘날의 평가와는 달리, 여러 면에서 '실패한 시인'이었다. 항구적인 후원자를 얻지 못했을 뿐만 아니라 타인의 호의와 이해를 구하는 면에서도 비용의 기대는 항상 충족되지 못했다. 적어도 19세기 전반기까지, 후대는 그의 전기적인 행적들에 대한 환상에 기초하여 그의 작품에서 드러나는 무수한 특징들 가운데 일면만을 부각시켜 받아들였고, 비용은 '시인'이기보다는 '시인 외적인 존재'로 이해되곤 했다. 라블레와 '무전취식' 이야기들을 통해 깊이 각인된 모습, 일체의 비장함이 배제된 이른바 '유맹流氓'으로서의 비용, 익살스러운 '악한'이자 전설적인 무뢰배의 수장, '무전취식'의 대가로 그려진 비용의 모습에 분명 어느 정도의 진실이 포함되어 있음을 부정할 수는 없지만, 이러한 면모들은 비용이 자신의 작품에서 '시인'으로서 토로했던 수많은 이야기들과 그가 말하고자 했던 스스로에 대한 모습들을 은폐했으며, 그의 작품에 대한 포괄적인 검토와 이해를 가로막았다.

일단 하나의 모습이 형성되자, 빈번한 과장과 비약을 통해 확대되고 굳어진 '비용'의 모습이 16세기에 와서도 그대로 이어진다. 비용은 소극과 파블리오의 저자 혹은 주인공으로, 혹은 파틀랭의 동류로 인식되며, '익살스러운 말장난'을 즐기는 '협잡꾼'이자 교활한 성정의 '사기꾼'으로 전락한다. 물론 15-17세기 동안 비용을 '시인'으로 인식하고 그의 일화가 아닌 시에 주목하는, 그의 시에서 표출되는 시적 비전에 귀를 기울이려는 시도가 없지 않았다. 하지만 이러한 시도는 극히 일시적이었거나 미약한 목소리에 그칠 뿐이었고, 경우에 따라서는 부지불식간에 이루어진 것이기도 했다. 거의 200여 년의 일식 이후, 제2제정기는 비용에 대해 다시 관심을 보이기 시작한

1 그러나 비용의 수중에 남겨진 이 '실'이 또 다른 의미에서의 '아리아드네의 실'이었다는 점을 여기서 다시 짚어 둘 필요는 있다. 비용은 베짜기를 멈추지 않았던 페넬로페처럼, 끊임없이 손에 든 실타래를 풀어 가며, 그 결과 자신의 힘으로 찾아낸 새로운 세계, 다시 말해 '역전된 세계' 속으로 마침내 걸어 들어가기 때문이다.

다. 그러나 이번에도 비용에 대한 접근은 예전 양상들의 재현에 지나지 않았다. 비용의 인기와 유행은 대부분, 당대의 갖가지 사상이나 관심사로 덧칠된 모습이었고, 나아가 본모습과는 동떨어진 과도한 개조로까지 이어지는 것이었을 뿐, 비용의 원래 모습이 아니었던 것이다.

《유증시》에서 부각되는 소극류의 희화와 유쾌한 장난이 '비용의 전설'이 드러내는 전반적인 색조와 유사한 것이었으며, 《유증시》와 《유언의 노래》는 그 내용과 구조가 동일해서 마치 《장미 이야기》의 전반부와 후반부처럼 여겨졌지만, '전설'을 통해 굳어진 비용의 초상과 비용의 흔적이 동일한 것은 아니다. '비용의 전설'은 《유증시》에서 그려지는 비용의 모습들을 극히 미미하게만 담고 있다. 물론 '비용의 전설'이 《유증시》에서의 비용의 모습을 택하지 않은 것은 무엇보다도 '전설적인 비용'의 모습과 《유증시》의 고귀한 '기사', '사랑의 순교자', '현학자'로서의 모습이 융합되기 어려운 것이었기 때문이다. 그러나 이러한 소거에는 또 다른 이유가 존재했다는 점을 강조할 필요가 있다. 40편의 8행시로 구성된 비용의 첫 작품 《유증시》는 당대의 독자들에게 인기를 끌었으며, 그들의 기억 속에서 쉽게 잊혀지지 않을 정도로 인상적인 것이었음에도 불구하고, 어느 순간 《유언의 노래》의 그늘 아래로 사라지고 만다.

성탄절 무렵, 무정한 미인의 가혹함을 피해 떠나면서 남기는 이 '고별시'는 이전부터 성행했던 문학적인 유언을 닮아 있으며, 실제 유언장에서 쓰이던 표현들을 사용함으로써 그 풍자적인 성격을 잘 드러내는 것이었다. 《유증시》에서 비용은, 그것이 궁정풍 전통이든 아니면 그 대척점에 위치한 서민적인 것이든 간에, 이미 확립된 '전통' 안에 머물며, 새로운 혁신을 꾀하는 모습을 보이지 않는다. "순교자 연인"이자 불행한 '흑기사'의 모습에서 드러나는 애통함과 심각함에는 곧바로 어울리지 않는 저속하고 외설적인 비유들, 노골적이고 의뭉스러운 유증물들이 더해지며, 그 결과 전체적으로 부각되는 것은 풍자적이고 쾌활한 면모들뿐이었다.

그러나 흔히 일종의 '초벌' 혹은 '습작'으로 인식되던 《유증시》 안에는 후일 《유언의 노래》에서 확장되고 변주되는 상당 부분의 싹이 움터 있으며, 《유언의 노래》를 특징짓는 '불명료함'과 '불확실성'의 흔적 또한 찾아볼 수 있다. 저속한 농과 익살, 학생 특유의 장난과 야유 옆에는 계속되는 반어법을 통해 반대되는 모습과 이면의 진실을 생각하게 만드는 시도들이 존재하며, '궁정풍 문학'에 대한 관심과 자신의 '빈곤'에 대한 암시, 유증 수령자들의 변신과 변모 등이 이미 그 모습을 드러내고 있었다. 《유증시》는 보다 완숙기의 작품인 《유언의 노래》를 위한 '소묘'임과 동시에 그 '기반'이었고, 후일의 《유언의 노래》는 《유증시》의 '다시 읽기'이자 '다시 쓰기'였다. 하지만 후일 《유언의 노래》에서, 동일한 특징들이 보다 풍부하고 생생하게, 보다 다양한 기법들과 목소리를 통해 확장·변주된다는 사실로 인해, 《유증시》는 사람들의 기억에서 잊혀질 수밖에 없었고, 비용의 모습은 대부분 《유언의 노래》를 통해서만 강조되게 된다.

샤를 7세의 치세 말기, 즉 1457년에서 《유언의 노래》를 쓰게 되는 1461년에 이르는 시기 동안, 비용은 불확실한 기대에 자신의 운명과 미래를 걸게 된다. 스스로 《유증시》에서 강조하듯, 무정한 미인과 그로 인한 사랑의 고통을 피하기 위해서였든, 아니면 절도 사건으로 인해 도피의 길을 택할 수밖에 없었든 간에, 비용은 파리를 떠나야만 했으며, 이제 그의 행적은 샤를 도를레앙의 궁정에서 발견된다. '궁정시인'이 되기 위해 애쓰는 비용의 모습은 마리 도를레앙에게 바치는 청원과 감사, 그리고 〈블루아 시연의 발라드〉로 불리는 작품 등을 통해 살펴볼 수 있다. 이 시기 비용은 낯선 환경에 적응하기 위해 새로운 작시 기법들과 발라드들을 선보임으로써, 후일 《유언의 노래》에서 펼쳐지게 되는 다양한 수사 기법들을 습득하게 되지만, 공작의 궁정에 자리를 잡고 안락한 삶과 안정된 지위를 영위하지는 못한다. 어느 순간 비용은 투옥된 죄수의 모습으로 나타나며, 빼앗긴 자유와 고립 속에서 점차 커져 가는 불안과 고통을 맛보게 된다. 이제 비용은 '회개'와 '개심'으로의 움직임을 보이며, 《유언의 노래》의 임박한 도래를 알리게 된다.

비용은 《유언의 노래》, 특히 그 시작 부분에서 희생자, 불쌍한 자, 빈곤한 자, 박해받은 자의 입장을 취함으로써, 성서의 〈시편〉과 유사하게 '복수'와 '애원'을 토로하고 '동정'을 구하는 계기를 만든다. 그리고 〈시편〉과 〈욥기〉의 배경 아래, 사랑, 죽음, 삶의 덧없음, 기쁨, 고통, 젊음, 노년 등 인간의 제반 감정들을 제약 없이 마음대로 노래하게 된다. 《유언의 노래》의 전반부는 성서를 배경으로 삼아 알 수 없는 이들의 목소리의 힘을 빌리는 한편 다른 이들과의 복잡 다난한 관계를 통해, 스스로의 '기억', 자신만의 '과거', 한 인간의 개인적인 삶의 경험들을 개인의 차원을 넘어서는 '기억'과 '과거', 그리고 '성찰'들로 전이시킨다. 비용은 자신이 말하고자 하는 바를 '분노'와 '회한', 그리고 '시간'에 대한 각성이라는 강력하면서도 단순한 지렛대를 사용하여 생생하게 되살려 낸다.

비용의 입을 통해 서술되는 이 모든 감정들은 때로는 직접적으로, 때로는 간접적으로 '돈'이나 '물질적인 조건'들과 결부되어 표출된다. 그의 불행의 근원 가운데 하나이기도 한 '빈곤'과 '돈'은, 《유언의 노래》 안에서 언급되는 늙은 창녀의 충고나 무정한 여인의 행태에서 가감 없이 드러나듯, 인간 '외면'의 허위성과 '내면'의 진실을 가늠하게 해주는 시금석이 된다. 또 '빈곤'과 '돈'은 타인과 자신의 '말'의 불명료함, 그 '속임수'와 연결되기도 한다. '말'의 애매모호함과 이중의 의미는 사람들 사이의 이해와 교류, 한 사회 내에서의 상호적인 소통을 불가능하게 만들며, 비용은 이러한 고립 속에서 변두리의 주변인으로 남을 수밖에 없게 된다. 그러나 이러한 '말'의 불투명함이 그가 감당해야만 하는 제약, 그를 공격하는 '창'으로만 기능하는 것은 아니다. 시인은 그를 공격하고 고립시켰던 무기를 스스로를 보호하는 '방패'로 삼는 동시에 타인을 공격하는 '비수'로 활용한다. '말'의 애매모호함을 특정한 의도를 부각시키거나 은폐하기 위한 '다시 쓰기'와 '재해석'의 원동력으로 삼아, 비용은 자신의 말을 정당화하고 타인의 동정과 이해를 얻기 위해, 갖가지 일화와 인용들에 대한 선별적인 '다시 쓰기'를 능란하게 구사한다.

사랑과 증오, 회환과 반항, 젊음과 노년, 웃음과 눈물이 구분할 수 없이

한 덩어리로 존재하는 세상의 주변인인 비용은 풀리지 않는 질문과 의문들을 끊임없이 자신의 작품에 부과할 수밖에 없었으며, 혼돈스러운 면모와 전도된 갖가지 양상들과의 조우, 그리고 불명료한 시각에서 파생되는 다층적인 의미망을 제시함으로써 자신의 혼란과 불확실함을 토로하는 길 외의 다른 출구를 찾지 못한다. 그 결과 독자는 그 '불투명함'에 사로잡혀 길을 잃은 채 작품에 내재된 미완결성과 선택 불가능성, 끝없는 진행 상태의 작품을 느낄 수밖에 없다. 이제 비용은《유증시》의 힘을 빌려《유언의 노래》의 후반부에서 '현실'을 해체하게 되며, 그의 작품은 실재의 변형과 변모가 이루어지는 연극의 무대로 바뀐다.

비용은 지난날의《유증시》를 떠올림으로써 고통을 벗어나 위안을 구하고 새로운 힘을 얻고자 한다. 사랑의 허위성과 그 폐해들, 고통스럽고 비극적인 죽음을 벗어나기 위해, 비용은 자신의 손으로 빚어 내던 허상으로서의 죽음이었던 '유증'에 기대를 걸고 다시 노래를 재개한다. 이제 지난날의 '출발의 시'였던《유증시》는 '회귀의 시'로 되어 희극적인 죽음으로의 통로를 만들게 된다. 말장난과 신소리, 인용과 일화에 대한 '다시 쓰기', 끊임없이 반복되는 '다시 읽기'의 과정은 비용에게 새로운 세상, 역전된 모습의 '거꾸로인 세계'를 창조하는 기회를 부여하며, 비용은《유언의 노래》가 이어지는 내내 그에게 부여된, 아니 그가 스스로의 힘으로 획득한 이 '권능'을 유감없이 발휘한다. 비용은 자신의 실패에서 출발하여 그 후일담을 노래함으로써 노래를 이어 나간다.《유언의 노래》의 전반부를 특징짓는 사랑받지 못한 자, 실패한 자, 희망 없는 자의 노래는 후반부의 재생과 창조를 위한 긴 전주곡이며, 새로운 힘의 회복이 준비되는 암실暗室과도 같다. 그러나 그의 '전능한 권능'은 '거짓 전능'이며, 통합과 풍성한 회복을 이루기보다는 분열되고 조각나는, 점차 불투명한 미궁 속으로 침잠해 들어가는 '권능'이기도 하다. 한 사회의 구성원들이 갖고 있던 모든 것, 이름과 나이, 신분과 재산 등 기존의 모든 역할들은 새로운 역할, 전도된 역할로 이동하며, 이렇듯 만들어진 '역전된 세상', '거꾸로 된 세상'에서 이제 늑대는 양에게 쫓겨 달아

나고, 참나무에서는 황금 사과가 열리며, 부엉이가 백조와 자태를 겨루게 된다.[2]

《유언의 노래》의 후반부에서 희생자였던 '나'는 '유증물'을 통해 일종의 '가해자'가 되어 '저주'와 '복수'를 가하며, 아무것도 갖지 못한 빈곤의 화신으로서의 '나'는 마치 '풍요의 뿔'을 가진 듯 수없이 많은 이들에게 유증물을 남긴다. 자신의 말이 진실임을 몇 번이고 되풀이하며 강조하는 비용의 말은 거의 언제나 의혹과 불신, 나아가 불명료함과 애매모호함을 만들어 내며, 그가 표방하는 '선의'와 '후의'는 늘 '악의적'인 성격을 드러낸다. 비참함과 고통스러움 속에서는 빈번하게 번득이는 재치와 웃음이 터져 나오며, 유쾌하고 경쾌한 말들 속에는 어둡고 침울한 탄식과 서글픔이 깃들어 있다. 비용은《유언의 노래》안에서 그 모든 의미에서의 '역전된 세상', 동시에 모든 것이 뒤엉켜 불투명한 모습을 띠는 불확실성의 '혼돈'을 구축한다. 브뤼헐P. Bruegel과 보슈Hieronymus Bosch의 그림에서처럼, 비용은 세상이라는 연극 무대에서 벌어지는 갖가지 일들을 위에서 내려다보며 그 어리석음과 우스꽝스러움을 비웃고 조롱하는 데모크리토스인 동시에 그 사건들을 지켜보며 눈물 짓는 헤라클레이토스의 모습을 보인다.

불확실한 세계는 비용 자신이 여러 차례에 걸쳐 강조한 'pauvre'라는 말에서도 잘 드러난다. 물질적인 가난과 결여의 한편에는 정신적인 비참함과 고통의 흔적들이 자리하며, 그 곁에는 왜소함과 비천함이 자리를 잡는다. 그러나 바로 이 말에서 무수한 유증물들과 그 반향을 짐작할 수 없는 수많은 말들이 차례차례 꺼내지고, 나아가 하나의 '노래', 한 편의 '작품'이 산출된다. 유증물 하나하나가 비용의 수중에서 나오며, 그 유증물들은, 실체를 가진 것이든 허황된 것이든, 유형의 것이든 무형의 것이든 간에, 때로는 직접적인 거명을 통해 또 때로는 아크로스티슈와 같은 간접적인 방식을 통

---

2 Curtius, 171을 참조. "Qu'on voie maintenant le loup fuir devant les brebis; les durs chênes porter des pommes d'or; l'aune se couvrir des fleurs du narcisse; l'écorce des tamaris distiller l'ambre onctueux; les hiboux disputer le prix du chant aux cygnes; [...]"(Virgile, *op. cit.*, p. 78).

해, 비용이 주인이었으며 비용의 소유물이었음을 알린다. 그러나 비용이 남기는 유일무이한 유증물이라 할 수 있는《유언의 노래》는 그 자신이 주인이면서도 그의 손을 떠난 순간부터 그의 지배력과 통제에서 벗어나는 것이며, 그가 거명했던 수많은 사람들은 저마다 조각난 각각의 파편들을 취하게 된다. 아무것도 가지지 않은 자의 절대적인 빈곤이 탄생시킨 단 하나의 유증물은 동시에 전체이자 조각이 된다.

그러나 비용은 문자 그대로《유증시》로서의《유언의 노래》를 재생시키는데 그치지 않았다. 비용은 두 작품의 동일화와 더불어 차별화를 같이 전개하며, '고유명사의 시학'을 극한에 이르기까지 펼친다.《유언의 노래》에 삽입시킨 다양한 주제의, 변화무쌍한 목소리의 발라드들을 통해, 비용은 자신이 '보잘것없는 말의 행상인'이 아님을 스스로에게뿐만 아니라 다른 이들 앞에 증명한다. 정교한 형식적인 시도들과 그 내용의 깊이, 표현된 내용의 표면과 이면을 계속 왕래하게 하는 치밀한 구성, 어느 순간 '시적 상태'에 도달하는 미묘한 울림들, 하나의 발라드를 다른 발라드와 연결시키고 나아가 여러 편의 발라드들을 동시에 결부시켜 작품 전체를 돌아보게 만드는 갖가지 기법들을 통해, 비용은 매순간 가늠할 수 없을 정도로 변화하는 감정들만큼이나 다양한 주제들을 표현하며,《유언의 노래》와 삽입 시편들 사이에 새로운 의미와 위상을 구현한다.

비용은 현실과 닫힌 세계를 주관화하여 자신에게 친근한 세계로 바꾸어 놓는다. 유증 수령자들은 저마다 그에게 흠집투성이의 모순된 세상, 그가 속할 수 없었고 거의 항상 배제되었던 세상의 진면모를 보여 주지만, 그는 이러한 부정적인 힘을 뒤집어 놓은 또 하나의 세상을 만들어 낸다. 비용은 한 존재가 겪었던 모든 과거를 다시 기억하며 유증 수령자들을 남김 없이 열거함으로써 자신에게 미치는 타격과 치욕의 잔을 반복적으로 다시 감내한다. 비용은 이러한 과정을 통해 동일한 타격을 다른 사람들과 세상에게 던질 수 있는 지속적이며 영원히 사라지지 않을 불변의 세상으로 들어간다. 비용은 자신이 겪었던 '말'의 불길한 힘, 그 상처를 주는 힘과 자신이 새로 주도하는 '말'의 힘, 일산되는 것처럼 미약하면서도 강력한 힘을 동시에 표현함으로써, '중심-주변'의 경계가 지워진 불분명하고 흐릿한, '기괴한' 한 세계를 그린다. 《유증시》 안에서, 《유증시》에서 《유언의 노래》로의 상호 이행 과정에서, 그리고 《유언의 노래》 안에서, 이렇듯 형용하기 어려운 세계에서의 '가면극'과 '변용'은 끊임없이 계속된다.

그는 '목가'와 '반목가'의 극명한 대조를 통해, 궁정 생활의 대척점으로서의 이상화된 전원에서의 삶뿐만 아니라 미화되고 이상화된 전원생활에 날카로운 비판을 가하며, '도시'에서의 삶에 기초하여 '이상향'에 대한 기존의 인식을 바꾸어 놓는다. 비용은 《유언의 노래》의 후반부에서 '기억의 재건축'을 통해 자신의 '잃어버린 시간'을 되살리며, 자신이 '잃어버린 파리'를 되찾는다. 비용은 자신의 젊음을 보냈던 파리, 자신의 터전으로의 귀환을 '기억'을 통해 만들어 내며, 이러한 '재건축'을 통해 그가 알고 있던 파리를 그가 '속한' 파리, 그가 있어야 할 도시인 파리로 다시 만들었다. 파리는 단순한 하나의 공간이기를 그치고, 이제 비용의 시의 제재이자 영감의 근원이며, 비용은 자신만의 '파리 지도'를 그려 낸다. 그의 발걸음은 '주변인'의 도시를 활보하며, 갖가지 유증물들을 나누어 줌으로써 그는 '도시의 삶', 그 구성원들의 삶, 자신의 삶, 나아가 '인간'에 대한 성찰의 깊이와 전망을 얻게 된다. 파리와 《유언의 노래》, 비용과 파리는 서로에게 서로의 모습을 투영하고 반향함으로써, '파리'는 파악할 수 없는 《유언의 노래》의 내면이 되고, 《유언의 노래》는 반복되는 '미궁'과 카니발의 외면이 된다.

비용은 창조를 모두 마친 후 자신의 임종과 부활을 준비하며, 한 세상의 문을 닫고 다른 세상으로 걸어 들어간다. 적대적인 힘과 그로 인한 고통에서 출발하여, 비용은 자신이 가진 것을 모두 나누어 줌으로써 마침내 한 편의 작품을 얻게 된다. 모든 것을 자신의 작품 속에 인도하기 위해, 모든 것을 나누어 주기 위해, 비용은 끊임없이 새로운 가면을 쓰고 변신을 꾀하며, 동시에 미래와 과거로 이동한다. 어느 순간 비용의 육신은 사라지고, 형체 없는 목소리만이 남아 자신의 장례를 준비한다. 그리고 그가 고통의 세계,

갖가지 의미에서의 '사랑'의 세계, 작품《유언의 노래》의 세계를 떠났음이 알려진다.

마침내 최후의 순간 자신이 마셨던 온갖 '치욕'의 잔은 영원한 생명과 부활의 '포도주'로 변화된다. 그 자신이 8행시 XLI의 말처럼 '산 채로 하늘에 갔음'을 알리며 비용은 다시 부활한다. 부활한 예수의 행적을 더이상 지상에서 찾을 수 없듯, 이제 비용의 행적 또한 이 지상에서 찾을 수 없게 된다. 복음사가들의 손에 의해 기록된 예수의 말씀과 행적이 후대에 전해지듯, 비용의 '말'과 '행적'은 그의 작품《유증시》와《유언의 노래》를 통해 후대에 널리 전해진다. '신약'과 '구약'이 분리된 것이 아니라 서로 이어지며 순환되는 하나의 '선'이자 '쌍'이듯, 비용 또한 '죽음'을 벗어나는 새로운 탄생과 부활을 위해 젊은 날의 '죽음'과 '출발'을 활용한다. 시인은 무정한 여인이 강제하던 '죽음'에서 '위안'을 구하고 힘을 얻어 마침내 '소생'하며, 그 결과 '비극적'인 죽음은 '희화적'인 죽음으로 변형된다.

《유증시》와 몇 편의 발라드들, 그리고《유언의 노래》에 대한 분석을 통해 그의 작품에 대한 '꼼꼼한 읽기'를 지향했던 우리의 논의는 이것으로 끝을 맺는 것이 아니며, 우리의 결론은 다음의 연구들을 위한 새로운 '서론'이 된다는 점을 짚어 두자. 지금까지의 우리의 검토와 분석들은 충실한 '직역'으로서의 '읽기'를 위한 하나의 시론이자 출발이었을 뿐이며, "작품은 결코 고갈되지 않으며, 영원히 열려 있기에, 끊임없이 그 깊이와 폭 안에서, 작품을 해석"해야 한다는 사실을 강조한 어느 연구자의 말처럼,[3] 모든 것이 다시 우리에게 과제로 남는다. 논의의 편의를 위해, 또 분석과 서술의 일관성을 위해 우리가 지나쳤거나 배제하였던《유증시》와《유언의 노래》, 그리고 '단장시편'들의 많은 부분들에 대한 검토들, 나아가 은어로 작성된 발라드들에 대한 고찰 또한 우리가 지속적으로 수행해야 할 과제이며, 기존의 연구 결과들에 대한 꼼꼼한 '확인' 작업과 함께 '외국 문학 연구자'로서의 고

3 Jean Dufournet, "Conclusion", in *Villon Hier et Aujourd'hui*, Paris, Bibliothèque historique de la Ville de Paris, 1993, p. 316.

유한 우리의 의견과 시각을 더하는 비평적 주석 작업 역시 우리가 해야 할 임무이다. 엄격한 '자유 검토', '자유 비평'의 정신을 고수함으로써, 우리 안에 프랑수아 비용이라는 타자의 자리를 만들어야 한다.

## |참고자료| 비용 약전略傳

흔히 '중세 최대의 시인'이자 '최초의 현대 시인', '저주받은 시인의 조상'으로 칭해지는 프랑수아 비용의 삶의 내력에 대해서는 몇 가지 공문서들과 작품 안에서 밝혀지는 약간의 지표들만이 시인의 흔적을 전해 준다. 그러나 이를 통해 짐작되는 시인에 대한 전기적 사항들은 여전히 불명료하며, 그렇기에 늘 갖가지 추정들이 더해지곤 했다. 그러나 프랑수아 비용이라는 한 인물이 어떤 삶의 노정들을 거쳐 왔는지, 어떻게 해서 '목 매달린 자'가 되어 노래할 수밖에 없었는지, 나아가 주변인의 목소리가 어떻게 '거꾸로 된 세상 하나'를 들어 올려 기이한 부활제를 만들게 되는지를 파악하기 위해서는, 그의 삶의 이력을 찬찬히 짚어 볼 필요가 있다.

《유언의 노래》를 시작하면서, 비용은 "내 나이 삼십 세에 이른 해, 그때 온갖 치욕을 마셨고"라는 말로 자신의 나이를 밝히며, "내가 이 유언을 쓴 것은 1461년, 국왕께서 묑의 가혹한 감옥에서 나를 자유롭게 풀어 주시고 또 생명을 되살려 주신 때"라고 유언을 작성하는 연도를 명시한다. 비용이 태어난 해로 추정되는 1431년으로 거슬러 올라가 보면, 당시는 백년전쟁의 참화가 아직 사라지지 않은 비참한 나날의 연속이었다. 파리의 어느 부르주아는 자신의 일기에, 1430년 5월 23일 성처녀 잔 다르크dame Jeanne, la Pucelle가 사로잡히게 되며, 마침내 1431년 영국군에 의해 화형당했음을 적어 둔다.

비용은 자신의 유년 시절이나 가계에 대해서는 지극히 모호한 언급만을 남긴다. 그의 말에 따르면, 비용은 "유년 시절부터 빈곤했고, 빈곤하고 보잘것없는 집안 태생"이었다. 그의 "아버지는 큰 재산을 가져 본 적이 결코 없었고, 오라스라 불리는 조부도 그러했다"는 점이 이야기되며, 그의 모친은 "늙고 불쌍한, 아무것도 알지 못하고, 글자 한 자 읽을 수 없는 여인"으로만 소개된다. 언제부터 또 어떤 이유에서인지는 알 수 없지만, 비용은 사제였던 기욤 드 비용의 보살핌을 받게 되며, 《유언의 노래》에서 "아버지 이상의 분이셨던" 양부가 "어머니 이상으로 부드러운 분"이셨음을 말한다.

1449년 프랑수아 드 몽코르비에François de Montcorbier는 파리 대학에서 학사가 되며, 1451년 문학사 학위를 받는다. 그러나 1455년 6월 5일, 비용은 사제 필리프 세르무아즈Philippe Chermoye ou Sermoise와의 다툼 끝에 그에게 치명상을 입히며, 세르무아즈는 목숨을 잃게 된다. 이 사건으로 인해 비용은 파리를 떠나게 되지만, 이듬해인 1456년 곧 두 통의 사면장을 받게 되어 다시 파리로 돌아온다. 이 두 통의 사면장은 비용의 삶의 단면을 최초로, 또 가장 자세히 이야기해 주는 자료라는 점에서뿐만 아니라, 거의 동일한 내용을 이야기하면서도 미묘한 차이를 드러낸다는 점에서 흥미롭다.

비용이 받은 사면장의 경우, 한 통의 사면장에서는 '비용이라 불리는 프랑수아 데 로즈François des Loges, autrement dit de Villon'라는 이름이, 다른 한 통의 사면장에서는 '프랑수아 드 몽테르비에François de Monterbier'라는 이름이 발견된다. 1456년 1월에 교부된 첫 번째 사면장(Archives nationales, JJ. 187, pièce 149, fol. 76 v°)의 경우, 비용의 나이는 26세가량으로 기술된다. 저녁을 먹은 후 9시 무렵, 교회 종탑 아래에서 질Gilles이라는 사제, 이자보Ysabeau라는 여인과 함께 비용이 앉아 있을 때, 세르무아즈라는 사제가 장 르 마르디Jehan le Mardi라는 인물과 함께 그 자리에 온다. 흥분한 세르무아즈는 고

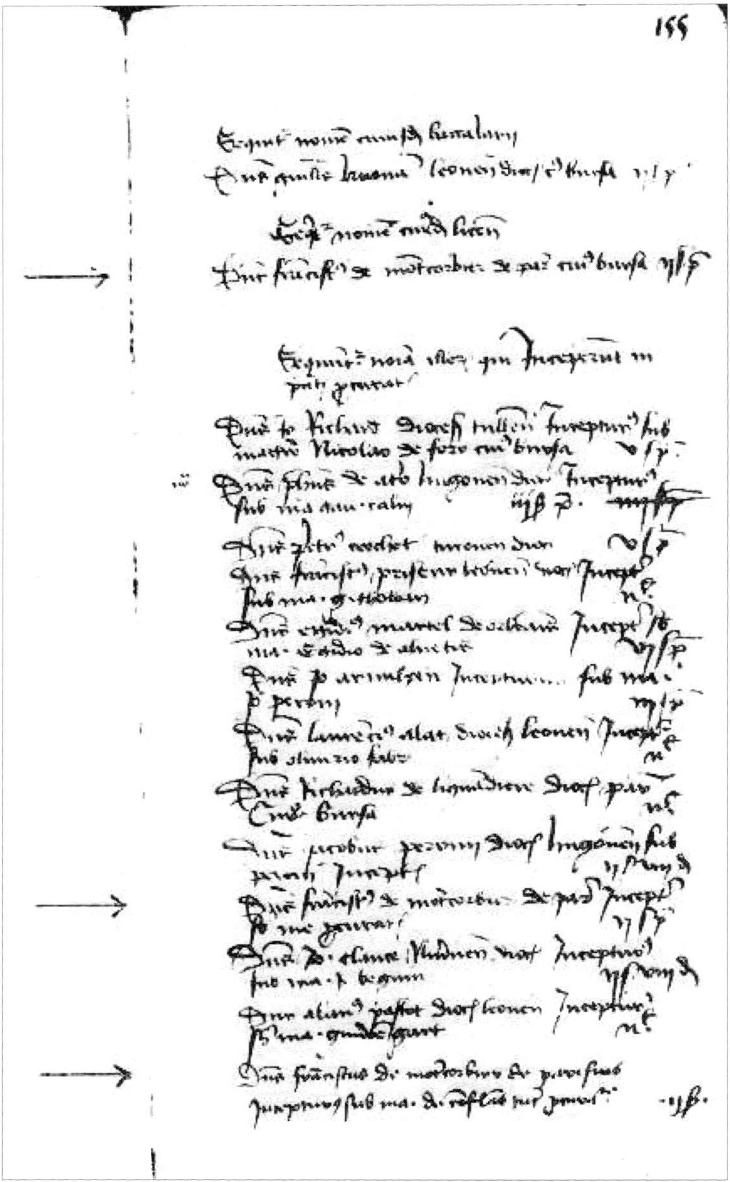

Fac-similé du Registre de la Nation de France, Ms. n° 1, f° 155, r°
(Bibliothèque de l'Université de Paris)

**파리대학 학적부**
**(화살표 부분에서 프랑수아 비용의 이름, 'Franciscus de Montcorbier'를 확인할 수 있다)**

함을 치고는, 그에게 자리를 마련해 주려고 일어난 비용을 거칠게 다시 앉히며, 이 광경을 본 같이 있던 사람들은 유쾌하지 못한 일이 벌어질 것을 짐작하고 모두 자리를 피해 결국 비용과 세르무아즈만이 남게 된다. 세르무아즈는 옷 아래에서 단검을 꺼내 비용의 얼굴에 휘두르고, 비용의 입가에서는 많은 피가 흐르게 된다. 그러자 비용 역시 외투 아래의 허리에 차고 있던 단검을 꺼내게 되었고 부지불식간에 세르무아즈의 하복부를 찌르게 된다. 그러나 세르무아즈가 계속해서 욕설을 퍼부으며 자신을 위협하고 덤벼들자, 비용은 발치의 돌을 주워 그의 얼굴에 던지고는 자리를 피한다. 푸케 Fouquet라는 이발사에게 상처를 치료받으면서, 비용은 자신이 다치게 한 사람의 이름이 세르무아즈임을 말하지만, 기이하게도 자신의 이름은 미셸 무통Michel Mouton이라 밝힌다. 한편 다음 날 구빈원으로 옮겨져 치료를 받던 세르무아즈는 그 주 토요일에 사망한다. 그리고 비용이 여태까지 어떠한 악행도 저지르지 않았으며, 비난을 사거나 질책받은 일이 없이 선량하게 살았음을 감안해, 사면장이 교부된다는 점이 명시된다.

두 번째 사면장(Archives nationale, JJ. 183, pièce 67, fol. 49 r°)에서도 역시 유사한 내용이 기술된다. 비용의 나이는 언급되지 않지만, 대신 그가 문학사라는 점이 기술되며, 세르무아즈와 동행한 인물의 이름은 장 르 메르디 Jehan le Merdi로 소개된다. 흥분한 세르무아즈에게 자리를 권하며, 비용은 "사제여, 왜 화를 내십니까? 당신은 내가 잘못했다고 여기십니까? 내게 무엇을 바라시는 것입니까? 나는 당신께 어떤 잘못도 저지르지 않았다고 생각합니다"라고 말한다. 그러자 세르무아즈는 단검을 꺼내 들고 비용의 얼굴에 상처를 입히며, 이 광경을 본 같이 있던 이들은 모두 자리를 피해 두 사람만이 남게 된다. 상처에서 많은 피가 나자, 비용은 위기를 피하기 위해 단검을 꺼내 들게 되며, 그 와중에 세르무아즈의 하복부를 찌르게 된다. 하지만 세르무아즈가 계속 그를 뒤따르자, 비용은 세르무아즈의 얼굴에 돌을 던지며, 세르무아즈는 땅에 쓰러지게 된다. 한편 세르무아즈는 샤틀레 검사관의 조사를 받은 뒤 자신을 상처입힌 비용을 용서하며, 구빈원으로 옮겨져 치료를 받다 사망한다. 두 번째 사면장은 앞선 사면장에 비해 보다 상세하며, 비용에게 더 우호적이라는 점에서 이채롭다.

세르무아즈 살해 사건으로 인한 도피는 길지 않았으리라 추정되며, 사면장을 받았던 만큼 비용의 삶은 다시 예전의 안온함을 찾았으리라 추측된다. 그러나 그해 겨울 성탄절 무렵, 비용은 나바르 신학교의 금고에 보관되어 있던 거금 500에퀴를 훔치는 절도 사건에 공범으로 가담함으로써 재차 법의 심판을 받게 된다. 1458년 7월 22일에 행해진 기 타바리에 대한 심문조서(Ms. Paris, A. N., fonds du College de Navarre, Carton M 181)에 기록된 내용을 살펴보면, 비용과 기 타바리, 프티 장Petit Jehan이라는 능숙한 결쇠질꾼, 그리고 니콜라라는 수도사와 콜랭 드 카이외는 함께 저녁을 먹은 후, 금고의 거금을 훔치러 간다. 거의 두 달여 동안 발각되지 않았던 이들의 범행에 대해 1457년 3월 9-10일이 되어서야 조사가 이루어진다. 그리고 사건의 전말은 1457년 5월, 피에르 마르샹Pierre Marchand이라는 사제에게 기 타바리가 자신의 모험담을 자랑삼아 이야기해 줌으로써 밝혀지게 된다.

기 타바리에 대한 조서에 따르면, 범행 이후 비용은 자신의 친척이 있는 앙제의 수도원으로 갔으며, 이는 그곳에서 부자라고 소문난 어느 성직자의 상황을 파악하고 그의 돈을 훔치기 위해서였다고 진술된다. 이러한 정황은 '고별시'의 전통에 속하며 40편의 8행시로 이루어진 《유증시》의 시작에서, "성탄절 무렵, 죽음의 계절, 늑대들이 바람을 먹고 살아가는 때"에 자신을 "사로잡은 잔인하고 가혹한 여인의 눈길"을 피해 '사랑의 순교자'인 자신이 "앙제로 간다"고 밝히는 대목과 일치하는 것도 사실이다. 한편 자신의 미래를 예견하듯, 비용은 《유증시》의 끝에서 자신의 모습과 처지를 아래와 같이 적어 둔다.

명성 높은 비용에 의해 씌어졌도다
무화과도 대추야자열매도 먹지 않았건만
소제용 솔처럼 마르고 검은 그는,

〔…〕
금방 없어질 터인
몇 푼의 돈밖에는 가진 것이 없어라.

비용은 다시 파리를 떠난다. 자신이 태어났던 곳이자 젊은 시절을 보낸 곳, 그의 삶의 터전이었던 곳을 떠난 비용은 당시 악명 높았던 코키유 패거리와도 어울렸을 것으로 추정된다. 1455년 말 디종에서 코키유 패거리의 일원임이 밝혀졌으며 1457년 9월 15일 교수형에 처해진 레니에 드 몽티니Regnier de Montigny 혹은 나바르 신학교 절도 사건의 공범이었으며 1460년 9월 26일 교수형에 처해진 콜랭 드 카이외Colin de Cayeux 등의 벗들과 자주 교류하였던 점이나, 은어로 쓴 발라드에서 "나락으로 빠져드는 코키유 패거리여, 나 그대들에게 조심하기를 전하니, 살가죽과 뼈를 거기 내버려두지 말기를"이라고 말하는 대목, 또 〈촌언의 발라드〉의 "나는 안다, 사기꾼이 은어를 쓸 때"라는 표현에 비추어 볼 때, 비용이 코키유 패거리와 밀접한 관계를 맺고 있었다는 점은 분명해 보인다.

어느덧 1460년 즈음이 되면, 비용은 샤를 도를레앙의 궁정에 모습을 드러낸다. 그러나 갖가지 찬사를 공작의 어린 딸 마리 도를레앙에게 바치면서 "완벽하고 흠결 없는 귀부인"을 섬기고자 희구했던 "불쌍한 학생 프랑수아"가 샤를 도를레앙의 궁정에서 어떤 처지에 있었는지는 〈블루아 시연의 발라드〉 혹은 〈모순의 발라드〉로 불리는 시의 "나는 샘물 곁에서 목마름에 죽어 가고", "내 나라에 있으면서도 머나먼 이역에 있는 것 같고", "눈물 속에서 웃으며, 희망 없이 기다리고" 등의 구절이나 후렴구인 "환영받으며, 저마다에게 배척당하네"라는 표명에서 분명히 암시된다. 물론 지극히 역설적인 '눈물 속의 웃음'이라는 표현, 프랑수아 비용이라는 한 시인의 특징을 가장 잘 요약하는 말의 하나로 받아들여진 이 말의 기원은 오래된 것이다. "간혹 음유시인은 노래한다, 모든 이들 가운데 자신이 가장 불행할 때에도"라는 말에서처럼, 이 표현은 이미 굳어진 표현이 되어 속담처럼 사용되던 말이었으며 종속된 처지를 표상하는 말이기도 했다. 그러나 비용의 표현은 단순히 하나의 예속된 처지, 어찌할 수 없는 제약을 말하는 지표이기를 넘어서며, 그 결과 조각난 개성의 표현처럼 다가온다는 점에서 의미심장하다

이제 비용의 자리는 궁정이 아닌 묑의 가혹한 감옥에서 발견되며, 그는 투옥된 수인囚人의 모습으로 나타난다. 〈비용의 몸과 마음의 논쟁〉이라는 시에서 드러나듯, 힘없이 구석에 몰린 처량한 개처럼, 외로이 웅크린 몰골로 투옥된 비용은 〈벗들에게 보내는 서한〉이라는 발라드에서 "가엾이 여겨 다오, 나를 가엾이 여겨 다오"라고 벗들을 향해 부르짖는다. 그는 "일요일마다 화요일마다 굶어야만" 하는 자신의 서글픈 처지를 이야기하며, "그 때문에 이빨은 갈퀴보다 더 길어졌음"을 처량하면서도 우스꽝스럽게 표현한다. 그리고 재차 도움을 청한다. "그를 여기에 버려 두려는가, 불쌍한 비용을?"

천우신조로, 새로 왕위에 오른 루이 11세 덕분에, 마침내 비용은 방면되는 기쁨을 누린다. 1461년 8월 15일에 랭스에서 대관식을 올린 루이 11세가 동년 9월 2일 금요일에 묑-쉬르-루아르를 지나가게 됨으로써, 비용은 묑의 가혹한 감옥에서 풀려나지만, 이곳에서 그가 겪었던 고통, 오를레앙 주교 티보 도시니라는 한 인물이 주었던 상처는 그의 몸과 마음에 지울 수 없는 흔적을 남긴다.

> 내게 차가운 물을 엄청나게 많이 먹였고,
> 높은 언덕 위에서가 아니라, 지하 토굴 안에서,
> 또 무수하게 쓰디쓴 배를 먹게 했지.
> 쇠사슬에 묶어 놓은 채…
> 〔…〕
> 신이시여, 그에게 내리소서, 진정으로, 진정으로
> 제가 생각하는 것을, 또 '그 밖의 것을'!

그러나 비용의 삶을 괴롭히는 사건은 아직 끝난 것이 아니었다. 파리로 되돌아온 비용은, 1462년 11월 2일 다시 어떤 절도 사건으로 인해 샤틀레 감옥에 투옥되며, 이 사건은 과거 나바르 신학교 절도 사건에 대한 소급으로 이어진다. 비용은 로랑 푸트렐Laurent Poutrel에게 조사를 받으며, 결국 1년에 금화 40에퀴씩을 총 3년의 기한에 걸쳐 상환할 것을 서약하고 나서야 풀려나게 된다. 그러나 금화 120에퀴라는 거금, 어느 연구자의 말에 따르면 20여 년의 집세에 해당하는 이 돈을 비용이 한정된 기한 내에 갚는다는 것은 거의 불가능에 가까웠을 것이다. 따라서 다시 찾은 삶의 터전 파리에 비용이 머물 수 있는 시간은 앞으로 3년밖에는 남지 않았음을, 비용은 필연적으로 파리를 떠날 수밖에 없는 운명에 처했음을 짐작할 수 있다.

그러나 파리에서 비용의 모습을 더는 찾아보지 못하게 되는 계기가 곧 만들어진다. 시인의 삶은 다시 소용돌이에 휩쓸리며, 1463년 11월 혹은 12월, 통칭 '페르부 사건affaire Ferrebouc'으로 불리는 노상 난투극이 일어나 비용은 체포된다. 사건의 전말은 1463년 11월 로뱅 도지Robin Dogis에게 교부된 국왕의 사면장(Archives nationales, X$^{1a}$, 30, f$^{o}$ 294 r$^{o}$)에 상세히 기록되어 있다. 로뱅 도지의 집에서 식사를 하고 나서, 비용과 로뱅 도지 두 사람은 위탱 뒤 무티에Hutin du Moustier, 로제 피샤르Roger Pichart와 함께 비용의 집으로 발길을 옮긴다. 길을 가던 중 생 자크 거리에 있던 공증인 피에르 페르부François Ferrebouc의 공방 앞을 지나가게 되었을 때, 로제 피샤르가 일하고 있던 필경사들을 조롱하고 도발하는 일이 벌어지며, 조롱은 순식간에 거친 난투극으로 이어진다. 그러던 중 로뱅 도지가 공증인 피에르 페르부를 단검으로 찔러 상처를 입히는 일이 발생한다. 범행의 주범이 아니었음에도 불구하고, 비용은 체포되어 샤틀레 감옥에 투옥되며, 그간의 악행으로 인해 교수형이 선고되기에 이른다. 이 사건의 흔적은 〈4행시〉에 남겨지며, 비용은 "일 투아즈 길이의 밧줄에, 내 목은 내 엉덩이 무게를 알게 되리라"라는 말로 자신에게 온 불운을 아이러니컬하게 전한다.

그러나 교수형을 선고받아 돌이킬 수 없는 절망의 나락으로 떨어진 것처럼 보였던 비용에게 미미한 희망이 찾아든다. 비용의 상고가 받아들여져 감형이 이루어지며, 당시의 정황은 〈옥정獄丁에게 던지는 질문〉 혹은 〈상고의 발라드〉라 불리는 한 편의 발라드에서 잘 드러난다.

내 상고를 어떻게 생각하는가
가르니에여? 내가 한 일이 현명한 처사였나 어리석은 짓이었나?
짐승들 하나하나도 제 가죽을 보호하는 법.
〔…〕
내 머리덮개 아래, 없었다고 그대 생각하는가
"상고한다"고 밝힐 정도의
그런 만큼의 사리분별도?
있었고말고, 내 단언해 두지…
(물론 별로 기대를 걸지는 않았지만)

사형을 선고했던 원심은 1463년 1월 5일에 파기되며, 비용에게는 10년 동안의 파리 추방령이 선고된다. 목숨을 구한 비용은 〈법정 찬가와 청원〉이라는 시에서 자신의 생명을 구해 준 법원의 판결에 무한한 감사를 전하며, 파리를 떠나기 전 잠시의 말미를 줄 것을 재차 간청한다.

지고한 법정이여, 우리 목숨 그대에게 달렸으니,
그대 우리의 파멸을 막아 주었도다
한낱 혀만으로는 미흡하리니
그대에게 값하는 만큼의 찬사를 보내기에는.
〔…〕
재판장이시여, 청컨대 사흘의 말미를 제게 허락하소서
차비를 갖추고, 주변 지인들에게 고별 인사를 전하게 하소서 그리고 비용의 모습은, 후일 라블레가 전하는 두 편의 일화나 대동소이한 내용의 무전취식 이야기들을 제외한다면, 어디에서도 찾아볼 수 없게 되며 점차 신화 속으로 들어가게 된다. 다만 1489년 피에르 르베가 비용의 작품집을 간행한 이래 1533년 클레망 마로가 새로운 판본을 낼 때까지, 대략 20여 번에 걸쳐 그의 작품이 계속 간행되었다는 점에서, 비용의 시가 누렸던 인기를 짐작해 볼 수는 있다.

## |참고자료| 프랑수아 비용에 관한 국내 문헌 일람

지금으로부터 약 40여 년 전인 1973년, 〈韓國에 있어서의 프랑스語·프랑스文學 文獻整序〉의 편자는 다음과 같은 질문을 제기한 바 있다.

> 프랑스語·프랑스文學의 分野에 있어서 우리가 解放 후 무엇을 어떻게 研究하고 論하였으며 紹介해 왔는가, 반대로 무엇이 어떻게 研究되지 않았으며 紹介되지 않았는가, 또 어떻게 하면 現在 이미 있는 것을 우리들 研究를 위해 活用할 수 있는가, 더 나아가 무엇이 어떻게 補充되어야 하는가 〔…〕[1]

기존 연구의 현황을 성실하게 되짚어보는 한편, 바로 이 지점을 출발선으로 삼아 앞으로의 연구를 준비하는 노력은 모두가 익히 알고 공감하는 사실이며 하나의 원론에 해당한다. 그러나 이 평범한 표명이 더없이 값진 이유는 끊임없는 열의를 보이는 동시에 의지를 잃지 않는 연구자의 자세를 촉구한다는 점에 있으며, 그런 만큼 지금도 여전히 유효한 물음이 아닐 수 없다.

따라서 15세기 프랑스 시인 프랑수아 비용에 관한 기존의 문헌들을 살펴보는 이 참고자료는, 1967년과 1973년 두 차례에 걸쳐 조사되었던 국내 프랑스 문학 관련 문헌 조사에서 편자가 희망했던 '앞으로의 연구를 위한 기본적

1 康星旭, 〈韓國에 있어서의 프랑스語·프랑스文學 文獻整序 —1945年 8月-1970年 12月〉, 《佛語佛文學研究》, 제8집, 1973, p. 248.

인 재료이자 토대'로서의 문헌정서文獻整序에 대한 뒤늦은 하나의 답이며, 선행 연구자가 희구했던 바에 대해 앞으로도 수많은 응답들이 이어져야만 한다는 점을 촉구하는 또 하나의 문제제기이다. 영미권과 유럽 각국의 '비용 수용사'에 대한 몇몇 연구들에서도 확인할 수 있듯이,[2] 오랜 시간 동안 축적된 '과거 연구사'에 대한 검토를 통해 기존 연구 현황을 객관적으로 파악하고, 이를 토대로 앞으로의 새로운 연구를 준비하고 모색하려는 시도는 성실한 '확인'과 '검토' 작업의 바탕 위에 우리 나름대로의 견해, '외국문학 연구자'로서의 주체적인 시각을 더하는 '비판적 주석판'의 작성과 그 맥을 같이 하는 것이기도 하다는 점을 강조할 필요가 있다.[3]

본 참고자료의 작성을 위해 연구자가 염두에 두었던 몇 가지 기본 원칙을 밝히면 다음과 같다.

---

2 J. K. Robinson, "A Neglected Phase of the Aesthetic Mouvement: English Parnassianism", *PMLA*, 68, n° 4, 1953, pp. 733-754; G. Omans, "The Villon Cult in England", *Comparative Literature Studies*, 18, n° 1, 1966, pp. 16-35; R. E. Morsberger, "Villon and the Victorians: The Influence and the Legend", *The Bulletin of the Rocky Mountain Modern Language Association*, 23, n° 4, 1969, pp. 189-196; G. Pinkernell, "François Villon et sa fortune littéraire Outre-Rhin", *Revue de Littérature Comparée*, 68, n° 4, 1994, pp. 389-400; R. D. Peckham, "Dark Laughter in the Chambers of the king: François Villon in America", *Studies in Medievalisme*, 6, 1994, pp. 123-142; G. Brunelli, "Lecteurs italiens de Villon (1906-2000)", in *Villon et ses lecteurs*, Paris, Champion, 2005, pp. 295-302.

3 참고자료의 작성을 위해 일차적으로 참조한 문헌들은 다음과 같다: 康敏星, 〈프랑스語·프랑스 文學文獻〉, 《佛語佛文學研究》, 제2집, 1967, pp. 188-248; 金秉喆, 《韓國近代飜譯文學史研究》, 乙酉文化社, 1975; 1998(重版); 金秉喆(編著), 《西洋文學飜譯論著年表》, 乙酉文化社, 1977; 金秉喆, 《韓國近代西洋文學移入史研究 (上)》, 乙酉文化社, 1980; 1998(重版); 金秉喆, 《韓國近代西洋文學移入史研究 (下)》, 乙酉文化社, 1982; 박은수, 〈우리나라에 들어온 프랑스 문학〉, 《小說文學》, 1986년 6월호, pp. 48-55; 丁奇洙, 《한국과 西洋. 프랑스 文學의 受容과 영향》, 乙酉文化社, 1988; 안재동, 〈프랑스문학 연구문헌 색인집 1910-1990년〉, 미간행, 1991; 檀國大學校 附設 東洋學研究所, 《世界文學文獻書誌目錄總攬》, 檀國大學校 出版部, 1992; 이미혜, 〈한국의 불문학 수용사〉, 서울대학교 대학원 외국어교육과 불어전공 박사학위논문, 1992; 한국불어불문학회(편), 〈불어불문학 석사·박사 학위 총목록(증보판)〉, 1997; 金秉喆, 《韓國現代飜譯文學史研究 上·下》, 乙酉文化社, 1998; 이인성(책임편집), 〈프랑스 고전문학 관계 국내문헌 목록(1959-1998)〉, 《프랑스 고전문학 연구》, 2, 1999, pp. 214-268; 金秉喆(編著), 《世界文學飜譯書誌目錄總攬》, 國學資料院, 2002; 이건우 외 공저, 《한국근현대문학의 프랑스문학 수용》, 서울대학교출판문화원, 2009.

## 1

1945년 이전 문헌의 경우, 단순히 프랑수아 비용의 이름이 거명되는 경우, 비용의 생애 혹은 작품에 대한 간략한 언급이 나오는 경우, 비용의 개별 작품이 일부 혹은 전체 번역된 경우 모두를 문헌 일람에 포함하기로 한다.

해방 이전 문헌의 경우, 사실상 비용과 그의 작품을 심도있게 다룬 소개나 본격적인 연구를 찾아보기는 어렵다. 한두 줄의 부분적인 작품 번역을 제외한다면, 비용의 시가 직접 독자들에게 제시되는 경우는 지극히 드물며, 비용과 그의 생애에 대한 언급 역시 부차적으로 기술될 뿐이다. 그러나 이 시기의 문헌들은 프랑스 문학에 대한 소개와 연구의 시작이라는 점에서뿐만 아니라 어떤 맥락 속에서 비용에 대한 언급이 행해지는지, 나아가 중세 프랑스 문학에 대한 인식과 연구가 당시 어떤 수준에 있었는지를 짐작하게 해준다는 측면에서 '단순한 언급' 이상의 의의를 갖는다.

연구자의 조사에 의하면, 최초로 프랑수아 비용의 이름이 언급되는 것은 1925년 1월 1일로 추정된다. 《東亞日報》에 실린 〈盜賊詩人비롱〉이라는 글에서, 필자는 "도적詩人프랑소아 비롱은 누구나 다알것이다"라 이야기하지만, 사실 독자들 가운데 비용의 이름을 아는 이가 별로 없었을 것이라는 점은 분명하다. 이듬해인 1926년 4월, 안서 김억은 〈文士와 貧窮〉이라는 짧은 글을 《朝鮮文壇》에 발표하며, 여기서도 비용은 그저 "十五六世紀頃 프랑스에 盜賊詩人으로有名한「프랑소아·비롱」"이라고 언급된다. 같은 해 7월, 김억은 《東亞日報》에 〈비롱의敬禮〉라는 글을 발표하기도 하지만, "「비롱」이라니까 저盜賊詩人으로 有名한 「프랑소아·비롱」으로 알사람도잇다 만은 그 「비롱」이아니고"라는 그의 간략한 언급에서 시인 프랑수아 비용의 이름이 독자들에게 친숙한 이름이었을 것으로는 여겨지지 않는다. 1916년부터 프랑스 시인 베를렌의 시를 소개하고, 이어서 1918년에는 《泰西文藝新報》에 프랑스 상징주의 시의 번역을 발표했던, 또 1921년 광익서관廣益書館에서 《懊惱의 舞蹈》라는 우리나라 최초의 역시집을 발간했던 번역자였지만, 안서 김억 역시 아직까지는 중세 시인의 작품을 번역·소개할 필요를 느끼지 못했던 것 같다.

비용의 작품이 처음으로 국내 독자들에게 소개되는 것은 1929년으로 추정된다. 〈早熟詩人『채터튼』의설음〉이라는 제명의 짧은 글에서 박술음朴術音은 "貧困으로 世事의 가진辛酸을다-맛보며詩를쓰다가 終奈에는避할길업서 […] 滿十七歲九個月을 一生으로 毒藥自殺한可憐한天才詩人"을 소개하면서, "奇怪한運命에弄絡되야盜賊團의 首領까지되얏던三十歲를一期로죽은佛國詩人villon의遺言詩"의 일부를 영역과 함께 소개한다. 1902년 태어나 연희전문학교 영문과를 졸업한 이후 1924년부터 휘문고등보통학교 영어교사로 재직했던 그의 이력에서 비용의 작품이 영역과 함께 소개될 수밖에 없었던 정황이 어느 정도 짐작된다. 박술음의 소개와 번역은, 비록 그것이 지극히 부분적인 몇 구절의 제시에 그치는 것이기는 했지만, 비용의 작품이 최초의 한국의 독자들에게 선을 보였다는 점에서뿐만 아니라 그가 어떻게 비용을 알게 되었는지, 또 어떤 영역본을 참조했는지에 대한 관심을 불러일으키며, 나아가 당시 영미권에서는 비용에 대해 어떤 관심을 보였으며, 번역 현황은 어떠했는지를 검토해 보는 세부적인 고찰로 이어질 수 있다는 점에서 간과할 수 없는 의의를 갖는다.

1931년 《동아일보》에 실렸던 이하윤異河潤의 글에서 언급되는 비용의 이름 또한 여러 면에서 우리에게 시사하는 바가 적지 않다.

> 文化의歷史가 긴이만큼 文學國으로서의 佛蘭西는 좀처럼그地位를 다른나라에게 讓步하지아니한다. 詩歌에잇서서도 저 歐洲文藝史上 重要한자리를 차지한『솬송·더·롤랑』을爲始하야放浪하는吟遊詩人『죵글러—르』들의口吟으로 漸次그詩形을 이루고文學으로씨우게되어서 十一世紀로부터 十四世紀까지 全歐洲에傳喝하게된 敍事詩『솬송·더·제스트』十二世紀初에 생긴 寓話詩『로망·더·르나—르』그리고그거의全部가『리리스트』이엇든 南方佛蘭西의 吟遊詩人『트루—바두—르』쏘이보다는 좀느저서發達한 北方의吟遊詩人《트루—베—르》들의부른노래는 實로中世紀 佛蘭西詩史를 자랑할만한것이라하겟다 〔…〕 曲譜에依함이업시抒情詩를 쓰기始作한 貧困雙眼의平民詩人Rute-beuf는實로近代抒情詩의 第一步를 내 듸든功勞者라할것이며 하나도 그를 따르지는 못

햇스나 만흔模倣者를내이게한 저 『프랑소아쎄용』(Villon)은 十五世紀의 佛蘭西 抒情詩를 獨占하얏섯다고해도 決코過言이아닐만한 大家이엇섯다.

1930년대에 들어서기 전까지, 박용희朴容喜가 《태극학보太極學報》에 쥘 베른의 〈해저여행기담海底旅行奇譚〉을 연재한 이래,[4] 프랑스 문학의 소개와 번역은 《소년少年》, 《태서문예신보泰西文藝新報》, 《해외문학海外文學》, 《창조創造》, 《개벽開闢》, 《동명東明》 등의 정기간행물들을 통해 이전 시기에 비해 더욱 활발히 전개된다. 또 《매일신보每日申報》, 《시대일보時代日報》, 《조선일보朝鮮日報》, 《동아일보東亞日報》 등의 신문 연재소설을 통해, 하몽何夢 이상협李相協, 민우보閔牛步, 백화白華 양건식, 운인雲人 유광렬柳光烈을 비롯한 여러 번역자들이 위고, 뒤마, 말로 등의 작품을 차례로 독자들에게 선보인다. 아울러 난파蘭坡 홍영후洪永厚, 수주樹州 변영로卞榮魯, 순성瞬星 진학문秦學文, 육당六堂 최남선崔南善, 벽초碧初 홍명희洪命憙 역시 프랑스 문학작품의 번역 및 소개에 일익을 담당한다.

그러나 중세 프랑스 문학의 경우, 1930년대 이전까지 번역된 작품은 오직 '트리스탕과 이죄', 바그너의 오페라로 인해 오늘날 '트리스탄과 이졸데'라는 명칭으로 더 친숙한, '거친 바다에서 쓰라린 사랑, 아니 고통스러운 죽음을 마신' 두 연인의 전설뿐이었다.[5] 1920년대에 소개된 '트리스탕과 이죄'에 관한 두 번역은 춘성春城 노자영盧子泳과 고월孤月이 공역한 《사랑의 무덤》(廣益書館, 1922)과 이상수李相壽가 옮긴 《사랑과 설음》(文友堂, 1923)이었다. 그러나 통칭 '연애의 시대'에 우리말로 옮겨진 두 번역이, 1945년 이전의 번역 문헌들에서 대부분 발견되는 '중역重譯' 현상과 다르지 않게, 일역을 저본으로 삼았던 것이었다는 점을 짚어둘 필요는 있다.

---

4 〈海底旅行奇譚〉, 法國人 쥴스펜氏 原著, 朴容喜譯, 《太極學報》, 第八號-第二十一號, 1907. 3. 24-1908. 5. 12.

5 물론, 영국의 토머스나 프랑스의 베룰 등이 남긴 불완전한 내용의 원작이 아니라, 후일 조제프 베디에Joseph Bédier가 한데 모은 현대역을 저본으로 삼았다는 점에서, 엄밀한 의미에서의 중세 작품의 번역이라고는 보기 어렵다.

당시까지 중세 프랑스 문학에 대한 소개는 거의 전무한 실정이었고, 프랑스 문학에 대한 소개 역시 대부분 일본의 연구와 번역을 통한 것이었다. 정황이 이러했던 만큼, 프랑스 시의 주된 흐름을 세기별로 소개하는 과정에서 언급되는 여러 중세 문학작품들과 작가들의 이름은, 법정대학 영문과를 졸업했고 일본의 아테네 프랑세에서 2년 동안 수학했던 이하윤의 이력을 고려했을 때, 1930년대 초까지의 일본의 비용 소개와 연구 현황, 나아가 중세 프랑스 문학에 대한 일본의 수용사는 어떠했는지에 대해 관심을 불러일으킨다는 점에서 주목할 만하다.

## 2

1945년 이후 문헌의 경우, 비용과 그의 작품을 중점적으로 다룬 연구를 중심으로 조사를 시행한다. 다만 각종 프랑스 문학사 및 사전류에서의 언급, 시선집류에 수록된 번역과 주석, 비용의 개별 작품이 일부 혹은 전체 번역되어 있는 기타 문헌들 역시 조사 범위에 포함시키도록 한다.

저술 혹은 번역된 프랑스 문학사나 사전류에서 기술되는 비용에 관한 내용을 서지에 포함시키는 것은 비용에 대한 연구 성과의 반영을 쉽게 확인할 수 있기 때문이다. 제한된 지면에서 요약·기술되는 문학사에 대한 검토는 비용의 생애와 관련된 고증학적인 연구의 반영 정도, 비용에 대한 주안점의 이동 여부, 작품의 해석과 평가면에서 종래의 시각과 비교했을 때 어떤 지점에서 공통점과 차이점이 만들어지는지 등을 파악하는 데 하나의 실마리를 제공해준다는 점에서 결코 소홀히 할 수 없으며, 바로 이 지점에서 변화된 주안점이 파악될 수 있는 계기가 마련되기 때문이다. 아울러 개별 작품의 전역뿐만 아니라 선별적인 부분역 역시 조사 범위에 포함시키는 것은 전통적으로 굳어진 비용의 초상을 확인하는 동시에 비용이 어떤 모습으로 국내 독자들에게 소개되는지, 또 이 과정에서 특기할만한 '인식의 변화'가 이루어지는지 등을 파악하는 단서를 찾을 수 있으리라 여겼기 때문이다.

## 3

1945년 이후 문헌의 경우, 작가명과 비용의 작품명이 부차적으로 소개되거나 단순히 언급되는 경우에는 서지에서 제외하기로 한다. 또 인터넷을 통해 검색되는 자료들과 일반 백과사전에서의 언급 또한 검토 목록에 포함시키지 않기로 한다. 단 '비용 수용사'와 관련되는 특기할 만한 언급이 나오는 경우, 또 비교문학적인 측면에서 비용과의 영향 관계를 살펴볼 수 있는 작품들은 예외적으로 선별하여 서지 목록에 포함시키로 한다. 따라서 브레히트, 볼프 비어만 등의 작가와 관련된 독문학 관련 연구와 번역, 스티븐슨, 로제티, 스윈번, 에즈라 파운드 등과 관련된 영문학 관련 연구와 번역, 다자이 오사무 등을 언급하는 일문학 관련 연구와 번역, 드뷔시 등을 언급하는 음악 관련 문헌을 조사하도록 한다.

적어도 1980년대 이후, '비용'이라는 작가명과 그가 남긴 작품에 대한 개괄적인 소개는 각종 저술 및 번역서들에서 빈번하게 나타난다. 일례로, 비용은 "담시"에 대한 설명에서 자주 거론되며,[6] "〔…〕 15세기 시인 프랑수아 비용의 시에 붙인 〈3개의 발라드—Trois ballades〉(1910) 〔…〕",[7] "빌롱의 3편의 발라드Trois ballades de Villon(1910)",[8] "프랑수아 비용은 자기 위에 올라가 있는 뚱보 마르고를 언급하는 대목에서, 그런 자세를 취하는 것은 "자신의 과일", 즉 자기 아이를 보호하기 위해서라고 기술하고 있다."[9] 등의 내용에서 볼 수 있듯이, 특정 맥락에서 간략하게 거론되곤 한다. 또 "위대한 빠리의 시인 빌롱 Villon은 1460년 경에 그의 파란만장하고 열정적인 인생을 시로 읊었는데, 그 댓가로 그는 수 년을 감옥에서 보내야 했다."는 언급이나,[10] "중세 문학

---

6 "이탈리아에서는 단테, 페트라르카Petrarca, 프랑스에서는 비용, 마로 등이 이 시 형식으로 작품을 썼다."(안진태, 《독일 담시론》, 열린책들, 2003, p. 33).

7 Donald J. Grout and Claude V. Palisia, 《서양음악사》, 편집국 역, 세광음악출판사, 1996, p. 784.

8 20세기 작곡가 연구회, 《20세기 작곡가 연구 I》, 이석원·오희숙 책임편집, 音樂世界, 2000, p. 102.

9 장 베르동, 《중세의 쾌락》, 이병욱 옮김, 이학사, 2000, p. 52.

10 마르셀 꼬엥, 《佛語史 —언어발달과 사회 변천사》, 김동섭 譯, 어문학사, 1996, p. 112.

의 소산으로는, (…) 그리고 특히 뤼뜨뵈프(Ridefeuf[*sic*])와 비용(Villon) 등으로 이어져 온 바 개인의 기구한 일생이나 심정적 고뇌를 정감어린 색조로 표현해서 시문학사에 뚜렷한 한 장르를 구축해 놓은 서정시 등 주로 영혼과 감정의 세계를 구가한 이상주의 지향의 작품들이 있다"는 언급,[11] 혹은 "이 시대에는 세 사람의 훌륭한 文人이 나왔는데, 첫째로 詩人 비용(Villon; 1431-85)을 들 수 있다. 그는 행실이 좋지 못해서 「도둑놈 시인」이란 별명도 듣고, 감옥에도 몇 차례 들어갔다. 그러나 그의 抒情詩는 힘차고 침통하기도 하여 프랑스에 있어서 중세기와 르네상스 시대의 과도기를 대표하는 詩人이 되었다"[12] 등의 언급처럼 매우 피상적으로 기술되기도 한다. 물론 비용의 이름이나 그가 남긴 작품에 대한 부차적인 소개에 의의가 없지는 않지만, 이러한 개괄적이면서도 단편적인 언급들만으로는 비용에 대한 충분한 소개가 이루어졌다고 판단하기 힘들며, 또한 비용에 대한 이해의 폭이 어떤 정도였는지를 정확히 가늠하기 힘들다. 아울러 실제 조사에 있어서도 직접 확인 외의 다른 방법이 없다는 난점이 있었던 만큼, 이상의 경우에는 본 서지 조사에서 제외하는 것을 원칙으로 삼았다.

그러나 비용의 영향을 많이 받았거나, 그의 작품을 번역한 바 있는 여러 작가들에 관한 문헌들은 '비교문학'과 '비용 수용사' 측면에서 특별한 의의를 가질 수 있다고 보았으며, 그렇기에 검토할 필요성이 있다고 판단했다. 일례로, "브레히트는 뷔히너와 빌롱(Villon, 1431-1463)의 문학 전통을 계승하여 사회 혁명적인 작품을 창작하였고, (…) 그는 빌롱의 자유롭고 비도덕적인 삶과 무정부주의적이고 사회 비판적인 태도를 사회 혁명적인 자신의 이념으로 발전시켰으며, (…)"라는 언급에 비해,[13] "알프레트 케어가 「서푼짜리 오페라」에서 사용된, 암머 번역의 비용 시를 들어 표절 사실을 비난"한 것에 대해

11 金基鳳, 〈프랑스 文學의 흐름과 特性〉, 《小說文學》, 1986년 6월호, p. 30.

12 趙容萬, 《世界文學小史》, 博英社, 1974, p. 149. 문명재·이동일 외, 《세계문학의 기원》, 한울아카데미, 2001, p. 52의 다음과 같은 언급 역시 마찬가지이다: "15세기, 중세가 막을 내리려 할 무렵, 샤를르 도를레앙(Charles d'Orléans)은 잃어버린 사랑과 조국에 대한 향수를 시에 담고 프랑스와 비용(François de [*sic*] Villon)은 시를 통하여 죽음에 대한 깊은 성찰을 하게 된다."

13 조창섭, 《독일 현대문학》, 서울대학교출판부, 2003, p. 535.

브레히트 자신이 "베를린의 한 신문이 뒤늦게나마 「서푼짜리 오페라」의 노래 625행 가운데 25행이 실제로 암머의 뛰어난 번역과 동일함에도 불구하고, 「서푼짜리 오페라」의 노래 키펜호이어 판본에는 비용이라는 이름과 함께 번역자인 암머의 이름이 빠져있다고 진술했"[14]다는 내용이나 비용을 "우리 형님 프란츠 비용"이라 부른 바 있는 볼프 비어만과 그의 작품 "「시인 프랑스와 비용에게 부치는 발라드」(Ballade auf den Dichter François Villon)"[15]에 대한 검토가 비용 작품의 독일어 번역사에 대한 고찰, 브레히트, 비어만 등이 직접 영향을 받은 작품과의 비교·검토 차원 등에서 생산성이 높다고 보았기 때문이다. 또 다자이 오사무太宰治의 경우, 〈비용의 아내〉라는 작품[16]에서는 단순히 비용의 이름이 언급될 뿐이지만,[17] 이와는 달리 1940년에 쓴 〈걸식 학생〉에서는 비용의 작품을 본문과 제사에서 직접 일역으로 인용하고 있기에,[18] 당시의 일역본에 대한 검토 차원이나 당시 일본의 비용 연구 현황을 파악하는 측면에서 중요한 의의를 가질 수 있다는 점을 고려하였다.

이상의 원칙에 의거 작성된 프랑수아 비용의 국내 수용 현황은 다음과 같다.

---

14 마리아네 케스팅, 《브레히트》, 이상면 옮김, 한길사, 1999, p. 61, 214.

15 전영애, 《독일의 현대문학》, 창작과비평사, 1998, pp. 180-181. 아울러 볼프강 보이틴 外, 《독일문학사》, 허창운 外 共譯, 東西文化社, 1988, p. 709를 참조.

16 "손잡이를 잡고 서서 별 생각 없이 천장에 매달려 있는 포스터를 보니 남편의 이름이 쓰여 있었습니다. 잡지 광고였습니다. 남편은 그 잡지에 〈프랑소와 뷔용〉이라는 제목의 긴 논문을 발표하고 있는 것 같았습니다. 프랑소와 뷔용이라는 제목과 남편의 이름을 뚫어져라 바라보는 사이에, 왠지는 모르겠지만, 매우 쓰라린 눈물이 솟구쳐 포스터가 부옇게 흐려졌습니다."(다자이 오사무, 《뷔용의 아내》, 김혜숙 옮김, 도서출판 홍, 2004, pp. 135-136). 이 작품은 소화昭和 22년 3월, 《전망展望》 제15호에 발표되었으며, 원제는 《ヴィヨンの妻》이다(《太宰治全集第九巻》, 筑摩書房, 昭和 51년; 昭和 60년).

17 이러한 제명은 오탁번의 〈비용의 아내〉(《고대신문》, 651호, 8면, 1973년 3월 20일(화))를 떠올리게 하기도 한다: "〈희〉라는 여자는 비용의 아내였다. 비용이라는 시인이 이 세상에 존재했었다는 것을 사람들은 잘 모른다. 몇 백년전 프랑스의 시인이 아니라 바로 내가 다니는 대학을 졸업한 시인인데 자살을 했다. 사기, 협잡, 격투, 투전, 간통등등 사리있는 사람이 하지 않는 일을 하나하나 골라가며 하다가 자살을 한 이상한 시인이바로 비용인데 비용은 닉네임이고 본명은 따로 있었지만 사람들에게 그냥 비용으로 통하는, 누구의 표현을 빌면 천재 시인이요 괴짜 시인이다."

18 다자이 오사무, 《여자의 결투》, 노재명 옮김, 하늘연못, 2005, p. 81, 127을 참조.

⁂

**〈盜賊詩人비롱〉, 《東亞日報》, 1925.1.1.**

"도적詩人프랑소아 비롱은 누구나 다알것이다 엇던富者가대접을잘하고하는말이『당신엇재서도적질을함닛가?』/『훙 나도 도적질하고십허서하는것이 아니지요 당신과가치맘대로 살림사리가 되지못하기에 그러는것이랍니다』"라는 내용이 기술되어 있다.

**金岸曙, 〈文士와 貧窮〉, 《朝鮮文壇》, 15, 1926.4, pp. 47–49.**

49쪽 글의 마지막에 '1926년 3월 23일'이라는 작성 날짜가 명시되어 있다. 47-48쪽에 "輕快한유모아에 一生을流浪으로보낸 김삿갓이라면 자세한傳記는 몰을망정, 집도업고妻子도업시,東西南北바람부는데로 이리밀니고저리써돌아다닌거지詩人임을 짐작할것이다. 十五六世紀頃 프랑스에 盜賊詩人으로有名한「프랑소아·비롱」하고 東西의 好個對照가 되는것갓타.틀니는點이 잇다하면 하나는 東洋式 斷念哲學의 樂天者엿고 다른하나는「나도 財産이잇고보면 盜賊갓튼것은아니할쌘더러, 盜賊질하는사람을 만나면 極力勸諭하겟노라」한 嘲笑的反抗이 잇섯슬쌘이다."라는 내용이 있다. 이 글은 이후 朴庚守 編, 《岸曙金億全集 ⑥隨筆集》, 한국문화사, 1987, pp. 143-145에 재수록된다.

**金岸曙, 〈비롱의敬禮〉, 《東亞日報》, 1926.7.31.**

"模倣이니 暗示니하는말에 생각나는것은 프랑스의「비롱」의敬禮이다「비롱」이라니까저盜賊詩人으로 有名한「프랑소아·비롱」으로 알사람도잇다 만은 그「비롱」이아니고이「비롱」은評者의비롱으로 자세한 이야기는 몰으지만은 엇재든 興味잇는 이야기를 잘하는듯하엿다"라는 부분에서 비용의 이름이 언급된다. 이후 朴庚守 編, 《岸曙金億全集 ⑥隨筆集》, 한국문화사, 1987, p. 149에 재수록된다.

**朴術音, 〈早熟詩人『채터튼』의설음〉, 《學生》, 第壹卷 第五號, 1929, pp. 38–44.**

41쪽에 《유언의 노래》 가운데 일부("靑春은 모르는새 흘너갓스니/그時節생각코 나는痛哭함니다/뉘보다도 즐긴 靑春의時節/설어워라 老衰가侵犯하네요/靑春은 발로 거러간것안이고/말타고 달닌것도 안이랍니다/그러면 엇써케? 오! 날너갓지요/그리고서永永히 不再還이야요")가 영역과 함께 번역되어 있다.

**金起林, 〈象牙塔의悲劇《싸오—》에서 超現實派까지(三)〉, 《東亞日報》, 1931.8.1.**

글의 중간 부분에 "〔…〕『모나-키』의時代에는 君主를『올리가-키』의時代에는僭王을『쩨모크라시』의 時代에는 貴族을 封建時代에는 城主와地主를 詩人은 그들의上典으로歷史하지아니하면 아니되엇다/그反動으로서『푸랑소아빌롱』가튼 盜賊질을 職業으로하는 奇怪한 詩人까지 생겻든것이다 〔…〕"라는 언급이 나온다.

**異河潤, 〈現代佛蘭西詩壇 —詩人을 中心으로 하야 (一)", 《東亞日報》, 1931.9.30, 5면.**

"〔…〕 하나도 그를 짜르지는 못햇스나 만흔模倣者를내이게한 저『프랑소아 · 쎄용』(Villon)은 十五世紀의 佛蘭西 抒情詩를 獨占하얏섯다고해도 決코過言이아닐만한 大家이엇섯다."라는 언급이 있다.

**韓植, 〈詩와批評과〉, 《文章》, 第二卷 第八號, 1940, pp. 158–163.**

158쪽에 "十五世紀佛蘭西放浪詩人『프랑쇼아 · 비용』의「르 · 테스타망」"이라는 간략한 언급이 나온다.

**孫宇聲, 〈佛蘭西의詩〉, 《新天地》, 제4권 10호, 1949.11, pp. 36–40.**

《新天地》는 1946년 1월 15일 창간되어 1954년 8월 1일 통권 68호(9권 9호)로 종간된 잡지이다. 36쪽에 "프란스詩壇의 元祖라고할 프랑소아 · 비용은 數三次 死刑臺에 오를 뻔 한 大盜였다. 國王의 特命으로 赦免되어 나온 後의 그는 踪跡조차 알려지지 않었으나 그의 神韻은 永遠히 사람의 가슴속에 남아있다."는 평과 함께 비용의 유명한 발라드의 한 구절인 "지난 해의 白雪은 어데 남아있는고?"가 이야기된다.

**郭鐘元(編), 《現代世界文學辭典》, 創人社, 檀紀 4287年(1954).**

184-185쪽에 비용의 생애와 작품에 관한 개괄적인 내용이 나온다: "뷔용 Francois Villon (1431-?) 佛蘭西 15世紀의 詩人. 〔…〕 그의 作品은 온통 그의 私感 例컨대 怨恨 怒憤 悟悟 嘲笑 祈禱 哀願 뿐이다. 그런데 그도 在來의 佛蘭西詩 傳統인 寓意的 方法으로 하지 않고『리알이스트』의 態度로서 하였던 것이니 말하자면 直接表現이다. 이에 있어 佛蘭西가 참된 意味로서의 抒情詩人을 가졌다고 할수 있다. 그러나 詩人으로서의『뷔용』의 眞價는 非但 그러한 史的價價[*sic*] 뿐만이 아니라 그의 個人感情이 豊當히 가진바, 共感性에도 있었으니 이는 그의 感情이 實性있는 것이었기 때문이리라. 〔…〕 이것

이 그의 詩가 가진바 藝術的 偉大性인 것이다."

**孫宇聲, 〈佛蘭西近代文學史〉, 《文藝創作講座 世界文藝思潮史》, 서라벌 藝術大學校出版局, 檀紀 4288年(1955), pp. 109–116.**

111쪽에 다음과 같은 내용이 실려 있다: "그리고 文藝復興期前 詩人으로 샤를르·도를레앙과 프랑소아·비용은 卓越한 抒情詩人으로 今日에까지 愛誦되며 더욱이 비용은 無節制한 放浪詩人으로서 傳說上의 人物이 되었다."

**金白雄, 《世紀兒의 사랑 —佛蘭西秘戀史》, 東亞文化社, 檀紀 4289年(1956).**

전체 3부로 구성되어 있으며("1. 나포레온과 죠세휘-느—皇帝의 愛情生活—, 2. 쇼팡과 쌍드 —藝術家의 愛情生活—, 3. 아베라-르와 에로이-즈 —學者의 愛情生活—"), 187쪽에 "프랑쓰 十五세기의 서정시인 프랑쏘와–뷔용은 에로이-즈와 아베라-르의 비운(悲運)을 이렇게 노래하고 몸과 마음을 불태운 사랑도 「때」와 함께 사라지는 허무한 인생을 애탄하고 있다."라는 언급과 함께 비용의 발라드 일부가 제시된다: "지금은 어디있나 총명에 넘친 에로이-즈/그 님 때문에 몸을 던져 에바이야-르는/쎈트, 도니의 수도실 깊이 잠겼으니/이 고뇌(苦惱)도 다만 사랑의 인과(因果) 〔…〕 세월은 흘러 옛날에 나린 눈은 지금 어디있나"

**李鎭求, 〈人間失格—프랑쏘아·뷔용〉, 《France》, 創刊號, 1959.12, pp. 48–51.**

비용의 삶에 대한 소개("大學을 나와 學位까지 받았다는 爲人이 放蕩과 無節制한 生活 끝에 殺人을 하고, 겨우 容恕해 준지 不過 1年도 채 못 되어, 이번에는 절도질을 저질러, 저 살던 고장에서 쫓겨나 放浪하다가, 또 무슨 罪目으론지 걸려 들어 獄에 갇힌 것을 풀어 놓으니, 다시 절도를 안하나, 殺傷行悖를 안부리나……두고 두고 이 모양으로 굴다가 어데선지 가뭇없이 죽기로손, 〔…〕" 등)와 작품에 대한 개괄적인 기술("뷔용이 남긴 詩는 《小遺言書》(1456年)와 《大遺言書》(1461年) 및 數篇의 斷章이 있을 뿐이지마는, 빈번히 "가엾은 뷔용"을 스스로 외치고 있는 이들 詩篇은 詩로서 絶唱일 뿐 아니라 딱한 그의 處地를 理解하는 데도 큰 도움이 된다." 등)이 있으며, 상당수의 작품들이 부분적으로 번역되어 있다: "大遺言書" 26("오오! 젊어서 그 미치광이짓을 말고/나도 좀 더 공부를 했던들,/그리고 점잖은 축에서 행세했던들,/집도 장만했고, 높은 벼개 비었으련만./이게 무슨 꼴이람? 부량자처럼 학교를 뛰쳐 나고 말다니!/이제 이 글을 써 가노라니 금창이 미어지는듯 하다……"), 14("나는 罪人이다. 그건 나도 잘 안다./허지만 主는 나의 주검을 원치 않고,/〔…〕"), 21("궁색함은 사람을 惡의 구렁으로 몰아 넣고/기갈은 늑대들을 山 속에서 끌어낸다."), 143("거렁방이에게는 뺵다구 차례라도 시키려무나./빌어 먹는 신세엔 쓰고 달고를 가릴 나위도 없다."), 76("……나의 육신을/어머니인 大地에 바치노라./궁벵이들에게 [*sic*] 다소 요기는 될 것이다./여러 해 주린 끝에 여윌대로 여위었노라."), 62("나는 주검이 다가 옴을 느낀다—/눈 덩이처럼 흰, 크기 공만한/가래가 목구멍에서 끓어 나온다."), 16("허나, 내가 죽음으로써, 또는 내 얘기를 덮어 둠으로써,/세상에 어떤 도움이라도 주게 된다면,/나의 가지가지 잘못을 뉘우쳐/기꺼히 죽어 가련다./허지만 나는 누구에게도, 죽은 사람한테까지도,/설마 어떤 폐가 되진 않을 것이다./이처럼 맨 주먹 쥔 사나이에게/태산이 울려 본 일이라곤 없었다.") 등.

**〈餘滴 프랑소아 비용〉, 《경향신문》, 1961.8.11.**

필자명이 제시되지 않은 채, 비용의 유명한 발라드인 "『지난날의 佳人의 바라드』" 한 구절이 소개되며("말해다오 지금은 어디에, 어느나라에 있느뇨. 「로마」의 佳人 아름다운 「프로라」「아르키비아다」 그리고 「타이스」. 같은 핏줄기를 나눈 저들이여, 강물위에, 연못가에 부르면 손짓할 木魂의 메아리, 그덧없음 정녕 人生無常이런가. 허나 그러나 지난해의 눈(雪)은 지금은 어디메뇨. 〔…〕"), 《유언의 노래》의 일부가 다음과 같은 평과 함께 제시된다: "그는 人生의 不安과惡에의 뉘우침에서 『窮塞은 사람으로 하여금 잘못을 저지르게 하고 飢餓는 늑대를 숲에서 몰아낸다』고 嘆하는 本情을, 그래도 아주 잃지는 않았었다. 〔…〕"

**趙炳華, 《101人의 詩人》, 正音社, 1961.**

머리말에서 "주로 참고로 한 서적은, 日本 硏究社版 "世界文學辭典(1951)", 日本 河出書房版 "世界文學辭典(1956)"" 등임을 밝히고 있다. 24-26쪽에 비용에 대한 소개가 나오며, "墓碑銘"("이곳 높은 이 방에서 잠들어 있는 것은 사랑의 여신의 화살을 맞고 쓰러진 사나이 프랑소아·뷔용이라 불리웠던 貧賤한 學徒이다. 〔…〕 세상에, 행복한 者들아, 그를 위하여 다음의 小曲을 읽어두어라!"), "遺言詩集(斷片) 25章"("色情에 耽溺했던 것은 사실하고도 사실이다. 〔…〕 마음은 슬프고 배는 고파서, 삼분의 일도(배에)차지 않는다. 이러고보니 色情의 골짜기를 타고 내려갈 뿐이로다.") 등이 번역되어 있다.

**《文藝大辭典》, 學園社, 1962; 1964(再版).**

443쪽에 다음과 같은 내용이 기술되어 있다: "비용 Villon, François(c. 1431-?) 본명은 François de Montcorbier. 빠리 대학 문학부에서 배워 1452년 문학사 학위를 얻었다. 1455년 생브노와 교회의 경내(境內)에서 신부를 죽였다는 죄목으로 빠리를 떠났다. 이듬해 사면장(赦免狀)을 얻었으나 그 해 연말에 나발 신학교의 금화(金貨) 절도 사건에 가담했다. 같은 때에 《유증(遺贈)의 노래; Le Lais》를 창작. 이 시는 골계(滑稽)와 신랄한 풍자가 넘치는 작품이다. 1456-60년간 방랑 생활을 계속, 1461년 한때 투옥되었으나, 이듬해 초에 빠리 근처로 가서 걸작 《유언(遺言) 시집》을 썼다. 이는 전작 《유증의 노래》와는 달리 심각한 작품으로, 8철(綴) 8행의 싯귀 사이에 군데군데 주옥 같은 밸러드·롱도 및 샹송이 삽입되어 있다. […] 비용은 중세기의 궁정 시인의 틀에 박힌 형을 깨뜨려 빈궁·패잔·죽음과 직면한 인간적인 목소리를 발한 최초의 근대적 시인이며, 프랑스 최대의 서정시인의 한 사람이다."

**Kim Boong-Ku, *Choix de poésies françaises*, Panmun Book Company, 1966.**

15쪽에 비용에 관한 간략한 소개가 프랑스어로 제시되며("Après une jeunesse agitée, François Villon s'abandonne à un destin aventureux et misérable; mais il puise dans l'expérience du malheur l'inspiration de ses vers les plus émouvants. Comme il a dû fuir après avoir commis un vol au collège de Navarre, il prend congé en écrivant les *Lais*. Comme il vient de faire un dangereux séjour dans la prison de Meung, il se confesse dans un chef-d'oeuvre de pathétique sincérité: *le Grand Testament*. Repris de justice, il est condamné à mort: il clame la *Ballade des Pendus*. Voici Villon grâcié; mais il est banni de Paris, déchu et il disparaît brusquement."), 17쪽에는 "Ballade des dames du temps jadis", 18쪽에는 "L'Epitaphe Villon"의 일부 원문이 제시되어 있다. 아울러 135-136쪽에는 간략한 주석이 실려 있다.

**郭福祿(譯), 《해르만 헷세 世界文學에의 길. 클라 분트 世界文學新講. 한스 카롯사 引導와 順從》, 乙酉文化社, 1966; 1976(11版).**

《世界文學新講》의 104쪽에 비용에 관한 간략한 설명과 함께 "〈교수된 者의 발라드〉"("그대들 살아 남는 동포들이여,/ 우리에게 마음 쌀쌀하게 하지 말라./그대들이 우리에게 베푸는 동정은/어느 날엔가 신이 알게 되리라.") 등이 번역되어 있다.

**高遠·崔楨鎬·章湖 共譯, 《世界名詩選》, 正音社, 1968.**

93쪽에 "째인 詩法과 文體로 뛰어난 感動과 銳敏한 良識의 불꽃에 피는 그의 詩는, 그의 不遇한 生涯와 함께 사람들의 입에서 가시지않고 있다. 어려서 아버지를 잃고, 홀어머니에게 길리웠으나 殺人, 失踪, 放浪, 竊盜로, 끝내는 一四六三年一月 巴里를 追放당한 後 消息을 끊었다."라는 짧은 평과 함께 "그 옛날의 美姬를 노래한다"의 번역이 나오며("말하라, 어드메 어느 나라에 있는가./〈로마〉의 遊女 아름다운 〈프로라〉,/〈아르키피아다〉, 또한 〈타이스〉/[…] 내 님이여 이 아릿다운 아씨들의/지금은 어드멘가 묻지 말어라/가락도 없이 그저 후렴만 되풀이할뿐/아아 그 날의 눈은 지금은 어드멘가"), 94-95쪽에는 "그 옛날의 王侯貴人을 노래한다"의 번역이("또한 묻노니 지금은 어드멘가 〈카리크스트〉 三世,/法王의 자리에 있기 四年/일찍 돌아가시다 이 님은./[…] 아아 勇猛스런 〈샤르마뉴〉皇帝는 시방 너드멘가.") 있다. 또 95-96쪽에는 "벗에게 보내는 편지투의 詩"의 번역이 있으며("벗이여, 소원일세 이 나를 제발/가엾다 불쌍하다 측은하게 여겨주게./동백꽃이나 五月달 新綠의 그늘이 아닌/흙더미 土窟속에 神의 뜻대로/「宿命」에 인도 받은 追放의 몸일세./[…] 이렇게, 똥돼지들아, 피차 서로 그러는 법이야/돼지는 한놈이 울면, 떼지어 몰려오는법일세./불쌍한 〈비용〉을 土窟속에 이냥 내버려둘 작정인가."), 96-98쪽에는 "〈비용〉墓碑銘"이 수록되어 있다: "내 가고 난 뒤도 남아 살 一切衆生들이여,/모진 마음을 내게 품지 말아다오./가엾은 자라 나를 여겨주면/神은 그대에게 聖寵을 베푸리니/보라, 여기 우리들 묶이어 다섯, 여섯/[…] 一切衆生을 다스리는 主 〈크리스트〉여,/우리들을 地獄에 떨어뜨림없이 지키게하라./奈落에서 우리들을 濟度하여 地獄과는 거래없이 하라./人間들이여 세상에 있어 장난삼아 삶이 없기를,/神에게 우리들의 용서를 빌어다오."

**민중서관편집국(編), 《西洋文學小辭典》, 민중서관, 1969.**

118-119쪽에 다음과 같은 내용이 소개된다: "비용 François Villon 1431-? 중세 프랑스의 시인. 파리의 서민 집안에서 태어나 司祭 기욤=드=비용에 의하여 키워져 그 姓을 땄다. 파리大學에 들어가 1452년 문학사가 되었다. 百年戰爭 직후의 혼란 통에 이 秀才는 차차 몸을 함부로 처신하다가, 1455년 애정 사건으로 殺傷을 일으켜 파리에서 도망쳤다. 이듬해 용서되어 돌아왔다가, 徒黨을 짜가지고 나바르神學校에 침입하고는 다시 방랑의 길로 떠났다. 이 즈음 『情表(Le Lais)』를 썼다. 낙향함에 있어 친구들에게 속옷이라든가 간판 등의 기묘한 것들을 정의 표시로 나눈다는 뜻의 노래로서, 그 개인적 감정, 嘲笑, 소원 들이 생생하게 느껴지는 걸작이다. 그의 생활은 굶주림과 도둑질과 투옥의 연속이었던 것 같다. 도둑 패거리에 끼어 생활했다고도 하며, 1461년 투옥당하였을 때는, 겨우 사형을 면하는 지경이었다. 그러나 루이 11세의 특사를 받아 파리로 돌아와, 대

표작『遺言詩集』을 썼다. 前作과는 달리, 청춘에 대한 후회, 가난과 老衰에의 恐怖, 獄卒들에 대한 怨憎 등이 노래로 엮어져, 프랑스詩의 걸작의 하나로 꼽힌다. 그는 그러한 개인적 감정을 표현하는데 있어, 종래의 寓喩의 방법에 따르지 않고 현실로 있는 그대로를 노래하여, 프랑스 서정시의 길을 개척했다. 지난 날의 才子 佳人들의 영락한 모습을 노래하고, 또한 사형수의 시체로 하여금 말하게 할 때에도, 그것은 비용 개인의 감개를 초월하여 허물어져가는 中世文化에의 애석한 노래로 되어 버린다. 그는 古典時代에서는 무시당하였으나, 근대에 이르자 높이 평가되고 있다.『遺言詩集』이 나올 즈음도 그는 방탕한 생활을 계속하고 있었던 듯하나, 1463년 파리 추방 10년의 刑에 처하여졌고, 그 이후의 소식은 분명치가 않다."

**민희식 · 이재호(譯編),《半獸神의 午後》, 범한서적, 1970; 1972(再版).**

154-157쪽에 "옛날의 美姬들을 노래하는 발라드"가 번역되어 있다: "내게 말해다오, 어드메, 어느나라에 있는가/로마의 美女 플로라/알키피아데스/그녀만치 아름다웠던 타이스;/江위나 못위에 소리날때마다/언제나 대답하는/人間의 美를 초월한「메아리」는?/〔…〕 王子님이시여, 어디에 그녀들이 있는지/묻지 마시오. 이 週에도 이 해에도/이 후렴을되풀이 않고서는:/그러나 어드메 있는가 옛날의 눈은?" 또 156쪽 하단에는 간략한 주석이 부기되어 있다.

**宋勉,《프랑스 文學史》, 一志社, 1971.**

68-70쪽에 비용에 대한 소개가 실려 있으며("失意에 찬 샤를르 도를레앙(Charles d'Orléans)이 블르와(Blois)城에 은거하여 詩作에 耽溺하고 貴族的인 詩의 마지막을 장식하는 白鳥의 노래를 읊고 있던 바로 그 때, 파리(Paris) 大學을 나온 文學士 프랑스와 비용(François Villon)은 盜賊團의 不良輩와 사귀고 殺人强盜의 罪를 범하여 死刑宣告를 받기 두 세 번, 그 때마다 요행히 모면되어 결국은 世紀의 어둠 속에 사라지고 말았지만, 百年戰爭 後의 背德과 無秩序와 죽음의 恐怖와 悔恨의 深淵에서 자란 강력한 개성을 한 줌에 지나지 않는 詩篇 속에 담고 있다. 〔…〕 이러한 青春時節의 無分別에 대한 悔恨과 사랑스런 여성들에 대한 원망스러운 추억과 함께, 감옥과 형무관에 대한 울분과, 빈곤과, 죽음에 대한 悲哀와 恐怖, 그리고 高位高官에 대한 嘲笑가 거기에 메아리치고 있다. 이 騎士道精神이 허물어진 時代에 宮廷詩人들의 安易한 테두리 속에 머무르지 않고 빈곤, 부패, 죽음과 直面하고 있는 語調에는 人間的인 외침이 있다. 〔…〕"), 8행시 1편("아, 슬프구나! 미칠 듯한 青春의 時節에,/〔…〕 이 글을 쓰며 생각하니/가슴은 찢

기듯 아프구나!")과 발라드 두 편의 일부("그런데 작년의 눈은 지금 어디서 내리고 있는가?", "우리들 뒤에 살아 남을 동포들이여,/우리들에게 무정한 마음을 품지 마오./가엾은 것들이라 불쌍히 여기시면,/하느님이 그대들께 이내 성총을 줄 터이기에.")가 번역되어 있다.

**郭福祿 外 7인(編輯),《世界文學大事典》, 文元閣, 1972, pp. 489-490.**

비용의 생애와 시형식에 대해 상당히 상세한 소개가 이루어지나, 오류가 적지 않다: "프랑스의 詩人. 가난한 집안에 태어나 7~8세 때부터 파리 聖브노아 共同信徒團의 主教 기욤 드 비용에게 養育. 비용이란 主教인 은인의 姓을 딴 것. 본명은 몽코르비에 데로쥬, 파리 大學에서 修學. 49년에 學士, 52년에 文學碩師를 획득, 뒤에 다시 法學部에 籍을 두었던 것 같으나 확실치 않다. 생존 시기는 100년 전쟁(1328~1453)의 말기부터 戰後 약 10년간으로 추정된다. 따라서 당시의 사회적 불안과 혼란은 그로 하여금 가차없이 그 소용돌이 속에 말려들게 했다. 55년 6월, 여자 일로써 인해 破門. 神父 필립 세르모아와 싸움을 하게 되었는데, 잘못하여 그를 殺害, 파리를 떠나 방랑. 6개월 후 國王의 허가로 파리로 돌아왔다. 이 방랑 기간 동안 도둑團인 코퀴黨과 관계한 흔적이 있다. 그 해 크리스머스 이브에 일당 4명과 함께 나바르 神學校에 침입, 학교 公金 500 에큐를 털어 다시 파리를 떠나 이 때 〈紀念品〉을 썼다. 그 후 63년 봄까지 프랑스 중부를 방랑. 그 동안에 샤를르 도를레앙公과 앙쥬公 르네를 찾아 보거나 부르봉公에게 서한을 보내기도 했고 또는 오를레앙이나 망 등의 감옥에 여러 번 감금되는 등 明暗의 두 갈래의 생활을 보냈다. 방랑 6년 후, 파리로 돌아와 〈大作遺言書〉를 집필했다. 어떤 殺傷事件에 연좌되어 10년간의 파리 추방의 선고를 받고 다시 파리를 떠나 이후 그의 행적을 더듬을 수 있는 증거는 아무것도 없는데 프와투우 지방의 예부터 있었던 전설에 따르면 그는 나중에 그 지방의 생 메크상 수도원장의 비호로 바른 길을 되을아[*sic*] 여생을 마쳤다고 한다. 詩作品에는 앞의 〈紀念品〉과 〈遺言書〉 외에 斷章詩 16篇이 있고 〈紀念品〉이나 〈遺言書〉는 그 제목이 말해 주듯이 당시의 현실 찾[*sic*] 유언장 형식을 빌어 자기의 사상이나 감정을 표현한 것. 비용을 전후해서 많은 詩人이 이 방법을 시도했지만 이 두 개의 詩만큼 성공한 예는 없다. 〔⋯〕 그러나 〈遺言書〉의 詩人은 방랑 중에 얻은 온갖 경험, 특히 감옥에서 받은 고문, 그 밖의 많은 고생과 굶주림 따위로 인해, 변화되고 있다. 이제까지 밖을 내다보고 즐거워했던 눈이, 내부로 돌려져 거기에서 여러 精神現象의 奇怪와 대결을 한다. 앞서의 웃음에는 쓴 맛이 가해지고, 야유와 조소에는 서릿발 같은 매움을 띠게 되고, 뿐만 아니라 30세에 이미 늙었다고 한탄한 이 詩人에게는 老醜와 죽음의 공포가 심신에서 떠나지를 않았다. 그것을 뒤에서 붙들 듯이 청춘의 회고와 가톨릭적 체념이 나타난다. 비용은 8聯詩의 명수로 ABABCDCD로 되풀이되는 풍부한 押韻은 空前絶後라고 할 수 있는 윤택과 喚起를 詩想에 담았다. 이 8聯詩 186行을 바탕으로 그 사이에 16篇의 발라드와 2篇의 론도, 1篇의 상송을 곁들여 변화를 줌으로써 詩想의 다양성을 살리기에 충분한 구상을 묘출해 냈다."

**역자 미상, 〈파리의 건달, 프랑소와 뷔용〉, 《世界諧謔小說大全集》, 노벨문화사, 1972, 第2卷, pp. 119-135.**

전 7권으로 구성된 《世界諧謔小說大全集》(白鐵 編著)의 제2권(프랑스/유럽諸國/러시아篇)에 수록되어 있으며, 번역 내지 번안 작품으로 추정된다. "르네상스의 프랑스를 대표할 만한 대시인(大詩人)으로서 유명한 소르본느 대학을 나오고, 술주정뱅이, 기사(騎士), 수다장이 등의 여러가지 닉네임을 가진 도벽(盜癖)이 심하고 비꼬기 잘하며, 거지차림을 하고 다니는 천하의 건달이 있었다."는 말로 이야기가 시작되며, 135쪽에 "〈파리의 여성들〉"의 일부("플로렌스 베니스의 태생/여인들은 남들이 말하기를/속삭이는 말 맵시가 있어/예로부터 사해에 이름 떨치다/혹은 또 롬바르디아, 로마, 제네바라고 말하고/피에몽트 사보이라고 말하는 자 있지만/파리 태생의 말 많은 여인에게 비하기나 할소냐.")가 번역되어 있다.

**김현, 〈文化接變時의 文學人 ―狂態研究 1〉, 《知性》, 1972年 5月號, pp. 116-128.**

임춘林椿과 비용을 비교한 글로, 124-127쪽에 비용 작품의 부분적인 번역이 수록되어 있다: 124쪽("내 어린 시절부터 내 가난하고/근본이 가난하고 하찮은 것을./내 애비는 큰 돈은 가져본 적 없고/오라스라는 이름의 그의 先祖 역시 그런 것을./가난은 우리 모두를 뒤쫓고 떠나지를 않는다./신이여 그들의 영혼을 껴안으라/하지만 내 선조의 무덤 위에는/왕관도 笏도 보이지 않는다"), 125쪽("마찬가지로 내 주노라, 내 불쌍한 어머니에게/나에게 그토록 고통을 준 내 불쌍한 어머니에게……", "오 하느님이여, 내가 내 미친 청년시절에/공부를 좀 더했고/풍속에 잘 얼려들었더라면/나도 집을 갖고 푹신한 요를 갖었을텐데/그러나, 어쩌랴 나는 막난이들이 그러듯이/학교를 도망쳐버렸으니/아 이 말을 쓰려니/내 가슴이 찢어지는 듯 하는구나"), 126쪽("나는 가난한 자나 부자나,/영리한 자나 미친 자나, 사제나 이교도나,/고귀한 자나 하찮은 자나, 속넓은 자나 인색한 자나,/적은 자나 큰 자나, 아름다운 자나 추한 자나[…]/죽음은 예외없이 사로잡는다는 것을 내 알았다", "잘 살찐 육체라 해도/오래전부터 헐고 썩은 것을/이제 우리들 뼈는 가루가 되고 재가 된다.") 등. 이 글은 이후《想像力과 人間》(一志社, 1973) 그리고《김현 문학 전집 3. 상상력과 인간/시인을 찾아서》(文學과 知性社, 1991)에 재수록된다.

**金宗文, 〈最初의 近代詩人 프랑스와·비용評傳〉, 《詩文學》, 1973年 6月號, pp. 59-73.**

1919년 평양에서 태어난 김종문은 1942년 일본 도쿄의 아테네 프랑세를 졸업했으며, 시인 김종삼의 형이기도 하다. "프랑스와·비용(François Villon)은 百年戰爭(Guerre de Cent Ans, 1338-1453)이 종반에 들어서며 프랑스 국내는 火焰의 도가니를 이루는 1431년에 빠리에서 태어났다."로 글이 시작된다. 59-60쪽에 "『大遺言詩集』 35詩聯"의 번역("나는 가난에 눌린 집에 태어나서,/어릴적부터 가난을 씹으며 살았다./나의 부친은 富貴를 몰랐고,/오라스라는 그의 조부도 그랬다. 〔…〕"), 60쪽에 "『大遺言詩集』 87詩聯"의 번역("다시금, 나의 부친보다 뛰어난 은인,/기저귀 채우며 키운 어머니/보다 자비심이 깊은/ 메트르·기옴·드·비용,/그는 나의 거듭된 파란 속에서 몇번이고 나를 구제했다,/〔…〕"), 61쪽에 "『大遺言詩集』 중의 「聖母마리아에의 祈禱詩」 3詩聯"의 번역("저는 가난한 노파입니다./아무것도 모르는 文盲입니다./제가 다니는 교회의 벽에서,/천국에는 비파와 수금, 지옥에는/죄진 死者들이 불타는 그림을 봅니다./〔…〕 저는 이 믿음으로 살다 죽겠읍니다."), 62쪽에 "『大遺言詩集』 중의 「두블르·발라드」 5詩聯"의 번역("불쌍한 나 자신에 대해 얘기한다. 미친 사랑탓에/피륙이 냇가에서 두들겨맞고 뜨듯이,/벌거벗고 매맞은 것을 어찌 숨기랴./〔…〕 사랑의 포로 아닌 사내는 어찌 행복치않으랴."), 63쪽에 "『大遺言詩集』 32詩聯"의 번역("고급 술 통의 주더미는 늘 트이고,/갖가지 소스, 수프, 큰 생선,/〔…〕 고통을 겪으며 일하는/ 石工의 경우와는 딴판이다./〔…〕") 및 "알렉산더大王과 그의 부하들에게 포박된 海賊 디오므데(Diomedés)와의 문답"을 이야기하는 "『大遺言詩集』 17-18詩聯"의 번역, 64쪽에 "『雜詩集』 중의 「블와城의 詩콩쿠르의 발라드」 첫詩聯"의 번역("샘가에서 목타며 나는 죽는다./몸이 불처럼 달아오르며 잇몸이 떨린다./내 나라에 있으면서 먼 곳에 있는 것같다./〔…〕"), 65쪽에는 "『雜詩集』 중의 「나의 詩友들에게 보내는 書翰詩」 跋詩聯"의 번역("〔…〕 가엾은 비용을 토굴 속에 버려둘 셈인가."), 65-66쪽에는 "『大遺言詩集』 첫詩聯"의 번역("내 나이 30이 되는 해에,/司敎 티보·도시니의 손에 잡히어/온갖 굴욕을 참으며/온갖 고통을 겪은 탓에/나는 바보가 될 수또[*sic*]/영리한 자가 될 수도 없고……/十字聖號를 그으며 거리를 누비는 그놈이 司敎일지라도/나의 司敎라고 밑바닥에서 올려다볼 수는 없다."), 66-67쪽에는 "『雜詩集』중의 「롱도」 全文"의 번역("즈냉·라브뉘여,/증기탕으로 가게,/〔…〕 옷 벗은 몸 씻고/탕 속에 저리게./즈냉·라브뉘여/증기탕으로 가게."), 69쪽에는 "『雜詩集』

중의 「비용의 마음과 육신의 問答詩」 4詩聯"의 번역("그 고통은 어디서 왔는가—나의 惡運에서 왔다./木星이 내게 무거운 짐 지누며,/이 惡運을 심었다고 생각한다—바보같으니./〔…〕") 및 "『大遺言詩集』중의 「옛날의 美女들의 발라드」 4詩聯"의 번역("지금 어디에 뛰어난 才媛 에로이즈,/이 여인탓에 거세된 아베라르/〔…〕 그런데 지난날의 눈은 지금 어디에."), 70쪽에는 "『大遺言詩集』중의 「뚱뚱보 마르고의 발라드」 跋詩聯"의 번역("바람, 싸라기 눈, 서리, 나는 빵을 누린다./나는 막된 놈, 막된 년들이 내게 따라붙는다./〔…〕 우리는 진을 치고 있다, 이 色鄕에서."), 72쪽에는 "『雜詩集』중의 「四行詩」"의 번역("나의 이름은 가엾은 프랑스와,/뽕트와즈에 가까운 빠리에서 태어났다./1미터 95의 밧줄에 매달릴 때/나의 목은 나의 엉덩이의 무게를 알 것이다.") 및 "『雜詩集』 중의 「비용의 墓碑銘」 첫詩聯"의 飜譯("우리 죽은 뒤 살아가는 인생이어,/우리에게 냉정한 마음 품지 마라,/〔…〕 뉘도 우리의 非行을 비웃지 마라./神에게 우리의 죄를 사하도록 기도하라.")이 있다. 아울러 73쪽의 말미에는 참고문헌으로 "François Villon, *Poésies complètes*/Gustave Lanson, *Histoire de la Littérature française*/鈴木 信太郎「フランス詩法」 上·下巻"의 3권을 명시하고 있다.

**송면, 《프랑스 문학의 이해》, 서문당, 1974; 1981(初版 5刷).**

57-59쪽에 비용에 대한 개괄적인 소개가 나오며, 8행시 1편("아, 슬퍼라! 미칠 듯한 청춘 시절에,/〔…〕 이 글을 쓰며 생각하니/가슴이 찢기듯 아프구나!")과 발라드 한 편의 일부("우리들 뒤에 살아 남을 동포들이여!/우리들에게 무정한 맘을 품지 마오./가엾은 것들이라 불쌍히 여기시면,/하느님이 그대들에게 이내 은총을 주리.")가 번역되어 있다. 1996년 9월 개정판이 발행되나, 내용상의 변화는 없다.

**文德守(編著 代表), 《世界文藝大辭典》, 成文閣, 1975.**

"프랑스文學"의 책임집필자는 "金宇鎭, 閔喜植, 朴恩受, 徐禎哲"로 되어 있으며, 949쪽에 기술된 내용은 다음과 같다: "비용 Villon, François 본명: François de Montcorbier 1431(32)-1463. 1.5 이후 프랑스의 시인. 〔…〕 이 무렵에 골계(滑稽)와 신랄한 풍자에 넘치는 〈유증(遺贈)의 노래〉를 썼다. 1456-60년까지 각지를 방랑했고, 절도 사건으로 한때 투옥되었으나(61) 석방 후 파리 교외(郊外)에 잠입(潛入)하여 〈유언시집(遺言詩集, Le Testament)〉을 썼다. 이 시집은 옥리(獄吏)에의 증오, 잃어버린 청춘에의 뉘우침, 빈병노사(貧病老死)에의 공포감을 애절(哀切)하게 읊은 것으로 8철(綴) 8행 186연의 시귀 사이에는 주옥(珠玉) 같은 16편의 밸러드, 2편의 롱드, 1편의 상송 등이 삽입되어 있다. 〔…〕 작품은 전기 외에 단장시(斷章詩) 16편이 있다. 중세기 궁정 시인의 틀을 깨뜨리고, 빈궁, 패잔, 죽음 등과 직면한 인간의 처절한 목소리로 읊은 프랑스 최초의 근대 시인이며, 최초의 근대 서정시인이다." 1994년 改正增補板이 教育出版公社에서 나왔으나, 변동사항은 없다.

**민희식, 《프랑스 문학사》, 이화여자대학교 출판부, 1976; 1982.**

"비용(Villon, François, 본명: François De Montcorbier, 별명: François Des Loges, 1431(32)-1463 1.5일 이후)"라는 표제 아래 간략한 설명이 62-64쪽에 걸쳐 제시된다: "중세 말기 백년전쟁 후의 혼란가운데 출생하여 파리대학의 문학사가 되고 사람을 죽이고 도둑의 친구들 틈에 들어가서 방탕생활 끝에 여러 번 감옥에 들어가 사형선고도 받고 결국 행방불명이 되었던 불칙한 인물이었으나 그의 시는 오늘도 아직 아름답고 날카롭게 자유스러운 그의 마음의 향내를 발산해서 사람에게 깊은 감명을 주고 있다. 그는 프랑스의 으뜸가는 서정시인 중의 한사람으로 꼽히고 있다. 파리에서 태어난 그는 아버지는 알 수 없고 어머니는 가난해서 글도 모르는 형편이었으나 신앙심은 두터웠다. 〔…〕 1456년말부터 1460년까지 4년간 비용은 프랑스의 중부 서부지방 일대를 방황했다. 그 행로의 5,6 지명은 그 자신이 명백히 기록하여 두었다. 특히 브로와에 있었던 것은 외부에서 확인된다. 즉 샤를르 도르레앙 대공 및 그 주위의 시인들 시 가운데 비용의 시가 복사되어 있는 대공이 소장한 필사본이 남아있기 때문이다. 적어도 한때 비용은 이 문학이 꽃핀 궁전의 놀이에 참가했을 것이다. 〔…〕 이 방랑 4년에 〈유언 시집〉에 삽입된 고립한 단시편이 많이 창작되었다. 〈성모 마리아에게 빌기 위한 발라드(Ballade pour Prier Nostre Dame)〉도 선인고달의 영혼을 노래한 〈기도의 노래(Ballade et Oroison)〉도 〈프랑·공티에의 반박의 노래(Les contredits de Franc Contier)〉, 또 적어도 〈옛날의 미희의 시(부)(Ballade des dames du temps jadis)〉도 〈적은 골목에서 긴 한숨의 노래(Les regrets de la belle Heaulmière)〉도 이 시대의 창작인 듯하다. 〔…〕" 발라드에 대한 설명을 하고 있는 65-67쪽에 "Ballade des Dames du temps jadis"와 "L'Épitaphe Villon"의 원문이 제시되어 있다.

**朴恩受·吳鉉堣·李鎭求·金鵬九 共著, 《佛文學史》, 一潮閣, 1977.**

34-35쪽에서 비용을 소개하고 있으며("〔…〕 한편, 죽음의 苦惱가 그의 世紀 전체에 달라붙어 있었듯이 그도 죽음의 詩人이었다. 이러한 一般感情을 全身의 震動과 全神經의 戰慄로써 표현했다는 점이 그를 偉大한 詩人으로 만들고 있다. 〔…〕 그 영원히 새로

운 靈感과 精神에 있어 Villon은 완전히 近代的인 최초의 詩人이 될 수 있었던 것이다."), 발라드 1편("Villon 墓碑銘")의 일부가 번역되어 있다: "우리 뒤에 살아 남을 동포들이여,/우리에게 무정한 마음을 품지 마오,/가엾은 것들이라 긍휼히 여기시면,/하나님이 그대들께 이내 은총을 줄 것이기에."

**金永洙,《文藝思潮史》, 修學社, 1977.**

"프랑스의 문예부흥기"를 설명하면서 30-31쪽에 걸쳐 비용에 대한 소개를 하고 있으며 ("비용(François Villon, 1431-73?)은 살아 있을 때는 말할 것 없고 죽은 후에도 300년 간이나 그 진가(眞價)가 인정되지 않았다가 19세기에 이르러 뽀오드렐과 벨레에느가 나타남으로써 갑자기 문제가 된 시인이다 〔…〕"), "그가 동료(同僚)들과 함께 교수(絞首)될 것을 각오했을 때 지은" 발라드의 전체 번역이 수록되어 있다: "겨레여! 우리 간 뒤에도 살아 있을 사람들이여/우리를 너무 몹쓸게 여기질 말아다오 〔…〕 비노니 하늘에 계신 야소 만물의 주여/지옥의 가시밭을 주지 마소서./주의 전당에서 우리들 저지를 아무것도 없노니/우리의 사구(司寇)가 되지마소서./우리를 용서토록 빌어 주소서."

**E. H. 곰브리치,《서양미술사 上》, 崔旻 譯, 悅話堂, 1977; 1981; 1995(재판 2쇄).**

E. H. Gombrich, *The Story of Art*, Phaidon, 1971의 번역. 167쪽에 "중세 말의 프랑스 시인 프랑소아 비용은 그의 어머니를 위해 썼던 감동적인 싯귀 속에 이 효과를 다음과 같이 묘사하고 있다."라는 설명과 함께 〈성모에게 기도 드리는 발라드〉의 일부 번역이 나온다: "저는 가난하고 늙은 여인입니다/아주 무식해서 읽을 수도 없어요/그들은 저희 마을 교회에/하프가 울려 퍼지는 천국과/저주받은 영혼들이 불타는 지옥을/그려서 눈앞에 보여주었습니다/하나는 내게 기쁨을 주지만/다른 하나는 두려움을 줍니다…"

**徐連善, 〈Les Idees de la vie et de la mort dans le Testament de François Villon〉, 韓國外國語大學校 碩士學位論文, 1977.**

비용에 관한 최초의 국내 학위 논문으로 프랑스어로 작성되었다. 'Introduction, Ch. I(A. Le sentiment de la honte, B. L'amitié de lui-même et des autres, C. La hantise de la fuite du temps), Ch. II(A. Démon charmant, B. Poète de l'enseignement de l'amour), Ch. III(A. Universalité de la mort, B. Réalisme de la mort, C. Contemplation devant la mort), Conclusion, Bibliographie, Sommaire en coréen'으로 구성되어 있다. '우리말 초록'의 처음 단락을 인용하면 다음과 같다: "이 논문은 일반적으로 도둑시인으로 알려진 중세 말

의 프랑스 시인 프랑스와 비용의 두 유언집중에서 그의 가장 중요한 작품으로 평가되는 대유언집을 중심으로 하여 그의 시작품들 속에 나타나는 삶과 죽음에 관한 시인의 여러가지 관념들을 분석 연구하는데 그 목적이 있다. 〔…〕"

**徐連善, 〈프랑소와 비용 François Villon의 복합성 complexité에 관한 연구〉, 《전주 영생대 논문집》, 제7집, 1978, pp. 291-310.**

'1. 머리말(1. 나는 왜 이 글을 쓰는가?, 2. 그는 어떻게 살았는가?), 2. Le Testament의 분석(1. 시인의 부끄러움과 미워함에 대하여, 2. 시인이 억울함을 들어내려 애쓰는데 대하여, 3. 너그럽게 불쌍히 보아주기를 바라는 마음에 대하여. 4. 이웃과 맺어짐에 대하여—humaniste Villon, 5. 그의 농담속에 슬픔이 배어 있음에 대하여, 6. 그는 왜 Réaliste인가?, 7. 죽음은 어떠한 것인가), 맺는글'로 구성되어 있다.

**宋勉(譯), 《비용全詩集 遺言詩》, 文學과 知性社, 1980.**

'책 머리에, 서설: 비용 시의 이해를 위하여, 遺贈詩 8행시 1-40, 遺言詩 8행시 1-185, 雜詩 16편, 부록 I: 유증·유언 수령자 명단, 부록 II: 비용 年譜'로 구성되어 있다. '은어로 된 발라드'를 제외한 비용의 전작품에 대한 최초의 번역본이며, 이후 《谷水 宋勉 先生 文集. 文學과 삶의 倫理》(谷水 宋勉 先生 文集 刊行委員會, 1995)에 서문이 재수록되었다(494-495쪽). '책 머리에'에서 역자는 자신과 중세 시인과의 인연을 소개하고 있으며("생각해 보면, 나와 프랑소아 비용의 만남도 퍽 오랜 세월이 흘러간 셈이다. 와세다 대학에서 〈플로베르 美學〉을 공부하기 시작할 무렵, 나는 지도 교수(佐藤輝夫博士: 비용 연구의 권위자)에게서 한번 〈비용 공부〉를 권유받은 적이 있다. 〔…〕 그때, 나는 언젠가 〈비용 공부〉를 하여 그분의 기대에 보답하리라 다짐하면서, 우선 그분의 비용詩 강의를 5·6년간 거의 빠짐 없이 열심히 들은 것으로 기억한다."), "1976년에 渡佛의 기회가 주어져 다행히 〈비용 공부〉에 필요한 자료를 다소 손에 넣을 수 있었"음을 밝히고 있다. 번역의 저본 사항을 다음과 같이 밝히고 있으나, 역자가 밝힌 서지사항에는 오류가 없지 않다: "끝으로 이 『비용詩全集』은 장 뒤푸르네의 『프랑소아 비용詩 *François Villon Poésies*;[*sic*]』(Préface de Tristan Tzara, Edition établie par Jean Dufournet, Gallimar[*sic*], 1973)를 기본서로 하고, 앙드레 앙리[*sic*]의 『현대 불어역 프랑소아 비용 작품 *Français* [*sic*] *Villon, Oeuvres Traduction en francais* [*sic*] *moderne accompagnée de notes explicatives*』(Par André Lanly, C.H.C. 1974) 1·2·3권을 참고서로 하여 우리 글로 옮긴 것임을 밝혀둔다." 아울러 '서설: 비용 시의 이해를 위하여'는 현재 전해지는 가장 오래된 인쇄본으로 추정되는 판본에 대한 언급으로 끝을 맺고 있다: "〔…〕 1489년 파리의 서점 피에르 르베는 그것을 묶어 『비용의 대유언·소유언·유언 부속서 및 은어의 발라드』라는 이름으로 발간한다. 그것이 지금 한 권 남아 있는데 비용으로 보이는 인물과 사제 그리고 한 미인의 그림이 곳곳에 삽입되어 있는 8절형 사슴가죽 장정의 이쁜 책이다. 시인 프랑소아 비용의 생애는 마침내 닫혀지고 그의 시는 여기에서 시작된 것이다."

**민희식·이재호(역편), 《프랑스 名詩集 牧神의 午後》, 종로서적, 1981; 1984(2판).**

[136-139쪽에 간단한 주석과 함께 "옛날의 美姬들을 노래하는 발라드"가 번역되어 있으며 원문이 함께 제시되어 있다. 이전에 간행된 《半獸神의 午後》(민희식·이재호 譯編, 범한서적, 1970; 1972〔再版〕)를 참조.

**金文相, 〈Bruntière의 中世 프랑스 文學史 提要〉, 《全州大學校 論文集》, 第10輯, n° 1, 1981, pp. 235-249.**

Ferdinand Brunetière, *Manuel de l'histoire de la littérature française*의 번역임을 236쪽에서 밝히고 있다. 246쪽에 비용에 대한 간략한 설명("그러나 여기에 庶民出身으로 中世 唯一하게 François Villon(1431-1480)이 出現한다. Villon은 巴里에서 태어나서 巴里에서 자랐으며 巴里의 大學에서 教育 받았으나 放蕩으로 몸을 버린 眞짜 (極惡人」[*sic*]이었으며 同時에 天才的인 偉大한 詩人이었다. 詩人이라는 單語의 本來의 意味는 優美 함이나 迫力있는 表現이라던지, 참다운 感動 또는 思想 感情이 非凡할 경우를 가리키는 것이라야 한다면 Villon의 몇 編의 Ballade에서 그 뜻을 찾아 볼수 있을 것이다. 〔…〕 그는 「눈물 속에서 웃을 수 있는」資質을 가지고 人間의 착하고 아름다운 肉體안에 감출어진[*sic*] 僞善을 들추어 내서 嘲笑하였다. 美와 醜와의 이 異常한 混淆, 무서운 寫實, 假借없는 自虐趣味, 虛無와 주검에 對한 恐怖, 이러한 Villon 詩의 主題는 또한 19世紀 詩人 Baudelaire를 連想시키는 바가 있었다.")이 나오며, 247쪽에도 비용의 이름과 작품 제명이 언급된다: "〔…〕 Villon의 傑作인 大小遺言集에 降服하여 〔…〕"이 언급된다.

**鄭鳳九, 〈Villon詩에 깃들인 죽음의 思想 分析 研究〉, 《詳明女子師範大學論文集》, 第九輯, 1981, pp. 55-72.**

"序論, I. Villon詩의 構成內容, II. 遺言, III. 後悔, IV. Qù[*sic*] sont les neiges d'antan!, V. 祈願, VI. 處刑者의 노래(墓碑銘), 結論, Bibliographie"로 구성되어 있다. 59쪽에 "《Le Lais》의 시작 最初의 節"의 번역("(1천)456年/ 학생 프랑스와 비용인 나는/지금 고요

히 생각하건대/로마의 賢者며 大批評家인/저 베제스 책에 있듯이/한결같이, 한눈도 팔지 않고/잘 생각한 끝에 하는 짓이다./그렇지 않으면 실수하여…"), 60쪽에 "《Le grand Testament》"의 번역("내 나이 서른 살 되던 해/내가 겪을 수 있는 屈辱이란 모두 겪으며/수많은 苦役을 모두 다 치렀지만,/〔…〕"), 61쪽에 ""Le grand Testament" 22, 23, 26, 27節"의 일부 번역들이 나온다. 62쪽에는 "28節"의 번역에 해당하는 "《내 生命은 참으로 급하게 사라져 가도다. 저 베틀의, 보리집 불꽃을 손에 하면, 베틀에 맨 실이 삽시간에 타 없어지듯이》"라는 대목과 "38節"에 해당하는 "곰곰히 생각하니, 나는/星晨을 머리에 이는 聖天子의 아들이 아니라/나의 아버지도 죽고, 神이여, 그 靈魂을 지켜주소서!/〔…〕 그러니 사람의 아들인 나 언제까지 이세상에 머물지 못하리라."가 있으며, 63쪽에는 "52, 53節"의 일부 번역들이 제시된다("이마엔 주름이 가고, 머리카락은 회색이 되고/눈썹은 떨어지고 눈빛은 퇴색하고" 등). 64쪽에는 "41, 42節 中間挿入 Ballade"의 번역이("나에게 말해다오, 어느 들녘에/로마의 美姬 프로라는 있는가?/〔…〕 아 지난 해의 눈(雪)들 지금 어디에 있는가?"), 67쪽에는 "불쌍한 그 어머니를 위하여, 어머니가 聖母에게 기도하게 하기 위한 것으로 쓴 Ballade"의 번역("天國의 貴婦人, 天上의 主人, 地獄의 늪의 女皇帝./제발 당신의 불쌍한 信者를 곁으로 불러주소서./〔…〕 이 신앙을 몸에 지니고 살기도 하고 또 죽기도 하고 싶읍니다."), 69쪽에는 "《處刑者의 노래》"의 번역("우리가 죽은 뒤에 남아있을 同胞여/우리에게 대하여 頑强한 마음 지니지 마소./〔…〕 이 잘못을 아무도 비웃지 마소/우리의 모든 罪가 사하여 질 것을 神께 祈願하오니.") 등이 있다. 아울러 71쪽에는 "《死亡 通告의 Ballade》"의 일부 번역이 제시된다: "〈여기에 막고, 여기에 끝나다. 가엾은 프랑솨 비용의 遺言書. 弔鐘이 울리거든, 朱紅처럼 붉은 옷을 몸에 걸치고서 〔…〕 자아, 이 세상을 하직하오니〉"

**宋勉, 《槪觀 프랑스 文學》, 延世大學校 出版部, 1981.**

31-33쪽에 비용과 그의 작품에 대한 설명이 나오며("〔…〕 〈유증시(*le Lais*, 1456)〉에서 비용은 여자에게 배반당하고 그것을 잊기 위하여 파리를 떠나 앙줴(Anger)로 향한다고 말하고 있다. 그리고 그가 알고 있는 많은 사람들에게 유증을 한다. 〔…〕 〈유언시(*le Testament*)〉는 특사에 의하여 파리로 돌아와, 1461년부터 다음 해 겨울까지 쓰여진 것으로 추정되는 작품이다. 그 중의 많은 시편에서 비용은 자기의 어리석음·방탕·죄과를 생각하고 괴로운 운명과 폐부를 찌르는 회한의 정을 토로한다. 〔…〕"), 《유언의 노래》의 8행시 1편("아, 미칠듯한 젊은 시절에/공부를 열심히 하며/예의범절 익히고 있었으면/〔…〕")과 "'그 옛날의 귀부인들(Dames du temps jadis)'의 이름을 들어 덧없는 인생을

노래"하는 발라드의 일부("제일인자여, 그녀들이 지금 어디에 있는가/추호도 그리고 영원히 묻지 말아 주오/이 반복구(反復句)를 되새기거든,/그런데 작년에 내린 눈은 지금 어디에 내리는가?"), 그리고 제명을 표시하지 않고 인용된 발라드("우리 뒤에 살아 남을 동포들이여/우리에게 무정한 마음일랑 품지 마오/〔…〕")의 일부가 번역되어 있다.

**박준황(譯), 존 메이시, 《세계 문학사》, 종로서적, 1981; 1991(4판).**

John Macy, *The Stories of World Literature*, Liveright Publishing, 1961의 번역서로 202-204쪽에 비용에 대한 소개("사랑은 비용을 우리의 가창의 우두머리로 맨 처음 불러 낸다. 슬프고도 미우며, 즐겁기도 하고 미친 듯도 한 우리 형제의 이름을 (스윈번) 〔…〕")에 이어, "비용이 그 친구들과 함께 내일은 교수형으로 처형될 것이라고 생각하고 있을 때에 쓴 「민요」로서, 스윈번이 옮긴" 발라드의 전역이 나온다: "사람들이여, 우리 후대에 살아 있을 형제들이여,/그대 마음을 우리에게 대하여 지나치게 완고히 가지지 말지어다./불쌍한 우리에게 그대 혹 인정을 기울이면,/하느님이 그대 인정을 가납하리니 여기 목졸린 주검을 그대 보리라./또한 여기 잘 길리운 우리들 살덩이는/한 점 한 점 먹히우고, 썩히우고, 갈갈이 찢기우나니,/우리 뼈는 먼지 되고 재 되도다./사람들에게 불쾌한 마음으로 웃지 말게 하고/우리 모두를 용서하시라고 하느님께 빌어 주오. 〔…〕 모든 것의 주인이시며, 머리이신 왕자 예수님이시여,/지옥이 우리의 고된 침상이 아니도록 우리를 지키소서./우리는 이런 주님의 궁전에서 할 일이 없나니./그러므로 그대 우리의 우두머리가 되지 말고서/우리 모두를 용서하시라고 하느님께 빌어 주오."

**김희보(編著), 《世界의 名詩 절창 429편의 이해와 감상》, 종로서적, 1982; 1998(중판).**

29-30쪽에 "유언(초)"라는 제명으로 《유언의 노래》의 8행시 38-41절 번역과 시인에 대한 간략한 소개가 제시된다: "〔…〕 여기 인용한 「유언서」의 제38절에서 41절까지는 죽음의 상념을 노래한 대표적인 부분인 바, 이러한 표현에서 근대 시인들의 선구적인 특징을 살피게 된다. 〔…〕 그의 걸작 「유언서」는 1462년 파리에서 완성되었는데, 전편은 2023행으로 되어 있는 거대한 작품이다. 그 외에 단장시 16편이 전해지고 있다. 또 30-31쪽에 "4행시"의 번역("내 이름은 프랑소와, 원통하다 원통해./퐁트와아즈 근처에 자리잡은 파리 태생./여섯 자 다섯 치의 밧줄에 매여 달려/내 묵은[*sic*] 궁둥이의 무게를 모르노라.")과 "비용의 묘비명" 번역이 있다. 386쪽에는 "수록된 시인의 약력"이 있으며, 여기서 비용은 다음과 같이 소개된다: "비용(Villon, François/ 프랑스/ 1431-63 이후): 파리에서 태어났다. 어려서 아버지를 여의고 홀어머니 손에 자라 살인-방랑-절

도 등으로 파란 겹친 일생을 보냈다. 1463년 이후의 자취는 알려져 있지 않다. 시집으로 「작은 유언의 노래」, 「큰 유언의 노래」 등이 있다. 3백년 동안이나 잊혀져 있던 그는 19세기에 이르러 베를렌, 보들레르에 의해 그의 진가를 빛낼 수 있게 되었다."

**林彩文(譯), 《프랑스詩 槪說》, 探求堂, 1982; 1992.**

18-22쪽에 비용에 대한 설명이 있다: "프랑스와 비용(François Villon)은 모험으로 찬 생애를 마칠 무렵 샤를르 도를레앙의 宮廷에 체재한다. 이 왕자가 기여한 후렴을 바탕으로 해서 그는 『비용 발라드』(*Ballade Villon*)를 짓는데, 여기에 그는 임의로 詩句들을 충돌시킨다. 그런데 돌연 이 注文된 작품 가운데에서 5세기가 지나 프랑시스 까르꼬(Francis Carco)를 오랫동안 몽상에 빠지게 한 한 對句가 섬광을 발한다. 〔…〕 "아버지보다 나은" 훌륭한 聖職者 기욤므 드 비용(Guillaume de Villon)에 의해 키워진 그는 1452년에 文學士가 되었다. 그러나 이미 그는 불량배 청년들과 사귀고 "뚱보 마르고"의 "遊廓"을 출입했다. 1455년에 그는 난투 도중 司祭를 죽이고 다시 "구각당(貝殼黨, coquillards)에 가입해서 그들의 隱語로 6편의 발라드(譚詩)를 쓴다. 特赦의 증서를 얻고 나서, 1456년에는 나바르學院에 침입한 강도에 가담하고서 앙제(Angers)로 도망쳤다고 같은 해에 씌어진 『프랑스와 비용의 래』(*Lais François Villon*—이를 『小遺言』 *le Petit Testament*이라 부른다)에서 말하고 있다. 1461년에 우리는 다시 그를 묑-쉬르-르와르(Meung-sur-Loire) 監獄 중에서 발견하는데, 루이 11세에 의해서 그 곳에서부터 석방된다. 그는 "나이 30세에 이르러" 지은 『大遺言』(*Le Grand Testament*)을 휴대하고 다시 빠리로 돌아온다. 1463년 11월에는 싸움에 가담되어 체포되고, 신문받고, 교수형을 선고받는다. 그러나 高等法院이 그의 형을 追放으로 減刑한다. 이때부터 우리는 그의 자취를 찾을 길이 없다. 〔…〕 뤼뜨뵈프(Ruteneuf)와 같으나 또한 전혀 다른 광활함을 가지고 비용은 讀者의 영혼에의 직접적인 호소가 가장된 심리로부터가 아니라 산 寫實主義로부터 솟아난다는 것을 증명하고 있다. 〔…〕" 아울러 작품의 부분적인 번역들이 19-22쪽에 제시되며("불확실한 것보다 더 확실한 것은 내겐 없다…", "겉뿐인 미녀여, 그토록 내가 많은 댓가를 치워야 하나…?"(19쪽), "파리의 주둥아리를 당할 자는 없다"(20쪽), "구더기는 大地에서 기름을 찾겠지:/치열한 싸움에 너무나도 그는 굶었도다."(20쪽), "오 神이여! 공부를 했었더라면!/미친 듯한 젊은 시절에…"(20쪽), "담즙은 그의 가슴 위로 솟아오르고,/땀은 흘러나온다, 엄청난 땀이!"(21쪽) 등), 12, 13, 25, 70, 122, 139, 140쪽 등에서도 비용의 이름이 간략히 언급된다. 159-160쪽의 "譯者 後記"에 "著者 르네 랄루(René Lalou)"의 이력과 저술 목록들이 소개되어 있다.

**김희보(編著),《사랑의 名詩》, 종로서적, 1983.**

199-200쪽에 걸쳐 "옛 미인들을 노래하는 발라드"가 번역되어 있으며("내게 말하라 어느 나라 들판에/로마의 미녀 플로라는 있는가/아르키피아데스와 또한 타이스는/그 아름다움에서 한 핏줄의 자매니라./강물의 언저리나 연못 가에서/부르면 대답하는 메아리 에코우/그렇게 아름다운 것 세상에 없느니/오오 옛 미인들은 어디에 있는가./〔…〕 인어 같은 목소리로 기막히게 노래하던/백합 같은 흰 얼굴의 블랑슈 태후/발이 큰 베르트 공주, 비에트리스 그리고 알리스/멘느 고을 다스리던 아랑뷔르지스/루앙에서 영국인이 화형에 처한/로렌의 위엄있는 잔느, 이 여인들은/지금 어디 계신가, 성모님은 아시는가/〔…〕 노래하는 그대여, 내가 말한 미인들이/어디로 갔는지 묻지 말아라./가락 없이 후렴만 되풀이하자/오오 옛 미인들은 어디 있는가."), 200쪽에는 원문이 제시되어 있다. 아울러 199-200쪽 우측면에는 이 시에서 거론되는 인명에 대한 간략한 설명들("〔…〕 타이스(3행)는 아테네의 유명한 창녀이며 알렉산더의 정부, 혹은 이집트의 성녀로 원래가 창녀였던 여자. 〔…〕" 등)이 부기되어 있다.

**丁奇洙(譯),《랑송 佛文學史(上)》, 乙酉文化社, 1983.**

G. Lanson, *Histoire de la littérature française*, remaniée et complétée pour la période 1850-1950 par Paul Tuffrau(Paris, Hachette)의 번역서로, 86-92쪽에 비용에 관한 설명이 있다.《개역판 랑송 佛文學史(上)》(정기수 譯, 乙酉文化社, 1997)을 참조.

**金鵬九·朴恩受·吳鉉堣·金治洙(共著),《새로운 佛文學史》, 一潮閣, 1983.**

32-33쪽에 비용에 대한 설명이 나오며, "비용 묘비명"의 4행("우리 뒤에 살아 남을 동포들이여,/ 우리에게 무정한 마음을 품지 마오,/ 가엾은 것들이라 긍휼히 여기시면,/ 하나님이 그대들에게 이내 은총을 줄 것이니.")이 번역되어 있다.

**이재호(譯),《위대한 詩人들》, 종로서적, 1983.**

헨리 리 토머스·데이너 리 토머스(Henry & Dana Lee Thomas), *Living Biographies(Great Poets)*의 번역이며, 33-46쪽에 비용의 생애에 대한 소개와 작품 번역이 실려 있다. 38쪽("나는 시냇물 속의 린네르처럼 벌거벗은 채로 두들겨 맞았다. 나는 그 사실을 조금도 감추고 싶지 않았다. 누가 이 모욕을 내게 꿀꺽 삼키도록 했는가? 카트린느 드 보셀. 그리고 누가 현장에 있었던 제삼자였던가? 그녀의 애인, 노엘이었다."), 41쪽("땀이 온몸을 적신다. 아, 지독한 땀! 그런데 그대를 고뇌에서 구원해 줄 자 아무도 없다 〔…〕 오, 연하고 매끄럽고 귀중하고 부드러운 여체(女體)여, 그래도 역시 이 끔찍스런 파멸을 당하여야만 하느냐?"), 42쪽("어드메 있느뇨 그녀들은, 성모 마리아여?/그런데 어드메 있느뇨 옛날의 눈은?"), 43쪽("아름다운 그녀를 위해 나는 칼을 차고 방패를 든다. 손님들이 도착하면 나는 달려가서 주전자를 가지고 와 술을 갖다 준다…손님들에게 치즈와 빵과 포도주를 대접한다; 〔…〕 나는 그년의 옷을 뺏아가지고, 밀린 봉급을 주지 않으면 옷을 팔아 버리겠다고 저주했다. 그러면 마르고는 비명을 지르면서, 날 제지하려고 악마를 증인으로 불렀다. 〔…〕"), 44쪽("천국의 귀부인, 하느님의 어머니시여, 가엾은 죄인인 저를 선택된 자들과 가도록 인도해 주소서. 〔…〕 그분이 분명히 우리 주님이옵니다. 그 믿음 속에 저는 언제나 살겠나이다.") 등에 일부 작품의 번역이 있다.

**閔喜植(譯), 《프랑스 詩法概論》, 探求堂, 1984.**

Maurice Grammont, *Petit traité de versification française*, A. Colin, 1965의 번역서로, 29-30쪽에서 비용의 발라드의 한 구절("비가 우리를 닦고 씻었다")을 10음절 시구에 관한 설명의 예로 들고 있으며, 135-139쪽에는 "비용(Villon)의 『교수형에 처해진 사람의 발라드(Ballade des pendus)』"의 원문과 번역("우리들이 죽은 후에 사는 형제들이여/우리에게 너무 가혹한 마음씨 갖지 말아다오. 〔…〕 모든 사람을 다스리시는 예수여/지옥이 우리를 지배하는 일이 없도록 하소서./우리가 지옥과는 상관없이 지불해야 할 것이 없도록 지켜주소서./사람들이여, 이것은 전혀 농담이 아니오./다만 우리를 용서하도록 신에게 빌어주시오!")이 발라드의 설명에 사용되었다. 아울러 139쪽의 "아크로스튀시 또는 절귀(L'acrostiche)"의 설명에서도 비용의 이름이 언급되고 있다.

**崔炳宇(編著), 《世界代表名詩選》, 金字堂, 1984.**

24-26쪽에 두 편의 발라드, "그 옛날의 미희(美姬)를 노래한다"("말하라, 어드메 어느 나라에 있는가./〈로마〉 유녀(遊女) 아름다운 프로라,/〈아르키피아다〉, 또한 〈타이스〉/〔…〕 내 님이여 이 아릿다운 아가씨들의/지금은 어드메 있는가 묻지 말아라./가락도 없이 그저 후렴만 되풀이할 뿐/아아 그 날의 눈, 지금은 어드메 있는가.")와 "그 옛날의 왕후귀인(王侯貴人)을 노래한다"("또한 묻노니 지금은 어드매 있는가. 〈카리크스트〉 3세,/법왕의 자리에 있기 4년/일찍 돌아가시다 이 님은/〈아라공〉의 왕 〈아르퐁스〉,/우아한 님 〈브르봉〉 태공,/〔…〕 아아 용맹스런 〈샤르마뉴〉 황제는 시방 어드메 있는가.")가 번역되어 있다.

**朴恩受 外(譯),《세계시선》, 삼성출판사, 1984.**

256-257쪽에 "회한"이라는 제명으로 《유언의 노래》의 8행시 5편이 유평근兪平根의 번역으로 수록되어 있으며("늙음의 입구에 서기까지/남달리 즐겨왔던 나의 젊은 시절을,/그리고 나에게 자신의 떠남을 숨겼던 나의 젊은 시절을,/나는 슬퍼한다./그 시절은 걸어서 가버린 것도/말을 타고 가버린 것도 아니니 도대체 어떻게 가버렸단 말인가?/결국 느닷없이 날아가버린 채/나에게 남겨준 것 아무것도 없어라./〔…〕 또 몇몇은/다행히도 대(大) 영주나 대가(大家)가 되기도 하였으나,/또 몇몇은 온통 헐벗은 채 걸식하며/창문을 통해서나 음식을 구경할 뿐이고,/또 몇몇은/굴 따는 사람처럼 각반 차고 장화 신고/셀레스텡이나 샤르트뢰 수도원에/들어가 은둔생활을 하고 있으니,/그 신분 다양도 하지 않은고?"), 257-258쪽에 "「비용의 묘비명」"이 진형준秦炯俊의 번역으로 실려 있다: "〔…〕 우리가 비록 형장의 이슬로 사라질망정/그대들을 형제라고 소리 높이 부르짖나니,/우리를 경멸하지 마오. 그대들도 아다시피/세상 사람 모두가 다 현명한 것은 아니리./우리가 죽거들랑/성모 마리아의 아들에게 탄원하여,/그 은총이 우리에게 임하게 하고,/지옥의 불길에서 우리를 구원토록 하오./〔…〕 만물을 주재하는 주 예수여,/지옥이 우리를 지배하지 못하게 막아 주소서./우리가 지옥에 빠지지 않게 지켜 주소서./사람들이여, 이 세상 어디에도 비웃을 게 없으니,/하느님께 빌어 우리의 죄를 사하게 하오." 아울러 259쪽 하단에 비용에 관한 짧은 소개가 다음과 같이 제시되어 있다: "François Villon(1431~1463): 본명은 프랑스와 드 몽코르비에(François de Montcorbier). 파리 대학을 나온 문학사이긴 했으나, 시대의 혼란을 한몸에 지닌 듯 살인·절도·방탕 등으로, 갇히고 쫓기는 유랑의 일생을 보내다가 1463년에 10년간의 추방명령을 받고 자취를 감추었다. 〔…〕"

**李桓·鄭明煥, *Anthologie de la littérature française.* Editée et annotée par Lee Whan et Jung Myung Hwan. Tome I. Du moyen âge à la fin du dix-huitième siècle, Shina-sa, 1984; 1986(3판).**

80-88쪽에 비용에 대한 소개가 있으며("1431년 말 또는 1432년 초 파리에서 태어나 Villon은 불운한 왕족 Charles d'Orléans과는 전혀 다른 세계에 속해 있다. 가난한 서민의 아들로 태어난 François de Montcorbier (ou des Loges)는 아버지를 일찍 여의고 사제 Maître Guillaume de Villon의 보호하에 자랐으며 그의 이름을 땄다. 〔…〕 中世의 抒情詩를 최후로 장식하며 아마도 詩의 새 시대를 연 특이한 시인 Francois [*sic*] Villon (1431 ou 32~?)은 그의 방탕무뢰한 생애, 명예스럽지 못한 이력을 반영하기라도 한 듯, 때로는

시니컬하고, 항상 재기발랄하면서도 그 깊은 내면에는 불안과 회한과 한탄이 깔려있는 작품들을 남겼다. 宮廷風의 詩나 *le Roman de la Rose*류의 감정적 유희 또는 관념론과는 너무나도 판이한 그의 詩世界는 삶과의 직접적이고 가식없는 만남에서 작렬하는 인간적 진실의 불꽃과도 같다. […]"), 간략한 주석과 함께 일부 작품들이 현대 프랑스어 번역과 함께 제시되며, 제시된 작품들에는 간략한 평이 부기되어 있다. "Ballade des dames du temps jadis"의 경우, "시간의 덧없는 흐름, 인생의 허망함, 특히 모든 귀하고 아름다운 것들의 헛됨을 노래한 우수에 넘친 시. 〈지난 날의 눈〉—les neiges d'antan은 이 시가 남긴 영원한 표현이다."라는 언급이 있으며, "Ballade des pendus"에는 "죽음을 기다리는 사형수인 시인은 이미 죽은 자의 목소리를 우리에게 들려준다. 우리는 이 떨리는 음성과 죽음의 비전을 전율과 감동없이는 대할 수 없다. […] 결국 이 시는 그의 최후의 증언이 되는 것이다."라는 평이 부기되어 있다.

**崔炳宇(編著), 《世界의 名詩》, 民聲社, 1985.**

24-26쪽에 "그 옛날의 미희(美姬)를 노래한다"와 "그 옛날의 왕후귀인(王侯貴人)을 노래한다"가 번역되어 있다. 번역은 앞서 간행되었던 崔炳宇(編著), 《世界代表名詩選》, 金字堂, 1984와 동일하다.

**宋勉, 〈프랑소아 비용 詩 研究—「유증시」 분석 I〉, 《延世論叢》, 제21집, 1985, pp. 159–173.**

"서론, 분석 I-VII, 결론"으로 구성되어 있으며, 《谷水 宋勉 先生 文集. 文學과 삶의 倫理》(谷水 宋勉 先生 文集 刊行委員會, 1995)에 재수록된다(365-384쪽). 163쪽에 《유증시》의 8행시 I, 164쪽에 8행시 II, 165쪽에 8행시 III, 166쪽에 8행시 IV, 167쪽에 8행시 V, 168쪽에 8행시 VI, 169쪽에 8행시 VII, 170쪽에 8행시 VIII의 번역이 제시된다.

**宋勉, 〈프랑소아 비용 詩 研究 序說〉, 《省谷論叢》, 제17집, 1985, pp. 151–188.**

〈유증시〉를 분석한 논문이며, 宋勉, 〈프랑소아 비용 詩 研究—「유증시」 분석 I〉(《延世論叢》, 제21집, 1985)의 후속 작업에 해당한다. '서론, 「유증시」 분석 I-VI, 결론'으로 구성되어 있으며, 이후 《谷水 宋勉 先生 文集. 文學과 삶의 倫理》(谷水 宋勉 先生 文集 刊行委員會, 1995)에 재수록된다(314-364쪽). 153-154쪽에 《유증시》의 8행시 IX, 155쪽에 8행시 X, 156쪽에 8행시 XI, 157쪽에 8행시 XII, 159쪽에 8행시 XIII, 160쪽에 8행시 XIV, 161쪽에 8행시 XV, 162쪽에 8행시 XVI, 163쪽에 8행시 XVII, 164쪽에 8행

시 XVIII, 165쪽에 8행시 XIX, 166쪽에 8행시 XX, 167쪽에 8행시 XXI, 168쪽에 8행시 XXII, 169쪽에 8행시 XXIII, 169-170쪽에 8행시 XXIV, 170-171쪽에 8행시 XXV, 171쪽에 8행시 XXVI, 172쪽에 8행시 XXVII, 173쪽에 8행시 XXVIII, 174쪽에 8행시 XXIX, 175쪽에 8행시 XXX, 175-176쪽에 8행시 XXXI, 177쪽에 8행시 XXXII, 177-178쪽에 8행시 XXXIII, 179쪽에 8행시 XXXIV, 180쪽에 8행시 XXXV-XXXVI, 181쪽에 8행시 XXXVII, 182쪽에 8행시 XXXVIII, 182-183쪽에 8행시 XXXIX, 183쪽에 8행시 XL의 번역이 제시되어 있다.

**崔完福(譯), 《프랑스詩選》, 을유문화사, 1985; 1994(초판 6쇄).**

2-13쪽에 "대유언서(발췌)"라는 제명 아래 《유언의 노래》의 8행시 26("아, 하나님, 어리석었던 젊은 시절/공부 열심히 하고/조신했더라면/집과 포근한 잠자리가 있었을 것을/〔…〕"), 8행시 35("어릴 적부터 나는 가난했다/돈 없고 미천한 집 태생으로/나의 아버지는 별 재산이 없었고/오라스라 불린 그의 아버지도 가난뱅이/〔…〕"), 8행시 36("〔…〕 자네는 자크 커르 영감만큼 돈이 많지 않지만/가난하여 껄끄러운 옷을 걸치고라도 살아 있는 편이/생전에 대감이었다가/지금 호사스런 무덤 속에 썩고 있는 신세보다는 낫네."), 8행시 37("대감이었던 것보다 낫다구! 이 무슨 말인가?/이제는 오호라! 이미 대감이 아니란 말인가?/〔…〕"), 8행시 38("곰곰이 자신을 생각해 보아야/나는 별이나 천체(天體)로 장식된 면류관을 쓴/천사의 아들은 아니다. 〔…〕"), 8행시 39("나는 알고 있소. 가난한 자나 부자인 자,/슬기로운 자나 어리석은 자, 성직자나 세속인,/귀족이거나 평민, 너그러운 자나 인색한 자,/〔…〕"), 8행시 40("미남 파리스도 미녀 헬레네도 죽었다/누구나 죽는다. 죽어도 고통스럽게 죽는다/숨통이 꽉 막혀 죽는다 〔…〕"), 8행시 41("죽음은 그를 떨게 하고 창백하게 만든다/〔…〕 그토록 귀중한 여인의 육체여,/그대도 이러한 고통을 맞이하여야 하는가?/그렇소, 그렇지 않으면 살아서 천당으로 곧장 가야지.") 등의 번역이 있으며, "왕년의 미녀가(美女歌)"("말해 다오 어드메 어느 땅에 있는가!/아리따운 로마의 유녀(遊女) 플로라는,/〔…〕"), "비용의 묘비명(墓碑銘)"("우리 죽은 뒤 살아갈 형제들이여/우리에게 냉혹한 마음 품지 말라/〔…〕")이 원문과 함께 수록되어 있다. 14-18쪽에는 번역된 작품들에 대한 설명과 시인에 대한 소개가 있다.

**안도섭(編著), 《세계의 명시 감상 영원한 나의 애송시》, 혜원출판사, 1986.**

30-32쪽에 간략한 설명과 함께 "옛 미인들을 노래하는 발라드"와 "4행시"가 번역되어 있으며, "비용의 유언"이라는 제명 아래 《유언의 노래》의 8행시 I-II가 번역되어 있다.

**金洙正·蔣政雄(共譯),《프랑스 문학》, 慶北大學校 出版部, 1987.**

Pierre Salomon, *Littérature française*의 번역서로, 35-36쪽에 비용에 대한 간략한 소개가 나온다: "〔…〕 그때까지 어느 작가도 Villon만큼이나 자신을 작품의 주제로 생각한 사람은 없었다. 또 한편 그가 받은 교육은 그에게 개방적인 정신을 갖게 하였으며, 이것은 세월의 흐름, 죽음, 신에 대한 희망 등의 서정적인 주제를 그에게 익숙하게 해주었다. 〔…〕 자신의 취미와 습관들과 더불어 자신이 작품에 등장함으로써 이 시인은 자신의 주위에서 활동하고 있는 성직자, 부르죠와, 학생, 매춘부, 거지 등의 잡다한 사회를 묘사하고 있다. 〔…〕"

**李桓·元潤洙(共著),《프랑스 문학》, 하서출판사, 1987; 1989(중판).**

34-35쪽에 비용에 관한 소개가 나오며("〔…〕 중세 시의 최후를 장식하며 동시에 새로운 시적 세계의 지평을 연 프랑스와 비용(François Villon, 1431-1463 이후)과 더불어 우리는 훗날 빅똘 위고가 보들레르에 대해서 말했던 「새로운 전율」 속으로 들어서는 느낌을 금할 수가 없다. 〔…〕"), 35쪽에 "흘러간 귀부인들의 발라드"의 한 행("지난날의 눈 지금은 어디?")이 번역되어 있다.

**李彙榮·金鵬九 外 7인(共著),《佛文學槪論》, 정음사, 1988(중판).**

중세 문학의 경우 홍순민洪淳旻이 집필하였으며, 27-28쪽에 다음과 같은 간략한 소개가 나온다: "諸侯의 宮廷에서 우아한 노래를 읊었던 시인들과는 대조적으로 獄中이나 방랑길에서 詩를 지은 프랑스와 비용(François Villon, 1431-1465)에 이르러 비로소 「장미 이야기」의 感化를 벗어났다. 따라서 한가로움이나 환대나 허식 따위의 추상 관념의 擬人化가 아니며, 환상적인 사랑의 이상화가 아니고, 재치나 修辭의 선택이 아닌 詩가 생겨났다. 몸소 경험에 의해서 굶주림에 허덕이며 生死의 갈림길을 헤매고, 사랑을 할라치면 한길 모퉁이에서 하고, 먹을 것을 얻기 위해서는 훔치지 않으면 안 되었던 그러한 속에서 태어난 詩였다. 비용 개인의 경험은 그 당시의 일반적 본질을 지니고 있으며, 그가 속해 있는 계층의 일반 현상이 비용을 통해서 詩로 읊어진 것이다. 〔…〕 심각함과 밝음을 함께 내포하고 있고, 신비와 현실을 동시에 표현하고 있다. 환상과 修辭에 골몰하는 詩人들과는 달리, 절박한 현실 앞에서 15세기 빠리 시민들의 口語로만 詩를 쓴 비용은 근대 최초의 抒情詩人이었다."

**정판룡 · 허호일 · 림휘 · 서일권(공저), 《세계문학사. 고대-18c(상)》, 도서출판 世界, 1989.**

209쪽에 다음과 같은 간략한 소개가 나온다: "〔…〕 프랑스는 15세기 후반기로부터 자본의 원시적 축적이 시작되었는데 이런 자본주의적 관계의 발생은 봉건적인 관계를 뒤흔들어 놓았으며 중세기적 세계관의 위기를 초래하였다. 시인 프랑스와 비용(1431-1463년?)의 시가에는 이 시기의 특징들이 여실하게 반영되고 있다. 『소유언집』(1456년)과 『대유언집』(1461년) 이 두 시집에서 비용은 육욕을 찬미하고 삶에 대한 애착의 감정을 표현하였으며 빈부간의 불평등을 폭로하였는 바 그의 이 두 시집은 반봉건적인 기분으로 일관되고 있다. 그러나 시인은 시집에서 아무러한 이상도 제시하지 못하였다."

**宋勉, 〈프랑소아 비용과 『유언시』〉, 《延世論叢》, 제25집, 1989, pp. 25-51.**

'서론, 분석(1), 분석(2), 결론'으로 구성되어 있으며, 이후 《谷水 宋勉 先生 文集. 文學과 삶의 倫理》(谷水 宋勉 先生 文集 刊行委員會, 1995)에 재수록된다(385-420쪽). 28쪽에 《유언의 노래》의 8행시 I, 29쪽에 8행시 II, 30쪽에 8행시 III, 31쪽에 8행시 IV, 31-32쪽에 8행시 V, 33쪽에 8행시 VI, 34쪽에 8행시 VII, 35쪽에 8행시 VIII, 35-36쪽에 8행시 IX, 37쪽에 8행시 X, 38쪽에 8행시 XI, 40쪽에 8행시 XII, 40-41쪽에 8행시 XIII, 42쪽에 8행시 XIV, 42-43쪽에 8행시 XV, 43쪽에 8행시 XVI, 44쪽에 8행시 XVII, 45쪽에 8행시 XVIII, 46쪽에 8행시 XIX, 46-47쪽에 8행시 XX, 47쪽에 8행시 XXI의 번역이 제시되어 있다.]

**호이징가, 《중세의 가을》, 최홍숙 譯, 文學과 知性社, 1989.**

165쪽에 "「프랑 공티에에 반대하여」"의 일부("여기서 바빌론까지 모든 새들은/그런 식사로는 단 하루도/내게 주지 않으리 하루 아침도."), 168쪽에 "옛 시대의 부인들에 대한 발라드"의 일부, 168-169쪽에 "옛 시대의 지배자들에 대한 발라드"의 일부("……이름은 알 수 없는/그 선한 스페인의 왕"), 172쪽에 "아름다운 오미에르의 탄식"의 일부("그 매끄러운 이마와/블론드 머리칼, 아치형의 둥근 눈썹과/눈 사이의 넓은 아미, 어여쁜 눈길,/이 모든 것은 가장 섬세한 감각의 사람들까지도 사로잡았었네./〔…〕 이제는 다만 주름진 이마와 회색 머리칼,/그리고 듬성듬성해진 눈썹과 빛꺼진 눈뿐."), 179쪽에는 《유언의 노래》의 8행시 1편("죽음은 그를 전율케 하고 창백하게 하네. 〔…〕 그렇다, 그러지 않으려면 산 채로 하늘에 올라가야 하리니."), 201쪽에는 "「성모의 발라드」" 일부("나는야 아무것도 모르는/가련한 늙은 아낙네. 글이라곤 한자도 모른다네. 〔…〕 한쪽이 나를 경악하게 한다면/한쪽은 내게 무한한 기쁨과 쾌락을 주네.")가 번역되어 있다.

**趙貞玉, 〈Charles Péguy와 中世紀〉, 《가톨릭 교육연구》, 5, 1990, pp. 1–35.**

'序論, I. Péguy와 中世 프랑스 教會, II. Péguy가 앙양한 中世의 두 聖者, III. Péguy와 中世的 聖母, 結論, 參考文獻'으로 구성되어 있다. 29쪽에 "中世末期를 장식한 浪漫詩의 선구자인 Villon은 몇 차례 投獄되었었지만 번번히 그의 詩才를 아까워한 君主들과 大學人들의 청원으로 王의 赦免을 입었으나 끝내는 살인죄로 인하여 처형된 문제아이기 때문에 "詛呪받은 詩人"으로 불리워지고 있다."라는 언급이 나오나, 이러한 내용은 사실과 다르다는 점을 짚어둘 필요가 있다. 29-30쪽에 "Villon이 성모께 바친 *Ballade*시"의 일부가 번역되어 있다: "저는 가난하고 늙은 女人이외다./글 하나 모르는 무식군/지옥 가야할 존재입니다…/하늘의 귀부인이시여…/〔…〕 이 믿음 속에 나는 살고 죽고자 하나이다."

**이준오, *Méditation des Poésies Françaises*, 숭실대학교 출판부, 1990.**

19-28쪽에 비용과 그의 작품에 대한 소개("En quittant Charles d'Orléans pour Villon, nous pénétrons dans un tout autre monde poètique [*sic*] et humain. Après le grand seigneur, le "mauvais enfant" et même le repris de justice comme nous dirions aujourd'hui. 〔…〕") 및 작품 발췌(프랑스어)가 있다. 작품의 우리말 번역은 없으며 "LE GRAND TESTAMENT(*Extraits*)"라는 제명 아래 8편의 8행시 원문과 함께 두 편의 발라드 원문("BALLADE DES DAMES DU TEMPS JADIS", "L'ÉPITAPHE VILLON")을 제시하고 있다. 주석의 경우는 국문으로 기술되어 있으나, 전문적인 것이라기보다는 어휘와 구문 풀이 수준의 설명이다.

**W. 바르트부르크, 《프랑스어 발달사》, 金紘權(譯), 하서출판사, 1991(2판).**

Walther von Wartburg, *Évolution et structure de la langue française*, Berne, Éditions A. Francke, 1971의 번역서로, 193-194쪽에 비용의 발라드 작품에 대한 설명("이 시대의 모호한 성격을 가장 잘 반영해 주는 것으로 비용 Villon의 발라드가 있다. 그는 이 발라드에서, 그 어느 곳에서도 확실성을 찾아볼 수가 없으며, 시에 대해 닫혀진 세계에 만족할 수가 없다는 의사를 표명하고 있다. 이러한 장르의 시는 한 시행에 서로 상충되는 두 관념을 표현하는 것인데, 이는 사람들의 취향에 맞아서 오래 전부터 유행한 것이다. 그리고 그 주제는 블루와 궁의 공꾸르에 제시된 바 있었다. 그러나 그것은 비용의 손에 의해서 개인적인 것이 되었으며, 이 시인의 진정한 작품이 되었다. 그의 시는 문체면에서 뿐만 아니라 개인적 감정의 진지함에 있어서도 매우 주목할 만한 것이다. 쓰여진 언어는 일상어 langue courante이며, 어떠한 라틴어법도 포함되어 있지 않다. 각 단어는 모든 대중이 사용하는 언어에 속한 것들이다.")과 일부 번역("나는 목이 말라 죽을 것 같구나. 샘가에 있으면서도./불처럼 뜨겁지만 치를 떨고 있고,/내 나라에 있지만 멀리 떨어진 이국땅에 있고,/숯불 곁에 있지만 강렬하게 몸을 떨고,/벌레처럼 발가벗고 재판관처럼 옷을 입었어도,/비애 속에서 웃고 희망없이 기대하며,/〔…〕 좋은 환대를 받으면서도, 각 사람에게 배척을 받네.")이 제시되어 있다.

**이재희 · 이규식(共譯), 《프랑스 문학—역사와 작품》, 탐구당, 1992.**

번역서이나 구체적인 서지 사항 없이 "다니엘 노니 · 알랭 앙드레 지음"이라는 원저자 표시만 있다. 37쪽에 비용과 그의 작품에 대한 간략한 소개가 있으며("〔…〕 비용의 시적 힘, 중세의 마지막 대시인이면서 현대의 첫시인인 그의 힘은 자기시대의 시에 어쩔 수 없이 주어진 주제를 진정한 개인적 관심으로 취급했다는 점이다. 그는 우리에게 그 자신의 내적 경험의 세계인 하나의 세계를 인도해주면서 인습에서 벗어난다. 〔…〕 인간조건의 비극적인 현실이 그 보편성 속에서 읽혀지게끔 한다. 〔…〕"), 38-39쪽에 2편의 발라드("*Ballade des dames du temps jadis*", "*La ballade des pendus*")의 원문과 주석(프랑스어)을 제시하고 있다.

**金基鳳(編), *Anthologie de la poésie française*, 서강대학교 출판부, 1992.**

26-33쪽에 걸쳐 간략한 어휘 설명과 함께 비용의 작품 원문("Le Lais", I, II, III, VI, VII, VIII; "Le Testament", I, XXII, XXIII, XXVIII, XXIX, XXX, XXXIX, XL, XLI, Ballades des dames du temps jadis, L'Épitaphe de Villon)이 발췌되어 있다.

**움베르토 에코, 《나는 『장미의 이름』을 이렇게 썼다》, 이윤기 옮김, 열린책들, 1992.**

'제목과 의미'를 밝히는 11쪽에 다음과 같은 설명이 나온다: "『장미의 이름』이 출판된 이래 나는, 이 책 말미에 나오는 라틴어 6보격(六步格) 시구의 의미가 무엇이며, 어째서 이 시구가 이 책의 제목이 되었는지 궁금하게 여기는 수많은 독자들로부터 편지를 받았다. 나는, 이 시구는 몰레 사람 베르나르의 「속세의 능멸에 대하여」에 나오는 시구이고, 12세기 베네딕트 회 수도사인 베르나르의 시는 이른바 〈어디에 있느뇨〉 테마(뒷날 비용의 〈지난날 내린 눈은 어디 있느뇨〉를 통하여 우리에게 낯익게 되는)로 이루어져 있음을 지적하는 것으로 대답을 대신했다." 이 책은 이후 내용상의 수정은 없이 제명을 바꾸어 여러 번 간행된다: 움베르토 에코, 《『장미의 이름』 창작 노트》, 이윤기 옮김, 열린책들, 1997(4쇄).

**김삼웅, 《광기와 방랑의 자유인들》, 도서출판 '새터', 1993.**

'악행(惡行)과 시심(詩心)의 '범죄석사'/비용'이라는 소제명이 있으며, 55-62쪽에 걸쳐 비용에 대한 이야기가 기술된다. 55쪽에 〈4행시〉의 번역, 57-58쪽에 〈목 매달린 자들의 발라드〉 등의 번역이 있다. 그러나 "프랑소아 비용(1431~1463)의 본명은 몽코르비에 또는 텔루쥬였지만 〔…〕"(55쪽), "스물 다섯에 도적단 꼬뀨단 리더의 하나가 되었다."(56쪽) 등에서 짐작되듯, 고유명사 표기에 오류가 없지 않다. 아울러 "비용은 하루를 3등분하여 오후는 창작하는 일에, 밤은 방탕과 도둑질하는 일에, 아침은 잠자는 데 보냈다."(56쪽)는 기술이나 "비용은 생김새부터가 기이한 모습이었다. 허수아비처럼 바싹 마르고 얼굴은 시커멓고, 윗입술이 칼에 찔려 보기 흉한 모습을 하고 있었다. 그러면서도 이 목구비는 날카롭고 신경질적으로 생겼다. 언제나 자기를 쫓는 경찰에 대비하여 슬쩍슬쩍 주위를 살피는 사팔눈을 하고 있었다. 머리에서는 이가 들끓었고 몸에서는 땀냄새가 악취를 풍겼다. 시를 쓰지 않는다면 영락없는 상거지요, 도둑의 행색이었다."(56쪽) 등의 기술에서 드러나듯, 아무런 근거 없는 내용들이 마치 고증된 사실인 것처럼 이어지기도 한다.

**이준섭, 《프랑스문학사》, 세손, 1993; 2002(2판).**

초판의 경우, 28-30쪽에 "프랑스와 비용"에 관한 설명이 있으며("1431년 빠리에서 태어난 프랑스와 비용은 본명이 프랑스와 드 몽꼬르비에 또는 데 로즈François de Moncorbier ou des Loges이다. 그의 어머니는 일찍 과부가 되었고 가난하여, 비용은 생-브느와-르-베뚜르네Saint-Benoît-le-Bétourné 성당의 전속사제 기욤므 드 비용Guillaume de Villon의 보호 아래 유년시절을 보내고, 그의 주선으로 1452년 소르본느에서 문학석사까지 된다. 그의 비용이란 필명은 바로 이 사제의 성에서 유래한 것이다. 〔…〕 비용이 남겨놓은 작품으로는 위에서 밝힌 『소 유언집』과 『대 유언집』 외에 1457-1463년 사이에 쓴 『모음 시집』*Poésies Diveres*과 『은어와 부랑아』*Le Jargon et Jobelin*가 있다. 후자는 11 편의 시로 이루어져 있는데, 첫 6편은 1489년 빠리에서 처음으로 출판되고 나머지 5 편은 「스톡홀름 필사본」*Manuscrit de Stockholm*에 의하여 1884년에 출판된 것이다. 〔…〕 그리하여 프랑스와 비용은 샤를르 도를레앙과 동시대에 살면서, 그 이전에 있었던 음유시인들의 사실적이며 개인적인 감회를 노래한 서정, 즉 중세의 영혼을 되살리고, 동시에 새로운 시대의 도래를 예고한 최초의 위대한 시인으로 평가되고 있다."), 151-154쪽에 작품 일부의 발췌가 있다. 2판 1쇄의 경우, 초판과 비교해 내용상의 변화는 없다. 41-43쪽에 비용에 관한 설명이 있고, 173-176쪽에 원문 발췌가 있다. 발췌 부분은 "Le Lais"의 8행시 6, 28, "Le Testament"의 8행시 다섯 편이다.

**이규식, 《프랑스 시인들—비용에서 보들레르까지》, 한남대학교 출판부, 1994.**

17-26쪽에는 비용과 그의 작품에 대한 소개가 나오며("프랑스와 몽코르비에 혹은 프랑스와 데 로즈로 추정되는 본명 대신에 그의 스승 기욤 드 비용의 姓을 따옴으로써 필경 그것을 불명의 이름으로 만들게 되었다. [⋯]"), 《유언의 노래》에 수록된 세 편의 8행시("내가 태어나서 서른해 되는 해에/그 얼마나 갖가지 수모를 겪었던가/온갖 쓰라림을 감당했도다/나는 어리석지도 현명하지도 않은 것을/[⋯]"[22쪽], "육신과 영혼을 주시고/여러 비난으로부터 나를 지켜주시며/비열한 힘으로부터 나를 풀어주신/神에게 그리고 성모 마리아와 프랑스의 어진 임금/루이에게도 영광있게 하소서!"[23쪽], "나는 젊은 시절을 그리워 한다/그동안 나는 늙음의 문턱에 설 때까지/그 누구보다도 많이 세월을 허송했는데/젊은 시절은 그 출발을 가려버렸구나/그것은 걸어서 가버린 것도 아니고/말타고 간 것도 아닌데; 아, 아[*sic*]찌된 일인가?/갑자기 날아가 버리고/내게는 어떤 것도 남겨 놓지 않았네"[24쪽])와 1편의 발라드 일부("지상을 다스리시며 지옥늪의 임금이신/천상 성모 마리아여/당신의 보잘 것 없는 신자인 저를 받아 주옵소서/당신의 선택된 사람들 틈에 속하게 해주소서"[25쪽])가 번역되어 있다. 27-32쪽에는 발췌 원문이 수록되어 있으며, "Regrets"라는 제명 아래 다섯 편의 8행시와 두 편의 발라드("Ballade pour prier Notre-Dame", "Ballade des pendus")가 간략한 주석과 함께 소개된다. 33-34쪽에는 비용 연구에 기본적인 관련 서지가 제시되어 있으나, 오류가 적지 않다.

**노은희, 〈F. Villon의 작품에 나타난 〈죽음〉의 에로스적 변용〉, 전남대학교 대학원 불어불문학과 석사학위논문, 1994.**

"국문요약, 서론, 제1장 체험, 제2장 형식, 제3장 삶의 언어, 죽음의 에로스적 변용, 결론, 참고문헌, 불문요약, 영문요약"으로 구성되어 있다. '국문요약'의 일부를 인용하면 다음과 같다: "본 연구는 흔히 죽음의 시인이라 불리우는 François Villon이 자신을 둘러싸고 있는 현실과 삶에 어떻게 반응하는가, 그의 글쓰기에는 어떤 의식이 담겨 있는가 하는 것들을 살펴보는 것을 시작으로 해서 그의 시에 나타난 〈죽음〉의 주제들이 궁극적으로 에로스로 변용되는 양상을 주목해 보는 데 그 목적을 둔다. […] 그의 시는 궁극적으로 죽음과 대면해 있는 한 존재의 삶의 시학이다. 16세기에 증대될 〈삶에 대한 열정적인 사랑Un amour passionné de la vie〉은 이미 중세말기에 비용의 작품을 관류하면서 새로운 삶의 질서를 꿈꾸며 움트고 있다. 중세라는 시대상황을 온 몸으로 살다 간 듯한, 가장 미래가 없어 보이는 이 시인으로부터 극히 미래적인 하나의 새로운 시가 태어난 것이다." 비용 작품의 경우, 우리말 번역 없이 프랑스어 원문(현대역)만을 제시하고 있다.

**조규철, 《프랑스시 개론》, 신아사, 1995.**

23-24쪽에 비용의 이름이 간단히 언급되며, 37-47쪽에 비용과 그의 작품에 대한 소개가 나온다: "프랑스와 비용은 백년전쟁 후의 무질서와 죽음의 공포 속에서 인생의 파란곡절(波瀾曲折)을 체험하고 그것을 시로 반영한 중세 말엽의 가장 위대한 시인이다. 같은 시기에 샤를르 도를레앙은 블르와(Blois) 궁전에 은거하면서 귀족적인 시의 마지막을 장식하였지만, 파리대학에서 문학사를 받은 비용은 사람을 죽이고, 도둑질하던 친구들 틈에서 방탕한 생활을 하던 끝에 여러 번 감옥에 들어간다. […] 물론 비용이 개인적인 서정을 창조한 것은 아니다. 그에 앞서 뤼트뵈프(Rutebeuf)나 도를레앙(Charles d'Orléans)도 각자 개인적인 서정을 노래했다. 그러나 비용은 그의 독특한 체험과 민감한 감수성과 천재적인 창의력 때문에 다른 서정시인을 능가한다. […]" 두 편의 발라드의 원문과 우리말 주석을 제시하고 있으며, "DES DAMES DU TEMPS JADIS"에는 "이 시는 1462년 경에 쓴 것으로 덧없이 흐르는 시간의 허무함, 인생의 무상함 등을 소재로 쓴 서정시이다. 특히 개인적인 감정과 인상을 노래했다. 이 세상에서 귀하고 아름답게 생각하던 모든 사물들과 사랑하던 모든 사람들이 헛됨을 노래한 우수에 찬 시다. 이 시의 내용은 죽음에 대한 명상이다. […] 시인은 죽음 앞에서 느끼는 우울감과 더불어 까닭 모를 막연한 슬픔을 느끼면서 과거를 뉘우치고 있다. 이 시는 막연한 우울감과 슬픔이 특징인데, 그것은 전반적으로 시의 분위기에 어울린다. […]"라는 언급(41쪽)이, "BALLADE DES PENDUS"에는 "비용이 1463년에 교수형을 선고받고 죽음을 기다리면서 자기와 동료 교수형 사형수들을 위하여 쓴 발라드 형식의 비명체(碑銘體)의 시문(詩文, épitaphe)이다. […] 그는 교수형 판결에 대하여 불복하고 상소하여 감형된다. 그러나 그는 과거의 모든 죄과 때문에 10년 간의 파리 추방령을 받게 된다. 그 후로 비용은 영원히 사라진다. 결국 이 시는 그의 최후의 시로써 유언이 되었다. 이 시도 세 종류의 운을 사용한 전통적인 발라드 형식에 맞춘 10음절(décasyllabe) 10행시이다."라는 언급(45쪽)이 부기되어 있다.

**鄭鳳九(譯編),《롤랑의 노래에서 까뮈까지》, 汎韓書籍株式會社, 1995.**

42-43쪽에 "유품(遺品) 나누기와 대유언집(大遺言集)"이라는 표제로 작품에 대한 간략한 소개가 나온다: "비용(Villon)의 《소 유언집》의 진짜 제목은 《멧트르 프랑솨 비용의 유품 나누기》이다. 이 시는 외형으로 말하면 당시 유행하던 《결별(訣別)》의 노래와 같은 종류로써, 그 시편에 시인은 작별을 구실로 하여 동시대인들에게 풍자작인 [*sic*] 언사를 퍼부었던 것이다. 그러나 비용은 자기 생애에 고별을 고하기에 앞서서, 가짜로 임종자가 선물을 한다는 착상을 최초로 가졌던 사람이었던 듯 싶다. 〔…〕 《대유언집》은 이 윤곽을 다시 채용하고 또 명백하게 한다. 이것은 제대로 형태를 갖춘 유언서로서 시인은 그것을 작성할 의도를 천명하고, 그 머리에 이것은 적절한 일이긴 하지만(1~70節) 어릿광대 같았던 자기 청춘 시절과 인생의 덧없음에 관한 반성을 내세운다. 〔…〕 그리고 여기 저기에 발라드가 몇 편 있어서 다행히 그것들이 시편의 단조로움을 깨뜨린다. 그 몇몇 시편들은 그의 걸작들 속에 꼽히며 왕년의 귀부인을 노래한 발라드(329-356行), 비용이 그의 어머니 요구에 응하기 위하여 노트르 담에게 바치는 기도로 만든 발라드(329-356行), 〔…〕 진전을 유도하는 기법은 그가 상상하는 멋대로다. 자기 작품의 주제로서 이처럼 결연히 자기를 취급한 일은 아직 아무도 없다."

**宋勉, 《프랑수아 비용 그 生涯와 詩 世界》, 東文選, 1995.**

은어로 된 발라드들을 제외한 비용의 전 작품을 우리말로 옮겼으며 해설이 있다. 작성 일자를 1991년 가을로 밝히고 있는 3-6쪽의 "첫머리에"에는 저자와 "프랑수아 비용의 첫만남"에서부터 이후의 인연들이 담담하게 기술되고 있다: "이 글을 세상에 내놓으면서 제일 먼저 머릿속에 떠오르는 생각이 있습니다. 그것은 나와 프랑수아 비용의 첫만남이 내 자신의 의사와는 직접적 관계가 없는 타의에 의하여 이루어졌다는 점입니다. 〔…〕 지금 생각하면 퍽 오랜 일입니다만, 프랑스 문학을 본격적으로 공부해 보려고 대학원에 진학하여 〈플로베르 美學研究〉를 시작할 무렵, 나는 지도 교수(비용 연구의 권위자)로부터 〈비용 시〉 공부를 권유받은 적이 있습니다. 〔…〕 파리 생활이 시작되었습니다. 그것은 나에게는 〈비용 시〉 공부의 시작을 의미합니다. 사실 이번의 공부는 타의에 의해서가 아니라 어디까지나 자의에 의하여 시작된 셈이지요. 나는 우선 자료 수집에 착수하기로 했습니다. 바로 그 첫날 이제는 절판되어 손에 넣을 수 없다고 하는 피에르 샹피옹의 명저 《프랑수아 비용, 그 생애와 시대》 상·하권을 어느 고서점에서 발견하는 행운이 주어졌습니다. 나는 그 책이 없이는 〈비용 시〉 연구는 거의 불가능하다는 것을 알고 있었던 만큼 여간 기쁘지 않았습니다. 곧 그 책의 독서가 시작되었습니다. 나는 밤늦도록 몇 페이지를 읽고 다음날에는 그것의 실지 답사에 나섰습니다. 그리하여 프랑수아 비용이 그토록 사랑하고 배회한 550년 전의, 그러나 지금은 거의 그 모습을 찾아볼 수 없는 파리와 그 변두리의 거리를 방황하는 것이 나의 하루 일과가 되었지요. 〔…〕 실제로 나는 그렇게 한 장소에서의 제자리걸음을 계속하고 어리석은 자의 삶의 자유를 자신에게 허용하면서 그후 10여 년이라는 세월을 보낸 셈이니까, 이 글과 더불어 나의 생의 마지막 계절이 서서히 끝나간다는 감회를 지울 수가 없다고 하더라도, 이제는 조금도 후회나 미련 같은 것을 느끼지 않습니다. 다만 긴 문학의 역사, 아니 인간의 역사에 있어서, 한낱 포말에 지나지 않을 그 10여 년간의 작은 결실이 포말로서 사라지기 전에, 프랑수아 비용을 전공하는 후학이 나타나서 이 책을 활용하고 크게 발전하기를 바라며, 그리고 프랑스 문학을 좋아하는 독자 여러분이 이 책을 읽고 조금이라도 〈비용 시〉의 즐거움을 느껴 주기를 바랄 뿐입니다. 〔…〕" 관련 서평으로는 노정용이 쓴 "프랑스 중세 최대 시인의 삶과 작품 생애 추적과 시세계의 본격 해설서"(《세계일보》, 1995년 12월 7일)가 있으며("〔…〕 같은 시대의 뛰어난 궁정시인과는 달리 비용은 서정시인으로서 현실의 배덕과 무질서, 죽음의 공포와 인간의 심성에 호소하는 소박한 서정을 절묘하게 표현했다는 평가를 받고 있다. 특히 불문학자 뤼시앙 풀레는 비용은 "프랑스 최초의 근대시인이자 최대시인"이라고 극찬한 바 있다. 〔…〕"), 《출판저널》(통권 제183호, 1996년 1월 5일)에도 유석호의 서평이 실려 있다: "지난해 작고한 연세대 송면(宋勉) 교수의 유고 《프랑수아 비용—그 생애와 시세계》는 국내에 거의 소개되지 않은 프랑스 중세 최대의 시인 비용의 작품에 대한 본격적인 해설서로서 우리 학계의 중세 문학 연구에 새로운 지평을 연 것으로 평가할 만한 것이다. 〔…〕 이처럼 비용은 백년전쟁 직후의 암울한 시대를 살았던 자신의 고통스러운 체험을 사실적으로 증언하면서도 그것을 해학과 풍자로 풀어내는 여유를 잃지 않는다. 비용의 작품 전체가 지나치게 저속하고 외설적인 표현과 노골적 야유로 가득찬 것으로 거부감을 느끼는 독자도 있겠지만, 비용의 거침없고 자유로운 시상의 전개, 역설로 가득찬 표현, 개인적 체험의 기발한 시적 재현 등을 음미해보면 왜 그를 문학사가들이 프랑스 중세 최대의 시인이자 프랑스 근대의 선구자로 평가하는지 이해할 수 있을 것이다."

**谷水 宋勉 先生 文集 刊行委員會, 《谷水 宋勉 先生 文集 文學과 삶의 倫理》, 1995.**

'故 宋勉 先生 略譜, 文集을 준비하며, I. 논문, II. 저서 서문, III. 역서 해설, IV. 수필'로 구성되어 있으며, 추모 문집임이 '文集을 준비하며'에 다음과 같이 명시되어 있다: "〔…〕 이제 일 주기를 맞이하여 〔…〕 선생님을 추모하는 뜻에서 그동안 선생님께서 써놓으셨던 글을 모아 문집을 준비하기로 결정하였습니다." 이전에 발표되었던 세 편의 논문들("프랑소아 비용 詩 硏究 序說"(314-364쪽), "프랑소아 비용 詩 硏究—『유증시』 분석 I"(365-384쪽), "프랑소아 비용과 『유언시』"(385-420쪽))과 1980년 간행된 번역서의 서문(494-495쪽)이 재수록되어 있다.

**이규식(譯), 《40명의 프랑스 작가들》, 문경, 1996.**

M. B. 바꺼르, D. W. 반스(엮음), *Introduction à la littérature française*의 번역임을 밝히고 있다. 24쪽에 비용의 삶에 관한 간략한 소개가 나오나, 그 내용이 상당히 불명료하며 몇몇 역어 역시 적절하지 못하다: "1431년에 파리에서 태어난 프랑수아 드 몽코르비에는 비용을 그의 성으로 택한다. 그 성은 그의 성장과 교육을 책임졌던 사람의 것이다. 그는 법학을 공부하나 불량한 학생이었다. 싸움을 하던 중 그를 자극했던 한 사제를 살해한다. […] 그러나 그는 다시 주먹다짐에 관련되었기에 체포된다. 그로 인하여 교수형을 언도 받는다. 〈교수형을 받은 사람의 발라드〉도 그 시기에 쓴 작품이다. 다행스럽게도 의회는 그의 죄를 유형 10년으로 바꾸어 놓는다. 사람들은 그 다음에 어떻게 되었는지를 알지 못한다. […]" 25-28쪽에는 송면이 1980년에 번역한 《유언의 노래》의 8행시 X, XI, XXII, XXIII, XXXV, XXXVI이 원문과 같이 제시되었고, 29-30쪽에는 "비용의 墓碑銘 — 발라드 형식의 시"가 역시 송면의 번역으로 제시되어 있다.

**편집부(편역), 《세계의 명시》, 靑木, 1996(1판 3쇄).**

27-28쪽에 "옛 미녀를 노래하는 발라드"가, 29-30쪽에 "회한(悔恨)"이라는 제명으로 《유언의 노래》의 8행시 다섯 편이 번역되어 있다.

**장 루슬로, 《프랑스 시 역사》, 김용민 譯, 고려원, 1997.**

Jean Rousselot, *Histoire de la poésie française*, P.U.F. (coll. Que sais-je?)의 번역서로 34-37쪽에 비용에 대한 설명이 나오며, 8행시 한 편과 발라드 두 편의 일부("친절하고 달콤하며 그토록 소중한,/그렇게도 부드러운 여인의 육체", "저는 아무것도 모르는, 글자 하나 읽지 못하는/가난하고 늙은 여인입니다./제가 다니는 성당에는 하프와 비파가 있는/천국의 그림이 있습니다…", "우리가 간 뒤에 살 형제들이여,/모진 마음으로 우리를 대하지 마시오…")가 수록되어 있다.

**폴 발레리, 《발레리 산문선》, 박은수 옮김, 인폴리오, 1997.**

173-195쪽에 "비용과 베를레느"의 번역이 수록되어 있다("프랑솨 비용과 폴 베를레느의 두 이름을 견주어 보는 것보다도 더 쉬운 일도 없지만, 또 최근에는 더 자연스러워 보인 것도 없습니다. 〔…〕"). 180쪽에 성모에게 기도드리는 비용의 발라드 일부가 인용되며("저는 가난한 구식 여자입니다,/아무것도 알지 못하고; 일찍이 읽은 글도 없지만,/제가 다니는 수도원에서 저는 봅니다/하프와 류트가 있는 그 그려진 천국을…"), 187쪽에서는 두 편의 발라드의 한 행씩이 인용된다: "간장, 허파, 그리고 숨을 돌리는 지라!", "나에게 말해다오, 언제, 어느 고장에서?" 그리고 192쪽에서는 "비용의 단골인 돈호법은 서정적인 수단이 되고, 그토록 자주 나오는 의문형:"이라는 기술 다음에 작품의 일부가 인용된다: "한데 지난날의 눈은 어디 있느냐? 〔…〕 그 반드러운 이마, 그 금발,/동그란 눈썹은 무엇이 되었는가?…" 원서 사항은 다음과 같다: Paul valéry, "Villon et Verlaine", Maestricht, Éditions A. A. M. Stols; A l'Enseigne de l'Alcyon, 1937; Reprise in *Œuvres*, éd. Jean Hytier, Tome I, Paris, Gallimard, 1959, pp. 427-443.

**《개역판 랑송 佛文學史(上)》, 정기수 옮김, 乙酉文化社, 1997.**

91-97쪽에 비용에 관한 설명이 나온다. 91-93쪽까지는 비용의 생애가 기술되며("프랑스와 드 몽코르비에(François de Moncorbier)는 1431년, 당시 영국의 지배하에 신음하고 전염병과 기아로 수많은 생명을 잃은 파리의 어떤 가난한 골목길에서 태어났다. 〔…〕 이상이 '통칭 비용이라고 불리는 프랑스와 드 몽코르비에…… 게으름뱅이, 주정뱅이, 노름꾼, 난봉꾼, 깡패, 사기꾼, 도둑, 문과 금고의 곁쇠질꾼의 파란 많고, 죄 많고, 비참한' 생애였다. 그러나 바로 이 직업적인 악한에게서, 15세기가 낳은 최고의 감동적인 시를 구하지 않으면 안 된다."), 93-94쪽에서는 "〈유증(遺贈)〉과 〈대유언집〉의 줄거리"가 이야기된다. 94쪽부터는 "인상의 강렬함"("그의 독창적 특징, 그것은 무엇보다도 먼저, 기분의 변덕스러움, 즐거움에서 슬픔으로, 감동에서 빈정거림으로 옮아 가는 그 용이함이다. '나는 눈물 속에서 웃는다', ―그의 발라드 중의 하나 속에 있는 이 시구는 그의 진정한 표어(標語)이다. 〔…〕"), "감정의 성실성"("그러나 비용은 부랑배들을 그리는 환상적 화가와는 다르다. 〔…〕 그의 회한(悔恨)의 물질적 성격은 그가 절대로 성실하다는 것을 우리에게 보증한다. 그런 뒤에 또 그가 악의 습관에 끌려갔지만, 그런 사실은 조금도 드문 일이 아니다.")이 이야기되며, 95-97쪽에서는 "죽음의 시인―비용"이라는 소제명 아래 논의가 이어진다("〔…〕 또 한편으로, 비용이 그의 〈유언집〉이라는 부자연스런 틀에 의해 아직도 중세에 연결되어 있기는 하지만, 그는 완전히 근대적이다. 이는 진

실로, 완전히 근대적인 최초의 시인이다. 그는 그의 속에 서정의 원천 그 자체를 간직하고 있다. 그의 시는 그의 가련한 영혼의 울림 그 자체이고 그 밖의 아무것도 아니다. 그리고 그의 악덕 또는 악행을 부르짖는 그 익살스럽고 애처로운 목소리 속에는 이따금 영원한 인간성의 고함소리가 지나간다. 〔…〕"). 1983년 간행된 초판을 수정한 것으로, G. Lanson, *Histoire de la littérature française*, remaniée et complétée pour la période 1850-1950 par Paul Tuffrau(Paris, Hachette)의 번역이다.

**박인효, 《프랑스시와 시인론》, 조선대학교 출판국, 1997.**

48-54쪽에 비용과 그의 작품에 대한 설명이 있다. "(1) 비극적 삶과 작품"에서는 비용에 관한 전기적 사항들과 작품에 대한 개괄적인 기술이 이루어지며, "(2) 작품선"에서는 두 편의 발라드가 소개된다. "DES DAMES DU TEMPS JADIS"의 경우, "이 시는 덧없는 시간의 허무함, 인생의 무상함 등을 소재로 쓴 서정시다. 이 세상에서 귀하고 아름다운 모든 것들이 헛됨을 노래한 우수에 찬 시다. 죽음은 이 세상에서 모든 것을 앗아간다. "그들의 미모와 재능과 권력과 영웅심으로 유명하던 그토록 많은 여성들은 어떻게 되었는가? 아! 그녀들은 모두 사라졌다." 비용은 이처럼 죽음을 명상하면서 우울한 감정을 마지막 후렴 "그런데 작년의 눈은 지금 어디에 갔는가?"에서 잘 표현하고 있다. 〔…〕"라는 해설이 있으며, "BALLADE DES PENDUS"에는 "〔…〕 교수형 판결에 불복, 상소하여 감형을 받고, 교수형은 면하게 되지만, 과거의 죄과 때문에 10년 간의 파리 추방령을 받은 후 비용은 영원히 사라진다. 이 시도 세 종류의 운을 사용한 전통적인 발라드 형식의 10음절 10행시이다."라는 평이 부기되어 있다. 두 편의 발라드 모두 프랑스어 원문과 우리말 주석을 제시하고 있다.

**李桓, 元潤洙, 鄭榮蘭 共著, 《佛文學槪論》, 한국방송통신대학교출판부, 1997.**

중세 '서정시'를 논하는 부분인 26-27쪽에 비용에 대한 내용이 기술되어 있다.

**E. H. 곰브리치, 《서양미술사》, 백승길 · 이종숭 옮김, 예경, 1997; 2009(7쇄).**

177쪽에 "중세 말의 프랑스 시인 프랑수아 비용(François Villon)은 그의 어머니에게 바친 감동적인 시에서 이 효과를 다음과 같이 묘사하고 있다."라는 설명과 함께 발라드의 일부 번역이 나온다: "저는 가난하고 늙은 여자입니다./아주 무식해서 읽을 줄도 모릅니다./그들은 우리 마을 교회에서/하프가 울려퍼지는 천국과/저주받은 영혼들을 끓는 물에 튀기는 지옥의/그림을 보여주었습니다./하나는 나에게 기쁨을 주지만/다른 하나는 두려움을 줍니다…" 아울러 E. H. 곰브리치, 《서양미술사 上》, 崔旻 譯, 悅話堂, 1977; 1981; 1995를 참조.

**필리프 브르노, 《천재와 광기》, 김웅권 옮김, 동문선, 1998.**

Philippe Brenot, *Le génie et la folie*, Paris, Plon, 1997의 번역서로 145쪽에 비용의 생애와 작품에 대한 언급이 나온다: "살인을 저지른 후, 비용은 가짜 이름을 사용하며 도망간다. 그리고 1456년에 사면장을 얻는 데 성공하지만, 다시 가택을 침입하여 도둑질을 한다. 패각단〔15세기경 옷깃에 조가비를 달고 다니던 불한당〕 무리와 여러 해 동안 방랑을 하고 좀도둑 노릇을 한 뒤, 1461년에 감옥에 간다. 같은 해 10월 2일, 그는 루이 11세에 의해 석방되지만, 다음해 다시 죄를 지어 샤틀레 감옥에 감금된다. 그리고 다시 한 번 체포되어 고문을 당하고 교수형 선고를 받는데, 그는 파리 제후 회의에서 10년간의 추방으로 감형된다. 이 기간 동안 그의 자취는 결정적으로 사라진다. 《유증》과 《유언》은 각각 한 번씩 체포된 후에 씌어졌는데, 회한과 정당한 이유를 표현하려는 것 같았다. 다른 많은 사람들에게서와 마찬가지로 비용에게서도 작품은 삶과, 삶은 작품과 불가분의 관계에 있다."

**《世界人名大事典》, 高麗出版社, 1999.**

'世界文學'은 조연현趙演鉉이 집필하였으며 779쪽에 비용에 대한 소개가 나온다: "프랑스의 시인. 52년 파리대학 문학부를 졸업하였다. 학생 시절부터 방탕 무뢰한 생활에 빠져 각지를 방랑했는데, 〔…〕 그는 근대 서정시의 길을 터 놓은 보들레르와 비교 될만한 시인으로 평가되고 있다."

**자크 르 고프, 《중세의 지식인들》, 최애리 옮김, 東文選, 1999.**

Jacques Le Goff, *Les intellectuels au Moyen Age*, Paris, Seuil, 1957의 번역으로, 17, 29, 63, 194쪽에 비용의 이름이 언급되며, 232-234쪽에는 《유증시》에 들어 있는 3편의 8행시가 번역되어 있다: "유쾌한 기분으로 이 글을 쓰노라니/소르본의 종소리가 들려오누나./그것은 날마다 아홉 시에 종쳐 알린다/천사가 예언하는 구원을./하여 마음의 원대로 기도하노라", "잠시 쓰기를 멈추었노니,/그러노라 잠깐 졸았던 모양—/술기운에서는 아니건만/내 정신은 마치 취한 듯 몽롱하게/보았노라. 기억이 제 고리짝을 열어/딸린 식솔들을 챙기는 것을./진짜 아니면 가짜인 판단/그리고 그밖의 지적 능력들.", "그리고 심지어 추정력과/(덕분에 앞날을 내다보는 것이지만)/유추력과 형성력까지./(덕분에 사람이 이성을 잃고/달빛을 받으면 미치는 것이지만)./그렇다는 것은, 내가 제대로 기억한다면,/전에 아리스토텔레스에게서 읽은 것이네."

**金埈顯, 〈『遺贈詩』의 題名에 관한 硏究〉, 고려대학교 대학원 불어불문학과 석사학위논문, 1999.**

'序論, 제1장 名稱과 先例, 제2장 『遺贈詩』 읽기, 제3장 사랑의 殉敎者—작가의 同意, 結論, 參考書誌'로 구성되어 있다. 《유증시》의 경우, 6쪽에 8행시 V(33-40행), 7쪽에 8행시 VIII(57-64행), 9쪽에 8행시 X(77-78행), 17-18쪽에 8행시 XXXIII(257-264행), 18-22쪽에 8행시 XXXV-XXXIX(237-320행), 34쪽에 8행시 III(21-24행)과 VII(52-56행), 35쪽에 8행시 III(17-18행), 37쪽에 8행시 IX(65-70행), 38쪽에 8행시 XXIII(177-180행)과 XXVIII(219-221행), 39쪽에 8행시 IV(26-28행), 41쪽에 8행시 IV(29-32행)의 번역이 있다.

**한영숙, 〈François Villon의 시에 나타난 여성의 이미지: *Le Testament*을 중심으로〉, 부산대학교 대학원 불어불문학과 석사학위논문, 1999.**

'서론, 제I장 대지의 형체, 제II장 장미의 이중성, 제III장 녹색새장, 결론, 『유언시』에 나타난 여성의 이미지 분류표, 참고문헌, 인용원문, 불문요약'으로 구성되어 있다.

**장 베르동, 《중세의 밤》, 이병욱 옮김, 이학사, 1999.**

Jean Verdon, *La nuit au Moyen Age*, Paris, Perrin, 1994의 번역이며, 12쪽("소르본느의 종소리가 들리는구나./그것은 언제나 9시에 울려 퍼져/천사가 예언하는 구원을 알리는구나"), 21쪽("상인들의 진열대 밑에 누워 있는 녀석들마다/나는 눈알에 주먹을 한 방씩 먹인다./그들은 추위에 얼굴을 찌푸리고 벌벌 떨고 있다./비썩 마른 데다 털은 덥수룩하고 감기에 걸려 있어/나는 짧은 바지와 낡은 상의를 물려준다./이들의 몸은 얼어붙어 상처투성이고 이슬에 젖어 있구나.")에 《유증시》의 일부가 번역되어 있으며, 32-34쪽에 "프랑수아 페르부" 사건에 대한 소개가 나온다. 또 198-199쪽에서는 "경찰관들이 자신을 절도죄로 체포하여 샤틀레 감옥으로 연행하는 모습을 머릿속에 그리던 프랑수아 비용은 죄수들, 특히 일반 죄수들에게는 침대를 주지 않았기 때문에," 동음이의어를 사용한 말장난을 한다는 설명과 함께 "나는 백합 세 송이를 없애 버리고 말테야/그들이 나를 샤틀레 감옥에 잡아 넣는다면."이라는 구절이 번역되어 있다. 그러나 이 구절의 번역은 매우 부정확하다.

**설혜심, 〈중세말 근대초 유럽의 '얼굴만들기': 외양(appearance)에 대한 인식의 변화〉, 《西洋中世史研究》, 4, 1999, pp. 79–102.**

88쪽에 "15세기 Paris의 하층세계를 묘사한 발라드들로 유명한 프랑소와즈[*sic*] 비용(François Villon)의 시 「아름다운 올미에르의 회한(Les Regrets de la belle Heaulmiére)[*sic*]」에서는, 아름다웠던 궁녀의 옛 모습을 다음과 같이 묘사하고 있다."는 언급과 함께 작품의 일부 번역이 제시되며("그 매끄러운 이마와/블론드의 머리칼, 아치형의 둥근 눈썹과…/넓지도 작지도 않은 그 아름다운 오똑한 콧날과/머리에 붙은 자그마한 귀./보조개가 움푹 패인 귀여운 턱과/그 아름답던 진홍빛 입술은 어디에?"), 주석에 다음과 같은 전거 표시를 하고 있다: "François Villon, *Testament*, vs. 453ss. A. Longnon (Paris, 1914), p. 39."

**장 베르동, 《중세의 쾌락》, 이병욱 옮김, 이학사, 2000.**

Jean Verdon, *Le Plaisir au Moyen Age*, Paris, Perrin, 1996의 번역이며, 52쪽에 "뚱보 마르고"에 대한 다음과 같은 언급이 나온다: "프랑수아 비용은 자기 위에 올라가 있는 뚱보 마르고를 언급하는 대목에서, 그런 자세를 취하는 것은 "자신의 과일", 즉 자기 아이를 보호하기 위해서라고 기술하고 있다." 또 134쪽에는 "식사가 끝난 후 이포크라스가 등장하는 모습이 『파리의 가장』에 실려 있다. 비용은 이 포도주에 계피, 생강, 후추를 넣어 따뜻하게 데워 마시는 것을 좋아했다."는 언급이 있다.

**Walther von Wartburg, 《프랑스어 발달사》, 김현권 옮김, 한국문화사, 2000.**

W. 바르트부르크, 《프랑스어 발달사》, 金絃權 譯, 하서출판사, 1991(2판)을 참조.

**자크 르 고프 外, 《중세에 살기》, 최애리 옮김, 동문선, 2000.**

*Vivre au Moyen Âge*, Tallandier, 1998의 번역이며, 37쪽("프랑수아 비용이 그녀의 젊은 날의 아름다움과 노년의 추함을 대비하여 묘사했던 여자도 키 큰 질레트, 일명 투구 쓴 미녀라는 이름이었다")과 141쪽("어떤 이들은 시인 프랑수아 비용의 잘 알려진 경우가 보여 주듯이 가장 전통적인 방식으로 사면장을 얻을 수 있었다.")에 비용과 관련된 언급이 있다.

**김상웅(金三雄), 《넓은 하늘 아래 나는 걸었네》, 동방미디어, 2000.**

"이 책은 1993년 봄 『광기와 방랑의 자유인들』이란 이름으로 출간하였다가 곧 절판된 것을 이번에 내용을 손질하고 관련 사진과 컷, 삽화 등을 부쳐서 다시 출간"했음을 밝히고 있다. '이브의 딸들을 믿지 말라'는 소제목 아래, 65쪽에 비용의 〈4행시〉 전문이 번역되어 있으며("내 이름은 프랑수아, 원통하다 원통해/퐁트와즈 근처에 자리잡은 파리 태생/여섯 자 다섯 치의 밧줄에 매달려/내 묵은 [*sic*] 궁둥이의 무게를 모르노라."), 68-69쪽에 《유언의 노래》의 한 대목이 실려 있다: "아 슬프구나!/미칠 듯한 청춘 시절에 배움을 열심히 하여/인심 좋은 사회에 몸을 담고 있었다면/지금 나는 집도, 부러운 침상도 있을 터인데/어리석어라/악동처럼 학교를 등지고 떠났네/이 글을 쓰며 생각하니/가슴은 찢기듯 아프구나." 한편 69쪽 하단에 실린 "여자들은 그대 눈 속의 사향처럼 감미롭다. 그러나 여자를 믿었다간 평화가 끝장난다. 흰색이든 갈색이든, 신분이 높든 낮든 여자들을 상대하지 않는 남자는 행복하여라."라는 대목의 경우, 〈이중의 발라드〉를 상당 부분 변형시킨 것으로 판단된다. 71-72쪽에는 비용의 〈목 매달린 자들의 발라드〉가 번역되어 있으며("내 죽은 뒤 살아 남을 모든 이들이여/나를 향해 모진 마음을 품지 말아라/나를 향해 가엾다 생각해 준다면/하느님의 은총이 그대에게 있으리라/보라, 대여섯 명씩 결박된 우리들/마음대로 실컷 먹어 살찐 몸뚱이도/먹히고 썩어서 뼈만 앙상하거니와/버려진 해골이 되어 흙으로 돌아가리/아무도 이 비참한 최후를 비웃지 말고/하느님께 우리 위해 기도해 다오 〔…〕 쏟아지는 비에 씻기고, 햇빛에 타서/새까맣게 그을고만 우리들이니라/또한, 까마귀와 까치의 떼거리에게/눈과 수염과 눈썹을 뽑히고 말았느니라/잠시 동안, 정말 한순간의 쉬임도 없고/바람따라 여기에서 또 저기로/쉴 새 없이 옮겨다니고 있는 처지이니/참새 떼는 입부리로 골무처럼 쪼아 댄다/그러니 우리처럼 되지 말지니라/죄사함을 하느님께 빌어 다오/〔…〕"), 그러나 72쪽에서 "'숭고함과 타락의 가장 놀라운 혼합물'로 평가받는 『대유언』에서 그는 자신의 무덤을 위한 묘비명을 다음과 같이 쓰고 있다."는 말과 함께 실린 "아무 쓸데도 없는, 머리가 돈 부랑자는 우리 모두의 어머니인 대지에 몸을 되돌렸다. 벌레들도 먹을 고기를 별로 찾을 수 없으리. 굶주림이 이미 살을 뼈 가까이까지 깨물었으니……. 평안은 죽음이 와서 그를 세상에서 걷어차 버리기까지는 결코 그의 것이 아니었노라. 자비의 주님이여, 그의 영혼을 불쌍히 여기시고 영원한 평화를 주소서."라는 내용은 비용의 '묘비명'이 아니며, 원문과도 상당 부분 어긋난다는 점에서 출처가 매우 의문스럽다. 앞서 소개한 《위대한 詩人들》(이재호 옮김, 종로서적, 1983)의 45쪽에 기술된 내용이 전거가 되었으리라 추정된다.

**이창순, 《프랑스어사(史) 개요》, 신아사, 2000.**

331쪽, 348-350쪽 등에 비용에 대한 간략한 소개와 함께 《유언의 노래》의 8행시 XXVIII-XXXI(217-248)의 원문이 간략한 어휘 풀이와 함께 제시되어 있다.

**삐에르 베르낙, 《프랑스 예술 가곡의 해석》, 심선화 옮김, 청림출판, 2001.**

"프랑스와 비용은 15C의 시인인데, 드뷔시는 그의 시에 곡을 부치면서 놀랍도록 성공적으로 중세의 분위기를 만들어냈다."는 평과 함께 268-269쪽에 "그의 연인에게 보내는 비용의 발라드"의 번역이("거짓된 아름다움, 무례함, 위선적인 달콤함이/나로 비싼 값을 치루게 하였다./닳아빠진 쇠보다 더 단단한 사랑/그래서 당신을 나의 닳아빠진 누이라고 부른다./〔…〕 가장 아름다운 연인, 사랑스러운 왕자여/나는 그대에게 화가 생기지 않기를/그러나 정직한 마음은 우리의 선한 성주를 향한 것이다/그의 운명을 악화시키지 말고 불쌍한 이를 구하라."), 271-272쪽에 "성모에게 향한 그의 어머니의 간구를 노래하는 비용의 발라드"의 번역이("이 땅을 다스리는 하늘의 여인/지옥 늪의 왕후/나를 받아주오, 당신의 비천한 그리스챤을/비록 내가 무가치한 사람이지만/당신의 선택된 자 속에 속하게 하여주오./〔…〕 이런 믿음 속에서 살고 죽고 싶네."), 274-275쪽에 "파리 여인들의 발라드"의 번역("사람들은 말 잘하는 사람으로/플로렌스 여인이나 베네치아 여인들을 꼽을지 모르나/예전 사람들과 마찬가지로/전달자가 되기에 충분하다/〔…〕 브레따뉴 여인들이나 스위스 사람들은/그런 것을 거의 모른다./가스꽁이나 뚤르즈 여인들도;/쁘띠뽕의 두 수다꾼들이/그들과 로레느 사람들과 금방 잠잠하게 만들 것이다./영국과 칼라이 여인들/(내가 너무 많은 곳을 알고 있나?)/〔…〕 왕자가 파리여인들에게/"말 잘하는 상"을 준다./어떤 이들은 이탈리아 여인들이라고 할지 모르나/그들도 역시 파리사람들 같은 입담을 가지고 있지 않다")이 나온다. 그러나 제시된 세 편의 발라드 번역 모두 원문의 의미를 별로 이해하지 못한 양상을 보이며, 도처에 부정확한 면이 많다.

**박인효, 《프랑스 시의 이해와 감상》, 조선대학교 출판부, 2002.**

1-2쪽에 "프랑수와 비용"에 대한 소개가 나오며("프랑수와 비용은 1431년 말, 혹은 32년 초, 파리 태생으로 본명은 프랑수와 드 몽꼬르비에(François de Montcorbier) 혹은 데 로지(des Loges)이다. 어려서 아버지를 잃고 홀어머니 밑에서 가난하게 자라다가 기욤 드 비용(Guillaume de Villon)이란 신부집에 맡겨졌는데, 비용이란 이름도 이 신부의 이름을 딴 것이다. 〔…〕 그러나 유언이나 유품 분배는 하나의 구실에 불과하고 그는 자

신의 삶에 대한 후회와 소망과 이 세상에 대한 분노와 조소를 강렬하게 토로하고 있다. 그리고 아무도 피할 수 없는 죽음의 공포와 더불어 자기의 잘못을 인정하여 신의 자비를 빌고 있다. 한 마디로 비용은 이 가운데 그 자신을 투사함으로써 인간의 모든 것, 그의 약점과 죄악, 그의 사랑과 즐거움, 그의 소망과 믿음, 인생의 무상, 죽음의 가혹함 등을 꾸밈없이 성실하게 또한 감동적으로 보여 준다. […]"), 2-6쪽에 "그 옛날의 귀부인을 노래한 발라드"의 프랑스어 원문과 우리말 번역("말해다오, 어디 어느 곳에 있는가?/로마의 미인 플로라는,/그 사촌 자매처럼 아름다운/아르키피아드와 타이스는,/그리고 강가나 연못가에 서서/소리내면 대답하는/사람보다 아름다운 메아리는,/[…] 제 일인자여, 그 미녀들 지금 어디에 있는지/올해에도 또 다음 해에도 묻지 마오/다만 다음 후렴만을 되풀이해주오/그런데 지금은 어디 갔나 지난해 내린 눈(雪)은?")이 간략한 해설("비용의 〈대유언집〉에 수록된 '발라드' 가운데 하나이다. 신랄한 풍자로 적을 두들기며, 무섭고 끔찍한 죽음의 참 모습을 보여 주기도 하는데, 때로는 우수에 젖어 과거의 미녀(美女)나 혹은 영웅의 운명을 노래하기도 한다. […] 아름다운 미인을 사라진 눈(雪)에 비유하여 "지금은 어디 갔나 지난해에 내린 눈은?"을 매 시절 끝마다 반복, 프랑스어의 "네지 당탕(neiges d'antan)"을 메아리치게 한 것은 독창적이다. "그러니 내일을 기다리지 말고 오늘 꺾어라 인생의 장미를"이라고 읊은 롱사르(Ronsard)와는 대조적이다.")과 함께 수록되어 있다.

**김덕수, 《프랑스 시의 이해》, 신아출판사, 2002.**

28-29쪽에 "프랑스와 비용"의 생애에 대한 개괄적인 소개가 나오며("비용은 1431년 말이나 1432년 초 파리에서 태어났다고 되어있고, […] 1455년 6월 5일 그리스도 성체의 축제일 무렵, 비용과 질르라는 성직자와 이자보라는 여자와 함께 셋이서 축제 광경을 바라보며 조용히 이야기를 나누고 있었다. 9시경 갑자기 흥분한 세르무아즈라는 수도사가 나타나 비용에게 싸움을 걸었고, 비용은 그를 돌로 쳐서 숨지게 한다. 이 사건 후 비용은 파리를 떠나 도피 행각을 한다. 1456년 결국 정당 방위로 판결이 났지만, […] 1461년 가을, 파리로 돌아온 비용은 곧 몸을 숨겨 버린다. 그리고 그는 자기의 운명에 대한 성찰과 사상을 유언이라는 큰 테두리 속에 짜넣은 『대유언집, Le Grand Testament 1463』을 쓰기 시작한다. 이 시집은 8음절의 8행시 173연으로 구성된 그의 대표작이다. […]"), 29-30쪽에는 시인의 특징적인 면모와 작품 세계에 대한 내용이 기술되어 있다: "비용은 프랑스 최초의 위대한 근대적 시인이지만 또한 중세의 마지막 대시인이기도 하다. 그는 자기 시대의 시에 주어진 주제, 즉 죽음과 맹목적인 운명, 영혼의 구원 등

에 대한 성찰 등을 진정한 개인적 관심사로 다루었다. 풍자 작가로서의 그의 재능은 인간의 결점을 부각하는 한편, 추악함과 육체의 노쇠, 인간 욕망의 폭력성과 비천함을 신명나게 그려지는 과정에서 나타나는 진정한 인간의 조건은 감동적이다. 야유와 무자비함을 통하여 드러난 모호한 조소에는 인간의 가련한 목소리가 터져 나오고, 부랑자의 찌푸린 얼굴에는 위대한 시인의 진면목이 뚜렷이 드러난다. [⋯]" 그리고 30-37쪽에는 "그 옛날의 귀부인을 위한 발라드"("말해 다오, 어디에, 어느 곳에 있는가?/로마의 미녀 플로라는/아르키피아레스[*sic*], 그리고 그녀의/사촌 언니 타이스는,/[⋯] 왕자님이시여, 그녀들은 지금 어디에 있는지/이주에도 이해에도 영원히 묻지 마오/이 후렴구를 되새기거든,/허나 예전에 내린 눈은 지금 어디에 내리는가?")와 "성모에 기도하는 발라드"의 번역이 원문과 함께 제시되었다. "성모에 기도하는 발라드"의 경우, 송면의 기존 번역(1995)을 재인용한 것임을 명시하였다. 37-38쪽에는 비용과 관련된 6권의 간략한 서지가 제시되나, 기본적인 참고문헌으로는 불충분한 면이 없지 않다.

**이진성, 《프랑스 시법 개론》, 만남, 2002.**

235쪽의 "대(大)발라드grande ballade"의 설명에서 "발라드의 대가였던 프랑스와 비용의 10행시절 발라드"를 예로 들고 있다. 인용된 발라드는 "「Ballade du concours de Blois」"의 프랑스어 원문이며, "10음절 시행으로 구성된 3개의 10행 시절은 정사각 시절이다. 3시절의 운 체계는 모두 ababb-ccdcd이며, 헌사의 운 체계는 앞 시절의 후반부 체계 ccdcd와 동일하다. 각 시절과 헌사는 같은 후렴으로 끝나며, 헌사는 "Prince"로 시작된다."는 설명이 236쪽에 부기되어 있다.

**김희보(편저), 《세계문학사 작은사전》, 가람기획, 2002.**

81쪽에 비용에 관한 소개가 다음과 같이 나온다: "비용(Françeis[*sic*] Villon, 1431-1463경) 파리 서민 가정에서 출생하여 사제 기욤 비용의 양육을 받았다. 솔본느 대학에서 수학. 성품은 선량했으나 의지가 약하여, 연애 사건 때문에 과실치사죄를 범하고, 악한 친구와 공금 절도를 범했다. 그 이후 방랑과 굶주림, 절도와 영창, 다시 감옥살이 등 파란 많은 일생을 보냈다. 1463년 이후의 생활은 알 길이 없다. 작품집으로 〈소小유언집〉(1456), 〈대大유언집〉(1461) 등이 있다. 비용의 작품은 개인적 감정을 통하여 뉘우침, 비웃음, 분노, 기원, 호소 등을 사실적으로 노래했다. 그가 죽은 후 3백 년 동안은 그 진가가 묻혀 있었으나, 19세기 중엽 베를렌, 보들레르 등이 등장하면서 재 평가받기에 이르렀다."

**박영만, 《끝내지 않은 마침표》, 평단문화사, 2002.**

'유명 인사 102인, 그들이 묘비에 남긴 말'이라는 부제가 있다. "영원한 평화를 주소서"라는 소제명 아래, 249-252쪽에 걸쳐 비용에 관한 이야기가 기술된다. 251쪽에 비용의 발라드 일부가 소개되며("내 죽은 뒤에 살아 남을 모든 이들이여/나를 향해 모진 마음을 품지 말아라./나를 향해 가엾다 생각해 주신다면/하나님의 은총이 그대에게 있으리라./보라, 대여섯 명씩 결박된 우리들/마음대로 실컷 먹어 살찐 몽뚱이도/먹히고 썩어서 뼈만 앙상하거니와/버려진 해골이 되어 흙으로 돌아가리./아무도 이 비참한 최후를 비웃지 말고/하나님께 우리를 위해 기도해 다오."), 같은 쪽에 《유언의 노래》의 일부가 인용되나, 이 부정확한 번역은 기존에 간행된 김삼웅의 것과 동일하다: "아무 쓸데도 없는, 머리가 돈 부랑자는/우리 모두의 어머니인 대지에 몸을 되돌렸다./벌레들도 먹을 고기를 별로 찾을 수 없으리./굶주림이 이미 살을 뼈 가까이까지 깨물었으니……/평안은 죽음이 와서 그를 세상에서 걷어차 내기까지는/결코 그의 것이 아니었노라./자비의 주님이시여,/그의 영혼을 불쌍히 여기시고 영원한 평화를 주소서."

**음악지우사(편), 《드뷔시》, 오지선 옮김, 음악세계, 2002; 2003(2쇄).**

1979년 간행되었던 《최신 명곡해설 전집》(음악지우사)의 증보판이다. 282-285쪽에 비용에 관한 소개와 함께 "연인에게 바치는 발라드", "성모에 대한 기도를 위해 어머니의 부탁으로 만든 발라드", "파리 여인의 발라드"의 요약 내용이 "가사 의미"라는 항목에 실려 있다.

**김준현, 〈'로쿠스 아모에누스'(locus amoenus)의 중세적 변용〉, 《중세르네상스영문학》, 제11집 제2호, 2003, pp. 219-241.**

237-238쪽에 〈프랑 공티에에 대한 반론〉의 일부 번역이 나온다: "훌륭히 자리 깔린 방안, 잉걸불 곁의/부드러운 솜털 이불 위에 앉아, 한 뚱보 성당참사의원이/곁에 누운, 희고 부드럽고 매끈하며/잘 치장한 귀부인 시두안느와/밤낮으로 强精酒를 마시며/웃고 희롱하고, 서로 애무하며 입맞추고,/서로 발가벗고 더 큰 육체의 쾌락을 즐기려는 것을/나는 빗장 틈으로 보았네./그때 나는 깨달았네, 고통을 달래기 위해서는/제 편한 대로 사는 것이 최고의 보물이라는 것을.", "그들이 장미나무 아래에서 자는 즐거움을 뽐낸다면/의자 곁들인 침대와 어느 편이 더 좋은가?"

**조우호(譯), 《사람이 읽어야 할 모든 것. 책》, 들녘, 2003.**

Christiane Zschirnt(크리스티아네 취른트), *Bücher Alles, Was Man Lesen Muss*, Frankfurt am Main, Eichborn AG, 2002의 번역서로, 163-164쪽에 비용의 생애와 작품에 대한 언급이 나온다: "비용은 중세 말, 백년전쟁의 끝 무렵에 살았다. 그는 가난한 환경에서 자랐으며 상습적으로 도둑질을 하고 싸움을 일삼았기 때문에 그의 어머니는 그를 부유한 기욤 드 비용 집의 양자로 보냈다—비용은 자신의 이름을 여기서 얻는다. 그곳에서 어린 비용은 훌륭한 교육을 받았고 열두 살에 파리의 대학으로 진학한다—당시엔 그 나이에 대학 공부를 시작했다. 그는 석사를 마치고 계속해서 신학을 공부했다. 하지만 이때 파리의 대학교수들이 1년 동안 파업을 했고 비용은 이 기간을 잘 보내지 못했다. 그는 하류사회의 환경을 접했고, 창녀를 만났으며, 칼부림으로 한 성직자를 죽였으며, 허름한 술집에서 늘 술에 취해 있었다. 그곳에서 비밀결사 '코키유Coquille'를 접하고 그 결사의 서기가 된다. 비밀결사 코키유는 아주 전문적으로 조직된 범죄집단으로 자신들만의 비밀 언어와 비밀 소식통을 가지고 있었다. 그 구성원들은 주로 강도와 살인 외에는 별반 배운 바가 없는 백년전쟁에 참여한 병사들이었다. 1456년 크리스마스 직전에 비용은 네 명의 공범자와 함께 대학 금고를 턴다. 그들은 5백 탈러(Taler, 독일의 옛 화폐— 옮긴이)를 훔친다. 비용은 자신의 생애에서 여러 번 사형을 선고받았지만 운좋게도 항상 사면을 받았다. 이번에도 사형이 10년의 파리 추방형으로 감형되어 비용은 파리를 떠난다. […] 비용은 파리에서 소문난 폭력배였다. 부자에 가해지는 그의 가차없는 언어 폭력과, 범죄자와 창녀의 삶에 대한 그의 발라드를 도시의 모든 사람들이 알고 있었다. 비용이 '하얀 짐승'이라고 부르는 여자들과 만난 것은 동물적이고 격정적인 쾌락의 탐닉이었다. 그러한 탐욕은 비사회적이고 지하세계에 속한 것이다. 그가 묘사한 여자들은 만족할 줄 모르고 정절도 없다. 그가 묘사한 사랑이란 감각적이고 자기 파괴적이며 폭력적이고 격정적이며 순간적이다."

**유정림, 〈파운드의 초기시에서의 전통과 실험〉, 《현대영미시연구》, 제9권 제2호, 2003, pp. 127-153.**

139-140쪽("또한 「금년 성탄절을 위한 비용 풍의 노래」에서 파운드는 중세 음유 시인 비용(F. Villon)의 『소(小) 유언』(*Le Lais*)의 두 번째 시에 나오는 "저 죽음의 계절 성탄절 무렵/회색 빛 늑대들이 바람 속에서 살고 있을 때"(En ce temps que j'ai dit devant, Sur le Noel, morte maison,[*sic*]/Que les loups se vivent de vent)(Villon 9)라는 구절의 인용과 함께 비용의 발라드를 모방하여 애수적인 축배의 노래를 지었다."), 146-147쪽에 "[…]

파운드에 의해 이상적인 것으로 평가 된 비용의 언어는 다니엘이나 단테를 가장 잘 계승한 언어였다. 비용의 언어가 갖는 특성은 사실적이고 거침없다는 것이다. 또한 낭만적인 감수성과 동시에 전통적인 학자의 분위기를 간직하고 있다는 점이다. 〔…〕 비용의 이러한 언어는 그의 작품 속에서 그 시대를 반영하는 사실적이고 직접적인 표현으로 살아있음으로써 그를 단테보다도 오히려 현대적인 시인으로 평가받게 하는 요인이 되었다. 〔…〕 파운드는 비용으로부터는 자유시에서의 행 쓰기와 절제된 운율을 자신의 시에서 활용하였는데 특히 그의 발라드 형식을 충실하게 따랐다. 〔…〕"라는 언급과 함께 비용의 영향을 받은 파운드의 작품들에 대한 언급들이 나온다.

**최영희, 《프랑스 예술가곡》, 씨와이에치 성악연구소, 2003.**

"파리 여인들의 발라드", "여자 친구에게 보내는 비용의 발라드", "성모 마리아에게 기도하기 위해 어머니의 요청에 따라 비용이 지은 발라드"의 번역이 수록되어 있다.

**필립 아리에스, 《죽음 앞의 인간》, 고선일 역, 새물결, 2004.**

Philippe Ariès, *L'homme devant la mort*, Paris, Seuil, 1985의 번역으로, 360쪽에 《유증시》에 수록된 8행시 한 편이 번역되어 있으며("마침내 떠나야 할 시간이 왔고,/언제 다시 올지 알 수가 없구나./(나는 무결한 사람도 아니고,/강철이나 주철로 된 인간도 되지 못한다./인간으로 산다는 것은 불확실함일 뿐,/죽음 후 나의 시간은 다 소모되었다./나는 먼 나라로 떠난다)/그러므로 나는 이제 유언을 하려 한다."), 361쪽에는 《유언의 노래》에 수록된 두 편의 8행시가 번역되어 있다: "유언을 다음과 같이 시작하려 한다./영원한 아버지 하느님의 이름으로/또한 성모님 아들의 이름으로,/아버지와 함께 영원한,/아담이 잃어버린 것을 구하고/그것을 높이 쳐들어 하늘을 아름답게 장식했던/성령과 함께.", "첫째로 내 가련한 영혼을/복된 삼위일체의 신에게 바치고,/또한 그것을 성모에게 맡기노라./천상의 덕망 높은 주인들에게/모든 이를 위해 자비가 내려지기를 기도하는/신성성이 육화된 그분에게./그러다 보면 누가 알리오/이 선물이 그들로부터/천상의 옥좌 앞으로 내려질지." 그 외에도 360-362쪽에 두 편의 8행시 일부가 번역되어 있다.

**김준현, 〈프랑수아 비용의 『遺言의 노래』 註釋版 試論—「Ballade pour Robert d'Estouteville」를 중심으로〉, 《프랑스 고전문학연구》, 제7집, 2004, pp. 104-156.**

'I. 批判的 註釋版의 필요성, II. 저본의 선택, III. 원문 및 번역, IV. 註釋, V. 결론'으로 구성되어 있다. 110-112쪽에 〈로베르 데스투트빌르를 위한 발라드〉의 전문이 번역되어 있

다: "동틀 무렵, 기쁨에 겨워, 또 고준한 천성에 의해/새매가 날개짓 치는,/개똥지빠귀가 흥겨워 노래하고 날아오르며/짝을 만나 서로 날갯죽지를 가까이 붙일 때,/〔…〕 王后여, 당신을 위해 여기에 되풀이하는 말을 들어주소서/내 마음이 당신의 마음에서 멀어지는 일/결코 없으리, 당신 또한 그러하길 懇求드리니,/우리가 함께 있는 이유, 바로 여기 있음에." 아울러 121쪽에 《유언의 노래》의 8행시 CXXXIX의 번역("그의 주군에게는 다음의 발라드를 선사하니/이는 모든 미덕들을 갖춘 그의 부인을 위해서이다./사랑의 신이 모든 남자들에게 그와 같은 보상을 내려주지 않는다 해도/〔…〕 아무런 말없이, 빛나는 무훈을 세웠던 것이다.")이 제시되어 있다.

**린다(林達), 《책 한 권 들고 파리를 가다》, 김태성 옮김, 북로드, 2004.**

"린다林達는 중국인 부부의 공동 필명"임이 명시되어 있다. '루아르 강의 지하 감옥과 시인 비용'이라는 소제목 아래 120-139쪽에 걸쳐 묑의 감옥과 비용에 대한 이야기가 기술된다. 136쪽에서 "오늘날에도 누렇게 퇴색한 종이에 씌어 있는 비용의 시에서 다섯 달 동안이나 지하 감옥에서 몸부림치던 그의 모습을 볼 수 있다. 그는 500년 전 당시로서는 미약했던 약자와 죄수, 심지어 사형수 등에 대해 동정심을 환기시켰다. 그는 교수대에 매달린 사형수의 입을 통해 이렇게 외쳤다."는 언급 다음에 비용의 발라드 일부가 소개된다: "우리 뒤에 여전히 살아 있을 인류 형제들이여/차가운 마음으로 우리를 포기하지 말라./불쌍한 우리들을 가엾게 여긴다면/신께서 그대들에게 큰 복을 내리실 것이다./〔…〕 우리가 그대들을 형제라 부른다 해서/이를 치욕으로 느끼지 말라./법정에서 우리에게 사형을 내린다 해도/모든 사람이 명석한 두뇌를 갖고 있는 것이 아님을 알아야 한다./그리스도 앞에서 우리에게 몇 마디 해주기 바란다./〔…〕"

**서요성, 〈브레히트의 초기극 『바알』에서 나타난 자아 파괴로서의 개성〉, 《독일문학》, 92, 2004, pp. 83-103.**

88쪽에 비용의 이름과 간략한 소개가 나오며, 주석에서는 브레히트의 서한 일부 구절과 비용의 영향을 받은 작품들에 대한 내용이 기술되어 있다: "비용은 중세 말기의 시인인데, "현대적 의미의 최초의 시인" 〔…〕 그는 보들레르, 랭보, 말라르메, 베를렌과 같은 프랑스 현대시인이 고통을 받던 정신과 육체, 미와 추 사이의 이원적인 대립 구조를 선취하고 있다. 브레히트는 1918년에 친구에게 "15세기에 브레타뉴에서 살았던 살인자이자 노상강도이자 담시 시인인 프랑수아 비용에 대한 극을 쓰고 싶다"고 말한다. 그밖에 비용은 브레히트의 2편의 시에서 묘사되는데, 〔…〕 비용의 불우한 성장과정이 그려진다." 89쪽 본문에서는 "비용의 자전적 고백록인 『유언Das Testament』에서 저자는 신의 은총을 받아 태어났으나 속세에서 전혀 이해를 받지 못한 채 저주받은 난봉꾼으로 남으며, 〔…〕"라는 언급이 나오나, 이러한 평가는 비용과 그의 시의 이해에 다소 부적절한 면이 없지 않다.

**김준현, 〈'로쿠스 아모에누스'(locus amoenus)의 중세적 변용〉, 《텍스트 분석방법으로서의 수사학》, 유로서적, 2004, pp. 178-204.**

김준현, 〈'로쿠스 아모에누스'(locus amoenus)의 중세적 변용〉, 《중세르네상스영문학》, 제11집 제2호, 2003, pp. 219-241을 수정·보완하여 재수록한 글이다. 198-201쪽에 프랑수아 비용에 관한 언급이 있으며("200여 년이 지난 15세기에, 시인 프랑수아 비용(François Villon)은 〔…〕 「프랑 공티에에 대한 反論」(Les Contredits de Franc Gontier, vv. 1473-1506)이라는 발라드에서 모든 것을 자연에서 구하며 자연과 하나가 된 목가적인 공간 속에서의 삶과 현실적이며 도시적인 생활모습을 대비시키면서 독자에게 현명한 판단을 내릴 것을 권한다. 〔…〕 전통적인 '로쿠스 아모에누스'와 그 안에서 이루어지는 삶은 비용에게는 "흰 다리의 말(les piés blancs)"에 불과한 것이며, 나아가 정반대되는 대척점에 선 끔찍한 공간, 이른바 '로쿠스 테리빌리스(locus terribilis)'로 그려지는 것이다."), 199-200쪽에 〈프랑 공티에에 대한 反論〉의 일부 번역이 제시되어 있다.

**김영모, 《중세 프랑스어 형태론 연구》, 만남, 2005.**

58쪽에 "중세 말의 위대한 시인이었던 비용(Villon)은 시적 유희로 격변화를 사용하고 있을 뿐이다(1460년 경)."라는 언급과 함께 《유언의 노래》의 393-400행이 수록되어 있다.

**김계영, 《청소년을 위한 서양문학사(상권)》, 두리미디어, 2006.**

141-142쪽에 간략한 비용의 생애와 작품 소개가 나온다.

**윤선자, 《이야기 프랑스사》, 청아출판사, 2006.**

179-181쪽에 한 편의 발라드의 전역이 나온다: "우리 죽은 뒤 살아갈 형제들이여/우리에게 냉혹한 마음을 품지 말라/〔…〕 다만 신께 구하라 우리의 모든 죄를 사해줄 것을!"

**조르주 뒤비(편집), 《사생활의 역사 2. 중세부터 르네상스까지》, 성백용·김지현 외 옮김, 새물결, 2006.**

654-655쪽에 "부랑자나 거지들은 "빵을 구걸하고 아무 데서나 머무르고 기거하며, 상점 진열대 아래에 드러눕거나"(프랑수아 비용) '길가에서'에서[*sic*] 잠을 잤다."는 내용이 나오며, 704쪽에 다음과 같은 언급이 나온다: "프랑수아 비용은 "집은 안전한 곳이지만, 그래도 문을 걸어 잠가야 한다"고 적고 있다."

**베르톨트 브레히트, 《브레히트 희곡선집 1》, 임한순 편역, 서울대학교 출판부, 2006.**

〈서푼짜리 오페라〉, 〈동의자와 거부자〉, 〈예외와 관습〉 등의 작품이 수록되어 있다. "암머(K. L. Ammer)가 번역한 비용(Villon, 1431-1463)의 담시 「비용과 뚱보 여인 마르고」에 의거"(212쪽)했다는 역자의 주석이 달린 '포주 담시'의 내용은 다음과 같다: "오래전에 지나간 먼 옛날에/그녀와 나, 우리 벌써 동거했어./내 머리와 그녀 몸으로 함께 살았지/난 지켜 주고 그녀는 날 먹여 살렸어./다른 수도 있겠지만, 그렇게도 돼./난봉꾼 오면 침대에서 기어 나와/버찌 술 들이키며 친절했지./놈팡이가 화대 내면 말했어, 나리/한 번 더 하고프면 또 오시구려./그렇게 꼬박 반년을 지냈어./살림 차린 사창가 우리 집에서./〔…〕 어쩌다 당신 아기 가졌었죠./그래서 내가 당신 밑에 누웠어,/뱃속부터 아기를 눌러 죽일까 봐./〔…〕"(62-63쪽) 67쪽에서 '안락한 인생에 관한 담시'를 시작하기 전에 이야기되는 네 줄("여러분, 판단해 보쇼, 이게 인생이요?/도무지 재미가 없어요./어릴 때 내가 떨며 듣던 말은/부자라야 편하게 사는 법이다!")은 물론 비용의 〈프랑 공티에에 대한 반론〉의 후렴구에 의거한 것이며, 이후 다음과 같은 노래가 울려 퍼진다: "위대한 자유사상 찬양들 하죠/책 한 권 달랑 들고 뱃속은 비어/생쥐들 갉아 대는 오두막에서—/그런 풀죽 나는 정말 싫소이다!/검소한 생활, 좋다는 놈이나 해!/그런 음식 (우리끼리 말인데) 난 질렸소./바빌론까지 이 넓은 세상에서/어느 놈이 그런 음식 하루나 견뎌./〔…〕 부자라야 편안하게 사는 법이오!"(67-68쪽) 92쪽에서 소개되는 '솔로몬 노래'에는 "암머 역, 비용의 「사랑의 어리석음에 관한 담시」에 의거"했다는 역자 주석이 있으며(213쪽), 다음과 같은 대목이 이채롭다: "보셨죠, 현자 솔로몬/아시죠, 어찌 되었나./뭐든 환히 알았어도/태어난 시간 저주하며/만사 허무 깨달았죠./〔…〕 지혜가 그 꼴로 만들었으니,/부럽구나, 지혜가 없는 자!/〔…〕 이제 보시오. 매키스 씨는/아낄 줄을 전혀 몰라/끝도 없이 나눠 주더니/빈털터리 되자마자/몸이 팔려 교수형이요./일곱 배로 급료 주더니/보시오, 밤이 오기 전에/세상이 다 본 결과를:/낭비가 그 꼴로 만들었으니—/부럽구나, 낭비벽 없는 자!"(92-94쪽) 한편 101쪽에서 이야기되는 매키스의 대사는 '단장시편'에 속하는 비용의 발라드 〈벗들에게 보내는 서한〉에 의거한 것이나, 역주에는 "암머 역, 비용의 시 「사도들이 담시 형식으로 친구들에게」"(213쪽)로 기술되어 있다: "들어보소, 동정심 구하는 소리/매키스 누운 곳은 산사목이나/밤나무 아래 아닌 무덤 속이오!/여기로 내친 것은 운명의 진노./〔…〕그 죽거든 계란 술을 데워 마셔도/살아있는 동안엔 도와주시오!/그의 수난 끝없기를 바라려는가!" 또 103쪽의 매키스의 대사 역시 비용의 〈벗들에게 보내는 서한〉의 한 대목을 변용시킨 것에 해당한다: "와서 보라, 역겨운 그의 형편을!/이제는 정말, 말하자면 파산일세./〔…〕여왕에게 떼지어 당장 몰려가/그를 위해 말씀을 여쭤야겠지/돼지 떼 꼬리 물 듯 달려거라./그의 이빨 갈퀴가 된 지 벌써 오래다./그의 수난 끝없기를 바라려는가?" 107쪽의 경우, 비용의 〈4행시〉를 개작한 대사가 나온다: "이 한 마리 죽이지 않은 매키스 여기 매달렸네./거짓된 친구에게 발목을 잡혔네./여섯 자 길이의 밧줄에 매달려서/제 엉덩이 무게를 목덜미에 느끼네." 109쪽에서 시작되는 '매키스가 모든 사람에게 용서를 비는 담시'의 경우, 역주에는 "암머 역, 비용의 시 「비용이 동료들과 함께 교수형당할 것을 예상하며 자신과 그들을 위해 쓴 담시 형식의 묘비명」(이하 첫2연)과 「비용이 모든 사람에게 간청하는 담시」에 의거"(213쪽)했다는 내용이 있다: "우리 이어 살아갈 형제들아/가혹한 마음을 품지 마시오,/우리가 교수대에 매달려도/턱수염 뒤에 숨어 웃지 마오./〔…〕비가 우리 씻어 내려 정결케 하니/잘 먹은 우리 육신 닦아 주려나/너무 많이 쳐다보고 욕심냈더니/까마귀 떼 몰려들어 눈을 파먹네./우리 진정 너무 높이 올라갔더니/오만 탓에 이제 여기 매달려 있네./〔…〕묵직한 쇠망치를 휘둘러서/저들의 주둥이를 내리쳤으면./그 밖에 다른 것은 잊으리다./저들에게 부탁하오, 날 용서하오."

**박경남, 《묘비명. 세상에 건네는 마지막 인사》, 포럼, 2007.**

228쪽에서 비용의 묘비명으로 제시된 "아무 쓸 데도 없는,/머리가 돈 부랑자는/우리 모두의 어머니인/대지에 몸을 되돌렸다/벌레들도/먹을 고기를 별로 찾을 수 없으리./굶주림이 이미/살을 뼈 가까이까지 깨물었으니"는 《유언의 노래》의 8행시 LXXXVI에 의거한 것으로 여겨지나, 전체적으로 부정확한 번역이며, 229쪽에는 《유언의 노래》의 8행시 XXV가 번역되어 있다: "사실 나도 사랑을 하였고 앞으로도 사랑하고 싶습니다. 그러나 마음이 우울하고 배가 고파 위를 3분의 1도 채우지 못하니 나에게는 사랑의 오솔길이 멀어져 갑니다. 그러므로 술창고에서 배를 채운 놈이 나를 대신하여 사랑을 할 것입니다. 배가 불러야 춤도 춘다고 하기 때문입니다." 2008년 같은 출판사에서 간행된 《우물쭈물하다가 내 이럴 줄 알았다》에 같은 내용이 실려 있다.

**손주경, 《르네상스 궁정의 시인 롱사르》, 고려대학교출판부, 2007.**

323쪽에 비용에 관한 언급과 8행시 XLI의 일부 번역이 제시된다: "분명, 〈나에게는 뼈만 남아 있고, 나는 유골을 닮았으니〉는 비용의 〈일명 교수형에 처해진 자들의 발라드 Ballade dites des pendus〉나 《유언시*Testaments*[*sic*]》의 41편인 "죽음으로 인해 그는 떨게 되고 창백해진다,/죽음으로 인해 코는 비뚤어지고, 혈관은 부풀어 오르고,/목은 부풀려지고, 살은 물러 터진다,/관절과 힘줄은 자라나 통통해진다"라는 시행들을 환기시킨다. 그러나 죽음의 묘사에서 롱사르는 비용의 '사실적 묘사'를 굳이 취하지 않는다. 〔…〕"

**김준현, 〈'사랑의 순교자' 프랑수아 비용〉, 《프랑스 고전문학연구》, 10, 2007.11, pp. 12–36.**

《유언의 노래》의 8행시 XXI, XXIII, XXV, XXVI, XXXV, LXIV, LXX, CXLVII, CLXXVIII, 《유증시》의 8행시 II, III, IV, XX 등의 번역이 있다.

**김준현, 〈『유언의 노래』 후반부의 '변신'에 대한 고찰(1)〉, 《프랑스어문교육》, 제27집, 2008.2, pp. 375–394.**

'1. 서론, 2. 『유언의 노래』의 전반부와 감정의 연상망, 3. 『유언의 노래』의 후반부 — 『유증시』와 '변신'의 시작, 4. 비용과 자크 잠므 —8행시 CLXVI-CLXIX 분석, 5. 8행시 CLXXXIII-CLXXXIV 분석, 6. 결론 —'변신'의 의의'로 구성되어 있다. 383쪽에 8행시 CLXIX의 전역("또한, 목숨바쳐 재물을 긁어모으는/자크 잠므 나으리에게는/그가 원하는 만큼의 여인들과 혼인을 약속하는 권한을 준다./〔…〕 그렇지만, 내 생각해보건대, 암퇘지에게 속한 것은/응당 돼지들에게 돌아가야만 하리.")이 수록되어 있다.

**박혜숙, 《프랑스 문학 입문》, 연세대학교 출판부, 2008.**

27-31쪽에 걸쳐, '죽음의 서정시—프랑소와 비용'이라는 소제명 아래 비용에 대한 내용이 소개된다. 그러나 소개되는 전반적인 내용은 '시인으로서의 비용'보다는 '기인 비용'에 관한 것이며, 기존 소개들에 비해 크게 나아가지 못한 면이 있다("1431년 파리 서민 가정에서 태어나 상류 사회는 접해본 적도 없다. 소르본느에서 문학을 공부하고 문학 석사가 되지만, 공부보다는 무질서한 인생 경험을 온 몸으로 탐닉한다. 하지만 탐닉으로만 끝나는 것이 아니라 그는 절도, 싸움, 살인 등 갖가지 죄를 저지르게 된다."). 아울러 언급되는 내용의 경우, 다소간의 오류가 있다는 점을 부기할 필요가 있다("1461년 그는

또 싸움질을 하다가 다시 감옥에 갇히게 되지만 마침 그곳을 지나던 루이 11세가 그를 사면해준다."〔28쪽〕, "그는 300년 뒤에 그 만큼이나 무질서한 삶을 살았던 19세기 시인 보들레르에 의해 재평가를 받게 된다."〔29쪽〕 등). 29-31쪽에서는《유언의 노래》의 8행시 XXXVIII-XLI의 번역이 소개되고 있다: "곰곰이 생각해 보니 이 나란 사람은/머리에 별을 쓰고 있는 성부님의 아들은 아니다./아비도 이미 죽어 —하나님, 그 영혼을 보호하소서!—/그 시체는 대지 아래 잠들어 있다./어미도 이제 곧 죽을 것이니/불쌍한 그 여인도 그것을 각오하고 있다./이렇게 사람의 아들인 육체인지라/〔…〕 보라, 파리스도 헬레네도 죽지 않았던가./누구든지 죽는 사람은 숨이 끊어지고/호흡이 멎게 되는 괴로움을 맛보며 죽어간다./간장은 심장 위에서 찢어지고/이마에는 땀이 밴다./어느 정도의 괴로움인지는 하나님만이 알고 계신다./〔…〕 부드럽고 또한 매끄러우며, 풍만하고 존귀한/너, 여자의 몸이여,/그대까지도 이러한 괴로움을 기다려야 한다는 말인가/하지만 그렇다고 산 채로 천국에 갈 수는 없지 않은가."

**정유석,《아트 홀릭. 예술가들의 광기 어린 예술혼》, 랜덤하우스, 2008.**

"이 책에 실린 글은 지난 3년간 중앙일보 샌프란시스코판과 로스앤젤레스판에 실린 칼럼에서 간추린 에세이"임을 밝히고 있다. 97쪽에서 100쪽에 걸친 "도둑 시인 프랑수아 비용"이라는 제목 아래, 프랑수아 비용에 대한 전기적인 소개가 기술되나, 이 글은 곳곳에 오류가 적지 않다. 98쪽에서 "1460년에 지은 론도체의 시"를 언급하며, 99쪽에 해당 시를 적고 있으나, 이는 비용이 쓴 작품에 해당되지 않는 만큼, 의문스럽다. 저자가 인용한 시는 다음과 같다: "안녕히! 내 눈에 눈물이 흐르네./잘 있어요, 잘 있어요. 내 사랑이여/잘 있어요. 모든 여인들 중 가장 뛰어난 이/안녕히! 가장 슬픈 작별/잘 있어요. 수많은 신음과 탄식을 지니고/내 슬픈 가슴은 당신을 떠나요./잘 있어요! 당신께 내 고통을/고백하기에는 너무나도 가슴이 벅차요./나는 당신으로부터 축복을 받은 셈이지요./그래요. 당신에 대한 무수한 탄식과 함께/안녕히! 내 마지막 내 입으로 말하는 작별." 99쪽 하단에는 "시인 단테 로세티는 이 시를 영어로 번역하면서 "그러나 지난해에 쌓인 눈은 지금 어디에 있나?Mais ou son les neiges d'antan?[*sic*]"라는 구절을 영문학계에서 가장 잘 알려진 명구로 만들었다(한국어 번역에서는 "오오, 옛 여인들은 어디에 있는가?"로 되어 있는데 직역과 의역의 차이일 뿐 내용은 같다)"는 언급이 있다. 이러한 언급 역시 필자가 참고한 우리말 번역이 과연 무엇인지에 대해 의문을 자아낸다. 마지막으로 100쪽에는 "「교수형 죄인의 발라드」"라는 제명 아래 발라드의 일부가 제시되어 있다: "우리 뒤를 따를 형제들이여/우리를 원망하지 마라./우리의 고통을 동정하기보다는/신에서 동정을 찾아라./우리 여섯의 죽음을 잘 보아라./그렇게 탐했던 육신은/새떼에 뜯겨 사라지고/뼈만 남은 자리에는 재와 흙이 덮이리니/우리의 연약함을 비웃지 말고/신의 자비로운 용서를 빌라."

**장 베르동, 《중세는 살아있다—그 어둠과 빛의 역사》, 최애리 옮김, 길, 2008.**

Jean Verdon, *Le Moyen Âge Ombres et lumières*, Paris, Perrin, 2005의 번역서로, 32쪽에 프랑수아 비용에 대한 간략한 주석이 있으며, 발라드의 일부가 인용되어 있다: "비가 우리를 빨아 헹구며/햇빛이 말리고 그을리누나/까치 까마귀가 눈알을 파먹으며/수염과 눈썹을 잡아 뜯누나/한시도 가만히 있을 수가 없으니/이쪽 저쪽 바람은 제멋대로 우리를 흔들어대고/새들이 밤낮으로 쪼아대니 바느질 골무보다 더한 신세로다."

**박경남, 《우물쭈물하다가 내 이럴 줄 알았다》, 포럼, 2008.**

박경남, 《묘비명. 세상에 건네는 마지막 인사》, 포럼, 2007에 수록된 내용과 동일하다.

**움베르토 에코, 《추의 역사》, 오숙은 옮김, 열린책들, 2008.**

'옮긴이의 말'에 "이 책의 번역에는 영어 판 『On Ugliness』(New York: Rizzoli, 2007)을 사용"했음이 밝혀져 있다. 225쪽에 "「교수형 당한 자들의 발라드」(1489)"의 번역이 수록되어 있으나 여러 곳에서 부정확한 대목들이 발견된다. 시연의 구분이 없이 제시된 전문을 그대로 인용하면 다음과 같다: "우리 뒤에 살아갈 형제들이여,/우리에게 냉혹한 마음을 품지 말라./우리의 비참함을 불쌍히 여길 때/신은 그대들에게 더욱 자비를 베푸시리라./우리 여섯 명이 이렇게 매달린 모습을 보라./그렇게 소중히 키워 온 우리 살이/새에게 뜯기고 썩고/우리의 해골은 진토가 되어 간다./우리의 나약함을 비웃지 말고/다만 신께 구하라, 우리를 사해 줄 것을./바라건대 부디 우리를 멸시하지 말라,/우리 비록 법으로 죽게 된 몸이나/날 때부터 지혜롭게 태어나/그 지혜를 계속 간직하는 자 없나니./그러니 부디 자비로운 마음으로/성모 마리아의 아들에게 울음으로 애원하라,/우리를 죄에 빠지지 않게 하시며/불구덩이에서 우리를 구해 주시도록./우리는 죽었으니, 부디 누구도 부정하지 말라,/신이 우리를 구원해 주실 것임을./천국의 빗물은 우리를 깨끗이 씻겨 내고/태양은 우리를 검게 말려 태운다./갈까마귀와 당까마귀는 우리 눈을 쪼고/우리 수염과 머리칼로 둥지를 짓는다./우리는 사나운 바람 부는 대로/이리저리 한없이 흔들리니,/몸은 잠시도 쉴 수가 없구나./새들은 우리 얼굴을 쪼기에 여념이 없으니/우리처럼 살지 말고, 우리 같은 신세 되지 말고./신께 구하라, 우리의 죄를 사해 줄 것을."

**권기욱, 〈Debussy의 『Trois Balledes de François Villion[*sic*]』에 나타난 음악 작시법에 관한 연구〉, 한양대학교 대학원 음악학과 석사학위 논문, 2009.**

'I. 서론, II. 본론(1. 클로드 드뷔시(Claude Debussy, 1862~1918), 2. 시인 프랑수아 비용(François Villion, 1431~1463 이후), 3. Trois Balledes de François Villion 각 시에 관한 고찰, 4. Trois Balledes de François Villion의 음악 작시법에 관한 고찰), III. 결론'으로 구성되어 있다. 16-17쪽에서 비용의 생애를 개괄하고, 17-19쪽에서는 대표적인 비용의 작품 분류를 제시한 뒤, 19-35쪽에서 발라드의 정의 및 세 편의 발라드에 대한 고찰을 번역과 함께 행하고 있다. 번역된 세 편의 발라드는 "Ballade de Villon à s'Amye[*sic*]"("거짓된 아름다움, 무례함, 위선적인 달콤함이,/나도 비싼 값을 치르게 하였다./닳아빠진 쇠보다 더 단단한 사랑;/그래서 당신을 나의 닳아빠진 누이라고 부른다./배반적인 아름다움, 비참한 마음의 죽음/남자들을 죽음에 이르게하는 숨겨진 자존심,/연민이 없는 눈빛이여! 잔인한 법으로 그의 운명을,/악화시키지 않고 가엾은 사람을 구하지 않겠는가?/〔…〕"), "Ballade que Villon fait a la requête de sa mère pour Notre-Dame"("이 땅을 다스리는 하늘의 여인./지옥 늪의 황후,/나를 받아주오. 당신의 비천한 크리스찬을,/비록 내가 무가치한 사람 이지만,/당신의 선택된 자 속에 속하게 하여주오./〔…〕"), "Ballade des femmes de Paris"("사람들은 말 잘하는 사람으로/플로렌스 여인이나 베네치아 여인들을 꼽을지 모르나,/예전 사람들과 마찬가지로,/전달자가 되기에 충분하다;/그러나 롬바르드 여인이나 로마 여인들,/제노바 여인,/삐에몽 여인이나 사보이 여인들도 있지만,/파리사람들처럼 입담이 좋지는 않다.")이다. 그러나 고유명사 표기나 철자 면에서 부정확한 대목이 적지 않다는 점은 특기할 필요가 있다.

**이복남, 《프랑스 시의 이해—기원에서 18세기》, 엠-애드, 2009.**

59-68쪽에 걸쳐 "프랑스와 비용, 중세 최후의 서정시인"에 대한 내용이 기술된다. 59-60쪽에 비용의 생애("〔…〕 1463년에는 난투극을 벌려 파리 감옥에 수감돼 고문을 당하고 교수형을 언도받게 되나 고등법원에서 추방형으로 감형 된다. 이후 비용의 행방은 묘연하다. 후일 라블레는 비용이 수난극 기획자로 생맥스에서 은거했다는 전설을 전하기도 했다. 〔…〕"), 60-61쪽에 비용의 작품("비용의 작품 중에서 대표적인 두 시집은 『소유언집』과 『대유언집』이다. 〔…〕"), 61-62쪽에 "비용 시의 근대성"에 대한 소개가 나온다: "비용의 괴로운 운명과 사무치는 후회는 그의 시에서 진지한 서정으로 바뀌나, 옛날의 여인들의 이름을 열거하면서 흘러간 과거 속에 묻히고 만다. 〔…〕 기사도 정신이 식어가는 시대에 그는 다른 시인들처럼 안이한 삶속에 머무르지 않고 모험과 죽음을 무

롭쓰고 거짓 없는 심정을 외친다. […] 비용의 작품은 16세기 초, 르네상스 시대의 시인들에게 많은 영향을 끼쳤다. 당대에서보다 16세기와 17세기에 더욱 인정받게 되고, 오늘날에도 가장 감동을 주는 위대한 서정시라는 평가를 받고 있다. 중세 최후의 시인이며 중세 최고의 시인이다." 그러나 이 책의 설명 대부분이 기존의 논의에서 크게 벗어나지 않고 있으며, 또 오류 역시 간혹 발견된다는 점은 짚어 둘 필요가 있다. 62-64쪽에는 "옛 귀부인의 발라드"에 대한 소개("[…] 이 시는 1462년경에 쓴 것으로 주제는 죽음에 대한 명상이다. 덧없이 흐르는 시간의 허무함, 인생의 무상함 등을 소재로 쓴 서정시다. 특히 개인적인 감정과 인상을 노래했다. 이 세상에서 고귀하고 아름답게 생각하던 모든 사물들과 모든 사람들이 덧없이 사라짐을 노래한 우수에 찬 시다. […]")에 이어 원문 및 현대문이 제시되며, 64-68쪽에는 "교수형을 받은 사람의 발라드"에 대한 소개와 원문 및 현대문이 제시된다: "비용이 1463년에 교수형을 선고 받고 죽음을 기다리면서 자기와 교수형을 받은 다른 사형수들을 위하여 쓴 발라드 형식의 묘비명 체의 시문이다. 죽음을 목전에 두고 죽은 자의 음성으로 호소하기 때문에 이 시는 깊은 울림과 감동을 자아낸다. […] 이 작품은 다른 시들과 함께 모두 15편을 모아 『여러 종류의 시들』에 발표했다. […]"

**엔게쓰 가쓰히로 외, 《르네상스 문학의 세 얼굴—연애, 고백, 풍자》, 김경원 옮김, 웅진지식하우스, 2009.**

34-39쪽에 걸쳐 비용에 관한 내용이 소개된다. 35쪽에는 〈4행시〉가 인용되어 있으며("난 프랑수아, 이게 괴롭다./출생은 파리, 퐁투아즈 마을 가까운 곳/길이 1투아즈 새끼줄에 매달리면/내 머리도 엉덩이 무게만큼은 알 수 있겠지."), 37-38쪽에는 "「친구들에게 보내는 서한」"의 전문이 옮겨져 있다: "불쌍하게 여겨 주게, 제발 부탁이니/나를 가엾이 여겨 주게, 나의 벗들이여!/난 지하 감옥에서 자고 있네,/호랑가시나무나 산사나무 아래서가 아니라,/신이 용서해 주신 탓에 운명이란 놈의 손에 이끌려./아가씨들아, 연인들아, 풋풋한 젊은이들아,/투창처럼 팔팔하고 대포처럼 팽팽하게 튀어올라/마치 종처럼 맑은 소리를 울리는/댄서여, 곡예사여,/가여운 비용을 여기 그냥 둘 작정인가?[…] 지명을 받은 왕들이여, 젊은 왕, 늙은 왕이여,/내 손에 왕의 사면과 옥새를 건네주오,/빵 담는 광주리 같은 것으로 날 내보내 주오./돼지들도 서로서로 그렇게 한다오,/한 마리가 울어 대면, 모두 달려와 발로 차버린다니까./가여운 비용을 여기 그냥 둘 작정인가?" 39쪽에는 "「사소한 일의 발라드」"의 일부가 인용되어 있고("왕이시여, 난 무엇이라도 다 알고 있습니다./나는 안색이 좋은 놈과 해쓱한 놈을 구별할 줄 알고,/난 모든 것을 무너

뜨릴 죽음의 신도 알고 있소,/난 뭐든지 알고 있소, 내 자신의 일만 빼고는."), 같은 쪽 하단에는 "「옛 여인들의 발라드」" 일부가 제시된다: "나에게 가르쳐 달라, 어디에, 어떤 지방에 있는지/저 로마의 아름다운 계집 플로라는/알키비아데스는, 또 그녀와 미를 겨룬/타이스는?/강의 수면이나 연못가에서/소리를 내면 메아리치는/인간은 도저히 흉내 낼 수 없을 만큼 아름다운 에코는?/그러나 작년에 내린 눈은 지금 어디에 있는가?"

**유희수, 《사제와 광대. 중세 교회 문화와 민중문화》, 문학과지성사, 2009.**

201-202쪽에 비용에 대한 간략한 언급("다음은 15세기 시인 프랑수아 비용François Villon의 유언장 서문과 본문의 일부다.")과 함께 작품 일부의 번역이 나온다: "마침내 떠나야 할 시간,/언제 돌아올지 알 수가 없구나./(나는 무결한 사람도 아니고,/강철이나 주철로 된 인간도 되지 못한다./인간에게 산다는 것은 불확실할 뿐,/죽고 나면 나의 시간은 다 소멸되리니./나는 먼 나라로 떠난다)/그래서 나는 이제 유언을 하려 한다." 그러나 엄밀히 말해, 이 부분은 '고별시'의 전통에 입각해 씌어진 1456년의 첫 작품 《유증시》의 시작 부분에 해당한다는 점을 짚어 둘 필요는 있다. 한편 이어서 인용되는 부분의 경우("그리고 나의 시신을 네 명의 일꾼이/수도원으로 옮기도록 하라 〔…〕/관대 위에 놓일 촛대에 대해서는/부언하지 않겠으니,/유언 집행인이 마음대로/알아서 처리하도록 하라./찬송을 곁들인 진혼미사 하나면/더는 바랄 것이 없겠노라./평가(平歌)deschant가 더해진다면/내 마음은 더할 나위 없이 기쁘겠노라 〔…〕/그리고 그 노래를 불러준 모든 이에게/금이나 돈으로 보답해주기를/간곡히 부탁하노라./그리하여 그들의 얼굴에 미소가 가득하도록 〔…〕"), 저자는 이를 "Philippe Ariès, *L'homme devant la mort*, [Paris, Seuil, 1977]"(pp. 198-199)에서 인용했다고 밝히고 있으며, 해당 원서에도 저자가 인용한 내용 옆에 '(villon)'이라는 간략한 전거 표시가 병기되어 있다. 그러나 이는 원저자인 아리에스의 인용 오류이며, 상기 부분은 비용의 작품이 아닌 장 레니에Jean Régnier의 작품 3685-3686행, 3697-3712행에 해당된다(*Les Fortunes et adversitez de Jean Régnier*, éd. E. Droz, Paris, Librairie ancienne Édouard Champion, 1923, pp. 130-131을 참조).

**김준현, 〈장 드 묑의 『철학의 위안』 번역에 관한 고찰—'중세 번역' 연구를 위한 시론〉, 《외국문학연구》, 36, 2009, pp. 49-80.**

'1. 서론: '중세 번역'의 문제와 범위 설정, 2. 본론: 장 드 묑의 번역을 통해서 본 '중세 번역'의 면면들, 3. 결론: '중세 번역' 연구의 노정에서'로 구성되어 있다. 74쪽에 프랑수아 비용에 대한 간략한 논의와 함께 《유언의 노래》 517-524행의 번역("—이것이 인간의 아름다움의 끝이니—,/팔은 짧아지고 손은 〔쪼그라들어 마음대로〕 놀릴 수 없고, 〔…〕") 이 실려 있다.

**김준현, 〈『유증시*Lais*』에서 『유언의 노래*Testament*』로—비용François Villon과 '젊은 메를르le jeune Marle'〉, 《불어불문학연구》, 80, 2009, pp. 117-148.**

'I. 서론, II. 『유언의 노래』의 8행시 CXXVI 분석, III. 비용의 의도—'사랑'의 세계와 '환전', IV. 결론 —『유증시』와 『유언의 노래』의 '이중주''로 구성되어 있다. 123쪽에 8행시 CXXVI의 전역("다음으로, 젊은 메를르가/이제부터 내 환전 업무를 관리하기를 바란다,/〔…〕 이는 연인은 응당 후해야 하기 때문이다.")이 제시되어 있다.

**줄리언 패트릭, 《501 위대한 작가들》, 김재성 옮김, 뮤진트리, 2010.**

원서 사항이 "501 Great Writers by General Editor Julian Patrick, Quintessence, 2009"로 밝혀져 있으며, 36쪽에 "지난해의 눈은 어디로 갔는가?"라는 한 줄의 인용과 더불어 비용에 관한 전기적인 사항들이 간략히 요약되어 있다: "〔…〕비용의 작품 대부분은 거의 해독이 불가능한 지하세계의 은어 또는 범죄자의 속어로 쓰인 짧은 시이지만, 그가 남긴 좀더 긴 분량의 시 《작은 유산》과 《유언시집》은 독창성과 풍자적 유머로 높은 평가를 받고 있다. 〔…〕" 해당 부분의 필자는 "리처드 캐번디시"로 언급된다.

**조르주 미누아, 《노년의 역사》, 박규현·김소라 옮김, 아모르문디, 2010.**

Georges Minois, *Histoire de la vieillesse*, Arthème Fayard, 1987의 번역이다. 413쪽에 "프랑수아 비용은 「투구 장수 아낙이 노래하는 한탄가Les regrets de la belle heaumière」에서 늙은 여자에 관한 이러한 묘사를 한몫 거든다."라는 언급이 있으며, 413-415쪽에 걸쳐 "나는 남아 백발의 할망구가 되었도다./아! 그 꽃 같은 시절을 생각하며/〔…〕 우리들도 옛날에는 얼마나 아름다웠을까!/이것이 남녀 간 모든 인간의 운명이로다."라는 《유언의 노래》의 한 대목이 인용되어 있다. 아울러 이 번역은 송면의 기존 번역(1995)에 의거했음을 명시하고 있다. 아울러 426쪽에서도 "프랑수아 비용은 매우 다른 맥락이기는 하지만 거의 비슷한 감정을 노래한다. 노화에 대한 강박은 매우 일찍부터 그를 엄습했다. 그는 30세에 쓴 『유언시Le Testament』에서 이미 "노년의 입구"를 이야기한다. 그는 노인들이 모든 곳에서 멸시를 당하며, 젊은이들이 보기에 아무 소용이 없는 존재들이고 "늙은 원숭이는 언제나 재미없는 몰골"이라고 말한다."라는 언급 다음에 작품의 일부("사실, 젊은 시절 그는 재미있는 사람이었는데/지금은 재미있는 말을 전혀 할 수 없게 되었도다./〔…〕 '너의 자두나무에는 열매가 열리지 않는다' 하는도다.")를 송면의 번역으로 인용하고 있다.

**김준현, 〈'죽음'과 '시적 현대성'—비용, 보들레르, 랭보〉, 《불어불문학연구》, 83, 2010, pp. 85–128.**

'I. 서론, II. 중세의 '죽음', III. 프랑수아 비용의 '죽음', IV. 샤를르 보들레르와 '죽음', V. 아르튀르 랭보가 본 '죽음', VI. 결론'으로 구성되어 있다. 93-107쪽에 걸쳐 프랑수아 비용에 대한 논의가 전개되며, 98-99쪽에 《유언의 노래》의 8행시 CLXI과 CLXIV의 전역, 101-104쪽에 〈목 매달린 자들의 발라드〉의 전역이 있다.

**김준현, 〈『유언의 노래』 후반부의 '변신'에 대한 고찰 (2)—비용의 성직자 비판을 중심으로〉, 《프랑스어문교육》, 35, 2010, pp. 287–308.**

'1. 서론, 2. 『유언의 노래』에 나타나는 성직자들의 면면, 3. 『유언의 노래』의 8행시 CXXXI-CXXXIV 분석, 4. 결론'으로 구성되어 있다. 294-295쪽, 299-303쪽에 《유언의 노래》의 8행시 CXXXI-CXXXIV의 번역("또한 지난날 내 권리를 양도한 바 있던/곤궁한 성직자들에게/〔…〕 그것은 바로 기욤 코탱과/티보 드 비트리이니,/〔…〕 모든 성인과 성녀들에 대한 신심을 걸고 맹세하건대/나 그들의 모친과 접해 본 적 없도다!")이 있다.

**김준현, 〈비용의 『유언의 노래』 읽기—8행시 CLI–CLIV를 중심으로〉, 《프랑스 고전문학 연구》, 13, 2010, pp. 74–101.**

'I. 서론, II. 8행시 CLI-CLII 읽기, III. 8행시 CLIII 읽기, IV. 8행시 CLIV 읽기, V. 결론'으로 구성되어 있다. 86-87쪽에 《유언의 노래》에 수록된 8행시 CLIII의 전역("다음으로 하느님의 집 구빈원과 빈곤한 진료처에/무엇을 전해 주어야 할지 모르겠구나./지금 여기 실없는 빈말을 할 곳 아니니,/〔…〕 요컨대 그들이 뼈국물을 갖게 되기를./변변치 못한 자들에게는 소소한 푼돈이라."), 92쪽에 8행시 CLIV("또한 내 이발사에게 유증을 남기니/그 이름은 콜랭 갈레른/〔…〕"), 94쪽에 8행시 CXV의 전역("또한 부르-라-렌느의 인가받은 선서 이발사/페로 지라르에게 남겨 준다./〔…〕")이 실려 있다.

**움베르토 에코, 《궁극의 리스트》, 오숙은 옮김, 열린책들, 2010.**

147쪽에 프랑수아 비용의 "「옛 여인들의 발라드」 중에서(1849[*sic*])"라는 제명과 함께 발라드의 일부가 제시되나, 고유명사와 번역에 오류가 없지 않다: "내게 말해 주오. 어디에 어느 땅에,/로마 최고의 미인 플로라가 있는가?/히파르키아는 어디 있으며 타이스는 어디 있는가,/누가 더 아름다운지 가릴 수 없는 그 두 여인은?/어떤 남자도 본 적 없는 에코는 어디 있는가,/강과 연못에서 오직 소리로만 들릴 뿐/초인간적인 미모를 지닌 그 요정은?/[…] 그리 똑똑했던 수녀 엘로이즈는 어디에 있는가?/이 여인 때문에 아벨라르는 거세되어/생드니의 수도사가 되었다지/(그는 사랑 때문에 그런 고통을 겪었지!)/또 뷔리당을 자루에 넣어 봉하고/센 강에 던지도록 명령했던/여왕은 어디에 있는가?/그러나 지난날 내린 눈은 어디에 있는가?"

**요한 하위징아, 《중세의 가을》, 이희승맑시아 옮김, 동서문화사, 2010.**

198쪽에 "프랑 공티에에 대한 이의(異議)"의 일부, 204쪽에 "옛 시대의 부인들에 대한 발라드"의 일부, 205쪽에 "옛 시대의 군주들에 대한 발라드"의 일부("가엾어라, 에스파냐의 선한 왕/그 이름은 알수 없지만"), 209-210쪽에 "아름다운 올미에르의 회한"의 일부, 218쪽에 《유언의 노래》의 8행시 XLI, 248쪽에 "성모의 발라드"의 일부가 나온다.

**스튜어트 켈리, 《잃어버린 책을 찾아서》, 정규환 옮김, 민음사, 2011.**

Stuart Kelly, *The Book of Lost Book: An Incomplete History of All the Great Books You Will Never Read*, Peuguin Books, 2005의 번역서이다. 182-185쪽에 비용에 관한 내용이 기술되며, 185쪽에는 비용의 유명한 발라드의 후렴구가 인용되어 있다: "그런데 지난해 내린 눈은 어디 있나?Mais où sont les neiges d'antan?" 한편 현재 전해지지 않는 비용의 작품에 대한 이야기가 소개되기도 하지만, 기술되는 내용은 검증된 것이라기보다는 추측에 가까우며 정확하지 않다: "비용은 「유산」을 깁고 더 보태며 다시 써서 「유언장」으로 만들었을 때, 그는 기욤 드 비용한테 남겨 줄 유산을 변경하였다. 곧, 자신의 명성과 이름 대신에 장서를 남긴 것. 이 가운데 오직 한 가지 물목만 구체적으로 이름이 밝혀져 있으니, 이는 비용이 지은 시로서 제목이 「악마 방귀의 로망스」라는 작품이다. 이 작품에서는 주제의 흥미로움이 문체의 부실함을 벌충한다. 이 시의 텍스트는 유실되고 없지만, 우리가 알고 있는 바는 비용이 대학생들의 짓궂은 장난질에 껴 들어갔는데 그 가운데는 마드무아젤 데 브뤼에르라는 인물, 이른바 '악마 방귀'가 사는 그 고약한 소문 자자한 저택에서 역사적인 표식물이기도 한 대문 표지를 절취하는 소행도 들어 있다. 만약 이 시가 다시 발견되기라도 하는 날에는 적어도 우리는 비용이 시문과 범죄 두 분야에서 살다 간 병리학적인 이중 이력의 연원을 알아낼 수 있지 않을까 싶다."

**디터 람핑, 시모네 프리링 외 8인, 《내 인생을 바꾼 세계의 명작. 호메로스에서 폴 오스터까지 서양 문학 산책》, 모명숙 옮김, 김영사, 2011.**

원서 사항은 "Dieter Lamping, Simone Frieling(Ed.), Allegemeinbildung-Das musst du wissen. Werke der Weltliteratur, Arena Verlag GmBH, Wuerzburg, 2006"으로 제시되어 있으며, 134-137쪽에 비용에 관한 내용이 기술되어 있다. 134쪽에는 비용의 〈4행시〉가 인용되어 있으며("나는 프랑스인이다. 이 점이 내 마음을 몹시 상하게 한다./퐁투아즈와 가까운 파리에서 태어나/한 발 길이의 밧줄로 교수형에 처해지니/내 엉덩이가 얼마나 무거운지 목에 느껴진다."), 135쪽에서는 시집 《유언의 노래》의 시작 부분이 언급된다: "나는 막 서른 살이 되었고/여러 번에 걸쳐 처벌을 받았고,/고생을 자초했으며,/수치심도 몽땅 잃었네." 또 136쪽에서는 주교 티보 도시니에 대한 비난의 일부가 이야기된다: "내가 주교에게 바라는 것은/그가 내게 보여준 자비를/예수 그리스도가/낙원에서 그의 영육에 선사하는 것이다." 그러나 136쪽에서 "부르군트 왕국의 왕에게는 다음과 같은 시로 경고했다"는 말과 함께 인용되는 부분은("내가 몇 파운드 때문에/그대를 보고 개처럼 짖는 일은/재미있다./그대가 바로 개이며/그것도 아주 추잡한 개이기 때문이다.") 비용의 작품이 아니며, 136-136쪽에 걸쳐 인용되는 다음과 같은 인용도 비용의 작품과는 거리가 멀다: "내가 수많은 인물들과 함께 그대의 몸을/묘사한 것이 가장 멋진 기분풀이였소./그 밖에 잘 부서지는 내 이빨 사이로 쏟아져나온 것은/새똥만큼의 무게도 나가지 않을 거요." 마지막으로 137쪽에는 비용이 독일 작가들에게 준 영향에 대한 짧은 논평이 나온다: "독일 문학에서 비용을 몹시 흠모한 작가들 중에는 베르톨트 브레히트와 볼프 비어만(Wolf Biermann, 1936~ )이 있다. 브레히트는 《서푼짜리 오페라》(1928)에서 비용의 여러 발라드를 개작했다. 비어만은 심지어 자신의 발라드에 비용을 등장시키기까지 했다."

**베르톨트 브레히트, 《브레히트 선집 1희곡》, 한국브레히트학회 엮음, 연극과인간, 2011.**

〈바알〉(이정준 옮김), 〈남자는 남자다〉(임수택 옮김), 〈서푼짜리 오페라〉(이원양 옮김), 〈마하고니 시의 번영과 몰락〉(김기선 옮김), 〈린드버그들의 비행〉(오제명 옮김), 〈동의에 관한 바덴의 학습극〉(오제명 옮김), 〈예라고 하는 사람 아니오라고 하는 사람〉(조길예 옮김) 등의 작품이 수록되어 있다. 〈바알〉의 경우, 10쪽의 '작품해설'에 "〈바알(Baal)〉은—브레히트의 1918년 3월 카스파 네어(Caspar Neher)에게 보낸 편지에 의하면—15세기에 프랑스의 브레타니어(Bretagne)에 살았던 살인자이며, 노상강도이며, 발라드 시인이었던 프랑수아 비용(François Villon, 1431~1463)을 모델로 쓴 작품이다. 비용의 삶을 보면 그는 안락한 삶에 안주할 수 있는 기회에도 자신의 발라드로 권력층에 도발함으로써 쉴새없이 삶의 부침을 거듭하다 결국 사형선고까지 받게 되고, 겨우 사면을 받아 죽음을 모면한 뒤, 세상에서 잠적한 인물이다."라는 언급이 나온다. 그러나 이러한 설명은 실상 후대가 바라본 비용의 일면에 근거한 평이며, 따라서 비용의 모습을 두고 이루어진 다소간 과도한 개작의 영향이라는 점을 짚어둘 필요가 있다. 〈서푼짜리 오페라〉의 경우, 238쪽부터 '뚜쟁이의 발라드'가 노래되며("이미 오래 전에 지나간 세월/우린 동거 생활을 하였지, 그녀와 나/나는 머리를 쓰고 그 여잔 하체를 썼죠./나는 기둥서방이고 그 여잔 밥벌일 했죠./다른 수도 있겠지만 그렇게도 되더군요./오입쟁이가 오면 나는 침대에서 기어 나와/소주 한 잔 걸치고 지극히 상냥했죠/그가 돈을 내면 그에게 나리라고 했죠/또 한 번 하시고 싶으면 —어서 하시죠./그럭저럭 꼬박 반년을 견뎠네/우리들이 살림을 차렸던 사창가에서./〔…〕"), 243쪽부터는 '편안한 삶에 관한 발라드'가 이야기된다. 266쪽에서는 '솔로몬의 노래'가 시작되며("〔…〕 미녀 클레오파트라를 그대들은 보았죠/그녀가 어떻게 되었는지 알고 계시죠!/두 명의 황제가 그녀를 강탈하려들었죠,/그래서 그녀는 죽도록 서방질을 했지요./그리고는 시들어서 먼지가 되었지요./〔…〕 아름다움이 그녀를 그렇게 되도록 하였지요./아름답지 못한 사람은 복이 있으라!/〔…〕"), 여기에는 "비용의 '사랑의 어리석음에 관한 발라드'가 본보기가 되었음. 1939년에 브레히트는 새로운 소절을 추가해서 〈억척어멈과 그의 자식들〉에서 사용함." 이라는 역주가 달려 있다. 그리고 275쪽에는 〈벗들에게 보내는 서한〉에 기반한 매키스의 대사가 시작된다: "매키스는 여기 산 사시나무 밑에 누워 있는 것이 아니라오./너도밤나무 밑도 아니고, 무덤 속에 갇혀 있다오!/운명의 노여움을 받아서 이리로 표류했습죠./〔…〕 그가 죽으면 계란펀치나 끓여라./그러나 그가 살아있는 한 도와 달라고!/그대들 그의 고통이 영원히 지속되기를 원하는가?" 277쪽에서는 매키스의 노래가 이어지며("〔…〕 돼지들처럼 꼬리에 꼬리를 물고 달려가/아하, 그의 이빨은 이미 오래 전부터 갈퀏발 같구나!/그의 고통이 영원히 지속되길 바라는가?"), 283쪽부터는 '매키스가 모든 사람들에게 용서를 구하는 발라드'가 시작된다: "우리 후대에 살게 될 형제자매들이여/우리들에게 너무 앙심을 품지 말아주오/그리고 우리가 교수대에 매달려도 웃지를 마오/수염으로 가려진 미련스런 웃음을./〔…〕 개새끼 같은 경찰관놈들은 안 그래/그자들이 매일 아침저녁/먹으라고 준 것은 오직 나무껍질뿐/그밖엔 수고와 걱정거리만 주었으니/이제는 그들을 저주해도 되겠지/하지만 오늘은 그러지 않겠어요:/더 이상의 싸움거리를 피하려니/그들에게도 용서를 비나이다./〔…〕"

**프랑시 미지오·안 블랑샤르, 《세상을 뒤흔든 25인의 개혁가들》, 권명희 옮김, 녹색지팡이, 2011.**

Francis Mizio et Anne Blanchard, *L'Encyclopédie des rebelles, insoumis et autres révolutionnaires*, Paris, Gallimard Jeunesse, 2009의 번역으로 102-107쪽에 걸쳐 "나의 시, 나의 생명"이라는 소제목 아래 비용에 관한 내용이 기술되어 있다. 102쪽에 비용의 "〈교수형을 받은 사람들의 발라드〉" 일부가 제시되어 있다: "비에 젖은 우리 몸은 깨끗이 닦였지. 메마르고 거뭇한 태양이 솟았어. 까치와 까마귀들은 우리 눈을 파먹고 수염과 눈썹마저 뽑아 갔어. 우리가 편히 쉬었던 때는 단 한 번도 없었어. 이리저리 멋대로 부는 바람처럼 언제나 우리를 끌고 다녔지…." 그러나 비용에 관한 102쪽의 소개("가난한 과부였던 어머니도 도둑질을 일삼다가 그 벌로 두 귀를 잘렸다고 해. 그의 어머니는 교수형에 처해졌을 거야. 나중에 아들은 이 사실을 알고 토악질을 했다고 해.")나 104-105쪽의 내용("당시 파리 대학교의 학생들은 자주 말썽을 일으켰어. 한밤중에 비용은 흥분한 친구들과 함께 페토디아블 여관 앞의 경계석을 훔쳐 달아났어. 마차가 여관에 부딪치는 걸 방지하려고 세워 둔 것이었어. 〔…〕 경찰은 비용에게 간판을 전부 제자리에 갖다 놓으라고 했어. 비용은 순순히 따르기로 했지. 하지만 밤에 친구들과 함께 파리를 돌면서 간판을 아무 가게에나 매달아 놓았어. 〔…〕")에서 볼 수 있듯이, 진위가 불분명하거나 고증되지 않은 가상의 이야기가 이야기되기도 한다. 한편 105-106쪽에서는 "〈모순의 발라드〉"가 "그 시는 6백 년이 지난 오늘에도 사람들의 마음을 사로잡는 걸작이야. 다음과 같이 아주 강렬하게 시작되지."라는 말과 함께 소개되나, 해당 번역은 불충분한 면이 없지 않다: "지렁이처럼 발가벗고 왕처럼 근사한 옷을 입지/나는 눈물 흘리며 웃고, 희망 없이 가다리며/슬픈 절망으로 위로를 받아./나는 기뻐하지만 즐겁지가 않아./힘도 권력도 없지만 나는 강하지." 아울러 106쪽에서 기술되는 "1463년 시인은 목숨을 건져 감옥에서 나왔어. 그의 재능을 아낀 도를레앙 공작이 삼촌인 왕에게 교수형만은 면하게 해 달라고 사정했기 때문이야."라는 대목의 경우, 실제 사실이 아닌 랭보가 중학교 시절에 쓴 가상의 이야기에 근거한 것이라는 점을 짚어둘 필요가 있다.

**베르톨트 브레히트, 《서푼짜리 오페라》, 김화임 옮김, 범우, 2011.**

96-98쪽에 "포주의 발라드"가 나오며("이제는 지나버린 시절/우리, 그녀와 나는 함께 살았지요./그래요, 나의 머리와 그녀의 배로/나는 그녀를 지켰고, 그녀는 나를 먹여 살렸지요./다르게도 살지만, 그렇게도 사는 법./손님이 오면 나는 침대에서 기어 나와/버찌로 나를 누르고, 편안해졌지요./손님이 돈을 지불하면, 주인님이라 했고/다시 와 주

신다면 —환영합니다, 라고 했지요./그렇게 우리는 꼬박 반년을 지냈어요./우리가 살림을 차렸던 유곽에서./[…] 돈이 없으면 그는 나를 야단쳤지만./바로 야, 너의 속옷을 저당 잡히라고 했죠./아주 좋은 속옷이었어요, 하지만 없어도 괜찮은 것이었죠./그런데도 화가 치밀었어요, 왜 그랬을까요!/종종 그의 말에 맞서 대들곤 했죠./그러면 이 하나가 빠지도록 후려 갈겼어요./[…]"), 103-105쪽에는 "안락한 삶에 관한 발라드"가 나온다("[…] 여기에서 바빌론까지 그 어떤 작은 새라도/그런 먹이론 단 하루도 견디지 못하죠./자유가 무슨 소용? 편안하지 않은데./부유한 사람만이 안락하게 사는 법!/[…]"). 136-138쪽에 "솔로몬 노래"가 나오며, 148-149쪽에서는 비용의 〈벗들에게 보내는 서한〉에 의거한 매키스의 이야기가 이야기된다: "여기 동정을 호소하는 소리 들어 보시오./여기 매키스는 사나무 아래 누워있는 것이 아니라오./너도밤나무 아래도 아니요. 아니. 무덤 속이라오!/운명의 진노가 그를 여기에 이르게 하였군요./[…] 그가 죽으면, 계란 와인이나 끓이겠군./하지만 그가 살아있는 한 그를 좀 도와주게!" 161-163쪽에는 "매키스가 모두에게 사죄하는 발라드"가 나온다: "우리 대를 이어 살아갈 형제들이여/우리에게 가슴을 닫지 마오./우리가 교수대에 오를 때 비웃지도 마오./턱수염 뒤 역겨운 웃음일랑/저주도 하지 마오. 우리가 파멸한다손 치더라도/법정처럼 우릴 분노케 마오./우리 모두는 정의의 사신이 아니라오—/인간들이여 모든 경솔함을 떨쳐버리시오./[…] 더 쉽게 남자들을 붙잡으려/가슴을 보여주는 여인네들이여/그 여인네들의 죄스러운 노임을 낚으려/그녀들을 갈망하며 쳐다보는 사내들이여/룸펜, 창녀, 뚜쟁이들/게으름뱅이들, 버려진 자들/살인 동업자들, 청소부들이여/나를 용서해 달라고 간청해 주오./[…] 누군가 그들의 주둥이를/무거운 쇠망치로 쳐 주었으면/그렇다면 잊을 것이네./나를 용서해 달라고 그들에게도 간청하오."

**김준현, 〈비용의 발라드 연구를 위한 전망 (I)〉, 《프랑스학연구》, 57, 2011, pp. 25–52.**

'I. 서론, II. 『유언의 노래』 '전반부'의 삽입 발라드에 대한 고찰, III. 『유언의 노래』 '후반부'의 삽입 발라드에 대한 고찰, IV. 결론을 대신하여'로 구성되어 있다.

**김준현, 〈비용의 발라드 연구를 위한 전망 (II)〉, 《외국문학연구》, 43, 2011, pp. 83–115.**

'I. 서론, II. 단장시편의 구성과 추정 근거, III. 단장시편의 분류 및 개별적 특징, IV. 결론을 대신하여'로 구성되어 있다. 89쪽에 〈4행시〉의 전문 번역, 90쪽에 〈마리 도를레앙에게 바치는 서한〉의 일부, 91쪽에 〈블루아 시연의 발라드〉의 일부, 92-93쪽에 〈프랑스어와 라틴어로 씌어진 발라드〉의 일부, 93-96쪽에 〈군주에게 바치는 청원〉의 일부,

96-97쪽에 〈속담의 발라드〉와 〈촌언의 발라드〉의 일부, 98쪽에 〈역설의 발라드〉 일부, 99쪽에 〈바른 권고의 발라드〉 일부, 100-101쪽에 〈운명의 발라드〉의 일부, 103쪽에 〈벗들에게 보내는 서한〉의 일부, 104-105쪽에 〈비용의 몸과 마음의 논쟁〉 일부, 107-108쪽에 〈목 매달린 자들의 발라드〉 일부, 108-109쪽에 〈옥정에게 던지는 질문〉과 〈법정 찬가와 청원〉의 일부 등이 번역되어 있다.

**김준현, 〈비용의 난제(難題) 읽기—『유언의 노래』의 8행시 CXI을 중심으로〉, 《프랑스학 연구》, 59, 2012, pp. 109–128.**

'I. 서론, II. 『유언의 노래』의 8행시 CV-CX 읽기, III. 『유언의 노래』의 8행시 CXI 읽기, IV. 결론을 대신하여'로 구성되어 있다.

**베르톨트 브레히트, 《서푼짜리 오페라》, 이은희 옮김, 열린책들, 2012.**

78-80쪽에 "이 시는 프랑스의 시인 비용의 「비용과 뚱뚱한 마르고트의 발라드」Ballade von Villon und der dicken Margot가 본보기가 되었다."라는 주석과 함께 "포주의 발라드"가 나온다: "오래전 이미 지나가 버린 시절/그녀와 나, 우리는 함께 살았지./나의 머리와 그녀의 아랫도리를 팔아먹으면서./난 그녀를 지켜 주고, 그녀는 날 먹여 살렸지./다르게 살 수도 있었지만, 그렇게도 살 수 있는 법./손님이 오면 난 침대에서 기어 나와/버찌 브랜디를 마시는 척 살짝 피해주는 친절을 베풀었다네./그리고 손님이 화대를 주면, 이렇게 말했지./선생님, 원하신다면 언제든지./〔…〕 그러다 언젠가 한 번 당신의 아이를 갖게 되었지./그래서 우리는 이렇게 했죠. 내가 밑에 눕는 거야./아이를 엄마 배 속에서 깔아 죽이기는 싫었겠지./하지만 아이는 하늘로 갈 운명이었나 봐./그리고 반년의 동거도 곧장 끝나 버렸어./우리가 살림을 차렸던 사창가에서." 84쪽에서는 "여러분, 이제 직접 판단해 보십시오, 이게 사는 건가요?/만사가 마음에 들지 않습니다./전 어릴 때부터 치가 떨리도록 이런 말을 들었습니다./부자만이 안락한 삶을 누릴 수 있다고!"라는 말과 함께 "안락한 삶에 관한 발라드"가 86쪽까지 이야기된다: "쥐새끼가 갉아 대는 오두막에서/배 속은 텅텅 빈 채, 책이나 뒤적거리는/위인들의 삶을 찬양들 하지./하지만 이런 피죽으로 날 괴롭히지 마오!/그러고 싶은 사람이나 소박하게 살라지!/(우리끼리 얘기지만) 난 이제 그런 것에 질렸어./아무리 작은 새라도 이곳에서 바빌론까지/이런 음식으로는 단 하루도 버티지 못해./〔…〕" 111쪽부터는 "비용의 「사랑의 어리석음에 관한 발라드」Ballade von den Torheiten der Liebe가 본보기가" 된 "솔로몬의 노래"가 울려 퍼진다("현명한 솔로몬을 보았죠./그가 어떻게 되었는지 아실 거예요./〔…〕 지혜가

그를 그렇게 만들었으니/부럽구나, 지혜 없는 자여!/〔…〕"). 121쪽("동정을 구하는 목소리를 들어 보시오./매키스가 산사나무 아래 누워 있는 것이 아니라네./〔…〕 그대들은 그의 고통이 영원하기를 바라는가?")과 124쪽("〔…〕 당장 떼를 지어 여왕에게 달려가야지./돼지들처럼 꼬리에 꼬리를 물고/그를 위해 무슨 말이든 해야지./〔…〕")에서는 비용의 〈벗들에게 보내는 서한〉의 일부에 기반한 이야기가 나오며, 128쪽에는 비용의 〈4행시〉를 변용한 내용이 나온다: "여기 개미 한 마리 괴롭히지 않은 매키스가 목매달려 있소./교활한 친구가 그의 발목을 잡았네./그를 한 길이나 되는 밧줄에 매달자/목에서 느껴지네, 엉덩이가 얼마나 무거운지." 131-133쪽에서는 "첫 번째와 두 번째 연은 비용의 발라드 형식의 비문이, 세 번째와 네 번째 연은 비용의 「모든 사람에게 용서를 구하는 발라드Ballade, in der Villon jedermann Abbitte leistet」"에 근거한 "매키스가 모두에게 용서를 구하는 발라드"가 이야기된다: "우리 뒤에 살게 될 형제들이여,/우리에게 너무 냉담하지 말아 주오./우리가 교수대로 올라갈 때 웃지 말아 주오./〔…〕 그들의 아가리를/무거운 쇠망치로 두들겨 팰 수 있었다면./그러나 잊어야지./그리고 그들에게 청을 하네, 나를 용서해 주오."

**요한 하위징아, 《중세의 가을》, 이종인 옮김, 연암서가, 2012.**

262-263쪽에 "『프랑 공티에에 대한 반론*Les Contrediz de Franc Gontier*』"에 대한 언급과 부분적인 번역("여기에서 바빌론에 이르는 지역의 모든 새들을 준다고 해도")이, 268쪽에 "『지난 시절의 여자들을 위한 발라드*Ballade des Dames du temps jadis*』"의 후렴구("그러나 지난 해 내린 눈들은 어디에 있는가?")가, 269쪽에 "귀족들을 다룬 발라드"의 일부("슬프다! 스페인의 훌륭한 왕이여./하지만 나는 그의 이름조차 모르는구나.")가 나온다. 또 274쪽에는 "『아름다운 올미에르의 탄식*Les Regrets de la belle Heaulmière*』"의 번역이 소개되며("이 부드러운 이마는 무엇이 되었는가?/금발의 머리카락, 물결치는 눈썹,/〔…〕"), 283-284쪽에는 유언의 노래의 유명한 대목이 소개된다: "죽음은 그를 떨게 하고, 창백하게 한다./코는 비틀어지고 핏줄은 부어오른다./〔…〕 오 부드러운 여자의 육체여/매끄럽고 반질반질하고 고귀한 육체여/이런 사악함이 그대를 기다리고 있는가?/〔…〕" 319쪽에는 "프랑수아 비용이 그 자신의 어머니를 위해 쓴 기도문"이 소개되며("나는 늙고 가난한 여인입니다/아는 것도 없고 글도 읽을 줄 몰라요./〔…〕"), 594쪽에는 "나는 눈물을 지으며 웃네"라는 유명한 비용의 시구가 인용되어 있다. 옮긴이는 서두에서 "기존 판본들의 한계를 최대한 극복하면서 잘 읽히고, 배경 설명이 풍부하며, 난해한 부분에 주석이 있는 새로운 번역"을 지향했다고 밝히고 있으나, 적어도 프랑수아 비용의 작품 번역은 이전의 번역본들에서 크게 나아가지 못한 것도 사실이다.

# 참고 서지

## I. 프랑수아 비용의 작품 및 번역

*LES OEVVRES DE FRANÇOYS VILLON de Paris*. Reueues & remises en leur entier par Clement Marot valet de chambre du Roy. Paris: Galiot du Pre, 1533.

*Œuvres de François Villon avec les remarques de diverses personnes*. A La Haie: Adrien Mœtjens, 1742.

*Œuvres de Maistre François Villon*. Corrigées et complétées d'après plusieurs manuscrits qui n'étoient pas connus, précédées d'un Mémoire accompagnées de leçons diverses et de commentaires, par J.-H.-R. Prompsault. Paris: Ébrard et Delaunay, 1835.

*Œuvres complètes*. Nouvelle édition, revue, corrigée et mise en ordre avec des notes historiques et littéraires par P. L. Jacob, bibliophile. Paris: P. Jannet, 1854.

*Œuvres de François Villon*. Avec préface, notices, notes et glossaire par Paul Lacroix. Paris: Ernest Flammarion, s.d.

*Œuvres complètes de François Villon*. Suivies d'un choix des poésies de ses disciples. Édition préparée par La Monnoye, mise au jour, avec notes et glossaire, par M. Pierre Jannet. Paris: Librairie Marpon & Flammarion, s.d.

*Œuvres complètes de François Villon*. Publiées d'après les manuscrits et les plus anciennes éditions par Auguste Longnon. Paris: Alphonse Lemerre, 1892; New York: AMS Press, 1975.

*François Villon. Œuvres*. Édition critique avec notices et glossaire par Louis Thuasne. 3 vol. Paris: Auguste Picard, 1923; Genève: Slatkine Reprints, 1967.

*The Testaments of François Villon*. Translated by John Heron Lepper. Including the texts of John Payne and others. New York: Liveright Publishing, 1924.

*The Complete Works of François Villon, including the poems long attributed to him*. Translated by J. U. Nicolson with an introduction by Lewis Galantière. New York: Covici Friede, 1931.

*Œuvres de François Villon*. Avec une introduction et des notes par Alfred Jeanroy. Paris: Chronique des lettres françaises, 1934.

*I laugh through tears. The Ballades of François Villon*. Translated by G. P. Cuttino. New York: Philosophical Library, 1955.

*The Complete Works of François Villon*. Translated with a biography and notes by Anthony Bonner. With an introduction by William Carlos Williams. New York: David McKay Company, 1960.

*Le Lais. Le Testament et les Ballades*. Éd. Ferdinando Neri. Torino: Chiantore, 1944; Torino: Bottega d'Erasmo, 1963.

*Villon. Poésies complètes*. Édition établie, présentée et annotée par Robert Guiette. Index de Gilbert Sigaux. Paris: Librairie Générale Française, 1964.

*The Poems of François Villon*. Translated with an introduction and notes by Galway Kinnell. Hanover and London: University Press of New England, 1965; 1977.

*François Villon. Poems*. Translated by Beram Saklatvala. Introduction and explanatory index by John Fox. London: Dent, 1968.

*Œuvres*. Traduction en français moderne, accompagnée de notes explicatives par André Lanly. 2 vol. Paris: Champion, 1969.

*Poésies complètes*. Édition présentée, établie et annotée par Pierre Michel. Préfaces de Clément Marot et de Théophile Gautier. Paris: Librairie Générale Française, 1972.

*François Villon. Poésies*. Préface de Tristan Tzara. Édition établie par Jean Dufournet. Paris: Gallimard, 1973.

*Le Testament Villon*. Édité par Jean Rychner et Albert Henry. 2 vol(I: Texte, II: Commentaire). Genève: Droz, 1974.

*Le Lais Villon et les Poèmes Variés*. Édités par Jean Rychner et Albert Henry. 2 vol(I: Textes, II: Commentaire). Genève: Droz, 1977.

*De Villon à Villon -1- Le Lais François Villon Ms. Arsenal 3523*. Introduction, édition, glossaire par Giuseppe Di Stefano. Montréal: CERES, 1988.

*François Villon. Poésies complètes*. Présentation, édition et annotations de Claude Thiry. Paris: Librairie Générale Française, 1991.

*Villon Œuvres*. Texte et traduction présentés par André Lanly. Second tirage revu et corrigé. Paris: Champion, 1992.

*François Villon. Poésies.* Texte présenté et commenté par Jean Dufournet. Paris: GF-Flammarion, 1992.

*François Villon. Œuvres.* Éditées par Auguste Longnon. Quatrième édition revue par Lucien Foulet. Nouveau tirage suivi de notes sur le texte par A. Lanly. Paris: Champion, 1992.

*François Villon. Complete Poems.* Edited with English Translation and Commentary by Barbara N. Sargent-Baur. Toronto-Buffalo-London: University of Toronto Press, 1994.

*Lais, Testament, Poésies diverses.* Édition bilingue. Publication, traduction, présentation et notes par Jean-Claude Mühlethaler avec *Ballade en jargon.* Édition bilingue. Publication, traduction, présentation et notes par Eric Hicks. Paris: Champion, 2004.

## II. 중세 작품

Adam de la Halle. *Œuvres complètes.* Édition, traduction et présentation par Pierre-Yves Badel. Paris: Librairie Générale Française, 1995.

Adam le Bossu. *Le Jeu de la feuillée.* Traduit en français moderne par Claude Buridant et Jean Trotin. Paris: Champion, 1983.

Adenet le Roi. *Berte as grans piés.* Edition critique par Albert Henry. Genève: Droz, 1982.

Alain Chartier. *La Belle dame sans mercy et les poésies lyriques.* Édition publiée par Arthur Piaget. Lexique établie par R.-L. Wagner. Deuxième édition. Genève: Droz, 1949.

———. *Poèmes.* Texte établis et présentés par James Laidlaw. Paris: Union générale d'Éditions, 1988.

*Amadas et Ydoine.* Édité par John R. Reinhard. Paris: Champion, 1974.

*Anthologie de la littérature française du Moyen Âge IX^e^-XV^e^ siècles.* Sous la direction de Claude Thiry. Louvain-la-Neuve: Bruylant-Academia, 2002.

*Anthologie de la poésie française. Moyen Âge, XVI^e^ siècle, XVII^e^ siècle.* Textes chosis, présentés et annotés par Jean-Pierre Chauveau, Gérard Gros et Daniel Ménager. Paris: Gallimard, 2000.

*Anthologie thématique de la poésie française du moyen âge.* Traductions, introduction, préface par Pierre Jonin. Paris: Champion, 1991.

Buzzetti Gallarati, Silvia(éd.). *Le Testament maistre Jehan de Meun.* Alessandria: Edizioni dell'Orso, 1989.

*La Chanson de Roland.* 3e édition revue et corrigée. Texte établi d'après le manuscrit d'Oxford, traduction, notes et commentaires par Gérard Moignet. Paris: Bordas, 1969.

*Chansons satiriques et bachiques du XIIIe siècle.* Éditées par A. Jeanroy et A. Långfors. Paris: Champion, 1974.

Charles d'Orléans, *Poésies.* Éditées par Pierre Champion. Paris: Champion, 1923; 1982.

———. *Ballades et Rondeaux.* Édition du manuscrit 25458 du fonds français de la Bibliothèque Nationale de Paris. Traduction, présentation et notes de Jean-Claude Mühlethaler. Paris: Librairie Générale Française, 1992.

———. *En la forêt de longue attente et autres poèmes.* Choix, présentation et traduction de Gérard Gros. Postface de Jean Tardieu. Paris: Gallimard, 2001.

Chrétien de Troyes. *Œuvres complètes.* Édition publiée sous la direction de Daniel Poirion, avec la collaboration d'Anne Berthelot, Peter F. Dembowski, Sylvie Lefèvre, Karl D. Uitti et Philippe Walter. Paris: Gallimard, 1994.

———. *Erec et Enide.* Édition critique d'après le manuscrit B.N. fr. 1376. Traduction, présentation et notes de Jean-Marie Fritz. Paris: Librairie Générale Française, 1992.

*La Confession et Testament de l'amant trespassé de deuil de Pierre* de Hauteville par Rose M. Bidler. Montréal: CERES, 1982.

*Le Cycle de* La Belle dame sans mercy. *Une anthologie poétique du XVe siècle* (BNF MS FR. 1131). Édition bilingue établie, traduite, présentée et annotée par David F. Hult et Joan E. McRae. Paris: Champion, 2003.

Demarolle, Pierre(éd.). *La Chronique de Philippe de Vigneulles et la mémoire de Metz.* Orléans: Paradigme, 2000.

Deschaux, Robert(éd.). *Un poète bourguignon du XVe siècle Michault Taillevent.* Genève: Droz, 1975.

Eustache Deschamps. *Œuvres complètes d'Eustache Deschamps.* Publiées par le Marquis de Queux de Saint-Hilaire et Gaston Raynaud. 11 vol. Paris: Société des anciens textes français, 1878-1903.

———. *Selected Pœms.* Edited by Ian S. Laurie and Deborah M. Sinnreich-Levi. Translated by David Curzon and Jeffrey Fiskin. New York & London: Routledge, 2003.

Guillaume Coquillart. *Œuvres suivies d'œuvres attribuées à l'auteur.* Edition critique avec introduction, notes et glossaire par M. J. Freeman. Genève: Droz, 1975.

Guillaume de Lorris et Jean de Meun. *Le Roman de la Rose.* Publié par Félix Lecoy. 3 vol. Paris: Champion, 1973.

Guillaume de Lorris et Jean de Meun. *Le Roman de la Rose*. Édition d'après les manuscrits BN 12786 et BN 378. Traduction, présentation et notes par Armand Strubel. Paris: Librairie Générale Française, 1992.

———. *The Romance of the Rose*. Translated with an introduction and notes by Frances Horgan. Oxford: Oxford University Press, 1994.

———. *The Romance of the Rose*. Translated by Charles Dahlberg. Third edition. Prisnceton, New Jersey: Princeton University Press, 1995.

Hélinand de Froidmont. *Les vers de la Mort par Hélinant, moine de Froidmont*. Publiés d'après tous les manuscrits connus par Fr. Wulff et Em. Walberg, Paris: Firmin Didot, 1905.

———. *Les vers de la Mort*. Traduit par Michel Boyer et Monique Santucci. Paris: Champion, 1983.

Jean Regnier. *Les Fortunes et adversitez de Jean Regnier*. Texte publié par E. Droz. Paris: Librairie ancienne Édouard Champion, 1923.

Jean Renart. *Le Roman de la Rose ou de Guillaume de Dole*. Édité par Félix Lecoy. Paris: Champion, 1979.

*Journal d'un bourgeois de Paris de 1405 à 1449*. Texte original et intégral présenté et commenté par Colette Beaune. Paris: Librairie Générale Française, 1990.

*Maistre Pierre Pathelin*. Farce du XV$^{e}$ siècle. Deuxième édition revue par Richard T. Holbrook. Paris: Champion, 1970.

Marie de France. *Les Lais de Marie de France*. Publiés par Jean Rychner. Paris: Champion, 1983.

———. *Lais de Marie de France*. Traduits, présentés et annotés par Laurence Harf-Lancner. Texte édité par Karl Warnke. Paris: Librairie Générale Française, 1990.

———. *The Lais of Marie de France*. Translated with an introduction and notes, by Robert Hanning & Joan Ferrante. Durham, North Carolina: The Labyrinth Press, 1982.

Martineau-Genieys, Christine(éd.). *Édition des Lunettes des princes de Jean Meschinot*. Genève: Droz, 1972.

*Le Mesnagier de Paris*. Texte édité par Georgina E. Brereton et Janet M. Ferrier. Traduction et notes par Karin Ueltschi. Paris: Librairie Générale Française, 1994.

Philippe de Commynes. *Mémoires*. Introduction, édition, notes et index de Joël Blanchard avec la collaboration de Michel Quereuil pour le glossaire. Paris: Librairie Générale Française, 2001.

*Poèmes de la mort de Turold à Villon*. Choisis, traduits et présentés par Jean-Marcel Paquette. Paris: Union Générale d'Édition, 1979.

*Le Prisonnier desconforté du château de Loches*. Poème inédit du XVᵉ siècle avec une introduction, des notes, un glossaire et deux fac-similés. Éd. Pierre Champion. Paris: Champion, 1909.

*Quatre sermons joyeux*. Éd. Jelle Koopmans. Genève: Droz, 1984.

*Recueil de sermons joyeux*. Edition critique avec introduction, notes et glossaire par Jelle Koopmans. Genève: Droz, 1988.

*Le Recueil des repues franches de maistre François Villon et de ses compagnons*. Edition critique par Jelle Koopmans et Paul Verhuyck. Genève: Droz, 1995.

René d'Anjou. *Le Livre du Cœur d'amour épris*. Texte présenté, établi, traduit et annoté par Florence Bouchet. Paris: Librairie Générale Française, 2003.

Rutebeuf. *La vie de SAINTE MARIE L'EGYPTIENNE*. Edited by Bernadine A. Bujila. The University of Michigan Press, 1949.

———. *Œuvres complètes de Rutebeuf*. Publiées par Edmond Faral et Julia Bastin. Quatrième tirage. Paris: Éditions A. et J. Picard, 1977.

———. *Poésies*. Traduites en français moderne par Jean Dufournet. Paris: Champion, 1982.

———. *Poèmes de l'infortune et autres poèmes*. Édition de Jean Dufournet. Paris: Gallimard, 1986.

———. *Œuvres complètes*. Texte établi, traduit, annoté et présenté avec variantes par Michel Zink. 2 vol. Paris: Bordas, 1989.

*Sermon joyeux et Truanderie (Villon-Nemo-Ulespiègle)*. Éd. Jelle Koopmans et Paul Verhuyck. Amsterdam: Rodopi, 1987.

## III. 연구 및 비평

Alexander, Douglas. "Villon's "autre coing": parody or tradition?." *Romance Notes*, 12, nº 1, 1970, pp. 416-418.

Armstrong, Adrian. "François Villon: Rhétoriqueur?" In *Villon at Oxford*, Amsterdam: Rodopi, 1999, pp. 51-84.

Aubailly, Jean-Claude. *Le monologue, le dialogue et la sottie*. Paris: Champion, 1984.

Badel, Pierre-Yves. *Le Roman de la Rose au XIVᵉ siècle. Étude de la réception de l'œuvre*, Genève: Droz, 1980.

———. "«Les yeux sont faits pour regarder». Sur la fortune d'un vers d'Alain Chartier." In *«Ce est li fruis selonc la letre». Mélanges offerts à Charles Méla*. Texte réunis par Olivier Collet et al. Paris: Champion, 2002, pp. 91-109.

Bastide, M. "La critique religieuse dans l'œuvre de Villon." *L'Information littéraire*, 45, n° 1, 1993, pp. 3-9

Baumgartner, Emmanuèle. *Poésies de François Villon*. Paris: Gallimard, 1998.

———. "Théophile Gautier lecteur de Villon." In *Villon et ses lecteurs*. Paris: Champion, 2005, pp. 91-102.

Benedetto, Luigi Foscolo. "Il dialogo di Villon col suo Cuore." *Atti della Academica delle Scienze di Torino*, 87, 1952-1953, pp. 267-314.

Bernard, Jean-Marc. *François Villon (1431-1463). Sa vie–Son Œuvre*. Paris: Bibliothèque Larousse, 1918.

Bianciotto, Gabriel. "A propos du *Testament* de Villon: Troïle et Robert d'Estouteville(v. 1369-1377)." In *Mélanges de langue et littérature du Moyen Age et de la Renaissance offerts à Jean Frappier*. Tome I. Paris, Genève: Droz, 1970, pp. 115-132.

Bijvanck, W. G. C. *Specimen d'un essai critique sur les œuvres de François Villon*. Leyde: De Breuk & Smits, 1882.

Blanchard, J. *La pastorale en France aux XIV^e^ et XV^e^ siècles. Recherches sur les structures de l'imaginaire médiéval*. Paris: Champion, 1983.

Blue, Walter Arnold. *François Villon's Art of the Ballade*. Dissertation of Yale University, 1975.

Bossuat, Robert. *Le Moyen Age*. Paris: del Duca, 1967.

Bouhaïk-Gironès, Marie. *Les clercs de la Basoche et le théâtre comique(Paris, 1420-1550)*. Paris: Champion, 2007.

Braun, Pierre. "Les lettres de rémission accordées à François Villon." In *Villon Hier et Aujourd'hui*. Paris: Bibliothèque historique de la Ville de Paris, 1993, pp. 53-72.

Brockmeier, Peter. *François Villon*. Stuttgart: J. B. Metzlersche Verlagsbuchhandlung, 1977.

Brunelli, Giuseppe Antonio. "De la «Ballade de l'Espouse» aux aphrodisiaques du legs de l'Orfèvre." *Revue Belge de Philologie et d'Histoire*, 35, 1957, pp. 763-770.

———. "Lecteurs italiens de Villon (1906-2000)." In *Villon et ses lecteurs*. Paris: Champion, 2005, pp. 295-302.

Brunet, François. "François Villon." In *La Fabrique du Moyen Âge au XIX^e^ siècle. Représentations du Moyen Âge dans la culture et la littérature françaises du XIX^e^ sièècle*. Sous la direction de Simone Bernard-Griffiths, Pierre Glaudes et Bertrand Vibert. Paris: Champion, 2006, pp. 521-524.

Burger, André. "L'épître de Villon à Marie d'Orléans." In *Mélanges de linguistique et de littérature romanes à la mémoire d'István Frank*. Saarbrücken: Universität des Saarlandes, 1957, pp. 91-99.

———. "L'Entroubli de Villon." *Romania*, 79, 1958, pp. 485-495.

Burger, André. "La dure prison de Meung." In *Studi in onore di Italo Siciliano*. Tome I. Firenze: Olschki, 1966, pp. 149-154.

———. *Lexique complet de la langue de Villon*. 2e édition. Genève: Droz, 1974.

Campaux, Antoine. *François Villon. Sa vie et ses œuvres*. Paris: A. Durand, 1859.

Cendrars, Blaise. "Sous le signe de François Villon." *La Table ronde*, n° 51, 1952, pp. 47-69.

Cerquiglini-Toulet, Jacqueline. *La Couleur de la mélancolie. La fréquentation des livres au XIVe siècle 1300-1415*. Paris: Hatier, 1993.

———. "Clémant Marot et la critique littéraire et textuelle: du bien renommé au mal imprimé Villon." In *Clémant Marot, Prince des poëtes françois 1496-1996*. Réunis et présentes par Gérard Defaux et Michel Simonin. Paris: Champion, 1997, pp. 157-164.

———. *L'écriture testamentaire à la fin du Moyen Age: Identité, dispersion, trace*. Oxford: Legenda, 1999.

Champion, Pierre. *Vie de Charles d'Orléans (1394-1465)*. Paris: Champion, 1908; 1969.

———. *François Villon. Sa vie et son temps*. 2 vol. Paris: Champion, 1913; 1984.

———. *Histoire poétique du quinzième siècle*. 2 vol. Paris: Champion, 1966.

Chaney, Edward F. *François Villon in his environment*. Oxford: B. H. Blackwell, 1946.

Charlier, Gustave. "Notes sur Villon." *Archivum Romanicum*, 4, 1920, pp. 506-524.

Chatelain, Henri. *Recherches sur le vers français au XVe siècle. Rimes, mètres et strophes*. Genève: Slatkine Reprints, 1974.

Chevallier, G. "Un complice savoyard de François Villon." *La Revue Savoisienne*, 134, 1994, pp. 122-131.

Chiron, Pascale. "L'édition des Œuvres de Villon annotée par Clément Marot, ou comment l'autorité vient au texte." *Littératures Classiques*, 64, 2008, pp. 33-51.

Cigada, Sergio. "L'anacoluthe comme figure stylistique et la structure du *Testament* de François Villon." *L'analisi linguistica e letteraria*, 1-2, 2000, pp. 197-207.

Colby, A. *The Portrait in twelfthcentury French Literature*. Genève: Droz, 1965.

Conley, Tom. "Poetic Mapping. On Villon's "Contredictz de Franc Gontier"." In *Medieval practices of space*. Ed. Barbara A. Hanawalt and Michel Kobialka. Minneapolis: University of Minnesota Press, 2000, pp. 242-260.

Connochie-Bourgne, Chantal(éd.). *La digression dans la littérature et l'art du Moyen Âge*. Aix-en-Provence: Publications de l'Université de Provence, 2005.

Cons, Louis. *État présent des études sur Villon*. Paris: Les Belles Lettres, 1936.

———. "Five Notes on the Text of Villon." *Modern Language Notes*, 57, 1942, pp. 527-529.

Cooper, Richard. "Le Codicille Villon: Le Testament poétique à la Renaissance." In *Villon at Oxford*. Amsterdam: Rodopi, 1999, pp. 85-128.

Corbellari, Alain. *La Voix des clercs. Littérature et savoir universitaire autour des dits du XIII^e^ siècle*. Genève: Droz, 2005.

Corbett, N. L. "Prendre des vessies pour des lanternes." *Le Français moderne*, 37, n° 3, 1969, pp. 193-197.

Cornilliat, François. *"Or ne mens" Couleurs de l'Eloge et du Blâme chez les "Grands Rhétoriqueurs."* Paris: Champion, 1994.

Cropp, Glynnis M. "Fortune and the pŒt in Ballades of Eustache Deschamps, Charles d'Orléans and François Villon." *Medium AEvum*, 58, 1989, pp. 125-132.

______. "La *Ballade des Seigneurs* de Villon et les chroniques." *Le Moyen Age*, 100, n° 2, 1994, pp. 221-236.

Curtius, Ernst Robert. *European literature and the latin middle ages*. Translated from the German by Willard R. Trask. New York: Harper & Row, 1963.

______. *La littérature européenne et le Moyen Âge latin*. Traduit de l'allemand par Jean Bréjoux. Préface de Alain Michel. Paris: Presses Pocket, 1991.

Dauvillier, Jean. "Les procès de François Villon." *Bulletin de l'Université et de l'Académie de Toulouse*, 7, 1943, pp. 261-310.

Degott, Bertrand. *«Ballade n'est pas morte» Étude sur la pratique de la ballade médiévale depuis 1850*. Paris: Annales littéraires de l'Université de Franche-Comté, 1996.

______. "Au nom du frère. Villon dans la ballade française après 1850." In *Villon et ses lecteurs*. Paris: Champion, 2005, pp. 119-136.

Delaplace, Denis. *Le Jargon des Coquillars à Dijon au milieu du XV^e^ siècle selon Marcel Schwob(1892)*. Paris: Classiques Garnier, 2011.

Delclos, J.-C. "La Sépulture de Villon: mort ou résurrection?." In *Et c'est la fin pour quoy sommes ensemble. Hommage à Jean Dufournet*. Tome I. Paris: Champion, 1993, pp. 389-397.

Demarolle, Pierre. "Sur l'interprétation de deux huitains de Villon: la Bulle et le Décret." *Le Moyen Âge*, 76, n° 2, 1970, pp. 293-306.

______. "Qui sont les Picards de Villon." *Romanische Forschungen*, 82, n° 3, 1970, pp. 345-352.

______. "Pour l'interprétation d'un vers de Villon: Que représente le pronom «Luy» au vers 209 du «Testament»?" *Revue belge de philologie et d'histoire*, 50, n° 3, 1972, pp. 755-759.

______. *Villon un testament ambigu*. Paris: Larousse, 1973.

______. "Les voyages de François Villon." In *Voyage, Quête, pèlerinage dans la littérature et la civilisation médiévales*. Aix-en-Provence: CUERMA; Paris:

Champion, 1976, pp. 125-136.

Demarolle, Pierre. *L'esprit de Villon. Étude de style.* 2e édition. Paris: A.-G. Nizet, 1992.

———. "Temps et espaces dans le *Testament* de Villon." *Le Moyen Âge*, 99, nº 2, 1993, pp. 282-291.

———. "Le virus de l'ambiguïté dans l'œuvre de François Villon." *L'analisi linguistica e letteraria*, 1, 1998, pp. 199-210.

Deroy, Jean P. Théodorus. *François Villon, coquillard et auteur dramatique.* Paris: NIzet, 1977.

Desonay, Fernand. *Villon.* Paris: E. Droz, 1933.

———. "L'art de la caricature dans le *Testament* de Villon." In *Fin du Moyen Age et Renaissance. Mélanges de philologie française offerts à Robert Guiette.* Anvers: De Nederlandsche Boekhandel, 1961, pp. 151-164.

Deyck, Rika Van. "Pour un panorama des études villoniennes." *Le Moyen français*, 46-47, 2000, pp. 583-590.

Dérens, Jean, Jean Dufournet et Michael Freeman(éd.). *Villon Hier et Aujourd'hui.* Actes du Colloque pour le cinq-centième anniversaire de l'impression du *Testament* de Villon, Bibliothèque historique de la Ville de Paris: 15-17 décembre 1989. Paris: Bibliothèque historique de la Ville de Paris, 1993.

———. *Villon et ses lecteurs.* Actes du colloque international des 13-14 décembre 2000 organisé à la Bibliothèque historique de Ville de Paris. Paris: Champion, 2005.

———. *Villon Paris sans fin.* Paris: Le Passage, 2005.

Di Stefano, Giuseppe. "Du «Lais» au «Testament»." *Cahiers de l'Association Internationale des études françaises*, 32, 1980, pp. 39-50.

Dop-Miller, Catherine. "Clémant Marot et l'édition humaniste des œuvres de Villon." *Romania*, 112, 1991, pp. 217-242.

Dragonetti, Roger. *La technique poétique des trouvères dans la chanson courtoise.* Genève: Slatkine Reprints, 1979.

———. "La Ballade de Fortune." *Revue des langues romanes*, 86, 1982, pp. 177-189.

———. "La soif de François Villon." In *Villon Hier et Aujourd'hui.* Paris: Bibliothèque historique de la Ville de Paris, 1993, pp. 123-136.

Droz, E. "Les chansons de François Villon." In *Mélanges de musicologie offerts à M. Lionel de La Laurencie.* Paris: E. Droz, 1933, pp. 145-150.

Dubois, Michel. "Poitou et Poitevins (De Benoit à Villon)." *Romania*, 80, 1959, pp. 243-253.

———. "De quelques locutions où figure le nom du saule." *Romania*, 84, 1963, pp.

536-544.

DuBruck, Edelgard. "Villon's Two Pleas for Absolution." *L'Esprit Créateur*, 7, n° 3, 1967, pp. 188-196.

_______. "François Villon en Allemagne." In *Villon Hier et Aujourd'hui*. Paris: Bibliothèque historique de la Ville de Paris, 1993, pp. 231-247.

Dufournet, Jean. "A propos d'un article récent sur Villon et Robert d'Estouteville." *Romania*, 85, 1964, pp. 342-354.

_______. "Deux exemples de la méchanceté raffinée de Villon." *Romania*, 86, 1965, pp. 375-386.

_______. "Sur quelque vers du *Testament* de Villon (vv. 1005, 1085, 1210)." *Le Moyen Age*, 72, n° 1, 1966, pp. 107-128.

_______. *Villon et sa fortune littéraire*. Saint-Médard-en-Jalles: Guy Ducros, 1970.

_______. *Recherches sur le Testament de François Villon*. Seconde édition revue et augmentée. 2 vol. Paris: SEDES, 1971.

_______. *Nouvelles recherches sur Villon*. Paris: Champion, 1980.

_______. "Villon, le laurier et l'olivier." *Revue des sciences humaines*, 183, 1981, pp. 85-93.

_______. "Rutebeuf et la Vierge." *Bien dire et bien aprandre*, 1987, pp. 7-25.

_______. "La Génération de Louis XI :quelque aspects." *Le Moyen Age*, 98, n° 2, 1992, pp. 227-250.

_______. *Villon: ambiguïté et carnaval*. Paris: Champion, 1992.

_______. "Sur le prologue et l'épilogue du *Testament* de Villon." *Bien dire et Bien Aprandre*, 19, 1999, pp. 91-100.

_______. "Villon et Paris ou le Grand carnaval." *L'analisi linguistica e letteraria*, 1-2, 2000, pp. 269-280.

_______. "La cécité de Rutebeuf." In *L'univers de Rutebeuf*. Paradigme, 2005, pp. 251-254.

_______. "Gaston Paris et Villon: Entre Auguste Longnon et Marcel Schwob." In *"De sens rassis". Essays in Honor of Rupert T. Pickens*. Edited by Keith Busby *et al.* Amsterdam: Rodopi, 2005, pp. 183-199.

_______. *Dernières recherches sur Villon*. Paris: Champion, 2008.

Dufournet, Jean et Marcel Faure(éd.). *Villon entre mythe et poésie*. Acte du colloque organisé les 15, 16 et 17 décembre 2006 à la Bibliothèque historique de la Ville de Paris par Michael Freeman, Jean Dérens et Jean Dufournet. Paris: Champion, 2011.

Dull, Olga Anna. "Tradition et renouveau dans la "Ballade pour prier Notre Dame" de Villon." *Romance Quarterly*, 38, n° 4, 1991, pp. 387-397.

Duval, Frédéric(éd.). *Lectures françaises de la fin du moyen âge*. Genève: Droz, 2007.

Dwyer, R. A. "Je meurs de soif auprès de la fontaine." *French Studies*, 23, 1969, pp. 225-228.

Edelman, Nathan. "La Vogue de François Villon en France de 1828 à 1837." *Revue d'Histoire littéraire de la France*, 43, 1936, pp. 211-223 et 321-339.

———. "A Scriptural Key to Villon's *Testament*." In *The Eye of the beholder*. Ed. by Jules Brody with a tribute by Elie Wiesel. Baltimore: The Johns Hopkins University Press, 1974, pp. 31-37.

Edwards, Michael. *Leçon de poésie*. Paris: P.U.F., 2001.

Engler, Winfried. "Sidoine, nicht Elayne. Villon: «*Les Contreditz (de) Franc Gontier*»." *Zeitschrift für französische Sprache und Literatur*, 98, 1988, pp. 256-263.

Favier, Jean. "François Villon: Le Paris dans lequel il vivait." *L'Histoire*, 39, 1981, pp. 46-54.

———. *François Villon*. Paris: Arthème Fayard, 1982.

———. *Paris au XV$^{e}$ siècle. 1380-1500*. Paris: Hachette, 1997.

———. *Louis XI*. Paris: Arthème Fayard, 2001.

Fein, David A. "The povre Villon and other martyred lovers of the *Testament*." *Neophilologus*, 64, n° 3, 1980, pp. 347-357.

———. *A reading of Villon's Testament*. Birmingham, Alabama: Summa Publications, 1984.

———. "Time and Timelessness in Villon's *Testament*." *Neophilologus*, 71, 1987, pp. 470-473.

———. *François Villon and his reader*. Detroit: Wayne State University Press, 1989.

———. "Villon on the Road to Emmaus: Stanza XIII of the *Testament*." *Fifteenth Century Studies*, 19, 1992, pp. 27-32.

———. *François Villon Revisited*. New York: Twayne Publishers, 1997.

———. "Villon's Disgusting Recipe for Fried Tongue." *The French Review*, 81, n° 2, 2007, pp. 328-338.

Foulet, Lucien. "Notes sur le texte de Villon." *Romania*, 42, 1913, pp. 490-516.

———. "Notes sur le texte de Villon (*Lais* et *Testament*)." *Romania*, 49, 1920, pp. 386-392.

———. "Villon et Charles d'Orléans." In *Medieval Studies in memory of Gertrude Schoepperle Loomis*. Paris: Champion; New York: Columbia University Press, 1927, pp. 355-380.

———. "Sur François Villon. Notes et discussions." *Romania*, 68, 1944-1945, pp. 43-151.

Fox, John. "A note on Villon's 'Ballade des seigneurs du temps jadis'." *Modern*

*Language Review*, 55, 1960, pp. 414-417.

Fox, John. *The Poetry of Villon*. London: Thomas Nelson and Sons, 1962.

———. *Villon. Poems*. London: Grant & Cutler Ltd, 1984.

———. "A Contested Will: Villon's *Testament*." *Medium Aevum*, 62, 1993, pp. 87-100.

Frank, Grace. "Villon at the Court of Charles d'Orléans." *Modern Language Notes*, 47, 1932, pp. 498-505.

———. "Faire ravoir les gaiges." *Modern Language Notes*, 53, 1938, pp. 603-604.

———. "The Impenitence of François Villon." *The Romanic Review*, 37, n° 3, 1946, pp. 225-236.

Frappier, Jean. "Pour le commentaire de Villon." *Romania*, 80, 1959, pp. 191-207.

———. "Pour le commentaire de Villon: *L'Épître à ses amis*." *Romania*, 87, 1966, pp. 379-384.

———. "Contribution au commentaire de Villon. Ballade pour Robert d'Estouteville: Serpens, lesars et telz nobles oyseaulx, Epître à ses amis." In *Studi in onore di Italo Siciliano*. Tome I. Firenze: Olschki, 1966, pp. 437-456.

———. "Paris dans le poésie de Villon." *Romance Philology*, 22, 1968-1969, pp. 396-407.

———. *Du moyen âge à la Renaissance. Études d'histoire et de critique littéraire*. Paris: Champion, 1976.

Freeman, Michael. "D'un testament à l'autre: Villon et Vermersch." In *Et c'est fin pour quoy sommes ensemble. Hommage à Jean Dufournet*. Vol. II. Paris: Champion, 1993, pp. 593-607.

———. "'Faulte d'argent m'a si fort enchanté': Money and François Villon." *Romance Studies*, 24, 1994, pp. 59-70

———. "L'Image Villon sous le Seconde Empire." In *Le Champ littéraire 1860-1900. Études offertes à Michael Pakenham*. Éditées par Keith Cameron et James Kearns. Amsterdam: Rodopi, 1996, pp. 149-160.

———. "Un gras chanoine, une belle dame et un petit enfant." *L'analisi linguistica e letteraria*, 1, 1998, pp. 257-275.

———. *François Villon in his works. The villain's tale*. Amsterdam-Atlanta: Rodopi, 2000.

Freeman, Michael & Jane H. M. Taylor(ed.). *Villon at Oxford. The drama of the text*. Proceedings of the Conference held at St. Hilda's College Oxford March 1996. Amsterdam: Rodopi, 1999.

Fritz, Jean-Marie. *Le Discours du fou au Moyen Âge*. Paris: P.U.F., 1992.

Gaffney, Phyllis. "The Ages of Man in Old French Verse Epic and Romance."

*Modern Language Review*, 85, 1990, pp. 570-582.

Galderisi, Claudio. *En regardant vers le païs de France. Charles d'Orléans: Une poésie des présents*. Orléans: Paradigme, 2007.

Ganshof, F. L. *Qu'est-ce que la féodalité?* Cinquième édition. Paris: Jules Tallandier, 1982.

Gautier, Théophile. *Les Grotesques*. Paris: G. Charpentier, 1881.

Geremek, Bronislaw. *Les marginaux parisiens aux XIV^e^ et XV^e^ siècles*. Traduit du polonais par Daniel Beauvois. Paris: Flammarion, 1976.

———. *Les fils de Caïn. L'image des pauvres et vagabonds dans la littérature européenne du XV^e^ au XVII^e^ siècle*. Texte et notes traduits du polonais par Joanna Arnold-Moricet. Paris: Flammarion, 1991.

Gilbert, Jane. *Living death in medieval French and English literature*. Cambridge: Cambridge University Press, 2011.

Gilson, Étienne. "De la Bible à François Villon." In *Les Idées et Les Lettres*. Paris: Vrin, 1932, pp. 9-30.

Goglin, Jean-Louis. *Les misérables dans l'Ociident médiéval*. Paris: Seuil, 1976.

Gothot-Mersch, Claudine. "Sur l'unité du *Testament* de Villon." In *Mélanges offerts à Rita Lejeune*. Tome II. Gembloux: J. Duculot, 1969, pp. 1411-1426.

Gouron, André. "*Testis unus, testis nullus* dans la doctrine juridique du XII^e^ siècle." In *Mediaeval Antiquity*. Edited by Andries Welkenhuysen, Herman Braet, Werner Verbeke. Leuven: Leuven University Press, 1995, pp. 83-93.

Green, F. C. "Marot's Preface to his Edition of Villon's Works." *Modern Philology*, 22, nº 1, 1924, pp. 69-77.

Gros, Gérard. *Le Poète, la Vierge et le Prince. Études sur la poésie mariale en milieu de cour aux XIV^e^ et XV^e^ siècles*. Saint-Étienne: Publications de l'Université de Saint-Étienne, 1994.

Guiette, Robert. "Villoniana." In *Forme et senefiance*. Études médiévales recueillies par Jean Dufournet et al. Genève: Droz, 1978, pp. 228-249.

Guiraud, Pierre. *Le jargon de Villon ou le Gai Savoir de la Coquille*. Paris: Gallimard, 1968.

———. *Le Testament de Villon ou le Gai Savoir de la Basoche*. Paris: Gallimard, 1970.

Guy, Henry. *Histoire de la poésie française au XVI^e^ siècle. I. L'École des rhétoriqueurs*. Paris: Champion, 1968.

Habeck, F. *Villon oder Die Legend eines Rebellen*. Wien-München-Zürich: Verlag Fritz Molden, 1969.

———. *Villon ou la légende d'un rebelle*. Traduit de l'allemand par Élisabeth Gaspar. Paris: Mercure de France, 1970.

Harden, Robert. "François Villon and his monetary bequests." *Speculum*, 33, 1958, pp. 345-350.

Hassell Jr, James Woodrow. *Middle french proverbs, sentences, and proverbial phrases.* Toronto: Pontifical Institute of Mediaeval Studies, 1982.

Heers, Jacques. *Fêtes des fous et carnavals.* Paris: Fayard, 1983.

Heger, Henrik. "La Ballade et le Chant Royal." In *Grundriss der romanischen literaturen des mittelalters.* Band VIII/1. Heidelberg: Carl Winter, 1988, pp. 59-69.

Hendrup, Svend. "«Sardana, le preux chevalier..». Notices sur les vers 641-44 du *Testament* de Villon." *Revue Romane*, 3, n° 1, 1968, pp. 8-15.

Henriet, Patrick. *La parole et la prière au Moyen Âge.* Bruxelles: De Boeck Université, 2000.

Henry, Albert. "Pour le commentaire des huitains V et VI du *Testament.*" *Romania*, 88, 1967, pp. 399-404.

———. "*A tel escot* (vers 1496 du *Testament*)." In *Mélanges d'histoire littéraire, de linguistique et de philologie romans offerts à Charles Rostaing.* Liège: Association des Romanistes de l'Univ. de Liège, 1974, pp. 437-440.

Hicks, Eric. *Le Débat sur Le Roman de la Rose.* Paris: Champion, 1977.

———. "Comptes d'auteur et plaintes contre X: De l'identité poétique du bien renommé Villon." In *Le Moyen Age dans la modernité. Mélanges offerts à Roger Dragonetti.* Paris: Champion, 1996, pp. 265-280.

Holmes, Urban T. "Villon's *Testament*, lines 1610-1611 (Escharbot)." *Modern Language Notes*, 51, 1936, pp. 33-34.

Houston, Mary G. *Medieval Costume in England and France.* New York: Dover Publications, 1996.

Huizinga, J. *L'automne du moyen âge.* Traduit du hollandais par J. Bastin. Nouvelle édition précédée d'un entretien avec Jacques Le Goff. Paris: Payot, 1975.

———. *The Automn of the Middle Ages.* Translated by Rodney J. Payton and Ulrich Mammitzsch. Chicago: The University of Chicago Press, 1996.

Hunt, Tony. *Villon's Last Will. Language and Authority in the Testament.* Oxford: Clarendon Press, 1996.

———. "Villon's Last Erection (*Testament*, vv. 1996-2023)." In *Villon at Oxford.* Amsterdam: Rodopi, 1999, pp. 150-158.

Huot, Sylvia. *From song to book. The Poetics of Writing in Old French Lyric and Lyrical Narrative Poetry.* Ithaca & London: Cornell University Press, 1987.

———. "From Life to Art: The Lyric Anthology of Villon's *Testament.*" In *The Ladder of High Designs. Structure and Interpretation of the French Lyric Sequence.* Charlottesville and London: University Press of Virginia, 1991, pp. 26-40.

Huot, Sylvia. *Madness in Medieval French Literature*. Oxford University Press, 2003.

Hüe, Denis. "L'Image de l'âge: Traités et poèmes des âges de l'homme." In *Vieillesse et vieillissement au moyen âge*. Aix-en-Provence: Publ. du CUERMA, 1987, pp. 133-150

———. "Propos cordiaux: Le cœur dans les poèmes dialogués." In *Le "cuer" au Moyen Age (réalité et «senefiance»)*. Aix-en-Provence: Publ. du CUERMA, 1991, pp. 123-143.

Hüe, Denis(éd.). *Lectures de Charles d'Orléans. Les Ballades*. Rennes: Presses universitaires de Rennes, 2010.

Imbs, Paul. "Notes sur quelques huitains du *Testament* de Villon." *Travaux de linguistique et de littérature*, 16, n° 1, 1978, pp. 229-240.

Jacob, Alain-Guy. "Actualité de Villon. Contribution à l'analyse textuelle d'un passage du Testament de François Villon, vv. 169-176." In *Mélanges offerts à Rita Lejeune*. Gembloux: J. Duculot, 1969, II, pp. 1427-1431.

Jacquart, D. and Claude Thomasset. *Sexuality and Medicine in the Middle Ages*. Tr. by M. Adamson. Cambridge: Polity Press, 1988.

Jasinski, Max. *Histoire du sonnet en France*. Genève: Slatkine Reprints, 1970.

Jeanroy, Alfred. *Les origines de la poésie lyrique en France au moyen âge*. Paris: Champion, 1969.

Jodogne, Omer. "Pour le cinqième centenaire du *Testament* de Villon." *Les Lettres Romanes*, 15, 1961, pp. 327-334.

———. "La ballade dialoguée dans la littérature française médiévale." In *Fin du Moyen Age et Renaissance. Mélanges de philologie française offerts à Robert Guiette*. Anvers: De Nederlandsche Boekhandel, 1961, pp. 71-85.

———. "A propos du cinquième centenaire du *Testament*." *Bulletin de l'Académie royale de Belgique, classe des lettres et des sciences morales et politiques*, 47, 1961, pp. 525-539.

———. "Le message de François Villon." *Les Lettres Romanes*, 24, 1970, pp. 373-380.

———. "Le Rondeau du XV^e siècle mal compris. Du dit et de l'écrit." In *Mélanges de langue et de littérature médiévales, offerts à Pierre Le Gentil*. Paris: SEDES, 1973, pp. 399-408.

Johnson, Leonard W. *Poets as players. Theme and Variation in Late Medieval French Poetry*. Stanford, California: Stanford University Press, 1990.

Kada-Benoist, Danielle. "Le phénomène de désagrégation dans les trois ballades du temps jadis de Villon." *Le Moyen Age*, 80, n° 2, 1974, pp. 301-318.

Kendrick, Laura. "Medieval Satire." In *European Writers. The Middle Ages and the*

*Renaissance*. Ed. William T. H. Jackson & George Stade. New York: Charles Scribner's Sons, 1983, pp. 337-375.

Koopmans, Jelle. "Villon et le théâtre." In *Villon Hier et Aujourd'hui*. Paris: Bibliothèque historique de la Ville de Paris, 1993, pp. 107-119.

———. "Groseilles et Vaucelles." In *Villon at Oxford*. Amsterdam: Rodopi, 1999, pp. 129-149.

———. "François Villon: Character Within or Without His Own Poetry?." In *The Author as Character. Representing Historical Writers in Western Literature*. Edited by Paul Franssen and Ton Hoenselaars. London: Associated University Presses, 1999, pp. 68-79.

———. "Denise et la tante Laurence (Villon *Testament* v. 1234 et *Pathelin* v. 148)." *L'analisi linguistica e letteraria*, 1-2, 2000, pp. 245-255.

———. "Villon et Jacquet Cardon." *French Studies*, 54, n° 3, 2000, pp. 277-286.

———. "«Mort, l'appelle de ta rigueur», ou la première Renaissance française à l'école de François Villon." In *Villon et ses lecteurs*. Paris: Champion, 2005, pp. 55-67.

Kuhn, David. *La poétique de François Villon*. Paris: Armand Colin, 1967.

La Monte, J. L. "The «roy de Chippre» in François Villon's *Ballade des Seigneurs du temps jadis*." *The Romanic Revue*, 23, 1932, pp. 48-53.

Lacy, Norris J. "Villon in His Work: *Testament* and the Problem of Personal Poetry." *L'Esprit Créateur*, 18, n° 1, 1978, pp. 60-69.

———. "The flight of time: Villon's trilogy of Ballades." *Romance Notes*, 22, n° 3, 1982, pp. 353-358.

———. "The Voices of Villon's *Testament*." *Dalhousie French Studies*, 4, 1982, pp. 3-12.

———. "In Defense of Villon's *Lais*." *The French Review*, 72, n° 6, 1999, pp. 1000-1009.

Langlois, Ernest. "Archipiada." In *Mélanges de philologie romane dédiés à Carl Wahlund*. Macon: Impr. Protat, 1896; Genève: Slatkine, 1972, pp. 173-179.

———. *Recueil d'arts de seconde rhétorique*. Genève: Slatkine Reprints, 1974.

Lazard, Madeleine. "Clément Marot éditeur et lecteur de Villon." *Cahiers de l'Association Internationale des études françaises*, 32, 1980, pp. 7-20.

———. "Les Sources de Marot éditeur de Villon." In *Et C'est la Fin pour quoy sommes ensemble. Hommage à Jean Dufournet*. Paris: Champion, 1993, vol II, pp. 875-880.

Lång, Helmer. "Villon's *Testament* and the 'Ballade pour servir de conclusion'." *Symposium*, 9, n° 1, 1955, pp. 308-323.

Le Gentil, Pierre. *Villon*, Paris: Hatier, 1967.

Lea, Henry Charles. *A History of the Inquisition of the Middle Ages*. New York: S. A. Russell, 1955.

Lecoy, Félix. "Notes sur le texte ou l'interprétation de quelque vers du *Testament* de Villon." *Romania*, 80, 1959, pp. 493-514.

Lepage, Yvan G. "François Villon et l'homosexualité." *Le Moyen Age*, 92, 1986, pp. 69-89.

Levy, Raphael. "Le symbole du saule chez Conon de Béthune." *PMLA*, 51, nº 1, 1936, pp. 26-30.

Longnon, Auguste. "François Villon et ses légataires." *Romania*, 2, 1873, pp. 203-236.

———. *Étude biographique sur François Villon d'après les documents inédits conservés aux Archives Nationales*. Paris: Henri Menu, 1877.

Lote, Georges. *Histoire du vers français*. Paris: Boivin, 1951-1955.

Mandelstam, Ossip. *De la poésie*. Traduit du russe, présenté et annoté par Mayelasveta, Paris: Gallimard, 1990.

———. "François Villon." *New Literary History*, 6, nº 3, 1975, pp. 633-639.

Martin, Paul. "Villon au fil du texte." *L'Information littéraire*, 44, nº 5, 1992, pp. 8-12.

———. "Réflexions sur le débat du cœur et du corps." In *Villon Hier et Aujourd'hui*. Paris: Bibliothèque historique de la Ville de Paris, 1993, pp. 191-221.

Matoré, Georges. *Le vocabulaire et la société médiévale*. Paris: P.U.F., 1985.

Meiller, Albert. "*La Belle qui fut heaulmiere* de Villon et un fait de langue méconnu." *Bibliothèque d'Humanisme et Renaissance*, 56, nº 2, 1994, pp. 469-473

Mettmann, W. "Zum Verständnis von Villon, *Testament*, vers 751-752 und 781." *Romanistisches Jahrbuch*, 10, 1959, pp. 103-111.

Méla, C. "Je, François Villon...." In *Mélanges de langue et de littérature du moyen âge et de la Renaissance, offerts à Jean Frappier*. T. II. Genève: Droz, 1970, pp. 775-796.

Ménard, Philippe. "Je meurs de soif auprès de la fontaine —D'un mythe antique à une image lyrique." *Romania*, 87, 1966, pp. 394-400.

———. "'*Sur le Noël, morte saison, Que les loups se vivent de vent*' Tradition littéraire et folklore chez Villon(Lais, 10-11)." In *Études de Philologie Romane et d'Histoire Littéraire offertes à Jules Horrent à l'occasion de son soixantième anniversaire*. Éd. Jean-Marie D'Heur et Nicoletta Cherubini. Liège: D'Heur, Cherubini, 1980, pp. 309-315.

Minet-Mahy, Virginie. *L'Automne des images*. Paris: Champion, 2009.

Mole, Gary D. "Nom propre, signature et contresignature dans *Le Testament* de Villon." *Dalhousie French Studies*, 37, 1996, pp. 3-18.

Morawski, J. "Une lettre qui grince." In *Mélanges de linguistique et de littérature offerts à Alfred Jeanroy*, Paris: 1928, pp. 153-162.

Morawski, J.(éd.). *Proverbes français antérieurs au XV^e siècle*. Paris: Champion, 1925; 2007.

Morsberger, Robert E. "Villon and the Victorians: The Influence and the Legend." *The Bulletin of the Rocky Mountain Modern Language Association*, 23, n° 4, 1969, pp. 189-196.

Muchembled, Robert. *Culture populaire et culture des élites dans la France moderne (XV^e-XVIII^e siècle)*. Paris: Flammarion, 1978.

Mühlethaler, Jean-Claude. *Poétiques du Quinzième siècle. Situation de François Villon et Michault Taillevent*. Paris: A.-G. Nizet, 1983.

______. "Le tyran à table. Intertextualité et référence dans l'invective politique à l'époque de Charles VI." In *Représentation, Pouvoir et Royauté à la fin du moyen âge*. Actes du colloque organisé par l'Université du Maine les 25 et 26 mars 1994. Édités par Joël Blanchard. Paris: Picard, 1995, pp. 49-62.

______. "François Villon à l'école de la lettre pervertie: le début du *Testament* ou la satire impossible." In *«Ce est li fruis selonc la letre». Mélanges offerts à Charles Méla, Textes réunis par Olivier Collet, Yasmina Foehr-Janssens et Sylviane Messerli*. Paris: Champion, 2002, pp. 477-491.

Nagel, Siegfried. *François Villon. Versuch einer kritischen Darstellung seines Lebens nach seinen Gedichten*. Mulheim an der Ruhr: Druckerei F. H. Nieten, 1856.

Omans, Glen. "The Villon Cult in England." *Comparative Literature Studies*, 18, n° 1, 1966, pp. 16-35.

Orr, John. *Essais d'étymologie et de philologie françaises*. Paris: Klincksieck, 1963.

Pacaut, Marcel. *Les Ordres monastiques et religieux au Moyen Âge*. Paris: Nathan, 1993.

Parfondry, Max. "A propos d'une ballade de Villon: Je meurs de soif auprès de la fontaine." In *Mélanges offerts à Rita Lejeune*. Gembloux: Éd. J. Duculot, 1969, II, pp. 1453-1467.

Paris, Gaston. *Villon*. Paris: Hachette, 1901.

______. "Villoniana." *Romania*, 30, 1901, pp. 352-392.

Payen, Jean-Charles. "Le coup de l'étrier: Villon martyr et Goliard ou comment se faire oublier quand on est immortel?" *Études françaises*, 16, 1, 1980, pp. 21-34.

Peckham, Robert D. *François Villon's Lais: A best-text edition*. Dissertation of University of Pittsburgh, 1977.

______. *François Villon: A Bibliography*. New York-London: Garland, 1990.

______. "Dark Laughter in the Chambers of the king: François Villon in America." *Studies in Medievalisme*, 6, 1994, pp. 123-142.

Peckham, Robert D. "À la recherche d'un Villon perdu. Pour une histoire de sa réception au XVIII[e] siècle." In *Villon et ses lecteurs*. Paris: Champion, 2005, pp. 71-88.

Petit-Morphy, Odette. *François Villon et la Scolastique*. Paris: Champion, 1977.

Piaget, A. "Le Chapel des fleurs de lis par Philippe de Vitri." *Romania*, 27, 1898, pp. 55-92.

Pickens, Rupert T. "The Concept of the Feminine Ideal in Villon's *Testament*: Huitain LXXXIX." *Studies in Philology*, 70, n° 1, 1973, pp. 42-50.

———. "Villon on the Road to Paris: Contexts and Intertexts of *Huitain* XIII of the *Testament*." In *Conjunctures: Medieval Studies in honor of Douglas Kelly*. Edited by Keith Busby and Norris J. Lacy. Amsterdam: Rodopi, 1994, pp. 425-453.

———. "Villon on the Edge/Villon at the Center: Paris in the *Testament* Once Again." In *"Por le soie amisté" Essays in Honor of Norris J. Lacy*. Edited by Keith Busby and Catherine M. Jones. Amsterdam-Atlanta: Rodopi, 2000, pp. 385-403.

———. "Villon's Ballade for Jehan Cotart: Implications of a poetics of water and wine." *Romance Philology*, 55, 2001, pp. 1-20.

Pinkernell, Gert. *François Villons Lais. Versuch einer Gesamtdeutung*. Heidelberg: Carl Winter, 1979.

———. "Une nouvelle date dans la vie et dans l'œuvre de François Villon." *Romania*, 104, n° 3, 1983, pp. 377-391.

———. "L'*Epître à ses amis* et le *Débat du cœur et du corps de Villon*: deux ballades de „la dure prison de Meung"(1461), de François Villon." *Romanistische Zeitschrift für Literaturgeschichte*, 11, 1987, pp. 292-319.

———. "La *Ballade du concours de Blois* de François Villon, ou les affres d'un courtisan marginal." *Le Moyen Français*, 17, 1987, pp. 48-72.

———. *François Villon et Charles d'Orléans (1457 à 1461) D'après les Poésies diverses de Villon*. Heidelberg: Carl Winter, 1992.

———. "François Villon et sa fortune littéraire Outre-Rhin." *Revue de Littérature Comparée*, 68, n° 4, 1994, pp. 389-400.

———. *François Villon: biographie critique et autres études*. Heidelberg: C. Winter, 2002.

Planche, Alice. "«Petit mercier, petit panier...» Le débat du grand et du menu." In *Mélanges de langue et de littérature médiévales offerts à Pierre Le Gentil*. Paris: SEDES, 1973, pp. 661-671.

———. *Charles d'Orléans ou La recherche d'un langage*. Paris: Champion, 1975.

Poirion, Daniel. "Opposition et composition dans le *Testament* de Villon." *L'Esprit*

*Créateur*, 7, nº 3, 1967, pp. 170-179.

Poirion, Daniel. "Le fol et le sage «auprès de la fontaine»: La rencontre de François Villon et Charles d'Orléans." *Travaux de linguistique et de littérature*, 6, nº 2, 1968, pp. 53-68.

———. *Le poète et le prince. L'évolution du lyrisme courtois de Guillaume de Machaut à Charles d'Orléans*. Genève: Slatkine, 1978.

———. "Écriture et ré-écriture au Moyen Age." *Littérature*, 41, 1981, pp. 109-118.

Porter, M. E. et Thomas A. Sebeok. "Lancelot, le roy de Behaigne." *Romance Philology*, 5, 1951, pp. 38-41.

Queffélec, Ambroise et Roger Bellon. *Linguistique médiévale*. Paris: Armand Colin, 1995.

Rand, E. K. "Mediaeval Gloom and Mediaeval Uniformity." *Speculum*, 1, nº 3, 1926, pp. 253-268.

Randall, Sysan Darrow Hussar. *Villon's Testament: A Burlesque Requiem*. Thesis of Cornell University, 1980.

Regalado, Nancy Freeman. "Two poets of the medieval city." *Yale French Studies*, 32, 1964, pp. 12-21.

———. "La fonction poétique des noms propres dans le «Testament» de François Villon." *Cahiers de l'Association Internationale des Études Françaises*, 32, 1980, pp. 51-68.

———. "*Effet de réel, effet du réel*: Representation and Reference in Villon's *Testament*." *Yale French Studies*, 70, 1986, pp. 63-77.

———. "«En l'an de mon trentiesme aage» Date, Deixis, and Moral Vision in Villon's *Testament*." In *Le Nombre du Temps en hommage à Paul Zumthor*. Paris: Champion, 1988, pp. 237-246.

———. "I the Scholar François Villon." In *A new history of french literature*. Edited by Denis Hollier. Cambridge, Massachusetts: Harvard University Press, 1989, pp. 118-124.

———. "En ce saint livre: mise en page et identité lyrique dans les poèmes autographes de Villon dans l'album de Blois (Bibl. Nat. ms. fr. 25458)." In *L'Hostellerie de pensée. Etudes sur l'art littéraire au moyen âge offertes à Daniel Poirion*. Éd. Michel Zink et Danielle Böhler. Paris: Presses de l'Université de Paris-Sorbonne, 1995, pp. 355-371.

———. "Villon's Legacy from Le Testament of Jean de Meun: Misquotation, Memory, and the Wisdom of Fools." In *Villon at Oxford, Amsterdam*. Rodopi, 1999, pp. 282-311.

Ribémont, Bernard. *Sexe et amour au Moyen Âge*. Paris: Klincksieck, 2007.

Rice, Winthrop Huntington. *The European Ancestry of Villon's Satirical Testaments.* New York: The Corporate Press, 1941.

Rickard, Peter. *Chrestomathie de la langue française au quinzième siècle.* Cambridge: Cambridge University Press, 1976.

Robert-Vidal, Elie. "Villon et Robert d'Estouteville." *Studies in Philology*, 59, 1962, pp. 31-40, 599-602.

Robinson, J. K. "A Neglected Phase of the Aesthetic Mouvement: English Parnassianism." *PMLA*, 68, n° 4, 1953, pp. 733-754.

Romanowski, Sylvia. "L'Unité du *Testament* de Villon." *Les Lettres Romanes*, 22, n° 3, 1968, pp. 228-238.

Roques, Mario. "Les pieds blanc (Villon, *Lais* IV, 29)." In *Mélanges de philologie romane et de littérature médiévale offerts à Ernest Hœpffner.* Paris: Les Belles Lettres, 1949, pp. 95-106.

Rossiaud, Jacques. *La prostitution médiévale*, Paris: Flammarion, 1988.

———. *Medieval Prostitution.* Translated by Lydia G. Cochrane, New York: Basil Blackwell, 1988.

Rossman, V. R. *François Villon. Les concepts médiévaux du Testament.* Paris: Jean-Pierre Delarge, 1976.

Rychner, Jean. "Or est vray...(Villon, *Testament*, v.89)." *Travaux de linguistique et de littérature*, 7, 2(Études littéraires), 1970, pp. 265-275.

Sainte-Beuve, C.-A. *Causeries du lundi.* Tome XIV. Paris: Garnier Frères, s.d.

Saisset, Léon et Frédéric. *Le Grand Testament de François Villon.* Paris: Société Française d'Édition Littéraires et Techniques, 1937.

Sargent-Baur, Barbara Nelson. "On Certain Lines of Villon's *Testament.*" *L'Esprit Créateur*, 7, n° 3, 1967, pp. 197-204.

———. "Personnages bibliques, personnages villoniens." In *Études de Philologie Romane et d'Histoire Littéraire offertes à Jules Horrent à l'occasion de son soixantième anniversaire.* Liège: D'Heur, Cherubini, 1980, pp. 391-396.

———. "«Et me montez en quelque corbillon»(François Villon, *Poèmes variés*, XII, v.33)." *Romania*, 110, n° 1-2, 1989, pp. 265-268.

———. *Brothers of Dragons. Job Dolens and François Villon.* New York and London: Garland, 1990.

———. "Truth-claims as *captatio benevolentiæ* in Villon's *Testament.*" In *Conjunctures: Medieval Studies in honor of Douglas Kelly.* Amsterdam: Rodopi, 1994, pp. 505-514.

Sautman, F. "Des vessies pour des lanternes: Villon, Molinet and the Riddles of Folklore." *Neophilologus*, 69, 1985, pp. 161-184.

Schaffer, Aaron. "The Trente-six ballades joyeuses of Theodore de Banville." *Modern Language Notes*, 37, n° 6, 1922, pp. 328-333.

Schwob, Marcel. *François Villon. Rédactions et notes.* Paris: J. Dumoulin, 1912; Genève: Slatkine Reprints, 1974.

Sears, Elizabeth. *The ages of man. Medieval interpretations of the life cycle.* New Jersey: Princeton University Press, 1986.

Sélamme, Pierre. "«La pierre et la porte», Une mésaventure ignorée: nouvelle approche des huitains XCV et XCVI du *Testament* de Villon." *Médiévales*, 31, 1996, pp. 129-145.

Shapley, C. S. *Studies in french poery of the fifteenth century.* The Hague: Martinus Nijhoff, 1970.

Siciliano, Italo. *François Villon et les thèmes poétiques du moyen âge.* Paris: A.-G. Nizet, 1933.

———. "Sur Le *Testament* de François Villon." *Romania*, 65, 1939, pp. 39-90.

Slerca, Anna. "La structure thématique du *Testament* de François Villon." *L'analisi linguistica e letteraria*, 1-2, 2000, pp. 229-244.

Speer, Mary B. "The Editorial Tradition of Villon's *Testament*: From Marot to Rychner and Henry." *Romance Philology*, 31, n° 2, 1977, pp. 344-361.

Spitzer, Leo. "Sur le v. 2015 du *Testament* de Villon." *Romania*, 65, 1939, pp. 101-103.

———. "Etude ahistorique d'un texte: Ballade des dames du temps jadis." *Modern Language Quarterly*, 1, 1940, pp. 7-22.

———. "Turlupin." *Modern Language Notes*, 61, n° 2, 1946, pp. 104-108.

Starobinsky, Jean. "L'encre de la mélancolie." *La Nouvelle Revue Française*, n° 123, 1963, pp. 410-423.

Sten, H. "Pour l'interprétation de Villon." *Romania*, 71, 1950, pp. 509-512.

Stewart, D. M. "The Status of the Versions of Villon's *Testament*." In *Studies in Medieval French, presented to Alfred Ewert in honor of his seventieth birthday.* Oxford: Clarendon Press, 1961, pp. 150-164.

Stuip, R. E. V. "Je meurs de soif et suis à la fontaine." In *Mélanges de linguistique et de littérature offerts à Lein Geschiere.* Amsterdam: Rodopi, 1975, pp. 25-36.

Sturm, Rudolf. *François Villon. Bibliographie et matériaux littéraires 1489-1988.* 2 vol. München-London-New York-Paris: K. G. Saur, 1990.

Suarès, André. "François Villon." *Cahiers de la Quinzaine*, 1914.

Suárez, María-Pilar. "La mère et la femme fatale chez Villon." *Bien dire et bien aprandre*, 1997, pp. 237-245.

Süpek, Ottó. "Villon en Hongrie." In *Villon Hier et Aujourd'hui.* Paris: Bibliothèque historique de la Ville de Paris, 1993, pp. 249-258.

Taijiro, Amazawa. "Essai de lecture plurielle des *Contreditz Franc Gontier* de François Villon—En se référant à Miyazawa Kenji." *Etudes de langue et littérature françaises*, 80, 2002, pp. 16-23.

Tanase, Gabriela. *Jeux de masques, jeux de ruses dans la littérature française médiévale (XIIe-XVe siècles)*. Paris: Champion, 2010.

Taylor, Jane H. M. *The Poetry of François Villon. Text and Context*. Cambridge: Cambridge University Press, 2001.

Taylor, Jane H. M. "L'oral et l'écrit: pratique de la ballade a la cour de Blois." In *Lectures de Charles d'Orléans. Les Ballades*. Rennes: Presses universitaires de Rennes, 2010, pp. 141-152.

Testas, Guy et Jean Testas. *L'inquisition*. Huitième édition. Paris: P.U.F., 2001.

Thiry, Claude. "Villon: une approche." *Littératures*, 27, 1992, pp. 7-20.

———. "François Villon, poète du visuel." In *L'Hostellerie de pensée. Études sur l'art littéraire au Moyen Age offertes à Daniel Poirion*. Paris: Presses de l'Université de Paris-Sorbonne, 1995, pp. 439-457.

Thomas, Jacques T. E. *Lecture du Testament Villon*. Genève: Droz, 1992.

Thuasne, Louis. "François Villon et Jean de Meun." *Revue des Bibliothèques*, 16, 1906, pp. 93-144, 204-249.

———. "A propos du cinquième centenaire de François Villon. Musset et Villon." *Mercure de France*, 226, 1931, pp. 257-279.

Togeby, Knud. "La structure des deux testaments de Villon." *Travaux de linguistique et de littérature*, 7, 2(Études littéraires), 1970, pp. 315-323.

Toshiki, Ito. "Le *Débat du Cuer et du Corps* de Villon—En matière de vers 46." *Etudes de langue et littérature françaises*, 14, 1969, pp. 63-77.

Tucci, Patrizio. "Villon contre Franc Gontier." *L'analisi linguistica e letteraria*, 1-2, 2000, pp. 281-302.

Tuetey, Alexandre. *Testaments enregistrés au parlement de Paris sous le règne de Charles VI*. Paris: Imprimerie Nationale, 1889.

Uitti, Karl D. "A note on Villon's Poetics." *Romance Philology*, 30, n° 1, 1976, pp. 187-192.

———. "Villon's *Le Grand Testament* and the Poetics of Marginality." *Modern Philology*, 93, n° 2, 1995, pp. 139-160.

Valéry, Paul. "Villon et Verlaine." In *Œuvres*. Éd. Jean Hytier. Introduction biographique par Agathe Rouart-Valéry. T. 1. Paris: Gallimard, 1959, pp. 427-443.

Van Den Abeele, Baudouin. *La fauconnerie au Moyen Age*. Paris: Klincksieck, 1994.

Varaut, Jean-Marc. *Poètes en prison. De Charles d'Orléans à Jean Genet*. Paris: Perrin,

1989.

Varty, Kenneth. "Villon's Three *Ballades du Temps Jadis* and the Danse Macabre." In *Littera et Sensus. Essays on Form and Meaning in Medieval French Literature presented to John Fox*. Exeter: University of Exeter, 1989, pp. 73-93.

Verger, Jacques. *Les Universités au Moyen Âge*. Paris: P.U.F., 1973; 2007.

———. *Les gens de savoir en Europe à la fin du Moyen Âge*. Paris: P.U.F., 1998.

Verhuyck, Paul. "Villon et les neiges d'antan." In *Villon Hier et Aujourd'hui*. Paris: Bibliothèque historique de la Ville de Paris, 1993, pp. 177-189.

———. "Villon et L'orfèvre de Blois. Pour le commentaire du huitain CXI du *Testament*." In *«Contez me tout». Mélanges de langue et de littérature médiévales offerts à Herman Braet*. Louvain-Paris: Peeters, 2006, pp. 407-420.

Vertone, Teodosio. *Rythme, dualité et création poétique dans l'œuvre de François Villon*. Roma: Lucarini Editore, 1983.

Vitz, Evelyn Birge. *The Crossroad of Intentions. A Study of Symbolic Expression in the Pœtry of François Villon*. The Hague: Mouton, 1974.

Vivier, Robert. *Et la poésie fut langage*. Bruxelles: Palais des académies, 1954.

Wagner, Robert Léon. "Villon, Le *Testament*(Commentaire aux vers 157-158)." In *Fin du Moyen Age et Renaissance. Mélanges de philologie française offerts à Robert Guiette*. Anvers: De Nederlandsche Bœkhandel, 1961, pp. 165-176.

———. "Villon et Jean de Bueil (D'un exemple à un mythe)." In *Medieval Miscellany presented to Eugène Vinaver*. Edited by F. Whitehead et al. Manchester: Manchester University Press, 1965, pp. 289-299.

Wilmotte, Maurice. *Études critiques sur la tradition littéraire en France*. Paris: Champion, 1909.

Wyndham Lewis, D. B. *François Villon. A Documented Survey*. With a Preface by Hilaire Belloc. New York: Coward-McCann, 1928.

Yve-Plessis, R. *La psychose de François Villon*. Paris: Jean Schemit, 1925.

Zink, Michel. *La subjectivité littéraire*. Paris: P.U.F., 1985.

———. "*Lais* et *Testament*: Villon et son consentement." In *L'Hostellerie de pensée. Études sur l'art littéraire au Moyen Age offertes à Daniel Poirion*. Paris: Presses de l'Université de Paris-Sorbonne, 1995, pp. 499-505

———. *The Invention of Literary Subjectivity*. Translated by David Sices. Baltimore and London: The Johns Hopkins University Press, 1999.

———. *Le Moyen Âge à la lettre. Un abécédaire médiéval*. Paris: Tallandier, 2004.

———. *Nature et poésie au Moyen Âge*. Paris: Fayard, 2006.

Zœst, A. J. A. *Structures de deux Testaments fictionnels. Le Lais et Le Testament de François Villon*. The Hague-Paris: Mouton, 1974.

Zumthor, Paul. *Essai de poétique médiévale*. Paris: Seuil, 1972.

———. *Le masque et la lumière*. Paris: Seuil, 1978.

———. *Toward a Medieval Pœtics*. Translated by Philip Bennett. Minneapolis and Oxford: University of Minnesota Press, 1992.

## IV. 사전 및 기타

Apollinaire, Guillaume. *Œuvres poétiques*. Préface par André Billy. Texte établi et annoté par Marcel Adéma et Michel Décaudin. Paris: Gallimard, 1965

———. *Œuvres en prose complètes III*. Textes établis, présentés et annotés par P. Caizergues et M. Décaudin. Paris: Gallimard, 1993.

Aquien, Michèle et Georges Molinié. *Dictionnaire de rhétorique et de poétique*. Paris: Librairie Générale Française, 1999.

Baudelaire, Charles. *Œuvres complètes I*. Texte établi, présenté et annoté par Claude Pichois. Paris: Gallimard, 1975.

Bayard, Pierre. *Le Hors-sujet. Proust et la digression*. Paris: Minuit, 1996.

Boccace. *Le Décaméron*. Édition corrigée et augmentée d'indications bibliographiques. Traduction par Jean Bourciez. Paris: Garnier Frères, 1967.

———. *The Decameron*. Translated by Guido Waldman. Oxford: Oxford University Press, 1993.

Boileau-Despréaux, Nicolas. *Épîtres. Art Poétique. Lutrin*. Texte établi et présenté par Charles-H. Boudhors. Paris: Société Les Belles Lettres, 1967.

———. *L'art poétique*. Éd. Guy Riegert. Paris: Larousse, 1972.

Cotgrave, Randle. *A dictionarie of the french and english tongues*. London: Adam slip, 1611.

Dante. *Œuvres complètes*. Traduction et commentaires par André Pézard. Paris: Gallimard, 1965.

———. *La Divine Comédie*. Traduction, préface, notes et commentaires par Henri Longnon. Paris: Dunod, 1996.

Di Stefano, Giuseppe. *Dictionnaire des Locutions en moyen français*. Montréal: CERES, 1991.

Du Bellay, Joachim. *La deffence et illustration de la langue francoyse*. Édition critique par H. Chamard. Genève: Slatkine, 1969.

———. *La deffence et illustration de la langue françoyse*. Édition et dossier critiques par Jean-Charles Monferran. Genève: Droz, 2001.

Godefroy, Frédéric. *Dictionnaire de l'ancienne langue française et de tous ses dialectes du IX$^{e}$*

*au XV^e siècle*. Genève-Paris: Slatkine, 1982.

Gouvard, Jean-Michel. *La versification*. Paris: P.U.F., 1999.

Grimal, Pierre. *Dictionnaire de la mythologie grecque et romane*. Paris: P.U.F., 1951.

Huguet, Edmond. *Dictionnaire de la langue française du seizième siècle*. Paris: Didier, 1965.

Morier, Henri. *Dictionnaire de poétique et de rhétorique*. Paris: P.U.F., 1961.

Rabelais, François. *Le Quart Livre*. Édition critique commentée par Robert Marichal. Genève: Droz, 1947.

———. *Œuvres complètes*. Édition établie, annotée et préfacée par Guy Demerson. Paris: Seuil, 1995.

Sabry, Randa. *Stratégies discursives: digression, transition, suspens*. Paris: EHESS, 1992.

Virgile. *Les Bucoliques. Les Géorgiques*. Traduction, chronologie, introduction et notes par M. Rat. Paris: Flammarion, 1967.

———. *Virgil*. With an English translation by H. R. Fairclough, I. Cambridge, Massachusetts: Harvard University Press, 1978.

## 찾아보기*



* 14세기 말까지는 성과 이름의 구별이 명확하지 않았으며, 대부분 출신지나 관련되는 특징, 별명 등을 의미하는 경우가 많았다. 15세기부터 차츰 현대적인 의미에서의 성과 이름의 구분이 이루어지는 만큼, 몇몇 경우를 제외한 15세기까지의 인명은 성과 이름의 구별 없이 제시하기로 한다.

**ㅅ**



**ㅇ**

# 목 매달린 자의 노래

## 프랑수아 비용 연구

초판발행 2012년 8월 24일
초판 2쇄 2013년 8월 30일

지은이 김준현
펴낸곳 **고려대학교출판부**
www.kupress.com
kupress@korea.ac.kr
136-701 서울특별시 성북구 안암로 145
02-3290-4230, 4232
Fax 923-6311

찍은곳 경주문화인쇄

ISBN 978-89-7641-787-9 93860

값 26,000원